Schwarze Fürsten

Carl Falkenhorst

SCHWARZE FÜRSTEN

Bilder aus der Geschichte
des dunklen Weltteils

fourierverlag

Die Schreibweise der Erstausgabe wurde beim Neusatz beibehalten. Korrekturen auf inhaltliche Fehler wurden vorgenommen, ohne den Charakter der Erstausgaben zu beeinflussen oder den Text zu straffen. Die Bebilderung erfolgte aus Unterlagen der Ars Libro AG.

Komplette Neuausgabe mit allen Bildern der Originalausgabe in 2 Bänden.

Lizenzausgabe mit freundlicher Genehmigung der Rechteinhaber
für Fourier Verlag GmbH, Wiesbaden 2003
Gesamtherstellung: PRINT-AGENTUR, Leopoldshöhe
Covergestaltung: Thomas Jarzina, Köln
Bildnachweis: AKG Berlin
Printed in Germany

ISBN 3-932412-52-4
www.fourierverlag.de

Inhalt

Erster Teil
Fürsten des Sudan

Zweiter Teil
Herrscher in Ostafrika

Dritter Teil
Westafrikanische Negerkönige

Vorwort

„Ich habe Afrika gesehen und habe es noch vor Augen, wie es ist, als das grosse Haus der Knechtschaft, nicht wie es sein sollte, als das ungeheure Gebiet einer freien Mitarbeit an den Gesamtaufgaben der Menschheit. An einem endlichen Siege der guten Sache sowie an der Zukunft des schwarzen Menschengeschlechtes werde ich nie zweifeln!“

Mit diesen Worten schloss vor nunmehr dreizehn Jahren Georg Schweinfurth die Vorrede zur zweiten Auflage seines berühmten Werkes „Im Herzen von Afrika“, dieselbe Einleitung, in welcher der grosse Kenner afrikanischer Zustände die damaligen Bestrebungen zur Abschaffung der Sklaverei und Unterdrückung des Sklavenhandels als unreif bezeichnete. Die Ereignisse, die sich einige Jahre darauf im ägyptischen Sudan abspielten, haben dem Urteil Schweinfurths das vollste Recht gegeben.

In demselben Werke finden wir eine andere Äusserung, die an einen Vorwurf erinnert, den Stanley in seinem Buche „Im dunkelsten Afrika“ gegen die Verwaltung der Äquatorialprovinz Emins erhob; Schweinfurths Äusserung lautet:

„Von jeher ist in diesem Teile Afrikas der Viehraub im grossen die eigentliche Grundlage gewesen, auf welche sich alle Unternehmungen stützten, die zu ihrer Förderung einer bedeutenden Waffenmacht bedurften, und selbst die philanthropischen Zwecke, welche Männer wie Baker und Gordon auf das Panier ihrer grossartig geplanten Kultureroberungszüge geschrieben hatten, haben sie ratlos der Aufgabe gegenüber gelassen, etwas anderes an seine Stelle zu setzen. Nichts liegt mir ferner, als das Verdienst dieser nach verschiedenen Richtungen hervorragenden Männer zu bemäkeln, die Triebfeder ihrer Thaten miteinander vergleichen oder die Schwierigkeiten ihrer grossen Aufgabe herabsetzen zu wollen; trotz alledem aber muss ich die Überzeugung aussprechen, dass die Geschichtschreibung von Afrika, falls je eine statthat, nicht umhin können wird, die Etappen dieser zeitgenössischen Zivilisationsbestrebungen handhoch mit unrechtmässig vergossenem Rinderblute zu bezeichnen.“

Und ferner: „In diesem unglücklichen Lande ward jeder Bissen, den man zum Munde führte, zum Gewissensbiss, aber die Stimme des Magens übertönte jede edlere Regung. Das Brot, das man ass, es wurde den Ärmsten entrissen zur Erntezeit, als ihre Freude gerade am höchsten, vielleicht besassen sie weder Kühe noch Ziegen, und die kleinen Kinder mussten Hungers sterben oder elend ihr Leben durch Sammeln von Wurzeln fristen. Man schwelgte im Überfluss von Rinderfleisch, aber man hatte es geraubt von armen Wilden, welche diesen Tieren eine fast göttliche Verehrung zollen und ihren Besitz als das höchste Lebensziel betrachten, die aber auch mit vielem Blut für die hartnäckige Abwehr büssen müssen, mit welcher sie dieselben verteidigen, die Kühe, die ihnen teurer als Weib und Kinder."

Stanley fasst seine Ansicht über den Wert der Kulturbestrebungen in denselben Gebieten in folgende Worte zusammen:

„Den afrikanischen Eingeborenen kann man nicht die Lehre beibringen, dass die Zivilisation ein Segen ist, wenn man gleichzeitig gestattet, dass sie von einer zügellosen Soldateska nach Belieben unterdrückt, in menschenunwürdiger Weise behandelt, beraubt und in die Sklaverei getrieben werden. Die Gewohnheit, die Eingeborenen für nicht besser als heidnische „Abid" oder Sklaven zu halten, datiert von Ibrahim Pascha und muss vollständig abgeschafft werden, ehe man ausserhalb der Militärniederlassungen irgendetwas wird sehen können, was Ähnlichkeit mit der Zivilisation hat. Wenn jedes Getreidekorn, jedes Stück Geflügel, jede Ziege, jedes Schaf und jede Kuh, welche die Truppen brauchen, mit gutem Gelde oder dessen Wert in notwendigen Waren bezahlt wird, dann wird der Einfluss der Zivilisation unüberwindlich sein, und dann kann sogar die christliche Lehre eingeführt werden; ohne unparteiische Rechtspflege sind aber beide unmöglich, und sie werden sicherlich niemals zur Einführung gelangen, wenn die Rechtspflege von Raub begleitet wird oder ihn im Gefolge hat, wie es nach meiner Befürchtung im Sudan nur zu allgemein Brauch gewesen ist. Diejenigen, welche die wahre Gerechtigkeit hochhalten, mögen einigen Trost finden in dem Gedanken, dass, bevor die Zivilisation in ihrer wahren und wirklichen Form in Äquatoria eingeführt wird, die Eingeborenen jetzt (nach Abzug Emins) einige Zeit Ruhe und Frieden haben werden, und dass, wie auch das Land ausgesehen haben mag, doch alles mit Ausnahme einiger Orangen- und Citronenbäume unter höheren, besseren und dauernden Auspizien innerhalb eines Monats ersetzt werden kann."

In den beiden Ansichten finden wir zunächst von seiten des deutschen Forschers eine berechtigte Kritik der vor mehr als einem Jahrzehnt vorhanden gewesenen Zustände, von seiten des Angloamerikaners nicht nur eine Kritik, sondern auch zugleich die Vorzeichnung eines Weges, der unfehlbar zur Lösung der schwierigen Frage führen soll. Es unterliegt keinem Zweifel, dass der Appell an Zivilisation und Humanität in Europa stets einen lebhaften Widerhall findet – aber die Zivilisation und die Humanität sind leider keine leblosen Sachen, die man wie einen Dampfer über Land und Meer transportieren und am Bestimmungsort in Thätigkeit setzen kann. Die Zivilisation muss einem roheren Volke erst aufgepfropft werden – und da ist auch die Thatsache zu berücksichtigen, dass nicht jedes edle Reis auf einen wilden Stamm passt.

Die Zivilisierung Afrikas ist seit Jahrzehnten als Parole ausgegeben worden. Die hervorragendsten Forscher sind aber über die Wege, die eingeschlagen werden sollen, nicht einig. Der Sieger über die Araber an der Küste von Ostafrika warf neuerdings Emin Pascha ein Kokettieren mit den Türken und Arabern vor, während er gleichzeitig berichtete, dass in Uganda zwischen den neubekehrten schwarzen Protestanten und Katholiken eine Art Hugenottenkrieg herrscht.

Diese Uneinigkeit unter den afrikanischen „Autoritäten" muss allerdings lähmend auf diejenigen Kreise einwirken, welche das zur Zivilisation von Afrika nötige Geld geben sollen. Ohne dieses Geld wird die Zivilisation des dunklen Weltteils eine leere Phrase bleiben, und die massgebenden Kreise in Europa werden sich über kurz oder lang entschliessen müssen, welcher von den beiden Parteien sie recht geben sollen.

Wen können, wen dürfen sie in diesem Streit der Autoritäten als Schiedsrichter aufrufen?

Ich glaube, dass in diesem Streitfalle die Geschichte der afrikanischen Völker uns die richtige Antwort zu geben imstande ist; trotz des vielfachen Dunkels, das über ihren einzelnen Abschnitten herrscht, und trotz der verhältnismässig kurzen Zeit, über die sie sich erstreckt. Zieht man sie zu Rat, so erscheint sie nicht nur als Schiedsrichterin, sondern auch als Vermittlerin, indem sie der einen Ansicht für das eine, der anderen für das andere Gebiet des dunklen Weltteils recht giebt.

Leider ist die Geschichte der Völker des dunklen Weltteils bis jetzt einem weiteren Leserkreise nur in dürftigstem Masse vermittelt worden. Das Interesse, das man bisher an Afrika genommen hat, war verschiedener Art. In den früheren Zeiten waren es die geographischen und ethnographischen Probleme, die in erster Linie berücksichtigt wurden. Dazu kam die Bewunderung für die Helden der Afrikaforschung, und so geschah es, dass die meisten populären Darstellungen aus früherer Zeit entweder im Dienste der geographischen Forschung standen oder die an und für sich verdiente Verherrlichung der berühmten Reisenden bezweckten. Das schwarze Volk von Afrika blieb dabei stets in den Hintergrund gerückt; das Interesse des Lesers sollte stets durch die Leistungen und Heldenthaten der europäischen Reisenden gefesselt werden. Als die Zeit der Kolonisierung Afrikas anbrach, wandte man sich auch der Prüfung der Produktivität und Bewohnbarkeit der Länder durch die kaukasische Rasse zu – die politischen Verhältnisse der Gebiete, in denen die Flaggen verschiedener Völker gehisst wurden, liess man unberücksichtigt. Die Folgen dieses Vorgehens sind bekannt. Es unterliegt keinem Zweifel, dass viele Missverständnisse hätten vermieden werden können, wenn man von Anfang an auf die geschichtliche Entwicklung der betreffenden Völker mehr Rücksicht genommen hätte.

Diese Rücksichten werden aber auch in Zukunft nötig sein. Sitten, die seit Jahrhunderten bestehen, Institutionen, die aus geschichtlichen Kämpfen hervorgegangen sind, kann man nicht im Handumdrehen abschaffen. Unter den vielen Missionaren der Kultur, die ausgezogen sind, Afrika zu erschliessen, wird derjenige den besten Erfolg haben, der die europäische Zivilisation den afrikanischen Zuständen anpasst und vorerst eine Brücke zwischen Afrika und Europa schlägt. Was uns dabei not thut, das ist vor allem Mässigung unserer Hoffnungen für die nächste Zeit und ein Zurückschrauben der hochklingenden Programme, welche Freiheit, Christentum und dergleichen sofort für Afrika proklamieren. Die Zivilisation kann nur langsam im dunklen Weltteil vordringen – und sie wird niemals dort die Höhe der europäischen erreichen. Selbst nach Jahrhunderten wird das zivilisierte Afrika einen Weltteil für sich bilden.

Diese Ansicht drängt sich uns unwillkürlich auf, wenn wir Afrika nicht mit den Augen eines Reisenden betrachten, so oft derselbe den dunklen Weltteil durchquert haben mag, sondern wenn wir es für sich betrachten in der stufenweisen Entwickelung von Jahrzehnt zu Jahrzehnt, wie es sich den Augen verschiedener Reisenden darbot.

Diese Art der zusammenfassenden Betrachtung ist bis jetzt, soweit es die populäre afrikanische Litteratur anbelangt, wenig geübt worden, in grösserer Ausdehnung meines Wissens noch überhaupt nicht. Diese Lükke möchte nun das vorliegende Buch ausfüllen. Es bietet einen Versuch, die Geschichte des dunklen Weltteils wenigstens in einzelnen Bildern dem Leser vorzuführen. Nicht ein geographisches Problem, nicht ein berühmter Forschungsreisender bilden den Hauptgegenstand unserer Betrachtung, sondern Afrikas Völker selbst, wie sie waren und wie sie sind, in ihrer politischen Entwickelung. Naturgemäss knüpft sich ihre Geschichte an ihre Fürsten und deren Dynastieen; denn in ihnen war stets und ist noch heute die Macht der einzelnen Stämme vereinigt.

Das vorliegende Buch beschränkt sich auf diejenigen Gebiete Afrikas, die gegenwärtig und für die nächste Zukunft den Hauptschauplatz der kolonialen Entwickelung bilden werden. Mit den Fürsten des Sudan beginnen unsere Betrachtungen, dann werden wir die Herrscher von Ostafrika schildern und mit der Beschreibung westafrikanischer Königreiche schliessen.

Die Zeit ist noch nicht gekommen, in der man eine vollständige Geschichte des dunklen Weltteils schreiben könnte. Dazu ist das Material noch nicht genügend reichhaltig und nicht genügend gesichtet; aber die Reihe der Bilder, die wir zu entwerfen imstande sind, lässt doch einen Überblick über das Ganze gewinnen, der in hohem Grade lehrreich erscheint.

Bei der Verwertung des vorhandenen Materials war aber mein Bestreben noch darauf gerichtet, nur wirklich massgebende Quellen zu benützen und nur das zu verwerten, was die hervorragendsten Afrikaforscher nach ihrem Augenschein berichtet haben. Wohl könnten die Bilder aus der Geschichte des dunklen Weltteils abgerundeter erscheinen, wenn ich auch die in Zeitungen zerstreuten, auf Erkundigungen beruhenden Notizen mit benutzt hätte; da aber derartige Nachrichten oft unzuverlässig sind, so habe ich vorgezogen, dort abzuschliessen, wo die wirkliche Arbeit der Forscher aufhört: denn auf diese Weise nur kann das Mitgeteilte einen dauernden Wert erhalten.

*

Da dieses Buch für weitere Kreise berechnet ist, so habe ich von der Zitierung der angezogenen Worte, sowie der in Fachzeitschriften zerstreuten und von mir benutzten Artikel abgesehen.

Von den als Quellen zu dem vorliegenden Bande benutzten Werken nenne ich nur die wichtigsten:

Denham, Clapperton und *Oudney*. Beschreibung der Reisen und Entdeckungen im nördlichen und mittlern Afrika in den Jahren 1822 bis 1824.

Clappertons Tagebuch der zweiten Reise ins Innere von Afrika nebst dem Tagebuche des Richard Lander.

Zain el Abidin. Das Buch des Sudan.

Mohammed Ebn-Omar El-Tounsy. Voyage au Darfour.

Dr. Heinrich Barth. Reisen und, Entdeckungen in Nord- und Zentralafrika in den Jahren 1849 bis 1855. Tagebuch seiner im Auftrag der Britischen Regierung unternommenen Reise. Bd. I–V.

Gustav Nachtigal. Sahara und Sudan. Erlebnisse sechsjähriger Reisen in Afrika. Bd. I–III.

Gerhard Rohlfs. Quer durch Afrika.

Gerhard Rohlfs. Kufra.

Dr. W. Junkers Reisen in Afrika. Bd. I und II.

Georg Schweinfurth. Im Herzen von Afrika.

Richard Buchta. Der Sudan unter ägyptischer Herrschaft.

Schweinfurth und *Ratzel*. Emin Pascha.

O. Peschel. Geschichte der Erdkunde.

Oskar Lenz. Timbuktu.

Paul Staudinger. Im Herzen der Haussaländer.

Philipp Paulitschke. Die geographische Erforschung des afrikanischen Kontinents.

Gaëtano Casati. Zehn Jahre in Äquatoria.

Der Verfasser

Erster Teil

Fürsten des Sudan

Das Land der Schwarzen

Sudan, d. h. das Land der Schwarzen oder Negerland, nannten die Araber seit langer Zeit das weite Gebiet südlich von der Sahara; die neuere Geographie hat die Bezeichnung gleichfalls angenommen und versteht unter ihm den breiten Streifen Mittelafrikas zwischen dem Atlantischen Ozean und dem Roten Meere von der Wüstengrenze bis etwa gegen den Äquator hin. In unserer Betrachtung der Sudanfürsten werden wir von den Küstenländern im Osten und Westen absehen und uns lediglich auf den eigentlichen Sudan beschränken. Im Westen sind es die Fellatareiche, die Haussastaaten und die auf den Trümmern des alten Sonrhaykönigreiches vegetierende Handelsstadt Timbuktu, denen wir unsere Aufmerksamkeit zuwenden werden. Im Zentrum werden wir das Bornureich und dessen Vasallenstaaten, ferner Bagirmi aufsuchen und über Wadaï und Darfor nach dem ägyptischen Sudan vordringen, um in den A-Sandehländern und bei den Fürsten der Mangbattu den ersten Band abzuschliessen.

Der Versuch, zur Einführung des Lesers eine kurze allgemeine Charakteristik des Landes zu geben, dürfte wenig befriedigend ausfallen. Das Bild des Sudan wird erst dann klar vor dem Auge des Lesers stehen, wenn er die einzelnen Gebiete kennen gelernt hat. Zur Einführung möchten wir an dieser Stelle nur einige charakteristische Formen der Natur und des Kulturlebens hervorheben, die mehr oder weniger für das ganze Gebiet Geltung haben.

Die Zeiten sind vorüber, wo Mittelafrika für die grosse Masse der Europäer als ein üppiges Land galt, geschmückt mit allen Wundern der tropischen Vegetation. In der letzten Zeit wurde vielmehr von verschiedenen Seiten die Armut und der dürre Steppencharakter Innerafrikas so oft betont, dass eher eine entgegengesetzte Meinung Platz zu greifen scheint. Nun – Afrika ist ein Erdteil, und selbst Mittelafrika ist ein gewaltiges Ländergebiet, in dem es Raum genug giebt für die Entfaltung verschiedenartiger Formen der Vegetation. Afrika hat seine Wüsten, Grassteppen, Baumsavannen, trockene Waldungen, die Puris Ostafrikas, und auch wirkliche undurchdringliche Urwälder. Allerdings trifft man im Inneren Afrikas vorwiegend die Steppenlandschaft an, obwohl darunter keineswegs die landläufige Steppe ohne Baumwuchs und ohne Bodenerhebungen verstanden werden darf.

Das unermessliche Gebiet des Sudan bietet uns gleichfalls alle diese

Landschaftsformen. Im Norden stösst es an die Wüste, Steppengebiete bilden den Übergang, bis die Nähe grosser Flüsse, des Niger und Benue im Westen, des Schari im Süden, sowie das Auftreten höherer, die Feuchtigkeit niederschlagender Gebirgszüge den Pflanzenwuchs üppiger gestalten – und bis an den Quellflüssen des Uelle, der dem Kongo zustrebt, die Region der westafrikanischen Flora und grossen Waldungen beginnt, so dass man diese Gebiete bereits vom eigentlichen Sudan lostrennen könnte.

In den am meisten kultivierten Teilen des Sudan wiegt der Steppencharakter vor. Nur selten und ausnahmsweise finden wir hier Wiesen mit weichem Grase, welche Weiden in unserem Sinne des Wortes abgeben; über diese Steppen breitet sich nur kurze Wochen oder gar nur Tage nach dem ersten belebenden Regen des Frühlings ein grüner Teppich aus. Bald schiessen die Gräser hoch empor und erreichen die Höhe unserer Getreidearten, ja übersteigen diese mitunter so bedeutend, dass in dieser harten, rohrartigen Graswildnis Ross und Reiter verschwinden.

Der Baumwuchs fehlt selten in dieser Steppe. Halb im Grase versteckt gedeihen allerlei Büsche, in grossen Abständen erheben sich die gewaltigen Affenbrotbäume, deren ausgehöhlte Stämme in gewissen Gegenden, wie z. B. in Darfor und Kordofan, als Brunnen oder Wasserreservoire benutzt werden. Mimosen und Akazien schliessen sich diesem Riesen der Pflanzenwelt an und bilden oft weite trockene Wälder, die, wie z. B. die Wälder der Gummiakazie, eine hohe wirtschaftliche Bedeutung besitzen, da sie uns das Gummiarabikum liefern. In den trockeneren Gebieten treten die Palmen selten auf; der Dattelpalme begegnet man nur in gewissen Gegenden des Nordens; in feuchteren Strichen dagegen sieht man die Dum- und Weinpalmen häufiger.

Der Süden ist verhältnismässig arm an Obstbäumen. Von den einheimischen Bäumen ist der Butterbaum der wichtigste, aus dessen kastanienartigen Früchten eine Art vegetabilischer Butter bereitet wird. Die meiste Beachtung verdient aber unter den Bäumen die Carica Papaya oder der Melonenbaum, der vermutlich von Amerika in Afrika eingeführt wurde und die rascheste Verbreitung fand. Er trägt eine fleischige Frucht von der Grösse einer Melone, die im reifen Zustande weiss- oder pomeranzengelb und ausserordentlich saftig und schmackhaft ist. Es ist derselbe Melonenbaum, aus dessen Früchten neuerdings das Papayotin gewonnen wird, welches bekanntlich gleich dem Pepsin des tierischen Magens fleischverdauende Eigenschaften besitzt. In den südlicheren und westlichen Gegenden des Sudan, wo es genügende Feuchtigkeit giebt, gedeiht auch die Ölpalme. Ihre Früchte, die aus dichtgedrängten Ständen pflaumengrosser Beeren bestehen, liefern das bekannte Palmöl, das an der Westküste einen der wichtigsten Handelsartikel bildet und auch für den Hausstand der Neger von grösster Bedeutung ist.

Was nun die eigentlichen Nähr- und Kulturpflanzen anbelangt, so haben wir im Süden zwei Zonen zu unterscheiden. In den nördlicheren, trockneren Gebieten wird Getreide gebaut. Vor allem ist dort die Kultur der Negerhirse üblich, jenes Getreides, welches durchschnittlich 10 bis 12, mitunter aber 15 und in Ausnahmefällen über 20 Fuss hoch wird. Davon sind zwei Arten, eine schwere und eine leichte, bekannt. Diese Negerhirse bildet die Hauptnährpflanze der weitesten Gebiete. Ausserdem aber begegnen wir namentlich im Westen ausgedehnten Reiskulturen, ebenso werden, wenn auch in geringerem Masse, die Felder mit Mais und Weizen bestellt. In der Zone, welche sich durch ihre üppige und mehr tropische Vegetation auszeichnet, tritt der Getreidebau zurück, und die vornehmlichste Nahrung der Eingeborenen bilden die Früchte der Banane, sowie die zahlreichen Knollengewächse, wie Erdnüsse, Jams, süsse Kartoffeln u. dgl.

Für die Entwicklung und die Kultur der Sudanvölker sind aber noch zwei andere Pflanzen von höchster Bedeutung: die Baumwolle und die Indigopflanze. Die Sudanvölker müssen schon seit sehr alten Zeiten die Verarbeitung der Baumwolle zu Stoffen gekannt haben, und sie waren gewiss keine „nackten Neger“ mehr, als der Islam seinen Eroberungszug quer durch Afrika antrat. Sklaven und gewöhnliche Feldarbeiter tragen zwar während der Arbeit immer noch nur das Schamtuch – ein Stück Zeug in Form eines gleichschenkligen Dreiecks, an dessen Basis sich Schnüre befinden, die um den Leib geschlungen werden, während das herunterhängende Ende, straff zwischen die Beine gezogen, an der über dem Rücken zusammengebundenen Schnur befestigt wird. In den Städten und auf Reisen trägt jedoch arm und reich die Tobe, welche man die Nationaltracht der Sudanvölker nennen könnte. Es ist eine Art Hemd, aus schmalen Baumwollenstreifen zusammengenäht. Es wird über den Kopf gezogen und schliesst ziemlich dicht an den Hals an. An beiden Seiten sind meist eine Art kurze, breite Ärmel eingesetzt, oder vielmehr ärmelähnliche Öffnungen vorhanden. Das Kleid reicht bis zur Mitte des Schienbeines und muss so weit um die Brust sein, dass es schöne Falten schlägt und um die Arme gezogen werden kann. So zweckentsprechend und angenehm für das Klima solche Gewänder auch sein mögen, so hindern sie doch an der freien Bewegung. Arbeiter müssen daher den Rock bei der Arbeit ausziehen, während Wanderer ihn hochstreifen. Es giebt im Sudan verschiedene Arten von Toben, weisse, dunkelblaue, Toben von einem weiss und blau gegitterten Muster oder die sogenannten Perlhuhntoben, ja sie werden selbst mit feiner weisser oder bunter Seidenstickerei verziert. Die berühmtesten, schönsten Toben werden in den Haussastaaten angefertigt, von wo sie, als ein gern gesuchter Artikel überall im Sudan verbreitet werden. Die Preise sind sehr verschieden je nach der Güte des Fabrikats; noch vor wenigen Jahren wurden in den

Haussastaaten feine Perlhuhntoben mit 100 000 Kauri bezahlt, was nach dem damaligen Kurs des Muschelgeldes etwa 20 Mariatheresiathalern entsprach. Billige Toben stellten sich auf etwa 8000 Kauri.

Europäische Zeuge sind auch im Sudan vielfach verbreitet, aber das billige Zeug, welches von unseren Händlern nach Afrika geschickt wird, kann sich nicht im entferntesten mit der einheimischen Ware messen und steht auch darum viel billiger im Preise.

Die feineren Sudanesen tragen auch Hosen und huldigen dabei der alten Mode der Landsknechte; je weiter die Hosen, je mehr Stoff der Schneider in sie verarbeitet hat, desto vornehmer sieht die Hose nach der Meinung der Leute. Oft ist dieses Kleidungsstück mit schnürenartigen Mustern nach der Art unserer Husarenhose verziert und wird um die Knöchel fest zusammengebunden.

Die Kleidung der Frauen besteht seltener in Hemden, zumeist tragen die schwarzen Damen allerlei Sorten Tücher. Wir werden noch öfter Gelegenheit haben, zu zeigen, dass sie trotzdem einen Kleiderluxus treiben können.

In den Zentren der sudanischen Kultur hat sich natürlicherweise schon seit langer Zeit die arabische Tracht eingebürgert.

Mit der Weberei geht die Färberkunst Hand in Hand, und die Indigopflanze, die hauptsächlich den Farbstoff liefert, wird fast in allen Sudanländern gebaut. Der Hauptton ist natürlich das Blau, obwohl auch andere Farben erzielt werden. Gefärbt werden Garne, Streifen, Zeug und ganze Gewänder. In der ersten Zeit färben die Stoffe etwas ab, doch verliert sich dieses Abfärben nach und nach.

Von besonderer Wichtigkeit für den Sudan sind noch zwei Genussmittel liefernde Pflanzen: der Tabak und der Kolabaum. Der erstere wird überall angebaut, und es ist sonderbar, wie rasch sich diese Pflanze von Amerika bis hierher verbreitete, um selbst in die fernsten Winkel des dunklen Weltteiles einzudringen. Der virginische Tabak wird fast überall im Sudan gebaut; der Bauerntabak scheint überhaupt in Afrika einheimisch zu sein.

Kaffee und Thee sind im Sudan unbekannt; der erstere findet sich nur selten im Besitze vornehmer arabischer Händler; aber der Mensch braucht notwendig anregende Stoffe, und er hat auch im Sudan das Koffein und Theobromin, die wirksamen Substanzen des Kaffees, Thees und Kakaos, in einer Frucht vereinigt gefunden. Diese Frucht ist die Kolanuss. Der 10 bis 12 Meter hohe Baum, der sie liefert, Sterculia acuminala, wächst in ganz Westafrika und soweit das Gebiet der westafrikanischen Flora reicht, also auch in den Ländern am Uelle, wo er von Schweinfurth und Emin entdeckt wurde. Er sieht unserem Kastanienbaum ähnlich; im Alter von zehn Jahren giebt er eine überaus reiche Ernte, gegen sechzig Kilogramm, und da er zweimal im Jahre blüht, so kommt es vor, dass Früchte und Blüten zu gleicher Zeit auftreten. Die Frucht besteht aus einer gelbbraunen Schote von ungefähr 10 Centimeter Grösse, die in 5 oder 6 Kammern eingeteilt ist, von denen jede 5 bis 15 Kolanüsse enthält. Dieselben werden in Blätter gehüllt, damit sie vor dem allzu raschen Eintrocknen geschützt sind, und können weit transportiert werden. Sie gehen auch in der That tief in das Innere des Landes, selbst nach Nordafrika. Kommen in einer Sudanstadt frische Nüsse an, so ist das ein Ereignis, und jeder beeilt sich, so viel als er kann von der frischen Ware zu erstehen. Sie ist allerdings nicht billig, denn noch vor einigen Jahren kostete eine Kolanuss in den Haussaländern je nach der Qualität 100 bis 400 Kauri, tiefer im Sudan ist sie natürlich entsprechend teurer. Einst war darum das Kauen derselben nur das Privilegium der Häuptlinge und Priester. In Sierra Leone, dem Haupthandelsplatz für Kola, kostet ein Zentner Nüsse je nach der Saison und Nachfrage 50 bis 150 Mark; die Haussa unternehmen überhaupt weite Handelszüge nach der Westküste, um sich mit dieser leicht absetzbaren Ware zu versorgen. Die Nuss wird gekaut, schmeckt bitterlich, ist dem Magen zuträglich, verscheucht die Schlafmüdigkeit – und wirkt gegen den Katzenjammer, Eigenschaften, die durch ihren Gehalt an Koffein völlig erklärt werden. Man bietet sie auch im Sudan Freunden an, wie bei uns eine Tasse Kaffee oder eine Cigarre. Der Kolabaum ist bereits nach Zentral- und Südamerika, sowie nach Indien importiert worden; in Europa wird die Nuss oder deren Extrakt von Zeit zu Zeit als Heilmittel empfohlen; neuerdings werden von Fabrikanten von Heilmitteln Kolawein und Kolapastillen angepriesen.

Dem Sudan fehlt noch ein anderes und zwar das wichtigste Genussmittel, das Salz. Dieses müssen die Sudanvölker zumeist aus den Wüstenländern beziehen, woher in der That grosse Salzkarawanen nach den Sudanstädten kommen.

Wir erwähnen diese Bedürfnisse der Sudanesen; denn die Befriedigung derselben bildet einen mächtigern Hebel für Unterhaltung der Handelsverbindungen als das Verlangen nach europäischen Waren. Der Salzhandel hat seit jeher die Sudanstaaten mit den Nomadenstämmen der Wüste in regen Verkehr gebracht.

Der steppenartige Charakter so weiter Gebiete im Sudan hat die Bevölkerung vielfach auf die Viehzucht angewiesen. So begegnen wir sowohl im Westen wie, und zwar noch mehr, im Osten Kamele und Rinder züchtenden Nomaden. Stellenweise wird auch Schafzucht getrieben, und Ziegen werden überall gehalten.

Deutsch-Ostafrika und die Gebiete am Kongo sind zum Teil so schwer erschliessbar, weil in denselben das Pferd nicht fortkommen kann. Der Norden ist besser gestellt. Den Arabern ist es nach jahrhundertelangen Bemühungen gelungen, Pferde von der Küste einzuführen und sie auch zu akklimatisieren. Während die Durchquerungen des äquatorialen Afrika in mühseligen Fusswanderungen bestanden, ist das Reisen in diesen Gebieten insofern bequemer, als man je nachdem über Kamele, Lastochsen oder Pferde verfügen kann.

Die Sudanvölker besitzen auch ihre eigene Industrie; wir haben bereits die Weberei und Färberei erwähnt; es wird auch Eisen im Lande gewonnen und durch vielfach sehr gewandte Schmiede verarbeitet; im Westen kennt man auch das Gold, und aus Mariatheresiathalern werden Schmucksachen gearbeitet, im Osten werden Kupferminen verwertet. Dass auch die Töpferei, Lederarbeiten, Holzschnitzerei u. dgl. geübt werden, braucht kaum hervorgehoben zu werden.

Was nun die Wohnungen anbelangt, so findet man hier keineswegs nur die gewöhnlichen afrikanischen Strohhütten; die vornehmeren Leute bauen sich Häuser, wozu sie allerdings nur Thon, an der Luft getrocknete Ziegel, verwenden; dass diese Bauten in Anbetracht der starken Güsse, die der Himmel während der Regenzeit herabsendet, nicht besonders widerstandsfähig sind, ist leicht erklärlich. Die Kunst, Backsteine zu bereiten, Ziegel zu brennen, war den Sudanvölkern geläufig, aber davon zeugen augenblicklich nur Ruinen alter Paläste aus dem vorigen Jahrhundert, nur der König von Wadaï wohnt in einem aus rotem Backstein aufgeführten Palaste, welcher wie ein Kastell über die Lehm- und Strohhütten der Residenzstadt Abesche hinausragt.

Die weite Entfernung der eigentlichen Sudanländer von der Küste bewirkt es, dass von ihren Produkten nur ein geringer Teil exportfähig ist.

Wie in ganz Mittelafrika, so bildet auch hier das Elfenbein einen wichtigen Handelsartikel; es giebt noch hier weite Gebiete, die sich durch Reichtum an Elefanten auszeichnen und, wie dies z. B. in Wadaï der Fall ist, fast gar nicht von Menschen besiedelt sind. Aber das Elfenbein ist keineswegs die einzige Ware, welche diese Länder der zivilisierten Welt bieten. Straussenfedern werden gleichfalls in grosser Menge exportiert, und ebenso kommt von dort das Gummiarabikum, dessen Preis in Europa infolge des Mahdiaufstandes im ägyptischen Sudan sehr gestiegen ist. Selbst die Karawanen, die durch die Wüste ziehen, wie z. B. von Tripolis nach Bornu oder Wadaï, machen bedeutende Umsätze; und es sind von arabischen Kaufleuten bereits Karawanen ausgerüstet worden, die Waren im Werte von einer halben Million Mark und mehr nach dem Sudan brachten. An diesem Handel klebt jedoch ein Makel, denn der Hauptausfuhrartikel sind noch immer Sklaven, die an der ganzen Nordküste von Afrika Absatz finden und von dort auch wohl als „Diener“ nach der Türkei eingeschmuggelt werden.

Anschliessend an die Erwähnung der Handelsverhältnisse in den Sudanländern möchten wir auch des afrikanischen Geldes gedenken, da wir nach demselben öfters werden rechnen müssen. Der Verkehr mit den

Spaniern über Marokko hat in gewissen Gebieten die Einführung des spanischen Thalers zur Folge gehabt. Der Handel, den die Amerikaner an der Westküste trieben, hat hier und dort den Dollar populär gemacht, aber die gangbarste Silbermünze im Sudan ist der Mariatheresiathaler, auch Levantiner Thaler genannt. Derselbe wird schon seit dem Jahre 1765 in Österreich für den Handel mit Ostafrika und Westasien geprägt. Das Gepräge ist bis heute dasselbe geblieben, er zeigt noch das Bildnis jener Herrscherin und seit 1780 unverändert dieselbe Jahreszahl. Früher wurde er in Venedig geprägt, jetzt geschieht dies in Wien; er geht zumeist nach Ägypten, Abessinien und Arabien; vom Jahre 1765 bis Ende 1875 sind davon über 60 Millionen Stück geprägt worden. Es ist der alte Konventionsthaler, also = 1²/₅, des alten norddeutschen Thalers und im Werte auch dem Dollar (4,25 M.) ziemlich gleich.

Als Scheidemünze hat aber im Sudan die Kaurischnecke (Cypraea moneta) eine sehr grosse Verbreitung. Sie wird sehr oft, wenn auch fälschlich, Kaurimuschel genannt. Als Zahlmittel gilt sie vom Tsadsee im Osten bis zu den Mandingostaaten im Westen und von der Mündung des Niger im Süden bis Timbuktu im Norden. Auf dem Markt und im Kleinhandel wird nur nach Kauris gerechnet, aber selbst für wertvollere Waren werden Preise von 50 000 bis 100 000 Schnecken notiert. Der Kurs der Schnecken schwankt bedenklich. Barth gab an, dass zu seiner Zeit 1 Mariatheresiathaler in den Haussastaaten 2500 Kauri galt; dreissig Jahre später gab Staudinger den Thalerkurs mit 5000 Kauri an; aber selbst in kurzen Zeiträumen kann der Kurs, wie Lenz es in Timbuktu erlebte, von 4500 auf 3000 sinken.

Es giebt zwei Sorten Kaurischnecken. Die eine wird auf den Malediven gewonnen, sie ist kleiner, es gehen davon 45 000 bis 48 000 Stück auf einen Zentner, der Zentner kostete früher an dem Gewinnungsorte 8 bis 9 Dollars und wurde an der Westküste von Afrika mit 18 Dollars bezahlt. Die zweite weniger beliebte Kaurischnecke stammt von Sansibar und ist grösser; von ihr gehen nur 18 000 bis 20 000 Stück auf einen Zentner. Sie kostete früher in Sansibar ¾ Dollars und wurde an der Westküste mit 8 bis 9 Dollars bezahlt. Natürlich schwanken die Preise je nach der Nachfrage. Die Schnecken werden nicht gewogen, auch nicht auf Schnüre gereiht, sondern gezählt; die Begleichung einer Rechnung von einigen Tausend Schnecken ist somit keine geringe Arbeit, und solches Geld kann nur in Ländern fortbestehen, in denen der Wert der Zeit noch nicht gewürdigt wird.

Der Sudan ist das Land der Schwarzen; seine Bewohner sind Neger, aber sie sind stark mit verschiedenen anderen Elementen durchsetzt. Im Westen ist der Einfluss der heller gefärbten Fulbe sehr gross, vom Norden sind die Berber oft in die Länder eingedrungen; seit Jahrhunderten aber rückten die Araber vom Osten vor und übten den wichtigsten Einfluss auf die politische Gestaltung des Landes aus. Insofern die Sudanvölker eine höhere Kultur und eine straffere staatliche Organisation besitzen, sind sie durchweg mohammedanisch; die heidnischen Stämme sind zumeist roh, zersplittert, selbst dem Kannibalismus ergeben.

Die mohammedanische Welt stand seit alter Zeit in einer ziemlich regen Verbindung mit dem Sudan. Die mohammedanischen Sudanfürsten hatten wiederholt Wallfahrten nach Mekka unternommen; sie unterhielten regelmässige Handelsverbindungen mit den nordafrikanischen Küstenstaaten; arabische Kaufleute und Gelehrte drangen gleichfalls tief in das Herz von Afrika ein. Sie kannten bereits im Mittelalter die Reiche Gana, Tokrur und Melli, und durch sie kam die erste, wenn auch dunkle Kunde von jenen fernen Ländern nach Europa.

Die wirkliche Erforschung Innerafrikas begann aber erst gegen das Ende des vorigen Jahrhunderts. Als Vorläufer der grossen Erforscher des dunklen Weltteils ist Mungo Park zu betrachten, der auf seiner ersten Reise 1795–1796 von Gambia aus an der Westküste den Weg in den Sudan eröffnete und später die ersten Nachrichten über den oberen Lauf des Niger nach Europa brachte.

Seit dem Zuge Napoleon Bonapartes nach Ägypten begann auch eine neue Ära der Forschung im Osten von Afrika. Nach und nach wurden von einer Reihe von Forschern Nubien und Kordofan entschleiert und ferner die Länder am Weissen Nil erforscht; in den glänzenden Leistungen Schweinfurths, in den Reisen Emins und zuletzt Junkers und Casatis fand dieser Teil der Erforschung des östlichen Sudan seinen vorläufigen Abschluss.

Der wichtigste Weg aber führte in das Herz der Sudanländer von Tripolis über Fessan und die mittlere Sahara an den Tsadsee; er war wenigstens der erfolgreichste. Schon im vorigen Jahrhundert hatte ihn der deutsche Reisende Hornemann betreten – leider aber im Sudan den Tod gefunden, ohne genauere Nachrichten von dem letzten Teil seiner Reise nach Europa übermitteln zu können. Epochemachend auf dieser Route wurde erst die Reise, welche im Jahre 1822 Dr. Oudney, Major Denham und Leutnant Clapperton von Tripolis antraten. Oudney starb in Bornu, aber die Nachrichten, welche Clapperton und Denham heimbrachten, waren so überraschend, dass man nicht säumte, neue Expeditionen auszurüsten. Clapperton starb auf seiner zweiten Sudanreise, die er von der Westküste angetreten hatte, in Sokoto. Im Jahre 1849 kam aber eine Expedition zu stande, die zu den ruhmreichsten aller Afrikareisen gezählt werden muss. England hatte sie ausgerüstet, aber ausser James Richardson nahmen an ihr auch die Deutschen Heinrich Barth und Adolf Overweg teil. Richardson und Overweg erlagen im Sudan den Strapazen. Barth allein kehrte im Jahre 1855 zurück. Durch diese Reisen wurde der grösste Teil des mittleren und westlichen Sudan entschleiert, und dem auszeichneten Barth gelang es auch, die ersten Materialien zur Vorgeschichte der Sudanstaaten zu sammeln.

Zehn Jahre darauf durchquerte ein anderer kühner deutscher Reisender, Gerhard Rohlfs, die Sahara, kam nach Bornu und ging von dort nach dem Niger, um an der Küste von Guinea Afrikas Boden zu verlassen.

Noch war der östliche Teil des Sudan unerforscht geblieben. Zweimal haben es Deutsche versucht, von Bornu nach Wadaï zu gelangen, aber beide, Eduard Vogel und von Beurmann, fanden in dem rohen Lande von der Hand der Wadawa den Tod.

Es blieb aber einem Deutschen vorbehalten, auch in dieser Richtung mit Erfolg vorzudringen. Im Jahre 1869 trat Gustav Nachtigal seine ruhmreiche Afrikareise an. Woran die Bemühungen seiner Vorgänger gescheitert waren, das hinderte ihn nicht; in die verschlossensten Länder wusste er einzudringen, und quer durch Wadaï und Darfor kam er im Jahre 1874 in den ägyptischen Sudan. Nun war das Land der Schwarzen auch in östlicher Richtung durchquert.

Dieser Gang der Erforschung der Sudanländer bestimmt nun, dass auch die Bilder aus der Geschichte des dunklen Weltteils, soweit sie dieses Gebiet betreffen, nur die Spanne des letzten Jahrhunderts umfassen werden. Ein besonderes Interesse verdient dieser Stoff aber schon darum, weil das Material zu dieser Geschichte des Sudans durch den Opfermut und Fleiss deutscher Forscher in langen Jahrzehnten zusammengetragen wurde.

Bornu und seine Vasallen

Von Tripolis zum Tsade

Von Tripolis zum Tsade! In diesen Worten ist einer der beschwerlichsten und wunderbarsten Reisewege zusammengefasst. Jener Seehafen und jener Binnensee bilden die Endpunkte der Jahrhunderte, ja vielleicht Jahrtausende alten Karawanenstrasse, auf welcher die Kultur der am Mittelmeer wohnenden Völker ihre Fühlfäden nach dem Herzen des dunklen Weltteils ausstreckte. Im Laufe der Zeit hat die Kultur, die ewig fortschreitende, so vieles umgeändert. Durch ehemalige Urwälder führen heute breite, bequeme Fahrstrassen, auf ehemals jungfräulichen Strömen keucht heute das rauchende Dampfschiff, über Berge klettert das Dampfross; selbst in dem verlassensten und vergessensten Erdteil, in Afrika, spürt man an den meisten Orten den Odem einer neuen Zeit – eine Sicherung des Verkehrs, eine Verbesserung der Transportmittel. Der Niger und der Kongo werden von den Mündungen aus erobert. Der Njassa, der Tanganjika, der Ukerewe – werden allmählich mit Dampfern versorgt, die ja schon den heiligen Nil bis zum Albertsee befahren haben.

Auf der Reiseroute von Tripolis zum Tsade bleibt alles beim alten. Die Wüste mit ihren Schrecken bildet noch immer die alte Schranke, und wie vor Jahrhunderten ziehen heute durch sie die Reisenden auf dem Rücken des Wüstenschiffes, kämpfen mit Gefahren der Verdurstung, müssen jeden Augenblick bereit sein, einen Angriff der verräterischen, räuberischen Söhne der Sahara zurückzuschlagen.

Es dauerte lange, bis die Söhne des Nordens sich wagten, Züge quer durch die Wüste anzutreten. In Amerika war bereits die junge englische Kolonie zur selbständigen Macht aufgeblüht, und wir besassen nur eine dunkle Kunde von den Ländern, die hinter dem Wüstengürtel liegen.

Es war ein denkwürdiger Augenblick, als zu Anfang dieses Jahrhunderts Denham, Clapperton und Oudney, von arabischen Kaufleuten begleitet, die Wüste hinter sich hatten und auf den Spiegel eines unendlichen Sees blickten, an dessen Ufern eigenartige Völker zu eigenartigen Staaten gruppiert waren. Seit jener Zeit durchmassen öfters Eurorpäer in dieser Richtung die Sahara; aber ihre Zahl ist noch immer nicht gross, und die dieses Wagstück vollbracht haben, zählen zu den Helden der Afrikaforschung.

Von Tripolis zum Tsade! Auf diesem Wege begegnen wir in der Reihe der Jahrzehnte Heinrich Barth, Overweg, Vogel, Beurmann, Rohlfs und Nachtigal! Deutschland hat somit den ruhmreichsten Anteil an der Erforschung jener Länder. Es kann nicht unsre Aufgabe sein, hier Wüstenreisen zu schildern und die in den Oasen zerstreuten Häuptlinge aufzusuchen; obwohl auch sie uns die seltsamsten Einblicke in die menschliche Natur, in die Sitten und Gewohnheiten nomadischer Völker gewähren würden. Wir müssen eilen durch die bald steinige, bald gebirgige, bald mit Sanddünen und einem Sandmeer durchsetzte Wüste zu den Völkern des Sudan.

Nach monatelanger Reise, wenn der Forscher glücklich allen den Gefahren entronnen ist, betritt er endlich eine weite, flache Steppe, den Übergang von der Wüste zu fruchtbaren Ländern. Der Himmel ändert sein Aussehen, der Staubschleier, der ihn sonst in der Wüste umflort, schwindet, von Südwesten streicht ein feuchterer Wind, düsteres Gewölk ballt sich öfters am Horizont zusammen; Blitze zucken aus ihm hervor, und rauschend ergiesst sich über die Steppe der erquickende, belebende Regen. Schon hier wird das Tierleben häufiger, Rudel von Antilopen huschen dahin, und man bemerkt die erste Spur des Löwen, der hier schon genügende Nahrung und genügende Feuchtigkeit findet – des Wüstenkönigs, wie er so fälschlich benannt wird, da er die Wüste meidet und höchstens an ihren Grenzen seine Raubzüge ausführt.

Durch diese Steppe, die in der trockenen Jahreszeit ein so ödes Aussehen bietet, dass einige Reisende sie noch der Wüste zugezählt haben, dringt die Karawane von Brunnen zu Brunnen weiter nach Süden vor, bis am Horizonte eine dunkle Linie aufsteigt, der Blick des Reisenden auf einem Walde ruht! Nur der kann diesen erhebenden Anblick fühlen, wer sechs bis acht Monate lang nur auf die öden, nackten Felsen, die weissen und gelblichen Sanddünen blickte und nur von Zeit zu Zeit durch die Pflanzungen und Palmen der Oasen erquickt wurde.

Ein Wald am Rande der Wüste! Wenn wir uns hoch in die Lüfte schwingen und Afrika mit einem Blick umfassen könnten, so würden wir wohl bemerken, dass dieser Wald wie ein Gürtel die weite Sahara umfasst – von den Küsten des Atlantischen bis zu denen des Roten Meeres. Allerdings ist es kein Wald, wie wir ihn im Norden kennen; dichtgedrängt stehen in ihm nicht die Baumriesen, Quellen murmeln nicht in seinem tiefen Schoss; wir schreiten nicht unter einem grünen Blätterdom, schreiten nicht auf einem weichen Moosteppich. Unser nordischer Wald ist viel majestätischer, viel üppiger und schöner.

Dieser Wald an der Wüstengrenze ist auch kein Tropenwald, wie wir ihn aus Beschreibungen kennen; kein Gewirr von turmhohen Bäumen, unter deren Kronen ein zweiter niedrigerer Wald wächst! Vergebens würden wir hier nach den üppig rankenden Lianen ausschauen, vergebens nach den Farnkräutern suchen, die dem Boden entspriessen und hoch auf den Bäumen wachsen; Bilder, die wir aus Reisebeschreibungen anderer tropischer Länder kennen, Bilder, wie sie uns Alexander von Humboldt so meisterhaft von den Urwäldern am Orinoko entworfen, dürfen wir in diese gleichfalls tropischen Gebiete nicht vorsetzen. Den echten tropischen Urwald werden wir auch in Afrika finden, aber sein Standort liegt weiter im Süden, wo es gewaltige Berge giebt, und wo Riesenströme rauschen. Dort sind die feuchten tropischen Wälder mit ihrer Treibhaustemperatur – hier haben wir den trockenen Wald vor uns, wie er für den grössten Teil Mittelafrikas charakteristisch ist.

Der Wald, den wir jetzt betreten, gleicht vielmehr einer lichten, luftigen Parkanlage; zwischen den einzelnen Baumgruppen und Gebüschen erstrecken sich mehr oder weniger ausgedehnte Grasflächen; es ist der Mimosenwald, da seine Bäume zumeist Mimosen oder auch Akazien und myrtenähnliche Bäume sind.

Man zieht hier an verhältnismässig zahlreichen Brunnen vorüber und braucht nicht mehr das Trinkwasser in Wasserschläuchen zu schleppen, an diesen Brunnen wohnten einst Ansiedler aus dem Tebustamme, aber sie wurden durch andere nomadisierende Stämme, namentlich durch die Tuareg, vertrieben. So ist oder war wenigstens vor noch kurzer Zeit jenes weite Waldgebiet menschenleer; dagegen hat die Tierwelt von ihm in grossartigem Massstabe Besitz ergriffen.

Vogelgezwitscher schallt von jedem Busch und Baum, denn ungeheure Vogelschwärme haben hier ihre Brutstätten; auf manchen Bäumen findet man 30 bis 50 Nester, selbst an die dünnen Zweige hängt der Webervogel sein schwebendes Nestchen.

Wir rasten in diesem Walde und rücken mit Tagesanbruch weiter vor. Immer dichter ist die Gegend von Tieren bevölkert, man glaubt in einem Tiergarten zu sein. Das Kargum, eine rot und weiss gefleckte Antilope, kommt uns in ganzen Herden zu Gesicht; zahllose kleine Schmetterlinge, meist in den buntesten Farben prangend, gaukeln von Busch zu Busch. Um die Bäume winden sich Schlingpflanzen aller Art; an einer, Digdiggi genannt, finden wir geniessbare reife Früchte von rötlicher Färbung, berichtet Rohlfs; der Boden besteht aus feinem weissem Sande, nicht das kleinste Steinchen ist in ihm zu sehen; dies sowie seine hochwellige Gestaltung lässt darauf schliessen, dass alles Land von hier bis an den Tsadsee einst vom Wasser bedeckt und dann vielleicht lange Zeit Sanddüne war, bis es allmählich, durch tropische Regen befruchtet, Gräser, Sträucher und Bäume hervorbrachte und sich später in Humus umbilden wird.

Auf weiterem Zuge scheucht der Reisende ein Rudel Giraffen auf; Wildschweine brechen aus einem Dickicht hervor – und endlich an einem der Brunnen erblickt er den König der Tiere, der eben im Begriffe ist, eine Antilope zu verzehren, die er mit seinen wuchtigen Pranken zu Boden gestreckt hat. Auf schönen Wiesen zieht die Karawane weiter, und ein Wahrzeichen eines nahen grossen Wassers liegt abseits vom Wege, das

Gerippe eines Flusspferdes; nun erhebt auch die Feuchtigkeit liebende Dumpalme ihre stolzen Kronen aus den Senkungen der Wiese; dem Reisenden neue Bäume, hauchen einen narkotischen, senfartigen Geruch aus; von einem Hügel blickt er in ein dicht bewaldetes Thal; endlich glitzert hinter demselben ein schmaler Wasserstreifen auf, ein Teil des gewaltigen Seebeckens, welches das Ziel der Reise bildet – und ein lange nicht gehörter, an die Heimat erinnernder Ton, das Brüllen der Rinder, dringt an das Ohr.

In einem Dorfe am Ufer des Sees wird Unterkunft gefunden; der Anblick ist kein imposanter; überall sind die Ufer des Tsade mit Binsen und Gräsern bewachsen, tief in das Gewässer hinein erstreckt sich diese Vegetation, und auf den ersten Blick kann man schwerlich ahnen, dass dieses Wasserbecken die Grösse der Insel Sicilien erreicht.

Jahrzehnte lang bot der Tsade den Geographen viele Rätsel, die auch heute noch nicht völlig gelöst sind. Welche Flüsse speisen dieses Binnenmeer? wo liegt sein Abfluss? er muss ja einen haben, denn sein Wasser ist süss. Wir kennen heute die Ströme, die sich in ihn ergiessen, vor allem den gewaltigen Schari, der seine Fluten von den fernen Bergen des Südens bis hierher wälzt; wir wissen, dass er seinen Spiegel wechselt wie kaum ein anderer See, denn in und unmittelbar nach der Regenzeit schwillt er gewaltig an und überschwemmt weithin das Land; wir wissen, dass er in seiner südöstlichen Ecke einen Abfluss hat, durch den zum Teil wohl unterirdisch seine Wasser nach Nordosten sich wenden, um dort sich in Sümpfen zu verlieren oder im Wüstensande zu verlaufen.

Aber diese geographischen Fragen liegen ausserhalb des Planes unserer Betrachtungen. Wir suchen den Tsade aus anderen Gründen auf. An seinen Ufern wohnen eigenartige Völker, hier finden wir die mächtigsten Reiche des Sudan; Reiche, deren Geschichte um viele Jahrhunderte zurückreicht und so wechselreich ist, wie die unserer Staaten im Anfang des Mittelalters. Eine Völkerwoge drängte hier die andere; auf Heiden folgten hier die Bekenner des Propheten; Kriege, Thronstreitigkeiten, Palastintriguen, von all diesen Verwickelungen berichtet uns die Geschichte der Völker am Tsadsee – und noch heute herrschen hier dieselben Verhältnisse; der Islam hält unter den Heiden seine Sklavenjagden ab, und in barbarischer Pracht glänzen die blutbesudelten Höfe der schwarzen Fürsten des Sudan.

Scheich Mohammed el Kanemi

Ziehen wir weiter all den Ufern des Tsadsees nach Westen, erreichen wir bald die mächtigste Stadt dieses Gebietes. Aus der Ferne gesehen gleicht sie nicht einem steinernen Häusermeer wie unsere Städte, sondern eher einem Walde, denn die niedrigen Häuser liegen hier im Schatten der Bäume versteckt. Betreten wir diesen Mittelpunkt des staallichen und geistigen Lebens, des Handels und Wandels in diesem fernen Teile Afrikas! Die ersten Europäer, die durch die Thore Kukas gegangen waren, mögen unsere Führer sein. Einige Auszüge aus dem Tagebuche Denhams mögen uns in diese von ihm damals für Europa neuentdeckte Welt einführen.

*

„17. Februar 1823. Dies war für uns ein wichtiger Tag, und er schien es auch für unsere Führer zu sein. Trotz aller Schwierigkeiten, die wir auf unserer Reise angetroffen hatten, waren wir endlich nur noch wenige Meilen von unserem Ziel, sollten ein Volk kennen lernen, das ein Europäer nie gesehen, ja kaum davon gehört hatte, und wollten ein Land betreten, das bisher ganz unbekannt und dessen Lage nicht bestimmt war. Diese Vorstellungen erregten ein eigenes Gefühl, und es erwachte die Hoffnung, dass unser Aufenthalt auch für die Leute, mit denen wir nun bald in Berührung kommen sollten, nicht unvorteilhaft sein werde und als der erste Schritt zu ihrer Bildung angesehen werden könne. Auch für unser Land, dachten wir, würde eine neue Handelsverbindung dadurch angeknüpft, und sein Reichtum und sein Glück würden dadurch wachsen. Was wir über den Zustand dieses Landes gehört hatten, war so widersprechend, dass wir uns keine ordentliche Vorstellung weder über den Zustand, noch über die Lage der Bewohner machen konnten. Man hatte uns erzählt, des Scheichs Soldaten wären zerlumpte Neger mit Lanzen, die vom Raube in den Ländern der schwarzen Kafirs lebten, die sein Gebiet umgeben, und die er durch Hilfe einiger Araber, die in seinen Diensten wären, in Abhängigkeit erhielte. Auf der anderen Seite hatte man uns erzählt, dass seine Kriegsmacht nicht bloss zahlreich, sondern auch wohlgeübt sei. Voll Ungewissheit zogen wir nach Kuka, wir wussten nicht, ob wir den Regenten an der Spitze seiner Tausende oder unter einem Baume umgeben von einigen nackten Sklaven finden würden.

Diese Ungewissheit erreichte jedoch bald ein Ende. Ich ritt etwas vor Bu-Kalum* voraus, mit seinen Arabern, die alle zu Pferde und aufs schönste geputzt waren. Da die Bäume so dicht standen, war ich ihnen bald aus den Augen, und ich glaubte den Weg nicht verfehlen zu können. Ich ritt immer weiter, und als ich eine etwas offenere Stelle erreichte, war ich nicht wenig überrascht, mir gegenüber ein Korps von einigen tausend Reitern zu erblicken, die in einer Linie aufgestellt waren, soweit ich nur sehen konnte. Ich hielt mein Pferd an und erwartete im Schatten einer Akazie meine Gefährten. Die Truppen von Bornu standen ruhig, ohne Lärm und Verwirrung, einige Reiter, die vor der Fronte ritten und Befehle gaben, waren die einzigen ausserhalb der Linie. Als die Araber sich zeig-

Panzerreiter des Sudan.

ten, erhoben die Truppen des Scheichs von Bornu ein Geschrei, das weit erscholl, die rauhen Instrumente ertönten, und sie setzten sich in Marsch, Bu-Kalum und seine Araber zu begrüssen. In ihrer Bewegung herrschte ein Takt und eine Ruhe, die mich überraschten; drei kleine Abteilungen, vom Zentrum und den Flügeln, eilten rasch auf uns zu und hielten ihre Pferde erst einige Fuss von den unsrigen an, indessen die ganze Linie vorrückte. Die Abteilungen ritten kleine, aber sehr gute Pferde; sie hielten und schwenkten sich schnell und genau, schwangen die Speere über ihrem Kopfe, riefen: „Heil! Heil! Söhne eures Landes! Söhne eures Landes!" und kehrten zu der Hauptschar zurück, um aufs neue heranzusprengen. Während der Zeit schwenkte sich der rechte und linke Flügel und schloss den kleinen Haufen der Araber so vollkommen ein, dass ihre Begrüssung ganz den Anschein hatte, als wollten sie ihnen zeigen, wie sehr sie die geringe Zahl verachteten. Ich bin vollkommen überzeugt, dass alles absichtlich geschah, denn wir wurden beinahe erdrückt und waren in Gefahr unter den Pferden und Lanzen. Sich zu bewegen war unmöglich, wir mussten halten, unser Führer war wütend, aber es half nichts, und man antwortete nur mit „Willkommen!" und die Speere rasselten sehr unangenehm über unserem Kopfe. Diese verdriessliche Lage dauerte indes nicht lange; Barka Gana, des Scheichs erster General, ein Neger von edlem Ansehen, erschien in einer bunten seidenen Tobe, auf einem schönen Mandararosse; die Menge ward entfernt, und wir ritten weiter, aber langsam, da es manchen Aufenthalt gab durch diese wilden Reiter.

Die Neger des Scheichs, wie man sie nannte, nämlich die schwarzen Häuptlinge und Günstlinge, die durch irgend eine tapfere That zu dieser Würde erhoben waren, trugen Panzerhemden aus eisernen Ketten, wodurch sie vom Halse bis zu den Knien geschützt waren, hinten standen sie offen und hingen auf das Pferd herab, einige hatten Helme oder vielmehr Pickelhauben mit einer Bedeckung für das Kinn, stark genug, um einen Speer abzuhalten. Die Köpfe der Pferde waren auch durch Eisenbleche geschützt, oder durch Platten von Kupfer und Silber, die nur oben die Augen nicht bedeckten.

Als wir endlich das Stadtthor erreichten, gestattete man uns und Bu-Kalum und ungefähr zwölf von seinen Begleitern hineinzureiten, und wir durchzogen durch eine breite Strasse, die ganz mit Fusssoldaten, die Lanzen trugen, und Reitern besetzt war, bis zur Thüre des Scheichs. Die Reiter standen drei Mann hoch. Wir mussten halten, und einige Oberoffiziere kamen und riefen: Barka! Barka! (Heil! Heil!) und ritten dann zurück. Bu-Kalum verlor die Geduld, da wir der glühenden Sonne ausgesetzt waren; er schwur beim Haupte des Pascha, dass er zu den Zelten zurück-

* Ein arabischer Kaufmann, das Haupt der Karawane, mit der Denham zog.

kehren würde, wenn man ihn nicht sogleich vorliesse; er richtete aber nichts aus, und ich raunte ihm zu, er möge sich ruhig verhalten, da wir überall eingeschlossen waren, und ohne Erlaubnis zurückzukehren ebenso schwierig sein würde, als vorwärts zu gehen. Barka Gana erschien und machte ein Zeichen, dass Bu-Kalum absteigen sollte; wir wollten dasselbe thun, aber man deutete uns an, dass jener allein würde eingeführt werden. Noch eine halbe Stunde verging, als die Thore geöffnet wurden und die vier Engländer aufgerufen wurden. Wir näherten uns dem Thore (Skiffa), dort hielten uns die schwarzen Wachen auf und nötigten uns einen nach dem anderen, eine Treppe hinaufzusteigen, und als wir oben waren, zwang man uns wieder stillzustehen, da Speere kreuzweis vor uns gehalten wurden und ein Neger die Hand auf unsre Brust legte. Bu-Kalum kam aus den inneren Gemächern und fragte, ob wir den Scheich wie den Pascha (in Tripolis) begrüssen wollten? Wir versetzten: Ja!, da wir nur den Kopf verneigt und die rechte Hand aufs Herz gelegt hatten. Er sagte, wir sollten die Hände an den Kopf halten; wir erwiderten aber, das sei nicht möglich, wir hätten nur eine Art, alle zu begrüssen, ausser unsrem Könige!

Er ging wieder hinein, aber in einer oder zwei Minuten kam er zurück, und wir wurden zu dem Scheich der Speere geführt. Wir trafen ihn in einem kleinen Zimmer; er sass auf einem Teppich, hatte eine blaue Sudantobe an und einen Turban. An jeder Seite standen zwei Neger mit Pistolen, und einige Pistolen lagen auf dem Teppich. An den Wänden hingen Flinten, Geschenke des Pascha und des Sultans von Fessan, die hier als unschätzbar betrachtet wurden. Sein Äusseres hatte etwas Einnehmendes, er war etwa fünfundvierzig Jahre alt, hatte ein ausdrucksvolles Gesicht und ein wohlwollendes Lächeln. Wir übergaben ihm den Brief des Pascha; nachdem er ihn gelesen, fragte er, weshalb wir hierher kämen? Wir antworteten: „Um das Land zu sehen und Nachricht über seine Bewohner, Erzeugnisse u. dgl. abzustatten, da unser Sultan alle Länder der Erde kennen lernen wollte."

„Ihr seid willkommen", versetzte er; „mit Vergnügen wolle er uns alles zeigen, er habe befohlen, Hütten für uns in der Stadt zu bauen, wir möchten hingehen mit einem seiner Begleiter, sie zu sehen, und wenn wir uns von unsrer langen Reise erholt hätten, würde es ihm lieb sein, uns zu sehen."

Wir beurlaubten uns alsdann."

So gestaltete sich der Empfang der ersten Europäer in Kuka.

Die Stadt war erst vor wenigen Jahren gegründet worden, und die Zustände waren in Gärung begriffen. Bornu hatte damals zwei Herrscher, den eigentlichen Sultan, der in Alt-Bornu residierte aber sozusagen nur nominell den Titel führte, und den Scheich der Speere, den wir bereits kennen gelernt haben. Er hiess Mohammed el Kanemi. Als Bornu von den Feinden bedrängt wurde und die alte Dynastie die Interessen des Landes nicht zu wahren vermochte, wusste dieser Mohammed, dessen Lebensschicksale wir später ausführlicher beschreiben werden, durch Weckung des religiösen Fanatismus sowie durch sein Feldherrntalent sich zum Retter des Vaterlandes aufzuschwingen und nahm die Leitung der Geschicke Bornus in seine Hand. Die verweichlichten Sultane vermochten nicht gegen ihn aufzukommen, und er nahm in Bornu eine Stellung ein, wie einst der Major domus unter den Merowingern. Wir wir bereits gesehen haben, war er von Hofleuten wie ein König umgeben und hatte ein Heer, welches allen Feinden im Sudan Trotz bieten konnte.

Ein Mann, welcher derartiges vollbringen konnte, muste gewiss eine ungewöhnliche geistige Begabung besitzen, und je mehr die Europäer mit ihm verkehrten, desto mehr lernten sie den Scheich würdigen. Die nächste Audienz beim Scheich wurde für den darauffolgenden Tag angesetzt, und Denham und seine Gefährten übergaben dabei dem Scheich die für ihn bestimmten Geschenke; dieselben bestanden in einer Doppelflinte mit allem Zubehör, einem Paar schöner Pistolen, einem Kasten, zwei Stücken sehr feiner Tücher, rot und blau, und einigen Porzellansachen und Gewürzen.

Der Empfang war diesmal mit den üblichen Zeremonien verbunden. Erst kamen die Europäer durch Gänge, die mit Dienern gefüllt waren, von denen die vordersten niedergekauert sassen, und wenn die Fremden zu schnell gingen, so wurden sie bei den Beinen zurückgehalten. Vor dem Eingang zu einem offenen Hofraum, in welchem die Audienz stattfinden sollte, wurden den Gästen die Pantoffeln ausgezogen, und barfuss wurden sie vor den Scheich geführt, der auf einer mit Teppichen bedeckten Erdbank sass. Die Fremden mussten sich vor ihm im Sande niederlassen.

Der Scheich selbst war äusserst einfach und vernünftig; das Erscheinen der Europäer in seinem Lande erklärte er sich dadurch, dass der Ruf seiner Siege bis nach Europa gedrungen war. Der Scheich el Kanemi war sehr gastfreundlich. Die Fremden wurden mit Ochsen, Kamelladungen von Getreide und Reis, ledernen Schläuchen mit Butter, Schüsseln mit Honig und Honig in Waben beschenkt; ausserdem erhielten sie jeden Abend fünf oder sechs hölzerne Schüsseln mit Fleisch, Reis und einem Teige von Gerstenmehl, der schmackhaft, aber sehr fett war. Auch eine ganze Kamelladung von Fischen wurde vor ihre Hütte geworfen. –

Kuka hatte schon damals einen bedeutenden Markt, auf dem alle Produkte des Landes in grossen Mengen feilgeboten wurden: Sklaven, Schafe und Rinder, Weizen, Reis, Tamarinden, Erdnüsse, Bohnen, Indigo u. dgl. Leder wurde in grosser Menge gebracht; auch Häute einer Schlangenart und Stücke von der Haut des Krokodils, die man zum Zierat an Dolchscheiden gebraucht. Zu den Raritäten waren auch verschiedene wilde Tiere zu zählen, Affen und auch Löwen. Ein junger Löwe wurde einmal Denham zum Kaufe angeboten; er war so gross wie ein junger Hund, ging ruhig an einem Stricke umher, den ein Neger hielt und der ihm um den Hals geschlungen war.

Kuka hatte schon damals eine bunt zusammengewürfelte Bevölkerung, die eigentlichen Kanuri lebten hier neben den Schua-Arabern und zahlreichen eingewanderten Bagirmiern. Alles drängte sich um den siegreichen Scheich, und das Gemisch verschiedener Völker wurde noch durch die fremdartigen Gestalten der Sklaven aus den fernen im Süden gelegenen Heidenländern vermehrt.

Mohammed el Kanemi empfing öfters seine europäischen Gäste und richtete an sie die verschiedensten Fragen. Er liess sich erzählen, wie man in Europa ummauerte Städte einnehme. Als er erfuhr, dass man dort Kanonen hätte, die Kugeln von vierundzwanzig und zweiunddreissig Pfund schössen, dass man damit die Mauer niederschmetterte und dann mit stürmender Hand die Stadt nähme, blitzten seine grossen und dunklen Augen, und er rief: „Wunderbar! Wunderbar!“ Er bedauerte sehr, dass die Fremden kein Feuerwerk mitgebracht hätten, durch welches man aus der Entfernung eine Stadt in Brand stecken könnte, und da er erfuhr, dass sie wenigstens einige Raketen hätten, liess er abends ein Feuerwerk abbrennen, um seine Rivalen, die sich zufälligerweise in der Stadt befanden, durch den Anblick solcher Feuermaschinen einzuschüchtern.

Die Europäer begaben sich auch nach der Stadt Alt-Bornu oder Birni, in welcher der nominelle Sultan residierte. Sie war ähnlich wie Kuka gebaut und hatte etwa zehntausend Einwohner. Die Wohnung des Sultans war aus Erde oder Lehm errichtet. Auch hier wurden die Gäste des Sultans mit grosser Gastfreundlichkeit empfangen. Gleich am Abend nach ihrer Ankunft wurde ihnen eine reichliche, wenn auch nicht sehr ausgesuchte Mahlzeit zugeschickt, die aus siebzig Schüsseln bestand, jede gross genug, dass sechs Personen davon satt werden konnten. Der Sultan selbst schickte zehn, seine Frau dreissig, ebensoviel seine Mutter, und aus Besorgnis, dass die Engländer vielleicht nicht dasselbe wie die Bornuer ässen, waren noch zwei Sklaven mit lebenden Hühnern bepackt. Die Speisen bestanden aus Hammel- und Hühnerfleisch und waren gebraten, gekocht und gedämpft.

Bald nach Tagesanbruch wurden die Europäer gerufen, dem Sultan ihre Aufwartung zu machen. Er empfing sie auf einem öffentlichen Platze vor seiner königlichen Residenz. Man hielt sie in ziemlicher Entfernung, indes die Leute des Sultans, welche die Fremden abgeholt hatten, sich ihm zu Pferde bis auf hundert Meter näherten: dann stiegen sie ab, warfen sich zur Erde und setzten sich ihm gegenüber so, dass sie ihm den Rücken zukehrten, wie es Landessitte ist. Der Sultan sass in einer Art Käfig von Rohr oder Holz, nahe bei der Thüre seines Gartens, auf einem Sitz, der aus der Entfernung mit Seide bedeckt zu sein schien, und schaute durch das Gitter auf die Versammlung vor ihm, die im Halbkreise bis an die Stelle reichte, wo die Fremden warteten. Man konnte nichts Tolleres und Lächerlicheres sehen als seine Hofleute: ein unumgängliches Erfordernis, um eine Stelle an diesem Hofe zu bekleiden, war ein dicker Kopf und dicker Bauch, und wer durch vieles Essen sich letzteren nicht verschaffen konnte, musste sich ausstopfen. Die acht, zehn, ja zwölf Hemden, welche die Hofleute übereinander trugen, halfen etwas, um ihnen ein stattliches Aussehen zu geben. Der Kopf war mit Musselin und Leinwand von verschiedenen Farben, meistenteils von weisser Farbe, so oft umwickelt, dass er aufs vorzüglichste entstellt war. Ausserdem behingen sie sich mit Zauberformeln in kleinen ledernen Kapseln; auch bei den Pferden hingen solche am Halse, an der Stirn und am Sattel.

Obwohl man bei der Überreichung der Geschenke den Fremden gestattete, sich der Stelle, auf welcher der Sultanskäfig stand, auf etwa einen Pistolenschuss zu nähern, so konnten sie dennoch von dem Beherrscher des Landes wenig sehen, denn er trug einen Riesenturban und hatte sein Gesicht bis auf die Nasenspitze verhüllt. Dem Sultan gegenüber stand ein Ausrufer, welcher unaufhörlich und mit lauter Stimme das Lob seines Herrn und seines Stammes pries, während ein anderer Neger einer langen hölzernen Trompete von Zeit zu Zeit durchdringende, aber sehr übelklingende Töne entlockte.

Wir werden noch später über die Schicksale dieses Sultans in dem Abschnitt über die Geschichte Bornus berichten; schon damals war er eine Null. Die Regierung und vor allem die Verteidigung des Landes lag dem Scheich Mohammed el Kanemi ob. Ruhe herrschte auch an den Grenzen niemals. Wir werden noch die schwarzen Fürsten des Sudan auf ihren Raubzügen nach den Ländern der Kerdi, d. h. Heiden, begleiten; in jener Zeit wurden sie aber selbst von den Nachbarn bedroht, und damals lag Bornu mit Baffirmi in Streit, so dass die Streitkraft des Scheichs wiederholt durch Nachrichten von der Annäherung des feindlichen Heeres alarmiert wurde.

Scheich Mohammed el Kanemi hatte gegen zweihundert Steinschlossgewehre, von denen allerdings nur etwa die Hälfte brauchbar war, und zwei kleine Kanonenrohre, zu denen der Zimmermann der englischen Expedition die Lafetten fertig gestellt hatte. Er sammelte also sein Heer und rückte den Bagirmiern entgegen. Denham nahm als Zuschauer an der Entscheidungsschlacht teil, so dass wir den Scheich auch als Kriegsherrn kennen lernen.

Mohammed el Kanemi stellte seine Truppen südöstlich von Angala auf. Der Feind zeigte sich mehrere Male und bot die Schlacht an; da der Scheich ihn aber nicht nach der gewünschten Stelle hinbringen konnte, verweigerte er den Kampf. Den 28. März 1824 aber begann das Gefecht. Die Bagirmier wurden keck durch des Scheichs anscheinend geringe Lust zum Kampfe, und sie wagten es zuletzt, ihn in der Ebene südöstlich von Angala anzugreifen, wo er in einem Winkel gestanden hatte. Da ein grosser Teil der Araber des Scheichs mit einer Karawane nach den Haussaländern abgegangen war, so bildeten die Mussgu-Sklaven, welche mit dem Feuergewehr umzugehen gelernt hatten, seine Hauptmacht, die er auf seinen Flügel stellte. Als die Bagirmier aus dem Walde hervorkamen, erhob der Scheich seine grüne Standarte im Mittelpunkt und rückte, seine Artillerie im Vordertreffen, rasch dem Feinde entgegen. Die Bagirmier waren fünftausend Mann stark, zweihundert Häuptlinge in der Vorderreihe. Sie stürmten gerade aus auf das Zentrum des Feindes, wo die grüne Standarte des Propheten wehte. Trotz eines heldenmütigen Angriffs wurden sie von der Artillerie und den Schützen mit den Gewehren zurückgeworfen; ein zweiter Angriff auf die Reiterei der Bornuer fiel gleichfalls nicht günstig aus, sie mussten die Flucht ergreifen. Die Verfolgung begann, und auf der Wahlstatt blieben sieben Söhne des Sultans von Bagirmi und siebenhundert andere Krieger.

Jubel war gross. „O die Kanonen!“ hörte man überall reden. „O wunderbar, wie sie die Hunde zum Springen brachten! O die Flinten!“ Aber der Scheich fand das ein wenig zu stark und erklärte: „Gewiss, die Feuergewehre sind wunderbar – aber ich hob meine Hand und rief den Herrn an, und von dem Augenblicke an war der Sieg euer!“ Er war ja ein Prophet!

Die Beute war eine grosse. Man erzählte, dass vierhundertachtzig Pferde erbeutet wären, fast zweihundert Weiber, zwei Eunuchen und das Gepäck des Prinzen, das von Ochsen und Eseln getragen wurde. Fünfzig von den Frauen waren Sirias* von grosser Schönheit, sie gehörten den Söhnen des Sultans, und man brachte sie dem Scheich.

Glücklich im Kriege, war Mohammed el Kanemi auch bemüht, die Sitten seines Volkes zu bessern. Gegen den leichtlebigen Wandel, der namentlich unter den Frauen Kukas herrschte, war er sehr streng, und einmal liess er die Thore der Stadt schliessen und sechzig Schuldige aufgreifen, von denen einige hingerichtet, einige zu Tode geprügelt wurden. Seine Justiz war eine grausame, wie es den Sitten seines Landes entsprach; aber er hatte auch Sinn für Neuerungen. Er wollte Bornu heben, zum Mittelpunkt des Handels im Sudan machen, und gab den nach ihrer Heimat ziehenden Engländern einen gar nicht so üblen Auftrag.

Zur damaligen Zeit war geprägtes Geld im Sudan noch selten und nur im Besitz der grossen Händler. Gangbare Münzen waren: der Maria-Theresiathaler, der noch heute mit der Jahreszahl 1780 für den Orient geprägt wird, und der amerikanische Dollar, der sich von der Westküste durch die Sklavenhändler den Weg nach Haussa und dann nach Bornu

* Sklaven, die wert sind, ins Serail zu kommen.

gebahnt hatte. Sonst galt in Bornu die Kaurimuschel als Geld. Gewöhnlich tauschte man auf dem Markte eine Ware gegen die andere aus, oder man bezahlte sie mit kleinen Knöpfchen, Stücken von Korallen und Bernstein oder mit groben Baumwollenstoffen, die jeder verfertigte, und von denen fünfzig Gubka* einen Dollar kosteten. Wertvollere Sachen aber, wie Sklaven, grössere Posten von Elfenbein und Straussenfedern, wurden mit barem Gelde bezahlt.

Mohammed el Kanemi sah nun ein, dass eine bessere gangbare Münze den Handel fördern würde, und er gab Denham den Auftrag, ihm in England Stempel zu besorgen, nach denen Bornumünzen geprägt werden könnten. Während sonst im Sudan eigentlich nur die Silberwährung anerkannt wird und Goldmünzen oft nur mit Verlust gewechselt werden können, war der Scheich ein Anhänger der Doppelwährung, denn er wünschte, dass für sein Land Gold- und Silbermünzen geprägt würden; ausserdem aber bestellte er noch eine spartanische Scheidemünze aus Eisen.

So ging damals den Europäern im Herzen von Afrika eine neue Welt auf. Anfangs hatte man wohl Hoffnungen gehegt, dass Europa mit jenen Ländern direkt Handel treiben würde; aber jene Hoffnungen waren nicht so leicht zu erfüllen. Noch heute sind wir weit von dem gewünschten Ziel entfernt. Wenn aber so viele unserer Unternehmungen misslingen, oder nicht in kürzerer Zeit den erwünschten Erfolg zeigen, so beruht das wohl zum Teil, und zwar zu einem grossen Teil, darauf, dass man nicht zugeben will, dass das Innere von Afrika auch eine gewisse traditionelle Kultur hat, die, obwohl sie nur eine Halbkultur ist, nicht sofort gestürzt und durch europäische Einrichtungen ersetzt werden kann. Man kann diese Kultur nicht aus einer Reisebeschreibung und auch nicht aus einem ethnographischen Werke kennen lernen. Um sie völlig verstehen zu können, muss man sich in die Geschichte der afrikanischen Staaten vertiefen, die, wie dürftig auch anscheinend ihre Quellen sind, eine beredte Auskunft giebt.

Aus der Geschichte Bornus

Die Geschichte der Könige von Bornu reicht ziemlich weit zurück; Reisende, welche das Land besuchten, haben sogar schriftliche Urkunden, eine Art mehr oder weniger ausführlicher Chronik, bei dem Bornuvolke gefunden, die zwar im grossen und ganzen geheim gehalten wurden, von denen einige Abschriften jedoch nach Europa gelangten. Die schriftlichen Aufzeichnungen hat man vermutlich im sechzehnten Jahrhundert

* Gubka = ungefähr eine Elle.

zu machen begonnen; die frühere Geschichte stützt sich auf mündliche Überlieferungen und ist darum ungenau und lückenhaft. Dies bezieht sich namentlich auf die heidnischen Könige, welche bis in das elfte Jahrhundert unserer Zeitrechnung im Lande regierten.

Hume oder Ume, der vom Jahre 1086 bis 1097 n. Chr. regierte, begründete durch Annahme des Islam eine neue Dynastie. Bornu hatte bereits damals engere Verbindungen mit der arabischen Welt; dies beweist schon der Umstand, dass dieser erste mohammedanische König von Bornu in Ägypten starb, da er gerade auf einer Wallfahrt nach Mekka begriffen war. Sein Nachfolger Dunama, dessen Regierungszeit in die Jahre 1098 bis 1150 fällt, führte diese Wallfahrt dreimal aus und starb gleichfalls ausserhalb der Grenzen seines Landes im Meerbusen von Sues. Von ihm wird berichtet, dass er ein mächtiger König war und ein zahlreiches Heer, Reiterei und Fussvolk, gehabt haben soll. Vermutlich war er der erste, welcher Pferde von der Küste in das Land bringen liess. Diese Könige waren von heller Hautfarbe wie die Araber; erst Sselmaa (1194 bis 1220 n. Chr.) wird als der erste schwarze König dieser Dynastie erwähnt. Unter seinem Sohn Dunama stand im dreizehnten Jahrhundert das Reich auf der Höhe seiner Blüte, und die Chronik erzählt, dass er einundvierzigtausend Reiter ins Feld habe führen können. Seine berühmteste That ist der Krieg gegen die benachbarten und früher wohl mit Bornu verbündeten Tebu, der sieben Jahre sieben Monate und sieben Tage gedauert haben soll.

In der Geschichte der Völker findet sich oft die Thatsache verzeichnet, dass der Herrscher oder Staatsmann, welcher das Reich auf den Gipfel seiner Macht gebracht hat, auch den Keim zum späteren Verfall gelegt hat. Auch Dunama oder Ahmed, wie er von anderen genannt wird, hat sich laut der Überlieferung eines solchen Fehlers schuldig gemacht. Das Glück des Reiches Bornu war an einen Talisman, den „Munni", geknüpft, welchen der regierende Fürst zu hüten hatte, den er aber nicht öffnen durfte. Es ist schwer zu sagen, worin dieser äusserliche Talisman, ein versiegeltes Päckchen, bestand; doch ist die allgemeine Bedeutung davon leichter zu entziffern, hauptsächlich aus den Worten des sudanischen Geschichtschreibers Imam Ahmed, der sich darüber folgendermassen ausspricht: „Als das Ding, welches darin (im Talisman) war, entflohen war, rief es jeden Mächtigen auf und reizte ihn zu Ehrgeiz und Intriguen in der Regierung und den hohen Ämtern an." Von der Zeit an folgten sich auch wirklich Bürgerkriege, Königsmorde und Dynastiewechsel ohne Unterbrechung.

Damals reichte das Bornureich bis an die Grenzen Ägyptens und umfasste den grössten Teil des östlichen Sudan; die erste sichtbare Schwächung seiner Macht fällt gegen das Ende des vierzehnten Jahrhunderts in die Regierung Dauds. Der Hauptsitz der Dynastie der Ssaefua war bis dahin die Landschaft Kanem nördlich vom Tsad. Nun erhob sich in diesem Lande eine Zweiglinie der königlichen Familie, die Bulala, gegen den rechtmässigen Herrscher, und sie vertrieben ihn von Kanem nach dem eigentlichen Bornu. Daud selbst soll im Kampfe gegen den ersten Bulalakönig Abd el Dschelil gefallen sein. Die Kämpfe mit den Bulala dauerten lange; denn die Chronik führt eine ganze Reihe von Bornukönigen auf, die von diesen getötet wurden. Dann folgte eine trostlose Epoche von Bürgerkriegen. Erst unter den Königen Ali Gadschideni und Edriss besserten sich die Zustände, und Edriss zog wieder in die alte Residenz Ndschimie ein, einhundertundzweiundzwanzig Jahre, nachdem König Daud dieselbe verlassen. Unter diesen Fürsten und deren Nachfolgern wurde der Grund zu der alten Verfassung des Bornureiches gelegt, laut der die Macht des Königs einigermassen durch den Rat der zwölf grossen Würdenträger oder zwölf grossen Ämter beschränkt wurde, so dass es später hiess, Bornu habe zwölf Fürsten. Die Titel derselben sind noch heute in Bornu üblich, aber die Bedeutung der einzelnen Ämter ist nicht mehr dieselbe.

Unter den nachfolgenden Fürsten ragt Edriss Amssami oder Alaoma (1571 bis 1603) besonders hervor. „Edriss Alaoma“, berichtet Barth, „scheint den Thron nach einem kurzen Interregnum unter der Königin Mutter (magira) Aaischa Kel-egh-rarmaram bestiegen zu haben. Diese scheint eine sehr ausgezeichnete Frau gewesen zu sein und ist für die Kanori das Ideal der vollendeten Bildung einer Frau, weshalb sie von ihnen die Königin der Frauen – „mai kamobe“ – genannt wird. Sie ist es wahrscheinlich, welche den Grund zu der harmonischen Vereinigung von kriegerischem Mute und Thatkraft auf der einen, Milde und Gerechtigkeit auf der anderen Seite, welche die charakteristischen Züge dieses ausgezeichneten Fürsten bilden, in ihren Sohn gelegt hat. Unmittelbar nach einer Thronbesteigung scheint er, wahrscheinlich auf Anraten seiner Mutter, eine Gesandtschaft nach Tripolis geschickt zu haben, da der freie Verkehr mit jener Stadt so wichtig für jeden energischen Bornufürsten war. Diesem Verkehr ist auch die bemerkenswerte Thatsache zuzuschreiben, dass dieser König schon eine ziemliche Anzahl Musketiere hatte, welche stets den Ausschlag in den blutigen Schlachten gaben.“

Edriss Alaoma suchte vor allem die benachbarten Provinzen, welche bisher nur in lockerem Verhältnis zu dem Königshause standen, völlig zu unterwerfen; er festigte auch den Bau seines Reiches im Osten und trug seine Waffen im Westen bis in die Gegend von Kano in den heutigen Haussastaaten.

Er war eifrig bestrebt, die Wohlfahrt des Landes und den Reichtum der Städte zu fördern; von ihm wird berichtet, dass er an Stelle der alten, nur aus Rohrwerk leicht errichteten Moscheen deren aus gebranntem Thon baute, und höchst wahrscheinlich müssen wir auf ihn die interessanten Ruinen aus Ziegelsteinen in Birni sowohl wie in Gambarru zurückführen. In der Geschichte Bornus steht er aber auch als ein echter Kriegsheld da; denn er starb an einer auf dem Schlachtfelde erhaltenen Brustwunde, welche ihm ein in einem Baume versteckter heidnischer Gegner mit einem Handeisen – golio – beigebracht haben soll.

Die Chronik weiss über die späteren Könige Bornus wenig Rühmliches zu berichten. In dem vor den Einfällen äusserer Feinde mehr gesicherten Reiche scheint bald innere Zerwürfnis zu Bürgerkriegen geführt zu haben, deren Folge Hungersnöte wurden, von denen jetzt in der Geschichte Bornus auffallend häufig die Rede ist. Die Sultane sassen indessen in ihrer Hauptstadt und gaben sich dem Luxus hin. So war das Reich innerlich geschwächt, der Hof und die Vornehmen waren korrumpiert, als unter der Regierung Ahmeds ben Ali die Katastrophe hereinbrach. „Ein gelehrter Fürst, freigebig gegen die Ulama, verschwenderisch im Almosengeben, Freund der Wissenschaft und Religion, gnädig und mitleidig gegen die Armen“, so heisst es von diesem Herrscher in der Chronik. Die Ereignisse haben aber auch gezeigt, dass er schwach und nicht imstande war, das Reich aus der Gefahr zu retten, welche es unvermutet bedrohte. Am Anfange seiner Regierung wurde Bornu zuerst von einer fürchterlichen Pest heimgesucht, welche grosse Mengen Menschen dahinraffte. Das war ein schwerer Schlag, und bevor das Land sich von ihm erholen konnte, erwuchs ihm im Westen ein neuer gefährlicher Feind.

In der Geschichte der Haussastaaten werden wir von der Erhebung der Fulbe unter ihrem Propheten Othman dan Fodio zu Anfang des neunzehnten Jahrhunderts berichten. Die Fulbe waren auch als Hirten in den westlichen Distrikten Bornus ansässig. Sie nahmen an der fanatischen Bewegung ihrer Landsleute regen Anteil und gerieten mit den Mohammedanern von Bornu in Zwiespalt. Sie rebellierten; man sandte ihnen Truppen entgegen, aber die verweichlichten Heere des Sultans wurden in einer Reihe von Gefechten geschlagen, und die Scharen der Hirten wandten sich gegen das Reich selbst; überall tauchten ihre weissen Fahnen auf und bedrohten selbst die alte Hauptstadt Birni, deren Herrschaft sich einst nach allen Himmelsrichtungen erstreckte und deren Macht ebenso gefürchtet wie ihr Glanz hochgepriesen wurde.

In der Nähe der Stadt stellte sich das Heer des Sultans dem Feinde entgegen; es konnte aber den mit fanatischem Mut vordringenden Fulbe nicht widerstehen und wurde aufs Haupt geschlagen. In rasender Eile floh nun der Sultan, von seinen zwölf Hofchargen umgeben, durch die Ostthore der Stadt, während zu gleicher Zeit das siegreiche Heer der Fulbe durch das Westthor ohne Pomp und Glanz seinen Einzug hielt.

Dies geschah im Jahre 1809. Der aus der Residenz seiner Väter mit Schimpf und Schande vertriebene Sultan schlug seine Residenz in Kurnaua auf. Er selbst war ratlos, und unter den Grossen, die um ihn versammelt waren, gab es keinen einzigen, der als Staatsmann oder als Heerführer der schwierigen Lage gewachsen war. Bornu, das altersschwache, schien rettungslos dem Untergang preisgegeben zu sein.

Da sollte ihm unverhofft ein Retter erscheinen; die fanatisierten Scharen Othmans dan Fodio sollten in einem gleichfalls fanatischen mohammedanischen Gelehrten und Heiligen einen unbezwingbaren Gegner finden. Der weissen Fahne dan Fodios trat ein Mann entgegen, der die grüne Fahne des Propheten, die alte Fahne der Mohammedaner, mit Erfolg emporhob. Es war der Mann, den wir bereits als den Scheich in Kuka kennen gelernt haben.

Der Fakir Mohammed el Amin el Kanemi war kein Sohn Bornus. Er war aus Fessan gebürtig und seines Standes nur ein Gottesgelehrter – „ein frommer und gottesfürchtiger, aber zugleich energischer und weltverständiger Mann." Auf seinen vielfachen Reisen war er mit Bewohnern von Kanem näher bekannt geworden und hatte dort eine Prinzessin, Tochter des kleinen Häuptlings von Angala, geheiratet. Infolge dieser Verschwägerung nahm er an den Geschicken des Landes einen lebhaften Anteil. Er sah, wie die Fulbe überall siegreich vordrangen, und sah, wie die Bornuer mut- und ratlos ihnen das Feld räumten. Da rief er nach echter Araberart die Kanembu zu den Waffen. Wie in unserer Zeit der Mahdi von Dongola, so erklärte auch er, Gott habe ihm eine Erscheinung gezeigt und ihn auserkoren, die Fulbe zu züchtigen. Dieser Aufruf verfehlte nicht seine Wirkung; anfangs stiessen nur fünf Reiter und zweihundert Lanzenträger zu ihm, und mit diesem Häuflein zog er dem Feinde entgegen. Die Fulbe verspotteten ihn, aber er war glücklich in den ersten Scharmützeln, und so wuchs seine Schar auf vierhundert Streiter an, die unter seiner Führung mit Todesverachtung ein fast achttausend Mann starkes Heer der Fulbe angriffen und zur Flucht zwangen. Indem er seinen Sieg rasch ausnützte, säuberte er den östlichen Teil Bornus von dem Feinde und setzte sich wieder ruhig nieder.

Noch war aber die Hauptstadt in der Gewalt des Feindes geblieben, der sich anschickte, gegen den von feigen Hofleuten umgebenen Sultan den Hauptschlag zu führen. Da sandte dieser in seiner Verzweiflung Boten an Mohammed el Kanemi und trug ihm den Oberbefehl über das Bornuheer an.

Mohammed folgte dem Rufe; er stiess mit seinen unerschrockenen Kanembu-Lanzenträgern zu dem Heere des Sultans und schritt zur Wiedereroberung der Hauptstadt. Nach einem furchtbaren Gemetzel wurden die Fulbe aus derselben hinausgeworfen, und der Sultan konnte wieder in Birni einziehen; er starb aber unmittelbar darauf im Jahre 1810.

Mohammed el Kanemi setzte den Sohn des Verstorbenen, Dunama, auf den Thron, und nachdem er ihm mit dem Heere gehuldigt, zog er sich wieder nach Kanem zurück. Hier mochten in dem Sieger die Pläne zur

Erreichung der Alleinherrschaft gereift haben. Er schloss mit seinen Freunden, den Schua-Arabern, die ihn in den letzten Kämpfen unterstützt hatten, engere Bündnisse ab. Das Volk strömte zu ihm, und da ja die Fulbe noch im Westen standen, so organisierte Mohammed el Kanemi eine neue Streitmacht: man erzählt, dass ihm zu diesem Zwecke infolge einer freiwilligen Abgabe des Volkes täglich zwanzig Pferde zugestellt wurden, während nach einem anderen Berichte sein vertrautester Schuahäuptling Tirab die Pferde im Lande aushob und darum den Namen „Pferdesammler“ erhielt. Nun erhob der Sieger die grüne Fahne des Propheten und nannte sich „Knecht Gottes“, der Fakir hiess von jetzt ab der Scheich Mohammed el Amin el Kanemi.

Der neue Sultan Dunama blickte indessen besorgt auf die wachsende Macht des siegreichen Scheichs, und um neben ihm bestehen zu können und den gesunkenen Ruf des Königshauses zu heben, zog er gegen die Fulbe im Westen. Nur kurze Zeit war ihm das Kriegsglück hold; er wurde geschlagen und musste wie sein Vater aus der Hauptstadt fliehen. Wie ein Verbannter, ein Heimatloser irrte er jetzt in seinem Reiche umher, bis ihn die Not zwang, sich unter den Schutz des mächtigen Scheichs zu stellen. Derselbe wurde ihm gewährt, aber Mohammed el Kanemi stellte bereits Bedingungen. Dem Scheich musste die Hälfte des Einkommens von allen Provinzen, die er von dem Joche fremder Eroberer befreien würde, zugesprochen werden. In der That gelang es dem Scheich den Feind zurückzudrängen, und er residierte, wenn auch ohne Pomp, so doch mit wahrer fürstlicher Macht in der Stadt Ngornu, während der Sultan mit der uns bereits bekannten Schar ausgestopfter Höflinge in Birni oder Berberua lebte. Als nun friedlichere Zeiten kamen, erschien dieser Zustand auf die Dauer unerträglich. Bornu hatte doch in Wirklichkeit zwei Herrscher, und am peinlichsten empfand man diese Unsicherheit an dem Hofe Dunamas. Die hohen Würdenträger des Reiches, welche durch das Ansehen des Scheichs völlig in Schatten gestellt wurden, sannen auf Mittel, wie sie diesen verderben könnten. Sie gaben dem Sultan den Rat, sich verräterischerweise des unbequemen Nebenbuhlers zu entledigen. Sultan Dunama ging anfangs auf diese Vorschläge ein, und er befahl dem Scheich, am Hofe zu erscheinen. Mohammed el Kanemi durchschaute den Plan seiner Gegner, er baute aber fest auf die Anhänglichkeit des Volkes und ging ohne Begleitung nach Birni. Sein festes Auftreten und die Liebe, welche ihm das Volk bekundete, wirkten so überraschend und lähmend auf die Hofpartei, dass diese nicht den Mut fand, ihre Anschläge auszuführen. So ging Mohammed el Kanemi aus diesem Intriguenspiel siegreich hervor.

Nun wurde dem Sultan die Nähe Ngornus von Berberua unbequem. Wiederum liess er sich bereden, einen verzweifelten Schritt zu thun. Er beschloss, seine Residenz nach Wudi an der Nordwestecke des Tsadsees zu verlegen, in der Hoffnung, dass alle diejenigen, welche noch an dem alten Königshause hingen, ihm folgen und dank der Entfernung sich dem Einflusse des Scheichs entziehen würden; aber Mohammed el Kanemi durchschaute auch diesen Plan. Während der Hof nach Wudi reiste, trat ihm unvermutet der Scheich an der Spitze einer bewaffneten Macht entgegen und nötigte ihn, nach Berberua zurückzukehren. Der Sultan musste der Gewalt weichen, aber er verhehlte dem Scheich nicht, dass er sich in seiner Herrscherwürde verletzt fühle. Nun beschloss der Scheich, dem Könige zu zeigen, dass er nur ein Spielball, ein Werkzeug in seiner Hand sei; er klagte Dunama des Landesverrats an und setzte ihn ab. Mit dem Titel und dem Pomp des Sultans stattete er dagegen einen Onkel Dunamas Namens Mohammed aus. Der Scheich ging in seinem Streben, dessen Endziel die Erringung der Alleinherrschaft war, äusserst langsam und sicher vor. Er wollte zunächst dem Lande den Beweis geben, dass die Dynastie der Ssaefua zum Regieren völlig untauglich sei; indem er ferner den Königen die ganze Pracht des Hofes beliess, suchte er sie zu demütigen. Als der neue Sultan Mohammed ihm nicht in allen Stücken gehorchen wollte, setzte er ihn ab und erhob wieder den kurz zuvor entthronten Dunama auf den Thron. So war jetzt jedem klar, dass die Sultane von Bornu nur Könige von des Scheichs Gnaden seien!

Dieses langsame Vorgehen des Scheichs hatte wohl noch einen anderen Grund; er war ja von Geburt ein Fremder. Würde er sich nun auf den Thron Bornus gesetzt haben, so hätten die Anhänger der Königspartei die nationalen Leidenschaften entfachen können. Indem er aber den Ssaefua die königliche Würde beliess und nur die Wohlfahrt des Landes zu schützen vorgab, hatte er die Mehrzahl des Volkes auf seiner Seite. Ausserdem musste noch der Umstand in Betracht gezogen werden, dass, wie überall, so auch hier der Siegesjubel leicht und schnell verrauscht und alsdann Undank der Lohn der Befreier ist.

Scheich Mohammed el Kanemi hatte den nominellen Sultanen verboten, ihre Residenz zu wechseln; er selbst aber wollte seine Macht auf keine alten Erinnerungen an den Glanz Bornus stützen; er baute sich am Westufer des Tsade eine neue Residenz. An der Stelle, auf der er seinen eigenen Palast bauen wollte, stand ein einzelner Affenbrotbaum, der in dieser Gegend ziemlich selten vorkommt. Nach diesem Baume benannte er die neue Stadt Kuka.

Die Grenzen des Bornureiches waren aber noch keineswege gesichert; der Anprall der Fulbe war zurückgeschlagen, und auch ihr Fanatismus hatte sich gelegt. Dagegen waren die kleinen Sultane der vom Tsade entfernten Provinzen infolge der vielen Wirren aufsässig geworden und mussten in das alte Lehnsverhältnis zum Bornureiche gebracht werden. Vor allem aber entstand diesem ein gefährlicher Feind in dem kriegerischen Nachbarreiche Bagirmi, welches damals noch zum Teil aus Heiden bestand. Ein übermütiger Fürst Othman Burgomanda stand an der Spitze desselben. Der kluge Scheich, der sich zu schwach fühlte, gegen diesen Gegner den entscheidenden und vernichtenden Schlag zu führen, suchte sich zu diesem Zwecke mit dem mächtigen Fürsten des im Osten liegenden Nachbarreiches Wadaï, dem tapferen und klugen Ssabun, zu verbinden. Der König von Wadaï zog es aber vor, bei dieser Gelegenheit seinen eigenen Vorteil wahrzunehmen; er eroberte die Hauptstadt Bagirmis, plünderte diese sowie das Reich, schleppte eine grosse Menge von Einwohnern in die Sklaverei und machte das Land zu seinem Lehen, indem er dem besiegten Sultan einen Tribut auferlegte. So war Bagirmi von Wadaï gesichert und konnte seine Kriege gegen Bornu fortsetzen.

Der erste Feldzug des Scheichs gegen Bagirmi, den er mit Hilfe von Fessan-Truppen unternahm, war erfolgreich, denn der Scheich zog in die Hauptstadt des Landes Massenja ein und verheerte den ganzen nördlichen Teil von Bagirmi; aber einen entscheidenden Sieg konnte er nicht erringen, denn Othman Burgoda rettete sich mit seinem Heere und dem grössten Teile der Landesbevölkerung in eine uneinnehmbare Stellung am Ufer des Schari. In den nachfolgenden Jahren 1816 und 1817 befand sich dagegen der Scheich im Nachteil; in der Schlacht bei Kotoko fiel sein ältester und beliebtester Sohn, und in der Schlacht bei Angala fiel der Sultan Dunama, der den Scheich in allen seinen Feldzügen begleitete. Nach den Berichten Denhams schreibt man seinen Tod seiner ungeheuren Grösse und Schwere zu; das Pferd, worauf er ritt, wollte vor Ermüdung nicht weiter; obgleich er nur noch fünfhundert Ellen vom Thore von Angala war, geriet er doch in die Hände der Feinde. Er fiel indessen mit grosser Würde, und sechs von seinen Eunuchen und eben so viele Sklaven, die ihn nicht verlassen wollten, hatten dasselbe Los. Dieser Sultan von Bornu trug keine Waffen und hielt es unter seiner Würde, sich selbst zu verteidigen; er setzte sich daher unter einen Baum, seine Leute umgaben ihn; so empfing er den Feind, verhüllte sein Gesicht mit einem Shawl und wurde von hundert Lanzen durchbohrt.

Der Tod des Sultans in einer für den Scheich unglücklichen Zeit war keine passende Gelegenheit, sich des verwaisten Thrones zu bemächtigen; so setzte er auf diesen Ibrahim oder Ibram, Dunamas Bruder. Er war derselbe Sultan, den die englische Expedition in der Stadt Birni besuchte, wie wir dies im vorhergehenden Abschnitt berichtet haben. Am 28. März 1824 trafen die Heere von Bagirmi und Bornu auf demselben Schlachtfelde von Angala zusammen. Dank dem Übergewicht seiner Feuerwaffen blieb der Scheich, wie wir es bereits aus den Berichten Denhams erfahren haben, Sieger.

Nach wechselvollen Kämpfen gegen die Fulbe im Westen schloss der Scheich el Kanemi mit dem „Beherrscher der Gläubigen“ in Sokoto, dem Sultan Mohammed Bello, Frieden. Während er nun im Begriffe stand, Kanem, auf welches auch Wadaï Ansprüche erhob, wiederzuerobern, ereilte ihn im Jahre 1835 der Tod. Er hinterliess eine zahlreiche Familie und ernannte seinen ältesten Sohn Omar zum Haupt derselben und zugleich zum Erben seiner Würden und seiner Macht im Reiche Bornu.

Scheich Omar hatte von seinem Vater den rastlosen kriegerischen Sinn nicht geerbt. Seine Gedanken waren mehr den Werken des Friedens zugewendet; aber die unruhigen Zustände im Sudan nötigten ihn immerfort, an die Verteidigung der Landesgrenzen zu denken; denn obwohl ja Sultan Ibram in Birni residierte, so blieb die Sorge für die Sicherheit des Reiches das Erbteil des Sohnes von Mohammed el Kanemi. Im Westen erhoben sich wiederum die Fulbe, und Bornu sah sich genötigt, ihnen ein starkes Heer entgegenzusenden. Glücklicherweise fand Omar in seinem Bruder Abd er Rahman einen trefflichen und mutigen Führer, welcher den Oberbefehl über die Armee im Westen übernahm.

Die Thatsache aber, dass das Innere des Landes hierdurch von den Anhängern des Scheichs entblösst wurde, erschien den Ratgebern des Scheinkönigs Ibram verlockend. Sie glaubten, jetzt sei der günstige Augenblick gekommen, um den Scheich und seinen ganzen Anhang zu vernichten. Sie fühlten sich aber selbst zu schwach, um mit dem gefürchteten Gegner anzubinden; so wandten sie sich insgeheim an den König des Nachbarreiches Wadaï und forderten ihn auf, den rechtmässigen Herrscher wieder in Wirklichkeit auf den Thron der Ssaefua zu setzen.

Der ganze Plan wurde so geheim verabredet, dass Scheich Omar von der ihm drohenden Gefahr erst dann erfuhr, als das Wadaïheer bereits an den Grenzen des Landes stand. Er sammelte sofort seine Streiter, und das erste, was er that, war, den König Ibram des Hochverrates anzuklagen und ihn in Ketten zu legen. Dann zog er dem Feinde entgegen an der Spitze eines kleinen, aus etwa sechshundert Arabern und Tebu bestehenden Heeres und seiner bekanntlich aus zwei kleinen Kanonen bestehenden Artillerie. Er besetzte damit am westlichen Ufer des Logone den Übergang über den Fluss. Das Heer von Mohammed Ssaleh, dem König von Wadaï, rückte heran; vergebens aber versuchte es, den Übergang durch den Fluss zu erzwingen; die Feuergewehre und namentlich die beiden Kanonen Omars richteten unter den Feinden eine grosse Verheerung an. Endlich gelang es den Wadawa durch Verrat, den die Einwohner der nahen Stadt Kussuri und eine Abteilung der Schua-Araber an dem Scheich Omar begingen, den Fluss an einer anderen Stelle zu passieren. Die Schua wandten sich plötzlich gegen ihre Verbündeten, aber obwohl Omar auf diese Weise überrumpelt wurde und seine Kanonen im Stich lassen musste, verteidigte er mit grosser Umsicht seine Stellung und zog sich erst spät am Abend vom Schlachtfelde zurück. Die Verluste Omars waren empfindlich; in dem Gemetzel fiel der berühmte Waffengenosse des Scheichs Mohammed el Kanemi, Tirab, der Pferdesammler. Ein Bruder Omars, der tapfere Ali, schlug sich durch die feindlichen Reihen nach der Stadt Kussuri, wurde aber von den verräterischen Städtern dem Feinde ausgeliefert.

Scheich Omar kehrte nach Kuka zurück und liess den Scheinkönig Ibram, der mit dem Feinde im Einvernehmen stand, hinrichten. Dann zog er sich nach Ngornu zurück und erwartete hier die Ankunft seines Bruders Abd er Rahman, den er mit der im Westen stehenden Armee zurückrief.

Über den weiteren Verlauf dieses Krieges sind die Nachrichten, welche Forschungsreisende eingezogen haben, verschieden. Nach den einen sollen die Wadawa Kuka eingenommen, geplündert und in Brand gesteckt haben, nach den anderen soll Mohammed Ssaleh vor den Thoren Kukas einen Ausgleich mit Omar getroffen haben. So viel steht aber fest, dass er Ali, den Sohn des von Omar hingerichteten Königs, auf den Thron seiner Väter setzte, hierauf aber die Lage seines Heeres, das so weit von der Heimat entfernt war, bedenklich fand. Er hatte ja die beiden Flüsse Logone und Schari im Rücken und hörte ausserdem, dass Abd er Rahman mit einem starken Heere heranziehe. Er schrieb darum an Omar, dass er nicht, um Eroberungen zu machen, nach Bornu gekommen sei, sondern von den Bornuleuten gerufen; er übersandte Omar die Briefe, welche die Hofleute Ibrams an ihn gerichtet hatten, lohnte so den Verrat mit Verrat, überliess den neu eingesetzten König Ali seinem Schicksale und trat unbehelligt den Rückzug nach Wadaï an. Dies geschah im Mai des Jahres 1846.

Der junge Ali scheint ein mutiger Fürst gewesen zu sein. Er wusste wohl, dass er die Rache des Scheichs, der schon seinen Vater getötet, zu fürchten hatte; er ergriff darum die Offensive und zog Omar entgegen. Bei Minarem trafen die beiden Heere zusammen, das Schicksal der Dynastieen Ssaefua und Kanemiin sollte entschieden werden. Aber gleich beim Beginn des Gefechtes wurde der junge König getötet – der letzte Herrscher des glorreichen, einst so mächtigen Geschlechtes der Ssaefua fand wenigstens auf dem Schlachtfelde einen ehrenvollen Tod. In dem Gemetzel, das hierauf folgte, wurden die hervorragendsten Anhänger des alten Königsgeschlechtes niedergemacht, und nun liess Omar an den überlebenden und im Lande zerstreuten Parteigängern seine Wut aus. Er sandte zunächst den Sohn des gefallenen Tirab, den Hadsch Beschir, nach der Residenz Birni, welche zerstört wurde, um jedes Andenken an die Dynastie Ssaefua zu vertilgen; man ging so weit, dass man die schriftlichen Urkunden über die fast ein halbes Jahrtausend lange ruhmreiche und wechselvolle Geschichte Bornus, soweit man derselben habhaft werden konnte, vernichten liess. Eine Verfolgung begann, und selbst eine harmlose freundliche Erinnerung an die früheren Herrscher wurde streng bestraft. Omar war nunmehr der unumschränkte Herr des Landes.

Er baute die vom Feinde heimgesuchte Residenzstadt seines Vaters wieder auf, und zwar in der Art, dass er die östliche Hälfte derselben für seine besondere Residenz und die Wohnungen seiner Hofleute bestimmte; dies ist die östliche Stadt oder billa gedibe – während er die billa futebe oder westliche Stadt dem gemeinen Volk überliess. Ein freier Platz trennte die beiden Hälften der Residenzstadt voneinander, die von nun an im Sudan vielfach Kukaua, d. h. die beiden Kuka, genannt wurde.

Scheich Omar war von Natur ein milder, dem Frieden zugeneigter Fürst. Die Energie seines Vaters fehlte ihm jedoch; er wusste nicht die Nebenbuhler, die um einflussreiche Stellungen gegen einander intrigierten, richtig im Zaum zu halten, und so kam es, dass auch jetzt innere Wirren das Ansehen und die Ruhe des Landes störten. Ausserdem aber sollten auch Thronstreitigkeiten, der Krebsschaden aller Sultanate im Sudan, der jungen Dynastie Kanemiin nicht erspart bleiben. Der Bruder des Sultans, der tapfere Abd er Rahman, war auf den Einfluss des Wesirs beim Scheich eifersüchtig; im Winter 1853 sammelte er seinen Anhang und liess sich zum Herrscher von Bornu ausrufen.

Omar und sein Wesir rückten ihm sofort entgegen, wurden aber von den ihnen feindlichen Einwohnern des flachen Landes in einem Treffen geschlagen. Der Wesir wollte nach Wadaï entfliehen, wurde aber von den Schua daran gehindert und von Abd er Rahman erdrosselt. Omar, der von seinem Bruder zu einem einfachen Privatmann degradiert wurde, sammelte indessen seinen Anhang und trat mit Waffen in der Hand dem Usurpator entgegen. In einem Treffen, das auf dem freien Platze zwischen den beiden Kuka stattfand, errang er den Sieg, nahm seinen Bruder gefangen und tötete ihn in den ersten Tagen des Dezembers im Jahre 1854. Seit dieser Zeit blieb Omar in ungestörtem Besitz der Herrscherwürde

Unter der Regierung dieses Fürsten wurde Bornu wiederholt von europäischen, namentlich von deutschen Reisenden aufgesucht. Wir besitzen ausführliche Mitteilungen über die Regierungsweise Omars, seinen Hof, seine Minister, die Zustände des Landes. Aus allen geht aber klar hervor, dass dieser Fürst seiner Aufgabe, das Reich zu heben, nicht gewachsen war. Scheich Mohammed el Kanemi hatte Bornu vor dem Untergang gerettet nicht allein durch die Siege, die er mit Waffen in der Hand errang, sondern auch dadurch, dass er eine neue gerechtere Ära inaugurieren wollte. Er war bestrebt, den Luxus einzudämmen und, soweit dies im Herzen von Afrika möglich, die Bewohner einem höheren Grade der Sittenreinheit zuzuführen.

Der fromme, gutmütige, aber auch charakterschwache Omar vermochte auf seine Umgebung diesen läuternden Einfluss nicht auszuüben. Dieselbe Genusssucht, der Luxus, die der alten Dynastie so verderblich wurden, breiteten sich auch am Hofe von Kuka aus. Das Volk klagte über Mangel an Gerechtigkeit, da es der Willkür der Grossen preisgegeben war. In den letzten Jahrzehnten war vieles faul im Staate Bornu, und wenn sich das Reich hielt, so dankte es dies nur dem Umstande, dass keine besonders mächtigen Feinde an seinen Grenzen erscheinen konnten. Derselbe trostlose Zustand herrscht auch heutzutage, wie wir noch später erfahren werden, in den Haussastaaten; in Bagirmi ist die Lage noch viel schlimmer. Es ist nun die Frage, ob die neuen religiösen Bewegungen, welche heute den Osten des Sudan durchzucken, ob der Snussismus oder Mahdismus die Völker am Tsade aus ihrer Lethargie aufrütteln werden. Sollte dies der Fall sein, so wird die Geschichte Innerafrikas um einige blutige Schlachten reicher werden; die Kultur wird davon keinen Vorteil haben, denn diese religiösen Bewegungen unter den Sudanesen, die wir gerade in Betracht ziehen müssen, sind ihrer Natur nach rückläufig und tragen nur dazu bei, die kaum eröffneten Gebiete wieder zu verschliessen.

Wir haben der ausführlicheren Schilderung des Hofes von Kuka diese kurze geschichtliche Übersicht vorausgeschickt, weil sie dem Leser das Verständnis der Einzelheiten vermitteln wird; ist sie doch der breite Hintergrund, auf dem sich die Ereignisse, über die wir berichten wollen, abspielen.

Die Residenz

Wir haben die Stadt Kuka Mohammeds el Kanemi bereits kennen gelernt; wenden wir uns jetzt den von Omar erbauten beiden Kukas zu; sehen wir uns zunächst in der westlichen um, die ja auch dem Kaufmann oder fremden Reisenden als Aufenthalt dient.

Vorausschicken möchten wir aber, dass wir in Kuka kein kleines Städtchen vor uns haben, sondern eine wirkliche Stadt mit 50 bis 60 000 Einwohnern.

Die Weststadt, mit Mauern umgeben, hat eine fast quadratische Form, wobei die Ausdehnung der Stadt von Ost nach West etwa zwei Kilometer beträgt. In der Mitte derselben erstreckt sich vom Ost- zum Westthore eine breite Hauptstrasse, der Dendal oder die Königsstrasse. An ihr, im Mittelpunkt der Stadt, erheben sich die Moschee und der Palast des Sultans, in dem er sich manchmal vorübergehend aufhält. Grosse, monumentale Bauten giebt es hier nicht. Die vornehmsten Leute bauen sich Lehmhäuser mit flachen Dächern. Diese aufeinander gehäuften Erdklumpen sind nicht besonders wetterfest. Ein starker Regen reisst in ihnen bedenkliche Lücken, so dass der Hausbesitzer in der nassen Jahreszeit stets mit Reparaturen beschäftigt ist. Nur die Vornehmen haben Erdhäuser; die grosse Masse des Volkes wohnt in Strohhütten von zuckerhut- oder glockenförmiger Bauart. Die besser situierten Bürger haben wohl zwei oder drei solcher Hütten, welche, von einem Gehöft umgeben, ein Ganzes bilden. Treten wir in diese Hütten ein, so finden wir darin keinen besonderen Luxus. Zumeist ist eine breite, aus dem rohrartigen Ambatschholze gefertigte Bank das einzige Möbel, das wir im Zimmer vorfinden, und einige Matten, auf die man sich niederlässt, bilden die ganze Ausstattung. Bei Leuten, die von den Händlern im Norden eine verschliessbare Kiste erhalten haben, steht wohl auch diese mit den besten Kleidungsstücken und anderem Reichtum gefüllt in dem Empfangszimmer; aber sie steht auf rohgearbeiteten mit steinernen oder thönernen Füssen versehenen Mulden, damit Termiten oder andere Ameisen sie nicht befallen und in einer Nacht den Reichtum des Herrn, soweit er nagbar ist, vernichten. Die stete Gefahr, die von Insekten und anderem Getier den Vorräten im Hause droht, mag die Dürftigkeit der Ausstattung der Wohnung des einfachen Mannes erklären. Zum Schutze vor Ratten oder Termiten werden hier die Speisevorräte nicht auf Regalen der Speisekammer aufgestellt, sondern an Stricken, die von dem Dache herabhängen, schwebend aufbewahrt.

Anders sieht es natürlich in den Frauenhütten aus. Hier bildet das Hausgerät, welches auf einer rings um die Wand laufenden Erdbank aufgestellt wird, oft eine sehr abwechslungsreiche Ausstattung, die um so grösser ist, je grösser der Reichtum des betreffenden Hauses. Da giebt es nicht nur einheimische Gefässe aus Kürbisschalen und Holz, nicht nur allerlei afrikanische Körbe und Töpfe, sondern auch europäische Fabrikate von Kupfer und Messing: Kochtöpfe, Waschschüsseln und Kannen, blank gescheuert und gefällig aufgestellt, fehlen in den Haushaltungen der Wohlhabenden nicht. Sogar Porzellan, das merkwürdigerweise, obgleich sehr untergeordnetes europäisches Fabrikat, den arabischen Namen des chinesischen – Sini – führt, findet nicht selten unzerbrochen einen Weg nach Bornu und bleibt in den Händen der Bewohner zuweilen intakt, solange es als Wohnungszierde dient.

Vor der Thür, im Schatten und Luftzuge, stehen die umfangreichen Wasserkrüge aus gebranntem Thon, daneben ist der Feuerplatz, und ein auf schlankem Stangengerüst errichtetes leichtes Schattendach, unter dem der Aufenthalt demjenigen im hochtemperierten Innern der Hütte bei weitem vorzuziehen ist. In der Ecke des Hofes befindet sich häufig zu ebener Erde ein niedriges rechtwinkliges Taubenhäuschen aus Lehm, zuweilen in mehreren Etagen, mit Reihen von runden Eingangsöffnungen für die Tierchen. Das anmutige Bild wird vervollständigt durch einen oder mehrere schattige Bäume, die fast keinem Hofraum fehlen und die Stadt aus der Ferne als lichten Wald erscheinen lassen. Leider bevölkern sich diese schönsten Zierden der Wohnungen oft so bedenklich mit dunkelfarbigen Störchen, Reihern, Weber- und kleinen Singvögeln, deren heiteres Leben zu stören die Pietät verbietet, dass der Mensch sich des

Baumschattens nicht erfreuen kann, ohne empfindlich durch die rege Verdauung der beweglichen Tierchen zu leiden. Nur die feigenartigen Bäume werden fast immer von ihnen verschmäht, während der Hedschlidsch sich ihrer besonderen Gunst erfreut und oft zwanzig, fünfzig, selbst hundert und mehr Nester trägt. Man sieht Bäume in Kuka derartig mit Nestern überladen, dass sie buchstäblich langsam ersticken und absterben.

Turteltauben und graue Waldtauben beleben die höchsten Baumwipfel. In der Regenzeit kommen die Wasservögel von den Ufern des Tsadsees herüber und stets, bei Tage wie bei Nacht, schweben über den Strassen und Plätzen die Aasgeier, ohne welche, da sie rasch alle Fleischabfälle vertilgen, Kuka ein Herd der Pest sein würde.

Auf der Hauptstrasse wogt ein buntes Leben. Man sieht hier keineswegs den sogenannten nackten Neger. Zwei, drei oder vier Gewänder aus schwerem Stoff sind den Bewohnern der Hauptstadt keine Last, sondern ein Stolz, ein Vergnügen. Der Reiche, wenn er zu Fuss durch die Stadt wandelt, hat einen würdevollen Gang. Die Last der Kleider bewirkt es. Weite Beinkleider, womöglich von gold- und seidebenähtem Tuch, in denen sich drei europäische Extremitätenpaare verlieren würden, fallen bis auf die Füsse herab und nötigen ihm die breitspurige Gangart auf. Auch behängt er sich noch mit schweren und reichen Tuchburnussen aus Tripolis und wird auf diese Weise zu einer kolossalen Maschine, die mühsam von dem Diener auf das Pferd gehoben wird.

Die nicht arbeitenden Frauen und Mädchen schlendern mit Vorliebe auf den Strassen herum, um ihre Reize zu zeigen. Um die Hüften ist der übliche Shawl so geschlungen, dass er zwischen den Füssen durch in Form einer langen Schleppe den Boden fegt, wenn dieser einigermassen trocken ist. Ein kurzes Hemdchen, weiss oder blau, mit bunter Seide von oben bis unten in eigentümlichen Mustern gestickt, umhüllt die Schultern und reicht bis auf die Mitte des Oberschenkels. Oft fehlt dasselbe, und dann wird ein Shawl nachlässig so um den Oberkörper geschlungen, dass womöglich eine Schulter und eine Brust frei bleibt. Auf dem Hinterkopfe ziert halbmondförmiger Silberschmuck das sorgfältig in kurzen Flechten geordnete Haar, und ein Stückchen Edelkoralle prangt im rechten Nasenflügel. So stolziert die Schöne hüftenwiegend, schulterndrehend einher, schleudert herausfordernde Blicke nach allen Seiten und zeigt bei lautem Lachen und Schwatzen die braungefärbten Zähne.

Kuka steht auch in den Negerländern weit und breit im Rufe einer vorzüglichen Hochschule. Zur Zeit, als Rohlfs die Stadt besuchte, mochten 2000 bis 3000 junge Leute im Alter von zwanzig bis fünfundzwanzig Jahren daselbst studiert haben. Ihr Studium aber besteht in nichts weiter, als dass sie die zum Leben notwendigen Suren auswendig und die arabische Schrift mechanisch schreiben lernen, ohne von dem Inhalt nur ein

Wort zu verstehen. Statt aller Bekleidung tragen sie ein Ziegenfell um die Hüften geschlungen; eine hölzerne Tafel, ein kleines irdenes Tintenfass, ein paar Schreibfedern von Rohr und eine Kürbisschüssel machen ihre ganze Habseligkeit aus. So ziehen sie durch die Strassen, um Nahrung zu erbetteln, denn die wenigsten dieser Bettelstudenten haben hier und dort in vornehmen Häusern Aufnahme gefunden.

Jeden Montag wird der grosse Markt vor dem Westthore der Stadt abgehalten. Er ist einer der grössten Märkte Afrikas, bedeutender sogar als der von Tripolis. Europäische Waren und einheimische Produkte, alles ist hier zu haben. Tausende von Menschen strömen hier zusammen. Die wichtigsten Teile des Marktes sind ohne Zweifel der Pferde- und der Sklavenmarkt. Das Pferd hat eine grosse Bedeutung für Bornu und steht mitunter hoch im Preise. Grosse Staatspferde, die in Tripolitanien für 20 und 30 Mariatheresienthaler zu haben sind, werden hier mit 100 bis 150 Thalern bezahlt.

Auf einem besonderen Platze in Buden haben die Sklavenhändler ihre lebende Ware in Ketten und ungefesselt aufgestellt. Man sieht hier Repräsentanten verschiedenster Rassen: Leute aus Wadaï, aus Bagirmi, Haussa – vor allem aber Kinder der unglücklichen Heidenstämme des Südens. „Neben kleinen Kindern, die der zärtlichen Sorge einer liebenden Mutter entrissen wurden, bevor sie das Bild derselben in ihre Erinnerung aufnehmen konnten, sitzen lebensmüde Greise, zwischen hässlichen Weibern, denen die fahle Haut um die fleischlosen Knochen schlottert, und die in Arbeit und Elend stumpf geworden sind, blicken frische junge Mädchen mit den vollen prallen Formen der ersten Jugendblüte, in kokettem Kopfputz, sauber gewaschen und in Butter erglänzend, hoffnungsvoll in die Zukunft."

Dazwischen gehen die Käufer, nach der Spannweite die Höhe der Sklaven messend, ihre Zähne besehend, nach ihrem Appetit, dem Zeichen der Gesundheit, fragend. Der Mensch ist hier billiger als ein Rassepferd. Für junge Mädchen, unter denen die bronzefarbigen helleren Fulbe die gesuchtesten sind, wurden in den siebziger Jahren 30 bis 60 Thaler bezahlt. Junge Burschen kosteten 15 bis 30 Thaler, und betagte Männer und Frauen, sowie kleine Kinder werden für 3 bis 10 Thaler verkauft.

Und dieser Handel blüht in Bornu. „Auf dem Montagsmarkt", schreibt Rohlfs, „werden manchmal Tausende von Sklaven zum Verkauf gebracht; Partien zu Hunderten giebt es schon auf dem täglichen Markte."

Was nun die Marktpreise für einheimische Waren anbelangt, so sei erwähnt, dass während Rohlfs' Anwesenheit eine Ziege 1/3 Thaler, ein Schaf ½ Thaler, eine Ochsenladung (100 bis 125 Kilo) Negerhirse 1 Thaler, Weizen und Reis 2 Thaler kostete; für einen Thaler erhält man in Kuka etwa 10 Kilo Butter. Vergleicht man aber die von verschiedenen

Reisenden mitgebrachten Preislisten, so nimmt man wahr, dass auch im innersten Afrika das Leben von Jahr zu Jahr teurer wird.

Es wird wohl noch lange dauern, bis europäische Kaufleute mit diesen Ländern einen regelmässigen Handel unterhalten werden. Kamerun könnte noch am leichtesten einen Ausgangspunkt für eine regelrechte Karawanenstrasse bilden, wenn die Küstenländer mehr kultiviert sein werden.

Kehren wir nunmehr in die Weststadt zurück. Wir haben bis jetzt nur die breite Hauptstrasse passiert; von dieser zweigt sich ein Gewirr regelloser, winkliger Strassen ab, ein namenloses Labyrinth, welches wohl im Anfang den fremden Wanderer durch seine Eigenartigkeit besticht, das aber nur an trockenen Tagen zu passieren ist, da es sich sonst in einen unwegsamen Sumpf verwandelt, in dem man thatsächlich knietief einsinkt.

Vor dem Ostthore der Weststadt dehnt sich zwischen dieser und der Oststadt ein etwa einen Kilometer breiter freier Platz, der früher wohl ganz leer war, an dessen Seiten aber mit der Zeit einige Gruppen regelloser Hütten und Erdhäuser errichtet wurden. Die eigentliche Residenz ist, was den Umfang anbelangt, fast ebenso gross wie die Handelsstadt, nur etwas länger und schmäler; sie wird von dem Dendal, der Königsstrasse, durchschnitten, nur ist diese hier von enormer Breite und durchzieht nur zwei Drittel der Stadt, denn an ihrem östlichen Ende bildet den Abschluss der Palast des Sultans mit der Moschee.

Die Lehmhäuser sind hier häufiger, die Strohhütten seltener. Das Strassenbild ist nicht so bewegt, nicht so mannigfaltig wie in der Arbeitsstadt, dafür aber viel prachtvoller durch die vornehmen Gestalten der stattlich ausgeputzten Reiter, welche nach dem Königspalaste eilen oder die Prinzen, Brüder und Söhne des Scheichs besuchen. Freilich, die Familie der Sultane von Bornu pflegt gross zu sein. Von einem der Könige aus der Ssaefuadynastie berichtet die Chronik nur die eine ruhmreiche Thatsache, dass er dreihundert Söhne hatte. Die Dynastie der Kanemiin war zur Zeit, als Nachtigal in Kuka weilte, vom etwaigen Aussterben noch himmelweit entfernt, denn während der greise Herrscher noch Kinder im zartesten Alter hatte, erfreute sich der Kronprinz, der damals in der zweiten Hälfte der Dreissiger stand, einer Nachkommenschaft von siebzig und einigen Kindern, und einer seiner jüngeren Brüder hatte diese Zahl bereits übertroffen.

Bedenkt man, wie viel Diener, Sklaven und dergleichen diese Prinzen und Prinzessinnen, diese Minister mit ihren nach Hunderten von Weibern zählenden Harems brauchen, so wird man leicht ersehen, dass ein derartiger Hof fast allein eine Stadt bevölkern kann. Gesund ist der Aufenthalt in Kuka keineswegs; wenn auch die Geier die Strassen von Fleischabfällen reinigen, so fällt es ihnen nicht im entferntesten ein, anderen Unrat fortzuschaffen, und die Bewohner haben sich bis jetzt auch nicht für irgend ein Abfuhrsystem entscheiden können. So giebt es in der Stadt neben Häuserruinen Sand- und Lehmgruben, Abfallshaufen, stinkende Pfützen; die Regenzeit verwandelt das alles in einen Morast, der, während er nach und nach austrocknet, zu einer Brutstätte der Malaria wird.

Bemerken möchten wir noch, dass es in Kuka ein „Christenhaus“ giebt; so wird wenigstens das in der Weststadt gelegene Haus genannt, in welchem der Reihe nach die wissenschaftlichen deutschen und englischen Expeditionen gewohnt haben.

So ist der Sitz jenes Bornukönigs beschaffen, dessen Regierungsgeschichte wir schon in allgemeinen Umrissen kennen. Treten wir ihm näher, suchen wir ihn in seinem Palaste auf, wo er umgeben von seinen Würdenträgern Audienzen erteilt!

Audienzen beim Scheich Omar

In der Geschichte der Afrikaforschung, namentlich aber auch in der Geschichte der deutschen Wissenschaft muss dem Scheich ein dankbares Andenken bewahrt bleiben. Er war ein Freund und Gönner der Erforschungsreisenden, in Kuka standen sie immer unter seinem Schutz, wurden gastlich empfangen, konnten, wenn ihre Geldmittel erschöpft waren, Anleihen machen und durften von hier Vorstösse nach verschiedenen Richtungen unternehmen. Zwei von ihnen, Vogel und Beurmann, wurden in Wadaï ermordet. Barth, Overweg, Rohlfs und Nachtigal haben uns aber ausgezeichnete Nachrichten über den Sultan und seinen Hof gegeben.

Barth fand in Omar einen höchst einfachen, wohlwollenden und selbst aufgeweckten Mann; er war damals im Jahre 1851 sechsunddreissig Jahre alt. Seine Züge waren regelmässig und angenehm, nur etwas zu rund, um vollen Ausdruck zu haben; auffallend war aber seine schwarze Hautfarbe, denn er hatte ein so glänzendes Schwarz, wie man selten in Bornu gewahrt. Es unterliegt wohl keinem Zweifel, dass er dies von seiner Mutter, die eine bagirmische Prinzessin war, geerbt hatte; dieselbe lebte noch zu Barths Zeiten und hatte als Magira (Königin-Mutter) ansehnlichen Landbesitz, aber nicht wie die Magira im alten Bornureiche viel wirklichen Einfluss. Scheich Omar war bei der Audienz, die er Barth zum ersten Male erteilte, höchst einfach in eine feine Tobe von ziemlich heller Farbe gekleidet und trug einen Burnus nachlässig um die Schulter geschlungen; um sein Haupt war ein dunkelroter Shawl mit vieler Sorgfalt gewunden. Sein Gesicht war ganz unbedeckt, ein Umstand, der Barths Verwunderung erregte, da es sein Vater stets zu verdecken pflegte. Er sass oder lag vielmehr in nachlässiger Stellung auf einem mit einem

Teppich bedeckten Diwan im Hintergrunde einer hohen, luftigen, wohlgeglätteten und geschmückten Halle.

Welch ein Unterschied bei diesem Empfang im Vergleich zu der Audienz, die Denham bei Dunama in Birni hatte! Dort hatte der Sultan sich hinter einen Käfig versteckt; hier tritt er dem Fremden frei und offen gegenüber! Die damalige von England ausgerüstete Expediton, als deren Hauptteilnehmer Richardson, Barth, Overweg und Vogel erscheinen, hat gegen 300 000 Mark gekostet:, sie führte ein zerlegbares Boot und reiche Geschenke für den Sultan, unter denen sich auch ein zerlegbares Wägelchen befand, das in Bornu zusammengesetzt wurde; aber man würde irren, wenn man meinte, dass der freundliche Empfang, den Scheich Omar den Europäern zu teil werden liess, lediglich durch die Geschenke bedingt wurde. Dies beweist die Aufnahme, durch welche auch Reisende ausgezeichnet wurden, die über verhältnismässig sehr geringe Mittel verfügten und die grossen Erfolge, die sie errungen hatten, lediglich ihrer Energie verdankten.

Zu diesen gehörte auch der berühmte Gerhard Rohlfs, der im Jahre 1865 Bornu besuchte. Zu seinem grossartigen Zuge quer durch Afrika war er ursprünglich nur mit der geringfügigen Summe von 7500 Mark ausgestattet. Er war auch der erste Europäer, der in europäischer Kleidung vor dem Sultan von Bornu erschien, während seine Vorgänger die arabische Kleidung angenommen hatten. Nur als Kopfbedeckung hatte er den Fes gewählt.

Der Sultan empfing Rohlfs in einer Art grosser, durch Erdsäulen gestützter Halle, welche das Licht nur durch die offene Thür, ein Loch in der Hinterwand und ein Fenster in der Decke erhielt. Er sass auf einer mit Teppichen bedeckten Erhöhung und war bei dieser Gelegenheit ganz wie ein reicher tripolitanischer Kaufmann gekleidet. Er trug einen schwarzen Tuchburnus, weissseidenen Haik, Naftan von rotem Tuche, weissen Turban und weite Beinkleider. Die gelbledernen Pantoffel standen vor ihm auf dem Boden. Daneben lag zu seiner Rechten ein Säbel in kostbarer silberner Scheide, ein Geschenk der Königin von England, das ihm von Vogel überbracht worden war, zur Linken prangten ein paar reich ausgelegte Pistolen. An der Wand hinter dem erhöhten Sitze hingen einige Bilder neben dem Porträt des Sultans Abdul-Asis zu Pferde und auch ein gewöhnlicher Bilderbogen mit Soldaten.

Das Gespräch, welches während der ersten Audienz geführt wurde, lautete nach Rohlfs' Angaben:

Nach den gewöhnlichen Fragen nach der Gesundheit u. s. w., die von Rohlfs in gleicher Weise erwidert wurden, wobei er nicht unterliess, nach arabischem Sprachgebrauch hie und da einzufügen: „Gott erhalte die Seele des Sultans! – Gott verlängere das Leben unseres gnädigen Herrn! Gott gebe dem Sultan Segen und Frieden!“ – fragte der Sultan:

„Wie befindet sich dein Sultan? Bringst du mir einen Brief von ihm? Ist er der, der über halb Deutschland im Norden regiert?“

Rohlfs: „Mein Sultan befindet sich sehr wohl. Da ich als Privatmann reise, konnte er mir keinen Brief für dich mitgeben, was er sicher gethan haben würde, wenn seine Regierung selbst mich zu der Reise abgesandt hätte.“

Omar: „Wie geht es Abdul-Kerim (Heinrich Barth)? Der war ein grosser Freund von mir; er war Engländer.“

Rohlfs: „Er ist leider tot; doch er war kein Engländer, sondern ein Deutscher wie ich.“

Omar: „Nicht möglich; wir kannten ihn hier nur als Engländer. Wann ist er gestorben? Gott habe Erbarmen mit ihm.“

Rohlfs: „Als ich in Mursuk war, brachte mir der Kurier noch einen Brief von ihm; mit dem nächsten Kurier aber erhielt ich durch meinen Brief die Nachricht von seinem Tode, das sind jetzt ungefähr acht Monate her.“

Omar: „Hast du einen Brief vom Sultan von Stambul? Wie geht es Abdul-Asis? Ist er in Frieden mit den Christen. Hat er keinen Krieg mit Musku (Russland)?“

Rohlfs: „Abdul-Asis befindet sich ganz wohl. Ich habe einen Firman ali (Reisepass) von ihm. Mit den Christen, auch mit Musku war er im Frieden, als ich Mursuk verliess.“

Omar: „Wohin gedenkst du zu gehen? Willst du nach Wadaï, nach Bagirmi? Ich will dich sicher hinbringen lassen. Sei mir willkommen! Aber ehe die Regenzeit aufhört, kannst du nicht reisen. Es soll dir an nichts fehlen.“

Rohlfs: „Mein Wunsch ist, über Bagirmi nach Wadaï zu gehen, und ich erflehe den Segen Gottes auf dein Haupt, wenn du mich dahin geleiten lassen willst.“

Omar: „Wir werden sehen. Sei nochmals willkommen! Alles, was du wünschest, soll geschehen.“

Mit diesen Worten und einer Handbewegung, wie sie ein Ludwig XIV. nicht königlicher hätte machen können, verabschiedete er Rohlfs.

Bei der zweiten Audienz überreichte Rohlfs dem Sultan Geschenke, deren Wert ungefähr 540 bis 600 Mark betrug. Das Hauptstück bildete ein amerikanischer Repetierstutzen, der im Besitze Rohlfs' war und mit dem der Reisende vor Kuka zwei Nilpferde erlegt hatte.

Der Sultan hatte von diesem Jagdstück gehört und den Wunsch geäussert, den Stutzen zu sehen; dies war nun gleichbedeutend mit der Erklärung, er möchte das Gewehr besitzen.

Obwohl nun Rohlfs als Privatmann reiste und Geschenke, wie königliche Sendboten sie an den Hof von Bornu gebracht hatten, nicht überreichen konnte, so erwartete Omar von einem Europäer doch etwas Besonderes, das auf dem Markt in Tripolis, den ja seine Leute besuchten, nicht zu haben war. Rohlfs setzte grosse Hoffnungen auf den Repetierstutzen, aber er täuschte sich; obwohl das Wundergewehr alle Waffen in dem Arsenal Omars in Schatten stellte, schien er nicht besonders zufrieden. Die durchschlagende Wirkung wurde erst durch ein durch Zufall gewähltes Geschenk erzielt. Ein Aneroid, das Rohlfs unter anderem mit sich führte, war etwas schadhaft geworden und darum für den Reisenden nicht mehr ganz brauchbar. Dieses schenkte er dem Herrscher von Bornu und erklärte ihm zugleich dessen Gebrauch. Dieses Instrument rief einen unverhofften Eindruck hervor. Omar war stolz, im Besitz eines Instrumentes zu sein, welches das Wetter vorher anzeigte. Wenn er nun morgens in der Ratsversammlung sah, dass die Nadel seines Aneroids um einige Striche abwärts schwankte, so prophezeite er mit wichtiger Stimme für den Nachmittag Sturm und Regen, und da während der Regenzeit in Bornu fast jeden Nachmittag Gewitter losbrechen, traf seine Prophezeiung regelmässig ein!

An Festtagen, wie an dem mohammedanischen Milud-Feste, gab es Gala-Audienzen; dann waren die Wände des königlichen Saales mit buntem Kattun behangen; der Sultan trug reiche Kleider aus Seide, mit Gold gestickt; die Erhöhung war gleichfalls mit kostbaren Stoffen ausgelegt, ebenso die Hinterwand mit Seide und goldgesticktem Tuch ausgekleidet, davor aber stand ein sonderbarer Thron – ein plumper westfälischer Bauernschemel, über dessen Strohsitz ein rotseidenes Kissen lag. Dieser Thron hatte in der That wunderbare Wanderungen durchgemacht; er hatte auch eine Reisegeschichte, die leider dunkel geblieben ist.

An solchen Festtagen wurde auch die Parade abgehalten.

Vor dem Schlosse waren Soldaten in Carrés zu je 100 Mann aufgestellt. Innerhalb desselben stand der Kommandierende, mit vielen Toben und zwei goldgestickten Burnussen angethan, ein prachtvoller dicker Offizier; sechs seidene Fahnen, zwei weisse, zwei rote und zwei grüne, standen in der Front, die eine wahre Musterkarte von Uniformen bildete. „Einen langen Tuchkaftan“, heisst es in Rohlfs' Werke, „trugen fast alle, aber er war bei dem einen blau, bei dem anderen grün, beim dritten gelb, einige hatten Westen darunter, andere Toben, einige enge Hosen von Tuch, andere weite von Kattun, noch andere gar keine; als Kopfbedeckung hatte der eine den roten Fes, der andere den Turban, der dritte eine weisse Mütze, während die Mehrzahl barhäuptig war. Ihre Gewehre, durchgängig mit Bajonett versehen, waren zum Teil ausgediente französische und deutsche Steinschlossgewehre, zum Teil alte arabische. Obwohl die Anführer und Höchstkommandierenden, wie Böcke umherspringend, sich bemühten, die Leute in Ordnung zu halten, herrschte doch die lächerlichste Konfusion, und als gar eine Art Tanz begann, indem die Mannschaften der einen Front, in ihrem langen Tuchkaftan, den Oberkörper taktmässig verneigend, mit gefälltem Gewehr langsam auf die der gegenüberstehenden zuhüpften, da fürchtete ich, das Lachen nicht länger unterdrücken zu können, und entfernte mich eiligst."

Der Sultan pflegt angesehenen Gästen zum Zeichen seiner Gnade ein Pferd zu schenken. Dieses Geschenk blieb lange für Rohlfs aus, so dass er um dasselbe mahnen musste; denn die Hofleute meinten, der Christ sei bei Omar in Ungnade gefallen, und er werde ihn wohl, wie der Sultan von Wadaï die anderen Christen, töten oder mindestens aus dem Lande jagen lassen; ein Geschwätz, das nicht nur lästig, sondern unter Umständen gefährlich war, da es die Einwohner gegen den Reisenden ungünstig stimmte.

Der Sultan entschuldigte sich, er habe ein schönes Pferd auf dem Markte kaufen wollen, aber es nicht erhalten können, und sandte Rohlfs einen prächtigen Araberhengst, einen Schimmel aus seinem eigenen Marstall. „Nun kamen", erzählt der Reisende, „alle Höflinge und Schmarotzer, um mir mit heuchlerischer Miene ihre Glückwünsche zu dem kostbaren Geschenk darzubringen, im Herzen aber mochten sie denken: O, ein Christ besteigt des Sultans Pferd! Was sagt dazu unser gnädiger Herr Mohammed im Paradiese! Gruss und Friede über ihn und Fluch über alle Christen!"

Wadaï war damals den Christen verschlossen, und so wandte sich Rohlfs nach der Küste des Atlantischen Ozeans. Der Sultan entliess ihn gnädig; er hatte sich von einer etwaigen späteren europäischen Gesandtschaft einen Wagen ausgebeten; er schenkte Rohlfs einen europäischen Offizierssäbel, und indem er ihm Glück zur Reise wünschte, sagte er: „Sage, wenn du zu den Deinen heimgekehrt, jeder Christ werde in meinem Reiche willkommen sein." Rohlfs dankte ihm und versicherte, dass er überall die Grossmut des Beherrschers von Bornu rühmen und preisen würde.

Diese freundliche Aufnahme, welche so vielen deutschen Forschern am Hofe von Bornu zu teil geworden war, bewog König Wilhelm, damals noch nicht deutscher Kaiser, dem Sultan Omar einige Geschenke zum Zeichen seiner Anerkennung zu senden. Dieselben bestanden in den lebensgrossen Bildnissen König Wilhelms, der Königin Augusta und des Kronprinzen, in einem prachtvollen rotsammtenen, an der Lehne und an den Füssen reich vergoldeten Thronsessel und einer Partie Zündnadelgewehre mit entsprechender schwer wiegender Munition, einer bronzenen Pendeluhr, goldener Taschenuhr mit Kette, einem Doppelfernglas, einem halben Dutzend gewöhnlicher silberner Taschenuhren, einem doppelt versilberten Theeservice, einigen Stücken Seide und Sammet, einem Pfunde echten Rosenöls und einem solchen gewöhnlicherer Geraniumessenz, Rosenkränzen, Armbändern und Halsbändern von echten Korallen: zwölf Burnussen aus Sammet, Tuch und feinem tunesischen Wollstoffe, einem Dutzend echt tunesischer Tarbuschs und einem Harmonium.

Mit der Übergabe dieser Geschenke wurde Gustav Nachtigal betraut, damals Arzt in Tunis. Diese Gesandtschaft des deutschen Kaisers, die um jene Zeit in Bornu weilte, wo die deutschen Heere ihren Siegeslauf durch Frankreich nahmen, gestaltete sich zu einer der denkwürdigsten Afrikareisen. Gustav Nachtigal wusste das zu vollbringen, was seine Vorgänger vergeblich versucht hatten; er drang in das wilde, unzugängliche Tibesti in der Sahara ein und besuchte den König Ali in der Hauptstadt des Reiches Wadaï. Im Anfang des Jahres 1869 brach der Forscher von Tripolis auf, und jahrelang blieb er halb verschollen in dem dunklen Weltteil, bis er im ägyptischen Sudan auftauchte. Die Resultate dieser Reise hat er in seinem glänzenden Werke „Sahara und Sudan" niedergelegt, und in ihm finden wir auch die anziehendsten Schilderungen des Lebens am Hofe des Scheichs Omar von Bornu, dem der Reisende zu demselben Danke, wie einst Barth und Rohlfs, verpflichtet war.

Tripolis war der Ausgangspunkt der Reise Nachtigals; von Mursuk hatte er seinen berühmten Ausflug nach der Heimat der wilden Tubu unternommen, in Mursuk traf er mit der unglücklichen Alexandrine Tinne zusammen, die, während Nachtigal in Tibesti unter Räubern weilte, von den Tuaregs ermordet wurde; hier schloss sich der Reisende zur Weiterreise durch die Wüste dem Araber Bu Aïscha an, der eine Gesandtschaft von dem Pascha von Tripolis gleichfalls mit Geschenken nach Bornu führte.

Barth war allein zu Pferde in Kuka angekommen, Rohlfs zog durch das Nordthor ein, während ihn die Suite des Sultans am Westthore erwartete.

Nachtigal wurde mit ähnlichem Gepränge wie einst Clapperton und Denham eingeholt; allerdings galt der Pomp in erster Linie dem Gesandten des Paschas von Tripolis, der den Christen in schlauer Weise in den Hintergrund zu drängen suchte, bis Omar ihn kennen lernte und besonders auszeichnete.

Am letzten Lagerplatz vor der Stadt erhielt die Karawane, mit der Gustav Nachtigal zog, die Nachricht, dass Aba Bu Bekr, der älteste Sohn Omars und der vermutliche Thronfolger, die Gäste seines Vaters einholen werde. Es werden sonst alle grösseren Handelskarawanen in die Hauptstädte des Sudan eingeholt; diesmal versprach aber der Empfang besonders grossartig zu werden.

So rückte die Karawane in würdevoller Langsamkeit dem Kronprinzen entgegen, der auf einem Sandhügel hielt, von einer schier unübersehbaren Menge von Eingeborenen umgeben.

Unmittelbar vor dem Prinzen war die Infanterie aufgestellt, dieselbe Truppe, deren bunte Uniformen wir bereits aus den Schilderungen Rohlfs' kennen. Ihre Equipierung war im Laufe der wenigen Jahre nicht besser geworden; die Hosen reichten vielfach nur noch an die Knöchel, und die Ärmel der Jacken liessen wegen ihrer erstaunlichen Kürze die braunen Arme der Soldaten affenartig lang erscheinen. Aber die Truppe war diesmal in voller Aktion; sie gab die Ehrensalven ab und suchte durch den reichlichsten Pulververbrauch ihrem Stande Ehre zu machen.

Rings um den Prinzen hielten hoch zu Ross die Würdenträger des Reiches und die Hauptleute; wir kennen bereits ihre reiche, schwerfällige, aus vielen Burnussen und Toben bestehende Kleidung, ihre Ausrüstung war noch durch ein langes Schwert, das an der linken Seite des Sattels hing, und durch einen weitmündigen Karabiner auf der rechten Seite vervollständigt.

Auf diese Herren folgten Panzerreiter – der Kern aller Truppen im Sudan – teils solche, welche in ein maschiges Metallhemd und einen metallenen Helm mit vorspringenden Visierstangen, teils, und vornehmlich, solche, welche in weniger kriegerisch aussehende, unbehilfliche Wattenpanzer gekleidet waren. Diese letzteren bestehen in so umfangreichen wattierten und gesteppten Röcken, dass der Krieger vollständig in ihnen verschwindet, und sind so dick und fest durchnäht, dass der Inhaber jeder freien Bewegung beraubt ist. Dazu gehört eine ähnliche Kopfbedekkung, und womöglich werden auch die Pferde in gleicher Weise ausgerüstet. Schwere Watte-Umhüllungen umgeben den Hals und Körper der Tiere bis auf die Füsse, und ihr Gesicht wird durch eine sieben bis zehn Centimeter breite, leicht gepolsterte Messingplatte geschützt, welche einen stumpfen Winkel bildet, um der Haut des Tieres nicht aufzuliegen. Um diese Rüstung und den schweren Reiter zu tragen, müssen die stärksten Pferde ausgesucht werden, denn für einen solchen Krieger beruht in kritischen Lagen das Heil in der Kraft und Schnelligkeit des Pferdes. Als Waffe führen die Panzerreiter die Lanze und meist ein kurzes, breites Schwert.

Dies war der glänzende Kern der Eskorte, um den sich zwanglos leichte Reiter in einfachen Toben, Lanzenträger zu Fuss und heidnische Bogenschützen von den südwestlichen Grenzen des Reiches tummelten, die oft nur mit einem Schurz um die Hüftengegend bekleidet waren. Musikbanden mit Trommeln, Pfeifen, Hörnern, Posaunen aus Holz oder Metall und Dudelsäcken vervollständigten das Ganze und erzeugten im Verein mit der drauf los knallenden Infanterie einen ohrenbetäubenden Lärm.

Der Kronprinz trug einen goldgestickten Burnus von feinem dunkelblauen Tuch, einen Tarbusch ohne Turban und ritt, auf silbergesticktem Sattelüberzuge von blauem Sammet, ein herrliches, prachtvoll gezäumtes, schwarzes Pferd mit vergoldeten Steigbügeln. Die Begrüssung erfolgte in arabischer Sprache; der Kronprinz und die Führer der Karawane wechselten den Händedruck, und nun ging es nach Kuka unter dem Getöse der Musik, Geheul der Menge und unaufhörlichem Pulvergeknall.

Die Menge der Zuschauer war unabsehbar, und als der Zug durch das

Gustav Nachtigal vor Scheich Omar von Bornu.

Westthor die Königsstrasse der Residenz betrat, war dieselbe derart mit Volksmassen gefüllt, dass man nur langsam bis zum Palaste vordringen konnte. Der Staub in den ungepflasterten Strassen war so ungeheuer, dass er alles in dichte Wolken einhüllte.

Die Briefe, in welchen Nachtigal dem Scheich seine Mission angezeigt hatte, waren demselben von den Hofleuten nicht übergeben worden, vermutlich auf Veranlassung Bu Aïschas, der sich in den Vordergrund drängen wollte, und so wurde diesmal nur der Gesandte des Paschas in den Palast hineingelassen und vor den Sultan geführt, der Gesandte des Königs von Preussen musste verletzt über diese Zurücksetzung sich in seine Wohnung in der Weststadt begeben, die gleichfalls nicht seinen Wünschen und seinem Range entsprechend ausgefallen war. Doch alle diese Widerwärtigkeiten wurden fortgeräumt und vergessen, nachdem Nachtigal die Audienz am Hofe bewilligt wurde.

Nachtigal betrat den Palast durch eine von einer Reihe viereckiger Erdsäulen getragene Vorhalle, in der die Wache stand und sechs kleine Bronzekanonen auf schlechten und rohgearbeiteten Lafetten aufgestellt waren. Die Etikette erfordert, dass in dieser Vorhalle die Fussbekleidung abgelegt werde; die Europäer befolgten diese Sitte nicht. Rohlfs trat in Stiefeln vor den Sultan. Nachtigal wich auch von der Etikette insofern ab, als er sich nur der Oberschuhe entledigte, unter denen er kleine, sohlenlose Schuhe aus feinem gelben Leder trug, wie sie die nordischen Araber der Küstenstädte zu tragen pflegen, um nicht barfuss oder auf Strümpfen im Hause herumgehen zu müssen. Nachtigals Begleiter übergab hier Burnus, Tarbusch und Turban ebenfalls einem Diener, da die Sitte auch diese Kleidungsstücke den Unterthanen in Gegenwart des Herrschers verbietet.

Nachtigal wurde allein in einem Privatgemach empfangen, dessen Fussboden mit Teppichen belegt und dessen graue Thonwände mit verschiedenen Stoffen und farbigen Mustern behangen waren.

An europäischen Möbeln befand sich nur eine eiserne Bettstelle und ein roh gezimmerter hölzerner Lehnstuhl daselbst, während eine Bank durch eine Matratze, Teppiche und Kissen zu einem Diwan hergerichtet war.

Omar sass mit untergeschlagenen Beinen auf der Bank; er trug einen einfachen Tuchburnus über weissen Bornugewändern und einen kunstvoll geschlungenen Turban. Die Grösse des letzteren war jedoch nicht mehr so ungeheuerlich, wie einst an dem alten Bornuhofe. Eine Tour des Turbans war als Litam (Gesichtsschleier) um den Mund geführt: seine Füsse waren mit weissen Strümpfen bekleidet, und neben ihm standen gelbe Pantoffeln, während das Königsschwert und ein mit Silber ausgelegter Karabiner vor ihm lagen. Damals war Omar schon alt geworden, aber man merkte das nur an seinem weissen Barte und an seiner schwer verständlichen Aussprache, die durch den Mangel an Zähnen verursacht war. Für diese Audienz und den Charakter Omars ist wohl bezeichnend, dass er sich bei Nachtigal wegen des irrtümlicherweise ungebührlich ausgefallenen Empfanges am ersten Tage entschuldigte und, um gleich ein Pflaster auf die wunde Stelle zu legen, dem Verletzten durch seinen Eunuchen einen seidegefütterten Burnus aus feinem schwarzen Tuch über die Schulter hängen liess.

Am nächsten Tage nach der Vorstellung sollte die Übergabe der Geschenke König Wilhelms stattfinden. Für Nachtigal war dies ein kritischer Augenblick, denn er konnte nicht wissen, was mit den Geschenken in den Kisten geschehen war. Sie waren ja jahrelang unterwegs gewesen. Konnten nicht Motten den Thronsessel zerfressen haben? Wie sahen die königlichen Bildnisse aus? Auf der Stutzuhr stand eine wenig bekleidete allegorische Figur, die in den Augen der strenggläubigen Mohammedaner für eine sündhafte Darstellung gelten musste. Doch wir wissen ja, dass Scheich Omar in dieser Beziehung nicht sehr streng war, denn Rohlfs hat ja bei ihm eine Abbildung des Sultans Abdul-Asis und Bilderbogen mit Soldaten gesehen, und die Geschenke kamen alle wohlbehalten an mit Ausnahme des Harmoniums, das arg verstimmt war und von niemand repariert werden konnte.

Endlich erschien Nachtigal mit seinen Gaben vor Omar. „Mit einer gewissen Aufregung folgte ich", erzählt der Reisende, „der Auspackung des Thronsessels und hatte die grosse Freude, ihn in seiner ganzen ursprünglichen Pracht und Herrlichkeit seinem jahrelangen Gefängnisse entsteigen zu sehen. Seine vorzügliche Polsterung in Sitz und Lehne, der schöne Überzug aus rotem Sammet, die reiche Vergoldung der kunstvoll geschwungenen Füsse und Armlehnen gewannen die vollste Bewunderung des Fürsten. Demnächst wurden die königlichen Bildnisse herausgenommen, und ich konnte mit grosser Genugthuung wahrnehmen, dass, trotzdem meine Besorgnis nicht ungerechtfertigt gewesen war, in dem feinfühlenden Fürsten Stolz und Rührung über die religiösen Bedenken die Oberhand gewannen. Als ich ihm auseinandersetzte, wie mein König und Herr, unserer heimatlichen Sitte folgend, auf diese Weise die infolge der grossen Entfernung unmögliche persönliche Bekanntschaft habe ersetzen wollen, half er mir in liebenswürdigster Weise über meine Sorge hinweg, indem er sagte, ich selbst wisse wohl, dass der Islam nur diejenigen Nachbildungen menschlicher Formen verurteile, welche einen Schatten zu werfen imstande seien, also als Statuen oder Reliefbildungen dargestellt sind, dass aber das auf ein Papier oder ebener Leinwand erzeugte Gemälde nicht in den Bereich der Sünde gehöre. Damit war freilich der allegorischen Figur der Stutzuhr das Urteil gesprochen."

Von den übrigen Geschenken erregten die Zündnadelgewehre die grösste Freude und Bewunderung des hohen Herrn; denn Omar war ein

Liebhaber von verschiedenen Gewehren und hatte eine ganze Sammlung der verschiedensten Systeme in seinem Waffenzimmer. In Afrika sind diese Gewehre für einen Fürsten ohne grossen Wert; denn sobald die Patronen verschossen sind, was oft sehr bald geschieht, sind sie nutzlos. Für die grosse Menge des Rosenöls sprach er seinen Dank im Namen der Frauen und Töchter seines ausgedehnten Haushaltes. Eine besondere Freude empfand auch Omar an dem kunstvollen königlichen Begleitschreiben, das ihm mit der beigefügten arabischen Übersetzung in zierlicher Kapsel überreicht wurde.

Wohl ein halbes Dutzend mal musste Nachtigal dasselbe in deutscher Sprache vorlesen, wobei er durch kraftvolle Betonung und deklamatorischen Vortrag zu ersetzen suchte, was dem Hörer an Verständnis abging, und als der Reisende den Inhalt dann übersetzte, während Omar die schriftliche Übertragung mitlas, war der liebenswürdige Negerfürst sichtlich bewegt. Die dankbare Erwähnung der materiellen Unterstützungen, welche er Moritz v. Beurmann und Gerhard Rohlfs hatte angedeihen lassen, erfüllte ihn mit Rührung und Beschämung und bestärkte ihn in seiner wohlwollenden Beurteilung des Charakters der Europäer. Es war ihm in gleicher Weise erstaunlich, sowohl dass diese Herren voll Dankbarkeit seine Grossmut und Biederheit in Schrift und Wort in ihrer Heimat gerühmt hatten, als dass ein mächtiger europäischer König in so anerkennender Weise seine ihm so natürlich erscheinenden Handlungen als Edelmut pries.

Wie wir schon früher erwähnt haben, hatte Scheich Omar Rohlfs aufgetragen, ihm eine Kutsche zu senden, denn das Wägelchen, welches die englische Expedition 1851 nach Bornu gebracht hatte, war doch nur recht winzig. Aus leicht erklärlichen Gründen hat man in Berlin von dem Transport einer zerlegbaren Kutsche auf dem Rücken der Wüstenschiffe quer durch die Sahara abgesehen, und Nachtigal erklärte, der König von Preussen habe diese Sendung unterlassen, weil er nicht gewusst habe, ob jemand die Expedition begleiten würde, der fähig wäre, die Bestandteile einer solchen zusammenzufügen, und dass dieses Versäumnis bei der nächsten Gelegenheit hoffentlich gut gemacht werden könne. Omar war damit zufrieden und erwiderte, dass er wohl wisse, nur dieser Grund sei massgebend, denn es sei wohlbekannt, wie fest die Christen an dem gegebenen Versprechen halten.

Wir haben bis jetzt den Scheich in seinen Audienzen als einen ruhigen, schlichten Mann kennen gelernt. Wollen wir den Pomp seines Hofes schauen, so müssen wir ein Fest abwarten. Ein solches Fest ist für die mohammedanische Welt Id-el-Fatra, das fröhliche kleine Beiramfest. Die Bewohner von Kuka, die an kulinarische Genüsse gewöhnt sind, haben vier Wochen lang gefastet; da dröhnen in der Nacht vom 22. Dezember Böllerschüsse durch die Stadt, das Ende der Fastenzeit verkündend. Am nächsten Tage ruht die Arbeit; in den Häusern wird fleissig gebacken, gekocht und gebraten, und vormittags eilt alles hinaus nach dem einige Kilometer von der Stadt entfernten und geweihten Platze in der Oschar-Ebene, wo der Scheich selbst sein Festgebet verrichtet. Wir verdanken Nachtigal eine schöne Schilderung der Pracht, die bei diesem Feste entfaltet wird.

Der Rückzug in die Stadt gestaltet sich bei dieser Gelegenheit zu einem geordneten Festzuge, zu dem die Würdenträger ihre Dienstmannen aus der Provinz in die Hauptstadt zu rufen pflegen und in welchem die meisten Stämme des Reiches vertreten sind.

Die Spitze des Zuges bildeten Trupps leicht berittener Araber und in zweiter Linie die schweren Reiter der in der Hauptstadt anwesenden Würdenträger. Dann folgte, getragen auf hoher Stange, ein Emblem, dessen Bedeutung niemand unter seinen Bekannten Nachtigal enträtseln konnte. Es bestand in einer hohen, fast kegelförmigen Mütze, aus abwechselnd gelben und roten Feldern zusammengenäht, und wurde jederseits von einem Reiter in europäischer Kürassieruniform, d. h. in wirklichem metallenen Helm und Kürass und auf wattegepanzertem Pferde, geleitet. Hinter ihm, umgeben von flintenbewaffneten Soldaten der Infanterie in ihrer buntscheckigen Tracht, trug man das mit musikalischem Geklingel, Rosshaarschweifen und dem mohammedanischen Halbmond gezierte Gestell der Janitscharenkapelle, welches der Scheich aus Fessan als Geschenk erhalten hatte. Unmittelbar vor dem dann folgenden Herrscher ritten vier Fahnenträger mit grünen und roten Fahnen. Der Scheich selbst ritt bei dieser religiösen Zeremonie in weissem Turban und Litam, von weissem Burnus umhüllt, auf hohem, schneeweissem Pferde. Nur durch den hellen gelbseidenen königlichen Sonnenschirm, der an langer Stange von einem neben dem Pferde einherschreitenden hochgewachsenen und kräftigen Sklaven über seinem Haupte gehalten wurde, durch den reich mit Gold gestickten roten Sammetsattel und eine breite, buntseidene Decke kam neben der hohenpriesterlichen Würde der königliche Glanz zur Geltung. Die königliche Leibgarde, schwer gepanzerte Reiter mit Helmen, auf denen Straussfederbüsche wehten, umgab diesen Teil des Zuges, dem die Musikkapellen mit ihrem fürchterlichen Lärm nachfolgten. Auch acht der besten Pferde des Scheichs wurden mit kostbarem Sattelzeug im Zuge geführt.

Nun folgte eine Abteilung, welche das Lächeln des Europäers hervorrufen musste: eine dürftige Kanone auf einer im Lande gearbeiteten plumpen Lafette, bei welcher Holzscheiben die Stelle der Räder vertraten, und die von zwei kleinen melancholisch einherschreitenden Maultieren gezogen wurde – dann jenes berühmte halbverdeckte Wägelchen, das vor zwanzig Jahren durch die Richardson-Barthsche Expedition hierher gebracht worden war. Das Lederdach war längst abgenutzt und durch einen Überzug aus rot geblümtem Kattun ersetzt worden. Ein drittes Maultier mühte sich mit dem Fortbewegen dieses Vehikels ab. Die Befehlshaber dieser beiden Abteilungen ritten neben ihnen. Abdallah-Karussa, d. h. Wagen-Abdallah, war der Kommandant der Karosse. Er war mit der Richardsonschen Expedition von der Küste gekommen, und da er den Wagen zusammengestellt hatte, behielt ihn der Sultan zur Hütung des Gerätes in seinen Diensten. Von diesem Posten hätte er aber nicht leben können; denn Gehälter werden in Bornu überhaupt nicht ausgezahlt; er war seines Zeichens Schneider und verdiente mit Nadel und Schere seinen Unterhalt. Nicht besser war der Chef der Artillerie Mohammed-Medfa, d. h. Kanonen-Mohammed, situiert, der um zu leben kaufmännische Geschäfte betrieb.

Von diesem Hofe aus unternahm Nachtigal seine Reisen nach Kanem und dem Bagirmilande, und als er von der ersteren Reise in jämmerlichem Zustande nach Kuka heimkehrte, gab ihm der Scheich unaufgefordert die schönsten Beweise seiner Aufmerksamkeit, indem er dem Reisenden Kleider, ja selbst europäische Kniestrümpfe übersandte. Glücklicherweise konnte sich Nachtigal revanchieren, denn es waren inzwischen aus Europa neue Sendungen eingetroffen, die aus Waren, die Nachtigal bestellt hatte, bestanden. Es waren dies allerlei Spielsachen der feinsten und hübschesten Art, die für das grosse Kind Omar bestimmt waren: Nachen, Gänse und Fische, die mit Magneten geangelt werden konnten, Rotationsapparate, Stereoskope, Pharaonenschlangen, Attrappen und ähnliche Wunder. Diese Sendung enthielt aber noch einen Zauberkasten, eine Laterna magica mit sehr zweckmässig ausgewählten Bildern. Nachdem Nachtigal den Apparat zu Hause gründlich ausprobiert hatte, meldete er sich zu einer Mitternachtsvorstellung im Palaste, und der Erfolg war ein wahrhaft glänzender. Staunend beobachteten der König und seine Würdenträger das stolze, die Ohren spitzende Pferd, die Kuh, welche Kopf und Schweif bewegen, den Löwen, der den Rachen aufsperren konnte. Der kostbare Apparat wurde selbstverständlich dem Sultan verehrt, um in dessen Raritätenkammer, die einem kleinen Museum glich, aufbewahrt zu werden.

Endlich nach Vollendung der Bagirmireise nahte für Nachtigal der Augenblick, wo er vom Scheich Ornar Abschied nehmen musste und sich nach Wadaï wandte. Auch jetzt noch bewies ihm der Scheich seine vollste Huld. Da er gehört hatte, dass Nachtigal Anleihen aufnehmen musste und die Kaufleute die Kleinigkeit von 150 Prozent dafür verlangten, sandte er ihm eine reiche Reiseausstattung und gab ihm neben sicherem Geleite auch einen Brief an seinen Nachbar, den König von Wadaï.

Derselbe lautete:

„Preis sei Gott und Huldigung dem Gottgesandten.

Vom Knechte des hochgelobten Gottes, Omar, dem Sohne des Mohammed el-Emin el-Kanemi, an Seine Majestät, unsern durchlauchtigsten, edeln, ruhmreichen, mächtigen, glückseligen, mit allen schönen und gottgefälligen Eigenschaften geschmückten Freund, den Sultan Mohammed Ali, Sohn des edlen und berühmten Sultans Mohammed es-Sarif, Gruss und Huldigung und Ehrerbietung und Anwünschung göttlichen Segens und langen Lebens! Die Veranlassung zu diesem unsern Schreiben an Euch ist, dass wir in Betreff des christlichen Schutzbefohlenen Idris Efendi, welcher auf der Rückkehr nach seiner Heimat Deutschland zu Euch kommen wird, von Eurer Regierung erbitten, derselbe möge unter dem Schutze Eures ruhmreichen Namens wohlbehalten, sicher und ohne Gefährde und Belästigung nach Fur gelangen. Derselbe kam zu uns auf Grund der Zusage unseres Schutzes und unserer Gnade, und es ist eins der Fundamentalgebote unsrer heiligen Religion, dem Schützling Wort zu halten, ja die alten Lehrer des göttlichen Gesetzes haben sogar gesagt, dass die Vergewaltigung des Schützlings sündhafter sei als die des Muselmans, weil jener hilflos ist in den Ländern des Islam. Dies ist, was wir von Eurer Güte beanspruchen und für dessen Gewährung unsre hohe Meinung von Euch uns bürgt. Der hochgelobte Gott sei mit uns allen. Lebt wohl!

Geschrieben Donnerstags vor Mittag am ersten Tage des heiligen Monats der Pilgerfahrt des Jahres 1289."

Wir schliessen hiermit die Charakteristik Omars, insoweit derselbe mit europäischen Erforschungsreisenden in Berührung gekommen war. Wir sehen, dass er das Lob eines vorurteilsfreien, milden und liebenswürdigen Fürsten verdient. Ohne es zu wissen, hat er die Geographie bedeutend gefördert. Diese Anerkennung darf ihm nicht vorenthalten werden. Leider ist das Urteil aller Reisenden über ihn als Regenten nicht so günstig: einstimmig wird ihm Schwäche vorgeworfen. Er verliess sich viel zu viel auf seine Würdenträger und wusste oft nicht, was in seinem Reiche sich ereignete. Diese Würdenträger waren mitunter auch kleine schwarze Reichsfürsten. Die Betrachtung derselben ist sehr lehrreich; denn erst nach ihrer Umgebung lernt man die Könige kennen.

Die Würdenträger Bornus

Einen der grossen Herren, die am Hofe Omars lebten, kennen unsre Leser bereits flüchtig aus dem Abriss der Geschichte Bornus. Es war der Wesir Hadsch Beschir. Er war der älteste Sohn des berühmten Waffengefährten des grossen Scheichs Mohammed el Kanemi, gehörte also zur angesehensten Familie im Lande. Wie der Titel Hadsch beweist, hatte er eine Wallfahrt nach Mekka gemacht. Dies geschah im Jahre 1843, noch zu Lebzeiten seines Vaters. Der junge Beschir war von Natur ein geweckter Mann, und die weite Reise, auf welcher er mit den Arabern der Küste in Berührung gekommen war und so viele Werke der Kultur gesehen hatte, erweiterte bedeutend seinen Gesichtskreis. Wenn er schon früher von Geburt aus zu höheren Würden berufen schien, so kehrte er jetzt mit hochfliegenden Plänen nach seinem Heimatlande zurück. Hier fand er vieles verändert. Die Schlacht von Kussun, in der sein Vater fiel, war geschlagen. Scheich Omar war ein Flüchtling in seinem Lande, bedroht von dem Heere der Wadawa und den Anhängern der alten Dynastie. In diesen Wirren schloss sich Hadsch Beschir dem Scheich an, und dank seiner Gewandtheit wurde er dessen erster Ratgeber.

Er hatte nur einen Nebenbuhler, den jüngeren Bruder Omars Abd er Rahman, der sich ebenso durch Tapferkeit wie durch Zügellosigkeit auszeichnete. Barth erzählt von ihm, dass er in seiner Jugend alle Art von Ungerechtigkeit verübt und selbst junge Bräute ihren rechtmässigen Besitzern entrissen hatte. Er war ehrgeizig, glaubte zum Thron ebenso berechtigt zu sein wie sein älterer Bruder – war aber ein Mann von nicht viel Verstand. Der Einfluss, den Hadsch Beschir im Reiche hatte, war ihm unbequem, denn er wollte mindestens zusammen mit seinem Bruder regieren.

Der Gegner dieses Prinzen, Hadsch Beschir, war klüger, geschmeidiger, aber er hatte gleichfalls schlimme Fehler. Er war habsüchtig und wollte Schätze zusammenhäufen, um seinen luxuriösen Neigungen nachzuhängen. Er gehörte, wie Barth berichtet, in die Kategorie derjenigen, welche auf Kanori „kamuma" genannt werden, das heisst, er war vom weiblichen Geschlecht sehr eingenommen und hielt einen Harem von 300 bis 400 Sklavinnen. Er folgte bei dem Ansammeln so vieler Gefährtinnen zur Unterhaltung in seinen Mussestunden einem gewissen wissenschaftlichen Prinzip.

„Ja, ein leichtgläubiger Mensch", schreibt der genannte Reisende über seinen Freund, „dürfte wohl denken, dass er nur aus wissenschaftlichen Gründen eine Art ethnologischen Museums, natürlich von ganz interessanter Art, zusammengestellt habe, um nicht so leicht die bezeichnenden Züge eines jeden Stammes zu vergessen. Ich habe oft gesehen, dass er, wenn ich mit ihm über die verschiedenen Stämme des Negerlandes sprach, von der Neuheit eines Namens betroffen wurde und bedauerte, dass er in seinem Harem noch kein Exemplar der Art habe, auch sogleich seinen Dienern Auftrag gab, ein solches in möglichster Vollkommenheit zu beschaffen. Auch erinnere ich mich, dass er mir, als ich ihm eines Tages ein ethnologisches Werk zeigte, an welchem er sichtliches Interesse nahm, und zu dem wunderschönen Bilde einer Cirkassierin kam, mit einem Ausdruck unzweideutiger Genugthuung sagte, dass er ein lebendes Exemplar dieser Art besitze."

Ein solcher Mann war nicht von dem Eisen geschmiedet, das die

Staatsmänner ausmacht; er zeichnete sich nicht durch besondere Energie aus, seine Klugheit wurde durch die Habsucht geblendet und artete in Schlauheit aus. Nachdem er zur Macht gelangt war, entfremdete er sich die Leute dadurch, dass er sie zwang, ihm eine hübsche Sklavin oder ein schönes Pferd zu überlassen. Er war darum nicht beliebt, und daraus erklärt es sich, warum er in dem Kampfe gegen Abd er Rahman so leicht überwunden wurde.

Aus der Schule dieses Mannes ging ein anderer Würdenträger, Lamino, hervor, der später des Scheichs Faktotum wurde. Er war unter Hadsch Beschir Polizeidirektor und Exekutor. Barth fällt über ihn ein herbes Urteil: „Wir finden hier ganz dasselbe Verhältnis, wie in Europa, wo notorische Spitzbuben mitunter die trefflichsten Polizeibeamten abgeben. So war Lamino – eigentlich El Amin – früher ein gefürchteter Strassenräuber gewesen und nun chef de police oder Zwangsmeister geworden; er leistete dem sanfteren Wesir durch seine Hartherzigkeit und Schamlosigkeit vortreffliche Dienste, und wir nannten ihn daher nur die „schamlose Linke." Einkerkern und Peitschenlassen war sein Hauptvergnügen; er konnte indessen auch sehr sanftmütig und liebenswürdig sein, wenn er in höchst sentimentalen Ausdrücken von seiner Liebe zu der begünstigten Beherrscherin seines Herzens erzählte. Auch war es überhaupt spasshaft, den Schrecken wahrzunehmen, den er empfand, wenn wir die Erde mit einem Straussenei verglichen, da es ihm bei seiner Schwere und Plumpheit unbegreiflich war, wie er sein Gleichgewicht darauf bewahren solle."

Lamino muss sich, nachdem er Hadsch Beschirs Nachfolger geworden, doch geändert haben. Wir wollen ihm nach einem Dutzend Jahren mit Gerhard Rohlfs einen Besuch auf seinem Landgute abstatten; wir werden da einen ganz anderen Mann kennen lernen.

Lamino war der Gutsherr von Magommeri. Schon unterwegs hörte Rohlfs aus der Ferne den Schall der grossen Trommel, die vor dem Hause Laminos geschlagen wurde; zugleich begegnete man unterwegs einem Trupp festlich gekleideter heimkehrender Reiter aus der Nachbarschaft, denn in Magommeri war gerade die Beschneidung des jüngsten Sohnes des Gutsherrn gefeiert worden. Da Rohlfs seine Ankunft durch einen Boten hatte melden lassen, so kamen ihm im Auftrage ihres Herrn zwei gepanzerte Reiter entgegen, die den Reisenden begrüssten und ihn in seine Gastwohnung geleiteten, ein grosses, mit Matten umfriedigtes Gehöft, das eigens zum Funduk (Gastherberge) eingerichtet war. Bald darauf erschien ein Diener Laminos, um den Gast zu seinem Herrn zu geleiten.

Die eigentliche herrschaftliche Wohnung lag ziemlich weit von dem Funduk entfernt und war in grossem Stil angelegt; sie bestand aus einer ganzen Reihe von Hütten und Gehöften und bildete wohl die Hälfte der Ortschaft. Zunächst wurde Rohlfs in einen äusseren Hof, der, nach der

Menge der darin hockenden Leute zu urteilen, ein Wartehof zu sein schien, dann nach einem inneren Hof geführt, in dem der Hausherr in schwarzem Gewande unter einem schön belaubten Baume lag.

Lamino erklärte, dass er nach Kuka abreisen wollte, um den Intriguen seiner Feinde und Neider am Hofe zu begegnen, dass er aber Rohlfs' wegen bleiben werde, da ihm der Sultan übelnehmen würde, wenn er auf seinem Territorium den seltenen Gast nicht freundlich bewirtete.

In seine Herberge zurückgekehrt, fand Rohlfs einen geradezu lächerlichen Überfluss von Speisen und Lebensmitteln vor: ein fettes Schaf, ein paar Dutzend Hühner, mehrere Krüge Butter und Honig, einen Korb voll Eier, grosse Schüsseln mit Reis, andere mit gebratenen Perlhühnern und mit Giraffenfleisch. Zur Feier des vorhergehenden Tages war nämlich eine riesige Giraffe geschlachtet worden, die gegen dreissig Zentner Fleisch gab.

Das Gut Magommeri war kein kleiner Ort; bei uns würde man es schon ein Städtchen nennen, denn es zählte gegen viertausend Einwohner, alles Sklaven oder Diener Laminos. In dem umzäunten Hofe vor jeder Hütte grasten ein paar Pferde, deren Besitzer verpflichtet waren, den Gutsherrn auf seinen Razzien zu begleiten.

Lamino liess Rohlfs durch einen seiner Eunuchen durch die ausgedehnte Behausung führen. Nachdem Rohlfs mehrere kleinere Höfe, voll von Sklavenkindern, Gazellen, Perlhühnern und dergl., passiert hatte, kam er in die Küche, in welcher für 500 Personen gekocht werden musste. Sie bestand aus drei sehr grossen Hütten. Eine Menge junger und alter Weiber war mit Zurichtung und Kochen der Speisen beschäftigt. Sie säuberten das Getreide von Kleie, stampften es in hölzernen Mörsern nach dem Takte eines eintönigen Negergesanges oder rieben es auf Granitsteinen zu Mehl, kneteten Brot auf hingebreiteten Ziegenfellen, reinigten Honig vom Wachs und setzten die kolossalen thönernen Töpfe ans Feuer. Ausser dieser Küche für das Hauspersonal und die täglichen Kostgänger gab es noch einen besonderen Küchenraum, in dem für Lamino selbst, seinen Harem und seine vornehmen Gäste gekocht wurde.

Auf diesem Gutshofe fand Rohlfs eine Anlage, die, wenn man ihr öfters in Afrika begegnete, eine Quelle des Wohlstandes für die Eingeborenen werden könnte. Leider war sie aber die einzige Anlage ihrer Art, die Rohlfs auf seinen Zügen im Inneren von Afrika sah. Es handelte sich um eine Straussenzucht. Der Straussenhof bestand in einem umfriedigten länglichen Raume, der dreissig Straussenweibchen und einem Männchen zum Tummelplatz und als Brutstätte diente.

Die dreissig Vögel waren sämtlich in der Gefangenschaft ausgebrütet und grossgezogen worden. Der Führer zeigte Rohlfs in dem weissen Sande sieben Löcher, jedes mit 25 bis 30 Eiern, und belehrte ihn, dass die Bruthennen ihre Eier am Tage frei liegen lassen und sie nur des Nachts bebrüten. Die Strausse werden mit allerlei Fleischabfällen, Gras, Kräutern und mit Kleie, die man mit Wasser tränkt, gefüttert. Die kostbaren Federn werden ihnen einmal im Jahre ausgerupft.

Lamino besass auch grosse Waffenkammern mit Lanzen, Wurfspiessen, Köchern voll vergifteter Pfeile, Panzern, Schilden von verschiedener Form und aus verschiedenen Stoffen, vom schweren ledernen bis zum leichten aus Stroh geflochtenen; da waren ferner Sättel und wattierte Überzüge für Pferde – wohl zur Armierung von tausend Reitern ausreichend. In den Vorratshäusern standen Töpfe mit Honig und ausgehöhlte Kürbisse voller Butter. Das Getreide aber war in Körben im Freien aufgestellt, damit nicht Würmer hineinkämen. Während der nassen Jahreszeit wird es allerdings in thönerne Türme gebracht.

Der unternehmende Gutsherr, der noch vor fünfzehn Jahren nur das Hemd auf dem Leibe sein eigen nennen konnte, war jetzt der reichste Mann von Bornu gleich nach dem Sultan. Er hielt auch Zibethkatzen, welche das in Afrika so hoch geschätzte Parfüm liefern.

Dieser hohe Würdenträger des Reiches bezog kein Gehalt; diese Einrichtung ist in Bornu unbekannt; er war zum Verwalter der meisten Distrikte der Schua-Araber ernannt, und davon sowie von seinen Privatgütern kamen seine Einkünfte. Er unterhielt eine regelmässige Reitermacht von etwa tausend Mann, unter denen wenigstens dreihundert Panzerreiter waren, und eine Leibgarde von vierzig bis fünfzig Mann.

Seinen Haushalt in der Residenz hat Nachtigal ausführlich geschildert. Schon wenn man sich seiner in der Oststadt gelegenen Wohnung näherte, verriet die Menge der reich geschirrten Pferde, der Sklaven und Wachen vor seinem Hause, dass in demselben ein hoher Beamter wohne. Der Vorhof war dagegen nicht besonders reinlich. Eine Anzahl halbgezähmter Schweine wühlte in demselben herum, ebenso befanden sich hier grosse Abfallgruben. Allerlei wildes Getier, ein Ichneumon, ein Steppenluchs an der Kette und eine ungefesselte junge Hyäne, empfing den Besucher in der Eingangshalle und dem inneren Hofe. Hier herrschte ein reges Leben. Sklaven waren beschäftigt, das Getreide, welches von den Gütern ihres Herren kam, abzuladen; ringsherum lagen riesige Büffelköpfe und verschiedene Felle: Tribut der Araberjäger; eine Menge von Bittstellern wartete auf den Einlass, und dazwischen sah man gekettete Verbrecher, deren Anwesenheit den Fremden daran erinnerte, dass er einen Polizeiminister besuche.

Nachtigal wurde von Lamino in einem offenen Audienzzimmer empfangen. „Dort sass“, erzählt der Reisende, „der einflussreiche Mann, kahlköpfig, dickleibig und etwas schmutzig, von seinen Vertrauten umgeben, auf einem Antilopenfelle, liess mir ebenfalls ein solches hinbreiten und empfing mich mit dem freundlichsten Lächeln. Er hatte eine rötlich graue Hautfarbe, trug seinen mächtigen Kopf auf einem wahren Büffelnacken, erfreute sich eines in jener Gegend ungewöhnlich vollen weissen Bartes und hatte Gliedmassen, welche an die Dickhäuter seines Vaterlandes erinnerten. Diese physischen Eigentümlichkeiten traten um so mehr hervor, als er in der Nachmittagskühle mit entblösstem Körper, dessen Muskulatur und Fettbedeckung mit der breiten, weissbehaarten Brust einen bemerkenswerten Anblick boten, dasass, wie er es liebte, wenn er hauptsächlich Vertraute empfing."

Obwohl Körbe voll Ketten vor ihm standen, so war die Aburteilung der Verbrecher nicht seine Lieblingsbeschäftigung. Dieser Mann war ein Epikuräer im bekannten Sinne des Wortes und ging in seiner Küche auf. Während er Audienzen erteilte, kamen jeden Augenblick Diener und Dienerinnen aus der Küche, die ihm verschiedene Schüsseln zum Kosten vorsetzten. Lamino hatte nun allerlei Zuthaten stets zur Hand und gab den Gerichten die letzte Würze. Er war stolz darauf, dass er unter seinen Sklavinnen die besten Köchinnen vom Nil bis zum Niger besitze. Mächtige Körbe, mit Hühnereiern gefüllt, standen im Hintergrunde des Zimmers, und rings herum eine Sammlung von Eiern der verschiedenartigsten Wasservögel von den Ufern des Tsade. Hier waren Krüge voll Butter, welche augenblicklich im Gebrauch waren, dort Schüsseln mit Milch in allen Stadien und Arten, süss, gesäuert, eingedickt; Honig und Zucker befanden sich stets in seiner Nähe; Büffelfleisch, gebratene Hühner und Süssigkeiten wurden von Zeit zu Zeit aufgetragen, und er verfehlte bei der Anpreisung der Gerichte nicht, als Wirt mit gutem Beispiel voranzugehen.

Und während er seine Speisen umrührte, erledigte er die Staatsgeschäfte, urteilte Verbrecher ab, war überhaupt stets in regster Thätigkeit. Lamino war dabei die einflussreichste Person am Hofe.

Der Scheich Omar liebte ein ruhiges, beschauliches Leben, kriegerische Verwickelungen waren nicht nach seinem Geschmack; geriet er nun mit seinen Nachbarn und Vasallen in politische Verwickelungen, so war der kluge Lamino stets in der Lage, Rat zu schaffen und die Zwistigkeiten in Frieden beizulegen. Er hatte auch einen unbeschränkten Zutritt zu seinem Herrscher, und in den Privataudienzen warf er oft die Beschlüsse über den Haufen, welche die Vornehmen in der öffentlichen Ratsversammlung gefasst hatten. Im Gegensatz zu Barth giebt uns Nachtigal folgende Charakteristik Laminos: „So wie er war, war er gefürchtet von den Übelthätern, gehasst von den Hofintriganten, geachtet von den Leuten, welche nicht in die Öffentlichkeit traten, geschätzt vom Könige, verehrt von den Schua, vergöttert von seinen Sklaven und gesegnet von den Armen."

Lamino starb während der Anwesenheit Nachtigals in Bornu. Sein Sohn, welcher der Erbe der väterlichen Macht und des väterllichen Vermögens wurde, wusste seine Stelle nicht zu erfüllen. Er vergeudete das Geld, um ein Liebesverhältnis mit einer der Prinzessinnen, der Tochter des Scheichs, zu unterhalten, die wie so manche ihrer Schwestern in dem Rufe stand, aus ihren Liebesabenteuern ein Geschäft zu machen. Der Scheich sah das alles und duldete es; das war das offenkundigste Zeichen, wie zerrüttet die inneren Zustände Bornus, wie erschüttert die guten Sitten waren.

Viel schlimmer sah es an den Grenzen des Reiches aus; aber der Scheich wusste nicht viel von diesen Vorgängen, obwohl an seinem Hofe täglich eine Ratsversammlung der Würdenträger stattfand.

Alle Morgen eilten die Würdenträger und die Hauptleute nach dem Palaste des Sultans, um an der Ratsversammlung oder Nokena teilzunehmen. Sie sassen plaudernd und scherzend in den Vorhallen, bis Trommelschall und Posaunenstösse verkündeten, dass der Scheich seine Privatgemächer verlasse und sich in den Audienzsaal begebe. Nun eilten alle dorthin, um den Herrscher zu begrüssen. Der König erschien, von einigen Söhnen und Verwandten begleitet; vor ihm gingen fette Eunuchen, mit lauter Stimme sein Lob verkündend, wie: „der Löwe! der Grosse! der Siegreiche!" Sobald der Scheich sich setzte, beeilten sich alle Anwesenden, gleichfalls sich niederzusetzen, denn so verlangt es die dortige Etikette im Gegensatz zu der unsrigen. Die Räte verbeugten tief ihre Häupter und kratzten etwas Staub vom Boden, um damit ihr Haupt zum Zeichen der Unterwürfigkeit zu bestreuen, oder führten nur symbolisch diese Pantomime aus.

Einst, im alten Bornu stellte diese Nokena eine wirkliche politische Macht dar. Die Mitglieder derselben stammten aus den angesehensten Geschlechtern des Landes, und jedem derselben war sozusagen verfassungsmässig ein gewisser Einfluss gesichert. Von dieser alten Verfassung nahm die Dynastie der Kanemiin nur einen schwachen Schein in ihre neue Regierung auf. Der alte Adel des Landes war nicht abgeschafft. Der Scheich selbst verlieh den Nachkommen desselben das Abzeichen eines Edelmannes, einen langen keulenförmigen Stab; aber wie stolz diese Edelleute damit durch die Strassen schritten, einen Einfluss hatten sie nicht mehr, und sie mussten sich vor einem Sklaven beugen und ihr Haupt vor ihm mit Staub bestreuen, wenn er ein ausgesprochener Günstling des Scheichs war.

Die berühmten zwölf Ämter Bornus bestanden noch. In der Ratsversammlung sassen Männer, welche jene einst so gehaltvollen Titel führten – nun waren diese Titel nur ein leerer Klang, keine Rechte waren mit ihnen verbunden; denn der Scheich regierte absolut, und eine entscheidende Stimme in dem Rate hatte nur derjenige, der so glücklich war, durch seine persönlichen Eigenschaften und Beziehungen einen gewissen Einfluss auf den Herrscher selbst auszuüben.

Unter diesen Umständen kann man sich leicht denken, welcher Art diese Versammlungen waren und was in ihnen vorging. Jeder der Ratsherren suchte möglichst interessante oder pikante Neuigkeiten dem Scheich zu erzählen; die Politik, die Wohlfahrt des Landes wurde möglichst in den Erörterungen vermieden. Diese Würdenträger waren ja die Satrapen der einzelnen Provinzen, die sie aussaugten, und jeder von ihnen hütete sich, den anderen anzuklagen, damit ihm nicht mit derselben Anklage erwidert werde. So wurde der Scheich in Sicherheit eingewiegt, während es an den Grenzen des Landes böse aussah, während die Fulbe wieder einmal sich zu ihren verheerenden Einfällen rüsteten, während Vasallen unbotmässig wurden und die Gouverneure Miene machten, sich selbständig zu proklamieren.

Wohl sandte der König von Zeit zu Zeit einen „Vertrauten" auf Inspektionsreisen. Diesem war der Abgrund, vor dem das Reich stand, offenkundig, und da er reiste, sah er, dass die Schäden noch schlimmer waren, als er selbst gedacht; denn selbst die treuesten Unterthanen murrten gegen die Willkür und die Bedrückung der Satrapen, und über die stolzen Heere Bornus errangen selbst regellose Haufen heidnischer Krieger im Süden entschiedene Vorteile. Mit schwerem Herzen erstattete alsdann der Inspektor dem Scheich in der Nokena seinen Reisebericht. Er hatte nicht den Mut, alles zu offenbaren, und seine Freunde in der Versammlung gänzlich zu entlarven; aber selbst auf das Wenige, was er zur Beruhigung seines Gewissens enthüllen wollte, musste er seiner Meinung nach den Scheich vorbereiten. So begann er seine Rede mit Lobpreisung auf das mächtige Reich Bornu, auf die Grösse und den Reichtum seiner Provinzen, auf die Stärke und treffliche Ausrüstung seiner Heere, die Klugheit seines Herrschers und die Tapferkeit seiner Hauptleute – glücklich der Sterbliche, dem es vergönnt sei, in Bornu zu leben! Dieser Teil der Rede wurde mit sichtlicher Freude von der Nokena aufgenommen. Von allen Seiten erhoben sich zustimmende Rufe, der Beifall wollte kein Ende nehmen, und der Redner wurde durch diese Ausbrüche des Jubels wiederholt unterbrochen; als er aber zu dem Detail überging und hier und dort eine Schattenseite aufdecken wollte, da erhoben sich die Ratsherren und riefen, die Gebetsstunde sei da, man müsse die Futah (Eingangssure des Korans) sprechen, und in dem Streit über die Zeit kam wirklich die Gebetsstunde heran, und das Gebet musste gesprochen werden – die Nokena hatte ihr Ende erreicht, und bis zum nächsten Tage wurde der Inspektor besänftigt oder eingeschüchtert.

Nur die Gefahren, die von den äusseren Feinden drohten, liessen sich dem Scheich nicht ganz verheimlichen; er erfuhr doch, dass seine Grenzen ein wenig bedroht seien, und er erklärte, dass er einen Feldzug unternehmen und sich selbst an die Spitze des Heeres stellen werde.

Das war ein Schlag für die hohen Würdenträger. Der Krieg kostet auch in Afrika Geld, und wer sollte die Kosten tragen? Doch die Satrapen der einzelnen Provinzen, welche die Mannen stellen, die Panzerreiter ausrüsten mussten! Diese Ausgaben machen, während der Feind noch so weit war! Das war nicht nötig und allen in der Hauptstadt unangenehm. Man erhob also zunächst in der Nokena Einwände, dass der Sultan zu alt sei, um die Strapazen des Feldzuges auf sich zu nehmen, zudem dieser Feldzug ja kein grosser sei, sondern die Züchtigung einiger widerspenstiger kleiner Herren bezwecke. Die Angelegenheit wurde breit getreten, der Kronprinz vorgeschlagen, die Entscheidung hinausgeschoben.

Endlich kam ein Ereignis, welches den Sinn des Herrschers von dem Kriege ablenken sollte. Der Tsade trat aus; das that er alle Jahre, aber diesmal nahm die Überschwemmung riesige Dimensionen an; viele Städte und Dörfer standen unter Wasser – und man befürchtete, der See werde selbst Kuka verschlingen, die leichten Strohhütten forttragen und die Erdhäuser in Schlammklumpen verwandeln. Die Aufregung war gross. Alles eilte nach den Ufern des Sees, um das Fortschreiten der Überschwemmung zu beobachten; selbst der Scheich ritt dorthin.

Diesmal hatte das Wasser die Stadt nicht erreicht, aber eine gewisse Unruhe bemächtigte sich aller Gemüter, und auch der Sultan war besorgt. Da fand man für ihn einen Plan, der seinen Geist ganz ausfüllen und von anderen Staatsgeschäften ablenken sollte; man gab ihm den Rat, eine neue Residenz zu gründen. Eine Erinnerung an den grossen Scheich el Kanemi kam dabei den Räten zu statten.

Etwa anderthalb Stunden in Nordnordostrichtung von Kuka befindet sich nämlich ein Teich Namens Ba Dungu, am Fusse eines mässigen Sandhügels, der, teilweise mit Nilakazien bewachsen, sich ausserdem durch spärliche andere Mimosen und einige Tamarindenbäume aus der eintönigen, mit Riesen-Asklepiadeen bestandenen Umgebung Kukas hervorhebt. Dort, erzählte man, habe der Vater Scheich Omars vor der Gründung Kukas die neue Hauptstadt des Landes erbauen wollen, doch habe er wunderbarerweise später, als sein Vorhaben zur Ausführung kommen sollte, den Ort nicht wiedergefunden.

Nun beschloss Scheich Omar, in Hinblick auf die seiner Residenz vom Tsade drohende Gefahr, dort eine Stadt zu gründen – zum Andenken an seinen Vater. Fast jeden zweiten oder dritten Tag ritt er mit seinen Würdenträgern nach Ba Dungu, und alles, was nur irgend zur angesehenen Bevölkerung zählte, musste der Sitte entsprechend mit hinaus. Jeder richtete sich dort eine Seriba ein, schlug ein Zelt auf oder baute eine Strohhütte, während für den Scheich eine Strohhütte von riesigen Dimensionen als Empfangsraum hergestellt wurde. Mehrmals des Tages zog die lange Reihe von Sklavinnen mit Schüsseln auf dem Kopfe von Kuka nach Ba Dungu, um ihre Gebieter mit den nötigen Lebensmitteln zu versorgen. Auch einen Namen hatte man bereits für die zu bauende Stadt gefunden; dieselbe sollte Cherua, d. h. die „Reiche“ oder die „Glückliche“ heissen.

Wir möchten dieser Charakteristik der Umgebung des Königs von

Bornu noch einige Worte über die Stellung seiner Familienmitglieder zufügen.

Was die männlichen Verwandten des Königs anbelangt, so hatten die Brüder desselben und deren Söhne die ungünstigste Stellung. Unter Umständen waren sie ja thronberechtigt, und die Geschichte der Sudanstaaten war seit jeher reich an Beispielen, dass aus diesen Mitgliedern der königlichen Familie die meisten Thronprätendenten hervorgingen. Auch unter den Söhnen befanden sich manche, deren Thatkraft zu bändigen war. Alle diese unruhigen und gefährlichen Elemente wurden entweder in entfernte Provinzen geschickt oder ohne Amt und Würden in untergeordneten Stellungen belassen. Die wichtigsten Posten wurden lieber Sklaven als den zuverlässigsten Dienern des Herrschers anvertraut.

Die Frau gilt im Islam wenig, aber in mohammedanischen Negerstaaten spielen die Frauen der Königsfamilie oft eine bedeutende Rolle. Wir wissen bereits, wie gross der Einfluss der Mutter des Edriss Alaoma im alten Bornustaate war. Unter der Dynastie der Kanemiïn war dieser Einfluss der Frauen nicht so hervorragend. Die Magira, d.h. die Königin-Mutter, war allerdings durch ein reiche Belohnung von Bezirken und Ortschaften ausgezeichnet, spielte aber sonst keine hervorragende Rolle. Grösser war schon der Einfluss der ersten oder obersten Frau Omars, der Gumso, welche den schwachen Mann in gewisser Hinsicht leiten konnte. Sie war im Volke zum Teil beliebt, aber man sagte ihr nach, dass sie ihren Einfluss nicht immer zum Besten des Landes verwendete; so verhalf sie einem intriganten und charakterlosen Manne, der ihr Liebhaber gewesen sein soll, zu einer bedeutenden Stellung, aus der er später gewissermassen auf den Posten Laminos hinaufrückte.

Was nun die Prinzessinnen anbelangt, so war keine von ihnen in politischer Hinsicht hervorragend; die meisten zeichneten sich aber durch einen sehr leichtfertigen Lebenswandel aus, eine üble Sitte, die an den meisten Höfen der Sudanstaaten zu beobachten war.

So war in dem langen Zeitraum vieler Jahrzehnte, über die wir durch so hervorragende Reisende wie Barth, Rohlfs und Nachtigal genauer unterrichtet sind, der Hof des schwarzen Fürsten von Bornu beschaffen. Unter seinem Scepter lebten aber noch viele Lehnsfürsten und kleine Häuptlinge; um diese kennen zu lernen, müssen wir hinaus in die Provinzen Bornus und in die Heidenländer im Süden.

Der Sultan von Mandara

Bornu ist, wie wir gesehen haben, ein grosser Sammelpunkt der Händler, von hier wenden sie sich nach verschiedenen Richtungen in das Innere des Sudan, von hier aus haben auch die berühmten Aufklärer des Inneren von Afrika ihre Züge angetreten und kleinere Reiche kennen gelernt. Viele dieser Reisen waren jedoch keine friedlichen Expeditionen; im Gegenteil, die Reisenden konnten nur als Begleiter kämpfender und raubender Heere die neuen Länder betreten. So erging es Denham, Barth, Nachtigal und anderen. Was sie da sehen mussten, das waren erschütternde Bilder; aber sie gewährten auch einen tiefen Einblick in den Wert der mohammedanischen Negerstaaten; sie belehrten uns, welcher Art die Kultur war und noch ist, welche die Bekenner des Propheten in dem dunklen Weltteil verbreiten.

Auf diesen Zügen wollen wir jetzt die berühmten Reisenden begleiten und die Hofhaltungen und die Heere der kleineren Könige kennen lernen.

Versetzen wir uns in das Jahr 1823, da Scheich el Kanemi die Zügel der Regierung in Nuka in seinen energischen Händen hält. In der Stadt giebt es viele Fremde; eine Karawane arabischer Händler unter Bu Kalum ist von Tripolis angekommen, und mit ihr haben auch die ersten Europäer, Major Denham und seine Gefährten, den Boden Bornus betreten. Die Fremden erregen Aufsehen in der Stadt; Feuerwaffen waren um jene Zeit noch selten im Sudan, und die Weissen montieren dem Sultan Kanonen, schiessen aus den Röhren mit Kartätschen und lassen vor der erstaunten Stadt abends Raketen steigen!

Die Araber ihrerseits sind ungeduldig; sie sind hierher gekommen, um Waren, Elfenbein, Straussenfedern, vor allem aber Sklaven mitzunehmen, und sie bedrängen den Scheich mit einem besonderen Anliegen – er solle ihnen im Süden einen Heidendistrikt anweisen, den sie plündern, in dem sie Menschenjagden anstellen könnten.

Der Scheich lässt sich bereden; er rüstet unter seinem Feldherrn Barka Gana eine starke Reiterabteilung aus und sendet die raublustigen Araber zu seinem Vasallen, dem Sultan von Mandara. Dieser wohnt in der Nähe von Heiden; er wird den Arabern und Kanuri leicht eine Gegend zum Plündern anweisen können.

So bricht der Zug auf. Major Denham begleitet ihn. Zunächst führt der Weg durch befreundete, ziemlich reich bevölkerte Distrikte. Der Zug bietet ein interessantes Bild.

Die Häuptlinge in diesem Teile von Afrika haben in ihrem Gefolge so viele Leute zu Fusse und zu Pferde, als sie ernähren können. Barka Gana hatte als Diener fünf berittene Leute, die immer in seiner Nähe blieben, drei hatten eine Art Trommel, die ihnen um den Hals hing und die sie nach dem Takt zu ihren aus dem Stegreif gesungenen Liedern schlugen; einer hatte eine kleine Rohrpfeife, der andere gab auf einem Büffelhorne laute und tiefe Töne an, wenn man durch den Wald zog. Unterhaltender aber und nützlicher waren die Fussgänger, die dem Zuge vorausliefen und als Pioniere dienten. Es waren ihrer zwölf; sie hatten zackige Lanzen, mit welchen sie sehr geschickt, indem sie rasch voraufgingen, die Zweige zurückbogen und so den Weg offen hielten, der ohnedem fast nicht zu begehen war. Dabei hörten sie nicht auf, zu rufen, z. B.: Gebt acht auf die Löcher! – Hütet euch vor den Zweigen! – Hier ist der Weg! – Gebt acht auf den Tuloh! – Seine Stacheln sind wie Speere! – Schlimmer als Speere! – Biegt die Zweige weg! – Für wen? – Für Barka Gana! – Wer ist in der Schlacht dem rollenden Donner ähnlich? – Barka Gana! – Wer ist unser Führer? – Barka Gana! u. s. w.

Die Leute sangen aus dem Stegreif Lieder auf die Ankunft Denhams, die in wörtlicher Übersetzung also lauteten:

Der Christ, der ist gekommen
Als unser Freund und unsers Scheichs!
Der Weisse, höret er mein Lied,
Giebt mir eine weisse Tobe.

Der Christ ist über und über weiss,
Und weisse Dollars hat er,
Kanuri kommt auch so wie er,
Des Schwarzen Freund zu sein!

Sieh den Fellata, wie er flieht,
Barka Gana schwingt den Speer.
Des Weissen Flint, hat 'nen Doppellauf,
Darum flieht der Fellata.

So erreichte man die Grenzen des Mandarareiches. Eine halbe Meile von der ersten, etwa 10 000 Einwohner zählenden Stadt desselben erwartete der Sultan die Fremden, umgeben von ungefähr 500 Reitern. Er hielt auf einer ansteigenden Fläche, und Barka Gana befahl seiner Truppe sofort zu halten. Die Begrüssung begann, und in der üblichen Weise sprengten einige Reiter dicht an die Linie der Fremden heran und kehrten zu ihrem Herrn zurück. Die Leute waren hübsch gekleidet, trugen Toben aus dem Sudan, von verschiedenen Farben, dunkelblau und rot und gelb gestreift, sowie Burnusse von weissem oder dunkelgefärbtem Baumwollenzeuge. Ihre Pferde waren wirklich schön, grösser und kräftiger als die in Bornu, und sie lenkten sie mit grosser Geschicklichkeit. Des Sultans Leibwache bildeten dreissig seiner Söhne; sie hatten ausgezeichnet schöne Pferde, Felle von Tigerkatzen und Leoparden waren ihre Schabracken, die weit herabhingen, und sie trugen gestreifte seidene Toben. Als diese an ihren Platz vor dem Sultan zurückgekehrt waren, näherten sich die Fremden in grosser Hast und hielten so, dass die Leibwache zwischen ihnen und dem Sultan stand. Das Gespräch begann; der Araber Bu Kalum gab den

Grund seines Besuches an, und der Sultan marschierte in die Stadt zurück.

Vor ihm her gingen einige Männer, die auf langen Pfeifen bliesen, die den Klarinetten nicht unähnlich waren, und auf zwei ungeheuren, zwölf bis vierzehn Fuss langen Trompeten, welche Männer zu Pferde trugen; sie waren aus Holz gemacht, hatten ein kupfernes Mundstück, und der Ton war nicht unangenehm.

Die Pracht der Kleidung des Mandarasultans reizte die Habgier der Araber, und indem sie auf die Berghänge schauten und auf diesen die Dörfer der Eingeborenen erblickten, meinten sie, sie brauchten nicht weiter zu gehen, der Sultan könne ihnen gleich hier eine Stadt anweisen. Schon in Bornu hatten sie geschrieen, als man ihnen die Zahl der Feinde vorhielt: „Pfeile sind nichts! Und zehntausend Lanzen bedeuten auch nichts! Wir haben Flinten!“ Es sollte jedoch anders kommen.

Gegen den Abend ritten Denham, Barka Gana und der Araber Bu Kalum nach der Stadt, um den Sultan zu besuchen. Bald langten sie vor dem Palaste desselben an. Wie es im Sudan gebräuchlich ist, wenn man einen Vornehmen besucht, galoppierten sie in grosser Eile zu der Skiffa (dem Thore) und sprengten fast in die Thüre. Dies ist eine gefährliche Art der Begrüssung; man darf sich durch nichts abhalten lassen, und selten geht es ab, ohne dass einer oder der andere sein Leben einbüsst. Bei dieser Gelegenheit wurden ein Mann und ein Pferd, die im Wege standen, überritten, das Pferd brach ein Bein, und der Mann war tot. Die Trompeten ertönten, als die Fremden abstiegen, die Oberschuhe wurden ihnen abgezogen, und nun traten sie in einen geräumigen Hof, wo der Sultan unter einem dunkelblauen Sudanzelte sass auf einer Erdbank, die jedoch mit einem schönen Teppich und seidenen Kissen bedeckt war. Ihn umgaben fast zweihundert Leute, alle schön gekleidet in Toben von Seide und buntem Kattun, und seine fünf Eunuchen; die Vornehmsten sassen vorn, alle aber hatten ihm das Gesicht zugekehrt. Die Art der Begrüssung war sonderbar. Barka Gana, als Stellvertreter des Scheichs, näherte sich einem Platz vor den Verschnittenen mit niedergeschlagenen Augen, dann setzte er sich, ohne den Blick aufzuschlagen, seinen Rücken gegen den Sultan gewendet, und rief, indem er in die Hände klatschte: „Mögt ihr ewig leben! – Gott gebe euch ein glückliches Alter! Wie geht's euch? Heil, Heil!“ Diese Worte wurden in der nächsten Umgebung des Sultans wiederholt, und dann sang sie der ganze Hof. Nun wurde die Eingangssure des Koran, die Futah, gesprochen, und man ging zum Geschäft über. Bu Kalum übergab seine Geschenke, welche von den Eunuchen ungeöffnet fortgetragen wurden, und der Sultan versprach Bu Kalum, ihm nach Möglichkeit zur Erfüllung seiner Wünsche behilflich zu sein. In den nächsten Tagen wollte er seine Entscheidung treffen.

Der Sultan, Mohammed Bucker genannt, war ein verständiger kleiner

Mann von etwa fünfzig Jahren, sein Bart war schön himmelblau gefärbt: er hatte sich den fremden Weissen genau angesehen und nach seinem Herkommen gefragt. Da wurde über Denham an diesem Hofe das Verdikt gesprochen; als der Sultan erfuhr, dass Denham ein Christ sei, fragte er verächtlich: „Hat denn der grosse Pascha Kafirs zu Freunden?“ und aller Augen wendeten sich von Denham ab. Er wurde niemals mehr vom Sultan von Mandara eingeladen.

Um jene Zeit war das Sultanat von Mandara in einer wenig erquicklichen Lage. Nur mit Mühe und Not konnten Mohammed Bucker, sowie Scheich el Kanemi die Fulbe, welche ihre Waffen nach Osten trugen, von den Grenzen ihres Reiches fernhalten. Und wenn auch die erste Wucht, mit welcher sich diese Hirtenvölker in Mittelafrika ausbreiteten, bereits gebrochen war, so blieben die Fulbe doch sehr nahe und höchst unbequeme Nachbarn von Mandara. Da verfiel der Sultan auf den schlauen Plan, die mit Flinten bewaffneten Araber gegen diese auszuspielen, anstatt ihnen einige Heidendörfer preiszugeben. Bu Kalum ging in die Falle.

Ein Teil der Bewohner von Mandara hatte sich zum Islam bekehrt, der andere Teil war heidnisch geblieben und Bedrückungen preisgegeben. „Ihre Wohnungen“, erzählt Denham, „sieht man überall in Haufen an den Seiten und selbst auf dem Gipfel der Berge nahe bei der Hauptstadt von Mandara. Die Feuer in den Ortschaften dieser Unglücklichen warfen einen hellen Schein auf die Spitzen und Vorsprünge der sie umgebenden Granitfelsen und gewährten einen malerischen, herrlichen Anblick. Die Furcht, die ihnen der Sultan einflösste, war durch seine Verbindung mit dem Scheich von Bornu sehr vermehrt, und die Erscheinung einer solchen Macht, wie die, welche den Barka Gana begleitete und in dem Thal bivouakierte, musste den Bewohnern der Höhen Schrecken einflössen; sie sahen wohl, dass sie nur in einer Absicht da sein konnte, und alle mussten in Furcht und Zittern sein, da sie nicht wussten, gegen welchen Distrikt diese Scharen bestimmt sein mochten. Mit einem guten Teleskop konnte ich sehen, wie diejenigen, die aus ihrem Verhältnisse mit Mandara nichts Gutes ahnten, tiefer in die Berge flüchteten, indes andere nach der Stadt kamen und Leopardenhäute, Honig und Sklaven, die sie in anderen Städten erbeutet hatten, als Geschenke brachten, um Frieden zu erhalten; auch Esel und Ziegen, die in den Gebirgen in Menge sind. Die Bewohner von Mussgu, die, wie es zuerst hiess, obgleich ohne Grund, von den Arabern geplündert werden sollten, schickten dem Sultan 200 Sklaven ausser anderen Geschenken und mehr als fünfzig Pferde. Gegen zwanzig bis dreissig Reiter, die kleine, feurige, hübsche Pferde ritten und ein grosses Gefolge hatten, waren die Überbringer dieser Geschenke – und gewährten einen sonderbaren Anblick. Ich sah sie, als sie den Palast des Sultans verliessen; damals und vorher, als sie in ihn einzogen, warfen sie sich zur Erde, streuten Sand auf ihre Häupter und erhoben ein klägliches Geschrei. Die Reiter, welche Häuptlinge waren, hatten statt aller Kleidung die Haut einer Ziege oder eines Leoparden; sie hing über die linke Schulter, so dass der Kopf des Tieres vor der Brust war; in der Mitte war sie zusammengefasst, hing bis auf die Hälfte der Schenkel herab, und die Haut von Schwanz und Schenkeln war noch daran gelassen. Auf dem Kopfe, den dickes, wolliges oder vielmehr borstiges Haar bedeckte, das über die Augen herabhing, hatten sie eine Kappe vom Fell einer Ziege oder eines dem Fuchse ähnlichen Tieres. An ihren Armen und in ihren Ohren trugen sie Ringe von Knochen, wie es mir schien; um den Nacken hatten sie bis gegen sechs Schnüre, woran, wie man mir sagte, die Zähne der von ihnen im Kampfe erschlagenen Feinde gereiht waren. Zähne und Stücke von Knochen hingen von ihren Locken herab, und mit den roten Flecken, womit ihr Leib an mehreren Stellen bezeichnet war, und mit ihren rotgefärbten Zähnen sahen sie entsetzlich wild aus."

Wir werden noch später Gelegenheit haben, diese Häuptlinge in ihrer Heimat zu besuchen, und eine bessere Meinung von ihnen erhalten. Diese Unterwürfigkeit der Heiden gab indessen dem Sultan Mohammed Bucker einen willkommenen Vorwand, Bu Kalum gegenüber die Ausrede zu gebrauchen, dass er kein nahe gelegenes heidnisches Gebiet den Arabern zum Plündern überlassen könne, und ihn zu bewegen, an einem Zuge gegen die Fellata teilzunehmen. Im Verlauf unserer Darstellung werden wir jenes Volk noch genauer kennen lernen; jedenfalls war es um jene Zeit dazu angethan, die Araber Speere und Pfeile mehr achten zu lehren.

So rückten denn die Araber, die Abteilung Barka Ganas und eine Reiterschar unter dem Befehl des Sultans Mohammed Bucker gegen die Fellata oder Fulbe aus. Das Gebiet derselben war in dem Grenzbezirk verlassen. Endlich stiess das Raubheer, dessen Stärke wohl an 5000 Mann betrug, auf eine wohlverpalissadierte Stadt.

Die Araber gingen unter Bu Kalum sofort zum Sturm über, und es gelang ihnen, die äusseren Schanzen einzunehmen. Der Feind verteidigte sich tapfer und machte von vergifteten Pfeilen Gebrauch. Noch heute benutzen die Fulbe dieselben auf ihren Jagden, und ihr Pfeilgift, dessen Zusammensetzung unbekannt ist, ist so stark, dass schon die geringste Verwundung die Jagdtiere tötet. Auch Frauen nahmen an der Verteidigung teil, indem sie den Männern Pfeile zutrugen oder Felsblöcke auf die Stürmenden herabwälzten. Nachdem die Araber den Feind aus der Verschanzung vertrieben hatten, wandte sich die Schlacht zu ihren Ungunsten.

Die Truppen des Sultans von Mandara, sowie die Alliierten von Bornu griffen in das Gefecht nicht ein, sondern blieben müssige Zuschauer. Als dies die Fellata wahrnahmen, führten sie ihre Reiterei ins Treffen, brachten dadurch die Araber in Verwirrung und zwangen sie zum Rückzug. In diesem Augenblicke aber ergriffen die Bundesgenossen von Mandara und

Bornu schleunigst die Flucht, denn sie waren augenscheinlich nur darum gekommen, um einen etwaigen Sieg der Araber auszunutzen.

Es begann nun eine wilde, regellose Flucht. Viele von den Pferden waren durch Giftpfeile verletzt worden und brachen auf der Flucht tot zusammen, die Reiter wurden dann erbarmungslos von den Verfolgern niedergemacht. Auf dieser Flucht fiel auch Denham den Fellata in die Hände; alle seine Sachen wurden ihm vom Leibe gerissen, und man beratschlagte schon, wie man den fremdartigen Mann umbringen solle. Es gelang ihm aber, nackt zu entfliehen und nach unsäglichen Mühsalen die Abteilung des fliehenden Barka Gana zu erreichen. Bu Kalum erlag einer Wunde durch vergifteten Pfeil; seine Leiche wurde an ein Pferd gebunden und so fortgebracht. Das fliehende Heer sammelte sich erst in der Nähe der Residenz von Mandara. In Anbetracht der Niederlage erwartete hier die Fremden kein besonders günstiger Empfang, und so verliessen sie bald die Stadt, um nach Bornu zurückzukehren.

Die verlorenen Sachen Denhams hatten eine weite Wanderung durch Afrika gemacht; die siegreichen Fulbe sandten sie als Trophäen nach der Hauptstadt Sokoto; einen Teil der alten Jacken und Hemden hat später Clapperton von dem damaligen Thronfolger von Haussa wieder zurückgekauft. Trotz seiner Verluste und seiner Wunden empfand dennoch Denham die aufrichtigste Freude über die Niederlage der Sklavenjäger. Allerdings sind solche Niederlagen äusserst selten. Wenn die Raubzüge sich gegen wirkliche Heidenländer wenden, dann haben die schwarzen Fürsten ein leichteres Spiel.

Die unglücklichen Mussgu

Ein anderer König herrscht in Bornu; es ist der Scheich Omar, der in Europa wohlbekannte Fürst, der so berühmte deutsche Forscher, Barth, Overweg, Rohlfs und Nachtigal, freundlich in den Mauern Kukas empfing. Das Jahr 1851 neigt seinem Ende zu, und wir sehen wieder einen Heereszug gen Südosten ziehen in jene Gebiete, in denen einst die Araber so schmählich geschlagen wurden; der uns bekannte Wesir Hadsch Beschir führt das Heer, Dr. Barth und Dr. Overweg sind in seiner Umgebung – das Ziel ist wiederum Mandara und das Mussguland; der Zweck eine Razzia, Menschenjagd! Die Streitigkeiten mit dem Sultan von Mandara werden friedlich beigelegt, und man rückt in das wasserreiche Tiefland des Sudan, in die Wasserscheide zwischen dem Benue und Schari ein.

Die Feldlandschaft, durch die der Weg führte, war über alle Massen lieblich und luftig und ganz für Hirtenstämme geeignet; aber auch Spuren von Landbau, ja selbst Baumwollenfeldern fanden sich. Dann trat Dumgebüsch auf, und weiterhin beherrschten stolze Dumpalmen die anmutige freie Landschaft, durch die das Heer in langgestreckter Schlachtordnung und in mannigfach gruppierten und buntgekleideten Haufen dahinzog. Wohl an 10 000 Mann mochte es zählen: die schwere Kavallerie in ihren dick wattierten Röcken oder Panzerhemden und Kettenpanzern mit in der Sonne glitzernden Helmen, unter ihrer eigenen Last fast erliegend; der leicht gekleidete Schua auf hagerem, aber abgehärtetem Rappen und nur mit einer Handvoll Wurfspeere bewaffnet; der eingebildete, selbstgefällige fürstliche Sklave in seinen seidenen Toben; die halbnackten Kanembu-Speerleute mit Schild und Speer, ihrem zerrissenen Schurz und ihrer barbarischen Kopftracht; die Gefährtinnen des Zuges, der Harem des Wesirs, acht berittene Schönen, in weisse Burnusse gekleidet, mit ganz verhülltem Gesicht, von Eunuchen bewacht, von berittenen Dienerinnen umgeben, und in der Ferne der Zug der Kamele und Lastochsen – alles voll Mut und in der Erwartung reicher Beute den unbekannten Landschaften im Südosten zustrebend.

Es war ein herrliches Gefühl der Freiheit, das den Reisenden beseelte, als er auf seinem mächtigen Streitross in der schönen Morgenbeleuchtung durch diese weite, unabsehbar sich hinstreckende und doch so reich geschmückte Ebene zur Seite dieser bunten Heerschar dahinzog. Noch hatte kein Blut dieses Heer besudelt, und die Scharen unglücklicher, ihrer Heimat entrissener und in die Knechtschaft geführter Sklaven waren noch nicht mit den Reihen der Krieger gemischt. Wohlgemut zog alles dahin nach Südost, den selbst ihnen meist unbekannten Gegenden zu. Dann und wann belebte sich der Heereszug, wenn eine Gazelle aufsprang und scheu zwischen die einzelnen weit zerstreuten Gruppen geriet, wo dann leichte Kanembu-Schildträger und Schua-Reiter mit ihren Lanzen hinter der ihren Gaumen reizenden Beute hinterdrein waren und der tausendfach wiederholte Ruf: „Lass ab! lass ab!“ oder „Greif zu, greif zu!“ von einem Trupp zum anderen erscholl; oder wenn ein schwerfälliges feistes Perlhuhn, aus dickem Busch aufgeschreckt, über die Köpfe dahinflog, alsbald gezwungen, sich niederzulassen, und so nach vergeblicher zaghafter Flucht die Beute seiner Verfolger wurde, oft in mehrere Stücke zerzaust!

Manchmal zog das Heer durch üppige Waldungen mit malerischen Palmen und Laubhölzern. Eine wildreiche Gegend musste es sein, denn der Boden war oft ein ununterbrochenes Netz von Löchern, welche die Elefanten als Fussstapfen zurückgelassen hatten. Aber das Wild liess sich nicht blicken; von dem Getöse des grossen Heeres verscheucht, hatte es sich in stillere Schlupfwinkel zurückgezogen; nur selten wurde es hier und dort von einem Reitertrupp zufällig aufgescheucht. Auch die Menschen liessen sich nicht blicken, obwohl man auf befreundetem Grund und Boden stand. Wehe dem Lande, durch welches im Sudan ein Heer marschiert! Die Fouriere dieser Armeen haben auch mit den Freunden kein Erbarmen.

Aber ein Reiterzug erscheint und stösst zu dem Gefolge des Wesirs. 200 Fulbereiter sind auf ihren flinken Rossen erschienen; eigentlich liegen die Fulbe im Krieg mit Bornu; aber mögen die Hauptfürsten sich befehden; die Vasallen und Diener machen hier einmal gemeinschaftliche Sache, wo es gilt, die Heiden zu Paaren zu treiben, Menschen zu jagen.

Doch wir sollen unseren Lesern von schwarzen Fürsten berichten und erzählen nur von Lehnsleuten und Dienern. Da naht eine Gesandtschaft; sie kommt von einem schwarzen Fürsten, einem Häuptling im Mussgulande, und bringt dem Wesir ein Geschenk: fünf Pferde und zwanzig Ochsen.

Setzen wir uns an den üppigen Lagerplatz des Führers dieses verweichlichten Heeres und hören, was die Vornehmen von diesem Mussguhäuptling erzählen.

Er heisst Adischen. Er war klug, und während seine Landsleute mit Waffen in der Hand den Räubern ihrer Frauen und Kinder, den Verwüstern ihrer Habe sich entgegenstellten, beugte er sein Knie vor dem mächtigen Bornu, wälzte sein Haupt im Staube, bekehrte sich, wenn auch oberflächlich, zum Islam. Er verpflichtete sich, dem Scheich von Bornu einen Tribut zu zahlen, und stand infolgedessen unter seinem Schutz. Er wurde zum Verräter seines Volkes und zum Pfadfinder der Sklavenjäger in den zahllosen, vielverschlungenen Wasserrinnsalen seiner Heimat. Er war ein Barbar, auch in den Augen der Herren aus Bornu; ein roher, sinnlicher Mensch, ein Wilder, der keine Scham hatte und über dessen 200 Sklavinnen die „zivilisierten" Mohammedaner spotteten. Sie waren auch ihr Eigentum, wenn sie an Adischens Hof kamen; denn der Mann war entartet, seinen Herren blindlings unterworfen, und zu den niedrigsten Diensten bereit, suchte er sich ihnen so verächtlich wie möglich zu machen.

Eines Tages hiess es nun, Fürst Adischen komme persönlich zur öffentlichen Audienz. Der Wesir setzte sich auf einen Rohrdiwan vor sein Zelt, die Hauptleute des Heeres nahmen im Halbkreise auf dem Erdboden Platz. Nach kurzer Weile kam der Mussguhäuptling an, zu Pferde, aber ohne Sattel, und von seinen drei Brüdern begleitet. Eine grosse Menge Neugieriger aus dem Lager hatte sich vor dem Zelte des Wesirs versammelt und verschonte Adischen keineswegs mit Spott und Zudringlichkeit; er liess sich jedoch durch die Frechheit der Sklaven eben nicht verblüffen, sondern bewahrte seine fürstliche Würde.

Die Vorhänge des geräumigen Audienzzeltes wurden in die Höhe gehoben, und der Kerdi-Fürst,* eine kleine, gedrungene Gestalt mit eher milden, als wilden Zügen und anscheinend von einem Alter zwischen 50 und 60 Jahren, trat herein. Er war mit einer schwarzen Tobe bekleidet,

* Heidenfürst.

trug aber keine Beinkleider und erschien mit unbedecktem, glattgeschorenem Haupte.

Auf den Boden niederknieend und mit Händeklatschen die Worte: „Gott gebe dir ein langes Leben!" wiederholend, streute er Staub auf sein Haupt nach dem knechtischen Gebrauch des Landes. Sobald aber der auf den Trümmern seiner Nationalität sich sträubende, auf allen Seiten seines Landes von Feinden bedrohte Häuptling diese erniedrigende Zeremonie ausgeführt hatte, nahm er seine Würde an und beschwerte sich nun über seine westlichen Nachbarn, die Fulbe oder Fellata (oder, wie die Mussgu sie nennen, Tschogtschogo), welche dem Bornuheere zuvorgekommen wären und Kühe und anderen Raub aus seinem Gebiete fortgeschleppt hätten. Der Wesir versicherte ihm, dass solche Unbilden in Zukunft nicht mehr geduldet werden sollten; er sei ganz und gar im Schutze Bornus.

Auf seinen Wink wurden dann einige Pakete entfaltet, und Adischen ward zuerst mit einer schönen, dunkelblauen Nupe-Tobe (dem Elefantenhemde), hierüber dann mit einer reichen seidenen Tobe (wohl zu 40 000 Kauri) und zuletzt mit einem darüber gewundenen ägyptischen Shawl bekleidet. Seine Brüder wurden dann mit weiten Hemden aus gestreiftem Manchester bekleidet.

So war, berichtet Heinrich Barth, aus diesem kleinen heidnischen Mussguhäuptling eine Art bornuanischen Amtmannes geworden, und er fristete auf diese Weise seine armselige, unbeneidenswerte Existenz.

Die Mussgunation, fährt der grosse Reisende fort, ist in der That auf allen Seiten so eng von Feinden umgeben, dass sie sich nur durch die grösste Einigkeit vor dem Verderben retten könnte; statt dessen aber ist sie in viele kleine Herrschaften zerstückelt, die, anstatt sich einander beizustehen, sich über ihr gegenseitiges Ungemach freuen. In Wahrheit, nur die Menge der sumpfigen Gewässer, welche ihr Land nach allen Seiten durchziehen und dasselbe während des grössten Teils des Jahres für feindliche Heere ganz unzugänglich machen, erklärt es, wie das Land oder wenigstens einzelne Bezirke desselben noch so dicht bevölkert sind.

Da Adischen im Schutze Bornus war, so war es den Soldaten verboten, solange man durch sein Gebiet zog, Menschen oder Vieh zu rauben. Es war dem Heere nur gestattet, Getreide zu nehmen.

Trotz dieser Zusicherung standen die Dörfer leer. Die Mussgu Adischens trauten den Mohammedanern nicht; denn sie wussten wohl, dass nach der Meinung derselben ein Muselman dem Heiden den Aman (Treue und Glauben) nicht zu halten brauche. Sie hatten auch ihr Vieh, ihre Pferde, Kühe, Schafe und Ziegen fortgetrieben. Nur Getreide hatten sie in ihren Speichern zurückgelassen, denn es war gerade Erntezeit, und die halbe Ernte stand noch auf dem Felde.

So gingen die Krieger des Wesirs in die menschenleeren Dörfer, luden das Getreide auf ihre Lasttiere, durchsuchten alle Ecken und Winkel, schleppten auch die zufällig gefundenen Ziegen fort, schlachteten die Hühner und zogen von dannen.

Adischen war der Führer der Raubbande, die er in die reichsten Gegenden des Landes, nach den volkreichsten Dörfern führte.

Glücklicherweise war dieser Räubertrupp in seinen Bewegungen äusserst schwerfällig, dabei erschwerten die vielen Wasserläufe und oft auch dichte Waldungen das Vorrücken. Die bedrohten Mussgu hatten Zeit, sich durch die Flucht zu retten; ein grosser Schlag wollte dem Räuberheere nicht gelingen. Wohl aber brachen hier und dort die Mussgu aus einem Hinterhalt hervor und bedrängten die Nachhut. Ernsteren Schaden konnten sie aber dem Heere nicht zufügen, und so kam es nur zu leichteren Scharmützeln.

Die Bewaffnung der Mussgu war auch nicht dazu angethan, den Kampf mit Erfolg zu führen. Hätten sie nur Pfeile und Bogen! Leider führten sie dieselben nicht. Sie tragen gewöhnlich nur einen Speer und mehrere Wurfeisen; diese sind offenbar ihre beste Waffe, indem sie dieses scharfe und doppelspitzige Eisen sehr geschickt von der Seite werfen und, wie man behauptete, Beine von Menschen und Pferden wegschneiden. Die Wirkung wird sich in Wirklichkeit wohl nur auf schwere Wunden beschränken. In der Regel gehen die Mussgu nackt oder tragen nur einen dürftigen Schurz. Einige ihrer Häuptlinge schützen aber ihren Oberkörper durch einen starken Panzer, der aus Büffelfell gemacht ist, indem sie das Haar nach innen tragen. Eine Fellmütze mit Federkrone und ein kleines Horn, das einem Jagdhorn ähnlich sieht, vervollständigt die Ausrüstung eines vornehmen unter diesen unglücklichen Häuptlingen. Am merkwürdigsten, bemerkt Barth, ist bei diesen Leuten die Art, wie sie sich zu Pferde halten, sie ist wirklich barbarisch; denn absichtlich machen sie eine breite, offene Wunde auf dem Rücken ihrer kleinen, stämmigen Pferde, um festzusitzen, und wenn sie schnell reiten wollen, ritzen sie sogar oft noch ihre Beine auf der inneren Seite auf, damit sie durch das herabrieselnde Blut an den Seiten ihrer Pferde festkleben; denn sie entbehren alles, Sattel, Bügel und Zaum, und haben nichts als eine Halfter, ihr Tier zu leiten.

Das Heer des Wesirs zog nun sengend durch das Mussguland; denn alle leeren Dörfer wurden, nachdem man sie durchsucht hatte, in Brand gesteckt. Tagtäglich wurden auch kleinere Trupps von Sklaven aufgehoben; es waren meistens alte Leute und Kinder, die nicht fortkommen konnten, oder Flüchtlinge, die man in ihren Verstecken aufstöberte. Die erwachsenen Männer wurden getötet – oder man hieb ihnen vielmehr ein Bein ab und liess sie verbluten.

Die vielen Wasserläufe geboten endlich den Sklavenjägern Halt, und die Bande trat den Rückzug an. Dabei bot sich ihr ein willkommener Gegenstand, woran sie ihre Erbitterung auslassen konnte.

„In einer langen, kanalartigen Wasserrinne“, erzählt unser Gewährsmann, „zeigten sich vier Eingeborene, die, offenbar im Vertrauen auf ihren Mut und ihre Geschicklichkeit im Schwimmen, hier im tiefen Wasser ihre Zuflucht genommen hatten, um beim Abzug des Heeres den Ihrigen ein Zeichen zu geben. Diese kleine Heldenschar beschloss man also zu opfern, und das ganze zahlreiche Reiterheer stellte sich in dichten Gliedern an beiden Seiten des Wassers auf. Jedoch war es nicht so leicht als es schien, und alles Feuern der schlechten Schützen war umsonst, da die Mussgu höchst geschickt untertauchten. Da liess der Wesir einige Kanembu ins Wasser gehen, und es entspann sich ein höchst eigentümlicher Kampf, wie ich ähnliches nie gesehen, ein Wasserkampf mit Schild und Lanze, der wahrhaftig nicht geringe Anstrengung erforderte; denn während die Leute sich mit ihren Füssen unter dem Wasser halten mussten, hatten sie zugleich den Speer zu schleudern und den Wurf des Gegners zu parieren. Die armen Mussgu kämpften nicht allein für ihr eigenes Leben, sondern gleichsam für ihre Nationalehre. Es waren grosse, muskulöse Gestalten, die einzeln den Kanembu bei weitem überlegen waren; aber die Mehrzahl siegte nach langem Kampfe; drei von den Mussgu schwammen bald als Leichen auf dem Wasser; der vierte jedoch war unbesiegbar, und die Kanembu, die zwei der Ihrigen verloren hatten, gaben ihn in der Verzweiflung auf.“

Zwei der Häuptlinge, deren Gebiete am meisten heimgesucht wurden, kamen zu dem Wesir, von Adischen geführt, und unterwarfen sich ihm, indem sie in landesüblicher Weise Erde auf ihr Haupt streuten. Sie leisteten den Schwur der Unterwürfigkeit und erhielten dafür unter allerlei Spott der Umgebung Sudantoben, um ihre Blössen zu bedecken.

Trotzdem die Mussgu zum Fliehen Zeit hatten, so ergab diese Razzia nach der Berechnung Barths gegen 3000 Sklaven: Frauen, Mädchen und kleine Kinder. Wer zählt dabei die im Kampfe gefallenen Männer? Freilich bestand ein erheblicher Teil dieser Sklaven aus Unterthanen des Fürsten Adischen. Dieser musste nämlich dem Wesir gestatten, sich auf seinem Gebiete den Tribut zu holen. Eines Nachmittags verliessen zwei Hauptleute das Lager, um, wie es hiess, in den benachbarten Dörfern Pferdefutter einzusammeln, brachten aber am Abend als Haupterwerb an 800 Sklaven und viele Rinder ein. So überliess dieser entartete Fürst seine eigenen nichts ahnenden Unterthanen der Raubgier seiner Schutzherren! Die Geplünderten hatten jedoch sich zur Wehr gesetzt und in der Nacht den Räubern einen Teil der Rinder abgenommen; der Wesir belohnte Adischen für seine Treue: er liess ihm 200 der ältesten fast nutzlosen Weiber wieder zustellen, mit dem freundlichen Bemerken, sie sollten das Land bestellen, und er wolle, wenn er wiederkomme, den Ertrag davon essen. Dies klang fast wie bittere Ironie.

Die europäischen Reisenden haben bis jetzt die Mussgu stets unter ausserordentlichen, geradezu verzweifelten Umständen kennen gelernt. Diese heidnischen Neger traten den Europäern, die sich in Begleitung von Sklavenjägern befanden, entweder als Gehetzte und Verfolgte oder als Sklaven entgegen. Es ist schwierig, ja unmöglich, auf Grund solcher Begegnungen den Charakter eines Volkes zu enträtseln. Waren sie alle so schlecht, wie Adischen, waren sie so wild und verächtlich, wie die Mohammedaner behaupteten?

Der Reisende, der in den verlassenen, zerstörten, zum Teil niedergebrannten Dörfern nach Spuren ihrer Thätigkeit forschte, gelangte zu einer anderen Überzeugung. Aus der Bauart ihrer Häuser und Vorratskammern leuchtete ihm der Sinn für Fleiss, Sparsamkeit und ein gemütliches häusliches Leben entgegen. Auf ihren Feldern sah der Forscher zum ersten Male im Sudan die Düngung des Ackers ausgeführt – also eine landwirtschaftliche Tugend, von der die Bornuer nichts wussten. Auch für die Kühe fanden sich saubere Ställe vor.

Aber alle diese Werke friedlichen Fleisses wurden von den Räubern, die das Land heimsuchten, unbarmherzig zerstört.

Auch Spuren einer Gesittung waren sichtbar, welche die Mohammedaner des Sudan tief hätten beschämen sollen. Denn während sie in Bezug auf die Bestattung ihrer Toten höchst nachlässig sind und die Gräber nicht hinreichend gegen die wilden Tiere schützen – stiess man hier bei den Heiden auf regelmässige Grabmäler mit grossen, schön gerundeten Gewölben gedeckt, deren Gipfel bei einigen mit ein paar quergelegten Baumstämmen, bei anderen mit einer irdenen Urne bedeckt waren.

Auch Priester hatte dieses Volk, obwohl es als völlig gottlos verschrieen war.

Leider konnten wir nur die traurige Gestalt Adischens als ein Beispiel eines dieser schwarzen Heidenfürsten unsren Lesern vorführen. Hätte ein europäischer Reisender vor den Sklavenjägern dieses Land betreten – er hätte uns vielleicht andere Bilder des Volkslebens entworfen und inmitten desselben eine andere Fürstengestalt geschildert, welche sicher anmutiger gewesen wäre, als die vieler anderen afrikanischen Häuptlinge, welche mit dem Namen King (König) bezeichnet werden.

Noch einmal beim Manadarasultan

Ein Jahrzehnt ist seit dem von uns geschilderten Raubzuge in das unglückliche Mussguland vergangen; vierzig Jahre sind seit dem abenteuerlichen Ritt Denhams in die Gebiete der Kerdi und der Fulbe verflossen – da hielt im Angesicht der Hauptstadt des kleinen Ländchens Mandara oder Wandala wieder ein kleiner Reitertrupp, und wieder liess ein Deutscher – es war Gerhard Rohlfs – dem Sultan seine Ankunft melden und ihn um Erlaubnis bitten, die Stadt betreten zu dürfen.

Es dauerte nicht lange, und ein Mann im roten Burnus kam an der Spitze einiger Reiter aus der Stadt, begrüsste den Fremden und geleitete ihn zu einem Gehöft – der Gastwohnung des Reisenden.

Die drei Hütten waren geräumig genug, um das Gefolge Rohlfs' aufzunehmen, aber wie kläglich war der Empfang im Vergleich zu dem, den man an dem prunkvollen Hofe des gastfreien Omar in Kuka gewöhnt war! Eine Schale Buttermilch und ein Stück harten pumpernickelartigen Hirsebrotes, das war die Mahlzeit, und der Hungrige biss wohl in die harte Rinde ein. Er musste den Minister, der ihn verpflegen sollte, erst wiederholt mahnen, bevor er andere Speisen für sich und seine Leute und die nötige Butter für seine Lampe erhielt.

Seit der Zeit, da Denham hier weilte, hatte sich vieles verändert.

Der alte Sultan Mohammed Bucker, der im Verein mit Barka Gana die Araber gegen die Fulbe ins Treffen schickte, war längst heimgegangen, ebenso war auch sein Sohn gestorben, und auf dem Throne sass jetzt sein Enkel Aba Bu Bekr. Einst war noch Mandara so ziemlich frei und unabhängig, jetzt war es Bornu völlig unterthan. Nach Denham hatte Vogel das Land besucht, leider aber nur einige Zeilen über dasselbe berichtet. Ein ausführliches Tagebuch darüber liegt vielleicht noch in dem Palaste der Könige von Wadaï. Nun nahte wieder ein Christ dem königlichen Hofe von Mandara.

Am nächsten Morgen wurde Rohlfs zu Aba Bu Bekr beschieden.

Andere Sterbliche müssen drei Tage warten, bis sie das Gesicht des Herrschers erblicken. Rohlfs wurde die Wartefrist erlassen; ob aus Rücksicht auf seine Person? Schwerlich! Der König war gewiss neugierig, den Fremden zu sehen.

Die Residenz, an einem Flusse gelegen, war sehr weitläufig gebaut und machte eher den Eindruck eines Stadtviertels als den eines Palastes. Auf dem Platze vor demselben kauerten Sklaven, darunter manche in Ketten; die Hofbeamten stellten hier an Rohlfs das Ansinnen, die Schuhe auszuziehen; aber er war nicht gewillt, barfuss durch den Kot zu waten, und erklärte, dass er, wenn es die Sitte des Landes erfordere, erst vor dem Sultan die Stiefeln ausziehen werde. Also Halt! Das Staunen war gross, und der noch nie dagewesene Fall wurde dem Sultan gemeldet.

Man wartete aber nicht lange; der Sultan gab den Bescheid, den Christen beschuht eintreten zu lassen.

Ein grosser innerer Hof bildete den Audienzplatz. In einer Veranda thronte auf einem erhöhten, mit Teppichen belegten Sitze der Sultan. Er trug einen weissen Haik, darüber einen wollenen, ebenfalls weissen Burnus und als Kopfbedeckung eine rote, turbanartig umwundene Mütze. Zu seinen Füssen kauerte eine Anzahl seiner Günstlinge und Eunuchen.

Vor der Veranda stand ein offenes Zelt, unter dem die hohen Würdenträger sassen – alle aber wendeten dem Könige den Rücken zu, nur Rohlfs fühlte sich stark genug, von der Sonne Seiner Hoheit nicht geblendet zu werden. Der Sultan verstand zwar Arabisch, aber er sprach zu Rohlfs in der Landessprache, so dass seine Worte erst durch den Dolmetscher dem Reisenden ins Arabische übertragen werden mussten. Der Inhalt der ersten Unterredung war folgender:

„Was bist du für ein Landsmann?"

„Ein Deutscher."

„Wohl, aber bist du ein Engländer oder ein Franzose?"

„Keins von beiden, ein Deutscher. Deutschland ist ein Land für sich und gehorcht keinem fremden Fürsten."

„Ich habe nie von diesem Lande gehört, aber man sagt in Wahrheit, die Christen hätten eine Menge Länder und Fürsten."

„Allerdings giebt es noch viele Länder ausser diesem, und jedes Land hat seinen eigenen Fürsten."

„Kennst du Abdul Asis?"

„Persönlich nicht!"

„Hast du Abdul Wahed (Eduard Vogel) gekannt?"

„Nein, aber viel von ihm gehört und gelesen; er war ein Deutscher, wie ich."

„Mir sagte er, er sei ein Engländer."

„Allerdings hatte er insofern recht, sich hier einen Engländer zu nennen, als er für die englische Regierung reiste."

„Er war mein lieber Freund."

„Ich hoffe, du wirst auch mich mit deiner Freundschaft beehren."

„O gewiss!"

„Abdul Wahed war Tag und Nacht bei mir."*

„Bezeugst du Mohammed?"

„Nein!"

Über diese Antwort brach der Sultan in ein lautes Gelächter aus, wozu seine Höflinge Beifall klatschten.

„Welchen Propheten bezeugst du denn?"

„Jesus Christus und die Propheten der Söhne des Israels."

„Es steht aber doch im Koran: Mohammed ist grösser als alle Propheten."

„Das steht allerdings darin, aber wer sagt uns, dass es wahr sei?"

* Rohlfs bemerkt hierzu, dass der Sultan Eduard Vogel habe töten wollen, weil dieser sich geweigert hatte, ihm seinen Revolver und seinen Säbel zu schenken. Er bemächtigte sich der Waffen und hielt den Beraubten in Gefangenschaft. Vogel wurde erst infolge eines energischen Drohbriefes, den Scheich Omar an Aba Bu Bekr schrieb, freigelassen. So war die Freundschaft beschaffen.

„Nur die Ungläubigen zweifeln daran. Ich sehe, du trägst einen Rosenkranz, und von sehr schöner Arbeit; beten die Christen auch den Rosenkranz?"

„Viele zählen ihre Gebete danach ab; ich indessen trage ihn, die Wahrheit zu sagen, bloss zum Zeitvertreib."

Darauf entstand ein neues Gelächter, und nach einer Pause nahm der erste Fakih, der gelehrte Theologe des Landes, das Wort, indem er Rohlfs fragte:

„Wie oft betest du des Tages?"

„So oft ich das Bedürfnis dazu fühle; doch pflegen die Christen nicht laut und öffentlich zu beten."

„Kennt ihr den gnädigen Herrn und Propheten Abraham?"

„Wir kennen Abraham, halten ihn aber nicht für einen Propheten."

„Hast du den Koran gelesen?"

„Den Koran sowohl als auch mehrere von den Nachfolgern Mohammeds geschriebene Bücher."

„O, Wunder, und dennoch bist du Christ geblieben?"

„In der That!"

„Steht im Evangelium auch vom gnädigen Herrn Omar geschrieben?"

Jetzt war die Reihe des Lachens an Rohlfs. Der Sultan, der aufmerksam zuhörte, fragte ihn, warum er lache. Rohlfs erwiderte:

„Das Evangelium ist sechshundert Jahre vor Mohammed geschrieben, wie kann also darin von einem Manne die Rede sein, dessen Thaten erst soviel später begonnen haben."

„Das ist wahr", sagte der Sultan und gebot seinem Fakih Schweigen.

Wieder nach einer Pause fragte er selbst: „Kannst du Flinten verfertigen?"

„Nein!"

„Kannst du Uhren machen?"

„Nein!"

„Hast du einen indischen Spiegel (Fernglas)?"

„Ja!"

„Hast du einen Revolver?"

„Ja!"

„Hast du eine Uhr?"

„Ja!"

Mit einigen Fragen über das Befinden des Gastes endete die erste Unterredung, und Rohlfs wurde entlassen. Niemals hat er später einen solchen „Pomp" am Hofe gesehen, das Zelt blieb verschwunden, ebenso war die Zahl der Würdenträger bei künftigen Audienzen stets nur eine geringe. Diese Audienzen wurden mit der Zeit recht häufig, drollig und ungeniert. Die nächste fand an demselben Tage nachmittags statt.

In Mandara besteht die Sitte, dass Fremde ohne die Erlaubnis des Königs drei Tage lang ihr Haus nicht verlassen dürfen. Rohlfs kümmerte sich nicht um das Verbot, und als ihn ein Beamter aufforderte, er solle zu Hause bleiben, erwiderte er, er sei kein Gefangener, und ging weiter. Natürlich lief der Mann sofort zum Sultan. Rohlfs ergötzte sich indessen am Anblick einer Schar Arbeiter, welche die alte Stadtmauer ausbesserte. Hier war der gewiss seltene Fall zu sehen, dass die Leute durch ein Musikkorps zur Arbeit angefeuert wurden. Die Musikanten spielten auf zwei harfenähnlichen Instrumenten, zwei hölzernen Trompeten, einer schwang eine Rassel, die aus einer mit Steinen gefüllten Kürbisschale bestand, einer rührte die Trommel, und ein alter Barde begleitete diese höllische Instrumentalmusik mit seinem Gesange.

Eben wollte Rohlfs die Rhapsodie aufschreiben, als er von einem Beamten zum Sultan bestellt wurde.

Aba Bu Bekr empfing diesmal Rohlfs in einer Privataudienz und zeigte sich als ein dunkelschwarzer, etwa vierzig Jahre alter Mann, der sich stets zum Lachen und Scherzen bereit fand und frei von religiösem Fanatismus war. Er erklärte Rohlfs: „Es ist sonst strenge Vorschrift, dass Fremde nicht vor dem dritten Tage nach der Ankunft sich mir vorstellen, auch ohne besondere Erlaubnis vor dem dritten Tage ihre Wohnung nicht verlassen dürfen; mit dir aber mache ich eine Ausnahme, du kannst ausgehen, wann und wohin dir beliebt. Ich hoffe, du wirst diesen Beweis meiner Freundschaft zu schätzen wissen."

Ferner zeigte er dem Reisenden die Hauptstücke seines Kuriositätenkabinetts, das im Vergleiche zu der Raritätenkammer Omars sehr armselig war: da kam eine Stockflinte zum Vorschein, der Revolver, den er Vogel abgenommen hatte, eine mit Kupfernägeln beschlagene Kiste u. dergl. Natürlich fand Rohlfs alles wundervoll.

Der Sultan schloss Rohlfs anscheinend in sein Herz ein. Früh am anderen Morgen wurde er aus dem Bette geholt. Diesmal handelte es sich um einen ärztlichen Besuch (Rohlfs hat bekanntlich Medizin studiert); nur war der Fall nicht so eilig, denn es handelte sich um Medizin für eine der Töchter des Sultans, die erblindet war. Da Rohlfs sah, dass in diesem Falle mit Medikamenten nicht mehr zu helfen war, schrieb er nur einen Spruch nieder und legte den Zettel auf das leidende Auge, womit Vater und Tochter zufrieden waren.

Rohlfs beschenkte den Sultan mit einigen Gewehren und erregte dessen vollste Zufriedenheit. Bald darauf zeigte ihm Aha Bu Bekr alle seine Sachen, selbst seine Kleidungsstücke, und äusserte den Wunsch, Rohlfs' Revolver zu sehen. Derselbe wurde geholt. Es war ein schöner damascierter Revolver von Lefaucheux in Paris für 130 Francs. Er gefiel auch dem Sultan. Plötzlich sagte er: „Willst du zehn Sklaven dafür, oder wie viele ist er dir wert? Kolama", rief er zu seinem Minister, „suche zwanzig

Sklaven aus, zehn männliche und zehn weibliche, und gieb sie dem Christen. Bei Gott, den Revolver lasse ich nicht. Du da trage ihn schnell fort!" Damit übergab er ihn einem Eunuchen, der sich damit entfernte. Natürlich konnte Rohlfs die Sklaven nicht annehmen und musste gute Miene zum bösen Spiel machen: er versprach dem Sultan, die dazu noch gehörige Munition aus Kuka nachzusenden.

Der Sultan war nun gegen Rohlfs sehr wohlwollend, er gestattete ihm, in den Bergen umherzugehen, und bot ihm einen jungen Löwen zum Geschenk an; aber auch dieses Tierchen war unannehmbar, und so musste es in Mandara verbleiben. Der Sultan war auch abergläubisch und verlangte von Rohlfs, er solle ihm verschiedene Zaubersprüche niederschreiben, die ihn unverwundbar, siegreich u. s. w. machen sollten. Auch wollte er einen kräftigen Spruch aus dem Evangelium haben, worauf ihm Rohlfs das „Vaterunser" in arabischer Sprache aufschrieb.

Ferner wollte er noch andere Sachen Rohlfs' sehen, nach denen er gleich bei der ersten Audienz gefragt hatte, wie die Uhr, das Fernrohr u. s. w. Da aber der Reisende belehrt war, dass Sehen und Behalten bei diesem König ein und dasselbe war, so ging er nicht in die Falle und zeigte oder schenkte dem König nur noch ein Zelt, das er entbehren konnte, und auf besonderen Wunsch eine seltsame Gabe – Proben von aller Medizin, die er bei sich führte. Natürlich musste jemand von allen diesen Mitteln etwas kosten, damit der König sich überzeuge, dass man ihm kein Gift gebe. Eigentlich hätte es Rohlfs thun sollen, aber er entschuldigte sich, dass er am Fieber leide, und so meldete sich freiwillig ein Diener zu dieser heroischen Probe.

Der Sultan klagte auch über einen Leistenbruch, und Rohlfs wollte ihn nach europäischer Manier untersuchen, d. h. er forderte ihn auf, sich zu entkleiden und seine Diener aus dem Zimmer fortzuschicken. „O, seht den Christen!" rief der Sultan, „er will mit mir allein sein und mich dann erdrosseln!" denn er fürchtete sehr um sein Leben und ass nur Speisen, die seine Mutter zubereitet hatte.

Auf Reisen, die Rohlfs mit dem Sultan machte, gingen vor ihm Leute, welche, wie wir das bereits erzählt haben, den Fürsten auf Löcher im Wege, spitze Äste und dergleichen aufmerksam machten.

Aba Bu Bekr fragte Rohlfs, ob auch Christenkönigen solche Ehren erwiesen würden. Als Rohlfs erwiderte, dies sei unnötig, da die Wege in Europa geebnet und gepflastert seien, da schüttelte der Sultan dazu ungläubig das Haupt, denn das ging über seinen Horizont.

Er wollte auch die Flagge Rohlfs' haben; als ihm aber Rohlfs erklärte, dass er alsdann als Vasall Bremens gelten würde, begnügte er sich mit einer von Rohlfs für ihn gefertigten Flagge, die aus einem Stück rotem Damast mit darauf genähtem weissen Halbmond und Stern bestand.

Diese neue Flagge Mandaras wurde sofort auf dessen Hause aufgepflanzt und später wohl an allen Freitagen und anderen mohammedanischen Feiertagen aufgezogen.

Inzwischen nahte die Abschiedsstunde. Der Sultan fragte Rohlfs, was er als Abschiedsgeschenk begehrte. Rohlfs bedankte sich und bat nur, der Sultan möge alle Reisenden, die später in das Land kommen sollten, gastlich aufnehmen und unterstützen. „Sage allen Christen, ich bin ein guter Mann, und jeden, aus welchem Christenlande er sei, werde ich willkommen heissen", lautete des Fürsten Antwort.

Schliesslich sandte er Rohlfs doch einen Sklaven und eine Sklavin, eine zwischen 12 bis 13 Jahre alte schwarze Maid, die auf dem Markt von Kuka wohl ihre 50 Thaler wert war. Da sie dem eigenen Harem des Königs entnommen war, so durfte sie Rohlfs dem Herrscher, ohne ihn zu beleidigen, nicht zurückschicken. Er nahm sie mit nach Kuka und verehrte sie dem Scheich Omar, so kam das Mädchen aus einem fürstlichen Harem in den anderen.

So war der Sultan dieses kleinen etwa 150 000 Einwohner zählenden Ländchens beschaffen. Er war ein Vasall Bornus, lauerte aber wohl auf die Gelegenheit, wo er das Joch würde abschütteln können.

Die Zustände, wie sie zuletzt in Bornu herrschten, machten seine Aussichten auf Unabhängigkeit günstiger. Anscheinend lebte er ganz ruhig unter der Oberhoheit Bornus; er wusste selbst nicht, wie lange er regierte, er hatte bereits sechzig Söhne und würde sie unter der Schar der Mandarakinder nicht erkannt haben, wenn die jungen Prinzen nicht ein silbernes Armband als Abzeichen ihrer hohen Geburt getragen hätten. Er hatte sich zwei Kanonen aus Ägypten kommen lassen, die ohne Lafetten im Hofe seines Hauses schlummerten; er hatte hundert Reiter und zwanzig bis dreissig mit Luntenflinten bewaffnete Infanteristen, und er hatte seine Sorgen. Er musste die Heidenvölker in den Bergen aufsuchen, sie plündern, ihnen Söhne und Töchter rauben, um den Tribut für Bornu entrichten und auch Geld für seinen Haushalt erhalten zu können. Er hätte unter richtiger Leitung ein braver Mann werden können, aber der zum Islam bekehrte Heide wurde zu einem rohen Gesell, einem Raubritter und Sklavenjäger.

In Logon

Südlich vom Tsade, an den Ufern des Schari und seines Nebenflusses Logon, dehnt sich ein schönes und fruchtbares Land aus; in ihm sass eine Anzahl kleiner Sultane, die, früher selbständige Herrscher, nach und nach in die Abhängigkeit Bornus geraten sind. Als die Europäer zum ersten Male jene Gebiete betraten, war die Zahl der Herrscher noch eine grosse und ihre Macht noch ansehnlicher, und eine bunte Reihe von

Herrschern und interessanten Prinzessinnen zieht an unsern Augen vorüber, wenn wir die kurze Schilderung Denhams in seinem Tagebuche lesen. Der wichtigste von ihnen war damals und ist noch heute der Sultan von Logon, der eingekeilt zwischen mächtigeren Herren stets eine kluge Politik treiben muss, um nicht diesen zu reizen und es mit jenem zu verderben.

In majestätischer Schönheit fliesst der Strom an den Mauern der Stadt vorüber, die wir jetzt betreten wollen. Zu Anfang dieses Jahrhunderts hatte Logon eine breite Hauptstrasse mit vielen hohen Häusern und ummauerten Höfen. Die Gesandten des Sultans begrüssten hier die Fremden anders; sie falteten ihre Hände und verbeugten sich tief. „Den nächsten Morgen", beschreibt Denham seine Audienz, „liess mich der Sultan rufen; zehn ungeheuere Neger, von hoher Geburt, meistenteils mit grauen Haaren, gingen barhaupt mit grossen Keulen vor mir her durch die Strassen, und ich ward mit mancherlei Zeremonien empfangen. Zuerst führten sie mich durch einige dunkle Räume, dann in einen grossen viereckigen Hof, wo einige hundert Leute versammelt waren, die alle auf der Erde sassen: in der Mitte war ein freier Platz, wohin ich gebracht ward und Platz zu nehmen ersucht wurde. Zwei Sklaven, in Toben von gestreiftem Baumwollenzeuge, welche Luft durch ein Gitterwerk von Rohr fächelten, bezeichneten die Stelle, wo der Sultan sass. Auf ein Zeichen wurde dieses Gitter entfernt, und man sah ein lebendes Wesen auf einem Teppich, in seidene Toben gehüllt, den Kopf mit Shawls umwunden, so dass nichts als die Augen sichtbar war; der ganze Hof warf sich zur Erde, alle streuten sich Sand auf den Kopf, während acht Frumfrums und ebensoviele Hörner einen lauten und rauhtönenden Bewillkommnungsgruss ertönen liessen.

Mein Geschenk (ein roter Burnus, ein gestreifter, baumwollener Kaftan, ein Turban, zwei Messer, zwei Scheren und ein paar rote Beinkleider) wurde ihm vorgelegt; er zischelte wieder Willkommen! Denn in Logon wird es für so unschicklich gehalten, wenn ein Mann von Stande laut spricht, dass es immer schwierig ist, den Ton ihrer Stimme zu vernehmen.

Er befragte mich sehr genau, als das Gitter wieder vorgezogen war. Ich bat um die Erlaubnis, mich auf dem Schari einzuschiffen, und erhielt zur Antwort, er wolle es überlegen. Besonders erkundigte er sich, ob ich Lust hätte, schöne Sklavinnen zu kaufen. Ich versicherte, ich wollte keine. „Wenn du es willst", sagte er, „so gehe nicht weiter, ich habe einige Hunderte und will sie dir so wohlfeil verkaufen, als nur sonst jemand."

Am folgenden Tage war Denham nicht wenig erstaunt, als er erfuhr, dass es in Logon zwei Sultane gebe, Vater und Sohn, die nebeneinander herrschten und sich in gleichem Masse hassten und fürchteten. Dem Sohn hatte Denham bereits ein Geschenk gegeben, jetzt forderte der Vater das ihm gebührende, und der Reisende gehorchte, als er weiter erfuhr, dass die Diener des Sultan-Vaters die geschicktesten Diebe im ganzen Königreiche wären. Die beiden Sultane hassten sich in der That; denn beide liessen bei Denham anfragen, ob er nicht Gift besitze, das nicht löge, wie sie sich ausdrückten. Der junge Sultan sandte dem Reisenden sogar drei Sklavinnen, die noch nicht fünfzehn Jahre alt waren, als Lockspeise; als Denham sie zurücksandte und frei heraus seinen Abscheu gegen die Giftmischerei aussprach, hatte er die Freude, dass er und seine Landsleute wohl hundertmal Narren gescholten wurden.

Im Laufe der Zeit starben Vater und Sohn; ob sie sich vergiftet hatten oder natürlichen Todes gestorben waren, davon schweigt die Geschichte des dunklen Weltteils. Als aber im Jahre 1852 Barth dieselbe Stadt besuchte, herrschte in ihr ein jüngerer Bruder des damaligen Sultan-Sohnes, der den Namen Jussuf führte; er herrschte aber nicht mehr so unumschränkt, denn in der Zwischenzeit war einer der Kriegssklaven des Bornuscheichs Mohammed el Kanemi in Logon eingefallen und hatte dasselbe zu einer zinspflichtigen Provinz umgewandelt. Das kleine Ländchen musste nun jährlich hundert Sklaven und ebensoviel Hemden oder Toben an Bornu entrichten.

Jussuf war ein gemütlicher Fürst, der seine Gäste wohlwollend empfing und durch das Übermass der Gastlichkeit beinahe deren Wohlsein zerstören wollte, so gewaltige Schüsseln von Pudding aus Hirse, Fleisch, Suppe und mit Honig versüsster Grütze sandte er unsern Landsleuten. Er gestattete den Reisenden ohne weiteres, den Fluss zu befahren und nach Bagirmi zu ziehen.

Jahre gingen wieder dahin. Das Jahr 1871 war gekommen. Kriege hatten im Sudan gewütet; Bagirmi lag verwüstet, ein Streitapfel zwischen zwei Thronprätendenten; durch das Ländchen Logon zog wieder ein Deutscher – Gustav Nachtigal. Auf dem Throne sass damals Sultan Ma'aruf, des liebenswürdigen, nunmehr zu seinen Vätern versammelten Jussufs Sohn. Er hielt treu zu Bornu, dessen Schutz ihm auch zwischen mächtigen Feinden nötig war. Aber er war weder so habgierig wie weiland die Sultane Vater und Sohn, noch so liebenswürdig wie Jussuf, er war ein sonderbarer, menschenscheuer Kauz, der den Reisenden nicht empfangen wollte. Endlich erlangte Nachtigal eine öffentliche Audienz, die ebenso vor einem Gitter stattfand, wie dies bei Denhams Besuch der Fall war. In schönen Worten trug der Reisende sein Anliegen vor, der mächtige König Ma'aruf möge gleich seinem Vater, der Barth so freundlich aufgenommen habe, ihm den Weg nach Bagirmi öffnen, dessen Schlüssel er in der Hand habe. Der König lispelte seine Antwort, und der Dolmetscher brüllte sie laut vor. Es waren Ermahnungen für den Reisenden, der die Gefahren bedenken sollte. Der König blieb hart, und endlich fand Nachtigal nach der ungünstigen Audienz heraus, dass hinter dem

König ein Bornubeamter, eine Art Gesandter an diesem Hofe, intrigierte. Er verhandelte mit dem Manne, und siehe da, für ein Hemde wurde ihm der Weg geöffnet.

Aber den König selbst bekam Nachtigal nie zu sehen; er hatte eine förmliche Furcht vor dem eigenartigen fremden Manne; zweimal bestellte er ihn in seinen Palast, aber der Reisende wartete vergebens, denn der König liess sich damit entschuldigen, dass er Hunger bekommen habe und essen müsse. So ging er von dannen, nachdem er den Sultan mit einem Stück Kampfer beschenkt hatte, der in der Meinung der Mohammedaner teuflische Einflüsse zu bannen vermag.

Das Land Logon umfasst etwa 8000 Quadratkilometer, und seine Einwohnerzahl wurde zuletzt von Nachtigal auf 250 000 Seelen geschätzt. Die Logonleute sind gemischten Stammes, den Kern derselben bilden aber die Makari; so sind sie nahe Verwandte der Mussgu, die wir ja bereits kennen. Aber sie gehen längst nicht mehr nackt wie jene; ihre Frauen entstellen nicht ihre Lippen durch Einschieben der grossen rundlichen Platten aus Knochen oder Metall. Schon Denham schilderte sie folgendermassen. „Die Bewohner dieses Landes sind viel hübscher als die Bornuer und klüger – besonders die Weiber, und sie tragen sich besser und haben mehr Anstand, als irgend eine Negernation, die ich noch gesehen. Die Frauen der vornehmsten Leute des Landes besuchten mich, von einer oder mehreren Sklavinnen begleitet. Sie untersuchten alles, selbst meine Hosentaschen, und forschbegierigere Frauen habe ich nirgends angetroffen. Sie baten um alles, und fast alle versuchten, etwas zu stehlen. Wurden sie ertappt, so lachten sie herzlich, klatschten mit den Händen und riefen: ‚Ei, wie klug er ist! Man denke nur! Wie er es bemerkte!‘ Wenn sie aber meine Freunde in Bornu in mancher Hinsicht übertrafen, so standen sie ihnen an Sittsamkeit weit nach. Sie lieben alle leidenschaftlich die Gewürznelken, vermischen sie in Fett und reiben sich das Haar und die Haut damit. – Um von ihnen die Wahrheit zu reden, sie sind die gewandtesten, aber auch die unmoralischsten Leute im Lande der Schwarzen.“

Nachtigal, der ein halbes Jahrhundert später das Land besuchte, konnte schon bedeutende Fortschritte feststellen. Er schildert die Leute von Logen als ernst und bedächtig, rühmt ihre Arbeitsamkeit, ihren Fleiss, mit dem sie sich der Industrie, dem Ackerbau und dem Fischfang widmen. Ihre Bauten zeichnen sich durch Solidität und Massenhaftigkeit aus. Ihre Hausgeräte, ihre Körbe, Schüsseln und Matten sind zwar wenig zierlich, aber gleichfalls solid gearbeitet und entbehren nicht einer gewissen künstlerischen Ausschmückung; sie sind berühmte Färber, so dass die Toben aus Kuka zum Färben nach Logon gesandt werden. Man beschuldigt sie zwar übernatürlicher Künste, hält sie für Zauberer, aber trotzdem werden sie gern, namentlich als Baumeister, in die angrenzenden Länder geholt. – Die Religion des Islam hat diese Heiden nicht zivilisiert, denn sie sind nur äusserlich Mohammedaner. Nur die Berührung mit dem Handel und den höheren Sitten der Araber hat in diesem Volke die schlummernden Keime erweckt. Die Frage, ob der Neger arbeiten kann, die so oft in der Gegenwart ventiliert wird, ist nur eine Frage der Zeit; selbst die blutbefleckte Geschichte des Sudan giebt uns darauf eine bejahende Antwort, wenn wir weitere Zeiträume ins Auge fassen.

Bagirmi

In der Hauptstadt Bagirmis

„Vexilla regis prodeunt inferni
Entgegen uns!“

Mit diesen Worten aus der Hölle Dantes können wir die Schilderung der Fürsten eröffnen, die weit im Süden des Tsade über ein schönes, gewandtes, reich begabtes Negervolk herrschen, unter deren Scepter aber seit hundert Jahren kein Frieden herrscht; Krieg, Habsucht, Laster aller Art stehen dort an der Tagesordnung, und wenn wir tiefer in das Leben dieser Machthaber blicken, so schaudern wir zurück, denn nirgends treibt die Sklavenjagd scheusslichere Blüten, als im Heidenlande an den Grenzen Bagirmis.

Betreten wir das Land vom Westen kommend, nachdem wir den Schari, dessen natürliche Grenze, überschritten, so gelangen wir anfangs in eine ähnliche Landschaft, wie wir sie in dem Gebiete der Mussgu kennen gelernt haben; denn Bagirmi ist ziemlich flach und eben und dacht sich von Südost nach dem Tsade ab. Längs der Wasserläufe sehen wir breite Streifen üppigen Grüns, in deren Nähe die Ortschaften der Eingeborenen liegen; zu Friedenszeiten erblickt man hier auch Menschen, grasende Pferde, weidendes Vieh, bestellte Felder; die Natur bleibt aber immer dieselbe. Schön gefiederte Vögel von allerlei Gattung und Grösse schweifen umher; hier rauscht der riesige Pelikan vom benachbarten Baume hernieder, dort steht der Marabustorch, einem alten Manne gleichsehend, mit dem Kopfe zwischen den Schultern, hier stolziert der gewaltige blaugefiederte „Dedegami“ einher, indem er seiner Beute nachspürt, weiterhin der Plotus mit seinem langen, schlangenartigen Halse; dort forscht der weisse Ibis begierig nach Futter, und dazwischen watscheln allerlei Enten – fliegen und flattern zahlreiche kleine Vögel in grösseren und kleineren Schwärmen umher. Dann und wann bricht ein Wildschwein aus dem Dickicht hervor, von einem zahlreichen Gefolge von Ferkeln begleitet, und rennt eilends ins kühle Wasser. Hier ist ein reichhaltiges, ja unerschöpfliches Feld für den Jäger, denn wir betreten die Wildgegend Afrikas. Die dürre Steppe geht in die Baumsavanne über. Der Baobab verschwindet, andere belaubte Bäume schliessen sich zu kleinen Hainen zusammen und bilden eine parkartige Landschaft. Der riesenhohe Wollbaum (Eriodendron anfractuosum) steht gleich unsern Rieseneichen auf den Hutungen. Sein eigentlicher Standort ist im Urwalde, und seine Gegenwart verrät uns, dass wir uns der grossen Waldzone Afrikas nähern. Riesige Vorsprünge, wahre Pfeiler oder Bretterwände scheinen über der Wurzel seinen Stamm zu schützen, und hoch in der Krone trägt er seine kapselartigen Samen, denen er seinen Namen verdankt. Springt die Kapsel, so schaut aus ihr weissliche Wolle hervor, in welche die Samenkörner eingebettet sind. Spinnen kann man sie nicht; dazu wählt man die niedrige Baumwollenstaude, aber man stopft mit ihr Kissen und Matratzen. Daneben gedeiht der Butterbaum, spriesst der Melonenbaum hervor, der schönste Fruchtbaum des Sudan – allerdings ein fremder Einwanderer, der sich mit überraschender Schnelligkeit über den dunklen Weltteil ausgebreitet hat.

Freilich ist der Charakter der Landschaft nicht überall der gleiche; von Zeit zu Zeit bricht noch der dürre, steppenartige Charakter hervor; die Übergänge in der Natur vollziehen sich nur allmählich. Durch eins aber unterscheidet sich Bagirmi auffallend von den Nachbarländern. Nirgends haben sonst im Sudan die Reisenden eine solche Menge von Würmern und Ameisen, sowie Termiten gefunden. Den Hügelbauten der letzteren begegnet man auf Schritt und Tritt, und man muss hier vor ihnen besonders auf der Hut sein. Zum Kampf mit ihresgleichen nicht ausgerüstet, rücken sie zum Angriff auf Lebloses, indem sie aus dem Lehmboden Tunnelröhren bauen; so minieren sie sich an alles Nagbare heran; Holz, Stoffe, Leder, alles fällt ihrer Zerstörungswut anheim, und schon während einer kurzen Mittagsrast vermögen sie den Reisenden durch ihren heimtückischen Überfall empfindlich zu schädigen.

Die Frucht auf den Feldern wird aber von Würmern bedroht. Ein grosser schwarzer Wurm, so lang, aber viel dicker als die grösste Raupe, schwärmt hier in Millionen und verzehrt die Landeserzeugnisse; ein anderes, viel kleineres, aber nicht minder gefrässiges Insekt, ein ungefähr 12 mm langer Käfer von gelber Farbe, ist gleichfalls gefürchtet. Die armen Einwohner verfehlen auch nicht, an ihm Rache zu nehmen; denn wenn er auf ihre Kosten dick und fett geworden ist, so verspeisen sie ihn, ebenso wie man dies in anderen Gegenden mit den Heuschrecken thut. Was ist wohl schuld an diesem Überhandnehmen des Gewürms? Die Einwohner können es sagen: der fortwährende Krieg.

Im allgemeinen sind die Bagirmier viel ansehnlicher von Gestalt als die Bornuer; die Männer übertreffen letztere an Grösse der Muskelkraft, wie sie es auch an Mut und Thatkraft thun; besonders aber ist der Wuchs der Weiber unvergleichlich vorzüglicher. Die Bargirmierinnen sind nach Barths Angaben im allgemeinen wohlgebaut, schlank und nicht so vierschrötig, wie die hässlichen Bornuerinnen, haben ebenmässige Glieder, regelmässige Züge und einen angenehmen Gesichtsausdruck; einige mit grossen, dunklen, schönen Augen könnte man selbst hübsch nennen. Sie haben nichts von den weiten Nasenlöchern ihrer westlichen Nachbarinnen, welche durch die garstige Koralle im linken Nasenflügel noch mehr entstellt werden. Während der Haarputz der Bornuerinnen hauptsächlich in einer Masse von Fett oder Butter besteht, die sie auflegen, wenden die Bagirmierinnen beträchtliche Sorgfalt auf die Frisur, und die Art, wie sie das Haar in der Form eines Helmbusches tragen, steht ihnen vortrefflich, da sie der hohen, wohlgebauten Gestalt ausnehmend gut entspricht. Es ist deshalb nicht ohne Grund, dass die Frauen von Bagirmi im Sudan weit und breit berühmt sind.

Ausser den Vorzügen des Körpers haben sie aber auch nicht zu unterschätzende geistige Anlagen, die allerdings wenig ausgebildet oder völlig vernachlässigt sind. Wenn Bagirmi in einem Erdstriche mit sicherem Handel und Verkehr gelegen wäre, so könnte es sich durch Produkte des Ackerbaues und den Gewerbfleiss seiner Einwohner eines verhältnismässigen Wohlstandes erfreuen. Der breite, schiffbare Schari würde eine vorzügliche Handelsstrasse ergeben. Für afrikanische Verhältnisse hat jedoch Bagirmi eine höchst ungünstige Lage. Dem mohammedanisierten Neger sind die Erzeugnisse der europäischen Kultur längst zum Bedürfnis geworden; ihr Besitz repräsentiert den Reichtum, nach ihm strebt jeder Negerkönig und jeder Vornehme. Bornu kann sich diese Erzeugnisse verhältnismässig leicht verschaffen, denn in Bornu mündet die Karawanenstrasse von Tripolis nach dem Sudan. Auch Wadaï steht in unmittelbaren Handelsbeziehungen mit Ägypten. Bagirmi ist von direktem Handelsverkehr mit der Nordküste abgeschlossen; es muss die Waren durch die Vermittelung von Bornu und Wadaï beziehen, und es muss sie darum viel teurer bezahlen. Womit soll es sie aber bezahlen? Die landwirtschaftlichen Produkte haben in Afrika noch nicht einen so hohen Wert, dass ihr Transport auf weite Strecken lohnen würde. Die Bagirmier griffen zu einem anderen Tauschmittel. Die wertvollste Ware in den Sudanländern ist der Mensch, und Bagirmi, zum Teil noch ein Heidenland, sass sozusagen an der Quelle, stiess an die Bezirke der Heiden, die es nun durch regelrechte Sklavenjagden ausbeutete. Alle Fürsten des Landes widmeten sich diesem Gewerbe; die Menschenjagd war die Quelle ihres Wohlstandes. Unter solchen Umständen musste der Charakter des Volkes verrohen und verwildern, und dazu kamen noch die Kriege mit den Nachbarn.

Die Bagirmier und ihre Herrscher sind allem Anschein nach echte Sudanesen, obwohl sie ihre Herkunft am liebsten von den Arabern Jemens ableiten möchten. Den Grund zu dem gegenwärtigen Staatsverbande legte ein heidnischer Häuptling Dokkenge, der vor etwa 350 Jahren in diese Gegend eingewandert war. Er gründete auch die Hauptstadt des Landes, Massenja. Die Sage erzählt, dass in jenem Gebiet damals viehzuchttreibende Fulbe gewohnt hätten. Als Dokkenge in die Gegend kam, fand er unter einem Tamarindenbaum (Mass) ein Fulbemädchen, das Enja hiess und dem Häuptling Milch verkaufte. Die Fulbestämme wurden damals von den mächtigen Bulala Kanems hart bedrängt; Dokkenge liess sich unter ihnen nieder und übernahm es, sie zu beschützen. Er gründete eine Niederlassung und benannte sie nach dem Baume und dem Fulbemädchen Massenja. Auch arabische Elemente waren damals in der Gegend vorhanden, es hielten sich dort einige Schuastämme auf, aber sie waren für die Zusammensetzung und Neuordnung des Bagirmistaates nicht in besonderem Masse einflussreich.

Dokkenge unterwarf sich nach und nach die kleinen Negerhäuptlinge, die in Bagirmi wohnten, schlug die Bulala zurück und wurde nun thatsächlich zum Gründer eines neuen Reiches.

Aus der Finsternis des Heidentums zum Lichte des Islam erhob sich Bagirmi laut Tradition unter einem Enkel Dokkenges, dem berühmten König Abdallah, der vom Jahre 1568 bis 1608 regierte. Er stürzte die Herrschaft seines älteren noch heidnischen Bruders Malo, tötete ihn nach mehrtägigen blutigen Kämpfen innerhalb der Stadt, bestieg den Thron und befestigte seine Herrschaft mit dem Blute seiner sämtlichen Verwandten. Nach diesem Schreckensanfang widmete er sich dem Wohlstand seines Reiches, verbreitete in ihm den Islam und erhob die Stadt Massenja zu deren nachträglicher Bedeutung. Unter seinen Nachfolgern glänzt vor allem Mohammed el Amin, el Hadsch genannt. Die Pilgerfahrt nach Mekka, die dieser Fürst unternommen hatte, scheint seinen Gesichtskreis erweitert zu haben, so dass er nicht nur die Grenzen Bagirmis durch neue Eroberungen vergrösserte, sondern auch im Innern die Zustände besserte.

Doch bereits unter seinem Sohn Abd er Rahman begann der Verfall des Reiches. Er war derjenige Fürst Bagirmis, der durch seinen lasterhaften, allen Geboten der Religion spottenden Lebenswandel selbst bei den Völkern des Sudan Anstoss erregte. Ssabun, der König von Wadaï, erhob sich gegen ihn, Abd er Rahman wurde besiegt und samt seiner vornehmsten Gattin, vermutlich seiner eigenen Tochter, hingerichtet. Bagirmi war von nun an Wadaï tributpflichtig. Es entspann sich nun eine Reihe von Bürgerkriegen, in denen die Nachkommen Abd er Rahmans um den Thron kämpften und in die sich die Nachbarn einmischten. Die Brüder blendeten, ertränkten, mordeten einander, bis zuletzt Othman durch Gnade des Wadaïkönigs auf den Thron gesetzt wurde, sich aber verpflichten musste, alle drei Jahre einen Tribut zu entrichten, der in 1000 gewöhnlichen Sklaven, 30 schönen Sklavinnen, 100 Pferden und 1000 Toben bestand. Da aber andere Thronprätendenten sich Bornu unterworfen hatten, so beanspruchte auch dieses Tribut von Bagirmi, und so kam es zu den Kämpfen, von denen wir in der Einleitung zu der Geschichte Bornus berichtet haben, und an denen auch Denham in der Schlacht bei

Augala teilnahm. Sie führten zu keinem entscheidenden Resultate und endigten nur mit dem gegenseitigen Verwüsten der Grenzdistrikte. Othman war ein gewaltthätiger Despot, und er nahm keinen Anstand, sowohl Fremde wie seine eigenen Unterthanen zu plündern; Menschenraub war ja sein Gewerbe, das er schon ausüben musste, um allein den Tribut an Wadaï zu bezahlen. Dieses ewige Morden und Sengen erstickte in ihm jedes sittliche Gefühl, und glaubwürdigen Behauptungen nach hatte er seine eigene Schwester und seine Tochter geheiratet. Er starb im Jahre 1844, und unter seinem ältesten Sohn Abd el Kader wurde das Land zum ersten Male von Europäern, und zwar von Barth und Overweg, betreten.

Abd el Kader trat das Erbe seines Vaters unter sehr ungünstigen Umständen an. Gleich im Anfang seiner Regierung wurde sein Land von den Wadawa geplündert, die von ihm die Bestätigung der Unterwürfigkeit verlangten, die ihnen sein Vater versprochen hatte. Er musste sich fügen. Gleichzeitig aber wurde er von Bornu bedrängt. Hier war die Lage insofern günstiger, als die Mutter des Scheich Omar eine Bagirmiprinzessin war. Infolgedessen wurde ein billiger Vergleich abgeschlossen, laut dem der Sultan von Bagirmi von Bornu in Ruhe gelassen wurde, gegen die Entrichtung eines jährlichen Tributes von 100 Sklaven. So lastete, wenn wir auch Wadaï in Betracht ziehen, eine Steuer von über 400 Menschen jährlich auf Bagirmi, die es seinen Nachbarn abliefern musste.

Abd el Kader war also gezwungen, Sklaven zu jagen, wenn er überhaupt in Frieden leben wollte. Diese Jagden musste er im Süden abhalten, und so war er auch monatelang im Felde gegen die Heidenvölker. Er änderte aber das Raubsystem insofern ab, als er heidnische Häuptlinge unterwarf und ihnen einen Tribut auferlegte, der wiederum beinahe lediglich aus Sklaven bestand. Die Häuptlinge aber konnten dieselben nicht anders beschaffen, als dass sie ihre Nachbarn überfielen und zu Sklaven machten.

So waren Raub, Mord und Totschlag in jenen Gebieten sanktioniert.

Der König von Bagirmi war auf diese scheusslichen Einkünfte fast ausschliesslich angewiesen; durch den Verkauf von Sklaven befriedigte er auch seine dringendsten Bedürfnisse an Feuerwaffen, Pferden und einigen Luxusartikeln.

So standen die Dinge, als Barth Abd el Kader in Massenja aufsuchte.

Der Reisende näherte sich der Stadt zu einer Zeit, wo der Sultan auf einem seiner Kriegszüge abwesend war, also in der saison morte, wie wir sagen würden. Die vielen Kriege waren an Massenja nicht spurlos vorübergegangen, die Umfassungsmauer war eingefallen, schadhaft. Es gab zwar noch neun Thore, d.h. Öffnungen in der Mauer, die so genannt wurden, weil sich an jenen Stellen einst wirkliche Thore erhoben, aber der Zahn der Zeit hatte noch eine ganze Anzahl anderer Eingänge in die Mauer genagt.

Die Stadt Massenja breitet sich über eine ansehnliche Fläche aus; zu Barths Zeiten betrug ihr Umfang etwas über elf Kilometer, aber nur die Hälfte davon war bewohnt. Mitten durch die Stadt zieht sich eine tiefe, muldenartige Einsenkung, von den Eingeborenen Beda, von den Arabern Bahar genannt; in der Regenzeit bildet sie einen grossen Teich, der die Süd- und Nordstadt voneinander trennt und die Kommunikation erschwert oder unterbricht; in der Trockenzeit dagegen stellt sie einen Weidegrund und eine Art Promenadenanlage dar, da ein Rand derselben mit schönen Dumpalmen bestanden ist. Diese Anlage hat aber die Natur selbst geschaffen, wie sie überhaupt viele verlassene Teile der Stadt in ihren grünen Mantel eingehüllt hat.

In den Strassen Massenjas herrschte während der Abwesenheit des Sultans gar kein Leben. Man sah hier weder industrielle Betriebsamkeit noch die rege Thätigkeit der Händler; es gab wohl auch einen Marktplatz, aber man sah auf ihm nicht eine einzige Bude, nicht ein einziges festes Schutzdach – ein schroffer Gegensatz zu dem wohlgeordneten Marktplatze Kukas.

Die Residenz hatte jedoch eine bedeutende Sehenswürdigkeit: das Königsschloss; es verdiente in der That diesen Namen, denn es war kein plumpes Gebäude aus Thon, sondern eine wirkliche Burgruine. Die Umfassungsmauer des Palastes war nämlich nicht aus an der Sonne getrockneten Lehmstücken, sondern aus wirklich gebrannten Backsteinen gebaut.

Der Palast war über hundert Jahre alt, und Barth fand ihn im Zustande bedeutenden Verfalls. Er bildete ein Viereck von etwas oblonger Gestalt, dessen Vorderseite gegen Nordwesten gerichtet war, und mass 2300 bis 2400 Schritt im Umfange. Bei solcher Grösse muss es einst ein sehr starkes Gebäude gewesen sein, indem die Mauern an ihrer Basis ungefähr 3 Meter Dicke hatten und ursprünglich nahe an 6 Meter hoch waren; das Eingangsthor bestand aus sehr starken hölzernen Planken, die gut mit Eisen beschlagen waren.

Im Inneren unterschied sich der Palast wenig von anderen Residenzen der Sudansultane; es befand sich darin eine Anzahl Höfe, aus Thon gebauter Hallen und Rohrhütten. Sein ganzer südöstlicher Teil war von einer besonderen Mauer umgeben und diente ausschliesslich für den Aufenthalt des weiblichen Personals des königlichen Haushaltes. Eine grosse Anzahl Hütten stand in diesem Hofe, denn der König von Bagirmi hatte damals an 300 bis 400 Frauen. Die Lieblingsfrauen begleiteten den König ins Feld, aber die Prinzessinnen, die daheim bleiben mussten, langweilten sich sehr, denn die ganze waffenfähige Mannschaft war damals schon seit sechs Monaten in den Heidenländern. Sie vertrieben sich die Zeit, so gut es eben ging, und Barth empfing öfters ihre Besuche. Sie hatten den Vorwand benutzt, Arzneien kaufen zu wollen. Unter anderen kam einst ein munteres, junges Mädchen von schlankem Wuchs und anmutigen, aber etwas koketten Manieren, in Begleitung einer älteren Schwester von ernsterem Wesen und vollerem Wuchse. Sie klagte Barth, dass sie an einem Augenübel leide, und bat ihn, zu sehen, was es sei; als Barth sich ihr dann in ernster Weise näherte, ihre Augen mit grösster Aufmerksamkeit untersuchte, ohne imstande zu sein, auch nur den kleinsten Fehler zu entdecken, und ihr nun erklärte, dass alles in Ordnung sei und dass ihre Augen schön und gesund seien, brach sie in ein schallendes Gelächter aus und wiederholte in koketter und übermütiger Weise: „Schöne Augen! schöne Augen!"

In dieser Stadt musste Barth mit argen Plünderern kämpfen, die es auf seinen Getreidevorrat abgesehen hatten. Es waren die grossen schwarzen Ameisen (Termes mordax), die plötzlich in ununterbrochener, zollbreiter Linie in die Halle des Hauses einrückten, den auf seinem Bette ruhenden Reisenden angriffen, zur Flucht zwangen und dann geradeaus auf die Vorratskammer marschierten. In der That machten sie sich daran, die Hirsekörner fortzutragen. Der Selbsterhaltungstrieb des Reisenden zwang ihn nun, seinerseits zum Angriff zu schreiten. Die auf dem Pfade sich heranwälzenden Kolonnen wurden niedergetreten, mit Feuer angegriffen, aber frische Legionen kamen immer heran, und erst nach einem zweistündigen Kampfe gelang es, den Feind in die Flucht zu schlagen. Da diese Ameisen auch Unrat verzehren, so nennt man sie im Sudan „die Auskehrer der Häuser", aber sie kehren leider auch das hinaus, was der Mensch am liebsten für sich selbst behält. Der Körnervorrat, den sie ansammeln, ist so gross, dass die armen Eingeborenen ihre Höhlen ausgraben, um sich in Besitz der von ihnen gesammelten Vorräte zu setzen.

Die Saison morte von Massenja ging zu Ende. Am 3. Juli hielt der Sultan Abd el Kader, nachdem er einen sehr festen Heidenort, Gogomi, eingenommen hatte, seinen Einzug in die Stadt, wobei er zunächst eine Nacht vor den Thoren lagern musste, der alten Sitte entsprechend.

Die Truppe war keineswegs zahlreich, da ein Teil des Heeres bereits unterwegs nach den einzelnen Heimatsbezirken abgezogen war; die Reiterei, die Hauptmasse der Sudanesen, war nur 700 bis 800 Pferde stark; trotzdem wurden schimmernder Pomp und barbarische Pracht in Fülle entfaltet. An der Spitze ritten einige Würdeträger, hinter ihnen wurde ein langer, eigentümlich geformter Speer getragen, ein Idol, das noch aus der heidnischen Vorzeit in die Insignien des Bagirmistaates aufgenommen worden war. Unmittelbar vor dem darauf folgenden Fürsten ritt der Kriegshauptmann, die zweite Person im Reiche. Der Sultan selbst trug einen gelben Burnus; sein Pferd, ein Grauschimmel, war ganz und gar in Wattepanzer eingehüllt; das Gesicht des Herrschers konnte man nicht erkennen, da es durch zwei Schirme, einen grünen und einen roten, die Sklaven zu beiden Seiten trugen, verdeckt war. Sechs Sklaven, deren rechter Arm in Eisenblech gekleidet war, fächelten ihm mit Straussenfedern, die an langen Stangen befestigt waren, Kühlung zu; um ihn ritten fünf Häuptlinge, an die sich eine bunte Reitergruppe schloss. Dann folgte die Musikkapelle, darunter ein Reiter mit zwei an jeder Seite des Pferdes befestigten Pauken.

Nun kam aber eine Gruppe, die für die eigenartige Lebensweise der Höfe im Sudan charakteristisch war. Sie bestand aus einer langen, gleichmässigen Reihe von 45 bevorzugten Sklavinnen oder Konkubinen des Königs – Habbabat –, welche zu Pferde und vom Kopf bis auf den Fuss in einheimisches schwarzes Baumwollentuch gekleidet waren, jede hatte rechts und links einen Sklaven. Elf Kamele, welche das Gepäck trugen, beschlossen den Zug.

Der König schlug sein Lager in den Ruinen des Westviertels seiner alten Hauptstadt auf und rückte erst am folgenden Tage gegen Mittag feierlich in Massenja ein. Die „Fräuleins" waren schon früh am Morgen in die Stadt gekommen und fehlten in dem Zuge. Die Lücke füllten 15 feurige, sämtlich in Kriegszeug gekleidete Streitrosse, die für das ernsthafte Spiel des Mars besser geeignet waren, als die Reihe anmutiger, vermummter Fräulein. –

Barth erwähnt noch eine barbarische Sitte, deren Zeuge er bei Gelegenheit dieses Einzuges war. Man führte in der Stadt sieben heidnische Häuptlinge herum, unter denen der von Gogomi die hervorragendste Erscheinung und die grösste Zierde des Triumphzuges bildete. Die Gefangenen erwartete ein schreckliches Schicksal: „Es herrscht hier nämlich zu Lande der Gebrauch", schreibt der Reisende, „diese fürstlichen Gefangenen entweder zu töten oder zu entmannen, nachdem man sie eine Zeitlang durch alle Höfe des Palastes geführt hat, wo man dann den Frauen und Lieblingssklavinnen des Sultans erlaubt, ihre launenhaften und übermütigen Neigungen in aller Art rohen Scherzes und Unsinnes an diesen Unglücklichen auszulassen."

Der Erfolg dieser Razzia war nach der Meinung der Leute nicht besonders günstig ausgefallen, da der königliche Anteil an den geraubten Sklaven „n u r" vierhundert Unglückliche betrug.

Wir haben bereits eine Reihe sonderbarer Audienzen geschildert, bei denen die Fürsten vermummt waren; die Audienz in Massenja war noch eigenartiger. Bevor wir dieselbe beschreiben, möchten wir jedoch vorausschicken, dass Barth in Bagirmi geradezu gefangen gehalten wurde. Die königlichen Beamten hatten ihn sogar beim Betreten des Landes für eine Zeit in Ketten gelegt und ihm die Abreise nicht gestattet, bis der König darüber Entscheidung treffen würde. Barth hatte an Bagirmi genug gehabt und sehnte sich, nach Kuka heimkehren zu dürfen.

Am 8. Juli wurde er endlich in den Palast geführt. Man geleitete ihn in einen der inneren Hofräume, in dem einige Hofleute zu beiden Seiten einer Thür sassen, welche mit einem durchsichtigen Vorhang aus Rohr verdeckt war. Man liess nun Barth vor der Thür niedersitzen. Stille herrschte in dem Raume. Barth liess seine Blicke über die Versammlung schweifen; alle Hofleute waren gleichmässig in schwarze oder dunkelblaue Toben gekleidet und ohne Kopfbedeckung. Barth konnte niemand entdecken, der sich vor den anderen besonders auszeichnete, und als das Schweigen länger andauerte, so brach er es, indem er mit lauter Stimme fragte, ob der Sultan Abd el Kader anwesend sei – und da liess sich eine hörbare Stimme hinter dem Vorhang vernehmen, er sei anwesend. So begrüsste denn Barth den Herrscher, ohne ihn von Angesicht zu sehen, hielt zu dem Unsichtbaren seine übliche Rede, verabreichte dem Unsichtbaren die Geschenke, die er mitgebracht hatte, und wurde nach der Gegenrede, die hinter dem Vorhang gehalten worden war, entlassen.

Der Sultan war zufrieden; aber kaum war Barth in seine Wohnung zurückgekehrt, so kamen schon Boten von Abd el Kader, die ihn fragten, ob er nicht eine Kanone mit sich führe. Naive Frage, das Gepäck des Reisenden bestand in einer einzigen Kamelladung! Dann fragte man ihn, ob er Kanonen zu verfertigen verstehe. Das verneinte er selbstverständlich, denn sonst hätte er nicht so bald Bagirmi verlassen dürfen. Auch bei einer zweiten Audienz, die auf Wunsch des Herrschers stattfand, versteckte sich dieser hinter dem Vorhange.

Barth schätzte die Einwohnerzahl von Bagirmi auf anderthalb Millionen Seelen; die ganze Heeresmacht des herabgekommenen Königreiches mochte mit Not 10 000 Mann Fussvolk und 3000 Mann Reiterei betragen haben.

Die Regierungsform war die einer unumschränkten Monarchie; die Ämter wurden nach Willkür vom König bestimmt und verteilt. Die Einnahmen des Königs sind verschiedener Art. Die Unterthanen sind verpflichtet, gewisse Abgaben in Naturalien zu entrichten: Getreide, Baumwollenstreifen, Butter u. s. w.; auch sind die Pferde haltenden Stämme angehalten, dem Könige die Hengste abzuliefern, während sie die Stuten für sich behalten. Die bedeutendste Auflage aber, welche der Sultan zu Barths Zeiten bezog, bestand in den Sklaven, welche die zinspflichtigen heidnischen Gemarkungen zu entrichten hatten. Dieser Sklaventribut begründete die Stärke und den Reichtum des Königs von Bagirmi, welcher fortwährend bestrebt war, seine Macht über die benachbarten heidnischen Völkerschaften auszudehnen.

Die knechtische Unterwürfigkeit der Einwohner, wie wir sie an anderen Höfen bereits kennen gelernt haben, das Entblössen der linken Schulter, das Bestreuen des Hauptes mit Staub, ist auch hier üblich, sobald die Unterthanen vor ihrem Herrscher erscheinen.

*

Wenn nun Abd el Kader durch kluge Politik Verwickelungen mit den mächtigen Nachbarländern Bornu und Wadaï zu verhüten wusste, so entging er dem traurigen Geschicke seiner Vorgänger nicht. Auch ihm erwuchs ein Feind, der wie aus den Wolken gefallen war, an den niemand dachte, den niemand erwartete. Die Geschichte des Sudan zeigt uns, dass in jenen Ländern der religiöse Fanatismus eine sehr wichtige, ja ausschlaggebende Rolle spielt. Staatengründungen, Dynastieenwechsel wurden durch religiöse Fanatiker verursacht. Othman dan Fodio war ein „Knecht Gottes", ein Prophet und Reformator des Glaubens, der grosse Scheich Mohammed el Kanemi spielte eine ähnliche Rolle. Um die Mitte der fünfziger Jahre tauchte nun im Sudan ein frommer Mann auf, Scherif ed Din, oder kürzer Scherfeddin genannt. Er selbst bezeichnete sich als den Mahdi, d. h. den von Gott gesandten Propheten und Reformator des Glaubens, auf den laut alten Überlieferungen die Mohammedaner warten, wie die Juden auf den Messias. Dieser Heilige predigte nun in Städten und Dörfern und forderte das Volk zu einer Pilgerfahrt nach Mekka auf; er fand Anhänger, fand Gläubige, die seinem Rufe folgten; die Schar seiner Begleiter wuchs zu Tausenden an, und wie eine Lawine wälzte sich diese heilige Schar durch Bornu an die Grenzen von Bagirmi. Auch hier fand er Anhänger, und mit Besorgnis sah der Bagirmikönig, wie seine Grenzgebiete geschwächt wurden. Er wählte eine Gesandtschaft von angesehenen Männern, übergab ihr passende Geschenke, liess den heiligen Mann höflich begrüssen, zugleich aber bitten, er möchte doch seinen Weg durch ein anderes Gebiet nehmen, sein Land vertrüge nicht eine solche Auswanderung wie das volkreiche Bornu. Er kam aber nicht an den richtigen Mann. Der Mahdi erwiderte, dass er sich um Könige nicht kümmere, den Weg nehme, welchen Gott ihn führe, und der Geschenke nicht bedürfe. Er drang in das Bagirmiland und warb mit Erfolg Proselyten. Es wäre vielleicht von Abd el Kader klüger gewesen, auch diesen Sturm geduldig vorüberziehen zu lassen; aber ein gewisser Hochmut, eine ungestüme Thatkraft liegt in dem Blute der Bagirmifürsten, und so beging er den schwerwiegenden Fehler, gegen den Mann Gottes die Waffen zu erheben. Die Horden des Mahdi waren fanatisiert, das Heer des Bagirmikönigs hatte nicht den richtigen Mut einem solchen Feinde gegenüber. Der Kampf entbrannte und endete mit einer furchtbaren Niederlage der Bagirmier. Abd el Kader und zwei seiner Söhne blieben tot auf dem Schlachtfelde; der Thronfolger Abu Sekkin wurde gerettet, aber er war dem Tode nahe, mit achtzehn Wunden bedeckt. Dies geschah im Anfang des Jahres 1858.

Das Reich des Mahdi war nicht von dieser Welt; er zog weiter und kam nach dem Heidenlande; hier fand er taube Ohren und hinterlistige Feinde. Die Heiden töteten den Propheten, und seine nun führerlosen Scharen lösten sich auf und wurden nach und nach aufgerieben.

Der vertriebene König

Der Frieden sollte Bagirmi auch fernerhin nicht beschieden werden. Als ein Jahrzehnt nach den zuletzt erwähnten Ereignissen Nachtigal durch den Sudan reiste, lohten die Fackeln des Krieges in Bagirmi. Zwei Brüder standen an der Spitze, der Heere einander feindlich gegenüber, und erst vor kurzem hatte König Ali von Wadaï Bagirmi gezüchtigt und fünfzehntausend Bagirmier als Ansiedler in sein rauhes Land fortgeschleppt. Abd er Rahman war von dem Sieger auf den Thron gesetzt worden; der rechtmässige König Mohammedu oder Abu Sekkin war vertrieben und hielt sich im Süden des Landes in den Heidenbezirken auf. Aber er war noch lange nicht waffenlos, eine treue Schar verwegener Leute umgab ihn, und insgeheim wurde er von Bornu unterstützt. Zu diesem vertriebenen König zog nun Nachtigal, um neue Länder zu entdecken – und unerhörte Greuel zu schauen.

Durch verödete Länder, an verlassenen, verwüsteten Ortschaften vorbei führte der Weg, den der Reisende in Begleitung Almas, eines Leibgardisten des Scheich Omar, zurücklegte, bis die eigentlichen Heidenländer erreicht wurden, bis man mit Völkern zusammentraf, die nahe Verwandte der uns bekannten Mussgu waren. Der König Mohammedu residierte damals in der Waldwildnis, in dem Gebiete des Stammes Gaberi; dort hatte er eine Lagerstadt errichtet.

Am 4. April 1871 betrat Nachtigal mit seinen Begleitern jenes Gebiet und schaute mit neugieriger Spannung auf die dunkle Waldlinie, hinter der sich das geheimnisvolle Lager barg. Der Waldrand blieb lange Zeit still und verriet nichts von der Regsamkeit, die in seinen Tiefen herrschte. Endlich tauchten aus demselben einige Reiter hervor; es waren Heiden auf ihren kleinen Pferden, denen einige Panzerreiter folgten. Sie meldeten, dass der König die Gäste mit Ungeduld erwarte.

Nachtigal legte nun eine Tracht an, die ihm in den Augen der Sudanesen Würde und Ansehen verleihen sollte. Er setzte die blaue Brille auf, warf einen mottenzerfressenen Burnus über die Schulter und wickelte den Turban so fest um den Kopf, dass kaum seine Nase aus demselben hervorsah.

Inzwischen mehrte sich die Reiterschar, die zu seiner Begrüssung heransprengte. So glänzend, wie am Hofe von Kuka und in Massenja, waren diese Reiter nicht ausgestattet; sie waren ja Krieger eines vertriebenen Herrschers!

Sie waren freilich in voller Waffenrüstung in den Krieg gezogen – aber seit jenem Tage, da sie Massenjas Thore verliessen, waren wohl Jahre dahingegangen – und wie viele blutige Schlachten, wie viele Raubzüge hatten sie inzwischen bestehen, wie oft Sturm und Wetter trotzen müssen! Dem einen fehlte der Helm, dem anderen der Panzer, der dritte hatte keine Tobe mehr und trug den Panzer auf nacktem Leibe; dort wehte von den Schultern eines Haudegens ein zerfetzter Tuchburnus, ein anderer war nur mit einem rotwollenen Shawl bekleidet. So waren diese wetterharten Krieger des im Lande umherirrenden Königs beschaffen – etwa fünfzig an der Zahl. Dazwischen aber tummelten sich auf ihren kleinen, oft scheckigen Pferdchen die heidnischen Bundesgenossen: das Haar phantastisch aufgeputzt, auf dem Rücken ein Hyänenfell oder den Pelz einer Wildkatze umgehängt, oder auch in einem ärmellosen ledernen Koller, oder auch nackt bis auf ein schmales Schurzfell – schwarze Teufelsgestalten, wahre Dämonen. Und wie komisch sahen die bereits „zivilisierten" Häuptlinge aus, die schon in Toben gekleidet waren! Dieser fremdartige Anzug störte die Söhne der Wildnis beim Reiten, und so hatten sie ihn als dicken Wulst bis unter die Achseln zusammengerollt! Dann tauchte aus dem Walde die königliche Infanterie hervor; wilde Gestalten, Federn, Perlen und Kaurimuscheln im Haar, das gefürchtete Wurfeisen um die Schulter gehängt, den Speer in der Rechten und kleine Schilde aus Büffelhaut oder Rohrgeflecht in der Linken. Fürwahr eine Einholung des Gastes, eine Mischung von Halbkultur und nackter Barbarei, wie sie der weitgereiste Fremdling noch niemals erlebt hatte.

Nun ordnete sich die Karawane zum Festzuge; Bagirmireiter stellten sich an die Spitze, Bagirmireiter bildeten den Nachtrab, und das Heidenvolk schwärmte zu beiden Seiten, Scheinangriffe machend, heulend und tobend, während die Leute von Bornu aus ihren Gewehren dröhnende Salven ertönen liessen. Gewehrgeknatter antwortete im Walde, und bald war der Rand des Gehölzes erreicht, hinter dem Abu Sekkins Lauerstadt lag: ein Gewirr von leichten Hütten, die nach landesüblicher Art gebaut waren. Keine Strassen waren dort zu sehen; keine Umfriedigung hatte man angelegt; alles war im Augenblick geschaffen und für den Augenblick berechnet. In der Mitte lag die geräumige, aber dürftige Königswohnung im Schatten eines Riesenbaumes.

Endlich hielt Nachtigal am Eingang zu einem der inneren Höfe und erblickte den König. Nach der Landessitte sass er tief vermummt, aber vor ihm standen die Standartenträger mit den Straussfederinsignien, Sklaven fächelten ihm mit Giraffenschwänzen Luft zu, und im Hintergrunde hielten Soldaten mit Karabinern die Leibwache. Man konnte keinen Gesichtszug des Königs sehen, alles war verhüllt; und stumm war auch die Begrüssung, die Nachtigal dem Sultan erwies: er schwang vor ihm sein Gewehr und ritt in sein neues Quartier.

Der „Kriegsminister" sollte es ihm anweisen. Nachtigal fand den gefeierten Kriegshelden auf dem Stroh unter dem Schattendach seiner Pferde ruhend. Er entschuldigte sich, dass das Haus noch nicht fertig sei, und gab erst in diesem Augenblicke den Sklaven den Befehl, es zu errichten. Das mochte wunderbar erscheinen, aber diese Leute hatten es leicht,

Empfang bei Abu Sekkin, König von Bagirmi.

Hütten zu bauen: sie gingen in ein benachbartes Dorf und rissen Hütten der Eingeborenen ein, nahmen ihnen das Strohdach vom Kopfe fort und brachten das fertige Material in die Lagerstadt; so waren in einigen Stunden ein paar schöne geräumige Hütten für Nachtigal und seine Begleiter fertig. Man hatte die früheren Besitzer nicht um Erlaubnis gefragt. Es waren ja Heiden, welche Gott den Bekennern des Propheten zum Ausbeuten ausgeliefert hat. Auf dieselbe Weise hatte Abu Sekkin seine ganze Lagerstadt errichtet.

Und diese Neger waren Bundesgenossen! Freilich, sie mussten noch Korn und andere Nahrung für die Soldaten und den Harem des Fürsten, Futter für die Pferde liefern; sie waren gewiss mit diesem Besuch ihrer Freunde nicht zufrieden, aber mussten sie nicht froh sein, dass sie im Schutze Abu Sekkins standen? Dieser Schutz legte ihnen Lasten auf, das ist wahr; sie seufzten schwer darunter. Aber dieser Schutz war auch für sie eine Art Schonung. In ihrem Bezirke durften keine Sklaven weggefangen werden; diese Menschen waren wenigstens kein Jagdwild, und das will schon gewiss was bedeuten!

Am anderen Morgen wurde Nachtigal zur Audienz beschieden. In einem der inneren Höfe des luftigen „Palastes“ befand sich ein mit blaugestreiftem Kattun umfriedigter Raum; das war die Privatwohnung des Königs. Der Eingang zu ihr war nicht so leicht. Nachtigal wollte hier in derselben Art eintreten, wie er dies in Kuka vor dem mächtigen Scheich Omar gethan: er zog also am Eingang zu dem inneren Hofe die Oberschuhe aus und behielt seine Strümpfe und marokkanischen Pantoffeln an. Die Zeremonie war hier aber strenger – denn je barbarischer die Menschen, desto eifriger hängen sie äusserlichen Dingen an. Es entspann sich ein Streit, und es wurde die Entscheidung des Königs angerufen. Dieser wählte einen Kompromiss, Nachtigal musste die marokkanischen Pantoffeln ablegen, dafür aber durfte er die Strümpfe, „das weisse Kleid, welches er über die Füsse gezogen“, anbehalten. Diese Strümpfe waren hier Dinger, die das höchste Staunen erweckten, während in Kuka Scheich Omar Nachtigal selbst ein paar Strümpfe geschenkt hatte, als der Reisende in desolatem Zustande von dem Kanemlande zurückgekehrt war.

So trat nun der Gast in das Privatissimum des Fürsten ein, das ein wenig an die Schaubuden auf den Jahrmärkten erinnerte. Der von dem blau-weissen Kattun eingefriedigte Raum war mit reinem Sande bestreut; an der dem Eingang gegenüberliegenden Seite befand sich ein Schattendach mit Vorhängen, die zurückgeschlagen waren.

Auf einer mit Matten belegten Erhöhung sass Abu Sekkin, wieder vermummt, eine formlose Masse, aus der nur eine schwarze Nasenspitze hervorschaute. Aber die Straussfedernstandarten zeigten, dass er noch König sei, trotz der dürftigen Umgebung. Sklaven fächelten ihm Luft zu; im Hintergrunde stand die Ehrenwache, während alle anwesenden Würdenträger, Söhne Bagirmis, vor ihrem König den Körper bis an die Hüften entblössten, wie das Zeremoniell es vorschrieb.

An den vermummten König hielt Nachtigal folgende Ansprache: „Vor fast drei Jahren bin ich von meinem Herrn, einem mächtigen Christenkönig, zum Scheich Omar geschickt worden, weil dieser den Christen stets freundlich gesinnt war. In Kuka hörte ich von deiner heldenmütigen Verteidigung Massenjas, von dem Falle deiner Hauptstadt, dem kühnen Durchbrechen der feindlichen Reihen und deiner tapferen Fortsetzung des Krieges für dein Recht. In meinem Vaterlande lieben wir Mut, Standhaftigkeit, kriegerischen Sinn über alles, und ich wünschte vor meiner Rückkehr dich zu besuchen, um einen Mann und König zu sehen, wie er zu den Seltenheiten gehört. Ich erbat gleichzeitig vom Scheich Omar – Gott möge ihn segnen – die Eröffnung des Weges zu dir durch Logon, und er entsprach meiner Bitte, denn du warst ihm stets ein treuer Nachbar, und seine Mutter war eine Tochter deines Landes. Seiner Güte verdanke ich es, dass ich dir jetzt eine Karawane von Pferden zuführen und dich zu neuen Heldenthaten ausrüsten kann. Du siehst, wer sein Recht nicht fahren lässt, den verlässt auch Gott nicht. Der Allmächtige schenke dir Sieg über deine Feinde und verlängere dein Leben!“

Die Rede Nachtigals wurde wiederholt durch Beifallsbezeugungen unterbrochen. Dann ergriff Abu Sekkin das Wort: er sprach seinen Dank mit leiser, kaum vernehmbarer Stimme, denn die Etikette verbietet dem Bagirmierkönig, ebenso wie dem von Logon, bei Audienzen laut zu sprechen. Er versicherte Nachtigal seines Wohlwollens und seines Schutzes und konstatierte die merkwürdige Thatsache, dass ein Mann wie Nachtigal, nicht um Geld und Gut zu erwerben, sondern um ihn zu sehen nach Bagirmi gekommen sei.

Hierauf wurde von einem der Hofleute eine schwülstige Lobrede auf den König gehalten, und Nachtigal verliess mit einigen Dankworten die königliche Einfriedigung. Die Geschenke wurden nicht in dieser öffentlichen Audienz überreicht. Der König mochte wohl triftige Gründe haben, seinen verlumpten Heerscharen das, was er erhielt, zu verheimlichen; so bestimmte er zu diesem Zwecke eine vertrauliche Zusammenkunft im Abenddunkel.

Die Geschenke, die Nachtigal von sich überreichte, waren nicht gross: ein goldgestickter Burnus, Schiesspulver, Flintenkugeln und Feuersteine, ein tunesischer Tarbusch, ein Pfund Gewürznelken und zwei Stücke Turbanstoff. Als Nachtigal die Geringfügigkeit der Gaben mit seiner langen Abwesenheit von der Heimat entschuldigte, drückte ihm der König die Hand und sprach: „Deine Ankunft ist das beste Geschenk, welches du mir hättest machen können! Ich erwarte von dir nicht Geld und Gut, sondern an mir wird es sein, dich zu belohnen.“

Trotz dieses vertrauteren Tones und der dunklen Nachtstunde blieb

Abu Sekkin auch diesmal verschleiert. Der Besuch Nachtigals war für den König von höchster Bedeutung. Nachtigal kam ja mit Zustimmung des Scheichs Omar und brachte Pferde und etwas Munition. Diese Thatsache allein musste den Mut der Anhänger Abu Sekkins heben, und in der That fasste man diesen Besuch als eine gute Vorbedeutung auf, da noch an demselben Abend die Nachricht von dem Siege einer Schar Abu Sekkins über eine Abteilung des Gegenkönigs Abd er Rahman gemeldet wurde.

Man beschloss, diesen Sieg durch eine Festparade zu feiern. Obwohl der König am Tage vorher von Nachtigal einen neuen goldgestickten Burnus erhalten hatte, borgte er sich zu dieser Parade den mottenzerfressenen letzten Burnus des Reisenden, der ihn natürlich nicht wieder zurücknehmen konnte und so um dieses Kleidungsstück gekommen war.

Die ganze Heeresmacht Abu Sekkins einschliesslich der verbündeten Heiden mochte höchstens 1500 Mann betragen, wobei die Mehrzahl aus Fusssoldaten bestand. Die wenigsten von der königlichen Infanterietruppe, welche etwa 100 Mann zählte, besassen Steinschlossgewehre; die Hauptwaffe bildete das Wurfeisen, von welchem einige Krieger bis fünf Stück in ledernen Scheiden bei sich trugen. Ausserdem waren sie mit Speeren bewaffnet und führten Schilde. Die bunte Zusammensetzung der Reiterei ist uns schon bekannt, da wir sie bei der Einholung Nachtigals kennen gelernt haben. Die „Uniformen“ waren auch bei der Parade nicht viel besser. Die Parade fand auf einer Ebene statt. König Mohammedu hielt auf einem prachtvollen Rappen in der Mitte des Platzes; er trug den Burnus seines Gastes, hatte aber die Kapuze so tief aufs Haupt gedrückt und den Litam so hoch gezogen, dass man sein Gesicht wieder nicht sehen konnte. Wie einst bei dem Einzuge seines Vaters in Massenja, hielten auch hier zwei Sklaven zwei rotseidene Schirme über seinem Haupte, während die zwölf Träger der Straussfederninsignien sich vor dem König aufstellten und die Embleme der königlichen Würde fortwährend hin und her schwenkten. Die Parade bestand in Ausführung von Scheingefechten. Dieselben liessen an der ursprünglichen Wildheit nichts zu wünschen übrig und waren von einem ohrbetäubenden Lärm begleitet, der auf landesüblichen Trommeln und Hörnern, sowie durch das Zusammenschlagen der Waffen und Schilde verursacht wurde. Dieses Manövrieren dauerte einige Stunden, nachdem die verschiedenen Parteien wiederholt gesiegt hatten oder zur Flucht gezwungen worden waren. Gegen Mittag war alles wieder im Quartier.

Wir haben bereits wiederholt gesehen, dass der König selbst in die Wildnis einen Teil seines Hofstaates herübergenommen hatte und, soweit es möglich war, sich mit dem üblichen Zeremoniell umgab. Dies verlieh dem wilden Lager einen eigenartigen Anstrich. Noch abenteuerlicher erschien es aber dadurch, dass diese an sich schon bunte Bagirmigesellschaft zum grossen Teil aus Frauen bestand.

Der Vater Abu Sekkins hatte eine besondere Vorliebe für Frauen; zu Barths Zeit schätzte man die Zahl seiner Habbabat auf 300 bis 400; am Ende seiner Regierung soll sein Harem mehr als ein halbes Tausend Frauen gezählt haben. Abu Sekkin war in dieser Hinsicht seinen Vorfahren gleich. Auch er führte seine Frauen auf den Kriegszügen mit sich herum. Viele waren ihm auch in das Exil gefolgt, weil sie sonst keine Verpflegung gefunden hätten. Zu diesen gehörten auch die Witwen des im Kampfe gegen den Mahdi Scherfeddin gefallenen Abd el Kaders. Eines Tages sah Nachtigal, dass sich eine lange Reihe von Frauen, wohl an fünfzig in das Haus des Fatscha, des Kriegsministers, bei dem Nachtigal wohnte, begab. Als er über die Bedeutung dieses Frauenzuges nachfragte, wurde ihm erklärt, dass dies sämtlich die Witwen des vorigen Königs wären, der schon beinahe fünfzehn Jahre tot war. Alle trugen noch als Abzeichen ihrer früheren Lelewürde (Lel oder Lele werden die Frauen des Königs von Bagirmi genannt) ein schwarzes Musselinband um den Hals. Zu Zeiten, als Bagirmi noch in voller Blüte stand, durften sich die Königswitwen nicht verheiraten, und der Thronfolger war verpflichtet, ihnen den geziemenden Unterhalt zu gewähren. Bei der grossen Zahl dieser Witwen wurden sie aber der Krone zu einer förmlichen Last, und so erlaubte man ihnen später, Ehen mit Freigeborenen einzugehen. Unter den fünfzig Witwen, die Nachtigal gesehen hatte, befanden sich noch viele hübsche und junge, die sehr darunter litten, dass der Krieg so viele Männer dahingerafft hatte. Darum gingen diese Königswitwen auf Männerfang aus, kokettierten soviel sie nur konnten, knüpften Liebesverhältnisse an und wurden in ihrem Bestreben, an den Mann zu kommen, selbst Nachtigal lästig, obwohl er ein Fremder war. Nachtigal fand die Bagirmierinnen hübsch, ebenso wie einst Barth, aber er hatte keine Lust, sich dort zu verheiraten. Die schwarzen Damen schmückten sich gern, trugen silberne Armspangen und Ringe von oft ungeheuerlicher Grösse und bettelten auch Nachtigal um Schmucksachen an. Er war nun in jenem Augenblicke arm; aber die spähenden Augen der Schönen entdeckten an ihm doch Schmucksachen, an die er nicht gedacht hatte. Er trug manchmal einen leinenen Rock – das letzte Stück seiner europäischen Garderobe. An diesem Rocke waren Perlmutterknöpfe, und diese versetzten die königlichen Witwen in Entzücken. Da half keine Widerrede, nach und nach mussten die Knöpfe abgeschnitten und den Königinnen verehrt werden.

In diesem Lager lebte man übrigens nicht in grossem Überfluss; man hatte zwar Hirse, Sesam, Früchte, Fleisch von Ziegen – alles das mussten die Bundesgenossen liefern; aber es fehlte an Gewürzen, vor allem aber an Salz, das in jenen Gegenden nicht vorkommt. Die reizlose Kost ist auf die Dauer nicht gesund und bewirkt eine grosse Erschlaffung der Verdauungsorgane. Man gewinnt zwar Salz aus der Asche verschiedener Pflanzen, aber reines Kochsalz ist das nicht und schmeckt auch nicht besonders gut. So erschien Nachtigal eine Hand voll Bilmasalz, die ihm aus früheren Vorräten übrig geblieben war, als ein kostbarer Schatz. Er hütete ihn wohl, führte ihn bei sich und war froh, täglich einige Fingerspitzen davon geniessen zu können.

Man konnte jedoch nicht sagen, dass trotz dieser regellosen und an Entbehrungen reichen Lebensweise die Zucht in den Scharen des Bagirmikönigs gelockert gewesen wäre. Erstens waren ja die Bagirmier seit jeher Sklavenjäger und solches Kampieren in der Wildnis gewöhnt; dann aber war ihr Mut noch nicht gesunken. In dem verwüsteten Lande, wo Abd er Rahman von Wadaïkriegern unterstützt mit seinem Heere stand, lag der Ackerbau fast völlig danieder, der Mangel an Lebensmitteln war gross, die Hungersnot stand bevor und so war die Hoffnung berechtigt, dass die Wadawa das ausgesogene Land bald verlassen und, wie das sonst im Sudan üblich war, ihren Schützling seinem Schicksale überlassen würden. Dann aber hofften die wilden Scharen Abu Sekkins, an den Empörern gegen den rechtmässigen König Rache nehmen zu können. Inzwischen aber konnten sie noch warten, denn in Broto, so hiess das Gebiet, in dem das Lager Abu Sekkins aufgeschlagen war, hatte man wenigstens Überfluss an den notwendigsten Nahrungsmitteln.

Es war aber nicht politische Klugheit, die den König in dieses Heidenland geführt hatte. Die Not, vor allem der Geldmangel, zwangen ihn, hier zu bleiben. Was war der Sultan von Bagirmi ohne Sklaven? Doch nur ein armer Mann, der die nötige Ausrüstung für sein Heer, die nötigen Ausgaben für seinen Hof nicht bestreiten konnte und wie ein Heide unter den Heiden leben musste. Er war darum in diese Bezirke gekommen, um von den Bundesgenossen den schuldigen Menschentribut einzuziehen. Diese Abgaben gingen jedoch langsam ein; ausserdem war der König von jeher angewiesen, selbst Sklaven zu jagen.

Zur Zeit, wo Nachtigal angekommen war, wurden gerade in der Umgebung von Broto solche Jagden veranstaltet. Sie galten den Einwohnern von Kimre, und Nachtigal hatte auch an einer solchen Morgenpartie teilgenommen, um Zuschauer unerhörter Greuel zu sein.

Gleich nach Mitternacht gaben im Lager Posaunenstösse das Alarmzeichen, und eine Schar Beutelustiger sammelte sich unter dem Fatscha und zog in die Jagdgründe. Rasch marschierte man in Dunkelheit durch die Ackerfelder von Broto, dann durch einen Buschwald und erreichte endlich die Anpflanzungen der Kimre. Mit Sonnenaufgang stand man im Angesicht eines Waldes, der bekanntermassen die natürliche Festung der Heiden bildete. Der Fatscha musterte seine Schar, sie betrug gegen 60 Reiter, darunter viele mit Wattepanzern, und gegen 100 Fusskämpfer. Man betrat nun den Wald, aus dem Rauchwolken aufstiegen, Warnungszeichen für die entfernter wohnenden Eingeborenen, dass der Feind nahe. Bald erreichte man weite Lichtungen, auf denen sich wiederum Akkerfelder mit junger, grüner Saat befanden; im Schatten gewaltiger Bäume standen die schmucken Lehm- und Strohhütten der Kimre; die Sonnenlichter spielten auf den Dächern und Gärtchen – ein frisches, entzückendes Bild idyllischer Friedlichkeit bot sich dem Auge des Reisenden. Aber die Hütten waren leer: kein Mensch liess sich vor ihnen blicken, keine Ziege meckerte in dem Gehöfte, kein Hahn krähte auf dem niedrigen Dache. War man zu spät gekommen, waren die Eingeborenen mit ihrer Habe rechtzeitig entflohen?

Nein, sie hatten sich nur auf ihre hohen Burgen zurückgezogen und erwarteten dort ihre Feinde. Und wo waren diese Burgen? Hoch in den Kronen der Bäume hatte man sie errichtet. Hier wächst der Riese unter den afrikanischen Bäumen, der bereits geschilderte Wollbaum (Eriodendron anfractuosum), und er wurde von den Bedrängten als der letzte Zufluchtsort gewählt. Seine in der That ungeheuere Höhe, der kerzengerade Wuchs des hartholzigen Stammes, die quirlförmige Anordnung der Äste in mehreren Etagen und ihre fast horizontale Richtung lassen diesen Baum besonders geeignet für diesen Zweck erscheinen. Die unterste Abteilung, als noch zu sehr im Bereiche der Angreifer, wird meist unbenutzt gelassen. In der nächsten nach oben werden möglichst wagerechte, benachbarte Äste durch darüber gelegte Stangen zu einer Plattform vereinigt, auf welcher ein solides, dickes Strohgeflecht befestigt und auf diesem wiederum der Hausstand errichtet wird. Dieser besteht gewöhnlich aus einer kleinen Hütte, welche auch Getreidevorräte, Wasserkrüge und Hausgerät, z. B. die Holzmörser zur Mehlbereitung, enthält, und selbst Hunde, Ziegen und Hühner werden mit hinaufgenommen. Oberhalb dieser Abteilung wird häufig am Stamme selbst ein Korb aus starkem Geflecht nach Art eines Mastkorbes angebracht, der einige Personen fassen kann, und in welchem der grösste Teil des Wasservorrats aufbewahrt wird. In diesen Behälter des Baumes steigen die Hauptkrieger, schleudern von dort aus ihre harmlosen Geschosse aus Rohr und halten Lanzen und Handeisen bereit für den Fall eines Erklimmens der unteren Etage durch den Feind. Je nach Umfang und Höhe der Bäume wohnen die Mitglieder einer oder mehrerer Familien auf denselben. Während der Nacht, in welcher kein Angriff zu befürchten ist, steigen sie herab, um ihre Vorräte an Wasser und Getreide zu erneuern, das in versteckten Gruben sich befindet. Zum Hinauf- und Herabsteigen dienen urwüchsige Leitern aus dünnen Baumstämmchen, Schlinggewächsen und Pflanzenfaserstricken.

Unter diesen Bäumen zerstreute sich die Schar des Fatscha, einzelne Gruppen bildend, um diesen oder jenen Baum zu belagern. Es war kein Kampf, sondern eine regelrechte Jagd, als ob dort oben Schimpansen hausten. Andere zerstreuten sich indessen in den verlassenen Hütten und durchsuchten dieselben nach etwa vergessenen Ziegen oder nicht rechtzeitig geflüchteten Menschenkindern. Die Räuberbande Abu Sekkins war diesen natürlichen Burgen der Eingeborenen gegenüber ziemlich ohnmächtig. Es fehlte ihr an Werkzeugen, um die Bäume zu fällen. Allerdings wäre es für einen geübten Schützen ein leichtes gewesen, einen solchen Baum von seinen wenigen Verteidigern zu säubern und so die Frauen und Kinder in die Hand der Feinde zu liefern. Glücklicherweise verfügte der Bagirmifürst nur über wenige alte Gewehre, und die Sklaven, die diese führten, verstanden nicht zu zielen und brachten mit ihren Feuerrohren mehr die eigene Umgebung als den Feind in Lebensgefahr. So mussten die Bäume von den Angreifern erklettert werden, und in diesem Kampfe konnten die Bedrängten oft den Feind zurückschlagen oder ihr Leben teuer verkaufen. An dem Tage, an welchem Nachtigal Zeuge dieses Kampfes war, nahmen leider auch seine Gefährten aus Bornu Anteil, die mit Flinten bewaffnet waren und besser schiessen konnten. Nachtigal verbot ihnen zwar, von ihren Waffen Gebrauch zu machen, aber sie liessen sich durch Bitten der Bagirmier verleiten, und sie machten sich ein schnödes Jagdvergnügen, indem sie meinten, es handle sich nur um die „verfluchten Heiden“ und dem Christen stehe in solchen Dingen weder Befehl noch ein Urteil zu. Sie waren zwar auch keine geschickten Schützen, aber ihre Kugeln richteten sowieso ein genügendes Unheil an.

Wir wollen nach den Mitteilungen Nachtigals nur den Fall einer dieser Burgen schildern.

Auf der Höhe seines Mastkorbes stand der hochgewachsene junge Vorkämpfer eines von mehreren Familien bewohnten Baumes, und schleuderte seine unschuldigen Rohrgeschosse, indem er sich durch den Schild oder die Brustwehr des Korbes möglichst deckte. Zuweilen richtete er sich zu seiner Höhe auf, ballte zornig die Faust und warf seinen Verfolgern Worte des Hohns und der Verachtung entgegen, die von ermutigenden Zurufen der Frauen aus seiner nächsten Umgebung begrüsst wurden. Mitten aber in dieser zuversichtlichen Haltung brach er plötzlich lautlos zusammen, getroffen von einer Kugel des jagdfreudigen Almas. Und bald darauf wurde auch ein weiter oben auf einem Seitenaste stehender Verteidiger zu Tode getroffen. Krampfhaft klammerte er sich noch für einige Sekunden an die Zweige und stürzte dann als eine leblose Masse von der Höhe herab. Eine scheussliche Szene entspann sich: die Königlichen fielen über den Leichnam her, der im Nu mit dem Handeisen zerhackt und zerfetzt war; und die Wütendsten waren dabei leider die eigenen Stammesangehörigen des Opfers, die sich bei einer anderen Gelegenheit desselben Schicksals versehen mussten. Auf demselben Baume war noch ein einziger erwachsener Mann; auch dieser wurde durch einen Schuss verwundet, stieg mit seinen Angehörigen unter Aufwendung seiner letzten Kräfte empor und klammerte sich dort schweigend an, während sein Blut in langen Linien die graue Rinde des Stammes herabrieselte. Nun erst wagten es die feigen Angreifer, den Baum zu erklimmen, und bald ging es an ihr liebstes Geschäft: es wurden die Ziegen, Hunde und Hühner herabgereicht und herabgeworfen, nicht bloss der noch oben liegende Tote, sondern auch der Verwundete in die Tiefe geworfen und den Untenstehenden zu bestialischer Zerfleischung überantwortet, die Frauen und Kinder aber nebst einem Greise allmählich herabgezerrt. Kein Schrei, keine Klage kam über die Lippen dieser Überlebenden. Frei auf ihrem gesegneten Boden noch vor einigen Stunden, liessen sie sich jetzt in verzweiflungsvoller Ergebenheit mit Stricken aneinanderbinden, um aus dem wühlenden Schmerz über den Tod der Ihrigen und den Verlust ihrer Heimat den Weg in die Sklaverei zu wandeln.

Ohne Zuhilfenahme der Feuergewehre gelang es den Räubern nur einen einzigen Baum zu erobern, der nur von einem Krieger verteidigt wurde. Die Angreifer steckten, indem sie Feuer an langen Stangen befestigten, zunächst seine Hütte in Brand und nötigten ihn, sich in höhere Zweige zurückzuziehen. Hier wurde er von einigen Königlichen, die inzwischen den Baum erklettert hatten, mit Lanzen angegriffen, verwundet und dann hinabgeworfen, um von den scharfen Wurfeisen seiner Gegner zerstückelt zu werden. Auf diesem Baume befanden sich auch zwei vierzehnjährige Knaben, wie sie auf den Sklavenmärkten gern gekauft werden. Von Zweig zu Zweig begann die Jagd auf die Ärmsten, bis die Bedrängten, den Tod der Sklaverei vorziehend, sich aus dem höchsten Gipfel in die Tiefe stürzten.

Die Greuel nahmen ein Ende, als die knappe Munition der Jäger ausging und die Bemühungen, andere Bäume zu nehmen, an dem Heldenmute der Verteidiger scheiterten. Die Feuerwaffen hatten ihr Werk verrichtet, die Räuber zogen von dem Walde ab mit einer Beute von 50 Frauen und Kindern. Die Kimre wurden aber nicht unterworfen, sondern zogen sich in die Wildnis weiter nach Süden zurück.

Die Räuber von Broto wandten sich indessen auch gegen ihre Bundesgenossen, die sie plötzlich überfielen und in die Sklaverei fortschleppten, wobei die erwachsenen Männer abgeschlachtet wurden, da sie ja „schlechte“ Sklaven abgaben. Die Einwohner retteten sich meistens durch die Flucht; immerhin wurden aber mehrere hundert Frauen erbeutet. Nachtigal widersprach einem solchen Verrat, aber er erhielt nur die Antwort: „Ist denn Aman (Treu und Glauben) nötig gegen die Heiden?“

Die Folgen einer solchen Handlungsweise konnten nicht ausbleiben.

Die Bundesgenossen oder die bereits unterworfenen Stämme zogen sich, als sie sahen, dass sie des Lebens und der Freiheit nicht sicher waren, in die Wildnis zurück. Die Lebensmittel wurden knapper, während die wachsende Menge von Sklaven den Bedarf höher machte. Die Fouragierkolonnen mussten weitere Züge unternehmen und die Lebensmittel mit Waffen in der Hand erkämpfen. Das Land war ringsherum ausgesogen, eine neue Ernte erst in ein paar Monaten zu erwarten. So herrschte endlich in Broto dieselbe Not, die den Gegenkönig nach den Hoffnungen der Leute Abu Sekkins verderben sollte: Nahrungsmangel, beinahe Hungersnot, und die Lage wurde noch dadurch schlimmer, dass die gepeinigten Stämme der Eingeborenen, wo sie nur konnten, an einzelnen Abteilungen der Bagirmier, die das Land durchstreiften, Rache zu nehmen suchten. Die Stellung des Heeres wurde bedenklich, und Abu Sekkin fragte in seiner Bedrängnis selbst Nachtigal um Rat. Dieser aber erwiderte ihm offen: „Fürsten und Menschen ohne Aman segnet der allmächtige Gott nicht, und als Christ kann ich mich nur in ehrliche Angelegenheiten mischen: du wirst also sehen müssen, wie du zurecht kommst, mich selbst wird Gott schon zur rechten Stunde aus so treuloser Gesellschaft erretten."

Abu Sekkin fühlte sich durch solche Äusserungen keineswegs beleidigt, aber sie machten auch nicht den geringsten Eindruck auf ihn, er war das Räuberleben gewohnt.

Alle Reisepläne Nachtigals, welcher die Länder im Süden Bagirmis erforschen wollte, erwiesen sich unausführbar, und wie einst Barth, so konnte auch er nicht in friedliche Beziehungen zu den armen Menschen treten, er konnte sie nur als Sklaven oder gehetztes Wild kennen lernen.

Acht Wochen waren bereits seit der Ankunft Nachtigals in Broto verflossen, er konnte nicht vorwärts und nicht zurück, er musste der Räuberbande folgen. Endlich entschloss sich Abu Sekkin, seine Residenz im Heidenlande zu verlegen und Broto zu verlassen.

In der Nacht zum 29. Mai fand der Aufbruch statt. Kaum aber hatte der letzte Reiter die Residenz verlassen, als im Dunkel der Nacht ein Schwarm bewaffneter Heiden hervorstürzte und die elenden aus der Nachbarschaft zusammengeraubten Häuser der traurigen Königsstadt in Brand steckte. Bald war die ganze Lagerstadt in ein Feuermeer verwandelt, und noch aus einiger Entfernung sahen die schleunig Abziehenden, wie die schwarzen Gestalten in der phantastischen Beleuchtung der lodernden Flammen waffenschwingend unter gellendem Wutgeschrei hier- und dorthin sprangen und ihrem berechtigten Hass wenigstens durch Zerstörung der Wohnungen ihrer Verfolger und etwa von ihnen zurückgelassener Gegenstände eine Befriedigung verschafften. Ein freundlicher Abschied war dies nicht, und lange gellte dem Reisenden das furchtbare Geheul noch in den Ohren und weckte in ihm trübe Gedanken, als er im Gefolge des heimatlos abenteuernden Königs und seiner zerlumpten Banditenscharen des Weges zog. Eine tiefe Sehnsucht nach Frieden, nach heimischen Zuständen kam über ihn, und seinem eigenen Geständnis zufolge war er nachgerade herzlich satt nicht bloss seiner Begleiter, „die aus der Religion eine Berechtigung zu Raub und Mord herleiten zu dürfen glaubten, sondern auch ihrer Opfer, welche stets bereit waren, sich untereinander zu vernichten, statt gemeinsam dem Erbfeinde das Handwerk zu legen."

Aber er sollte noch schlimmere Tage erleben, um Zeuge neuer Greuelthaten zu sein!

Mordend und sengend rückte Abu Sekkin vor. Schon am zweiten Marschtage erfuhr Nachtigal, dass man am nächsten Morgen sich gegen einen Stamm der Eingeborenen wenden würde, welcher die Ortschaft Koli bewohnte und bis dahin sowohl den Angriffen Abd el Kaders als auch einem Versuche Abu Sekkins mit Erfolg Widerstand geleistet hatte. Die Räuberbande machte Halt, um in der Nacht rasch vorzurücken und die Ortschaft am frühen Morgen zu überrumpeln.

Als Nachtigal am anderen Tage auf dem zum Rauben auserwählten Platze erschien, bot sich ihm ein ähnliches Bild, wie er es bei den Menschenjagden im Gebiete der Kimre gesehen hatte. Auch hier war der Wald von Lichtungen unterbrochen, in denen die Getreidefelder der Eingeborenen lagen und ihre zierlichen Strohhütten standen; nur fehlte hier der majestätische Wollbaum, und das friedliche Bild war bereits gestört; denn hier und dort hatte man bereits die Hütten in Brand gesteckt. Ein Trupp der Räuber durchstöberte noch den Rest der Hütten nach etwa zurückgelassenem Vieh und anderem Inventar – meist aber ohne Erfolg: denn die Einwohner von Koli waren von der Annäherung des so zahlreichen Feindes gewarnt worden und hatten sich mit Hab und Gut in ihre Festung zurückgezogen.

Diese befand sich in der Mitte einer ansehnlichen Lichtung. Es war in der That eine Festung, wie man sie in Afrika öfters finden kann bei Stämmen, die noch mit dem Gebrauch der Feuerwaffen nicht vertraut sind. Werfen wir einen Blick auf dieselbe.

Die erste Linie der Befestigung bildete ein 1–1½ Meter hoher Lehmwall, der Koli in weiterem Umkreise umschloss. Der Lehmwall konnte den Verteidigern nur als Brustwehr gegen die Wurfgeschosse der Angreifer dienen. Die Eingänge zu demselben waren mit Baumstämmen verbarrikadiert. Die Mitte des Gesichtsfeldes nahm ein dichter Hain ein. Er lag innerhalb der Verschanzung, und in ihm war das eigentliche Dorf verborgen. Der Hain bestand aus einem undurchdringlichen Buschwerk, so dass die Verteidiger nur den Eingang zu bewachen brauchten. Koli war somit eine Waldfeste, die aber nicht so gut angelegt war wie die ostafrikanischen Waldfesten, von denen wir in dem nächsten Bande dieses Werkes ausführlicher berichten werden. Die Einwohner waren hier noch harmloser und auch gewiss indolenter, da sie sich zu einem energischeren Widerstande trotz so langer Verfolgung nicht aufraffen konnten.

Als Nachtigal vor Koli erschien, hielt Abu Sekkin in der Lichtung und wartete, bis sich das Gros seiner marodierenden Räuberbande sammeln würde; inzwischen sandte er Boten an die Schanzen, um die Bewohner zur Unterwerfung aufzufordern.

Nachtigal konnte vom Pferde den Platz innerhalb des Lehmwalles vor dem Haine genau übersehen. Das Bild war ein ruhiges. Scheckige Pferdchen weideten im Grase, Männer lagen umher und plauderten miteinander, während einige Posten den Lehmwall besetzt hielten. Als die Boten Abu Sekkins sich dem Walle genähert hatten, sammelten sich die Männer im Inneren zu einer Beratung; sie gaben eine ablehnende Antwort, versahen sich reichlich mit Handeisen und Wurfspeeren und verteilten sich in einzelnen Haufen auf dem Wall. Die Pferde waren inzwischen in dem Haine verschwunden. Frauen und Kinder liessen sich überhaupt nicht sehen.

Der Haufen Abu Sekkins schritt nun zum Angriff. Er hatte anfangs von den Verteidigern wenig zu befürchten; ihre Rohrpfeile waren so gut wie unschädlich, und die Wurfeisen und Speere mussten sie für den entscheidenden Augenblick aufsparen. Die Angreifer waren dagegen im Besitz von Feuerwaffen, die hier einem so schwachen und blossgestellten Feinde gegenüber ihre Wirkung, trotz der schlechten Ausbildung der Schützen, nicht verfehlten. Die erste Verteidigungslinie wurde von den Belagerten auch bald aufgegeben, und sie zogen sich in die Waldfeste zurück, die, wie man jetzt sehen konnte, nicht nur durch Anpflanzungen von Dornbüschen, sondern auch durch einen tiefen Graben so unzugänglich wie möglich gemacht war.

Hier begann die scheusslichste aller Sklavenjagden. Der Zweck dieses Unternehmens bestand ja nicht darin, den Feind zu schlagen, sondern Sklaven zu machen, und das Räubergesetz schrieb vor, dass jeder Krieger die Hälfte der von ihm geraubten Sklaven für sich behalten dürfe und nur die andere Hälfte dem Könige abzuliefern brauche; ausserdem war alles von ihm geraubte Vieh sein persönliches Eigentum. Diese Prämie war darum auch für den Verlauf des Kampfes massgebend.

Der Hauptteil der Truppen schlug mit Äxten eine Bresche in die Waldfeste, indem er sich einen Zugang bahnte. Sofort eilten alle waffenfähigen Männer von Koli an die bedrohte Stelle, wo sich ein heftiger Kampf entspann. Diese Bestürzung benutzten einige der Königlichen, um auf ihre Rechnung Geschäfte zu machen. Man sah diese menschlichen Bestien katzenartig in das Gebüsch schleichen und auf demselben Wege mit einer Ziege oder einem Kinde zurückkehren.

Nachdem die Bresche in dem Dornverhau erweitert war, wurde der Eingang durch Feuerwaffen vom Feinde gesäubert, und nun drang Abu Sekkin mit Fussvolk und Reiterei in das Innere des Haines ein. Nun lag das Zufluchtsdorf vor den Stürmenden, und es entspann sich ein Kampf auf Leben und Tod. Die Männer von Koli kämpften wie die Löwen; die Schlacht wogte mehrere Stunden hin und her. Verschiedene Male wurden die Bagirmier zum Dickicht hinausgeworfen, und Nachtigal sah, wie die Frauen und Mädchen von Koli mit Merissakrügen herbeieilten, um die von der Anstrengung des übermenschlichen Kampfes und von der glühenden Hitze des Tages Ermatteten mit einem Trunk zu erquicken und durch feurige Reden zu weiteren Heldenthaten zu entflammen. Die Bagirmier gewannen jedoch immer mehr an Terrain, und endlich gelang es ihnen, Feuerbrände in das Dorf zu werfen. Alle Bemühungen der Verteidiger, den Brand zu löschen, waren vergeblich, und das Dorf ging mit seinen reichen Getreidevorräten in Flammen auf.

Die Verteidiger von Koli gaben auch jetzt den Kampf nicht auf, sie sammelten sich in dem dichtesten Teile des Gehölzes und versuchten hier den Verzweiflungskampf fortzusetzen und das letzte, was ihnen übrig blieb, einen Durchbruch durch die feindlichen Linien zu erzwingen. Vergebens! Diese Helden wurden von der Übermacht des Feindes wiederholt zurückgeschlagen, und man sah, dass ihre Zahl dahinschmolz und ihre Kraft dahinschwand.

Inzwischen aber begann schon die Beutegier und Bestialität der Sieger ihre Feste zu feiern. Aus den Verstecken des Gebüsches wurden halbohnmächtige Frauen und Mädchen hervorgeschleppt, und unter den Räubern entspann sich um ihren Besitz oft ein blutiger Streit. Alle Menschlichkeit war aus diesen Sklavenjägern gewichen; sie mordeten Verwundete ab, und mit erschüttertem Herzen sah hier Nachtigal kleine Knaben und junge Mädchen trotz ihrer schwarzen Hautfarbe vor Entsetzen erbleichen.

Endlich nach einem zehnstündigen, heldenmütigen Kampfe, meldeten die Verteidiger von Koli ihre Bereitschaft, sich zu unterwerfen, wenn man ihr Leben schonen wollte; aber Abu Sekkin war nicht mehr Herr seiner wilden Raubgesellen, die jeden erwachsenen Heiden niederschlugen – und so sammelte sich der kleine Rest der Verteidiger zum letzten verzweifelten Ausfall. Es war ein kurzer, grauenhafter Schlussakt des Trauerspiels.

Nun lag Koli vor den Bagirmiern frei, und es begann die fröhliche Hetzjagd nach Frauen, Mädchen und Knaben. Sollen wir die Einzelheiten dieses Höllenwerkes schildern? Nur eine einzige Scene wird uns genügen. Nachtigal ritt über die Trümmer des zerstörten Dorfes; auf der Brandstätte zählte er nicht weniger als siebenundzwanzig halbverbrannte Leichname von Säuglingen. Waren dieselben von den eigenen Müttern umgebracht worden, um sie vor dem langsamen, aber fast sicheren Untergang zu bewahren, welchem die hilflosen Geschöpfe in dem Kriegslager anheimfallen mussten – oder hatten sich die Sklavenjäger auf diese Weise der wertlosen Ware entledigt?

Um einige Hunderte von Sklaven reicher geworden, zog der Bagirmikönig nach Tummok, einem, wie man behauptete, sehr reichen Lande, das dem Sultan tributpflichtig, war. Nicht weit von der Hauptortschaft Gundi wurde eine neue Lagerstadt errichtet; sie wuchs rasch aus dem Boden hervor, denn alles, was man zum Bauen der leichten Hütten brauchte, Dächer, Wände, Pfähle, Zäune und Hausgerät, wurde von den benachbarten Dörfern geholt.

So wurden drei bis vier Hütten der Heiden eingerissen, um eine für den hohen Herrn von Bagirmi und seine Banditen zu bauen. Das „reiche" Tummok erwies sich jedoch keineswegs als ein gelobtes Land. Die Bevölkerung ringsum war feindlich gesinnt. Das bisschen Nahrung, was die Fouriere in die Lagerstadt brachten, musste mit Waffen in der Hand ertrotzt werden – und nun beim Beginn der Regenzeit erwies sich auch die Natur feindlich. Während mehr als der Hälfte des Tages regnete es in Strömen. Die Feuchtigkeit war so gross, dass Decken und Kleidungsstükke immerzu feucht blieben, alles Leder schimmelte, alles Eisen rostete und selbst stets gebrauchte Instrumente von Rost nicht freigehalten werden konnten. Dabei fehlte es in der Umgebung an Brennholz, das nur mit Lebensgefahr, unter Scharmützeln mit dem Feinde, aus weiter Ferne geholt werden musste. Die Lage wurde noch schlimmer, als die Zahl der Sklaven durch den Tribut, welchen die Bundesgenossen ablieferten, immer mehr wuchs, während die Nahrungsmittel mehr als knapp waren. Die Verpflegung der Unglücklichen, die in Partien mit eisernen Ketten und, als diese ausgingen, mit ledernen Stricken aneinander gefesselt wurden, war die denkbar schlechteste. Kein Wunder also, dass der Würgengel Pestilenz in diesem königlichen Lager seinen Einzug hielt – eine Art Typhus, welcher zahlreiche Opfer forderte und an dem auch Nachtigal erkrankte.

Er wollte fort – aber der König hielt ihn zurück; er wollte aus der Klugheit des Weissen Nutzen ziehen, obwohl ihm dieser jetzt seinen Rat vorenthielt. Nachtigal liess sich aufs Pferd heben und ritt vor die Wohnung des Königs, um durch sein elendes Aussehen sein Mitleid zu erregen. Er klagte, er fühle sich schwach und möchte nicht fern von seinen Freunden in Bornu sterben, aber Abu Sekkin tröstete ihn: „Wenn Gott dir den Tod bestimmt hat, o Christ, so scheint es mir durchaus gleichgültig, ob du hier stirbst, oder in Bornu, oder unterwegs; wenn dir aber der Allmächtige Leben beschieden hat, so wirst du deine Gesundheit wieder erlangen. Gott ist gross, und das Schicksal aller ruht in seinen Händen."

Andrerseits schien es aber, dass der König seinen Gast ohne Geschenke nicht entlassen wollte. Seine königliche Würde verlangte es. Der Bagirmifürst wollte nicht klein und geizig erscheinen. Und es war für ihn schwierig, ein passendes Geschenk für den Christen aufzutreiben. Ja, wenn der Gast ein Mohammedaner gewesen wäre, dann hätte die Sache leicht abgemacht werden können. Abu Sekkin hatte ja Hunderte von Sklaven. Anfangs wollte er auch Nachtigal mit solchen Gaben erfreuen. Als aber der Reisende dieselben zurückwies, so konnte er nicht begreifen, dass diese Ablehnung eine grundsätzliche war und jemand überhaupt an der Menschenware Anstoss nehmen konnte. Der Reisende that wohl nur so, die ausgewählten Sklaven hatten ihm nicht gefallen; so dachte vielleicht der König, und wiederholt kam der Eunuch des Königs zu Nachtigal in dieser widerwärtigen Angelegenheit. Das eine Mal brachte er ihm zehn Sklaven, das andere Mal eine hübsche junge Frau aus dem Harem des Sultans, die sich einer Leichtfertigkeit schuldig gemacht hatte, und als auch diese zurückgeschickt wurde, brachte man Nachtigal ein frisch eingefangenes Heidenmädchen von grosser Schönheit, das vor Angst am ganzen Körper zitterte. Erst durch die sofortigen und entschiedenen Zurückweisungen Nachtigals merkte der König, dass er hier mit sonderbaren, aber unerschütterlichen Grundsätzen rechnen müsse. Schliesslich wurde der Christ entlassen. Der König kaufte ihm sein Bornupferd ab für zwei Zentner Elfenbein und ein Heidenpferd zur Rückreise, schenkte ihm einen Laststier und gab ihm Empfehlungsschreiben an die Häuptlinge, durch deren Land die Rückreise erfolgen sollte, sowie Befehle an seine Beamten, soweit ihm dieselben treu waren, den Reisenden zu verpflegen und ihm nach allen Kräften Vorschub zu leisten.

Nachtigal schied von Abu Sekkin, ohne ihm jemals ins Antlitz geschaut zu haben. Trotz der abenteuerlichen Lage, in der man sich befand, und trotz des so nahen Zusammenlebens liess der Bagirmikönig niemals seinen Litam in Anwesenheit des Christen fallen. Wenn wir aber die äusseren Züge dieses Herrschers nicht kennen, sein Charakter liegt klar vor uns. Wir scheiden von diesem afrikanischen Helden ohne irgend welche Sympathie für ihn trotz des Unglücks, das ihn verfolgte, und trotz der Tapferkeit, mit der er es trug. Wir können ihn aber auch nicht rückhaltlos verdammen, denn seine Religion erklärte die Greuel, die er beging, nicht für Sünde, er kannte keine andre Moral. Er war geboren und erzogen – zum Fürsten von Bagirmi, zum Räuber und Menschenjäger.

*

Frieden des Gemütes sollte Nachtigal nicht zu teil werden, solange er in dem Lande dieses Höllenfürsten weilte. Er zog durch die so schwer heimgesuchten Gebiete, wo Nahrungsmittel fehlten und ungeheuer teuer waren, und um das Mass voll zu machen, schloss sich ihm eine Anzahl von Leuten an, welche Sklaven in Bornu verkaufen wollten. So marschierte er mit einer Sklavenkarawane. Nun sollte er die scheusslichsten Scenen erleben. Unvergesslich sind ihm in dieser Einsicht die Tage vom 5. und 6. August geblieben.

In der nassen Jahreszeit reist es sich schlecht im tropischen Afrika. Kleine Bäche werden zu Flüssen, trockene Thäler und Rinnen zu wahren Strömen, Niederungen verwandeln sich in Sümpfe und Moräste, und der Reisende muss in diesem Lande, wo es keine gebahnten Strassen, keine Brücken giebt, Schritt für Schritt mit dem nassen Elemente kämpfen. So geriet auch die Karawane Nachtigals in einen unermesslichen Sumpf und aufgeweichten Lehm, in dem sie tagelang fast ohne Entrinnen stak. Weit und breit überall nur Wasser und Kot, in welchem Menschen wie Tiere zur Hälfte des Körpers versanken. Die Pferde zeigten sich diesen Terrainschwierigkeiten nicht gewachsen, aber auch die Kräfte der Laststiere waren bald erschöpft. Sie, die sich selbst auf grundlosesten Wegen vorwärts arbeiten, blieben hier stecken. Nur durch wahrhaft unmenschliche Züchtigungen konnte man sie zum Weitergehen anspornen; aber man musste ihnen die Lasten abnehmen und sie von Menschen auf eine höher gelegene Stelle bringen lassen, wo man Kräfte zum Weitermarsch durch den Sumpf sammelte.

In diesem Moraste war die Lage der Sklaven eine bejammernswerte; sie wurden schlecht genährt, und viele von ihnen waren krank. Aber sie, um derentwillen die Herren diese Handelsreise unternahmen, sollten, durften nicht zurückbleiben. Sie wurden mit der schweren Peitsche aus Flusspferdhaut ebenso wie die Tiere angetrieben.

Schliesslich brachen einige doch zusammen und blieben selbst gegen die schlimmsten Züchtigungen unempfindlich. Da freute sich Nachtigal im stillen, dass man sie nun würde liegen lassen, und dass sie hier, wenn sie ausgeruht, in der Nähe ihrer heimatlichen Wälder doch Zuflucht finden und ihre Freiheit wieder erlangen würden. Aber er irrte sich; die Sklavenbesitzer waren erbost, dass ihnen hier und dort eines der armen Opfer entkam, und sie griffen zu einem andern scheusslichen Mittel, um die anderen zur Anstrengung ihrer letzten Kräfte anzuspornen. Da sah er, wie unterwegs einer der Herren eine junge erschöpfte Sklavin zum Weitergehen zwingen wollte. Alle Mittel halfen nicht. Nachtigal ritt vorüber; nach einer Weile blickte er sich um. Was sah aber sein Auge? In aller Gemütsruhe wischte jener Unmensch sein blutiges Messer ab, und vor ihm am Boden lag – tot die junge Sklavin mit durchschnittener Kehle und geöffneten Pulsadern. Starr vor Abscheu, keines Wortes mächtig stand er vor dieser ungeheuerlichen Frevelthat. Der Mörder verlor aber keinen Augenblick seine gleichmütige Ruhe. Als ob er die natürlichste Handlung begangen hätte, sagte er nur: „Ja, ja, Christ, bei diesen verfluchten Heiden ist weder Treue und Glauben noch Erwerb zu finden!“

Und diese Bestialität war etwa keine Ausnahme, sondern ein Brauch in diesen Ländern. Diese grässliche Mahnung an die Überlebenden versagt auch nicht ihre Wirkung, denn die Unglücklichen sind meist junge Frauen und Kinder, die um jeden Preis leben wollen, in deren Seelen ein Schimmer von Daseinslust und Hoffnung nicht ganz erstorben ist.

„Alle körperlichen Strapazen und Gefahren“, sagt Nachtigal, „sind für den Reisenden viel leichter zu ertragen als seine gänzliche Machtlosigkeit derartigen Unmenschlichkeiten gegenüber.“

Endlich erreichte Nachtigal den Schari, wo die Einwohner treu zu

Abu Sekkin hielten und laut Befehl ihn und sein Gepäck auf Kähnen befördern mussten; sie thaten es, wenn auch widerwillig; denn solche Transporte müssen ohne Vergeltung gemacht werden. Nachtigal konnte den Unterthanen verkünden, dass ihr Herrscher die Absicht habe, in naher Zeit in diese Gegenden zurückzukehren. Da wünschten sie sehnlichst, ihr Getreide geschnitten zu haben, ehe er kommen und sie der Früchte ihres Fleisses berauben würde.

So ist Bagirmi beschaffen, ein Land, auf dem ein Fluch lastet, obwohl seine Bewohner leicht besseren Zielen zugeführt werden könnten, aber sie haben das schändlichste aller Gewerbe, die Menschenjagd, erwählt, und es bringt ihnen keinen Segen, fremde Heere verwüsten ihr Land; sie selbst reiben sich in Bürgerkriegen auf, und wie zur Strafe vom Himmel stehen sie unter Fürsten ohne Aman – ohne Treue und Glauben.

Königreich Wadaï

Wadaï, von einem Scheich geschildert

Das sudanesische Reich Wadaï ist für uns schon darum von besonderem Interesse, weil deutsche Reisende die Erforschung desselben vollführt haben. Der erste Europäer, der es betrat, war Dr. Eberhard Vogel; leider musste er sein mutiges Unternehmen mit dem Tode büssen, da er auf den Befehl des Sultans von Wadaï ermordet wurde. Glücklicher war Dr. Gustav Nachtigal, der auf einer denkwürdigen Reise durch die Sahara und den Sudan unangefochten durch das von fanatischen Herrschern regierte Land ziehen durfte und wertvolle Nachrichten über dasselbe brachte.

Lange aber, bevor die Europäer jene Gebiete betraten, waren dieselben von arabischen Reisenden besucht worden. Einige derselben brachten ihre Erlebnisse zu Papier, so dass Wadaï nicht mehr als unerforscht gelten konnte. Freilich waren Land und Leute in orientalische Beleuchtung gerückt, und in den Beschreibungen jener Reisenden waren Dichtung und Wahrheit untereinander gemengt.

Nichtsdestoweniger heben sich aus jenen orientalischen Werken die Gestalten der ehemaligen Könige von Wadaï deutlich und charakteristisch ab; die mohammedanischen Reisenden konnten Dinge sehen, die den Europäern verborgen blieben, und vor allem waren sie die ersten, welche das Land betraten und die früher noch ursprünglichen Zustände mit eigenen Augen schauen konnten.

Eine solche mit Wahrheit und Dichtung untermischte Schilderung des hinter Darfor gelegenen Gebietes liefert uns „Das Buch des Sudan“, in welchem der Scheich Zain el Abidin seine Reisen in Nigritien beschrieb und das von Dr. Georg Rosen im Jahre 1847 aus dem Türkischen ins Deutsche übersetzt wurde.

Der Mann, ein mohammedanischer Theologe von Beruf, trat 1798 eine Reise von Kairo an und ging über Sennar, Kordofan und Darfor nach Wadaï. Er fand bei mohammedanischen Priestern überall gute Aufnahme und wurde auch von ihnen bei dem Könige von Wadaï eingeführt. Er gewann leicht dessen Gunst und beschrieb in leichtem Stil, was er dort gesehen. Er nennt den König Muhammed Halim und lobt ihn sehr. Wenn auch das Urteil des Scheich Zain el Abidin in wissenschaftlicher Hinsicht nicht von besonderem Wert sein dürfte, so wird es doch unsere Leser interessieren, jenen eigenartigen Hofhalt sozusagen mit den Augen eines

Mohammedaners zu betrachten, und wir wollen darum in treuer Anlehnung an jenes Buch des Sudan den König und seine Regierungsweise schildern.

Sehen wir zunächst, wie derselbe fremde Reisende empfing.

In Begleitung des Kadi schritt Zain el Abidin nach dem Palaste des Herrschers. Zu beiden Seiten des Thores hielten Soldaten Wache, welche mit einem vom Nabel bis auf die Knieen herabhängenden Rocke bekleidet waren, den Kopf mit einem hohen Fes bedeckt, bewaffnet mit Wurfspiessen und mit Säbeln, die sie an breiten Riemen, welche über die Brust hingen, trugen. Der Kadi wurde respektvoll begrüsst; die Soldaten legten aber dabei die Hand nicht an den Rand ihres Fes, sondern auf die Brust.

Hinter dem Thore dehnte sich ein weiter, mit Bäumen bepflanzter Platz, der innere Hof, aus, auf welchen die Thüren verschiedener Gemächer mündeten; an einer derselben war ein eisernes, mit silberbeschlagenen Waffen behangenes Gitter angebracht, und vor diesem stand ein Sofa, mit rotem Tuche bedeckt. Auf diesem sass mit „Würde und Anstand" der König, auf dem Haupte einen weissen Turban tragend, der so gewunden war, dass ein Zipfel nach hinten herabhing. In seiner Kleidung war der Einfluss der Zivilisation bemerkbar, denn sie war nach ägyptischen Schnitte gefertigt: ein mit Silberlitzen besetztes Untergewand und ein grüner Kaftan, wie man ihn in Ägypten trägt. Zu beiden Seiten waren Männer in Reih und Glied aufgestellt, auf der rechten Seite hatte vor ihnen der Wesir, der Premierminister, seinen Platz. Im Hintergrunde sah man Trommeln von verschiedenen Dimensionen, bis zu einer Grösse, dass die Kraft eines Menschen nicht genügte, sie zu tragen.

Zain, der ja ein mohammedanischer Gelehrter war, wurde von dem Herrscher äusserst freundlich empfangen; derselbe reichte ihm die Hand und liess ihn auf der einen Seite des Sofas niedersitzen.

Man war noch mit der Erledigung der ersten üblichen Fragen beschäftigt, als sich Zain Gelegenheit bot, den König in seinem Richteramte kennen zu lernen.

Es erschienen nämlich mittlerweile Leute, die eine Klage vorzubringen hatten. Dieselben warfen sich dem Könige gegenüber auf die Kniee, küssten die Erde, schleppten sich dann auf den Knieen drei Schritte vorwärts, küssten von neuem den Boden und wiederholten diese Zeremonie dreimal. Dann blieben sie in Demut und Unterwürfigkeit vor dem Könige stehen, bis einer der Diener des Wesirs sie bei den Armen ergriff und vor seinen Herrn führte. Es waren drei Männer, von denen der eine sich als Kläger, die beiden anderen als Zeugen bezeichneten; der erste von ihnen sagte nun aus, ein Dieb sei in sein Haus eingedrungen und von ihm auf der That ergriffen worden. Der Wesir trug nun die Klage dem Könige vor, welcher den Dieb, der am Eingangsthore stand, herbeiholen liess. Als dieser sich gerade dem Könige gegenüber befand, streute er sich Erde auf den Kopf und blieb dann, die Augen auf den Boden heftend, stehen. Vom Wesir befragt, stellte er die Klage seinerseits in Abrede. „Diese Männer", sagte er, „lieben meine Tochter und wollen täglich mit Gewalt in mein Haus eindringen, um sie zu besuchen; weil ich nun meine Tochter einschloss und ihnen Hindernisse in den Weg legte, haben sie mir dieses angehängt." Er fügte hinzu, dass er durch Zeugen die Wahrheit seiner Aussagen sowie auch seine Unschuld am Diebstahle bestätigen könne.

Bei diesen Worten sah der König Zain el Abidin an und sprach: „O Gelehrter unter den Arabern, was bestimmt das göttliche Gebot, das ewige Gesetz für den Fall?"

„Wenn dieser Mann", erwiderte Zain el Abidin, „durch Zeugen darthut, dass die Gegner ihn verleumden, so betrifft ihn die gesetzliche Strafe des Abhauens der Hand nicht."

Der Mann wurde in Begleitung zweier Soldaten in die Stadt geschickt, um seine Zeugen herbeizuholen. Der König aber rief aus: „Seht einmal dies Volk an! auf einen Muselmann, der sie an Unzucht verhindern und seine Ehre retten will, suchen sie den Verdacht des Diebstahls zu werfen, damit ihm die Hand abgehauen werde. Beim allmächtigen Gott, wenn ihr Betrug an das Licht kommt, so sollen sie ihr Verbrechen mit dem Leben bezahlen!"

Nach diesen Worten verstummte er und blieb, wie unser Reisender erzählt, mit dem Gewande des Zornes bekleidet, lange Zeit in Schweigen versenkt, bis der Beklagte mit fünf Personen, welche von den beiden Soldaten an den Händen geführt wurden, herbeikam. Die Untersuchung, welche von dem Wesir geführt wurde, fiel zu Gunsten des Beklagten aus, und der König befahl, ihn frei zu geben, seine drei Ankläger aber bis zum halben Leibe in Sand einzugraben, sie in dieser Stellung vom Morgen bis zur Hälfte des Nachmittags in offenem Sonnenschein hungern und dursten zu lassen, sie dann aus dem Sande herauszunehmen, jedem einhundert Peitschenhiebe auf den Rücken aufzuzählen und sie dann liegen zu lassen.

Der König wandte sich alsdann an Zain el Abidin mit der Frage: „Haben diese die Strafe, welche ich wegen ihrer Schandthat über sie verhängt, nicht verdient?" – worauf ihm dieser erwiderte, dass, um das Volk von ähnlichen Verbrechen zurückzuschrecken, ein solches Verfahren den Königen gezieme. „Ich empfehle dir deinen Gast", redete darauf der König den Kadi an, „und ich wünsche, dass er eine Zeit lang bei uns bleibe und die der Gelehrsamkeit Beflissenen in meinem Reiche in den ihnen unbekannten Wissenschaften unterrichte. Die Habe, die er unterwegs verloren, erstatte ich ihm, und auch sonst will ich ihm mehr Gutes thun, als er nur erwartet." Als Zain dies hörte, küsste er dem König die Füsse und sprach: „Der Sklave ist zu seines Herrn Befehl: ich werde hier bleiben, solange du willst."

Lächelnd erwiderte ihm der König: „Das Geschlecht der Weissen kann ohne Frauen nicht leben und liebt die Weiber seiner Rasse. Nun finden sich zwar bei uns keine weissen Sklavinnen, doch habe ich für dich ein Mädchen bestellt, mit dem du zufrieden sein wirst."

Zain küsste ihm von neuem die Füsse und erhob sich dann mit dem Kadi: auch der König stand auf und reichte dem Gelehrten, der sich bis in seine Residenz durchgebettelt hatte, die Hand zum Abschiede.

Während der König aufgestanden war, wurden die Trommeln so lange gerührt, bis er wieder Platz genommen hatte.

So bewegt sich ein mohammedanischer Gelehrter oder Priester in dem fernen Sudan, so wird er von den Königen empfangen, ein gleicher unter gleichgesinnten; er findet an den Sitten des Landes keinen Anstoss und erregt durch sein Benehmen keinen. Er baut sich ein Haus, er ist ein Gast des Königs, von dem er Nahrungsmittel und Sklaven erhält, und liest dagegen einige der Bücher mit den Schülern, die ihm zugeteilt werden. Die Audienzen, welche von diesen mohammedanischen Königen Christen gewährt wurden, trugen einen ganz anderen Charakter.

Zain el Abidin richtete sich in der Hauptstadt Muhammed Halims häuslich ein und nahm an allen Festlichkeiten und wichtigeren Ereignissen teil. In der Nähe der Residenz hatte er Ruinen einer alten Stadt entdeckt, in der sich Sarkophage und Säulen befanden; er grub dieselben aus, schleppte sie in die Stadt und baute dem Könige daraus eine Halle, welche seine höchste Verwunderung hervorrief. Es mag dahingestellt bleiben, wieviel Wahres an jener Erzählung ist; bei dieser Gelegenheit aber wurde der Scheich Zain von dem Könige mit Sklaven beschenkt. Die Zahl derselben betrug zwanzig Personen beiderlei Geschlechtes, und zwar von den Sklaven, „die der König zum steten Verkauf wie Vieh zur Fortpflanzung in einem Gebirge Namens Tekwah hielt."

Des Königs Sklaven! Zain el Abidin beschreibt sie ganz genau: „Dies nötigte mich", heisst es in dem Buche des Sudan, „in Gesellschaft des Verwalters mich an Ort und Stelle zu begeben, und traf deshalb (das Gebirge ist zwei Tagemärsche weit von Wadaï entfernt) alsbald die gehörigen Reisevorbereitungen. Mit fünf Dienern des Königs machte ich mich dann auf den Weg; da aber eben Sommer war und auf der Erde eine unerträgliche Glut herrschte, so ruhten wir bei Tage im Schatten am Ufer der von den Bergen herabfliessenden Bäche und verfolgten nur bei Nacht eilig unser Ziel. Am dritten Tage früh morgens erreichten wir den Gipfel unseres Strebens, ein Gebirge, mit gewaltigen Bäumen bedeckt und von zahlreichen Quellen durchrieselt. Einige Schwarze, vollkommen nackende, spiegelglatte Kerle, hatten uns nicht sobald erblickt, als sie auch schon meine Begleiter an gewissen Abzeichen und an der Kleidung als Beamte des Königs erkannten und im Laufe, dem Gezirp junger Vögel ähnliche Laute „jiw, jiw, jiw" ausstossend, zu uns kamen, um durch

Bestreuung des Kopfes mit Erde ihre Unterwürfigkeit zu erkennen zu geben. Von ihnen rings umgeben, setzten wir unsern Weg fort: ich verstand von ihrer Sprache nichts, aber meine Begleiter unterhielten sich viel mit ihnen, bis wir auf der Höhe des Berges anlangten, wo wir unter verschlungenen, dichtbelaubten Bäumen neben einer Quelle kühlen, süssen Wassers uns niederliessen.

Nachdem ich etwas ausgeruht, stand ich auf und machte mit einem meiner Gefährten einen Spaziergang auf diesen Höhen, um die Wilden genau zu sehen und über ihre Zustände etwas Näheres zu erfahren. Vor allem erkundigte ich mich nach ihrer Religion und nach ihren ehelichen Verhältnissen, worauf mir mein Begleiter mitteilte, dass die meisten die Sonne, einige aber auch gewisse Weiber, auf deren Leibe sich ein Mal ohne alle Bedeutung finde, als den Urgrund des Daseins ansähen; eigentliche Ehen, sagte er, kennten sie nicht, doch nehme sich ein jeder eine Frau auf deren Einwilligung hin und lebe dann mit ihr zusammen.

Da ich gar keine Häuser sah, so fragte ich meinen Begleiter, wo sie wohnten. „Im Sommer", erwiderte er mir, „halten sie sich unter Bäumen und im Winter in Höhlen auf. Sie leben von Wildbret und Waldeicheln. Von letzteren versteckt ein jeder, soviel als er nur zusammenbringen kann, in den Höhlen. Den Gazellen stellen sie durch Gruben nach, welche sie auf den von diesen Tieren besuchten Plätzen anlegen. Dies, allerlei Baumfrüchte, welche bei uns als nicht essbar gelten, und das Fleisch nebst der Milch der Ziegen, welche sie halten, ist ihr gewöhnlicher Lebensunterhalt. Das Fleisch essen sie meistens roh, bisweilen aber auch gekocht, wenn auch nur halb gar und ohne Salz."

Ich fragte ferner, ob sie sich nie widersetzten, wenn sie sähen, dass der eine und der andere von ihnen ergriffen und zum Verkaufe abgeführt werde?

„Sie freuen sich vielmehr darüber", entgegnete er, „denn sie kennen die Qual der Sklaverei nicht und stehen in dem Wahne, dass ein jeder am Orte seiner Bestimmung wie ein König leben werde. Wie glücklich sie sind, ihre Mütter, Töchter und Söhne verkaufen zu sehen, bezeugt die Munterkeit, mit der sie, wie du dich erinnerst, uns entgegen kamen, als wir bei unserer Ankunft ihnen Hoffnung machten, dass wir einige derselben nehmen würden."

In einige ihrer Höhlen, welche mit übereinander gelegten grossen Steinen verrammelt waren, so dass man, ohne die Thür zu zerstören, nicht hinein kommen konnte, traten wir ein. Ich fand dieselben weit und eben und fand in einem der Winkel die Eichelvorräte für den Winter angesammelt. Von Hausgerät war nichts vorhanden, sogar das Wasser tranken sie aus ziegenhäutenen Schläuchen; ihre Milch melkten sie in halbe Schläuche, in welchen als Mundstück ein Rohr angebracht war; aus Mangel an Wiesen trieben sie ihre Ziegen zur Fütterung von einer Stelle zur anderen, und neben den aus den Felsen im Gebirge entspringenden Quellen gruben sie Bassins aus, um Wasser aufzusammeln. Als ich dies alles sah, erkannte ich, dass der Ewige sie frei von der Sucht nach Silber und Gold, unbekümmert um Kleidung und Hausrat, um schmackhafte Speisen und Lebensunterhalt geschaffen, dass der Spiegel ihres Daseins wie bei den Tieren von dem Roste der Sorge und Trauer unangefressen, dass sie über der niedrigen Habsucht, welche mich aus meiner Heimat weggerissen und hierher getrieben, erhaben seien! Nachdem ich überall umhergegangen, kehrte ich nach unserer Lagerstätte zurück, woselbst wir die Nacht zubrachten. Da Mondschein war, so kamen jetzt die Eingeborenen, Männer und Weiber, scharenweise heran und spielten und musizierten miteinander bis Mitternacht. Als sie sich endlich zurückgezogen und alles still geworden war, schlief ich ein.

Am folgenden Morgen berief mein Reisegefährte, der Distriktsverwalter, die Alten und die Erwachsenen des Volkes zu sich, hielt mit ihnen eine lange Unterredung und sonderte dann eine Anzahl Sklaven ab, aus denen er des Königs Befehlen gemäss zehn Männer mit ihren Frauen und eine Familie von fünf Söhnen und einer Tochter auswählte. „Seht, das ist euer Herr“, sagte er zu diesen, auf mich weisend, worauf sie sämtlich ihre Freude äusserten und sich, um mir ihre Ergebenheit zu erkennen zu geben, Erde auf den Kopf streuten.“

Der Scheich Zain el Abidin war über dieses Geschenk äusserst entzückt und sandte zehn seiner Sklaven gleich bei der nächsten Gelegenheit mit einer Karawane durch die Wüste Sahara nach Mursuk und Tripolis, wo sie mit Nutzen verkauft wurden. Der König aber begnügte sich nicht allein mit diesem Sklavenpark; alljährlich fiel er in die benachbarten Gebiete ein, um zu plündern und Sklaven einzufangen. Diese Raubzüge galten immer den Kafirs, d. h. den zum Islam noch nicht bekehrten heidnischen Negern. Als während der Anwesenheit des Scheichs ein solcher Raubzug geplant wurde, schlug er die Einladung, an diesem teilzunehmen, ab. „O König“, sagte er, „ich gehöre zu den Leuten der Wissenschaft und bin nicht gewohnt, den Unterricht mit Schwert und Lanze zu vertauschen, auf den Krieg verstehe ich mich nicht; aber ein unzähliges Heer von Gebeten werde ich dir zur Hilfe senden.“

Die Kriegsmacht, mit welcher der König ausrückte, bestand aus 2000 Streitern aus der Residenz, mit Säbeln und Wurfspiessen bewaffnet und mit einem auf dem Rücken getragenen Proviantranzen ausgerüstet, nebst einer bedeutenden Truppenanzahl aus den übrigen Dörfern seines Reiches. Er selbst zog zu Pferde unter Trommelschlag mit vorausgetragenen vielfarbigen Fahnen aus. Zwei Weiber aus seinem Harem nahm er mit sich, dazu drei Zelte, eins für sich selbst, ein andres für die Weiber und das dritte, um darin seine Reiseerfordernisse zu bergen. Die beiden Weiber ritten in Betttücher gehüllt auf einem Kamel, welches mit einer aus

Haar geflochtenen, an vier in den Ecken befindlichen Stäben befestigten, oben offenen schwarzen Wand in Gestalt einer Kiste verdeckt war, so dass man nur die Köpfe sah; in dieser Weise folgten sie dem Herrn mit dem Wesir und einigen Eunuchen. Das Volk begleitete das Heer eine Strecke weit und sagte Gebete für die siegreiche Heimkehr des Königs her; die Kinder riefen dabei Amen, und auch der gelehrte Zain el Abidin marschierte pflichtgemäss in der Menge mit seinen Schülern.

Der Raubzug war erfolgreich; der König kehrte mit einer Beute von 300 Sklaven und vielen Kamelen, Schafen und Ziegen zurück, und nach alter Sitte gab er dem Volke, das zu seiner Begrüssung gekommen war, ein Festmahl vor den Thoren der Stadt.

Bis dahin kämpften die Eingeborenen nur mit Spiess, Bogen und Säbel. Zain el Abidin erzählte dem König von der verheerenden Wirkung der Feuerwaffen und veranlasste ihn, dieselben auch bei seinen Soldaten einzuführen. Von einem arabischen Kaufmanne, der sich gerade in der Stadt aufhielt, wurden zwei Flinten, einige Bleikugeln und etwas Schiesspulver gekauft, worauf der König Unterricht im Schiessen nahm.

„Ich lud blind und wollte eben abfeuern", berichtet Zain el Abidin, „als der König mich bat, auch eine Kugel aufzulegen; doch antwortete ich ihm, dass dies nur dann nötig sei, wenn man ein Wild oder einen Feind töten wolle, und dass ich für den Augenblick nur losdrücken würde, um ihm zu zeigen, wie das Feuer herauskomme. Ich schoss alsdann mitten im Diwan gerade in die Höhe, und da es wegen des reichlich von mir geladenen Pulvers eine heftige Explosion gab, so erschraken die Anwesenden bei dem starken Knalle gehörig. Darauf befahl nun der König, eine Kugel zu laden, um sich von der Wirkung derselben an dem Orte, wo sie einschlüge, zu überzeugen. Ich zeichnete demnach auf der vor uns befindlichen Wand einen grossen Kreis, lud die Flinte mit einer Kugel und schickte mich an, sie dicht neben dem Könige auf jenen Kreis abzuschiessen; doch befahl er mir, indem er seine Furcht nicht merken lassen wollte, in einiger Entfernung von ihm loszufeuern, was ich auch that. Die Kugel schlug in die Wand, aus der – sie war aus Stein und Lehm gebaut – etwas Staub aufstieg. In dem Augenblicke, wo ich abgedrückt, erhob sich der König und kam zu mir, bei welcher Gelegenheit der Trommelschlag, der nach der Sitte jedes Aufstehen des Königs begleitet, wegen des Schreckens und der Verwirrung sehr eilig und taktlos ausfiel. Ich ging darauf mit dem Könige und dem Wesir zur Wand, auf der sich die Stelle leicht erkennen liess, wo die Kugel eingedrungen sein musste. Der König befahl sie heraus zu nehmen und war im höchsten Grade erstaunt, als einer der Diener nur einen Klumpen geschmolzenen Bleies fand. „Gott, Gott", rief er aus, „wenn dies Fleisch und Blut trifft, wie schlimm muss das sein. Aber", fügte er hinzu, indem er seinen Platz wieder einnahm, „welche wunderbar schönen Dinge sind in eurem Staate vereinigt!"

Nachdem er sich niedergesetzt, fragte er mich, ob er denn möglicherweise auch schiessen könne, worauf ich ihm antwortete, es sei dies gar nichts Schwieriges, ich würde ihm den Griff zeigen und dann könne er, wohin er wolle, abfeuern. Nach diesen Worten lud ich die Flinte und reichte sie ihm, ihn zum Gebrauche auffordernd. Er stand auf, verbarg aus Scham vor mir und den Umstehenden die Furcht, deren Spuren gleichwohl auf seinem Gesichte deutlich erschienen, und schickte sich zum Abschiessen an. Als ich ihm darauf den Griff und die Art und Weise des Losdrückens gezeigt, so schoss er ohne Beschwerde ab und kehrte, nachdem er gesehen, dass ihn dabei kein Unfall betroffen, unbeschreiblich vergnügt auf seinen Sitz zurück, wo er auch mich niedersitzen liess. „Hinfort", sagte er, „sollst du alle Tage zu mir kommen und mich im Schiessen und regelrechten Treffen unterrichten", was ich ihm zusagte. Ich bekam bei dieser Gelegenheit 25 spanische Thaler geschenkt."

Nun wurde eine Karawane ausgerüstet, welche über Fessan nach Tripolis gehen sollte, um dort Gewehre und Pulver einzuhandeln. Die Ware, mit welcher man die Feuerwaffen bezahlen musste, war leicht zu finden. Aus den verschiedenen Gegenden des Landes wurden gegen 100 Sklaven ausgehoben, „welche sämtlich, unbekannt mit dem Lose, das beim Verkauf und in der Gefangenschaft ihrer harrte, sich freuten, als wenn man sie nach dem Paradies führen wollte."

Noch vor Ablauf eines Jahres kam die Karawane zurück und brachte ausser Pulver und Flinten noch andere Gegenstände mit: eine Menge Sachen für Weiber und namentlich Kleidungsstücke, die man in jenen Ländern nie gesehen. Der Gesandte und Karawanenführer musste dem König von Tripolis erzählen; er beschrieb ihm das Meer, die Schiffe und die Kanonen und erzählte ihm alles, was er von Sitten und Trachten und Lebensweise der Bewohner gesehen. Der König erstaunte darüber sehr und fand an den Geschenken, die ihm der Gouverneur von Tripolis sandte, Wohlgefallen.

So schreibt sich Zain el Abidin die Eröffnung eines regeren Verkehrs zwischen Wadaï und Tripolis zu. Einige Jahre darauf starb der König, und der Scheich stand bei seinem Nachfolger nicht in Gunst. So sammelte er seine Sklaven, die ihm sein Gönner geschenkt hatte, und er, der als Bettler in das Land gekommen war, ging als reicher Mann aus ihm fort. „Seitdem ist des Herrn Lob und Dank der Weg, auf dem ich wandle", schliesst er seinen Bericht. Wie dürftig derselbe ausgefallen ist, werden wir aus den nachfolgenden Schilderungen ersehen, welche auf Grund der Mitteilungen geschehen, welche Gustav Nachtigal über den Herrscher von Wadaï und sein Volk uns gegeben hat.

Land und Volk

Das Land Wadaï hat gewissermassen seine natürlichen Grenzen; nach dem Westen reicht es bis zum Fitrisee, im Norden wird es von der Wüste abgegrenzt, im Osten stösst es an Darfor, und im Süden erstreckt es sich bis zum Bahr-es-Salamat und seinen Zuflüssen. Gustav Nachtigal schätzt die Totaloberfläche des eigentlichen Reiches auf etwa 3000 deutsche Quadratmeilen, rechnet man aber noch die tributpflichtigen Negerländer hinzu, so wächst das Territorium auf etwa 5000 deutsche Quadratmeilen (275 000 qkm) an.

Die meisten Flüsse des Landes führen nur während der Regenzeit Wasser, in der Trockenzeit sind ihre Betten leer; so trägt auch der vorwiegend felsige und dürre Boden des Landes im allgemeinen den Steppencharakter. Man muss sich aber diese Steppen nicht baumlos denken; im Gegenteil, sie bilden oft Parklandschaften, wie auch in gewissen feuchteren Distrikten der Waldwuchs nicht fehlt. Dies ist namentlich im Süden der Fall, wo das Territorium Wadaïs bis in das Gebiet der menschenfressenden Niam-Niam hineinreicht. So finden wir auch hier die für den Sudan charakteristischen Bäume: den Baumwollbaum (Eriodendron anfractuosum), den Butterbaum (Butyrospermum Parkii), die Ölpalme, die Delebpalme, zahlreiche feigenartige Bäume. Hier gedeiht auch die Banane, ebenso eine Pfefferart, und an diese schliessen sich an verschiedene essbare Wurzelknollen und Tabak.

Die Bevölkerung betreibt Ackerbau und befasst sich je nach der Beschaffenheit des Bodens mit der Kultur verschiedener Nutzpflanzen. Der Anbau des Duchn ist durch das ganze Land verbreitet. Ebenso bringen andere Distrikte Durra und Mais hervor. Ausserdem werden noch verschiedene ölige Früchte, wie Erdnüsse und Sesam, gebaut; ferner gedeihen auch in manchen Gegenden Reis und Weizen. Kürbisarten und wilde Gurken sieht man häufig, ebenso Tabak und, wo es der Boden gestattet, die Indigopflanze.

Wadaï ist nicht so fruchtbar wie seine Nachbarreiche Darfor und Bornu, aber es ist noch nicht so erschöpft. Zwei der Hauptausfuhrartikel des Sudan sind: Elfenbein und Straussfedern, und diese können hier noch in grösseren Massen gewonnen werden; denn in den wüsten, steppenartigen Gegenden des Nordens ist der Strauss noch sehr häufig vertreten, und die südlichen Gebiete zeichnen sich durch einen grossen Reichtum an Elefanten aus. Das Land ist überhaupt schwach bevölkert, und daraus erklärt sich der Reichtum an verschiedenen Wildarten. Giraffen und Büffel sind in ihm nicht selten, und gross ist die Zahl der verschiedenen Antilopen. Auch mehrere Affen sind hier heimisch, dagegen fehlen Papageien. In der Regenzeit kommen dafür zahlreiche Störche und Reiher, um das Land in der Trockenzeit wieder zu verlassen. Natürlich bildet ein solches

Gebiet den willkommenen Aufenthalt verschiedener Raubtiere, und so hört man hier das Gebrüll der Löwen, vernimmt den Leoparden und wird von der Hyäne belästigt.

Ein solches Land eignet sich wohl zur Viehzucht, und in der That gedeihen in Wadaï Rind, Schaf und Kamel vortrefflich. Das Rindvieh, eine gebuckelte Varietät, ist meist von brauner Farbe. Es wird von den Wadawa weder zum Reiten noch als Lasttier benutzt, dafür hat man Esel und Kamele. Die letzteren sind schöne, starke Tiere, glatthaarig und von gelber Farbe. Sie werden auf Reisen mit Lasten von etwa 200 Kilo beladen, aber man zieht auch Rennkamele oder Meharis. Ihre Milch und ihr Fleisch sind sehr beliebt, das letztere bildet sogar die Hauptfleischnahrung der Vornehmen, aber zu diesem Zwecke werden meist nur junge, fette Tiere geschlachtet. Auch die Milch der Schafe wird mit Vorliebe getrunken, überraschend aber ist der Reichtum an Ziegen, von denen im Besitz eines Mannes sich oft 500 bis 1000 Stück befinden. Das Pferd ist in Wadaï spärlich vertreten, klein, unschön und teuer; durch Einführung besserer Tiere, namentlich arabischen Ursprungs, hat sich aber eine besondere Rasse herangebildet, welche sich durch Ansdauer und Temperament auszeichnet und im Felsklettern Ungewöhnliches leistet.

Die Bevölkerung des Landes ist aus mannigfachen Elementen zusammengesetzt. Ihren Kern bilden die Eingeborenen, welche längst den Islam angenommen haben; sie sind durchsetzt mit anderen afrikanischen Stämmen, die hier nach und nach eingewandert sind, während an den Grenzen des Landes im Süden noch heidnische Negerstämme wohnen.

Die eingeborenen Stämme haben zum Teil ihre Vorrechte erhalten und stehen unter der Botmässigkeit eigener Häuptlinge, die von dem Sultan eingesetzt werden; zum Teil spielen sie eine untergeordnete Rolle, stehen in einem Hörigkeitsverhältnisse, und der König entnimmt aus ihrer Mitte seine Sklaven, namentlich die weiblichen Arbeitssklaven.

Die Araber haben ihre Wohnsitze schon seit Jahrhunderten in Wadaï aufgeschlagen. Sie werden hier von dem Sultan gut behandelt; man gewährt ihnen volle Freiheit; sie dürfen nach Nomadenart mit ihren Herden von Ort zu Ort ziehen und mit Hilfe ihrer Sklaven Land bebauen, wenn sie es wünschen. Einige von ihnen haben ihr Blut rein erhalten, andere sich mit Negersklavinnen verheiratet oder ihre Töchter an Negersklaven gegeben. Die Nachkommen derselben sind dunkelbronzefarbig. Es giebt Stämme unter ihnen, die 4000 Reiter und mehr ins Feld stellen können. Je nach der Art der Viehzucht, die sie betreiben, unterscheidet man unter rinderzüchtenden und kamelzüchtenden Arabern.

Unter allen diesen Stämmen bilden die Bergvölker Kodoï und Aulad Dschema den Kern der Bevölkerung; sie sind zweifelsohne die ehrlichsten, nüchternsten, tapfersten aller Stämme Wadaïs. Wie sie mit der Zähigkeit aller Bergbewohner festhalten an ihren Gewohnheiten und Gerechtsamen, so sehen wir sie voll Treue und Anhänglichkeit zu ihrem rechtmässigen Fürsten stehen, mit Hartnäckigkeit ihre Rechte verteidigen und den ihnen aufgezwungenen Herrscher wieder und immer wieder bekämpfen. Da ihre Wohnsitze der alten Hauptstadt des Landes, Wara, am nächsten lagen, so haben sie sich seit jeher einen bestimmenden Einfluss auf die Geschicke des Landes zu sichern gewusst.

Wenden wir uns jetzt der Lebensweise der Eingeborenen zu und betrachten zunächst deren Wohnungen.

Die Kunst, Ziegel zu formen und zu brennen, ist in Wadaï bekannt, aber nur der Palast des Sultans und die Moschee sind aus solchen erbaut, und nur die Vornehmen in der Hauptstadt wohnen in Lehmhäusern. Das Volk begnügt sich sonst überall mit der zuckerhutförmig gebauten Strohhütte. Wie in Niederdeutschland an vielen Häusern Rossköpfe angebracht werden, so krönen hier Straussennester die Spitze der zuckerhutförmigen Dächer, die sich manchmal blütenartig erweitert, um eine möglichst grosse Anzahl von Eiern aufnehmen zu können.

Im Innern der Hütte ist eine einfache Lagerstätte, eine mit einer Matte bedeckte Bank aufgestellt. Unter dem Hausgerät fallen vor allem die Dabonga auf, Thongefässe von riesenhaften Dimensionen, in welchen die Getreideernte aufbewahrt wird. Die Dabonga sind oft so gross, dass sie nicht beliebig durch die Thür der Hütte hinaus- und hineingeschafft werden können. Sie sind es, die zuerst am Ort aufgestellt werden, und um die alsdann die Hütte gebaut wird.

Vornehme, reichere Leute besitzen mehrere Hütten, die alsdann durch Einfriedigung zu einem Gehöft vereinigt werden; ärmere thun sich zusammen und bauen sich eine gemeinsame Hütte.

Doch dienen solche Hütten den Männern nur als Schlafstätte, denn sie verbringen den Tag neben der Haupthütte des Dorfes, die als Moschee dient. Hier ist ein Schattendach angebracht, unter dem die Männer den ganzen Tag hindurch sitzen, um zu beraten, oder Baumwolle zu spindeln und zu weben. Hier nehmen sie auch ihre Mahlzeiten ein. Die Privathäuser gehören eigentlich den Frauen, und so geschieht es auch, dass, wenn Mann und Frau geschieden werden, nicht die Frau das Haus des Mannes verlässt, sondern der Mann seine Habe zusammenpackt und von dannen zieht, zumeist wohl in eine andere Hütte zu einer anderen von seinen Frauen.

Die Frauen in Wadaï verlassen das Haus eigentlich nur, um Wasser und Holz zu holen; sonst hüten sie die Wohnung, in der sie Matten und Strohgeflechte zu Hütten bereiten, das Getreide zwischen Steinen zu Mehl zerreiben und Mahlzeiten kochen.

Die Wadawa sind keine nackten Wilden, und die Zeiten sind auch vorüber, wo sie sich in Felle kleideten. Die Männer tragen jetzt zumeist Baumwollstoffe, welche zu Toben, einer Art Hemden, und Hosen verarbeitet werden. Die Toben sind weit und mit weiten Ärmeln versehen, die Hosen reichen bis an die Knöchel, an den Füssen werden Sandalen, seltener gefärbte Schuhe aus Ziegenleder getragen; der Kopf bleibt frei, nur der gelehrte Stand trägt kleine Mützchen aus weisser Baumwolle. Reichere Leute tragen Kleider aus fremden, auch europäischen Stoffen; man sieht bei ihnen auch Seidengewänder, Burnusse und Kaftans, wie sie die Araber zu tragen pflegen. Die Kleidung ist selten farbig, denn die Kunst des Färbens steht in Wadaï noch auf einer tiefen Stufe.

Fingerringe und Armbänder aus Metall, Elfenbein oder auch Holz und Stein sind beliebter Schmuck der Männer; ihre Hauptzierde verschaffen sie sich dadurch, dass sie im Nacken öfters trockene Schröpfköpfe ansetzen, wodurch eine Hauterhöhung entsteht, die das Zeichen kriegerischen Sinnes und der Furchtlosigkeit bedeutet. Jeder Wadawi ist Krieger, und so trennt er sich selten von seinen Waffen. Dieselben bestehen hauptsächlich aus einer grossen Lanze, vier bis fünf Wurfspeeren, zwei Armdolchen, einem kleineren, der über dem Ellbogen getragen wird, und einem anderen, der am Handgelenk befestigt wird. Vornehme Krieger tragen auch ein Schwert oder eine am Ende mit Eisen beschwerte Keule. Kleine halbrunde, mit Büffel-, Giraffen-, Rhinoceros- oder Elefantenhaut überzogene Schilde bilden die Schutzwaffe. Dazu kommt aber noch die schwere Rüstung, der aus Eisendraht gefertigte, oft noch wattierte Panzer, welcher unter der Tobe getragen wird, und ein ähnlicher Helm. Auch die Pferde tragen im Kriege einen Wattenpanzer, der bis auf die Fussgelenke reicht und sie so umhüllt, dass nur Augen und Ohren hervorschauen. Messingplatten an der Brust und im Gesicht dienen als Schmuck, auf dem Rücken des Tieres hinter dem Sattel sind aber in dem Wattenpanzer Eisenstacheln angebracht, welche den angreifenden Feind verhindern sollen, dort hinaufzuspringen.

Die Wadaïfrauen sind auch nicht so einfach in ihrer Kleidung, wie man von solchen dunklen, tief im Inneren von Afrika lebenden Damen anzunehmen pflegt. Solange sie sehr klein sind, laufen sie allerdings samt den anderen Kindern nackt umher. Das geniert niemand, ebensowenig wie bei uns Bilder mit nackten Engeln Anstoss erregen. Später erhalten sie den „Kamfus“ (die Schambinde), und schon bei dieser Gelegenheit üben sie sich in den Künsten der Toilette; denn das handbreite Stück Baumwollenzeug wird oft sehr lang gewählt, so dass es hinten vom Rükken wie ein langes Schleppband herabhängt oder gar auf dem Boden schleift. Auch Schmuck, Ohrringe und Armbänder bekommen sie, aber sie müssen weiter warten, bis sie fünf Spannen hoch geworden sind. Tritt dieses ersehnte Wachstum ein, so wird ihnen der rechte Nasenflügel durchlöchert und ein Korallencylinder hineingezwängt; und dann erhalten sie die Hauptzierde der Wadaïfrauen, den Frauengürtel. Er besteht aus 40 bis 50 Perlenschnüren von Korallen, Glas- und Thonperlen und wird als dicker Wulst um die Hüften getragen. Die Kleider bestehen aus dem Hüfttuch, Schultertuch und bei den vornehmen Frauen aus ein Paar Hosen und dem Kopfshawl. Wir sehen also, die Wadaïdamen können ihre Toiletten mannigfach abändern, und sie huldigen auch dem Luxus und der Mode. Von dem gewöhnlichen groben einheimischen Baumwollzeug, bis zu Kattun, Halbseide und Seide sind bei ihnen verschiedene Stoffe, auch europäischen Ursprungs, vertreten. Die Tücher werden auch mit Stickereien geschmückt, vor allem aber wurde zur Zeit, als Nachtigal Wadaï besuchte, mit der Länge derselben Luxus getrieben, und man begegnete mitunter Damen mit ellenlangen Schleppen, welche von Sklavenknaben getragen wurden. Dass auch der Hals, die Arme und Füsse der Frauen mit allerlei Perlenschnüren, Elfenbeinringen und dergleichen, ja auch mit Silbersachen geschmückt werden, braucht kaum hervorgehoben zu werden.

Aber Korallenlippen fehlen den Wadaïschönheiten; denn sie zerstechen sich die Lippen mit Akazienstacheln und reiben in die frischen Wunden Eisenfeilspäne ein, wodurch die Lippen eine schwarzgraue Färbung erhalten. Das Zahnfleisch wird in ähnlicher Weise wund gemacht und dann mit Rindsgalle eingerieben, wodurch es eine blaue Färbung erhält.

Löblich ist bei diesen Frauen die Pflege des Mundes und der Zähne. Man sieht sie selten, erzählt Nachtigal, ohne ihre Zahnbürste im Mundwinkel herumwandeln; es ist dies ein Cylinder aus dem Holze des Siwak (Salvadora persica), welcher an einem Ende ausgefasert ist; sobald sie niedersitzen, bedienen sie sich desselben eifrig. Das genannte Holz hat neben seiner mechanischen Wirkung noch die Eigenschaft, dass es den Atem wohlriechend macht.

Die Küche der Wadawa ist auch nicht einfach; im Gegenteil, sie steht auf einer hohen Stufe von Entwickelung. Namentlich in der Zubereitung von Mehlspeisen und den dazu gehörigen Saucen leisten die Köchinnen des Landes sozusagen Grosses und Mannigfaltiges. Nachtigal hat achtundzwanzig Namen verschiedener Saucen notiert.

Der europäische Schnaps kommt nicht in diese Gebiete, aber die Eingeborenen wissen selbst aus Getreide, Honig, Datteln u. dgl. unter Zusatz von Wasser berauschende Getränke zu bereiten und frönen leider dem Laster der Trunkenheit. Im berauschten Zustande ist der von Natur wilde und streitsüchtige Wadawi noch unverträglicher, und so ereignen sich in der Hauptstadt infolge der Trunkenheit fortwährend Aufläufe und Prügeleien, in denen es blutig zugeht und Menschen oft tödlich verwundet werden.

Nur die wenigsten Stämme in Wadaï kennen die soziale Einrichtung, dass Grund und Boden Privateigentum sind. Im grossen und ganzen ist das Land Eigentum des Herrschers und wird den Gemeinden zum Bebauen überlassen. Diese wieder bilden besondere Gemeinschaften; in jedem Dorfe giebt es einen Rat der älteren Männer, aus dem der Bürgermeister gewählt wird, eine Versammlung der jüngeren Männer und eine Versammlung der Jünglinge. Dass jeder Wadawi verpflichtet ist, auf den Befehl seines Herrschers in den Krieg zu ziehen, dass somit eine Art allgemeiner Wehrpflicht besteht, ist weniger bemerkenswert, da bei den meisten Völkern Afrikas diese Einrichtung besteht. Auffallender ist es aber, dass Wadaï einen Schulzwang kennt, laut dem jeder Knabe wie bei uns zu Lande die Schule besuchen muss.

Die Lehrer rekrutieren sich aus den herumziehenden Priestern und Gottesgelehrten, wahren Bettelstudenten, wie wir einen in Zain el Abidin im vorhergehenden Kapitel kennen gelernt haben. Die Dorfschulen, die in jedem Dorfe vorhanden sind, taugen wenig, und nicht hervorragend sind auch die höheren Schulen, die, etwa dreissig an der Zahl, im Lande zerstreut sind; denn der Unterricht ist schlecht und wird nur auf das Lesen des Korans beschränkt. Hat ein Jüngling den ganzen Koran auswendig gelernt, so herrscht im Elternhause eine grosse Freude, ebenso, wie wenn bei uns der Schüler sein Maturitätsexamen bestanden, und dann wird ein Fest gefeiert und bei reicheren Leuten auch ein Ochse geschlachtet.

Trotz dieser Schulen ist der Bildungsgrad des Volkes kein hoher und die Kultur im Lande eine geringe. Die Künste des Friedens liegen hier darnieder, namentlich steht das Handwerk im Vergleich zu anderen Sudanländern auf einer verhältnismässig niedrigen Stufe. Der Wadawi steht auf der untersten Stufe der Kunstfertigkeit und beschafft sich bessere Sachen von auswärts. „Will jemand z. B.“, erzählt Nachtigal, „eine einigermassen zierlich gearbeitete Strohhütte oder ein Erdhaus gebaut haben, so wendet er sich an einen Mann aus Bagirmi oder Bornu; will er sich gut kleiden, so kauft er Bornu- oder Haussafabrikate. Sollen europäische Stoffe verarbeitet werden, so muss er sich wiederum an Leute aus Bagirmi oder Bornu wenden. Was in Wadaï und von Wadawa gearbeitet wird, ist plump und unzweckmässig. Die Schuhe und Sandalen sind roh, die Pferdesättel unbequem; Korb- und Strohflechtereien unschön und wenig haltbar, das Tokija genannte Baumwollengewebe ist unglaublich schlecht u. s. w. Es war klare Einsicht dieses Mangels an Geschick und Betriebsamkeit seines Volkes, die König Ali bewog, nach dem siegreichen Kriege mit Bagirmi 12–15 000 Gefangene in seinem Lande anzusiedeln, wo sie sich vorteilhaft von ihrer Umgebung auszeichnen.“

Wadaï ist nicht so reich wie die Nachbarländer, und wenn es in den Sudanstaaten dennoch eine hervorragende Rolle spielt, so verdankt es dieselbe nicht allein dem anerkannten Mut seiner Bewohner, sondern vor allem seinen Fürsten, welche die Masse der Stämme zusammenzuhalten wissen, in denen alles verkörpert ist, was sich auf das Staatswesen bezieht. Der Sultan von Wadaï ist nicht nur Herrscher, Richter, Heerführer, er ist noch mehr, er ist der grösste Kaufmann des Landes, der seine eigenen Karawanen nach verschiedenen Richtungen aussendet.

Den eigenartigen Hof eines solchen Fürsten wollen wir nunmehr aufsuchen; ihn nicht in der oberflächlichen Weise des Scheich Zain el Abidin, sondern mit den kritischen Blicken eines Gustav Nachtigal betrachten, des einzigen Europäers, dem es vergönnt war, mit dem gefürchteten Sultan von Wadaï, mit König Ali, zu sprechen.

Bei König Ali

Wir wählen wieder die Audienz bei einem schwarzen Monarchen zum Ausgangspunkt unserer Betrachtungen, denn sie gleicht einer Vorstellung der Person; in ihr tritt uns der Mann entgegen, dessen Charakter und Bedeutung erst nach und nach sich vor unseren Bücken enthüllen. Dabei werden wir auch mit der Wohnstätte und der nächsten Umgebung des Fürsten vertraut; wir werden allmählich in seinen Hofhalt eingeführt und lernen seine Leibwachen, seine Beamten, seine Macht kennen.

Zum allgemeinen Verständnis müssen wir jedoch an dieser Stelle einige erklärende Worte vorausschicken. Sie beziehen sich zunächst auf das Glaubensbekenntnis des Herrschers von Wadaï.

Wenn wir sagen, dass er ein Mohammedaner war, so genügt das gar nicht zu seiner vollen Charakteristik; ebensowenig, wenn wir von einem europäischen Fürsten sagen, er sei ein Christ. Er kann ja dabei Protestant oder Katholik sein, kann der griechischen Kirche angehören u. s. w. Auch im Islam giebt es viele Sekten. Den günstigsten Boden für das Sektiererwesen liefert aber Afrika, namentlich in seinen von der Küste entfernteren Teilen. Wir haben die Priester, die dort den Koran lehren, bereits kennen gelernt; sie sind keine hervorragenden Geister und lassen sich leicht von einem energischeren Manne hinreissen. Dort im fernen Sudan entstehen noch Propheten und finden je nachdem ihren Anhang. Ein solcher Prophet war der Zimmermeister Mohammed ben Ahmed aus Dongola, der sich den Titel des Mahdi, also des Messias des Islam, beigelegt hat, und was er geleistet, das ist allgemein bekannt. Ägypten hat an ihn seinen Anteil im Sudan verloren; er hat Gordon besiegt, die Engländer zurückgeschlagen; er hat Emin den Rückzug nach Chartum und von dort nach Ägypten abgeschnitten und so die berühmten Emin-Pascha-Rettungsexpeditionen durch die dunkelsten Teile des dunklen Weltteils nötig gemacht.

Andere Sektierer im Sudan gelangten nicht zu so grosser Macht, aber ein würdiges Ebenbild des Mahdi von Dongola war Sidi Mohammed ben Ali el Snussi, ein Abkömmling des Propheten. Er war ein algerischer

Rechtsgelehrter und gründete gegen das Jahr 1837 einen Orden, der nach ihm der Orden der Snussi benannt wird. Sein Werk hat ihn überlebt. Gerhard Rohlfs fasst die Lehre der Snussi in folgender Darstellung kurz zusammen: Sie besteht in der Begeisterung für Gott, dem der Kult allein gewidmet ist. Man kann wohl lebende Heilige, ohne Gott zu lästern, anbeten, aber nach ihrem Tode hört jede Verehrung auf. Nach ihren Gräbern sollen keine Pilgerreisen unternommen werden, und selbst Mohammed, das vollkommenste Geschöpf auf Gottes Erden, macht hiervon keine Ausnahme. Ehe einer in den Orden aufgenommen wird, muss er vollkommen dieser Welt entsagen, er darf nur ein Oberhaupt (den Kalifen) der mohammedanischen Welt anerkennen. Weicht dieses Oberhaupt indessen von den Vorschriften des Islam ab, so ist es ihm gestattet, zu revoltieren. Jeder Luxus in der Kleidung ist verpönt, kostbare Metalle dürfen nur an den Griffen der Schwerter Verwendung finden, weil diese Schwerter für den heiligen Krieg gezogen werden. Das Trinken von geistigen Sachen ist verboten, und das Verbot erstreckt sich auch auf Tabak, Kaffee, Haschisch und Opium. Doch ist Thee erlaubt, aber nicht mit raffiniertem Zucker (weil zur Reinigung Knochen benutzt werden), sondern nur mit Kandiszucker. In dem Verkehr mit Christen und Juden ist grösste Zurückhaltung geboten, falls sie Unterthanen eines mohammedanischen Staates sind.

Sind sie politisch Unterthanen eines fremden, nicht mohammedanischen Staates, so darf man sie plündern und töten, wenn man es kann. Der Snussismus ist somit eine Gesellschaft zur Neubelebung des mohammedanischen Glaubens, welche den Hass gegen Andersgläubige besonders scharf hervorhebt. Er fand zahlreiche Anhänger von Marokko bis zu den Grenzen Ägyptens, sowohl unter den Arabern der Sahara, wie in den der Wüste angrenzenden Ländern. Das Haupt der Sekte, jetzt der Sohn des Gründers, schlug seine Residenz in Dscharabub, einem Teil der berühmten Oase des Juppiter Ammon in der Libyschen Wüste, auf.

Der Snussismus ist nicht stark genug, um wie die Mahdisten regulären Armeen zu trotzen oder zum Angriff übergehen zu können. Seine Anhänger sind zu weit über unwegsame Länder zerstreut, aber als intrigierende, Ränke spinnende Macht hat er namentlich Christen gegenüber sich vielfach fühlbar gemacht. Viele Aufstände und Meuchelmorde in Algerien sind sicher sein Werk. Dass er die Anknüpfung festerer Verbindungen zwischen den Christen und nordafrikanischen Stämmen erschwert, dass seine fanatischen Anhänger den einzeln reisenden Christen mit Lebensgefahr bedrohen, unterliegt keinem Zweifel.

König Ali von Wadaï, den wir unsern Lesern vorführen wollen, galt nun als ein glühender Anhänger des Ordens der Snussi. Wie würde wohl ein solcher fanatischer Sultan einen Christen empfangen, der sein Reich betrat und sich seiner Hauptstadt näherte? Es ist sonst Sitte, dass der

Sultan den ankommenden Fremden seinen Gruss entbietet und eine Mahlzeit sendet. Dem Christen wurde diese Auszeichnung nicht zu teil. War es eine böse Vorbedeutung? An Wadaï klebte ja bereits das Blut zweiei deutscher Reisenden; hier in Abesche, der Hauptstadt des Landes, wurde Eduard Vogel auf Befehl des Vaters von König Ali mit eisenbeschlagenen Knüppeln totgeschlagen, und durch einen der Beamten des regierenden Herrschers später der deutsche Reisende Beurmann an den Grenzen des Landes ermordet.

Am nächsten Morgen erschien ein Beamter des Königs: „Der König ruft dich!" sprach er kurz zu Nachtigal und befahl ihm, seine Waffen mitzubringen. So wurde der Reisende zu dem kastellartigen, über den niedrigen Strohhütten und Erdhäusern der Stadt sich erhebenden Palast geführt; aber zu einer Audienz sollte er nicht kommen. Der König hatte auf die Spitze eines einige Schritte entfernten Gebäudes einen Thonkrug stellen lassen. Nachtigal sollte vor ihm, während er hinter einem der Fenster seines Hauses versteckt blieb, die Tragfähigkeit seiner Waffen durch Schüsse nach dem Ziele beweisen. Das war eine entwürdigende Behandlung, und Nachtigal trotzte diesem Befehl und erklärte freimütig, sein Rang und die Sitte erforderten, dass er zuerst vom Könige empfangen werde; die Waffen könnten seine Beamten prüfen.

Die Weigerung wirkte; denn schon am Nachmittag desselben Tages wurde der Reisende zur Audienz geholt, wobei aber die Diener des Königs die für denselben bestimmten Geschenke, ein paar Reiterpistolen und ein Fernrohr, mitnahmen.

„Wir betraten die Königswohnung auf dem sogenannten ‚Wege der Frauen'", erzählt Nachtigal, „während der gewöhnliche Eingang für Beamte und Bittsteller auf dem Wege der Männer stattfand; nur Besuchende und Vertraute benutzen den Weg der Frauen. Schon auf dem Platze vor der Königswohnung entfernten meine Begleiter ihr Gewand von der rechten Schulter, indem sie den Kopf durch die weiten Ärmel steckten, jedoch ohne von mir zu verlangen, dass ich dieser allgemeinen Sitte folgen solle. Vor der äusseren Thür befindet sich die Wohnung des Gross-Eunuchen, der den höchsten Rang im Lande besitzt; bei ihm muss sich ein jeder Besucher, wenn er nicht etwa direkt von dem König gerufen ist, vor dem Eintritt in den Palast melden, widrigenfalls ihm die Thorwache den Zutritt versagt. Unmittelbar hinter der Eingangspforte führte links eine Thür in den Teil des Palastes, welcher den Frauen reserviert ist, während wir nach einem länglichen Hof oder vielmehr breiten Gang durch eine Thüröffnung einen andern Hof betraten, auf dessen linker Seite zwei ein Stockwerk hohe Gebäude aus rotem Backstein sich befanden, welche durch ein grosses, festes Thor, den Haupteingang, verbunden waren.

Von dem ersten derselben bemerkte man nur eine hohe kahle ununterbrochene Wand, während das zweite aus drei im Unterbau zusammenhängenden Häusern bestand. In den Stockwerken befanden sich Fensteröffnungen, die mit Holzgittern versehen waren, und alle drei das Gebäude bildende Häuser waren mit halbkugelförmigen Strohdächern bedeckt, welche auf der Mitte verschiedene Straussenеier und -federn trugen. Das ganze Gebäude ragt erheblich über die übrigen Häuser der Stadt empor, obwohl es selbst nicht gerade von bedeutender Höhe ist. In dem Hofe befindet sich an der beschriebenen kahlen Hauswand eine etwa vier Fuss hohe Terrasse, zu welcher einige Erdstufen hinaufführen. Dieser erhöhte Platz heisst Dirdscha (Stufenbau) und dient bei verschiedenen hochfeierlichen Gelegenheiten dem König als Sitz. Mein Führer, welcher sich trotz seiner dunkeln Hautfarbe als ein Dongolaner vom oberen Nil herausstellte, war der Architekt dieses für dortige Verhältnisse bewunderungswürdigen Baues gewesen."

An dem Eingang zu dem ersten Hofe musste der Fremde seine Stiefeln ausziehen, und in Strümpfen und sohlenlosen marokkanischen Schuhen schritt er durch den Hof, der von verschiedenen Dienern des Herrschers gefüllt war, in einen zweiten kleineren Wartehof. Er hockte an einer Wand nieder und grüsste die in seiner Nähe sitzenden Beamten, aber keiner erwiderte den Gruss, alle wichen vielmehr scheu aus der Nähe des Fremden und massen ihn mit argwöhnischen Blicken. Das Warten dauerte nicht lange; denn bald darauf trat ein Page des Königs vor Nachtigal, kniete nieder, schlug leise in die Hände und sprach: „Der König, unser Herr, ruft dich!"

Durch zwei Stoffvorhänge kriechend, gelangte der Fremde in einen ziemlich grossen quadratischen Hof, der sich an die Backsteingebäude mit Fensteröffnungen anschloss, und in dem neben einer Rohrhütte ein Schattendach sich befand, unter dem grosse Krüge mit Wasservorrat aufgestellt waren. In der Nähe desselben auf einer mit Teppichen bedeckten Matte sass der gefürchtete Herrscher von Wadaï – in einem einfachen Baumwollenhemde, eben solchen Beinkleidern und mit einem kleinen Tarbusch auf dem Kopfe, ohne Hofstaat –, ein Bild höchster Einfachheit. Seine äussere Erscheinung war nichts weniger als abstossend. Er war ein kräftiger, breitschulteriger Mann von etwa 35 Jahren, mit spärlichem Barte, einer ins Rötliche spielenden dunklen Hautfarbe, mässig entwickelter Nase, wenig hervortretenden Backenknochen und im ganzen eher hübschen als hässlichen Gesichts mit etwas Neigung zur Fettbildung. Das Schönste an ihm waren die grossen, klug und bestimmt blickenden Augen.

Der Fremde hockte am Eingang der Thür nieder, klopfte leise in die flachen Hände und wünschte dem König, der Sitte gemäss, langes Leben, Sieg und Gesundheit.

Zwei hervorragende Männer sassen sich da gegenüber, zwei Männer, die schon viel voneinander gehört hatten, bevor sie sich sahen; denn auch der Ruf der kühnen Reisen Nachtigals zu den wildesten Völkern und den grausamsten Fürsten war ihm nach Wadaï vorangegangen, und so wurde die erste Unterhaltung mit dem Mass gegenseitiger Achtung geführt, denn die ruhige, verständige Art, in welcher König Ali seine Fragen stellte und seine Antworten gab, überraschte Nachtigal. „Ich hatte", bemerkt er gleich bei der Schilderung seiner ersten Audienz, „in jenen Ländern noch keine Person, noch weniger einen Sultan kennen gelernt, der mir einen so verständigen, einfachen, würdigen und selbstbewussten Eindruck gemacht hätte, als der gefürchtete König von Wadaï."

Er versprach dem Reisenden seinen Schutz, warnte ihn aber zugleich vor der Roheit der Bewohner der Residenz, welche alle Fremden hassten und in der Trunkenheit sich oft zu Ausschreitungen hinreissen liessen. Der Reisende sollte nicht allein in den Strassen herumgehen, und wenn er von dem Palaste in seine Privatwohnung, die er bei einem der Kaufleute genommen hatte, zurückkehrte, so liess ihn der König durch einen seiner Beamten begleiten, der den Reisenden nicht eher verliess, als bis er in der Thür seines Hauses verschwand. Im Verlauf weiterer Audienzen fand Nachtigal sein Urteil über den Charakter des Königs durchaus bestätigt. Er war ein Mann von gesundem Menschenverstand, wenig Gemüt, rücksichtsloser Energie und strenger, selbst grausamer Gerechtigkeit. Sein Hauptstreben ging dahin, die Machtstellung Wadaïs nach aussen zu heben und im Innern das königliche Ansehen durch Gerechtigkeit bei den Guten und durch Furcht bei den Schlechten zu befestigen. Es lag ihm darum auch die Förderung des kriegerischen Sinnes, wie er ohnehin schon im Charakter der Einwohner Wadaïs liegt, sehr am Herzen.

Es zeigte sich im Verkehr mit ihm, dass die Anhänger der Snussi einzelnen Christen nicht immer feindlich gesinnt sind. Als Gerhard Rohlfs in der Oase Kufra von den Suya-Arabern geplündert und sein Leben bedroht wurde, erschien in derselben ein Chuan (Klosterbruder) der Snussi und nahm ihn unter seinen Schutz. Auch König Ali war Nachtigal freundlich gesinnt, gestattete ihm die alte, nunmehr halbverlassene Hauptstadt des Landes Wara zu besuchen und auch entferntere Provinzen des Reiches zu bereisen. Als Nachtigal in das Vasallenreich Runga sich begeben wollte, bestellte König Ali den Landeshäuptling zu sich und hielt folgende Anrede: „Du siehst hier in diesem fremden Manne meinen Gast, der das Verlangen hat, ohne Streben nach Geld und Gut fremde Länder kennen zu lernen. Du wirst nächstens in das dir anvertraute Land deiner Heimat abreisen, diesen Mann mit dir führen und stehst mit deinem Kopfe für seine Sicherheit ein. Du wirst ihn in deinem Vaterlande in dein eigenes Haus aufnehmen, ihn daselbst verpflegen und ihn überall hinführen, wohin er zu gehen wünscht, wenn es, ohne seine Sicherheit zu gefährden, geschehen kann. Bist du verhindert, selbst zu gehen, so geht einer deiner Brüder oder nächsten Verwandten mit ihm unter deiner Verantwortung. In Gegenden, mit deren Einwohnern ihr in Fehde lebt, wirst du ihn nicht gehen lassen, denn Leute wie er sind sehr unverständig und lassen sich durch ihr Verlangen, fremde Menschen und Länder zu sehen, verleiten, nicht an ihre eigene Sicherheit zu denken. Er spricht viel vom Bahar-el-Abiad, an welchem die menschenfressenden Banda wohnen, und du wirst ihn zunächst dahin geleiten, wenn Handelsverbindungen mit der Gegend bestehen. Da seine Lasttiere höchst wahrscheinlich dort zu Grunde gehen, so wirst du ihn, wenn seine Abreise herannaht, mit neuen Tieren versehen, woher du dieselben auch nehmen mögest.“

Welch ein Gegensatz zwischen dem Empfange Nachtigals und dem Schicksal Eduard Vogels! Allerdings hatte der letztere sein Schicksal durch unbesonnenes Handeln selbst heraufbeschworen. Als er im Anfange des Jahres 1856 nach Abesche kam, wurde er von dem damaligen Könige Scherif nicht unfreundlich empfangen. Er hätte aber bedenken sollen, dass die Wadawa gegen Fremde einen besonderen Hass hegten und damals türkische und tripolitanische Spione im Lande vermuteten, ja einige derselben schon hingerichtet hatten. Als Eduard Vogel in Abesche ankam, hielt er sich nicht wenigstens die ersten Tage hindurch in seinem Hause zurück, sondern durchstreifte die Stadt und Umgegend zu Pferde und zu Fuss, schrieb dabei und zeichnete eifrig, wodurch er bei dem rohen Volke den Verdacht, auch er sei ein Spion, erweckte. Ein Beamter des Königs, bei dem Vogel wohnte, meldete dies dem König, und dieser gab seine Einwilligung, den Fremden zu ermorden. So wurde letzterer in der Nähe der Stadt bei einem seiner Ausflüge mit eisenbeschlagenen Knütteln oder Keulen, wie sie bei Hinrichtungen in Wadaï gebräuchlich sind, erschlagen.

Von dem praktischen und offenen Sinn des Königs zeugt auch das folgende Ereignis: Nachtigal hatte dem König ein Fernrohr geschenkt; nach einigen Tagen erhielt er dasselbe zurück. Er ging nun in den Palast und drückte Ali sein Bedauern aus, dass das Geschenk ihm nicht gefalle, und fügte hinzu, dass er ihm Schande angethan habe, da es in Europa für Schande gelte, ein Geschenk wieder zurückzuerhalten. Der König liess sich dadurch nicht beirren. Er machte Nachtigal darauf aufmerksam, dass es wohl richtiger sein würde, in seinem Lande Wadaï sich nach den dort üblichen Sitten zu richten. Er hielt die Geschenke, die er von fremden Reisenden erhielt, auch nicht für freiwillige Gaben, sondern in richtiger Würdigung der thatsächlichen Verhältnisse für eine Art Steuer, deren Annahme ihm selbst gewisse Verpflichtungen auferlege. Er müsse für die Sicherheit der Person und des Eigentums der Fremden Sorge tragen, und seine königliche Würde verlange es auch, dass er dieses scheinbare Geschenk erwidere, ja überbiete, und darum habe er auch das Recht, das Geschenk zu prüfen, wieviel es wert sei und, wenn es ihm nicht gefalle, es zurückzusenden.

Was nun das Fernrohr anbetraf, so erklärte er Nachtigal, seine Leute hätten ihm wohl gesagt, dass Nachtigal mit demselben selbst in seine Heimat sehen könne. Er selbst aber habe sich vergeblich abgemüht, damit etwas Besonderes zu erblicken; Gott habe ihm sehr gute Augen gegeben, und so brauche er das Instrument nicht. Er sandte es Nachtigal zurück, da ja die Europäer auf ihre Erfindungen einen grossen Wert legten und das Fernrohr Nachtigal besser diene als ihm.

Nachtigal hatte auch ein Empfehlungsschreiben des Sultans von Bornu an König Ali mitgebracht. König Ali aber wollte das Schreiben nicht empfangen; er meinte, es sei überflüssig; er wisse selbst, wie er die Fremden zu behandeln habe, und richte sich nach seinen Grundsätzen; weder seine Freundschaft gegen den Sultan von Bornu noch eine etwaige Furcht vor demselben könnten ihn bestimmen, den fremden Gast besser oder schlechter zu behandeln, als seine Grundsätze es ihm geböten.

Das sind persönliche Charakterzüge im Verkehr mit Fremden, die uns den Herrscher von Wadaï sympathisch erscheinen lassen.

Auch als Fürst seiner Unterthanen verdient er unsre Anerkennung, obwohl wir ihn dabei nicht mit europäischem Mass messen dürfen. Er war ja ein afrikanischer Fürst. Wenn er klug und einsichtsvoll war, so musste er um so mehr herausfühlen, dass er an der Spitze eines Volkes stand, welches unter den Sudanstaaten die niedrigste Kulturstufe einnahm und sich durch Roheit und Wildheit auszeichnete. Darum war er genötigt, ein strenges, anscheinend grausames Regiment zu führen. Dem vorurteilslosen Beobachter konnte aber nicht entgehen, dass alle jene strengen Massnahmen das Wohl des Staates betrafen. König Ali wusste aber auch, dass sein Land von der Natur am stiefmütterlichsten von allen Nachbarreichen ausgestattet war, und so beschloss er den Wohlstand durch Pflege des Handels zu heben! In dieser Weise war er gleich hervorragend als Richter, Feldherr und erster Kaufmann des Landes, und in diesen seinen Eigenschaften wollen wir ihn jetzt näher kennen lernen.

Der Hof von Abesche

Stirbt ein König von Wadaï, so ist sein ältester Sohn aus einer vollberechtigten Ehe der Thronerbe. Die Mutter desselben muss einem der führenden Stämme von Wadaï angehören. Die Thronbesteigung erfolgt mit feierlichem Pomp in der königlichen Wohnung. Auf einem der offenen Hofräume wird eine hohe Estrade aus Lehm errichtet und mit Teppichen belegt; auf ihr nimmt der Thronerbe Platz. Der höchste Geistliche des Landes bedeckt das Haupt des Königs mit einem Turban, und andere Würdenträger legen die Insignien der königlichen Macht vor ihm nieder. Ihr Besitz ist zur Ausübung der königlichen Macht unerlässlich. Sie bestehen aber nicht aus Krone, Scepter und Apfel. Jedes Land hat in Afrika seine besonderen Sitten.

Die Reichsinsignien Wadaïs sind folgende: zunächst Straussfederwedel, welche die Reichsstandarten ersetzen und wie diese vor dem Könige getragen werden; die grossen Pauken; der königliche Straussfederfächer, ein Sonnenschirm aus roter, gelber und grüner Seide und der Familien-Koran. Der Sonnenschirm ist ein ganz besonderes Zeichen der königlichen Macht, denn niemand darf ausser ihm in Wadaï sich eines solchen bedienen.

Die ersten Tage nach der Thronbesteigung verbleibt der Sultan in seiner Wohnung; er setzt seine neuen Beamten und Minister ein und ordnet die Familienangelegenheiten. Der väterliche Harem wird entvölkert; nur diejenigen Frauen, welche Kinder haben, dürfen in ihm verbleiben, die übrigen, deren Zahl oft mehrere Hunderte beträgt, werden in Abteilungen von je 20 bis 30 in die Moschee gebracht, wo die Fukara, die Gelehrten und Heiligen, das Recht haben, sich unter ihnen Frauen auszuwählen. Diejenigen, welche keine Bewerber gefunden haben, kehren in das elterliche Haus zurück.

Schlimmes Los wartet der Brüder des Sultans, falls sie aus vollberechtigten Ehen entstammen, also thronberechtigt sind. Die Geschichte Wadaïs ist reich an Bürgerkriegen, welche durch Prätendenten und Thronstreitigkeiten hervorgerufen wurden. Um diesen vorzubeugen, werden seit dem Anfang dieses Jahrhunderts die thronberechtigten Brüder des Königs unschädlich gemacht und je nach dem Grade ihrer Gefährlichkeit getötet oder geblendet.

Die letztere Exekution wird von dem Oberhaupt der Schmiede vollzogen. Die Schmiede sind auch hier wie in Darfor und Bornu eine gering geachtete Bürgerklasse; sie zählen ebenso wie die Musikanten und Henker des Königs zu „unehrlichen Leuten“, wie man sie auch in Europa früher kannte. Die Blendung wird dadurch vollzogen, dass der Schmied dem Unglücklichen mit einem glühenden Eisen über die beiden Augen hinwegfährt; eine alte Art der Blendung, die auch von den Römern geübt wurde.

Der Sultan ist Selbstherrscher; aber die Sitte hat ihm gewisse Pflichten auferlegt, nach denen er sein Leben einrichten muss.

Er ist stets weiss gekleidet und trägt, wenn er ausgeht, einen Säbel oder Karabiner in der Hand. Er besitzt kein besonderes Schlafzimmer; im Palaste sind mehrere Betten aufgestellt, und niemand weiss, wo er sich zur Nachtruhe niederlegt, denn er muss allein schlafen. Er muss auch allein speisen, und seine Nahrung ist auf gewisse Speisen beschränkt; dem Genuss der berauschenden Merissa muss er entsagen. Die Heimlichkeit seiner Mahlzeiten geht weit. Selbst das Wasser, welches er trinken soll, wird den profanen Blicken der Menge entzogen und in Krügen herbeigebracht, welche in Stoffe genäht sind. Wenn nun die königlichen Wasserträgerinnen durch die Strassen der Stadt gehen, so hocken die Strassengänger nieder und wenden das Gesicht ab. Die Zuwiderhandelnden würden von den die königlichen Dienerinnen begleitenden Eunuchen erbarmungslos geprügelt werden. Die Überreste der königlichen Mahlzeit werden nicht an die Dienerschaft verteilt, sondern vergraben.

Der König von Wadaï ist der oberste Heerführer. Vor zwanzig Jahren, als Nachtigal das Land bereiste, verfügte König Ali über 4000 alte Steinschlossgewehre, denen er vor den Gewehren neuerer Konstruktion Vorzug gab, da zu den letzteren Patronen und Zündhütchen nötig sind, hier aber nicht immer vorrätig waren. Trotzdem belief sich die Zahl der Flintenträger nur auf etwa 1000 Mann. Der König verfügte auch über zwölf Kanonen; es waren aber kleine, elende Rohre, die von den Arabern im Lande gegossen wurden: sie hatten keine Lafetten; wenn man aus ihnen schiessen wollte, so erhöhte man den Lauf durch untergelegte Steine. Vom Zielen konnte dabei nicht die Rede sein, und so war dieser Artilleriepark für den Krieg völlig wertlos.

Die Hauptstreitmacht Wadaïs bildete die Reiterei. Wir kennen sie bereits, die gepanzerten Rosse und Streiter. Die Zahl der Reiter, welche Wadaï aufbieten konnte, betrug etwa 5000 bis 6000. Dazu kam das Fussvolk, mit Lanzen bewaffnet, welches je nach Bedarf aus der Bevölkerung sich rekrutierte; davon konnte Wadaï im Notfalle 50 000 bis 60 000 Mann ins Feld stellen. Der König ist im Sudan der Führer im Krieg; er nimmt teil an der Schlacht, aber er spielt die Rolle eines Königs auf dem Schachbrette. Er stürzt nicht mit den Seinigen in den Kampf, er bleibt im Hintertreffen und beobachtet und leitet die Schlacht; er selbst aber kämpft nicht. Ist die Schlacht verloren, weicht sein Heer zurück, so ergiebt er sich mit stummer Resignation in sein Schicksal; er breitet seinen Teppich aus, lässt sich auf ihm nieder und erwartet den Todesstoss seiner Feinde. An die Flucht denkt er nicht, denn das Ansehen der Fürsten, die vom Schlachtfelde geflohen sind, ist im Sudan ein äusserst geringes; einen solchen Flüchtling würden selbst die eigenen Unterthanen verachten.

Das Steuerwesen ist in Wadaï genau geordnet, und es giebt dafür verschiedene Beamten. Interessant ist es, dass für die Erhebung gewisser Getreideabgaben nicht die Anzahl der Männer eines Dorfes massgebend ist, sondern die Dörfer nach Frauen abgeschätzt werden und ein bestimmtes Mass von jeder Frau erhoben wird.

Alles, was der Sultan braucht, erhält er durch Abgaben seiner Unterthanen: Getreide, Reis, Baumwolle. Auch die Fische sind sein; von dem Fang erhält er von je zehn Stück acht, während zwei dem Fänger verbleiben. Ein Sklavenstamm liefert ihm Honig; Butter wird von den Rinderhirten oft in grossen Massen, bis zu 1000 Krügen für den Stamm, erhoben; der Herrscher braucht sie ja nicht allein zur Bereitung von Speisen, sondern auch zur Beleuchtung, da die Lampen seines Palastes, die stets nach Sonnenuntergang in allen Gemächern angezündet werden, mit Butter gefüllt werden. Nicht nur Ziegen und Schafe, sondern auch Rinder, Kamele und Pferde müssen als Abgaben geliefert werden. Die Kamelsteuer, die alle drei Jahre erhoben wird, ergiebt gegen 5000 Stück, die Abgabe an Rindern etwa das Doppelte. Von Pferden gehören dem Sultan alle Hengste mit Ausnahme der zur Zucht nötigen Stammtiere. Die Schmiede liefern ihm Spaten und Hacken, andere Stämme Matten, Straussenеier, Perlhühnereier u. s. w. Ja, er empfängt auch wertvollere Abgaben, wie z. B. Elfenbein, welches alle drei Jahre von den Arabern des Südens in Mengen von etwa 5000 Kilo gebracht wird. Endlich fordert und erhält er Menschentribut, der gleichfalls alle drei Jahre entrichtet wird. Von den umwohnenden Stämmen müssen in dieser Zeit 4000 Sklaven gestellt werden, von denen die Hälfte des Königs persönliches Eigentum bleibt. Ausserdem aber sendet er seine Heerführer in jene Distrikte des Südens, in welchen die heidnischen Negerstämme wohnen, und lässt dort Raubzüge ausführen.

Wenn er viel einnimmt, so braucht er auch viel. Fremden und Vornehmen, welche die Hauptstadt besuchen, muss er alter Sitte gemäss Mahlzeiten verabreichen. So haben die Hofköchinnen viel zu thun; denn manchmal beläuft sich die Zahl der Schüsseln, die aus dem königlichen Palaste in die Stadt getragen werden, auf 1000 bis 2000 täglich.

Wadaï bietet fremden Kaufleuten hauptsächlich drei Ausfuhrartikel: Elfenbein, Straussfedern und Sklaven. Um diese abzuholen, kommen hierher Kaufleute aus Ägypten und aus Tripolis. Nach Ägypten giebt es zwei Wege – den einen über Darfor nach den Nilländern, den anderen durch die Wüste über die Oase Dschalo. Die Kaufleute aus Tripolis kommen über Bornu. Zu Nachtigals Zeiten gingen über die Grenze des Landes nach Osten und Norden jährlich gegen 5000 Kilo Elfenbein und Straussfedern. Früher kaufte man in Wadaï eine Straussenhaut, die drei Pfund weisser und drei Pfund schwarzer Federn enthielt, für einen Mariatheresiathaler. Seitdem haben Ausfuhr und Nachfrage den Preis um das Fünfzigfache gesteigert. 50 Kilo Elfenbein konnte man schon für Waren im Werte von 10 Mariatheresiathalern erstehen, während sie zu derselben Zeit in Ägypten 150 Thaler kosteten. Den Hauptausfuhrartikel bildeten jedoch die Sklaven, von denen alljährlich etwa 15 000 auf dem Wüstenwege nach Ägypten gebracht wurden. Heute, wo der ägyptische Sudan in den Händen der Mahdisten ist, wird die Ausfuhr noch bedeutender sein.

Der König war der vornehmste Kaufmann des Landes. Alle drei Jahre rüstete er eine Elfenbeinkarawane aus, die er auf dem Wüstenwege nach Kairo sandte. Es war ihm nicht schwierig, die nötigen Lasttiere zu beschaffen, da ja dieselben von den kamelzüchtenden Arabern des Nordens gestellt werden mussten; Sklaven hatte er in genügender Zahl; die Würdenträger, welche die Ehre hatten, im Auftrage des Königs zu reisen, mussten selbst für ihre Verpflegung sorgen; so waren die Spesen gering, und an den 15 000 Kilo Elfenbein, die König Ali alle drei Jahre nach Ägypten sandte, verdiente er gegen 50 000 Mariatheresiathaler. Ohne diesen Handelsgewinn würde er seinen Hof schwerlich so glanzvoll unterhalten können, wie er es in Wirklichkeit thut.

Er hat daraus die Vorzüge des Handels erkannt und war bestrebt, die Händler an sein Land zu fesseln. Bei seinen Leuten fand er in dieser Beziehung nicht das rechte Entgegenkommen; denn die Wadawa hassen, wie alle Fremden, so auch die Kaufleute und halten sie für eine Art von Schmarotzern, die das Land ausbeuten. Nur die Furcht vor dem König hält sie vor Ausschreitungen zurück, und der Schutz, den Ali den Kaufleuten gewährte, war ein weitreichender. Er sicherte nicht allein ihr Leben, sondern sorgte auch für die Solidität des Geschäftes. Der innerafrikanische Kaufmann ist auch oft genötigt, seine Waren auf Kredit zu verkaufen. Der Eingeborene, gleichfalls ein Kaufmann oder angesehener Beamter, pflegt dann mit dem Bezahlen sehr säumig zu sein. Die fremden Kaufleute in Wadaï konnten in solchen Fällen die Vermittlung des Königs Ali mit Erfolg anrufen. Keiner von ihnen zog unbefriedigt von dannen.

Dabei ist zu bedenken, dass die Wadawa ein von Natur wildes und jähzorniges Volk sind, dem die Begriffe eines rechtlichen Sinnes schwer beizubringen sind. König Ali scheute in solchen Fällen nicht zurück, persönlich einzugreifen und, wie man sagt, ein Exempel zu statuieren. Nachtigal erzählt folgende in dieser Hinsicht charakteristische Geschichte: „Der König erblickte eines Tages von der Höhe des oberen Stockwerks seines Palastes, von dem aus er den Markt, der unter den westlichen Mauern der Königswohnung abgehalten wird, übersehen konnte, eine allgemeine Verwirrung und Unordnung und endlich Streit unter den Marktleuten; sein schleunigst abgeschickter Bote brachte ihm die Nachricht, dass ein Diebstahl verübt worden sei und dass andere die Verwirrung wiederum zu Diebstählen benutzt hätten; sofort begab sich der König selbst zu Fuss ausserhalb des Palastes – ein bei einem König von Wadaï, der in den Augen der Unterthanen etwas Göttliches hat, ganz unerhörter Vorgang –, liess sich vor der Thür, welche auf den Markt führt, einen Teppich ausbreiten, sammelte eine Anzahl seiner bewaffneten Stallknechte und liess die Beamten, welche für die Sicherheit der Hauptstadt verantwortlich waren, rufen. Es waren dies sein Bruder Jusuf, sein Onkel u. s. w., von denen jeder ein Viertel der Stadt unter seiner Oberaufsicht hatte. Als diese Edelleute und Grossbeamten vor ihm erschienen und das Volk um ihn versammelt war, erklärte er den Anwesenden, sie könnten schon aus dem Umstande, dass ein König von Wadaï zu Fuss, in Sandalen auf dem Marktplatz erscheine, auf den Ernst schliessen, mit dem er auf die Erhaltung der öffentlichen Sicherheit in der Hauptstadt dringen werde; seinen Verwandten und Beamten eröffnete er aber, dass, wenn sie nicht binnen kurzem die Ruhestörer und Verbrecher ermittelt und vor ihn gebracht haben würden, er an ihnen selbst eine blutige Sühne vollziehen werde. Dieselben machten sich alsbald an die Untersuchung und brachten 14 Personen herbei, worunter nicht wenige Frauen, welche des Diebstahls während der allgemeinen Verwirrung für überführt erklärt wurden. Der König liess sie zusammenstellen und von seinen meist mit Karabinern bewaffneten Korajat (Stallknechten) sofort niederschiessen. Eine genauere Untersuchung würde wahrscheinlich festgestellt haben, dass manche der Erschossenen unschuldig gewesen und dass sie als schuldig befunden wurden, weil die Köpfe der Würdenträger selbst bedenklich wackelten. Doch wenn ein Menschenleben in jenen Ländern überhaupt nicht sehr hohen Wert hat, so gilt es in Wadaï noch viel weniger, und dem König kam es vor allem darauf an, die Einwohner durch Furcht vor Strafe vor ähnlichen Vergehen abzuhalten."

Aber nicht allein gegen seine eigenen Unterthanen war er streng, er übte auch eine unumschränkte Gerichtsbarkeit über die fremden Kaufleute, die sich in seinem Lande niederliessen.

Einer dieser Kaufleute, der vom oberen Nil stammte, hatte früher auch Handelsreisen nach dem benachbarten Bagirmi unternommen. In der Hauptstadt jenes Landes hatte er mit der Tochter des Königs Abu Sekkin ein Liebesverhältnis unterhalten. Nach dem Kriege war diese als Kriegsgefangene nach Wadaï geführt und an einen der Beamten des Königs Ali verheiratet worden. Der Kaufmann hatte trotzdem das frühere Verhältnis zu ihr erneuert und war verschiedene Male vom König gewarnt worden; da dies nichts half, liess dieser dem Übelthäter Nase und Ohren abschneiden und einen Fuss verstümmeln und schickte ihn so zu den Seinen. Als die gesamten Dschellaba dagegen zu murren wagten, versammelte sie der König, machte sie in kurzen Worten darauf aufmerksam, dass nach den Gesetzen des Islam auf dem Verbrechen des Ehebruchs eigentlich die Todesstrafe stehe und dass, wenn seine Art, Gerechtigkeit zu üben, ihnen missfiele, sie sofort sein Land verlassen möchten; er gab ihnen vierzehn Tage Zeit zur Ordnung ihrer Angelegenheiten.

Auch unter seinen Dienern hielt er auf Anstand und Sitte. Bei anderen afrikanischen Fürsten wissen die Diener von den Gästen, denen sie die Geschenke überbringen, allerlei Trinkgelder zu erpressen.

Der Fremde muss sich oft diesen Erpressungen fügen, um es mit den Leuten nicht zu verderben. Dieses Parasitentum war König Ali zuwider, und er erliess ein strenges Trinkgelderverbot, das seine Diener in Wirklichkeit befolgten. Freilich reichte sein Einfluss nur in die nächste Umgebung der Residenz; je weiter man sich von dieser entfernte, desto lockerer wurde das Gesetz und Bestechungen der Beamten desto häufiger. Da war z. B. ein Beamter, welcher die Häuser zu revidieren hatte, ob in ihnen die Leute das verbotene Durrabier – die Merissa – bereiteten und vorrätig hielten. Er war befugt, empfindliche Strafen zu verhängen, die Töpfe, die zur Bereitung des verbotenen Getränks gedient hatten, zu zerschlagen, die Männer zu prügeln, den Frauen die Köpfe zu rasieren – aber er war ein milder Mann und liess sich mit Geldgaben beschwichtigen.

König Ali war Selbstherrscher, aber er war kein Freund der Kriecherei. Seit alters her bestand in Wadaï der Brauch, dass die Leute, bevor sie den Sultan anredeten, eine Reihe sehr komplizierter, unterthäniger Verbeugungen machen mussten. König Ali hob dieses umständliche Zeremoniell auf. Er kümmerte sich auch wenig um die Traditionen, laut welchen gewisse Ämter nur an gewisse Familien und Stämme vergeben werden durften; er wählte die Männer, die ihm dazu passend schienen, dort, wo er sie finden konnte, und selbst ein begabter Sklave konnte unter seiner Regierung zu hohen Würden gelangen.

Auch in Abesche bietet sich oft genug Gelegenheit, den königlichen Pomp zu entfalten. Die mohammedanischen Festtage werden, wo es nötig und schicklich ist, mit Paraden gefeiert; dann zieht der Sultan an der Spitze seiner Reiter durch die Strassen der Stadt. Auch Familienereignisse führen zu Hofbällen u. dergl.

Die geblendeten Brüder werden selbstverständlich wenig berücksichtigt; sie führen ein still zurückgezogenes Leben, indem sie essen und trinken und sich oft betrinken. Königliche Familienfeste giebt es aber bei der rituellen Beschneidung der Königssöhne oder bei der Hochzeit seiner Töchter.

Bei letzterer Gelegenheit wird ein ungeheurer Pomp entfaltet. Das Brautpaar wird von allen beschenkt. Der König, die Königinmutter, die Minister, die höheren Beamten, reichere Kaufleute, alles wetteifert, sich in Gaben zu überbieten, und so sammeln die Neuvermählten ganze Körbe von Perlen-, Korallen- und selbst Goldschmuck. Ausserdem kommen Gesandtschaften aus den verschiedenen Provinzen, welche die Produkte des Landes als Angebinde den Neuvermählten darbieten. So trafen einmal allein an 1100 Kamelladungen Duchn ein als Hausproviant für die Töchter des Königs, die zwei Heerführern ihre Hand reichten.

Bei solchen Gelegenheiten werden auch Tänze aufgeführt. Sie sind grundverschieden von den wilden Tänzen der nackten heidnischen Neger. Hier wird ein förmlicher Luxus entfaltet. Jünglinge und Jungfrauen legen ihre besten Gewänder an, ja die Damen, deren Kleidung wir bereits kennen, gehen noch weiter, indem sie über ihr Hüft- und Schultertuch noch Männerröcke anziehen. Man sieht auch vielen Schmuck, Perlen, Korallen, ja sehr häufig sogar Goldsachen.

Die Tänze sind durchaus anständig und werden graziös ausgeführt;

sie sind feierlich und langsam etwa wie eine Menuett oder eine Polonaise. „Der Tänzer ging“, schreibt Nachtigal, „mit seiner Partnerin im Kreise herum, wobei er ihr die linke Hand reichte und beide die weiten Ärmel der Toben mässig ausbreiteten und anmutig hin und her schwenkten; zeitweise verliess der Tänzer seinen Platz, umkreiste die Gefährtin und machte, an seinem Platze wieder angekommen, unsre Quadrillentour „balancez“, einmal von seiner Tänzerin ab-, einmal ihr zugewandt, worauf die Promenade wieder fortgesetzt wurde. Währenddem ging ein Trommelschläger im Kreise nahe den Tanzenden herum und hieb kräftig auf das aufgespannte Fell, während andere auf der Mitte des Tanzplatzes hockten. Alle Tänzer waren barhäuptig und trugen ihre langen Messer in der Hand. Die Tänzerinnen waren jedenfalls originelle Erscheinungen durch die Raffiniertheit ihres Kopfputzes und ihre Antlitzverschönerungen: das Rot der Korallen, das von diesem so verschiedene Rot des Moghr (rote Thonerde mit Butter und wohlriechenden Substanzen) in all seinen Nuancen, die graupunktierten Lippen, das Übermass von Gold- und Silberschmuck und zu dem allen die Männerkleidung lassen sie dort ebenso schön und begehrenswert erscheinen, als sie bei uns abschrekkend und hässlich gefunden würden.“

Diese jungen Damen sind arge Koketten; sie stehen im Rufe, Liebesintriguen anzuzetteln, und die Prinzessinnen sollen gerade die schlimmsten sein! Cherchez la femme! Der berühmte Ausspruch französischer Kriminalisten ist auch in Wadaï am Platze. Bei Raufereien, Mord und Totschlag kann man meistenteils vermuten, dass im Hintergrunde der Affairen eine Romangeschichte steckt. Wie ja auch nach jenem „Balle“ ein Jüngling mit einer Hiebwunde und mit zerrissenem Gewande zu Dr. Nachtigal um ärztliche Hilfe bittend kam – er war übel daran, denn das Gewand hatte er sich zum Feste geliehen!

Solche Abenteuer liegen einmal den Wadawa im Blute, und daran kann selbst ein König Ali nichts ändern.

Diese kurzen Skizzen genügen uns, um ein allgemeines Bild von diesem interessanten Herrscher und seinem eigenartigen Hofhalt zu erhalten. Deutlich tritt uns hier die Bedeutung eines einzelnen Mannes entgegen. Er drückt dem Volke den Stempel seines Willens auf. Die wilden Wadawa beugen sich unter seinen Willen, und obwohl sie ihn nicht lieben, fürchten sie ihn und können an eine Auflehnung nicht denken. Auf seinen Befehl dulden sie die fremden Kaufleute in ihrem Lande, lassen den Christen unangefochten durch ihr Gebiet ziehen.

Ein anderer Fürst – und das friedliche Bild ändert sich mit einem Schlage. Die Henker mit den eisenbeschlagenen Keulen lauern dem friedlichen Wanderer auf. Und wie oft, wie rasch sich ein solcher Wechsel im Sudan vollziehen kann, das lehrt uns die Geschichte Wadaïs, der wir uns nunmehr zuwenden.

Die Geschichte Wadaïs

Wadaï ist das jüngste der östlichen Sudanreiche. Noch gegen das Ende des sechzehnten Jahrhunderts war nicht einmal der Name desselben in Innerafrika bekannt. In den Gebieten, die es heute umfasst, wohnten verschiedene Negerstämme, beherrscht von den Tundschern, jenen hellfarbigen Arabern, die schon seit uralten Zeiten nach Westen vorgedrungen waren. Sie waren keine Bekenner des Propheten; sie waren Heiden, wie die Neger, die sie sich unterworfen hatten. Um die genannte Zeit kam nun Yame, ein Abasside, aus der Gegend am oberen Nil in diese Landschaft. Sein Sohn, Abd el-Kerim, ein glühender Mohammedaner, gründete im Lande eine kleine islamitische Gemeinde und gewann Einfluss bei einigen der nomadisierenden arabischen Stämme; auch die Neger wusste er sich hier und dort günstig zu stimmen und trug sich nun mit dem Gedanken, die heidnische Herrschaft zu stürzen.

Die Sage erzählt nun, dass dieser fromme Mann ein Liebesverhältnis mit Meïram Aïsa, der Tochter der Tundscherkönigs Daud, unterhielt. Der König, der es erfahren, stellte bei nächster Gelegenheit dem Liebhaber nach, und Abd el-Kerim konnte sich nur durch die Schnelligkeit seines Pferdes retten. Die offene Feindschaft, die jetzt zwischen ihm und dem König Daud ausgebrochen war, drängte ihn zum raschen Handeln. Er sammelte rasch seinen Anhang und rückte dem König Daud entgegen, der ihn mit einer überlegenen Macht erwartete. Das kleine Häuflein der Mohammedaner verlor nicht den Mut, und ihr Führer griff zu einer List. Er befahl, dass jeder seiner Reiter seinem Kamele einen langen Baumzweig an den Schwanz binde. Dadurch geschah es, dass seine Abteilung einen gewaltigen Staub aufwirbelte, wodurch in König Daud der Glauben erweckt wurde, Abd el-Kerim stehe an der Spitze einer grossen Truppe. Entsetzt davon ergriffen die Tundscher die Flucht, und die Mohammedaner stürzten sich auf die Fliehenden; ein Gemetzel entstand, in dem König Daud fiel.

In dieser Schlacht wurde das Schicksal der Tundscher entschieden, Abd el-Kerim wurde zum Sultan des Landes, das von nun an Wadaï hiess; er gründete die Hauptstadt Wara, bekehrte viele Männer zum Islam, baute eine Moschee und regierte zwanzig Jahre lang vom Jahre 1635 bis 1655. Er war noch kein mächtiger Fürst; er musste Tribut an das Nachbarreich Bornu zahlen und war auch gewissermassen ein Vasall Darfors, an das Wadaï alle drei Jahre eine Prinzessin als Tribut entrichten musste.

Unter der Regierung der Nachfolger Abd el-Kerims erstarkte das Land; kleinere Häuptlinge und Sultane im Süden wurden besiegt und unterjocht, und mit dem zunehmenden Wohlstande wuchs auch der Unabhängigkeitssinn der Wadawa.

Als nun um die Wende des siebzehnten Jahrhunderts wieder eine Prinzessin ausgewählt wurde, um als Tribut nach Darfor gesandt zu werden, da trat ein armer Mann vor und erklärte, dieser Tribut sei eine Schande für das Land Wadaï. Die Worte des Mannes zündeten, und König Jakub Arus sandte Boten nach Darfor mit der stolzen Erklärung: wenn der Sultan seinen Tribut haben wolle, so möge er ihn sich selber holen. Infolgedessen begannen Kämpfe um die Unabhängigkeit Wadaïs, die oft mit wechselndem Glücke geführt wurden, aus denen aber in der Mehrzahl der Fälle die Wadawa siegreich hervorgingen. In welcher Art und mit welchem ritterlichen Mute der Krieg geführt wurde, davon möge nur als Beispiel die Entscheidungsschlacht zwischen dem Wadaïkönig Dschoda und dem Sultan von Darfor Abu-'l-Kasim dienen.

Abu-'l-Kasim unternahm einen Rachezug gegen Wadaï; Dschoda rückte ihm entgegen und wollte den Feind in der Flanke umgehen.

Der Sultan von Darfor, erzählt die Sage, führte eine Kamelstute mit sich, deren Milch er täglich trank. Als ihm eines Tages seine Sklavin die Milch gebracht hatte und er bemerkte, dass diese staubgeschwärzt war, wusste die Überbringerin keinen Grund dafür anzugeben; da liess er Ausschau nach dem Feinde halten, und von der Höhe eines Baumes verkündete ihm ein Kundschafter, er sähe am Horizonte etwas glitzern wie Wasser, von der Sonne beschienen.

„Das", erwiderte Abu-'l-Kasim, „sind die Rüstungen und Schwerter der Feinde!"

Darauf sagte ein anderer, er sähe etwas wie Steine, die in Bewegung begriffen seien.

„Das", erklärte sein Herr, „sind die mit den Satteldecken bekleideten Pferde Dschodas."

Endlich sagte jener, er sähe etwas wie wogende Getreidehalme.

„Das sind die Lanzen der Wadawa", rief der Sultan und liess sein Heer sich in Schlachtordnung aufstellen.

Bald standen sich beide Heere gegenüber. Da befahl König Dschoda einem seiner Heerführer, sich mit seiner Abteilung hinter der Schlachtreihe von links nach rechts zu bewegen, um den Feind zu täuschen.

Der ritterliche Heerführer hielt eine solche List für eine Schande und ging vorwärts auf den Feind los. Ein wütender Kampf entbrannte und endete mit einer völligen Niederlage der Forawa. Wiederum geriet ein Sultan von Darfor in die Gefangenschaft der Wadawa.

Für das gestärkte Reich begann indessen nach dem im Jahre 1795 erfolgten Tode Dschodas eine Periode innerer Kämpfe und schwerster Prüfungen. Es erhoben sich Prätendenten, Söhne, stritten um den Thron, Palastintriguen nahmen kein Ende, und in blutigen Schlachten rief man die Entscheidung der Waffen an. Diese Kriege um den Thron sind mitunter voll der ergreifendsten Tragik. Wie ein Roman klingt uns die Geschichte des Kampfes zwischen dem Sultan Salih Derret und seinem Sohn Abd el-Kerim.

Salih Derret war bereits acht Jahre auf dem Throne gewesen; er hatte neun Söhne, der berechtigte Thronerbe war Abd el-Kerim, später Sabun genannt. Der Vater soll aber diesem einen Sohn aus nicht ebenbürtiger Ehe Namens Asad vorgezogen haben. Dies erregte den Neid und die Rachsucht der Mutter Sabuns. Als der Sultan einmal mit geringer Begleitung eine Reise in fern gelegene Gebiete unternommen hatte, führte die Hababa, d.h. Hauptfrau des Sultans, einen Anschlag gegen ihren Mann aus, in dem sie selbst ihren Sohn als blindes Werkzeug benutzte, da sie wohl wusste, dass er seinem Vater in kindlicher Liebe zugethan war. In geheimem Einverständnis mit einigen Grosswürdenträgern liess sie plötzlich dem Volke verkünden, dass der Sultan gestorben sei. Der Palast wurde abgeschlossen und für den vermeintlichen Toten ein Grab auf dem königlichen Friedhof errichtet. Durch Eilboten wurde diese Nachricht dem ausserhalb der Hauptstadt weilenden Thronfolger übermittelt, und zugleich erhielt er eine leere Schüssel, das Zeichen, dass er das Erbe des Vaters antreten und die Zügel der Regierung ergreifen solle. Sabun hatte als künftiger Thronfolger bereits einen starken Anhang im Lande; auf die Nachricht von dem Tode des Sultans stiessen mehrere Heerführer zu dem neuen Herrscher, und an ihrer Spitze eilte er nach der Hauptstadt. Schon in der Nacht war er im Besitze des königlichen Palastes und trauerte an dem Grabe seines Vaters, der um dieselbe Zeit sich der Hauptstadt näherte und, als er von der Revolution erfuhr, zu dem treuen Stamme der Kodoi floh.

Am andern Morgen bestieg Sabun den Thron und liess, wohl von der Mutter angestachelt, alle ihm irgendwie feindlichen oder gefährlichen Personen morden und hinrichten. Während er aber so seine Herrschaft befestigte, mehrten sich die Stimmen, dass der alte Sultan am Leben sei, und der Sohn wurde der Verschwörung gegen den Vater geziehen. Er hatte in gutem Glauben gehandelt, und er wollte einen solchen Vorwurf nicht auf sich lasten lassen; freimütig erklärte er, dass, wenn er sich überzeugen würde, dass sein Vater wirklich lebe, er sich sofort zurückziehen werde. Er forderte den Mann in Kodoi auf, nach der Hauptstadt zu kommen, wenn er der alte Sultan sei. Aber die Boten kehrten unverrichteter Dinge zurück. Salih Derret fürchtete Verrat. So rückte Sabun selbst aus, um sich von der Identität seines Vaters zu überzeugen oder im entgegengesetzten Falle den falschen Prätendenten zu vernichten. An der Spitze ihrer Heere traten sich Vater und Sohn entgegen, und Sabun wollte sich, den Vater erkennend, unterwerfen. Dies war aber nicht nach dem Sinne der ränkevollen Hababa. Sie trat dazwischen und beschwor ihn, sie und sich selbst nicht dem Zorne des gekränkten Sultans preiszugeben; es war nur eine Komödie, die Hababa wollte nur Zeit gewinnen; denn während der Sohn noch zögerte und zwischen dem Pflichtgefühl gegen seinen Vater und der Liebe zur Mutter schwankte, stürzte sich einer von den Leuten der Königin auf Salih Derret und ermordete ihn.

Es war geschehen. Sabun liess zwar den Mörder auf der Stelle hinrichten, es entbrannte aber unmittelbar darauf zwischen den beiden Heeren ein Kampf, aus welchem Sabun als Sieger hervorging.

Er war nun König von Wadaï und hatte nur seinen Bruder Asad zu fürchten, der nach Darfor entflohen war. Durch Meuchelmord konnte er ihn nicht abschaffen, und so fing er ihn durch List. Kreaturen aus seiner Umgebung gingen in seinem geheimen Auftrage nach Darfor, und indem sie sich dort als Verräter gegen Sabun aufspielten, lockten sie Asad nach Wadaï unter dem Vorwand, ihn zum Herrscher erheben zu wollen. In der Nähe von Wara wurde er anfangs mit königlichen Ehren umgeben. Er sollte aber bald aus dem Traume in schrecklicher Weise erwachen; er wurde überrumpelt und als Gefangener nach Wara geführt, wo ihn sein Bruder blenden liess.

Sabun regierte nur zehn Jahre, aber er war einer der grössten Herrscher Wadaïs. Er trug seine Waffen nach Bagirmi, um den Sultan Gauranga wegen seines gotteslästerlichen Lebenswandels zu züchtigen, trug den Sieg davon, eroberte die Hauptstadt des Landes, liess den Sultan töten und setzte den Sohn desselben als seinen Vasallen auf den Thron Bagirmis.

So sonderbar die Umstände waren, unter denen er auf den Thron gelangte, ebenso eigenartig war sein Tod. Während er gemeine Diebe verfolgte, wurde er durch einen Wurfspeer tödlich verwundet und starb bald in seinem Palaste. Der Mörder ist nie entdeckt worden. Sabun starb im Jahre 1813.

Einer seiner Brüder überlebte ihn; es war Mohammed Scherif, der nach Darfor floh und dort als kleiner Kaufmann mit einer Frau still und zurückgezogen lebte.

Auf den Söhnen Sabuns ruhte kein Heil. Der älteste, Mohammed Busata, regierte nur zwei Monate und starb an den Pocken. Sein Bruder Jusuf oder Chorefin kam noch jung auf den Thron, so dass anfangs seine Verwandten die Regierungsgeschäfte besorgten.

Später wollte sich Chorefin seiner Vormünder entledigen, aber diese waren nicht gesonnen, die Macht, die sie einmal an sich gerissen hatten, fahren zu lassen; sie versuchten, den Sultan zu töten, indem sie ihm in sein Heereslager aus Wara vergiftete Speisen sandten. Selbst die Frauen Chorefins, deren er neunzig hatte, waren an der Verschwörung beteiligt.

Chorefin wurde indessen gewarnt; er überzeugte sich an einem Hunde, dass die Speisen wirklich vergiftet waren. Nun kannte sein Rachegefühl keine Grenzen. Seinen Harem, die neunzig Frauen, die ihm die Speisen überbracht hatten, übergab er dem Henker und richtete unter seinen

Verwandten und den Teilnehmern an der Verschwörung ein furchtbares Blutbad an.

Er traf dabei die Vornehmsten des Landes und in seiner blinden Wut wohl auch Unschuldige. Niemand traute er mehr, und niemand fühlte sich andererseits vor seinen Anschlägen sicher, als er wieder eine Gewaltthat plante, verschworen sich seine nächsten Ratgeber gegen ihn. In einem Getränk wurde dem Sultan Gift gereicht, und die Verschwörer warteten in der Nähe die Wirkung ab. Als Chorefin fühlte, dass er vergiftet sei, griff er nach seinen Waffen, aber die Verschworenen liessen ihm keine Zeit; sein Tod wurde durch Erdrosselung beschleunigt.

Auch unter den Nachfolgern Chorefins wüteten dieselben Kämpfe; Wadaïs Macht schien erschüttert. Darfor mischte sich in die inneren Angelegenheiten, drang siegreich vor und setzte den Bruder Sabuns, den bereits erwähnten Mohammed Scherif, auf den Thron. Mohammed Scherif regierte bis 1838. Er wurde Herr der Rebellen und stärkte das Ansehen Wadaïs, dehnte die Grenzen des Reiches aus und überzog selbst das mächtige Bornu mit Krieg; er stand siegreich vor den Thoren Kukas und liess sich erst nach Zahlung einer Busse von 8000 Mariatheresiathalern, zu der sich der Feind verstehen musste, zum Abzug bewegen.

Sein Nachfolger wurde König Ali, den wir aus den Schilderungen Nachtigals in einem so vorteilhaften Lichte kennen gelernt haben.

Im Vergleich zu seinen Vorgängern war er ein Friedensfürst, der Wadaï mit den Nachbarländern durch friedliche Handelsbeziehungen zu verbinden suchte. Mit ihm bricht unsere zuverlässige Kenntnis der Geschichte Wadaïs ab. Wohl wurden später von Afrikaforschern Versuche gemacht, das Reich des Königs Ali zu erreichen, aber es gelang niemand, bis in jene Gegenden vorzudringen. Heute ist der Weg über Darfor verschlossen. Nicht mehr Ägypter, sondern die fanatischen Anhänger des Mahdi sind die Nachbarn Wadaïs.

Die Fellatareiche

Land und Volk von Haussa

Die Haussaländer bilden den grössten aller mittelafrikanischen Staaten, denn sie umfassen ein Gebiet von etwa 1 000 000 Quadratkilometer. Ein Gebirge, das sich aber selten über die Höhe von 1000 Meter erhebt, durchstreicht das Land von Ost nach West; zwei gewaltige Flüsse, der Niger, und sein grosser Nebenstrom, der Benue, durchschneiden es, aber sie sind bis jetzt gar nicht oder nur wenig als Handelsstrassen benutzt.

Die Haussaländer stossen im Osten an die Sudanreiche Bornu und Bagirmi, im Süden an die Negerstaaten von Oberguinea, im Westen werden sie gleichfalls von Heidenstaaten begrenzt, während sie im Norden bis an das Wüstengebiet reichen.

Der Gesamteindruck, den sie bieten, ist keineswegs ein tropischer, obwohl sie in tropischer Zone gelegen sind. Je weiter man sich von der Küste entfernt, desto seltener werden hier die Regen, bis es eine selbst mehrere Monate dauernde Trockenzeit giebt. Das Klima der nahen Wüste macht sich hier bemerkbar. So kommt es auch, dass nach und nach das Land den Steppencharakter annimmt. Waldungen sieht man nur an Stromläufen, an günstig gelegenen Berghängen oder in Bodeneinsenkungen. Auf solchen feuchten Gründen wächst auch das Wahrzeichen der Tropen, die Palme, die man sonst selten im Lande findet.

Auf den weiten, flachen Feldern sieht man nur spärlichen oder buschartigen Baumwuchs, oder dünn zerstreut ragen auf ihnen die gewaltigen Affenbrotbäume, diese echten Savannenbäume, die uns zugleich andeuten, dass hier schon vor vielen Jahrhunderten, ja vielleicht Jahrtausenden kein Wald wuchs, sondern die Steppe vorherrschte.

Allerdings dürfen wir uns die waldlosen Gebiete nicht als eine Graswildnis denken, in welcher Rudel wilder Tiere, Büffel, Elefanten, Antilopen, umherschwärmen. Der Reisende, der auf der Handelsstrasse zieht, bemerkt verhältnismässig wenig von einer solchen freien, wilden Natur. Der Mensch hat schon seit uralten Zeiten von diesem Lande Besitz ergriffen, und so sind weite Strecken desselben bebaut. Er zieht mitten durch weite Getreidefelder, auf denen Dawa (Sorghum) und Gero (Penicillaria) angebaut sind; er begegnet aber ausser diesen afrikanischen Hirsearten hier und dort Reiskulturen, ja in der Nähe der Städte kann er auch kleinere Weizenfelder erblicken. Die Viehzucht wird zwar dort, wo das Gras weicher ist, vielfach betrieben, aber in der Hauptsache nährt sich die Bevölkerung vom Ackerbau.

Wir begegnen hier auch fruchttragenden Bäumen, aber sie können durchaus keinen Vergleich mit unseren einheimischen Obstarten aushalten. Es sind die bekannten Fruchtbäume des Sudan; die Ölpalme, der Butterbaum und der eingeführte Melonenbaum. Vielfach wird auch die Banane angebaut. An Knollengewächsen giebt es eine grosse Auswahl: Erdnüsse, Yams, Kassawe und andre werden hier und dort kultiviert. Unter den Nutzpflanzen sind neben der Baumwolle auch die den Farbstoff liefernde Indigopflanze und der Tabak zu erwähnen.

Besonders reichhaltig ist die Flora dieser Länder nicht, und auch die Tierwelt ist spärlich vertreten: nur in den weniger bewohnten Grenzdistrikten findet man z. B. Elefanten in grösserer Zahl. Haussa ist kein „Paradies“ des Jägers.

Von den Haustieren verdient das Rind die vornehmste Beachtung; nomadisierende Stämme halten es in grösseren Herden und ziehen mit ihnen von einem Weideplatz zum anderen; aber es giebt auch Standvieh in Dörfern und in Städten, das von Königen und Reichen gehalten wird. Die bucklige afrikanische Rasse ist auch hier weniger wertvoll als unser Rind. Die Tiere werden nicht so stark, und die Kühe geben bei weitem weniger Milch. Die Schafzucht hat noch eine weitere Verbreitung; zumeist gehören die Tiere zur hochbeinigen afrikanischen Rasse mit ziegenähnlichem Kopf und hängenden Ohren. Auch die Ziegen fehlen hier nicht, obwohl sie zumeist nur bei ärmeren Stämmen als das einzige Haustier angetroffen werden. Endlich sind noch Hühner zu erwähnen, die ja durch ganz Afrika verbreitet sind.

Was nun die Bewohner dieses weiten Gebietes anbelangt, so ist es heute für den Forscher schwierig, die einzelnen Rassen und Stämme zu unterscheiden, denn hier kreuzten sich verschiedene Völkerwogen, die bald von Ost, bald von West, bald von Norden, bald von Süden kamen.

Das Haussavolk ist eine Mischrasse, deren einzelne Ursprungselemente heute nicht mehr festzustellen sind. Das Sonderbare dabei ist, dass in diesem Mischvolke stets ein man möchte sagen geistiges Element siegreich hervorgeht, dass die vielen Stämme schliesslich in dem eigentlichen Haussatum aufgehen, die Haussasprache und die Haussaeigenart annehmen. Dies hat sich noch in jüngster Zeit ereignet, wo der Stamm der Fulbe erobernd in Haussa eindrang; die Sieger sind in den Besiegten schon zum Teil aufgegangen.

Die Haussa sind eine der hervorragendsten Negerrassen; sie sind lange im Besitze einer gewissen Kultur und haben auch eine Geschichte.

Wir werden später viele Haussastädte besuchen und einen Einblick in das betriebsame Leben des Volkes gewinnen. Das Handwerk und sozusagen die Industrie stehen in Haussa auf einer verhältnismässig hohen Stu-

Häuser in den Haussastaaten.

fe. Die einheimische Baumwolle giebt den Grund zu einer hervorragenden Textilindustrie; die Indigopflanze ermöglicht die Färberkunst, die in manchen Städten auf einer ziemlich hohen Stufe steht. Ferner sind die Haussa in Lederarbeiten geübt und ebenso im Schmiedehandwerk erfahren.

Vor allem aber sind sie Händler. Sie öffnen nicht nur arabischen Kaufleuten aus Marokko, Tunis, Tripolis, Fessan, Kordofan und Ägypten die Thore ihrer Städte, sondern treiben auch selbst Handel und unternehmen weite Züge nach Bornu und Bagirmi.

Was ihre moralischen Eigenschaften anbelangt, so stehen sie nicht in dem besten Rufe. Sie sind wortbrüchig, lügnerisch und betrügerisch; sie sind auch nichts weniger als tapfer; wir werden noch öfters Gelegenheit haben, ihre Kriegszüge und ihre Kampfweise zu schildern.

Die Haussa sind Mohammedaner. Ein hervorragender Stand ist darum unter ihnen der der Schriftgelehrten, Koranausleger, Priester oder wie man sie sonst nennen will, welche im Haussaland unter dem aus dem Arabischen entlehnten Namen Malam oder Mallam bekannt sind. Jeder König hat einen solchen Malam als Berater, Sekretär, Vorleser und dergl. in seinem Sold. Die Malam sind auch Lehrer, indem sie die Jugend im Koran, sowie im Lesen und Schreiben unterrichten. Die Wenigsten bringen es jedoch so weit, dass sie wirklich lesen und schreiben können; grösstenteils beschränkt sich der Unterricht auf das Auswendiglernen der wichtigsten Teile des Korans.

Neben den Haussa bildet der Stamm der heller gefärbten Fulbe oder Fellata oder Fullani den wichtigsten Bestandteil der Bevölkerung. Die herrschende Rasse besteht jetzt eigentlich aus der Mischung der beiden Stämme, den sogenannten Haussa-Fullani; aber hier und dort findet man noch Fulbe, die sich rein erhalten haben.

Die Abstammung dieses seltsamen Volkes ist noch völlig dunkel.

Die reinen Fulbe der Gegenwart bilden Hirtenstämme, ein freies Volk, das nur in geringem Masse die Oberhoheit der Landeskönige anerkennt. Durch das umherstreifende Leben besitzen sie einen lebhafteren Sinn für die Natur als die Haussa. Sie sind indessen für den Fremden, wenn er nicht Gelegenheit hat, längere Zeit unter ihnen zu verweilen, schwer zugänglich und haben oft ein misstrauisches, scheues Wesen. Selbst nach den Haussastädten kommen sie selten und lassen den Verkauf von Butter und Milch durch die Frauen besorgen. Auch diese besitzen ein von den Haussaweibern sehr verschiedenes Naturell; sie sind strenger und zurückhaltender, und es fehlt ihnen im allgemeinen das heitere, leichtlebige Wesen der Eingeborenen. Im allgemeinen kann man wohl die Fulbe als fanatisch, oft auch rachsüchtig ansehen, und die Haussa trauen ihnen nicht viel Gutes zu. Namentlich die Vornehmen unter ihnen sollen treulos, wortbrüchig, erpressungssüchtig, geizig und gewaltthätig sein.

Die Fulbe sind stolz auf ihre helle Hautfarbe und halten sich für ein hoch über den Negern stehendes Volk. Es giebt mitunter Portugiesen und Spanier, die im Gesichte reichlich so dunkel wie helle Fulbe sind. Die Farbe der reinblütigen Fulbe ist ein sehr helles Gelbbräunlich oder Gelblichrot, manchmal auch Rot oder Gelbkupferig. Der Gestalt nach sind die Männer meistens von Mittelgrösse, selten darüber, schlank und feinknöchig und neigen nicht zum Fettansatz, wie die Haussa. Die Frauen haben meistens eine noch hellere Farbe als die Männer. Solange sie jung sind, haben sie eine wohlproportionierte Gestalt und oft einen Gesichtsausdruck, der an die Frauen der kaukasischen Rasse erinnert. Manche Fulbemädchen haben oft einen stark semitischen Typus. Im höheren Alter werden sie bald hässlich, und dann haben ihre Züge gewissermassen etwas Affenartiges.

Die Fulbestämme, die wahrscheinlich vom Nordwesten sich über Haussa ausbreiteten, lebten lange Zeit ruhig und friedlich unter der vorwiegend heidnischen Bevölkerung. Sie selbst wurden Mohammedaner, und als Viehzucht treibende Nomaden scheinen sie sich den religiösen Fanatismus angeeignet zu haben, der auch die nomadisierenden Araber auszeichnet. Durch diesen wurden sie im Anfang dieses Jahrhunderts auf die geschichtliche Weltbühne geführt, er geleitete sie zum Sieg und zur Gründung des gegenwärtigen Haussareiches,

Dem ersten Herrscher der heute regierenden Dynastie von Sokoto wenden wir jetzt unsere Aufmerksamkeit zu.

Der Gründer des Sokotoreiches

Unter den Fulbe, die sich in Haussa niedergelassen hatten, lebte an der Wende des vorigen Jahrhunderts Scheich Othman dan Fodio, der gelehrte Sohn des Fodio. Er war ein guter Linguist, kannte fast alle Sprachen des Inneren Afrikas, die er geläufig sprach, und ebenso alle Dialekte des Arabischen. Er umfasste alle Kenntnisse der Araber, und, was am wichtigsten für ihn war, man hielt ihn allgemein für einen Propheten.

Er kam aus den Wäldern von Ader und Tadela, baute in der Nähe der heutigen Residenz Wurno eine Stadt, wo sich die Fulbe um ihn sammelten. Bald mischte er sich in die Angelegenheiten des Sultans von Gobirr und erklärte, das sei gut, wenn man es thue, anderes nicht. Da dieses Betragen weder dem Sultan von Gobirr noch dem Volke gefiel, erhielt er Befehl, mit seinem Anhange das Land zu verlassen. Er gehorchte nicht; da ward er mit Gewalt vertrieben.

Er kehrte nach Ader zurück, aber nicht zu den Wäldern, sondern er baute eine Stadt. Aus allen umliegenden Ländern sammelten sich die Fulbe um ihn, er verteilte sie unter verschiedene Führer, jedem derselben gab er eine weisse Fahne und befahl ihnen hinzugehen und Eroberungen zu machen im Namen Gottes und des Propheten, da Gott den Fulbe die Länder und Reichtümer der Kafirs gegeben hätte und die Fulbe die einzigen rechten Gläubigen wären.

Ausser der weissen Fahne mussten die Fulbe auch eine weisse Tobe tragen als Zeichen ihrer Reinheit. Ihr Kriegsruf war: Allahu Akbar! Gott ist gross! Jeder, der im Kampfe verwundet werde oder falle, sei gewiss, ins Paradies zu kommen, lehrte Othman.

Ihr Glaube an den Propheten, ihre Armut, ihre Anzahl, der scheinbare Reichtum der Schwarzen, die in eine verderbliche Sicherheit eingewiegt waren, machten, dass die letzteren eine leichte Beute der Eroberer wurden. Kano unterwarf sich ohne Schwertstreich, dann folgte Gobirr. Die Bewohner desselben waren besorgt geworden und wollten Othman aus seiner Stadt in Ader vertreiben; er warf sie aber zurück, griff sie an, überzog ihr Land und tötete den Sultan. Ganz Haussa geriet alsdann unter die Herrschaft der Fulbe. Das ganze Innere von Osten bis Westen war voll Entsetzen. Bornu im Osten wurde mit Erfolg angegriffen, dann wandten sie sich gegen Joruba im Westen. Hier fanden sie mehr Widerstand als sonst irgendwo, da die Leute in Joruba nicht an Othmans Lehre oder sein Prophetentum glauben wollten, als hartnäckige Kafirs; beim Einfall der Fulbe ermordeten sie alle Mohammedaner, die Eingeborenen so gut als die fremden Kaufleute, und wollten nicht glauben, dass Gott den Gläubigen ihr Land und ihre Wohnungen gegeben und ihre Weiber und Kinder ihnen als Sklaven angewiesen hatte. Nichtsdestoweniger eroberten die Fulbe Raka, Elora und Affaga, ausserdem eine grosse Anzahl anderer Städte und erreichten die Seeküste auf ihren Zügen. Einmal drangen sie in Eyo oder Katunga, die Hauptstadt, ein, brannten einen grossen Teil derselben nieder, gaben allen mohammedanischen Sklaven die Freiheit und forderten sie auf, ihre heidnischen Herren zu töten und zu ihnen zu stossen. Als sie sich festgesetzt hatten, kamen die Araber von Osten und Westen, dem dan Fodio zu seinem neu erworbenen Besitztum Glück zu wünschen, und eine grosse Anzahl seiner Landsleute kam aus dem Westen, sich in Haussa niederzulassen. Er wies ihnen hauptsächlich die Provinz Zeg-Zeg an und gab ihnen die Ländereien und Häuser der Neger, die nach den Gebirgen und unzugänglichen Gegenden im Süden dieser Provinz geflohen waren. Den Arabern von Tripolis und Fessan schenkte er Sklaven und Kamele, keinen entliess er mit leeren Händen. Sein Ruf verbreitete sich überall. Araber kamen zu ihm in Haufen, und fast keiner ging fort, ohne wenigstens hundert Sklaven erhalten zu haben und Kamele und Lebensmittel.

Ehe er die Fulbe unter seine Herrschaft sammelte, lebten sie nicht in den Städten, sondern waren über den grössten Teil des Sudan zerstreut, hüteten ihre Schaf- und Rinderherden, lebten in schnell errichteten Hütten, meistenteils mitten in unbesuchten Waldungen, und kamen selten in die Städte.

Keiner dachte daran, sie zu beunruhigen, oder sie in ihrer Beschäftigung zu stören; wahrscheinlich hielt man sie für zu verächtlich und unbedeutend, um irgend Furcht zu erregen. Da sie so zerstreut waren, konnte keiner als sie selbst ihre Zahl wissen oder mutmassen. Manche von ihnen waren nach Mekka gewallfahrtet, andere waren in der Türkei, in Marokko, Algier, Tunis und Tripolis gewesen und brachten so viele arabische Bücher zurück, als sie nur erbitten oder kaufen konnten.

Im Jahre der Hedschra 1218 wurde der alte Mallam Scheich Othman dan Fodio, Scheich des Korans, religiös wahnsinnig und soll einige Jahre später in diesem Zustande gestorben sein. Dieser Fulbe-Eroberer hiess Scheich des Korans, weil er vollkommen dieses Buch verstand, er konnte es nicht allein ganz lesen und ebenso die Auslegungen, sondern er konnte auch jedes Stück aus dem Gedächtnis hersagen und es erklären. Die Gesetze des Korans wurden zu seiner Zeit und werden noch so genau befolgt, nicht bloss unter den Fulbe, sondern auch von den Negern und Arabern, und das ganze Reich, wenn es nicht im Krieg begriffen war, wurde so gut in Ordnung gehalten, dass man allgemein sagte, eine Frau könne mit einem goldenen Helm auf dem Kopfe von einem Ende des Gebiets der Fulbe zum anderen reisen.

Sein Wahnsinn hatte eine unglückliche Richtung erhalten. Im Paroxysmus schrie er laut, er müsse zur Hölle fahren, da er so viele gute Muselmänner getötet habe. Die Araber benutzten dies; sie sagten ihm, er würde gewiss der Verdammnis nicht entgehen, wenn er ihnen nicht Geschenke gebe, damit sie die Manen ihrer Freunde besänftigten. Die Fulbe machten es nicht so, diese verehrten ihr Haupt dergestalt, dass, wenn er seinen Kopf scheren liess, sie sorgfältig die Haare sammelten und in goldenen und silbernen Kapseln aufbewahrten. Sie pflegten auch aus dem Innern von allen Seiten zu kommen, Neger und Fulbe, um ihn zu sehen.

So schildert Clapperton die Gründung des Fulbereiches, die kaum zwei Jahrzehnte vor der Zeit, da er dasselbe bereiste, geschehen war. Barth bestätigte später diese Mitteilungen und liess uns auch die Gesänge näher kennen, mit denen Othman den Fanatismus seiner Landsleute anfachte. Einer derselben, der beste, sei auch hier mitgeteilt:

Gesang des Scheichs Othman

Gott, der Herr, er übertrifft alles an Vorzüglichkeit;
Er ist grösser als du, Ahmed (Mohammed), sein Licht erleuchtet die ganze Erde.
Ich preise Gott, den Herrn, der seinen Segen sendete.
Er sandte Mohammed zu allen seinen Geschöpfen.
Sein Licht scheint über alle seine Geschöpfe;

Das Licht des Verstandes, wie das des Gesichtes, alles umfassend.
Der Glanz des Innern der Gläubigen reicht überall hin;
All der Glanz der Wali (Heiligen) und der Propheten,
Und wenn Sonne und Mond allen Glanz vereinigen,
Ihr Licht erreicht seinen Abglanz nicht.
Gott segnete Abraham unter allen seinen Geschöpfen.
Moses ward Beredsamkeit zu teil unter den Menschen.
Jesu war Kraft und Geist gegeben.
Du hast ihn (Gott) erblickt, dir ward Beredsamkeit und Ansehn zu teil.
Gott hat Adam unter allen Menschen ausgezeichnet.
So waren Noah und Abraham ausgezeichnet in allem, was sie thaten;
Kuresch und Haschem in ihren Wohnungen.
Von Gott bist du ausgezeichnet worden über alle Geschöpfe Gottes.
Alle Geschöpfe Gottes, im Himmel und auf Erden segnen dich,
Alle Geschöpfe Gottes, im Himmel und auf Erden, preisen dich;
Alle Geschöpfe Gottes, im Himmel und auf Erden, begrüssen dich;
Alle Geschöpfe Gottes, im Himmel und auf Erden, huldigen dir;
Alles, was gesegnet ist in der Schöpfung, ist gesegnet durch dich;
Alle diejenigen, welche ausgezeichnet worden sind unter den Geschöpfen,
Sind ausgezeichnet worden deinetwegen;
Alles, was erschaffen worden ist, wurde geschaffen durch deine Gnade.
Deines Segens wegen bin ich zu dir gekommen;
Deshalb habe ich mich an dich gewandt.
Möge Gott mein Gebet erhören durch deine Gnade.

*

Nach dem Tode Othmans, der im Jahre 1816 unsrer Zeitrechnung erfolgte, regierte sein Sohn Mohammed Bello das von seinem Vater eroberte Reich: es trat aber schon damals eine gewisse Trennung der Gewalt ein, indem der Sohn des Bruders von Othman zum Herrscher der westlich von Haussa gelegenen Länder eingesetzt wurde.

Zum Teil nach dem Vorbilde anderer Sudanstaaten richtete die Dynastie dan Fodio die Regierung des Landes ein. Sie war nicht besonders kriegerisch; denn die energischeren Fulbe gingen überraschend schnell in den geschmeidigen Haussa auf. Die ursprünglich auf religiöse Reformen gerichtete Bewegung verlief schnell in andern Bahnen. Die strengen Verbote gegen das Tabakrauchen und die Vielweiberei – die Fulbe gestatten ihren Anhängern nur, zwei Frauen zu haben – blieben unbeachtet.

Die Hirten fanden Geschmack an dem Wohlleben in den Städten; die Eroberungszüge, die sie eine Zeitlang noch gegen Osten ausdehnten, hörten auf; man begnügte sich damit, das bereits Gewonnene zu halten; und in der That, das war schon eine Aufgabe, die viele Mühe erforderte.

Ursprünglich bestand Haussa aus vierzehn Provinzen, den sieben echten und sieben unechten oder ehelichen und unehelichen Haussastaaten; diese Einteilung hatte bald nur eine historische Bedeutung, die Gruppierung des Reiches wurde eine andere.

An der Spitze desselben steht nunmehr der Sultan von Sokoto; er ist der Oberherr der sämtlichen Fellatareiche, der „Beherrscher der Gläubigen“, wie sein Titel lautet. Unter ihm wird das Land von einer Anzahl von Königen und Sultanen regiert, welche die Oberhoheit des Sultan von Sokoto anerkennen und ihm Tribut zahlen. Zwei dieser Könige sind zu besonderer Macht gelangt, so dass man gegenwärtig wohl von einem Bunde der Haussastaaten sprechen könnte, den vornehmlich drei Sultanate bilden: 1) das Sokotoreich, 2) das Gandureich, 3) Adamaua. Die letzte Provinz hat das grösste Mass der Selbständigkeit.

Der Sultan von Sokoto hat wohl das Recht, seine Vasallen sowie die kleinen Gouverneure ein- und abzusetzen, aber er hütet sich wohl mit den stärkeren anzubinden; er lässt sie im grossen und ganzen gewähren und ist zufrieden, wenn sie ihm den Tribut entrichten.

Der Tribut besteht je nach den Hilfsquellen des Landes in Sklaven, Pferden, Kaurischnecken, kostbaren Gewändern, Zeugen, Gewehren, Pulver und allerhand Handelsartikeln der Araber und Europäer. Einen grossen Teil der überlieferten Abgaben verschenkt der Sultan gleich an Ort und Stelle an seine Minister oder an die der Vasallenkönige, sowie an Günstlinge, Fremde u. s. w. Selbst die Könige erhalten von ihm ein Gegengeschenk, das, je grösser es ist, desto mehr für das Wohlwollen des Herrschers gegen den Beschenkten spricht. Mitunter giebt auch der Sultan als Zahlung oder Belohnung schriftliche Anweisungen an die Könige auf so und so viel Kauri oder Sklaven. Diese Wechsel werden jedoch nicht immer eingelöst.

Der Regierungsapparat in Haussa ist ein komplizierter; denn wir haben hier einen organisierten Staat vor uns. Das Hauptinteresse konzentriert sich allerdings auf die nächste Umgebung der Könige, deren Hofhaltungen sich einander sehr ähnlich und auch von den anderen Höfen des Sudan wenig verschieden sind. Auch hier finden wir dieselbe Schar von Höflingen, an deren Spitze den Wesir, der bald Ossiri, bald Galadima genannt wird. Aber diese Hofhaltungen werden wir ja im Nachfolgenden genauer kennen lernen.

Sultan Bello

Bevor wir unsre Leser mit Audienzen bei dem Herrscher der Haussaländer bekannt machen, wollen wir zunächst einen flüchtigen Blick auf die Hauptstadt des Reiches werfen, auf Sokoto, wie es sich zur Zeit seiner

Blüte im dritten Jahrzehnt unseres Jahrhunderts dem europäischen Reisenden darbot.

Die Stadt lag auf einem niedrigen Hügel oder einer Anhöhe; ein Fluss strömte nicht weit von der nördlichen Mauer; er ist reich an Fischen, wovon die armen Leute in Sokoto zum Teil leben.

Die Stadt umgab eine etwa acht Meter hohe Mauer und ein trockener Graben. Die Mauer war gut erhalten und hatte elf Thore. Die Lehmmauern, die alle afrikanischen Städte, Haufen von Lehm- und selbst Strohhütten, umschliessen, geben ihnen ein trauriges Ansehen. Leben gewinnt der Anblick nur durch die Menge von Sklaven und anderen Leuten, die hin und wieder gehen oder im Schatten vor den Thüren der Vornehmen liegen. Einen grossen Teil einer Stadt innerhalb der Mauern könnte man für eine Anzahl schlecht ummauerter Gärten halten.

Des Sultans Wohnung umschloss eine sieben Meter hohe Lehmmauer, die zwei turmähnliche Eingänge gegen Osten und Westen hatte. Der östliche wurde nur von Eunuchen bewohnt, deren er eine grosse Menge hatte, wahrscheinlich, weil in dieser Gegend der Harem war.

Seine Wohnung bildete eine kleine Stadt für sich; es waren dort fünf viereckige Türme, eine kleine Moschee, eine grosse Anzahl Hütten, ein Garten und ein Haus, das aus einem grossen Raume bestand, wo er seine Leute empfing, Einheimische und Fremde. Dieses Haus würden wir einen Schuppen nennen. Zwei grosse Pfeiler trugen ein Bund langer Stangen, die mit Lehm beworfen waren, auf diesen ruhten die Querbalken, Zweige von Palmbäumen. Hinten war ein Platz zum Feuer, davor ein Feuerschirm, an jeder Seite waren zwei Stühle, auch mit Lehm beworfen und nach Mahagoniart angemalt. Die Wände waren teils auf europäische teils auf afrikanische Art verziert. Der Saal hatte zwei Thüren, die eine vorn zur Rechten, die andere am linken Ende des Hauses; von dort gelangte man durch eine schmale Strasse von Hütten zu einer grossen Hütte mit zwei Thüren. Ging man durch diese, so traf man einige Ellen davon einen grossen viereckigen Turm von Lehm, mit einer Thür auf der westlichen Seite. Das Innere desselben war nach der Art, wie man es in den Häusern der Vornehmen in Haussa findet. Es war eine Art von Dom, den acht Bogen bildeten, die vom Boden ausgingen; im Mittelpunkt derselben war ein grosses glänzendes Messingbecken, das statt eines Schlusssteines der Bogen diente, die aus Palmzweigen bestanden und mit Lehm beworfen waren. (Der Lehm dient dazu, die weissen Ameisen abzuhalten, das Holz zu zerstören. Die Verzierungen werden, solange der Lehm noch nass ist, mit den Fingern und einem dicken viereckigen Stabe gemacht.)

Ungefähr in einem Drittel der Höhe der Bogen lief inwendig eine Galerie herum: sie hatte ein Geländer von Holz, das auch mit Thon beworfen war. Drei Stufen führten zu dieser Galerie, von der man alles hören und sehen konnte. Gänge führten von dort zu kleinen Gemächern; jedes hatte ein Fenster, einige schienen als Vorratskammern, andere als Schlafzimmer zu dienen. Der Fussboden des Domes war mit reinem, weissem Sande bedeckt. Die Höhe betrug vom Fussboden bis zu dem messingenen Becken ungefähr zwölf bis dreizehn Meter. Die Luft im Innern war kühl und angenehm, und der Sultan pflegte dort in heissen Stunden zu lesen.

In diesem Palaste wurde am 17. März 1826 Kapitän Clapperton von Bello, dem zweiten Sultan der Fellata, empfangen. Der Herrscher sass auf einem Teppich zwischen zwei Pfeilern, die das Dach eines mit Stroh gedeckten Hauses hielten. Wände und Pfeiler waren blau und weiss angestrichen in maurischem Geschmack, und an der hinteren Wand war ein Feuerschirm gemalt, worauf roh genug ein Blumentopf gezeichnet war. Ein Armstuhl mit einer eisernen Lampe darauf stand an jeder Seite des Schirmes.

„Der Sultan", berichtet Clapperton in seinem Tagebuche über diese Audienz, „hiess mich mehreremal willkommen und fragte, ob ich durch die Reise von Burderawa hierher nicht ermüdet sei? Ich sagte ihm, es sei der angreifendste Teil der ganzen Reise zwischen Tripolis und Sokoto, und dankte ihm für die Wache, deren Betragen ich nicht verfehlte, nach Verdienst zu loben.

Er legte mir viele Fragen vor über Europa und unsere religiösen Parteien. Er kannte die Namen verschiedener alten Sekten und fragte, ob wir Nestorianer oder Socinianer wären. Um mich aus der Verlegenheit zu ziehen, in welche er mich setzte, antwortete ich nur, wir würden Protestanten genannt.

„Was sind Protestanten?" fragte er sogleich.

Ich versuchte, so gut es gehen wollte, ihm zu erklären, dass wir vor dritthalbhundert Jahren gegen den Aberglauben, die Albernheiten und Missbräuche, die damals im Schwange waren, protestiert und seit jener Zeit nur alles das befolgt hätten, was in dem Buche unseres Herrn Jesus, wie sie das Neue Testament nennen, geschrieben stände, und daher käme der Name Protestanten. Er legte mir nun noch andere theologische Fragen vor, bis ich endlich genötigt war zu erklären, ich sei in den religiösen Spitzfindigkeiten nicht genug bewandert, um solche Knoten zu lösen, so etwas überliesse ich Leuten, die gelehrter wären als ich. Er befahl dann einige Bücher zu bringen, die dem Major Denham* gehörten, und sprach sehr bitter über den verstorbenen Bu Kalum, der einen räuberischen Einfall in seine Besitzungen gemacht hätte, und fügte hinzu: „Ich bin überzeugt, der Pascha von Tripolis hat nie die Absicht gehabt, mich mit einer Hand zu schlagen, während er mit der anderen mir ein Geschenk anbietet. Wenigstens ist es eine sonderbare Art, unter Fremden so zu handeln. „Aber was hatte euer Freund da zu thun?" fragte er

* Vgl. das Kapitel „Der Sultan von Mandara".

plötzlich. Ich versicherte. Major Denham habe nichts gewollt, als einen Ausflug in dies Land zu machen. Als die Bücher kamen, waren es Nautical Almanack, zwei Reviews, Lord Bacons Essays und Major Denhams Tagebuch; alles stellte mir der Sultan auf eine sehr freundliche Weise zu. Ehe ich mich beurlauben konnte, musste ich den Inhalt eines jeden Buches angeben und musste daraus vorlesen, damit er höre, wie unsere Sprache klänge.

Der Sultan ist ein Mann voll edlem Ansehen, vierundvierzig Jahre alt, sieht aber jünger aus; er ist fünf Fuss, zehn Zoll gross, stattlich von Person, der Bart ist kurz, schwarz und kraus, der Mund klein. Er hat eine schöne Stirn, eine griechische Nase und grosse schwarze Augen. Er trug eine hellblaue, baumwollene Tobe, einen weissen Turban von Musselin und hatte einen Shawl davon nach der Art der Tuareg über die Nase und den Mund gezogen.

Den Nachmittag ging ich wieder zu ihm. Der Sultan sass in demselben Zimmer, worin er mich den Morgen empfangen hatte. Ich legte ihm jetzt ein Geschenk vor im Namen des Königs von England; es waren folgende Sachen: zwei neue Blunderbüchsen, reich mit Silber verziert, Pistolen mit Doppelläufen, ein Taschenkompass, ein gesticktes Wams, ein scharlachener Burnus mit Silber besetzt, ein Paar scharlachene Hosen, dreissig Ellen rotes Seidenzeug, zwei weisse, zwei rote und zwei ägyptische Shawls zu Turbanen, die letzteren mit Gold verziert, vier Pfund Gewürznelken und Zimmet; drei Kasten mit Schiesspulver, mit Schrot und Kugeln, drei Rasiermesser, drei Taschenmesser, drei Spiegel, sechs Schnupftabaksdosen, drei von Papier und drei von Zinn; ein Guckglas und ein grosses englisches Theebrett, worauf die kleineren Sachen gelegt waren. Er betrachtete ein Stück nach dem anderen. Der Kompass und das Guckglas gefielen ihm sehr, und er schien sehr erfreut, als ich ihm sagte, dass er vermittelst des ersteren zu jeder Zeit Osten auffinden könne, um sich dahin beim Beten zu wenden. Er sagte: „Alles ist wunderbar, aber ihr seid die grösste Merkwürdigkeit von allen!“ Dann fügte er hinzu: „Was kann ich dem König von England geben, was ihm lieb wäre?“

„Der angenehmste Dienst, den ihr dem König von England erweisen könnt, ist der, dass ihr mit Sr. Majestät dahin arbeitet, dem Sklavenhandel an der Küste Einhalt zu thun. Der König von England schickt alle Jahre grosse Schiffe dahin, dort zu kreuzen, bloss um alle Schiffe wegzunehmen, die diesen Handel treiben, und deren Mannschaft kommt ins Gefängnis; und um die unglücklichen Sklaven zu befreien, die in einer unsrer Niederlassungen in Afrika Land und Häuser erhalten.“

„Wie?“ fragte er, „habt ihr denn keine Sklaven in England?“

„Nein; sobald ein Sklave den englischen Boden betritt, ist er frei.“

„Wie bekommt ihr denn Dienstboten?“

„Die mieten wir für bestimmte Zeit und geben ihnen einen gewissen

Lohn: niemand darf in England einen anderen schlagen; und die Soldaten selbst werden von der Regierung ernährt, gekleidet und bezahlt."

„Gott ist gross!" rief er, „das ist ein herrliches Volk!"

Bei einer anderen Gelegenheit musste Clapperton dem Sultan den „,Sonnengucker" zeigen, wie die Haussa den Sextanten des Reisenden nannten. „Ich zeigte", berichtet der Reisende in seinem Tagebuche, „zuerst die himmlischen Körper auf der Planisphäre. Der Sultan kannte alle arabischen Namen der Zeichen des Tierkreises, einiger Sternbilder und mancher einzelner Sterne. Der Sonnengucker ward dann vorgenommen und erregte grosse Bewunderung. Ich musste alles daran erklären. Das alles umkehrende Teleskop war ein Gegenstand des Erstaunens, und ich selbst musste mich etwas entfernt hinstellen, damit der Sultan mich dadurch betrachten konnte, denn seine Leute waren voll Angst, sich dem magischen Einfluss desselben auszusetzen. Zunächst musste ich ihm dann zeigen, wie man die Sonne beobachtete. Der Kasten des künstlichen Horizontes, wozu ich den Schlüssel verloren hatte, war etwas schwer aufzumachen, und ich bat daher die Nahestehenden um ein Messer; das mir gegebene war zu klein, und unvorsichtigerweise fragte ich nach einem Dolch, um diesen zum Aufmachen zu gebrauchen. Der Sultan bekam einen Schreck; er fasste sogleich sein Schwert, zog es halb aus der Scheide, legte es vor sich hin und zitterte wie ein Espenlaub. Ich hielt es für klug, zu thun, als ob ich seine Bestürzung nicht bemerkte, obgleich ich es eigentlich war, der wirklich etwas zu befürchten hatte, und da ich den Dolch erhielt, öffnete ich ruhig den Kasten und gab die Waffe dem Eigentümer zurück, dem Scheine nach ganz unbefangen. Als der künstliche Horizont aufgestellt war, sah der Sultan nach der Sonne, sowie seine ganze Umgebung, und mein Verstoss gegen die Etikette schien völlig vergessen."

Clapperton regte wiederholt die Frage der Bekämpfung des Sklavenhandels und der Handelsbeziehungen mit England an. Der Sultan erklärte sich auch bereit, dem König von England einen Platz am Meere(!) anzuweisen, von wo eine Strasse bis Sokoto gebaut werden sollte.

Auf die Frage, ob das Land, das er verschenken wolle, auch ihm wirklich gehöre, erwiderte er: „Ja, Gott hat mir alles Land der Ungläubigen gegeben!" Das war eine Antwort, die keinen Widerspruch zuliess.

Diese Pläne des Sultans, deren Verwirklichung noch in nebelhafter Ferne lag, beunruhigten die Araber, welche den Handel mit Europa auf dem Wüstenwege in ihren Händen hatten. Seit jenem Augenblicke begannen sie gegen Clapperton zu intrigieren und waren auch später Feinde anderer Reisenden. Von ihrem Standpunkte aus hatten sie instinktmässig die Gefahr erkannt, denn die Konkurrenz des europäischen Handels in jenen Gebieten ist namentlich in der letzten Zeit immer drohender geworden. Während die Mahdisten den östlichen Sudan von Europa abgeschnitten haben, dringt im Westen der europäische Einfluss unaufhaltsam vor, und die Rivalität der Deutschen, Engländer und Franzosen scheint die wirkliche Erschliessung dieser Gebiete von Innerafrika zu beschleunigen.

Der Sultan hatte einige Kenntnisse von den politischen Gestaltungen in Europa. „Ihr seid ein ausgezeichnetes Volk", sagte er in Bezug auf die Engländer, „das stärkste von allen christlichen, ihr habt ganz Indien unterjocht!" Er erfuhr aber auch von dem Reisenden Neues über Neues. Er hatte auch von den europäischen Zeitungen gehört und nannte sie „Neuigkeiten der Welt"; als er aber hörte, dass täglich Tausende gedruckt würden, rief er: „Gott ist gross! Ihr seid ein wunderbares Volk!" Er sah auf dem Sattel Clappertons die Firma des Sattlers (Laurie, Oxford Street, London), hielt sie für eine Zauberformel und verlangte den Sinn zu wissen. Der Reisende erklärte ihm, dass in England gewöhnlich jeder Handwerker seinen Namen an die von ihm gefertigten Sachen setzte, da dies, wenn sie gut wären, ihn bekannt mache.

Der Sultan, von diesem allen entzückt, wünschte sich aus England einen Arzt, einen Konsul, Flinten und Raketen; er drückte auch diese Wünsche in einem Schreiben an den König von England aus, das er Clapperton mitgab. Kein Wunder; denn die Sicherung der Herrschaft ist stets eine der ersten Pflichten der Sudanfürsten, und auch König Bello musste oft Krieg an den Grenzen des Landes führen und im Innern mit Widerspenstigen aufräumen.

Clapperton lernte auch den Scharfrichter von Sokoto kennen.

Der Reisende sass eines Tages im Schatten vor der Thüre seines Hauses, als ein schlecht aussehender Kerl mit einer teuflisch grinsenden Miene hinzutrat und sich gerade vor ihm niedersetzte. Clapperton fragte einen Vornehmen aus Sokoto, den Sidi Scheich, der gerade bei ihm zu Besuch war, wer der Mensch sei; mit grosser Ruhe erwiderte jener: „Der Scharfrichter." Sogleich befahl der Engländer seinen Leuten, ihn hinauszuwerfen.

„Ruhig, ruhig", fiel indessen Sidi Scheich ein, indem er seine Hand auf die Clappertons legte, „er besucht die vornehmsten Leute in Sokoto, und sie lassen ihn nie gehen, ohne ihm einige Goranüsse zu schenken oder Geld, sie zu kaufen."

Clapperton verstand den Wink, liess dem Kerl vierzig Kauris geben und befahl ihm, nie wieder seine Schwelle zu betreten. Der Scharfrichter hatte eine düstere Vergangenheit. Er war der Bruder des Scharfrichters in Jakoba, woher er stammte. Dort wendete er sich an den Gouverneur, um die Stelle seines Bruders zu erhalten, da er, wie er sagte, geschickter sei als dieser. Ganz kalt erwiderte der Gouverneur: „Wir wollen's versuchen! Geh! Hole den Kopf deines Bruders!" Sogleich ging er fort, seinen Bruder aufzusuchen, fand ihn vor seinem Hause sitzend, und ohne Geräusch, ohne ein Wort zu sagen, hieb er ihm mit einem Schwertstreiche den Kopf ab. Diesen brachte er dem Gouverneur, forderte die Belohnung einer so entsetzlichen Wildheit und bekam die Stelle. Da der Sultan später einen geschickten Mann zum Kopfabschlagen nötig hatte, liess er ihn nach Sokoto kommen, wo er bald nach seiner Ankunft beim Enthaupten von zweitausend Tuareg zu thun hatte, die in Verbindung mit den Rebellen von Gobirr das Land auszuplündern versucht hatten, aber alle gefangen wurden.

In Sokoto wohnte auch der präsumtive Thronfolger, Bellos Bruder.

Nach dem Tode seines Vaters liess er sich gegen den rechtmässigen Thronfolger Bello zum Sultan ausrufen, und zwar aus dem Grunde, weil sein Bruder einmal gesagt haben soll, er wolle dem Glanze der Herrschaft für die Ruhe eines der Wissenschaft und dem Gottesdienst geweihten Lebens entsagen. Die Thronbesteigung Atikos glich eher einer Komödie. Er hatte die Dreistigkeit, in Bellos Palast oder besser gesagt Residenzgehöft zu gehen, mit Trommeln und Trompeten, und als Bello nach der Ursache des Lärmes fragte, erhielt er die erste Nachricht von der Treulosigkeit seines Bruders durch die Antwort: „Der Sultan Atiko ist gekommen!“ Bello blieb ruhig und liess den Usurpator einfach zu sich holen. Zur Rede gestellt, bezog sich dieser zu seiner Rechtfertigung auf jene Erklärung seines Bruders. Bello erwiderte nur: „Geh und lege den Schmuck ab, oder ich lasse dir den Kopf zu Füssen legen!“ Atiko wusch seine Hände in Unschuld, und die Revolte hatte ein Ende. Seit jener Zeit lebte Atiko in Zurückgezogenheit und war ohne jeden Einfluss.

Clapperton besuchte ihn, da er einige der Sachen Denhams hatte, die jener auf dem Zuge gegen die Fulbe in Mandara verloren hatte.

„Des Prinzen Wohnung“, erzählt Clapperton in dem Tagebuch seiner ersten Reise, „liegt wie die aller anderen Vornehmen dieses Landes in einem grossen viereckigen Raum, der durch hohe Lehmmauern eingeschlossen ist; ein hoher Turm ist am Eingange; in demselben faulenzen bei Tage einige Sklaven oder Leute von einer Leibwache, des Nachts schlafen sie daselbst. Der innere Raum ist voll von Hütten; einige waren sehr verfallen. Atiko erzählte mir, er habe eine grosse Anzahl Sklaven, und bei ihm waren mehrere Frauen, einige sehr schön. Nach seiner Angabe besass er zweihundert Zibethkatzen; zwei davon zeigte er mir: die Tiere waren sehr wild, und jede in einem eigenen hölzernen Käfig. Sie massen ungefähr vier Fuss von der Schnauze bis zur Schwanzspitze, und abgerechnet, dass der Leib verhältnismässig länger ist, sowie auch der Schwanz, haben sie grosse Ähnlichkeit mit kleinen Hyänen. Man füttert sie mit zerstossener Hirse und getrockneten Fischen, woraus man Klumpen macht. Einen Morgen um den anderen nimmt man ihnen den Zibeth mit einer Muschelschale, wobei das Tier in eine Ecke getrieben und der Kopf mit einem Stock festgehalten wird. Der Prinz bot mir so viele zum

Kaufe an, als ich haben wollte, sie, schienen mir aber keine wünschenswerten Reisegesellschaften. – Atiko ist ein kleiner hagerer Mann mit einem vollen Gesichte und einer Affenphysiognomie. Er spricht langsam und leise. Die Fellatas versichern, er sei brav, aber zugleich geizig und grausam. „Wäre er Sultan", sagen sie, „so würden Köpfe im Sudan fliegen!"

Clapperton war auf Atiko nicht gut zu sprechen, weil er um die alten Jacken und Handtücher von Denham über Gebühr feilschte. So schlecht war aber Atiko nicht, wie später seine Regierung bewies.

Wenden wir uns jedoch dem Sultan Bello wieder zu. Er musste, wie wir bereits erwähnt haben, von Zeit zu Zeit zum Schwerte greifen, um die Rebellen, welche die neue Herrschaft der Fellata abschütteln wollten, zu züchtigen. Wir kennen den Fanatismus der Mohammedaner, und im Verfolg unserer Schilderungen haben wir namentlich im östlichen Sudan von wirklich ritterlichen Kriegsthaten berichten können. Hier im Westen liegen die Verhältnisse anders.

Folgen wir dem Sultan Bello auf seinem Zuge, den er gegen die Hauptstadt der Rebellen von Gobirr, gegen Coonia, unternahm. Vor der am Arme eines Flusses gelegenen Stadt hatte sich die Armee von Sokoto und den Vasallenstaaten angesammelt. Am 16. Oktober versammelten sich die Statthalter der verschiedenen Provinzen um den Sultan, und es wurde beschlossen, zum Angriff zu schreiten. Wir müssen diesen sonderbaren Angriff Clapperton, der an ihm teilnahm, erzählen lassen, um die Wirkung nicht zu schwächen.

„Nach dem Mittagsgebet machten sich alle auf, ausgenommen die Eunuchen, Kameltreiber und andere Leute, die darauf zu sehen hatten, dass nichts gestohlen werde, und marschierten zu Fuss und Pferde gegen die Stadt. Ich folgte und schloss mich dem Gadado an. Auf dem Marsche waren alle bunt durcheinander, Fussvolk und Reiter, in der entsetzlichsten Verwirrung, alle ritten vorwärts: bisweilen geriet das Gefolge des einen Führers unter das eines anderen; dann wurden die Schwerter halb entblösst, aber alles endete mit einem trotzigen Gesicht oder einer Fratze. Wir waren bald bei Coonia.

Jeder Anführer nahm, sowie er heranrückte, seine Stellung ein, die ihm wahrscheinlich vorher bestimmt war. Die Zahl der die Stadt Angreifenden mochte sich auf fünfzig- bis siebzigtausend Mann belaufen: zu Fuss und zu Pferde; die Fusssoldaten betrugen davon neun Zehntel. Die Reiter blieben in der Entfernung, dass kein Pfeil sie treffen konnte, die Fusssoldaten näherten sich, je nachdem sie Mut oder Lust hatten, und unterhielten ein ununterbrochenes Feuer aus gegen dreissig Musketen und schossen mit Pfeilen; die Kerle liefen, sobald sie abgeschossen hatten, zurück, wo kein Pfeil sie treffen konnte, um wieder zu laden; alle waren Sklaven; kein Fellata hatte ein Feuergewehr; die Feinde schossen wenig, aber sicher, und fehlten selten ihren Mann. Bisweilen sprengte ein Reiter zum Graben hinan, schwang seinen Speer und deckte sich sorgsam mit seinem Schilde, kehrte dann eiligst zu seinem Haufen zurück, und gewöhnlich rief er dann: „Schilde gegen die Mauer! Ihr Leute des Gadado oder Atago! Warum eilt ihr nicht gegen die Mauer?" Einzelne entgegneten ihm: „O, ihr habt einen grossen Schild, euch zu decken!" Immerfort hörte man, wie die Führer ihren Kriegern zuriefen: „Schilde gegen die Mauer!" Aber es half nichts; keiner rückte vor. Endlich gingen die Leute in gesteppter Rüstung gegen die Stadt, auf Befehl. Sie sahen in der Entfernung nicht übel aus; ihre Helme waren oben mit schwarzen und weissen Straussfedern geziert, Zinnstücke glänzten an den Seiten, ihre langen, gesteppten Röcke, von hellen Farben, reichten über einen Teil des Schwanzes vom Pferde und hingen an den Seiten herab. Auch der Pferdehals war bedeckt, den Kopf schirmte vorn eine Platte von Messing oder Zinn und ein halbrundes Stück jede Seite. Der Reiter hatte einen grossen Speer; sein dicker Rock behinderte ihn so, dass zwei Leute ihm helfen mussten, wenn er aufsitzen wollte. Jeder Gouverneur hatte sechs solcher und der Sultan ebenfalls. Ich glaubte anfänglich, die Fusssoldaten würden unter dem Schutz dieser unbehilflichen Maschinen anrücken; das geschah nicht; sie gingen allein vor, so rasch ihre armen Pferde gehen konnten, d. h. in langsamem Schritt. Die Feinde in Coonia hatten eine Muskete, und die that Wunder, ein Schuss tötete den vordersten der Reiter, der wie ein Mehlsack vom Pferde fiel; Pferd und Mann schafften drei Fussgänger zurück.

Der Ruf „Allahu Akbar!" oder „Gott ist gross!" lief wenigstens alle Viertelstunden durch das ganze Heer (es ist das Feldgeschrei der Fellata,); aber weder dies noch „Schilde gegen die Mauer!" oder „Warum rükken die Leute des Gadado nicht an!" brachte irgend eine Wirkung hervor, und es schien, als ob sie eher untereinander handgemein werden wollten, wenn die Führer sie antrieben, als dass sie dem Feinde entgegen gingen. Es waren im Heere drei Araber aus Ghadames, ganz bewaffnet. Der eine war Hameda, des Sultans Handelsmann; er ritt ein schönes, schwarzes Tuaregpferd, führte Lanze und Schild, eine arabische Flinte, ein Paar Pistolen, ein Musketon, einen Säbel und Dolch. Die beiden anderen, Abdelkrim und Beni Omar, waren bewaffnet mit Flinte, Pistolen, Säbel und Dolch; jener ritt, Omar war zu Fuss; ein Schuss aus Coonia riss ihm, bald im Anfange des Gefechts, seine Patrontasche fort. Hameda und Abdelkrim blieben immer hinter dem Sultan und Gadado und schrieen immer tüchtig mit: „Allahu Akbar!"

Am nützlichsten und ebenso tapfer, als irgend einer von uns, war eine alte Sklavin des Sultans aus Zamfra, wo sie, wie sie sagte, die fünf vorhergehenden Statthalter aufgezogen hatte. Sie war voll dunkler Kupferfarbe, der Kleidung und dem Aussehen nach glich sie den Weibern der

Eskimo bei Capt. Lyon. Sie hatte ein langgestrecktes, hellbraunes Pferd, mit einem schlechten Schweif, gestutzten Ohren, Mähnen, als ob die Katzen einen Teil abgefressen hätten, und es war eben nicht sehr kräftig. Sie ritt nach Männerart, ein kegelförmiger Strohhut schützte ihr Gesicht gegen die Sonne, sie trug ein kurzes, schmutziges, weisses Nachtkleid, weite schmutzige Hosen, grosse hohe Haussastiefeln und hatte Peitsche und Sporen. An ihrem Sattel hing wohl ein halbes Dutzend Kürbisse mit Wasser gefüllt und eine kupferne Schale, daraus zu trinken. Sie erquickte Verwundete und Durstige, und ich war ihr sehr verpflichtet; sie gab mir zweimal von ihrem Wasser; infolge der Hitze und des Staubes quälte uns der Durst entsetzlich.

Viele, die müde waren, suchten den Schatten auf und holten sich Wasser aus dem Flusse. Als die Sonne sich dem Untergange näherte, stieg der Sultan ab, und sein Schild ward über ihn gehalten, ihm Schatten zu gewähren. So blieben wir bis Sonnenuntergang; dann stieg der Sultan wieder zu Pferde, und wir kehrten ins Lager zurück. Ein kläglicheres Gefecht als das heutige kann man sich nicht denken; obgleich die Mohammedaner an Prädestination glauben, so habe ich doch keinen einzigen gesehen, der demgemäss handelte. Die Feudaltruppen sind gar jämmerlich; sie sind mehr bei der Hand, untereinander zu kämpfen, als mit dem Feinde ihres Königs und Landes, und selten handeln sie in Übereinstimmung. In der Nacht wurden wir durch die Leute von Coonia vom Wasser abgeschnitten. Sie machten einen Ausfall; es entstand ein Geschrei; da stürzten Reiter und Fussvolk aus Zamfra in buntem Gedränge über uns weg, um so schnell als möglich der Gefahr zu entgehen. Ich hatte mich nicht ausgekleidet, mein Pferd stand gesattelt, und ich liess die Kamele beladen durch meine Sklaven, die eben so gern davon gelaufen wären; ich schickte sie dann mit den Kamelen des Gadado zugleich weg.

Die Fahnen der Fellatas sind weiss, der Stab ist ein Palmzweig; Sklaven tragen sie, nicht ehrenwerte Männer. Vor dem Sultan werden sechs getragen, vor jedem Statthalter zwei. Sie haben alle weisse Toben und Beinkleider, als ein Emblem ihrer Reinheit im Glauben und in ihren Gesinnungen."

Als am anderen Morgen die Nachricht kam, der Feind rücke aus der Festung vor, trat das Heer einen fluchtartigen Rückzug an, und der jämmerliche Feldzug war zu Ende.

König Bello war aber auch ein Friedensfürst, der sich viel mit Wissenschaften beschäftigte. Über arabische Bücher, die ihm vom König von England geschenkt wurden, war er sehr erfreut; ja er hat selbst ein geographisches Werk über Afrika geschrieben. Kapitän Clapperton brachte einen Auszug aus demselben nach Europa, und wir möchten zur Probe der königlichen Darstellung wenigstens den Anfang hier abdrucken. Er lautet:

„Im Namen Gottes des Barmherzigen, Gütigen, u. s. w. Dies ist ein Auszug aus dem Werke, das den Titel führt: „Der Auflöser der Schwierigkeiten in der Geschichte des Landes Tak-roor“, verfasst von der Zierde seiner Zeit, von dem, der seines gleichen unter seinen Zeitgenossen nicht hat, dem Fürsten der Gläubigen, Verteidiger des Glaubens, dem Sohne des Wunders seiner Zeit, des edlen Scheich Othman u. s. w.

Erster Teil.

Geographischer Bericht.

Erster Abschnitt.

Die erste Provinz dieses Gebietes Tak-roor auf der Ostseite ist, wie man annimmt, Fur (Darfor); zunächst daran auf der westlichen Seite sind Wadaï und Bagirmi. Fur ist ein grosses Land, enthält Waldungen, Flüsse und Felder, die gut zum Anbau sind. Die Einwohner bestehen teils aus ehemals herumziehenden Leuten, die sich angesiedelt haben, teils aus Arabern, die noch umherwandern, und es enthält eine grosse Anzahl Hirten oder Händler mit Rindvieh. Die Nahrung dieser Bewohner ist Hirse oder Erbsen. Die Lehre Mohammeds verbreitet sich sehr in dieser Provinz, und der grösste Teil der Einwohner unternimmt die Pilgerschaft; auch haben sie, wie man sagt, grosse Achtung vor den Pilgrims und stören sie nicht auf ihrem Wege.

Die Bewohner von Wadaï und Bagirmi sind fast von derselben Art. Bagirmi ist aber jetzt fast verödet; die Ursache ihres Unglücks soll nach ihrer Angabe das üble Betragen ihres Königs gewesen sein, der in seiner Leichtfertigkeit und Ausgelassenheit so weit ging, dass er seine eigene Tochter heiratete. Gott der Allmächtige erregte den Sabun, den Herrscher von Wadaï, gegen ihn zu ziehen, ihn zu vernichten, und zur selben Zeit sein ganzes Land zu verheeren und die Häuser unbewohnt zu lassen, als ausgezeichnete Züchtigung seiner Gottlosigkeit.

Die Provinzen sind im Norden begrenzt durch Wüsten und trockenen Sand, wohin nur im Frühling Hirten ziehen, im Süden durch viele andere Länder, die von mannigfaltigen Stämmen aus dem Sudan bewohnt werden, von denen jeder eine eigene Sprache spricht und unter welchen Mohammeds Lehre noch nicht sehr verbreitet ist.

An dieses Land Bagirmi stösst auf der Westseite die Provinz Bornu, die Flüsse, Wälder und grosse sandige Strecken enthält. Sie ist immer gut bevölkert gewesen, besser selbst als das vorher erwähnte Land, und ihrer Grösse und Ausdehnung kommt kein Teil dieser Erdgegend gleich. Die Einwohner sind Berber, Fellata, die vorher erwähnten Araber und viele Sklaven der Berber. Diese Berber sind von den Nachkommen derer, die zuerst das Land zwischen Zendsch und Abessinien bewohnten und die aus Yemen durch Hemeera vertrieben wurden; nach ihrer Niederlassung in diesem Lande durch Africus.

Als Africus über Yemen herrschte und die Berber in Syrien, wendeten sich die Bewohner des letzteren, die von frevelhaften und gottlosen Herrschern bedrückt wurden, an Africus, um sie zu befreien, und erklärten ihn für ihren rechtmässigen Herrn. Er zog gegen die Berber und schlug und vernichtete sie, nur die Kinder führte er nach Yemen als Sklaven und Soldaten. Nach seinem Tode und nach Verlauf langer Zeit empörten sie sich gegen Hemeera, der damals über Yemen herrschte. Er kämpfte und trieb sie aus dem Lande; daher wanderten sie nach einer Gegend in der Nähe von Abessinien, wo sie Zuflucht suchten. Sie kamen dann nach Kanem und liessen sich dort nieder als Fremde unter der Herrschaft der Tuareg, eines ihnen verwandten Stammes. Bald aber empörten sie sich gegen diese und bemächtigten sich des Landes. Da das Glück ihnen günstig war, so blühte ihr Reich eine Zeitlang, und ihre Herrschaft erstreckte sich bis aus Ende dieses Erdstriches, und Wadaï und Bagirmi und das Land Haussa waren in ihrem Besitz. Im Laufe der Zeit indes ward ihre Herrschaft schwach und ihre Macht zerfiel."

Im zweiten Kapitel giebt er noch weitere Auskünfte über den Ursprung der Berber.

„Diese Berber", sagt er, „sind eine Nation, Nachkommen Abrahams; obgleich man angiebt, sie stammten von Japhet, und nach anderen von Gog und Magog, den der zweigehörnte Alexander (der Grosse) einmauerte; ein Stamm von ihnen aber, der zu dieser Zeit gerade in Ghair-oon war, blieb dort und verheiratete sich mit Türken und Tataren. Es ist gleichfalls gesagt, dass die Berber von den Kindern des Jan oder Jiin (Dämon) abstammen auf folgende Weise. Eine Anzahl von ihnen war nach Jerusalem gegangen, schlief in der Ebene daselbst die Nacht hindurch, und ihre Weiber wurden schwanger von dem Jiin dieser Gegend. Deshalb sind sie von Natur zum Blutvergiessen, Plündern und Fechten geneigt."

Sultan Bello zeichnete auch für Clapperton eine Karte von „Mittelafrika", die allerdings nicht über das eigentliche Sokotoreich hinausreichte. Über den Niger, den er Kowara nannte, hatte er keine klare Vorstellung; er dachte, dass derselbe, etwa dem Laufe des Benue entsprechend, sich nach Osten fortsetze und nach Ägypten fliesse, wo er alsdann Nil genannt werde. So war denn der Fellatakönig kein grosser Weiser und nicht einmal mit den Ergebnissen der älteren arabischen Forschung vertraut. Immerhin ist es wohl bemerkenswert, dass es im Herzen von Afrika überhaupt derartige Herrscher giebt.

Sultan Bello wurde auch in der ersten Zeit in Europa rühmend anerkannt; später gelangte er bei den Engländern in Misskredit, aber, wir möchten sagen, mit Unrecht. Clapperton kam zu ihm zum zweiten Male. Er hatte diesmal den Weg von der Westküste eingeschlagen und wollte von Sokoto mit Briefen des Königs von England nach Bornu gehen. Diesem Plane stellten sich unvorhergesehene Schwierigkeiten entgegen.

Während Clapperton in England war, brachen zwischen Bornu und

Sokoto Feindseligkeiten aus. Der Sultan von Bornu fiel raubend und plündernd in die Haussastaaten ein. Als nun Clapperton in Haussa ankam, wurde er von Bello auf das freundlichste empfangen; das gute Verhältnis begann sich erst zu trüben, als der Sultan erfuhr, dass Clapperton nach Bornu gehen wolle. Was wollte der Engländer bei seinem Feinde? Die arabischen Kaufleute, welche in Sokoto weilten, benutzten diese Gelegenheit, um bei dem Sultan Argwohn gegen die Europäer und Christen zu erregen. Sie sprengten das Gerücht aus, die Engländer wollten Mittelafrika ebenso erobern, wie sie Indien erobert hätten, und die englischen Reisenden seien weiter nichts als Spione, welche das Land erkundschaften und Sokoto in erster Linie an Bornu verraten wollten. Diese Verdächtigungen fielen auf einen dankbaren Boden. Zunächst wurde Clapperton freigestellt zu reisen, wohin er wolle, nur nach Bornu sollte er nicht gehen. Clapperton wollte davon nichts hören und bestand entschieden auf seinem Plan auch in einer Versammlung von Würdenträgern, welche der Sultan berief. Seine entschiedene Sprache hatte keinen Erfolg, und die Araber sprachen laut, um den Sultan aufzubringen: „Hört, wie der Mann mit dem Beherrscher der Gläubigen spricht!“

Die Angelegenheit nahm eine ernstere Wendung, als noch das Gerücht ausgesprengt wurde, der Reisende wolle Feuerwaffen als Geschenk an den Herrscher von Bornu überbringen. Clapperton wurde zum Sultan von Sokoto bestellt, und dieser liess sich zunächst den Brief an den Herrscher von Bornu aushändigen; er behauptete anfangs, er wolle nur die Adresse sehen, gab aber den Brief nicht zurück. Nachdem man Clapperton entlassen, wurde das Schreiben erbrochen, und später konfiszierte der Sultan die Gewehre, die Clapperton mit sich führte, und die Geschenke, die für den Scheich el Kanemi von Bornu bestimmt waren. Der Sultan motivierte dabei seine Handlungsweise damit, dass er seinem Feinde unmöglich Waffenzufuhren gestatten könne und dass er sich an den für denselben bestimmten Geschenken schadlos halten wolle für die Räubereien, die dieser in seinem Lande gemacht habe. Wenn man objektiv urteilt, kann man Sultan Bello diese Handlungsweise nicht als eine Schandthat anrechnen, da er persönlich dem Reisenden kein Leid zufügte. Die Spionriecherei treibt selbst in zivilisierten Ländern die wunderbarsten Blüten, und dass zu Kriegszeiten für den Feind bestimmte Geschenke konfisziert werden, ist auch ziemlich erklärlich. Es mochte Clapperton höchst peinlich sein, die sorgfältig ausgearbeiteten Reisepläne vereitelt zu sehen, aber er hätte auch die Lage der Dinge berücksichtigen sollen. Er nahm sich das Vorgehen Bellos sehr zu Herzen, und da er bereits seit längerer Zeit fieberkrank war, so wirkte diese Enttäuschung nachteilig auf seine Gesundheit. Er wurde kränker und kränker und starb in Sokoto, gepflegt von seinem Diener Richard Lander, welcher das Tagebuch des Reisenden später nach Europa brachte. In England behauptete man, der Sultan habe den verdienstvollen Reisenden vergiften lassen; aber diese Anschuldigung entbehrt jeder Begründung. Sultan Bello hat im grossen und ganzen die europäischen Reisenden freundlich behandelt.

Mohammed Bello, eine der interessantesten Gestalten auf dem Throne von Sokoto, starb im Jahre 1832, und auf ihn folgte sein Bruder Atiku, der kurz, nur bis zum Jahre 1837, regierte. Der Mann, der um die alten Hemden und Jacken Denhams so eifrig gehandelt und eine Komödie bei der Thronbesteigung seines Bruders aufgeführt hatte, sah sich also dennoch am Ziel seiner Wünsche, und als Regent erwies er sich besser als sein Ruf: denn in den Haussalanden herrschte unter ihm Ruhe und Sicherheit. Sein Nachfolger wurde Aliu, der Sohn Mohammed Bellos, der uns insofern ein näheres Interesse einflösst, als unter seiner Regierung der berühmte deutsche Reisende Heinrich Barth das Sokotoreich auf seinem denkwürdigen Zuge nach Timbuktu besuchte.

Sultan Aliu

Nicht in der Residenz, sondern wieder auf einem Kriegszuge befand sich Sultan Aliu, als Heinrich Barth mit ihm zusammentraf. Das Lager bot einen malerischen, ja eindrucksvollen Anblick; denn die Abenddämmerung war bereits eingebrochen, als die Audienz stattfinden sollte. Dabei war der Himmel von dickem Gewölk geschwärzt, an dem von Zeit zu Zeit Blitze aufzuckten, während der Donner unaufhörlich dumpf rollte. Noch fiel kein Regentropfen, aber aus der Ferne kündigte die Regenzeit ihre Annäherung an. Rings herum auf den Feldern, soweit das Auge reichte, leuchteten zahllose Lagerfeuer, um welche die buntgemischten Krieger der Haussavölker sich gruppierten. Diese Szenerie machte den Eindruck der Audienz zu einem wirklich feierlichen; denn sonst fehlte hier im Lager jeder fürstliche Pomp, was die Ausstattung der Wohnung anbetraf.

Alius Quartier lag im nördlichen Teil eines Dorfes, und hier erwartete der Beherrscher der Gläubigen, auf einer Thonbank unter einem Baume sitzend, den berühmten Afrikaforscher. Die Begrüssung war ausserordentlich feierlich, Aliu schüttelte Barth die Hand und bat den Reisenden, ihm gegenüber Platz zu nehmen.

Barth brachte dem Sultan Grüsse von der Königin von England und ging auf seine Mission an diesem Hofe ein. Die Bekämpfung des Sklavenhandels stand diesmal im Hintergrunde; man hatte sich abgewöhnt, solche fromme Wünsche Sultanen im innersten Afrika vorzutragen. Barth, der im Auftrage Englands reiste, wünschte nur einen Freibrief, der allen englischen Kaufleuten bei einem Besuche des Haussagebietes in Handelszwecken volle Sicherheit für ihre Person und ihr Eigentum gewährte. Ein zweites persönlich wichtiges Anliegen bezog sich auf die Erlaubnis, die Reise nach Timbuktu fortsetzen zu dürfen.

Wie schön klang die Antwort des Herrschers. Ohne Rückhalt und in der wohlwollendsten Weise willfahrte er beiden Gesuchen Barths, indem er erklärte, dass sein grösstes Vergnügen darin bestehen würde, Barth mit allen seinen Kräften in dem Unternehmen zu unterstützen, da er bloss menschenfreundliche Zwecke verfolge und nur dazu dienen könne, weit voneinander lebende Nationen einander näher zu rücken. Seltsame Worte im Munde eines afrikanischen Fürsten! Der Sultan knüpfte daran an die Lebensschicksale des Kapitän Clapperton. Er entschuldigte sich, dass der Kriegszustand, welcher damals zwischen Bello und dem Scheich el Kanemi herrschte, den ersteren gezwungen habe, die Reise Clapperton nicht zu gestatten. Allerdings befand sich bei dieser Audienz Sultan Aliu in einer unangenehmen Lage; denn im Osten der Haussastaaten herrschten wieder Kriegszustände mit Bornu, und Barth kam gerade von dort nach Haussa – der Sultan von Bornu hatte andere Ansichten über die Gefährlichkeit geographischer Reisenden.

Während dieser ersten Audienz konnte Barth das Antlitz des Sultans nicht sehen, da es zu dunkel war; auch die Geschenke, die er für diesen mitgebracht hatte, konnten zu einer so ungelegenen Zeit nicht überreicht werden. Diese Förmlichkeit wurde bis zur zweiten Audienz am nächsten Morgen verschoben. Was schenkte er dem Beherrscher der Gläubigen? Da war zuerst ein prächtiger Burnus (arabischer Mantel) mit Kapuze, von rotem Atlas und mit gelbem Atlas gefüttert, ein Burnus von gelbem und ein anderer von braunem Tuch; ein weisser Helali-Burnus von der feinsten Qualität; ein roter Tuchkaftan mit Goldstickerei; ein Paar rote Tuchhosen; ein Stambul-Teppich; drei Zuckerhüte; drei Turbane und eine rote Mütze; dazu kamen zwei Rasiermesser, ein halbes Dutzend Messer, und Gewürze, Nelken u. dergl. Den wichtigsten Teil aber bildeten ein Paar reich mit Silber ausgelegte Pistolen in samtenen Halftern.

Diese Geschenke band Barth in fünf Taschentücher zusammen und begab sich mit ihnen zum Sultan.

Aliu sass in einem aus Rohr gebauten Gemache auf einem aus leichtem Holz verfertigten Ruhebette. Jetzt konnte Barth den Häuptling genau betrachten. Er fand in ihm einen untersetzten Mann von mittlerer Grösse und mit einem runden, vollen Gesichte, das deutlich eher die Züge seiner Mutter (einer Haussa-Sklavin) als diejenigen seines Vaters Mohammed Bello, eines freien und edlen Fulbe, zeigte: er war gutmütig und voll guter Laune.

Auch seine Kleidung war überaus einfach und legte ebenfalls Zeugnis davon ab, dass er den reinen Pullo-Charakter aufgegeben hatte; denn sie bestand fast nur in einem Hemde von grauer Farbe. Auch sein Gesicht war unverhüllt, während sein Vater Bello selbst in seiner Privatwohnung wenigstens vor einem Fremden niemals verfehlte, dasselbe zu verhüllen.

Nachdem die Frage des Freibriefes erledigt war, besah sich Aliu die Geschenke und drückte zu wiederholten Malen seine Freude darüber aus, aber als er der Pistolen ansichtig wurde, die Barth absichtlich bis zuletzt zurückbehalten hatte, gab er seinen Gefühlen in der unzweideutigsten Weise freien Lauf. Barths Hände wiederholt drückend, sagte er: „Nagode, nagode barka, Abd el-Kerim, barka!“ (Meinen besten Dank, Abd el-Kerim, Gott segne dich!) Es war klar, dass er nie zuvor etwas diesen reich verzierten Pistolen Ähnliches gesehen hatte, wie sie denn auch von den Kenneraugen des Herrn Warrington in Tripolis ausgesucht worden waren,

Er revanchierte sich königlich; denn kaum war Barth in sein Zelt zurückgekehrt, als ihm der Galadima als Geschenk des Königs eine Summe von 100 000 Kurdi überbrachte, damit Barth in der Abwesenheit des Sultans die Ausgaben seines Hauses bestreite. Die Summe 100 000 klingt zwar sehr schön, aber in Wirklichkeit übersteigt sie nicht den Wert von etwa 150 Mark.

Beinahe ein Menschenalter war seit der Zeit verflossen, wo Clapperton zum zweiten Male das Sokotoreich bereist hatte. Einen Aufschwung, einen Fortschritt konnte Barth unter der Regierung Alius nicht bemerken, wenn er die Schilderungen seines Vorgängers mit den Zuständen, wie er sie erblickte, verglich. Die Hauptstadt des neugegründeten Reiches war eher im Verfall als im Aufblühen begriffen. Die Moschee, die zu Clappertons Zeiten gebaut wurde, lag ganz in Ruinen da, der „Palast“ Bellos befand sich gleichfalls in schlechtem Zustande. Sokoto war nur noch durch seinen Markt bedeutend.

Dieser bot selbst bei dem herabgekommenen Zustande der Stadt einen sehr interessanten Anblick dar: zahlreiche Gruppen von Leuten, Käufer sowohl wie Verkäufer, und Lasttiere der verschiedensten Art – alles in malerischen Gruppen über den Felsabhang zerstreut.

Der Markt war, als ihn Barth sah, ziemlich stark besucht und gut versehen; er enthielt etwa 30 Stück Pferde, 300 Stück Schlachtvieh. 50 Lastochsen und eine grosse Menge Lederarbeiten, vorzüglich Beutel, Kissen und ähnliche Artikel (Lederarbeiten bilden nämlich noch heute den berühmtesten Manufakturzweig in Sokoto, indem das hier verarbeitete Leder sehr fein und schön ist). Dann waren mehr als 100 Zäume zum Verkauf ausgestellt, ferner eine grosse Menge Eisen, wie denn das Eisen von Sokoto im Gegensatz zu dem sehr schlechten von Kano von ausgezeichneter Güte und sehr gesucht ist. Auch eine grosse Menge Sklaven wurde feilgeboten, und sie wurden teurer verkauft als man erwarten sollte, – für einen Burschen von sehr unbedeutendem Äusseren wurden 33 000 Muscheln bezahlt.

Der Sultan residierte damals weniger in Sokoto als in der nahe gelegenen Hauptstadt Wurno.

Als Barth von Timbuktu zurückkehrte, war der innere Zustand des Reiches nicht besser geworden. Die einzelnen Stämme führten gegeneinander Raubzüge aus, und selbst in der unmittelbaren Nähe der Hauptstadt wurden Dörfer geplündert und Viehherden fortgetrieben. Als aber der Reisende bei seiner Abschiedsaudienz den König ermahnte, er solle für die Sicherheit der Kaufleute im Lande sorgen, da jetzt die Strassen verschlossen seien, so erhielt er als Antwort den weisen Ausspruch des Beherrschers der Gläubigen: „Gott mag sie öffnen!"

Die Unthätigkeit, durch die sich König Aliu so unvorteilhaft von seinen Vorgängern auszeichnete, blieb auch die charakteristische Eigenschaft seiner Nachfolger; denn nicht anders waren die Verhältnisse beschaffen, als nach wieder dreissig Jahren deutsche Reisende Sokoto besuchten. Diesmal kamen sie nicht im englischen Auftrage. Sie brachten Briefe vom deutschen Kaiser und schlossen Verträge für das deutsche Reich; denn an der Westküste von Afrika wehte bereits im Togoland und in Kamerun die deutsche Flagge, und das Hinterland, welches für diese Kolonien voll Bedeutung ist, bilden eben Haussa und Adamaua.

Seit Barths denkwürdiger Reise waren wohl Handelsunternehmungen auf dem Niger und Benue eingeleitet und auch Missionsversuche unternommen worden. In das Herz der Haussaländer war aber erst im Jahre 1881/1882 wieder Flegel eingedrungen, und er gab die Anregung zu der deutschen Niger-Benue-Expedition, auf welcher Paul Staudinger den Sultanen Mansu von Sokoto und Maliki von Gandu Geschenke Kaiser Wilhelms überbrachte.

Eine deutsche Gesandtschaft beim Sultan von Sokoto

Als Paul Staudinger Ende 1885 mit seinem Begleiter Hartert im Sokotoreich eintraf, war der Sultan wieder einmal unterwegs, so dass die Audienz nicht in der Residenzstadt, sondern in einem kleineren Orte Gigan Goda stattfand.

Es besteht in Sokoto die Sitte, dass man über die Begrüssung Fremder die Nacht nicht vergehen lasse, und so wurden die Deutschen sofort nach ihrer Ankunft zum Sultan befohlen. Die Haussabegleiter rieten zwar Staudinger, er solle gleich die Briefe Kaiser Wilhelms mitnehmen, da nach der Sitte des Landes auch die Briefe nicht eine Nacht schlafen dürften, aber der deutsche Gesandte war wohl der richtigen Meinung, dass das beste Empfehlungsschreiben erst durch die Geschenke Wert erhält, und ging, da er diese noch nicht auspacken konnte, ohne die Briefe hin.

Vor dem Eingang des Königspalastes stand eine grosse Anzahl von

Pantoffeln, und in der Vorhalle kauerten dichtgedrängt viele Menschen, die alle darauf warteten, sich vor dem erhabenen Herrscher in den Staub werfen zu können. Nach kurzem Aufenthalt wurden die Deutschen zu dem Sultan gerufen. Er sass in einem kleinen Raum auf einem mit kostbaren Decken belegten Rohrgestell. Der Sultan trug ein Gewand, den Gesichtsshawl hatte er zurückgeschlagen, und so konnte Staudinger sehen, dass er bereits ein ältlicher Mann war. Er stammte aus dem Geschlechte des Othman dan Fodio; seine Hautfarbe hatte eine sehr dunkle Schattierung, da sein Blut nicht rein, sondern von seinen Vorfahren mütterlicherseits mit dem der Gobirri gemischt war.

Zu seiner Seite sass der Ossiri: am Eingang der Thüre standen zwei andere Würdenträger des Reiches. Die Gesandten begrüssten den Sultan durch eine ehrfurchtsvolle Verbeugung und nahmen dann auf zwei Matten Platz. Der Empfang von seiten des Sultans war ein überaus herzlicher, wohl zwanzigmal rief er ihnen den arabischen Gruss zu und erkundigte sich sehr angelegentlich, wie ihnen die Reise bekommen sei, wie es ihren Weibern und Kindern zu Hause und dem deutschen Kaiser ergehe. Damit war die erste Audienz zu Ende.

Die Übergabe der kaiserlichen Geschenke fand am 30. Dezember statt. Die Träger Staudingers waren stolz, eine „Last des Beherrschers der Gläubigen zu tragen“, und so ging der Zug nach dem Residenzgehöfte.

Hier wurde zunächst der Ossiri beschenkt; er musterte dabei auch die für seinen Herrn bestimmten Gaben, welche seinen vollen Beifall erregten; als richtiger Minister las er auch die Briefe durch, um den Inhalt schon vor der Audienz zu kennen.

Hierauf musste die Gesandtschaft eine lange Zeit in einer dunklen Vorhalle antichambrieren. Eine grosse Anzahl Personen harrte schon des Augenblicks, vorgelassen zu werden, und hatte sich bereits ihrer Schuhe entledigt.

Schwatzend gingen die Höflinge von einem Besucher zum anderen, um dabei eine Goranuss zu erbetteln. Endlich wurden die Gesandten gerufen. Der Suntali, der Zeremonienmeister, wartete draussen auf ihre Ankunft; diesem mussten der Sitte gemäss die Schreiben übergeben werden. Erst darauf liess der Beamte sie durch den Ossiri in Gegenwart der Gesandten dem Sultan überreichen, welcher sie flüchtig musterte und dann seinem Minister, der hier die Stelle des Malam vertrat, zum Vorlesen übergab. Vorher fand jedoch wiederum die offizielle Begrüssung mit den Erkundigungen, wie die Gäste geschlafen hätten u. s. w., statt. Alles sass andächtig im Halbkreise herum, und zuerst wurde der Geleitsbrief des Nupekönigs verlesen. Dann kam das Schreiben Seiner Majestät des Kaisers von Deutschland, welches in arabischer Sprache abgefasst war, zum Vortrag. Der Inhalt schien einen guten Eindruck zu machen, und auch die schöne Ausstattung des Briefes imponierte den Leuten. Nach dem Verlesen nahm der Sultan das Schriftstück, betrachtete es lange und übergab es dann Staudinger zur Übersetzung des deutschen Teiles. Um ihn die Sprache unseres Landes hören zu lassen, trug dieser ein Stück in unserer eigenen Zunge vor, während er das ganze dem Dolmetscher gleich englisch wiederholte, der es in Haussa übersetzte. Der König stimmte oft, beifällig nikkend, zu und bewilligte sofort alle Wünsche der Gesandtschaft.

Die Deutschen könnten an jeden Platz seines Reiches kommen und gehen, wann sie wollten, auch dürften sie Handel treiben und Häuser bauen, jeder seiner untergebenen Könige müsste sie schützen. Er erwähnte, dass eine Gesandtschaft der englischen Gesellschaft (unter Thomson) ihn vom Niger aus in Sokoto besucht habe; diese Leute hätten Land erwerben wollen; er habe ihnen aber dies Verlangen rund abgeschlagen. Keinen Zoll der unter seiner Oberhoheit stehenden Gebiete, wo Mohammedaner wohnen, würde er verkaufen, noch weniger trete er das Recht des Handels an eine Person ab; seine Märkte seien frei für alle Völker. Nach diesen günstigen Worten liess Staudinger die Geschenke vorlegen.

„Zuerst“, schreibt er, „kamen die Elfenbeinsachen, welche mein Kamerad Hartert selbst trug, daran. Flegel war von der Idee ausgegangen, den Leuten zu zeigen, was bei uns aus ihrem Elfenbein gemacht würde, und hatte daher einen Teil der ihm zur Verfügung stehenden Summen zum Ankauf solcher Sachen verwendet. Gewiss konnte man dies nach europäischer Ansicht für gut halten, den Leuten selbst jedoch imponierten die teuren Gegenstände wenig. Billige Stoffe, in die Augen fallender Tand oder eine Kuriosität, welche für den zehnten Teil des Preises anzuschaffen gewesen wäre, hätten einen ungleich grösseren Eindruck auf sie gemacht. Mit lächelndem Kopfschütteln, allerdings doch mit Verwunderung gemischt, betrachteten sie die aus dem Hauri hergestellten Gegenstände, als Szepter, Spiegel, Fächer, Armband und Kette. Den Glanzpunkt unserer Gaben bildeten natürlich die fünfzehn Zündnadelgewehre mit den dazu gehörigen Patronen; die Freude des Königs, auf einmal in den Besitz einer so grossen Anzahl Hinterlader zu kommen, war eine ersichtliche. Ferner erhielt er viele Seitengewehre und Kavalleriesäbel, sowie elf Stück kostbare Stoffe, aber auch diese waren zum Teil nicht richtig in Deutschland ausgewählt worden, da statt der schweren Jutedecken schönfarbige leichte Seidenzeuge sicher viel mehr den Wünschen der Leute entsprochen hätten. Eine Anzahl von Bijouterien, sowie einige Fächer von Pfauenfedern bildeten den Schluss. Letztere erregten besonders die Bewunderung der hohen Herrschaften, da sie selbstverständlich noch nie die Feder dieses Vogels gesehen hatten. Im allgemeinen zeigte sich der König mit den Gaben sehr zufrieden; er liess den Gesandten wiederholt seinen Dank aussprechen und erkundigte sich angelegentlich nach Sherik-e-Berlin Wilhelm, wie er unseren hochverehrten Kaiser nach der Unterschrift des Briefes nannte. Darnach wurde der Vertragsvorschlag für Handel und Verkehr vorgelesen, der ebenfalls seine volle Bewilligung erhielt. Zum Schluss sagte der Sultan nochmals: drei Dinge gebe er uns. Das erste sei Liebe und Freundschaft, das zweite Achtung, Schutz und Ehrerbietung und das dritte volle Gewährung und Freiheit des Handels und Wandels für uns und unser Volk. Er versprach uns fernerhin, einen Brief an unsern Kaiser, sowie ein Vollmachtsschreiben für sämtliche am Wasser wohnenden Könige auszustellen. Auf die englische Gesellschaft war er augenblicklich nicht gut zu sprechen; er wünschte nicht, dass seine Unterthanen Handel mit der Kompanie trieben, äusserte er, da sie eine Haussastadt beschossen habe. Auch verbot er den Engländern aufs strengste die Anwerbung von Haussasoldaten für ihre Besitzungen."

Wie schön auch solche Versprechen klingen, so liegt es doch keineswegs in der Macht des Beherrschers der Gläubigen, sie wirklich zu halten; denn er sitzt selbst wie eine Maus in der Falle hinter den Mauern seiner Städte, während allerlei unbotmässige Völker und Stämme seine Unterthanen plündern. Gott hat es bis jetzt nicht gefallen, die Strassen von Haussa zu öffnen. Dass die Herrschaft über manche Distrikte nur nominell ist, konnte auch Staudinger am Hofe Mansus erfahren.

Vor dem Palaste tummelte sich auf einem schönen, kräftigen Asbinpferde, das nebenbei gesagt hier in Haussa 400 Sack Muschelgeld oder dreissig bis vierzig Sklaven oder etwa 8000 Mark kostete, ein interessant aussehender Reiter. Es war der Sultan von Gobirr. Staudinger war erstaunt, dass der Beherrscher eines so feindlichen und mächtigen Stammes zur Tributzahlung gekommen sei. Da erfuhr er, dass die in Frage stehende Person nur ein Titularherrscher sei, denn von dem ganzen Gobirrireiche gehöre ihm nur eine Stadt; obendrein war dieser Fürst noch ein Sohn des Sultans von Sokoto.

Seit dem Besuche Barths hat sich somit in Haussa die Lage der Dinge nicht verändert; Energielosigkeit war auch jetzt das Zeichen der Sultane, und das Reich bestand, weil an seinen Grenzen keine mächtigeren Feinde wohnten.

Wir wollen aber nunmehr den Hof des Beherrschers der Gläubigen verlassen und eine wenn auch nur flüchtige Umschau unter den Königen der einzelnen Haussastaaten halten – den Vasallen oder Gouverneuren des Sultans von Sokoto. Wenden wir uns zunächst nach der berühmtesten Handelsstadt des westlichen Sudan.

In Kano

Laut Clappertons Angaben hatte die Stadt Kano gegen 40 000 Einwohner. Zwischen zwei sumpfigen Teichen, die in der Mitte derselben gelegen waren, wurde der Markt abgehalten, auf dem man alles erhalten konnte, was in Mittelafrika verkäuflich ist. Diese Messe blühte namentlich in den trockenen Monaten, und Clapperton kaufte sich hier sogar einen englischen Regenschirm! Kano überstieg lange Zeit, was Bedeutung anbelangt, selbst die Sultanstadt Sokoto. Der unvergessliche Heinrich Barth hat uns in seinem Meisterwerke eins der trefflichsten Bilder der Sudanstädte entworfen, indem er seinen Ritt durch die Strassen von Kano in etwa folgenden Worten schilderte:

„Wie wir uns so kreuz und quer durch alle bewohnten Quartiere wandten, konnte ich von meinem Sattel aus all die verschiedenen Szenen des öffentlichen und Privatlebens übersehen, Bilder ruhiger Behaglichkeit und häuslichen Glückes, wie eitler Verschwendung und verzweifelten Elends, rüstiger Thätigkeit und schlaffer Trägheit; hier ein Bild des Gewerbfleisses, dort ein anderes der äussersten Gleichgiltigkeit.

Alle Seiten des Lebens zeigten sich mir in den Strassen, auf den Marktplätzen und im Inneren der Häuser. Es war ein reiches lebendiges Bild einer kleinen Welt für sich, äusserlich durchaus von dem, was man in europäischen Städten zu sehen gewohnt ist, verschieden und doch in seinen vielfachen Triebfedern so ähnlich! Hier war eine Reihe von Läden voll einheimischer und fremder Waren, mit Käufern und Verkäufern in allen Abstufungen von Gestalt, Farbe, Kleidung, aber alle auf das eine Ziel bedacht, durch Übervorteilung des anderen sich einen kleinen Gewinn zu machen; dort eine grosse Schattenbude, wie eine Hürde, voll halb nackter, halb verhungerter Sklaven, ihrer Heimat, ihren Weibern oder Männern, ihren Eltern oder Kindern entrissen, wie Vieh, in Reihen aufgestellt und verzweifelnd auf die Käufer starrend, ängstlich erwartend, in wessen Hände ihr Schicksal sie führen würde. Ein anderer Teil der Buden war mit Lebensbedürfnissen aller Art angefüllt, wo der Reiche die schmackhaftesten Dinge für sein Haus findet und der Arme anhält und begierig auf ein Stück trocknen Brotes schaut, um seinen Hunger zu stillen.

Hier ein reicher Herr, in Seide und glänzende Gewänder gekleidet, auf einem edlen und reich verzierten Rosse sitzend, gefolgt von einem zahlreichen Trosse übermütiger und träger Sklaven: dort ein armer Blinder, der seinen Weg langsam durch die Menge fühlt und jeden Augenblick niedergetreten zu werden fürchtet. Hier ein nett mit neuen Matten und Rohr eingezäunter Hofraum, mit allen Bequemlichkeiten, wie das Land sie bietet, ausgestattet; eine reinliche, häuslich und gemütlich aussehende Hütte mit wohlgeglätteten Lehmmauern; eine saubergeflochtene Rohrthüre an das wohlgerundete Thor gelehnt, um alle unbefugten Eindringlinge vom Geheimnis des Familienlebens auszuschliessen: ein reinlicher Schuppen für die tägliche Hausarbeit, beschattet von einer schönen, weit sich ausbreitenden Alleluba, die in den heissen Tagesstunden kühlen Schatten gewährt, oder von einer schönen Gonda, die ihre majestätische Federkrone auf glattem, schlank emporschiessendem, ungebrochenem

Stamme ausbreitet, oder einer hohen Dattelpalme, die malerisch über dem Ganzen schwebt. Die Hausfrau in reinlichem schwarzem Baumwollkleide, mit einem Knoten um die Brust befestigt, das Haar niedlich geflochten, geschäftig die Mahlzeit für den abwesenden Mann zu bereiten, oder Baumwolle zu spinnen, oder die Sklavinnen antreibend, mit dem Stampfen des Kornes zur Fura zu eilen; die nackten Kinder fröhlich im Sande umherspielend, oder hinter einer eigenwilligen abschweifenden Ziege herjagend; umher irdene Töpfe und hölzerne Schüsseln und Schalen, alle reinlich aufgewaschen, jede am bestimmten Orte. Dort eine Buhlerin, heimatlos, freudelos, familienlos, aber gewandt, sich ein lustiges, übermütiges Ansehen zu geben und dann und wann in ein unziemliches Gelächter anszubrechen, mit buntem Kleiderschmuck angethan, zahlreiche Perlenschnüre am Halse, das Haar phantastisch geputzt und mit einem Diadem umwunden, ihr vielfarbiges Gewand lose unter der üppigen Brust befestigt und lang im Sande nachschleppend; so geht sie, die Blicke der Männer auf sich ziehend, um ihre Reize zu verkaufen. Und hier ein kranker Ausgestossener, mit Beulen oder Elefantiasis behaftet.

Dort die rege Marina, Färberei, eine offene Terrasse aus Lehm, zwei oder drei Fuss über dem Boden erhöht, mit einer grösseren oder geringeren Anzahl von Farbetöpfen; ein Mann, die Flüssigkeit umrührend und mit gestampften Indigoblättern ein zweckdienliches Holz mischend, um dem Stoffe die rechte Tinte zu geben; dort ein anderer ein wohlgesättigtes Hemd aus dem Topfe ziehend und an einem Baum oder Seil aufhängend; dort zwei andere Männer ein gefärbtes und getrocknetes Hemd in regelmässigem harmonischem Takt schlagend, um ihm den feinsten Glanz zu geben. Weiterhin ein Grobschmied, geschäftig, mit seinem rohen Werkzeug einen Dolch, über dessen Schärfe der Beschauer, welcher über die Werkzeuge lachte, erstaunt, oder einen furchtbaren mit Widerhaken versehenen Speer oder die schätzbareren und nützlicheren Instrumente zum Ackerbau zu fertigen. An anderer Stelle Frauen und Männer, in einer weniger belebten Strasse ihr Baumwollengarn auf die Zäune hängend. Hier eine Gruppe lässiger und träger Umhertreiber, die ihre Zeit damit hinbringen, dass sie sich unthätig in der Sonne strecken; da ein zahlreicher Zug aus dem fernen Lande Gondscha heimkehrender einheimischer Handelsreisender, beladen mit der allgemein begehrten Nuss, dem Kaffee des Sudan, deren Genuss niemand sich versagt, der von seinen dringendsten Bedürfnissen zehn Kurdi erübrigen kann. Hier bricht eine Karawane, mit Natron beladen, nach Nupe oder Nyffi auf, oder ein Trupp Tuareg zieht zur Stadt hinaus, um Salz nach den Nachbarplätzen zu bringen; dort bringt ein Trupp Araber seine schwer beladenen Kamele nach dem Quartier der Gadamsier; oder eine Gruppe Sklaven, einen verschiedenen Leidensgenossen herausschleppend, wirft diesen in den alles verschlingenden Sumpf. Hier ein Trupp bunt gekleideter, mehr prahlerisch als kriegerisch aussehender Reiter nach dem Palaste des Gouverneurs galoppierend, um ihm die Nachricht von einem Einfall des Sserki Ibram zu bringen; dort eine weite Knochenstätte von Aas und Unrat aller Art.

Überall das menschliche Wesen in allen seinen verschiedenen Formen, Freude und Trauer, Gedeihen und Verderben im buntesten Gemisch; alle Nationen, Gestalten und Farben, der olivenbraune Araber, der rötere Targi, der dunkle Bornuaner, der leicht und schlank gebaute Fellani mit kleinen scharfen Gesichtszügen; dort die breiten Gesichtszüge der derben Wangaraua (Mandingos), oder eine grosse und starknasige Frau von Nyffi; hier die wohlgebaute, freundlich lächelnde Bahauscherin."

Kano ist aber keineswegs das berühmte Ghana oder Ghanata, welches laut der Berichte der arabischen Schriftsteller im elften Jahrhundert die Metropole des Sudan bildete – um jene Zeit hatten sich die Haussastaaten noch gar nicht gebildet, und die Bedeutung Kanos ist noch jung, sie datiert erst seit dem Anfang dieses Jahrhunderts. Kano war von Anfang an mit einer grossen Mauer umgeben, welche, für die Bauverhältnisse der Haussa ein wahres Wunderwerk, nicht nur das Häusermeer der Stadt umgiebt, sondern noch etwa 15 Kilometer Felder umfasst. So ist die Stadt in diesem ewig den Kriegsläuften ausgesetzten Lande wohl in der Lage, eine längere Belagerung auszuhalten, da ja die Belagerten einen Teil ihres Kornes während des Krieges selbst bauen können.

Ein Menschenalter nach dem Besuche Barths näherte sich der berühmten Stadt wieder eine deutsche Expedition, die von Paul Staudinger geführte deutsche Gesandtschaft.

Prächtig gekleidete, vornehme Reiter kündigten schon unterwegs den Reisenden die Nähe der reichen Handelsempore an; einige Minuten vor dem äusseren Thore der Stadt erwartete sie aber ein junger, hübscher Mann in reichen Gewändern und hiess sie im Namen des Königs oder Gouverneurs willkommen.

„Um 6 Uhr 51 Minuten", berichtet Staudinger, „kamen wir an das erste Thor der märchenhaften, von vielen Reisenden erstrebten, aber selten erreichten Stadt. Der Eindruck, den dieses Thor, sowie die Mauern und der Wallgraben machten, war ein imposanter. Bei keiner anderen Stadt des Haussalandes habe ich eine ähnliche Befestigung gesehen.

Die wohl 20 Meter hohen, glatten Lehmmauern, vor welchen ein breiter, ungefähr 15 Meter tiefer Schutzgraben sich hinzog, sowie das mächtige, düstere Thorgebäude liessen in dem sich ihnen nun rückhaltlos anvertrauenden Wanderer ein beinahe unheimliches Gefühl aufkommen. Geführt vom Königsboten, durchschritten wir den Eingang. In geringerer Entfernung zog sich, jedoch nur an dieser Seite, noch eine zweite von einem Thore durchbrochene Befestigungsmauer hin. Über eine halbe Stunde ritten wir durch Stoppelfelder, bis wir um 7 Uhr 24 Minuten an die ersten Häuser von Kano kamen."

Dem Besuche beim König ging wie immer ein solcher bei seinem ersten Würdenträger, dem Galadima, vorher. Die erste Audienz fand noch am Abend, wo es bereits dunkel war, statt, so dass die Fremden wenig sehen konnten. Auf dem Hofe fielen ihnen nur ein paar schöne Sklavinnen, ein Zwerg, der eine Missgeburt war, und eine Messingkanone auf.

Am anderen Morgen wurden die Gesandten in der Audienzhalle des Ministers empfangen. Dieselbe bestand aus einem grossen, hohen, kuppelförmigen Gebäude, dessen Decke in der Mitte ein Messingbecken verzierte. In dem Gemach war zur Erwärmung desselben ein Feuer angezündet worden, denn beim Eintritt der kühlen Jahreszeit frieren die Haussa am Morgen sehr und heizen deshalb tüchtig ein. Der Galadima sass auf einem mit prachtvollen Decken belegten Ruhebett und hatte kostbare Gewänder angelegt. Mit den Geschenken, die ihm übergeben wurden, war er nicht besonders zufrieden, aber man hat den Sultan von Kano und seine Diener von Hause aus nicht besonders reich beschenken wollen; sie waren ja Vasallen des Beherrschers der Gläubigen in Sokoto. Die Geschenke für den Sultan von Kano mussten übrigens am Eingange zum Palaste abgeliefert werden, damit sie der Sohn des Herrschers begutachte, und so war die Gefahr nicht ausgeschlossen, dass der Sultan manches Stück überhaupt nicht zu sehen bekam.

Unterdessen mussten die Deutschen in einem der inneren Hofräume antichambrieren, wo sie neue Bekanntschaften schlossen. Da waren schwarze Araber aus Tunis, welche die Deutschen mit französischen Floskeln begrüssten, und auch Schmarotzer, welche die Gäste des Königs anbettelten. Auch das Publikum von der Strasse drängte sich hinein, um die Fremden zu sehen; eine dicke, resolute „Hofdame“ spielte dabei freiwillig die Rolle der Polizei, indem sie einen Handbesen ergriff und auf die lachende und johlende Menge einhieb.

Endlich ertönte helles Fanfarengeschmetter und zeigte an, dass der König seine inneren Gemächer verlassen hatte. Nun wurde die Gesandtschaft durch enge Räume zurückgeführt und gelangte über einen breiten Hof nach einem hohen Gebäude. „Ich muss gestehen“, berichtet Staudinger, „dass der Eindruck, den ich erhielt, ein unerwarteter, beinahe überwältigender war. Wir standen plötzlich in einem grossen Saal, über welchen sich eine mächtige Kuppel spannte; die Decke war tief blau gefärbt und in der Mitte durch ein grosses glänzendes Messingbecken geschmückt, jedenfalls, um das Himmelsgewölbe mit den Gestirnen zu versinnbildlichen. Auf dem Fussboden kauerten Hunderte von prächtig gekleideten Grossen, und im matten Halbdunkel, in einer Art Nische, ruhte auf erhöhtem Lager der mit feinen, hellen Gewändern bekleidete König. Ein schön gearbeiteter Armdolch der Tuareg war um sein Handgelenk befestigt. Den einen Arm stützte er auf ein geschmackvoll angefertigtes Haussakissen von Leder, als weiche Unterlage dienten ihm zwölf schöne, weisse Flanelldecken. Aller Augen richteten sich nun auf uns eintretende Fremdlinge, und ich kann mir wohl denken, dass unsre hohen europäisch gekleideten Gestalten einen eigentümlichen Eindruck auf diese Leute machten. Unsere Haussabegleiter warfen sich ehrerbietig, mit der Stirne den Boden berührend, vor dem mächtigen Könige nieder, während wir ihn, wie bisher die Herrscher, auf europäische Art begrüssten. Da rief der König seiner Umgebung einige missbilligende Worte zu. Das zustimmende Gemurmel der versammelten Grossen verstärkte sich, wilde Rufe wurden laut, und die fanatischen Blicke der wütenden Menge richteten sich auf uns. Ich muss gestehen, trotz der Gefährlichkeit unserer bedenklichen Lage, indem wir allein, ohne Waffen, inmitten dieser Menge im starkbesetzten Königsschloss waren, machte auf mich der Lärm nur einen komischen Eindruck. Der schreiende, scheltende König, das wütende Geschwatze der Corona, sowie die eigenartige Tracht in der morgenländischen Umgebung, worin mir mit unseren Korkhelmen, nebst den engen Kleidern und hohen Reiterstiefeln, einen sonderbaren Eindruck gemacht haben müssen, trat mir vor die Augen. Mit ruhiger Stimme erklärte ich unserem Vermittler, er möge dem Herrscher sagen, dass wir ihn nach der Art unseres Landes begrüsst hätten; nach derselben bliebe man vor einem grossen Sultan stehen, wenn einem nicht, wie das die Könige von Anassarawa und Keffi gethan hätten, Stühle zum Sitzen angeboten würden. Unser Kaiser habe den beiden Haussamadugus, die Flegel nach Deutschland gebracht hatte, auch gestattet, ihn nach ihrer Landesweise zu begrüssen, und nicht von ihnen verlangt, dass sie ihren Turban abnehmen mussten, obgleich es nach unsrer Sitte geboten sei, vor dem Könige sein Haupt zu entblössen. Wir seien aber nicht gekommen, um in Unfrieden von ihm zu scheiden, und da er es zu wünschen scheine, würden wir uns setzen. Uns wäre dies gleich, nach unserer Meinung hätten wir ihm aber auf unsere Art Respekt gezeigt; dabei liessen wir uns mit lächelnder Miene nieder, ohne uns jedoch nach morgenländischer Art auf den Boden zu werfen. Der Sturm der Erregung legte sich sofort, das Gesicht des Königs heiterte sich auf, und nun erst liess er uns den üblichen Gruss übermitteln."

Kano hat unter den Haussastädten seinen Ruf behauptet; es ist die reichste Hauptstadt der reichsten Provinz. Hierhin strömen die Waren, welche aus Bornu kommen, die Nordafrikaner richten ihre Karawanenzüge nach Kano, die Kaufleute vom Niger gehen gleichfalls nach Kano. Araber wohnen hier ständig und besitzen ihr eigenes Viertel mit hohen Häusern und engen, winkligen und düsteren Strassen. Sie sind hier gut eingerichtet und viele von ihnen reich, so dass die deutschen Gesandten diesen Herren gegenüber sich arm vorkamen.

Trotz des beschwerlichen Wüstenweges, den sie zurückzulegen haben, bringen sie doch ihre Waren billiger zu Markte als die Kaufleute vom Niger.

Kano ist auch eine wahre Geldstadt. Während es sonst im Haussalande schwierig ist, zehn bis zwanzig Säcke Kauri aufzutreiben, giebt es hier reiche Leute, bei denen dieses Geld in Hunderten von Säcken aufgehäuft liegt. Aber für grössere Abschlüsse reicht diese Münze nicht; dann rechnen die Kaufleute nach Mariatheresiathalern, die ja für Afrika noch immer neu geprägt werden. Zu Barths Zeiten galt ein solcher Thaler 2500 Kauri, dreissig Jahre darauf waren die Kauri halb so viel wert.

Die fremden Kaufleute haben die Sitten verfeinert und einen gewissen Luxus in die Stadt gebracht. Man erzählt von der Pracht derselben folgende bezeichnende Anekdote: Ein biederer Provinziale kam nach Kano. Vor den Thoren der Stadt begegnete er einem vornehmen Bürger, der nach der Sitte des Landes ein prächtig geschirrtes Ross ritt. Diener gingen ihm voraus, von denen einer sein Schwert trug. Der Provinziale dachte, der Reiter sei der König von Kano, und so liess er sich ehrfurchtsvoll vor ihm zur Erde nieder, um ihn zu begrüssen. Er wurde über seinen Irrtum aufgeklärt, aber da kam ein anderer Reiter, noch vornehmer als dieser, und der Provinziale dachte, dieser müsse der König sein. So wurde er an hundertmal getäuscht, bis endlich der König selbst unter betäubendem Fanfarengeblase geritten kam. Da sank der Mann vor Erstaunen in den Staub.

Die Anekdote ist bezeichnend. In Kano ist die Einfachheit, durch welche sich die Fulbefürsten auszeichneten, verschwunden, und am Hofe herrscht ein wahrhaft orientalischer Pomp. Auf die Sitten der Bevölkerung ist das nicht ohne Einfluss geblieben. Es herrscht überall ein flotter Ton, und die Fulbedamen, Mädchen wie Frauen, wissen zu kokettieren, geben viel Geld für Kleider und Schmuck aus und spinnen Liebesintriguen, oft mit Erfolg, obwohl sie die reichen Männer nach dem Vorgang des Kanofürsten nunmehr in ihren Harems bewachen lassen.

Kano stellt allein 6000 Reiter ins Feld; da im Sudan die Reiterei die entscheidende Waffengattung bildet, so ist Kano auch militärisch der mächtigste Haussastaat. Und doch herrschen hier dieselben Zustände wie in den übrigen Staaten, dieselbe Unsicherheit auf den Strassen; alljährlich wird dieser oder jener Distrikt von den unbotmässigen Heidenstämmen geplündert.

Daraus erklärt sich, warum die Haussa stets auf ihrer Hut sind, warum zum Beispiel die Leute von Kano Staudinger nicht erlaubten, rings um die Mauer der Stadt zu reiten. Er hätte ja die schwächsten Stellen ausspionieren können; und dann würde er wohl mit einem Heer erscheinen, um die Stadt zu plündern. In der That ist diese Furcht vor Spionen nicht unbegründet, denn die den regierenden Haussa feindlich gesinnten Stämme schicken erwiesenermassen Spione nach der Stadt, damit diese über die Bewegungen des königlichen Heeres Erkundigungen einziehen. Danach richten sie alsdann ihre Einfälle. Während der Anwesenheit

Staudingers in der Stadt wurden einige dieser Spione verhaftet und drei zum Tode verurteilt, während man fünf in die Sklaverei nach dem Ausland verkaufen sollte. Staudinger war auch Zeuge der Haussajustiz: „Mit dem Arm an den Kopf gefesselt (hier die übliche Art) wurden die drei Unglücklichen hinausgebracht, gefolgt von drei Henkersknechten und einem berittenen Mann des Königs, welcher die Exekution überwachen musste. Nahe bei der Strasse hielt der Zug an. Die Hände wurden nun den Verurteilten auf den Rücken gebunden, und die Hinrichtung begann. Mit stoischer Ruhe liessen sich zwei von den Heiden abschlachten, nur der dritte zuckte mit dem Hals zurück, so dass der Henker dreimal zuschlagen musste, ehe der Tod eintrat. Der höhnische, verächtliche Blick, den der eine Todeskandidat seinem Richter zuwarf, ist mir noch heute im Gedächtnis geblieben. Die Hinrichtung geschah mit einem Schwert, nur ein Kopf rollte sofort in den Sand, bei den anderen musste langsam die Gurgel nachträglich zerschnitten werden. Die Leichname blieben den Hyänen zum Frasse und als warnendes Beispiel unbestattet liegen."

Wir schalten an dieser Stelle noch eine andere Art der Haussajustiz ein.

Es handelte sich dabei um die Pfählung dreier Fulbemischlinge. „Diese Verbrecher hatten Strassenraub verübt und Morde begangen und waren von dem strafenden Arm der Gerechtigkeit erreicht worden. Nach Berichten, die ich erhielt, wurden die Übelthäter nicht bei lebendem Leibe gepfählt, sondern stranguliert, bevor der Henker ihnen den spitzen Pfahl durch den Mastdarm in den Leib trieb. Das Holz gruben die Knechte dann senkrecht in den Boden ein, und die Körper der Verbrecher erhielten dadurch das Aussehen, als ob sie in der Luft schwebten. Die Hingerichteten boten einen greulichen Anblick; die Sonne hatte die Haut der nur mit einem Schurzfell bekleideten Leute beinahe schwarz gebrannt. Die Leiber waren nicht mehr eingetrieben, sondern schon eingefallen, und an der Brust konnte man jede Rippe zählen. Bei der Trockenheit der Luft schien eine Art Mumifizierung der Körper vorzugehen. Das Haupt des einen hing nach rückwärts, während die Köpfe der anderen sich nach der Seite neigten und einen grinsenden Ausdruck im Gesichte zeigten, nur die Züge des einen Gepfählten fand ich vom Schmerz entstellt. Selbst die Hyänen schienen sich des Nachts nicht recht heran zu trauen. Bald wandte ich mein Pferd, welches sich zu scheuen begann, denn ein widerlicher Geruch wurde durch den Wind herbeigetrieben. Trotz des hässlichen Schauspiels, welches eine solche Hinrichtung darbietet, ist sie doch in diesem Lande zur Aufrechterhaltung der Ordnung sehr am Platze. Bei Gelegenheit der Exekution erfuhr ich von unserem Lokodschadiener, dass bei Loggom Leute manchmal lebend gepfählt würden."

So ist die Halbkultur in diesen Landen beschaffen. – –

Von dem Sultan von Kano wurde die Gesandtschaft mit einem Gegengeschenk von 100 000 Kauri = 20 Thalern für die Wegzehrung entlassen.

Der Sultan von Gandu

Die Haussastadt, die wir jetzt aufsuchen, ist keine bedeutende. Unregelmässig gebaut, gleicht sie wegen der vielen in ihr wachsenden Bäume einem schattigen Garten. Unsere Gesandtschaft findet ein elendes Quartier bei dem „Könige der Weissen", wie der Wirt genannt wird, der die Europäer zu beherbergen hat. Hungern und dursten sollen aber die Gäste nicht. Der Sultan von Gandu sendet eine Kalabasse Milch, welche wohl 15 Liter halten mochte, und eine Menge Furra. Die Milch ist von vorzüglicher Qualität und nicht abgesahnt. Der Wirt selbst sendet ein ähnliches Geschenk; dann kommen nachmittags vom König ein Kalb, ein Schaf und Dawa für die Pferde; der Galadima erweist seine Ehrfurcht durch die Übersendung eines Hammels, eines feisten Truthans und einer grossen Schüssel Reis. Doch das ist noch nicht alles; es nahen noch sieben nette Dienerinnen des Sultans und bringen bei anbrechender Dunkelheit riesige mit schöner Buttersauce bereitete Schüsseln.

Der Wirt empfiehlt sich, aber er warnt die Gäste vor zwei nächtlichen Gefahren in der Stadt. Erstens durchzögen diese Stadt Gandu des Nachts Hyänen und raubten Ziegen und Schafe, und dann machten sich auch im nächtlichen Dunkel Männer des Kebbistammes bemerkbar, um Pferde zu stehlen! Fürwahr, ein schöner Beweis von den traurigen Zuständen, in denen sich die Ganduprovinz befindet.

Die Hyänen heulten des Nachts in der Runde, die Pferdediebe zeigten sich nicht; sie wollten gewiss keine Bekanntschaft mit deutschen Kugeln schliessen, aber die Gesandten waren doch ein wenig besorgt, wie die Audienz ausfallen werde. Es wurden zwar in der Heimat schöne Geschenke für den Sultan von Gandu eingepackt, aber man hatte sie durch einen Vasallen des Sultans von Gandu an den Herrscher befördern lassen. Das war ein Fehler, denn es hiess immer, dass die Geschenke unterwegs wären, aber sowohl die Leute am Hofe von Gandu wie die Gesandten des deutschen Kaisers hatten allmählich den Glauben verloren, dass die guten Flinten und schönen Stoffe jemals den Ort ihrer Bestimmung erreichen würden. So musste aus dem Privatgepäck etwas herausgesucht werden.

Die Audienz verlief indessen, wie wir sehen werden, ganz gemütlich.

„Am Morgen des 21. Januar", berichtet Staudinger, „wurde ich zur Audienz zum Könige gerufen. Der Eingang zu seinem Palaste befand sich in demselben Zustande, wie ein Teil der Stadtmauer, nämlich halb verfallen. Ein anderer Raum war etwas besser, doch immerhin noch ziemlich unansehnlich. Der jetzige Herrscher von Gandu scheint nicht mehr in mönchischer Zurückgezogenheit zu leben, wie nach Barth weiland sein Vorgänger Chalilu. Im Gegenteil, er besass eher ein joviales Benehmen, und Freude und Interesse leuchteten aus seinen gutmütigen Zügen, als er mich begrüsste. Er liess mir sofort ein Lederkissen und einen Teppich zum Niedersetzen bringen. Die ganze Audienz machte einen patriarchalischen Eindruck. Müssige Höflinge und Neugierige standen zuschauend an der äusseren Thüre des Raumes; auf dem Thronsessel kroch neben dem feingekleideten Sultan sein Lieblingssohn, ein hübscher, kleiner, nackter Knabe, herum, und in der Thür zu den inneren Gemächern standen Kinder und Weiber, um den weissen Fremdling zu betrachten. Die beiden Parteien erhoben zu Zeiten ein solches Geschnatter, dass der König in höchst eigener Person ihnen ärgerlich eine derartige Unterhaltung verbot. Sie schienen aber keine grosse Furcht vor dem Zorn Sr. Majestät zu haben, denn nach kurzer Zeit war die Konversation wieder in vollem Gange. Den besten Eindruck auf mich machte der Malam des Königs, der von einer schönen, stattlichen Erscheinung und fein gekleidet war. Er las den kaiserlichen Brief mit einer fabelhaften Geläufigkeit, doch die Hauptpunkte gut betonend. Die meisten Schriftgelehrten im Haussaland, welche ich gesehen hatte, studierten erst eine Viertelstunde das ihnen übergebene Schreiben, ehe sie es vortragen konnten. Auch dem Gandupriester imponierte das schön ausgestattete Schriftstück gewaltig, und mehrmals rief er am Schluss bemerkend aus: „Ho Malam bature!“ („O, der Briefschreiber des Weissen!“) Der Inhalt des Briefes erregte jedoch ebenfalls die Freude und Zustimmung des Sultans. Er drückte mir seine volle Genugthuung aus, dass er von dem so mächtigen Kaiser von Deutschland einen Beweis seiner Huld empfangen habe, und Tambari verfehlte natürlich nicht, ihm von all den Wunderdingen in Berlin zu erzählen, so dass ihm schier unheimlich wurde. Er versprach uns ein Schreiben an die Wasserkönige, d. h. diejenigen Vasallen, welche im Besitze von Uferstrecken sind, zu geben, und wir schieden im besten Einvernehmen, nachdem ich ihm die Elfenbeingeschenke und die Bilder der kaiserlichen Familie überreicht hatte.“

Getrübt wurde das gute Einvernehmen durch folgendes Ereignis.

Staudinger hatte noch ein Stück Seiden-Goldbrokat, von dem er die Hälfte dem „Könige der Weissen“, also seinem Wirte, und die andere Hälfte dem Galadima schenkte. Der König liess sich das Geschenk des Galadima vorlegen und wollte auch ein solches Stück Seiden-Goldbrokat haben. Vergebens versicherte ihm Staudinger, dass unter den Geschenken, die ja für Se. Majestät unterwegs wären, sich viel schönere Stoffe befänden. Dem König war doch ein Sperling in der Hand lieber als zehn Tauben auf dem Dache. Er mahnte nachdrücklich, sandte Boten über Boten, und so blieb Staudinger nichts weiter übrig, als das dem „Könige der Weissen" geschenkte halbe Stück von diesem zurückzukaufen und es dem Sultan zu geben. Dieser war nun froh und vergnügt.

Wenn nun die gefürchteten Hyänen und Pferderäuber die Deutschen mit ihrem Besuch in dieser Stadt verschonten, so meldeten sich unversehens die Termiten und begannen schon bedrohliche Verwüstungen in dem Gepäck anzurichten.

Gemütlich wie die Audienz war der Aufenthalt in Gandu; die Gäste wurden ausgezeichnet gefüttert, und gemütlich gestaltete sich auch der Abschied. Der König hielt sie zurück, da er für sie auf dem Freitagsmarkt Geschenke kaufen wollte. „So warteten wir wiederum", schreibt Staudinger, „und ich war sehr gespannt auf die versprochenen vielen Gaben. Da erschien ein einziges Pferd für mich, dafür aber die Versprechung des Königs, für Se. Majestät unseren Kaiser, sowie für unseren Landsmann Flegel schöne Geschenke anschaffen zu wollen. Darauf konnten wir allerdings nicht warten, aber in der liebenswürdigsten Weise versprach mein königlicher Freund, die Gegenstände nach Wurnu nachsenden zu wollen. Leider hat ihn aber sein Gedächtnis im Stich gelassen. Indessen will ich es dem alten Manne nicht übel nehmen, da er ja sein eigenes grosses Geschenk auch noch nicht hatte, und zu halten, was er versprochen, ist für einen Haussa-Fallani ein zu grosses Verlangen.

Am 29. Januar fand die Abschiedsaudienz statt. Der König benahm sich liebenswürdig wie immer und gab uns den Segen Allahs mit auf den Weg. Auch bei dieser Audienz machte sich ein Mangel an Etikette fühlbar, wie ich ihn bei keinem anderen Landesherrn gefunden habe. Der kleine Prinz Schehu sielte sich wieder in nacktem Zustande auf seinem Thronsessel herum und spielte in indiskreter Weise mit seinen Gliedmassen. Zuschauende Weiber erhoben ein Höllengeschnatter, und selbst ein neugieriges Schaf schob blökend seinen Kopf in die Thüröffnung.

Es war sehr gemütlich."

Ein Heidenkönig

Wir haben schon wiederholt der heidnischen Stämme in Haussa erwähnt. Nicht alle stehen mit der mohammedanischen Regierung auf fortwährendem Kriegsfusse; viele von ihnen haben die Oberhoheit der islamitischen Könige anerkannt und leben unter derselben im Frieden. Die Haussa sind in religiöser Beziehung tolerant und gestatten den Heiden in ihren Dörfern, die von besonderen Königen regiert werden, heidnische Sitten zu pflegen. Allerdings sind ihnen die Heiden recht wertvoll, denn sie sind bei weitem tapferer als die Mohammedaner, und da sie zur Heeresfolge verpflichtet sind, so bilden sie eine sehr wesentliche Verstärkung der Kriegsmacht der Haussakönige. Ihr Anführer hat ausserdem bei den Auszügen des Sultans das Amt des Spassmachers oder des Vorbrüllers. Eine solche Stadt besuchte Staudinger in der Nähe von Sokoto. Die Befestigung derselben war in einem elenden Zustande, denn, so sagte man, die Leute brauchten keine Mauern – wegen ihrer Kriegstüchtigkeit. Die Stadt hatte nur lebende Sehenswürdigkeiten: zu diesen zählten der König und sein Bruder und ein Riesenvogel. Der König und sein Bruder waren zwei Hünengestalten; sie ragten nicht allein durch ihre Körperhöhe gewaltig über die Menge hervor, sondern erfreuten sich auch des Besitzes eines Brustkastens von athletischer Breite und Wölbung. Der Umfang ihres Oberarmes konnte sich mit dem manchen Schenkels der im allgemeinen gut gebauten Haussa messen.

Der Riesenvogel war ein Strauss von seltener Körpergrösse. Derselbe wurde in einer ihres Daches beraubten Lehmhütte gefangen gehalten und mit Dawa u. s. w. gefüttert. Als Staudinger ihn sah, machte der Vogel einen halb lächerlichen, halb traurigen Charakter, denn er lief gänzlich nackt umher, da ihm schnöden Gewinnes halber sämtliche Federn ausgerupft worden waren. Ein hinzugekommener Haussamann erklärte, man könne die Operation zweimal im Jahre vornehmen. d. h. wenn das Tier so gut ist und am Leben bleibt.

Ein anderer Heidenkönig, der den einheimischen berauschenden Getränken stark zusprach, schenkte in seiner Trunkenheit Staudinger eine Stadt, die ihm gehören sollte; aber der Reisende bedankte sich für das Geschenk, das er ohne Zweifel erst hätte erobern müssen.

Die Heiden, mit denen die Europäer zusammengekommen sind, sind allerdings schon degeneriert; es sind die schwächeren Elemente, welche die Herrschaft des erobernden Stammes angenommen haben. Die mutigeren und entschlosseneren leben bis jetzt mit den Haussa-Fullani im Kriege.

*

Wir beschliessen unsere Rundschau der Haussafürsten mit einem Aktenstück – dem Antwortbriefe des Sokoto-Sultans an den hochseligen Kaiser Wilhelm I., den wir in deutscher Übersetzung wiedergeben:

„Im Namen Gottes des Barmherzigen
und des erhabenen Propheten!

(L. S.)

Dieser Brief kehrt an den Kaiser, den König Wilhelm zurück, dem Gott vollkommenes, reichliches und gutes Leben gewähren möge, wie er es wünscht, wie es ihm gefällt und sich für Se. Majestät geziemt.

Wisse sodann, dass wir deinen Boten und deinen Brief gesehen und dass wir deine Rede verstanden haben. Wir haben ferner mit deinem Boten einen Kontrakt geschlossen in Betreff des Handelstreibens im Lande Adamaua, und in Betreff der Freiheit in unserem übrigen Gebiete, wo sie (die Kaufleute) wollen; auf Grund der Schutzbündnisse, die wir früher mit jemand geschlossen haben.

Wir haben auch dein Geschenk gesehen und sagen dir dafür unseren besten Dank!

Dies mit unserem Grusse!"

*

Was nun den deutschen Handel in diesen Gebieten anbelangt, so stellen sich ihm weniger die Haussakönige als die Engländer feindlich entgegen. Sie haben sich auf dem unteren Niger festgesetzt und suchen mit der ihnen eigenartigen Selbstsucht alle anderen Nationen, namentlich aber die Deutschen, nicht aufkommen zu lassen. Durch neuere Verträge ist auch der grösste Teil der Haussagebiete der englischen Interessensphäre zugesprochen worden. Die von Kamerun ausgehende deutsche Interessensphäre streift nur einen Teil Adamauas östlich von der Hauptstadt Jola, sie geht in die noch wenig erforschten Heidenländer über, die uns aus den Schilderungen Bagirmis und der Nachbargebiete dieses eigenartigen Reiches bekannt sind.

Einst war das Innere von Afrika ein grosser, weisser Fleck auf unseren Karten. Werfen wir jetzt einen Blick auf eine Übersichtskarte von Afrika, so sehen wir, dass gerade hier südlich von Adamaua und nordöstlich von Kamerun ein weisser Fleck übrig geblieben ist; hoffen wir, dass es deutschen Forschern bald gelingen werde, Licht in diese Heidenländer zu bringen.

Die Königin der Wüste

Die Kunde von den Sudanreichen war schon frühzeitig nach Europa gedrungen, und sie war es, welche den Anstoss zu den grossen Entdekkungsfahrten der Portugiesen gab, durch welche das ruhmreiche Zeitalter der grossen Entdeckungen eingeleitet wurde. Die Mauren an der Nordküste von Afrika standen ja mit diesen Reichen im Verkehr, und so hatten durch diese Vermittelung Spanier und Portugiesen Kunde von den Reichen Ghana oder Ganaja (Guanaja) und Melle erhalten. Auf einer alten, der sogenannten catalanischen Karte vom Jahre 1375 sehen wir im Lande Ginuia bei Tenbuch (Timbuktu) einen Negerfürsten mit Szepter und Reichsapfel thronen, neben welchem sich die Inschrift befindet: „Dieser Negerherr ist Mussemelly (König von Melli) genannt, Herr der

Neger von Guinea, dieser König ist der reichste und vornehmste Herr dieser ganzen Gegend durch die Fülle von Gold, welche man in seinem Lande sammelt."

Die Erreichung dieser Länder war das ursprüngliche Ziel des Prinzen Heinrich des Seefahrers. Nach der Eroberung Ceutas richtete er seine Aufmerksamkeit auf das weiter südlich gelegene Afrika.

In den Kriegen mit den Mauren hatten die Portugiesen die auffallende Thatsache wahrgenommen, dass niemals Hilfstruppen aus den Sudanländern in den Reihen der Mauren erschienen waren, und man deutete sich diese Thatsache dadurch, dass man annahm, jene Länder seien nicht mohammedanisch, sondern stünden unter der Oberhoheit des Erzpriesters Johannes, jenes mythischen christlichen Königs in Afrika. Dies führte zu einer Vereinigung von handelspolitischen und kriegerischen Plänen; die Portugiesen wollten erstens allein unter den europäischen Nationen mit Guinea Handelsverbindungen anknüpfen und zweitens mit jenen Völkern und Fürsten eine Bundesgenossenschaft gegen die Mauren schliessen, um diese von zwei Seiten anzugreifen. Die Ereignisse nahmen jedoch einen anderen Lauf; die, Entdeckungsfahrten richteten sich nach Indien und führten zur Umsegelung von Afrika und zur Entdeckung Amerikas. Der Sudan blieb für die Europäer verschollen.

Aber schon im Jahre 1460 wurde von Cadamosto, einem Italiener, der in portugiesischen Diensten stand, erkundet, dass die Sahara von Marokko aus in 37 Tagen durchquert werden könne und dass man alsdann in eine grosse Stadt Tombucato gelange, wo viel Goldhandel getrieben werde. Später hatte König Johann II. eine Gesandtschaft nach Timbuktu geschickt. Die Portugiesen hatten somit Kenntnis von dem grossen Sonrhayreiche, welches damals nördlich von den Haussastaaten bestand, aber sie hielten ihre Entdeckungen aus handelspolitischen Gründen geheim.

Erst gegen das Ende des 16. Jahrhunderts unternahmen die Sultane von Marokko Eroberungszüge quer durch die Wüste nach dem Sudan. Nach wechselvollen Kämpfen erreichten sie im Jahre 1588 Timbuktu, und schlugen die Heere des Sonrhaykönigs, der zu den Heiden flüchtete und dort den Tod fand. Interessant ist die Thatsache, dass sie unter anderem eine Kanone erobert hatten, die zweifellos portugiesischen Ursprungs war.

Die Herrschaft der Marokkaner dauerte in Timbuktu kaum ein Jahrhundert. Die Unruhen, die in Marokko selbst herrschten, schwächten das Reich; Timbuktu wurde im Jahre 1690 von den Mandingo erobert, fiel aber kurze Zeit darauf in die Hände der Tuareg.

Für die Europäer war Timbuktu lange Zeit unerreichbar, obwohl die Erzählungen der Araber von den Reichtümern der „Königin der Wüste", wie man die Stadt nannte, die Forscher zu Expeditionen nach Timbuktu herausforderten.

Im Jahre 1630 war allerdings ein Europäer wider seinen Willen nach Timbuktu gekommen. Es war der französische Matrose Paul Imbert, der infolge eines Schiffbruchs an der Westküste von Afrika in die Sklaverei geriet und auch nach Timbuktu geschleppt wurde. Er kam später als Sklave nach Marokko, starb aber dort, bevor er befreit werden konnte, und war darum nicht in der Lage, einen Bericht über seine unfreiwillige Reise zu geben.

Fast nach zweihundert Jahren betrat ein anderer Europäer, der Engländer Major Laing, im August 1826 Timbuktu; auf seiner Rückreise wurde er aber in der Nähe der Stadt Arauan ermordet, seine Papiere gingen verloren, und von seinen Aufzeichnungen über Timbuktu ist nichts nach Europa gekommen.

Aber schon zwei Jahre später kam ein Franzose nach der so geheimnisvollen Stadt. Es war René Caillé, ein einfacher Mann, der den Entschluss gefasst hatte, den von der Geographischen Gesellschaft in Paris ausgesetzten Preis von 10 000 Francs für die Erreichung Timbuktus zu erwerben. Er erlernte zuerst arabische Sprache und Sitte und trat von Kakondy in Sierra Leone seine Reise an. Er hatte weder einen Pass noch Empfehlungen, und um sich einzuführen, ersann er folgende Geschichte. Er erzählte, dass er als Kind in Ägypten von den Franzosen geraubt und bis an den Senegal mitgeschleppt worden sei. Er sei glücklich entflohen und wolle nun, quer durch die mohammedanischen Staaten Nordafrikas reisend, sein Vaterland Ägypten wieder erreichen.

Er hatte seinen Plan ausgeführt; er wurde überall für einen armen Pilger gehalten und schleppte und bettelte sich bis nach Timbuktu durch; dann zog er mit einer marokkanischen Karawane nordwärts durch die Wüste, und kam erschöpft und nur in Fetzen gekleidet in Tanger an, wo er bei dem französischen Konsul freundliche Aufnahme fand. Man zahlte ihm den Preis von 10 000 Frcs. aus und bewilligte ihm noch eine jährliche Rente von 1000 Frcs.; aber lange konnte René Caillé sich der Früchte seiner Reise nicht erfreuen; seine Gesundheit war untergraben, und er starb auf einem kleinen Gütchen, das er bewirtschaftete, im Jahre 1839.

Es fehlte nicht an gewichtigen Stimmen, welche die Mitteilungen des abenteuerlichen Reisenden als Dichtungen erklärten, aber er sollte, allerdings erst nach seinem Tode, durch Mitteilungen eines deutschen Reisenden, der Timbuktu am 7. September 1853 betrat und gründlich erforschte, auf das glänzendste gerechtfertigt werden.

Dieser Reisende war Heinrich Barth, einer der grössten Afrikaforscher, der für den Sudan dasselbe geleistet hat, wie Stanley für Zentralafrika.

Als Barth Timbuktu betrat, war es bereits im Verfall begriffen. Es war eine Stadt ohne König und man könnte sagen ohne Regierung, ein offener Marktplatz und zugleich ein Tummelplatz mächtiger Nachbarn, die miteinander um ihren Besitz stritten. Wir werden in ihr keinen Hof, keinen Sultan finden, und doch ist ihre Besprechung in der Reihe der Sudanreiche unerlässlich, denn ihre Geschichte rundet erst das Bild des Sudan ab.

Was die Stadt für die Europäer so unzugänglich macht, das ist nicht allein ihre weite Entfernung, sondern der Fanatismus der rings um dieselben wohnenden Stämme der Tuareg und der Fulbe, welche nur ausnahmsweise einem Christen den Durchzug durch ihr Gebiet gestatten. Der grossen Menge des Volkes gegenüber gelten übrigens jene Reisenden stets als Mohammedaner, wenigstens in der ersten Zeit ihres Aufenthaltes.

Barth näherte sich der Stadt unter dem Schutze der Anhänger des Araberstammes Tunta. Mit diesen kam er zunächst nach Kabara am Niger, einem kleinen Städtchen von etwa 2000 Einwohnern, das den Hafen Timbuktus bildet. Die Stadt selbst ist etwa 13 bis 15 Kilometer von diesem entfernt. Der Weg vom „Hafen" nach der Stadt steigt zunächst über weite Sanddünen. Der Gegensatz der öden Landschaft, die man hier betritt, gegen den Charakter des fruchtbaren Ufer des Flusses ist auffallend. Der ganze Strich hat entschieden den Charakter einer Wüste, wiewohl der Pfad zu beiden Seiten mit Dorngebüsch und krüppelhaften Bäumen besetzt ist; aber auch diese kümmerliche Bekleidung hatte man zu Barths Zeit an verschiedenen Stellen vernichtet, um den Pfad freier zu machen und ihm grössere Sicherheit zu verschaffen, da die Tuareg niemals unterliessen, ihn zu gefährden. Der unsichere Charakter dieser kurzen Strasse hat es veranlasst, dass eine etwa auf dem halben Wege zwischen Kabara und Timbuktu gelegene Stelle den bemerkenswerten Namen „Ur-immandess" – „er hört es nicht" – führt, um den Ort zu bezeichnen, wo das Geschrei des Unglücklichen, der hier vereinsamt in die Hände eines Räubers fällt, von keiner Seite hörbar ist.

In dieser öden Landschaft erhebt sich die Stadt von den viereckigen Türmen der drei Moscheen überragt, nur schwach zeichnet sie sich von dem Dünensande ab und erscheint selbst in den für die Wüste charakteristischen Staubmantel gehüllt. Durch den Schutt, den jetzt der einstige Wall und das äussere Viertel der Stadt bilden, gelangt der Reisende in die engen, schmalen Gassen, um in dem Hause, das ihm sein Gönner ausgewählt hat, Schutz – vor den fanatischen Massen zu finden.

In der schönen Handelsstadt Kano durfte Barth in den Strassen herumreiten und konnte so ein treffliches Bild derselben entwerfen; hier in Timbuktu war er sozusagen ein Gefangener und durfte nur von der Terrasse seines Hauses flüchtige Blicke auf die „Königin der Wüste" werfen. Von hier genoss er eine interessante Aussicht über das nördliche Stadtviertel und die östlich die Stadt begrenzende Wüste. Das äusserste Ende des nördlichen Stadtviertels wurde in grossartiger Weise durch die massive Moschee Ssan-kore abgeschlossen, welche, gerade damals in ihrer früheren Grösse wieder hergestellt, der ganzen Stadt einen höchst imposanten Charakter verlieh. Der Baustil der einzelnen Gebäude war mannigfaltig; es gab Thonwohnungen verschiedener Beschaffenheit – einige niedrig und unansehnlich, andere mit einem zweiten Stockwerk in ihrer Fassade und sich zu grösserer Höhe erhebend, ja selbst Versuche von architektonischer Verzierung aufweisend; das Ganze war nur von einigen runden Mattenhütten unterbrochen. Tauben belebten besonders die Dächer der benachbarten Häuser.

Barth, der später Gelegenheit fand, die Stadt genauer kennen zu lernen, schätzte ihren Umfang auf etwas mehr als 18 Kilometer. „Man sieht also", bemerkt der Reisende, „dass sich die Stadt keineswegs durch Grösse auszeichnet; dessenungeachtet verdient sie noch immer mit vollem Rechte eine „medina" genannt zu werden; denn wenn man sie mit den hinfälligen Wohnstätten im ganzen Sudan vergleicht, so erkennt man den Charakter der Stadt aufs deutlichste. Gegenwärtig ist jedoch Timbuktu von keiner Mauer umgeben, indem die frühere wohl niemals sehr bedeutend und wahrscheinlich, wenigstens in der letzteren Periode, mehr ein Erdwall als eine Mauer war, von den Fulbe gleich bei ihrem Einrücken in die Stadt (im Anfange des Jahres 1826) zerstört wurde. Die Stadt öffnet sich teils in regelmässigen, teils in gewundenen Gassen; diese sind aber nicht gepflastert, sondern bestehen zum grösseren Teil aus hartem Sand und Kies, und einige haben eine Art Rinnstein in der Mitte, um dem Wasser bei Regenwetter Abfluss zu gewähren, was besonders nötig ist, da Dachrinnen das ganze auf den Terrassen der Häuser angesammelte Regenwasser in die Strassen ergiessen. Die Stadt ist besonders im südlichen Teile dicht bewohnt, und eigentlich mangelt es da an offenen Plätzen; denn ausser dem grossen und kleinen Marktplatze giebt es nur noch ein kleines freies Plätzchen vor der Moschee Ssidi Yasia.

Wie die Stadt ziemlich dicht bevölkert ist, so sind auch alle Häuser in gutem Zustande. Die Zahl der Thonwohnungen beträgt etwa 980, und die der Mattenhütten beläuft sich entschieden ebenfalls auf mehrere hundert."

Die einzigen öffentlichen Gebäude der Stadt waren damals die drei grossen Moscheen. Von dem königlichen Palaste, in welchem die Könige von Sonrhay zu Zeiten ihre Residenz zu nehmen pflegten, war ebensowenig eine Spur zu sehen, wie von der Zitadelle oder „Kasbah", welche die Marokkaner erbaut hatten.

Die gesamte Anzahl der wirklich hier angesiedelten und dauernd wohnenden Leute betrug im Jahre 1853 etwa 13000 Seelen, während die wechselnde Bevölkerung der gelegentlichen Besucher zur Zeit des grössten Handels und Verkehrs, besonders von November bis Januar, im Durchschnitt auf 5000 und unter günstigen Umständen selbst auf 10000 Seelen sich belaufen mochte.

Am 1. Juli 1880 betrat wieder ein Deutscher, Oskar Lenz, Timbuktu und fand, dass sich in der Stadt seit Barths Anwesenheit wenig geändert hatte und dass die Schilderung des grossen Reisenden noch damals im grossen und ganzen zutreffend war. Dem Nachfolgenden legen wir die zusammenfassende Beschreibung, die Lenz in seinem Werke „Timbuktu“ gegeben hat, zu Grunde.

Das Völkergemisch des Sudan tritt uns auch in Timbuktu entgegen. Die Bevölkerung der Stadt besteht aus verschiedenen Elementen, unter denen vor allem drei hervorzuheben sind. Den besseren Teil bilden marokkanische Araber; es giebt zwar unter ihnen noch Männer, die von lichter Hautfarbe sind, wie ihre Stammväter von Marokko, aber die meisten sind infolge der durch Generationen fortgesetzten Verheiratung mit Negerinnen wesentlich gedunkelt. Weisse Frauen sind dagegen sehr selten und, falls es echte Maurinnen sind, für niemand sichtbar. Den zweiten Teil bilden die Fulbe und den dritten die Tuareg, ausserdem giebt es aber noch zahlreiche Nachkommen des alten Sonrhayreiches und eine Menge Negersklaven aus den verschiedensten Gebieten des Sudan. Bemerkenswert ist es, dass einige Familien spanischer Juden das Recht haben, in Timbuktu Handel zu treiben. Einem derselben, dem Rabbiner Mardochai, verdankt die Wissenschaft manche wertvolle Nachricht über die Stadt und die umliegenden Wüstenländer. Timbuktu war früher durch seinen Goldhandel berühmt. Das Gold stammt aus den seit uralten Zeiten wegen ihres Goldreichtums bekannten Ländern Banbuk und Bure; das Gold, welches in anderen Distrikten gewonnen wird, hat schon seit langer Zeit seinen Weg nach der Westküste genommen. Das Gewicht, nach dem es verkauft wird, heisst Mitkal und ist gleich dem Gewichte von 96 Weizenkörnern. Das edle Metall kommt in den Handel fast ausschliesslich in Form von Ringen, ferner in dünnen Platten, die auch als Frauenschmuck dienen; seltener als Körner oder Staub.

In dieser Hinsicht hat jedoch Timbuktu nicht mehr die frühere Bedeutung; sehr bedeutend ist es dagegen als Salzplatz. Das Salz kommt auf den Markt in Form ungefähr meterlanger Platten, die im Durchschnitt etwa je 27 Kilogramm wiegen. Von Taudeni, nördlich von Timbuktu, kommen jährlich mehrere tausend Kamele mit Salz beladen hierher, und das Salz geht dann weiter nach den bekanntlich sehr salzarmen Sudanländern. Die Gruben von Taudeni sind seit 1596 im regelmässigen Betriebe.

Ausserdem werden hier auch alle anderen im Sudan üblichen und gangbaren Artikel verkauft; Stoffe, sowohl einheimische, wie englische, die nebenbei gesagt billiger aber auch schlechter sind als die einheimischen, Lederwaren, Kolanüsse u. s. w. Nach Europa gelangen von Timbuktu verhältnismässig wenig Waren; die bedeutendsten Ausfuhrartikel sind Straussenfedern, Gummi und etwas Gold; das wenige Elfenbein, das hier verkauft wird, bleibt in Marokko. Dass Timbuktu auch einen Sklavenmarkt besitzt, braucht nicht besonders hervorgehoben zu werden.

Die Verwaltung der Stadt liegt in den Händen des Kahia, einer Art Bürgermeister, dessen Machtbefugnis jedoch eine beschränkte zu sein scheint. Über diesen Kahia äussert sich Lenz wie folgt:

„Der Sultan von Marokko, El Kahal, unterhielt mit Timbuktu einen regen Verkehr; soll er doch sogar den Weg durch die Wüste mit Holzpfählen markiert haben. Er zog mit einem grossen Heere nach Timbuktu und liess zahlreiche Mitglieder der Familie Er-Rami, die aus Andalusien nach Marokko geflüchtet waren und sich speziell in Fas und Tetuan niedergelassen hatten, daselbst zurück. Die in Marokko Andalusi genannten ehemaligen Bewohner des südlichen Spaniens sind in Fas sehr zahlreich und ist ein ganzes Quartier der Stadt nach ihnen benannt; die Frauen und Mädchen der Andalusi gelten als besonders schön. Dieser andalusischen Familie Er-Rami nun gehört der Kahia oder, wie er sich auch gern nennen hört, der Amir an. Der genannte Sultan belehnte ein Mitglied dieser Familie mit der Verwaltung der Stadt; diese Stellung wurde erblich, und der jetzige Kahia Muhammed Er-Rami ist der Nachkomme jener aus Marokko eingeführten andalusischen Araber. Durch Verheiratungen mit Negerinnen sind die Mitglieder dieser Familie allmählich dunkler geworden, und der jetzige Kahia ist von negerartigem Aussehen. Er hat einen besonders schlauen, aber dabei doch gutmütigen Gesichtsausdruck, ist nicht bösartig, lacht gern und freut sich über alles Neue, was er sieht und hört. Von einem religiösen Fanatismus weiss dieser Mann sicherlich nichts, und wenn er einmal etwas gegen einen in Timbuktu anwesenden Christen thun sollte, so würde das gewiss nicht freiwillig sein, sondern unter dem Einflusse von anderen Leuten, die mächtiger sind als er. Kahia ist bekanntlich ein in Tunis besonders gebräuchlicher Name für Beamte und Offiziere. Die Funktion des Kahia von Timbuktu scheint nur die eines Bürgermeisters zu sein; in der auswärtigen Politik, insbesondere auf die ewigen Fehden zwischen Fullani und Tuarik, hat er keinen Einfluss und muss sich dem jeweilig Mächtigeren anschliessen."

Ebenso einflussreich und vielleicht noch mehr als der Bürgermeister sind in Timbuktu die Häupter einiger angesehenen Familien oder Stämme. So spielte das Haupt der grossen Scheriffamilie Ulad Sidi el-Muktar sowohl während der Anwesenheit Barths als auch der von Dr. Lenz eine hervorragende Rolle in der Stadt.

Der kurze Überblick genügt, um uns zu zeigen, dass in der so berühmten „Königin der Wüste" schon seit Jahrzehnten die vollste Anarchie herrscht. Sie hat nur als Handelsplatz Bedeutung. Es ist auch fraglich, ob sich auf den Trümmern des alten Sonrhayreiches ein neues lebenskräftiges erheben wird. Die nomadisierenden Tuareg haben kein Zeug dazu, und bei den Fulbe scheint die Eroberungskraft doch bedeutend nachgelassen zu haben. Ausserdem ist auch das Vordringen des europäischen Einflusses von der Westküste einerseits und von Algier andererseits nicht zu unterschätzen. Der Ring der europäischen Kolonien, der sich gerade um diesen Teil des Sudan zieht, ist doch ein viel zu fester, als dass er durch eine mohammedanische Erhebung ernstlich gefährdet oder gesprengt werden könnte. Die Selbständigkeit Marokkos ist nur eine Frage der Zeit, und so wird es hier schwerlich dem Islam gelingen, eine Bewegung in Szene zu setzen, wie sie im ägyptischen Sudan zur Gründung des Mahdireiches führte.

Ob aber Timbuktu mit der Zeit eine grössere Handelsbedeutung erreichen wird, ist auch sehr fraglich. Selbst wenn der Niger als Handelsstrasse eröffnet werden sollte, was allem Anscheine nach in nächster Zeit der Fall sein dürfte, so werden doch in der Nähe desselben andere Handelszentren entstehen, die den Glanz Timbuktus nur schwächen werden.

Während wir in Europa so wenig von Timbuktu wissen, ist man dort im Gegenteil über die Vorgänge in Europa im allgemeinen gut unterrichtet. Als Barth in Timbuktu weilte, hatte man dort bereits Nachrichten von dem Beginn des Krimkrieges. Und Lenz äussert sich darüber: „Man wusste die Ergebnisse des letzten russischen Krieges, sprach natürlich noch immer von dem grossen französisch-deutschen Kriege, den man mit besonderem Interesse verfolgte, da man immer ein Anrücken der Franzosen fürchtet, sogar von der Wüsteneisenbahn erzählte man mir, obgleich die wenigsten eine Ahnung hatten, was eine Eisenbahn ist. Aber der beständige Verkehr mit den arabischen Bewohnern der Mittelmeerländer bringt es mit sich, dass man in Timbuktu ohne Zeitungen und Telegraphen doch schnell von allem verständigt wird. Dass dabei oft falsche Gerüchte allgemeine Verbreitung und Glauben finden, ist leicht erklärlich; bei der Sucht der Araber, zu übertreiben, muss man immer vorsichtig bei Anhörung von Erzählungen sein.“ –

So haben wir unsere Wanderung durch die westlichen Sudanreiche beschlossen in einer Stadt, die keinen königlichen Hof, aber auch keine Regierung aufweisen kann. Die Geschichte der Völker beginnt sonst mit Tyrannenherrschaft und endet mit Gründung von Freistaaten. Diese fortschreitende Kraft wohnt weder den Völkern des Sudan noch dem Islam bei. Im Sudan ist das Bild seit Jahrhunderten stets dasselbe: aus vollster Anarchie erheben sich Despotenreiche, um wieder in Anarchie zurückzusinken.

Wird das zwanzigste Jahrhundert, an dessen Schwelle wir stehen, eine Wende in der Geschichte des Sudan bedeuten? Wie gross auch die Macht der Zivilisation ist, in Anbetracht der Geschichte dieser Länder und der weiten Entfernung derselben von der Küste wird man für die nächste Zukunft schwerlich rosige Hoffnungen hegen dürfen.

Im ägyptischen Sudan

Im Osten Wadaïs liegt Darfor, einst ein selbständiger Staat, der ungefähr die Grösse des Königreichs Preussen hatte, aber kaum dichter bevölkert ist als Deutschland nach dem dreissigjährigen Kriege, denn man schätzt die Zahl seiner Einwohner auf ungefähr 3½ Millionen. Inmitten des Landes erhebt sich das Marragebirge, der fruchtbarste Teil desselben und auch die Wiege der einstigen Macht der Forawa, sonst ist das Land von steppenähnlichem Charakter und ähnlich Wadaï, wenn auch im ganzen fruchtbarer als dieses. Die Bevölkerung war seit jeher ein buntes Völkergemisch, in dem die Nubaneger und die Araber ziemlich vorwiegen. Auch die Entwicklungsgeschichte des Landes ist ähnlich derjenigen der anderen benachbarten Sudanstaaten. Anfangs regierten hier heidnische Könige der Dynastie Dadscho; dann kamen die Tundscher, jene Araber, die noch Heiden waren, oder noch nicht genügend überzeugte Mohammedaner, so dass sie mitten unter den Heiden ihren Propheten vergassen und in das Heidentum zurückfielen. Die Geschichte dieser Könige ist nicht genauer bekannt, denn die gegenwärtigen Forawa, die mohammedanisch sind, schämen sich ihrer heidnischen Vorfahren. Erst gegen das Ende des sechzehnten Jahrhunderts wurde in Darfor der Islam durch Soliman Solon, den Begründer der Kara-Dynastie, zur Staatsreligion erhoben. Im Andenken der Forawa ist er ein Nationalheld, der dreiunddreissig glückliche Kriegszüge in Person geführt hat. Wenn er seinen kleinen runden Metallschirm schüttelte, dass die daran befindlichen Schellen erklangen, so schien der Sieg allen gesichert, und der Schild, der den Namen „Schirim" führte, wurde bis zuletzt unter den Familienkleinodien der Darforsultane aufbewahrt. Um jene Zeit stand Darfor noch auf einer ziemlich tiefen Kulturstufe. Die Leute kleideten sich in Felle, und der König bediente sich eines roten Ledergewandes als Ehrenkleides. Noch der Nachfolger Soliman Solons, Namens Musa, war, wie das Volk sich erzählt, als man ihm einen Teppich aus Ägypten brachte, in Verlegenheit, was er mit einem solchen anzufangen habe, und entschloss sich ihn als Gewand umzuthun. Später allerdings stiegen auch die Sultane von Darfor zu einer Macht und Pracht empor, welche sich mit der anderer Sudanreiche messen konnte.

Der wirkliche Begründer der Macht Darfors war der Sultan Achmed Bokkor, der vom Jahre 1682–1722 regierte. Er liess sich angelegen sein, aus seinem Lande einen wirklich mohammedanischen Staat zu machen, suchte mohammedanische Gelehrte ins Land zu ziehen, erbaute Medressen (Schulen) und Moscheen und zwang die Einwohner zur Befolgung der drei wesentlichsten Vorschriften des Islam: der Beschneidung, des Fastens im Monat Ramadan und der Verrichtung der täglichen fünf Gebete. In richtiger Würdigung des geringen Zivilisationsgrades seiner Unterthanen lud er fremde, fortgeschrittenere Volksstämme ein, sich in seinem Lande niederzulassen, verbürgte ihnen Sicherheit des Eigentums und Steuerfreiheit und suchte so das Land zu heben. In der That folgten diesem Rufe Ansiedler aus Bornu und Bagirmi, es kamen die Fellata vom Westen und die Leute vom Nil; die Gerechtigkeit und Gastfreundlichkeit des Königs machte Darfor zu einem gesuchten Lande.

Er befestigte auch die Herrschaft der Sultane im Inneren des Landes, indem er den unabhängigen, über weite Gebiete herrschenden Stamm der Kimr unterwarf, und zwar in einem Kriege, der sieben Jahre sieben Monate und sieben Tage gedauert haben soll. Die Kimr hatten den Mittelpunkt ihrer Macht auf dem fast uneinnehmbaren Berge Nokat, und Bokkor konnte denselben nur durch Verrat einnehmen. Er bestach die Frau des Feindeskönigs durch Gold und Geschmeide, und diese zeigte den Kriegern Bokkors unter Anführung seines ältesten Sohnes Mohammed Daura einen Weg auf die schwer zugänglichen Berge, indem sie an einem verabredeten Tage zahlreiche Sklavinnen auf diesem zur Holzlese schickte. In diesem Kriege spielte bereits eine Kanone, die schon damals wunderbarerweise in das Land gekommen war, eine wichtige Rolle, und auch diese wurde bis zum Zusammenbruche Darfors als eine Reliquie aufbewahrt. Zur Regierungszeit Bokkors begannen auch die Kriege gegen Wadaï, von denen wir an einer anderen Stelle berichtet haben.

Kaum war aber Darfors Macht einigermassen abgerundet, so begannen auch in diesem Reiche die blutigen Bürgerkriege, welche die Söhne verstorbener Könige um den Thron gegeneinander führten. Am schlimmsten gestaltete sich in dieser Beziehung die Regierung Mohammed Dauras. Er war ein tapferer Krieger, doch zugleich ein roher, grausamer Mensch. Gleich bei seinem Regierungsantritt räumte er in furchtbarer Weise unter seinen Brüdern auf, von denen er siebzig töten liess; nur einige, die man als Mädchen verkleidet hatte, entgingen seinen Nachstellungen. Seinen ältesten Sohn Musa Angreb, der zum Thronfolger ernannt wurde, behandelte er mit Misstrauen, und indem er dem jüngeren Omar den Vorzug gab, trieb er ihn wirklich zur Empörung. Der Vater zog ihm mit bewaffneter Macht entgegen, wurde aber im Kampfe geschlagen und griff nunmehr zur List, um den rebellischen Sohn zu verderben. Er sandte einige Geistliche mit der Botschaft an seinen Sohn, dass er ihm verzeihe und ihn einlade, zu ihm zu kommen. Diese Boten verlangten jedoch von dem König, er möge ihnen auf den Koran schwören, Musa nichts zuleide zu thun. Dies that Mohammed Daura feierlichst, und Musa kam.

Er wurde scheinbar aufs freundlichste empfangen. Doch als ihm der Vater ein Ehrenkleid selber anlegen zu wollen erklärte und Musas Kopf noch innerhalb des Gewandes steckte, ergriff der König eine Flinte und schlug seinem Sohne mit dem Kolben den Schädel ein. Die gerechte Strafe des Himmels für diese Unthaten ereilte ihn bald darauf, denn er wurde vom Aussatz befallen, litt so schwer daran, dass ihm die Zunge abgeschnitten werden musste, und starb unter grässlichen Leiden nach einer zehnjährigen Regierung.

Aus der Regierungszeit eines der Nachfolger stammt folgende schöne Geschichte: König Tirab (regierte von 1752–1785) hatte ausser dem rechtmässigen Thronfolger noch einen Sohn in fast demselben Alter von seiner Lieblingsfrau, die begreiflicherweise diesen zum Chalifa ernannt zu sehen wünschte. Der König beantwortete ihre Bitte nicht, liess aber ihren Sohn rufen. Quer vor der Eingangsthür lag ein Löwe, vor welchem sich der auf den Ruf erscheinende Jüngling fürchtete, weshalb er sich durch die Hinterthür zu seinem Vater begab. Darauf befahl ihm der König, Seide vom Schneider zu holen. Der Jüngling ging, kehrte aber unmittelbar wieder zurück und fragte, wieviel Seide er bringen solle, entfernte sich und kam darauf mit einer zweiten Frage nach der Farbe der Seide und endlich ein drittes Mal, um zu wissen, ob es rohe oder verarbeitete Seide sein solle. Der König nahm hierauf seinen Auftrag zurück und liess seinen Sohn Ishaka rufen. Dieser drängte kühn den Löwen von der Eingangsthür und fragte, unmittelbar nachdem er den Auftrag seines Vaters empfangen hatte, von welcher Farbe in welcher Art und wieviel Seide er zu bringen habe. Der König entliess hierauf beide Söhne, und selbst seine Lieblingsfrau musste zugeben, dass ihr eigener Sohn weder an Mut, noch an Überlegenheit mit Ishaka sich messen könne. Ishakas Ernennung zum Chalifa blieb bestehen.

Nachtigal erzählt auch von einer eigenartigen Charakteristik dieses Herrschers, wie sie im Lande sich erhalten hat. Man sagt nämlich von Tirab, dass er von seinen Regierungsjahren zehn Religion und deren Studium geweiht habe, und in der That war er der beste Schriftsteller seines Landes, der gelehrteste aller Fürsten von Darfor und liess sogar Bücher aus Ägypten und Tunis kommen. Weitere zehn Jahre, setzt man aber hinzu, wurden von ihm dem Merissagenuss, den Frauen und der Prachtliebe gewidmet. Zu Scheba habe er sich ein Haus bauen lassen, das 55 m lang, 20 m tief und 27 m hoch gewesen sei und 33 Wohnzimmer für 33 Lieblingsfrauen enthalten habe. Dort habe sich Tirab mit 365 Schafböcken für das ganze Jahr verproviantiert und sich ein Jahr lang eingeschlossen, unsichtbar für jedermann mit Ausnahme des Wesir, der täglich erschien, um ihm Bericht zu erstatten, und seinen Anordnungen gemäss das Land regierte.

Wenn auch die nachfolgenden Herrscher bestrebt waren, mit den

Nachbarstaaten Frieden zu halten, und sich sogar eine Bestätigung ihrer Herrschaft in Darfor von der Pforte geben liessen und dafür die Oberhoheit des Sultans in Konstantinopel anerkannten, so wurde doch ihre Lage von dem sich mit ungeahnter Eile im östlichen Sudan ausbreitenden Ägypten in ernstlicher Weise bedroht.

Schon im Jahre 1823 rückte der Defterdar Mehemet Bey in Kordofan ein und schlug das Heer der Kordofaner, das von der Reiterei der Forawa unterstützt wurde, in der ausgedehnten Ebene nördlich von Bara. Bald darauf zogen die „Türken", wie die Ägypter im Sudan allgemein genannt werden, in El Obeid ein, und Darfor grenzte nun an eine Macht, die, mit modernen Waffen ausgerüstet, einen furchtbaren Feind abgab. Die Ländergier der ägyptischen Paschas wandte sich auch, wenn auch verhältnismässig spät, gegen Darfor und stürzte die Herrschaft der Kera.

Nachtigal war der letzte Reisende, der den Sultan von Darfor noch in voller Macht und an der Spitze seiner Truppen sah, vor dessen Augen sich der komplizierte, äusserst bunte Apparat des Hofes von El Fascher entfaltete. Einige Jahre darauf war ganz Darfor eine ägyptische Provinz. Die Hofhaltung der Sultane von Darfor war im wesentlichen denjenigen ähnlich, die wir bereits an anderen Höfen kennen gelernt haben. Einige Sonderlichkeiten waren auch hier zu bemerken, so z. B. gab es in Darfor einen Schattenkönig, den sogenannten Kamene, dem überall, wo er erschien, königliche Ehren erwiesen wurden. Seine Einnahmen waren nicht unbedeutend, aber sein Einfluss ein geringer, und die Forawa meinten von ihm, er sei nicht Fisch und nicht Fleisch. Sein Amt datierte noch aus alter heidnischer Zeit, wo der Kamene (der Hals des Königs) beim Tode eines Königs gleichfalls getötet und mit diesem begraben wurde. Diese Sitte wurde jedoch schon seit Jahrhunderten in Darfor nicht mehr geübt, und der Schattenkönig war eine geschichtliche Erinnerung.

Den Hauptschlag gegen Darfor führte im Jahre 1874 ein nubischer Abenteurer und Sklavenjäger, der Seribenkönig Siber, welcher in Diensten der ägyptischen Regierung stand. In der Schlacht bei Menawatschi errangen die Ägypter vollständigen Sieg, der junge König Brahim fiel auf dem Schlachtfelde. Drei Tage später rückte Siber in die Hauptstadt El Fascher ein; die regulären ägyptischen Truppen folgten ihm nach.

Der Onkel des gefallenen Königs, der alte Prinz Hasib Allah, versuchte noch eine Zeitlang Widerstand zu leisten, indem er sich mit dem Reste des Heeres in das Marragebirge schlug, aber auch hierhin folgte ihm Siber und schlug sein Hauptquartier in der alten Krönungsstadt Turra auf. Noch vor Beginn des Jahres 1875 musste Hasib Allah die Waffen strekken und wurde nach Kairo gesandt, wo er von dem Chedive in rücksichtsvoller und gütiger Weise aufgenommen wurde.

Wir haben somit in Darfor den ägyptischen Sudan betreten und begegnen hier einem neuen Elemente. Bisher sahen wir die Negervölker von den Arabern beeinflusst. Die nomadisierenden Stämme derselben, die sich über das rote Meer in Ostafrika und ferner westlich vom Nil ausbreiteten oder die Oasen der Wüste besetzt hielten, waren die eigentlichen Gründer der Sudanreiche, indem sie den Negern die Kultur des Islam aufpfropften. Welcher Art diese Kultur war, das haben wir an den vielen Höfen beobachten können.

Ein Fortschritt war wohl unverkennbar; die bekehrten Neger hatten mehr Lebensbedürfnisse als ihre heidnischen Brüder und mussten auch mehr Energie entfalten, um sich die Befriedigung dieser Bedürfnisse zu verschaffen. Leider hatten sie dabei alle Laster des orientalischen Lebens sich angeeignet und waren somit in den Augen der Europäer doch Barbaren geblieben.

Das neue Element, das uns im ägyptischen Sudan entgegentritt, ist zwar auch mohammedanisch; aber diese Ägypter oder „Türken“ sind doch von den nomadisierenden Arabern grundverschieden. Die Paschas, die an der Spitze der Truppen in die eroberten Gebiete einrücken, sind zivilisiert, natürlich in der Art wie die Türken die Zivilisation annehmen. Ihre Lebensbedürfnisse sind höher bemessen, ihre Truppen besser diszipliniert, ihre Waffen vollkommener. Sie sind von ihrer Heimat nicht abgeschnitten; sie haben stets grosse Zufuhren von Luxusartikeln und Munition zu erwarten; sie repräsentieren eine Macht. Freilich ist das Gebiet, in welches sie eindringen, ein ungeheueres, so dass ihre Zahl in demselben verschwindet und sie wiederum auf die Dienste der Eingeborenen angewiesen sind.

Was nun ihren Charakter anbelangt, so sind sie nicht besser als die mohammedanischen Bedrücker der Negervölker, die sich vor ihnen in den Gebieten niedergelassen haben. Auch für sie ist ein Neger ein Ungläubiger, der zur Sklaverei vorausbestimmt ist. Sie kommen auch in das Land nicht, um es zu heben, sondern um es auszubeuten, und die Art, wie sie es thun, ist gleichfalls eine rohe, gewaltthätige. Für die Masse des Volkes erwächst aus ihrem Erscheinen kein Gewinn; sie wechselt nur ihre Herren. Man könnte eher sagen, dass die Lage derselben eine schlimmere wird; denn während es früher nur Herren und Sklaven gab, giebt es von nun an die herrschenden Herren, besiegte Herren und von beiden ausgebeutete Sklaven. So besteht zwischen den Siegern und Besiegten ein prinzipieller Gegensatz; er ist nicht religiöser, sondern politischer Natur, Nubier und Ägypter stehen sich gegenüber. Nun ist Ägypten ein Land, welches sich einer vollen Selbständigkeit nicht erfreut. Der Einfluss fremder, christlicher Mächte ist in demselben sehr gross; diese fremden Mächte mischen sich in die inneren Angelegenheiten Ägyptens und fassen auch den Entschluss, die neu eroberten Gebiete im Sudan zu organisieren. Unter die beiden feindlich gegenüberstehenden Parteien werden christliche Gouverneure entsendet, deren Hauptaufgabe es sein soll, dem

Sklavenhandel Einhalt zu gebieten. Wie selbstlos, wie heldenmütig auch diese Sendlinge der wahren Kultur sind – sie sind von Anfang an auf einen verlorenen Posten gestellt. Sie sind nicht imstande, die bereits vorhandenen Fehler auszubessern; ihre Gegenwart verschärft nur den Gegensatz zwischen den Türken und den Nubiern, bis derselbe zum vollen Ausbruch kommt. Die Geschichte der Sudanvölker bleibt sich gleich; an die Spitze der politisch Unzufriedenen stellt sich auch hier ein Prophet, ein Reformator des Glaubens, der Mahdi von Dongola, der mit seinen fanatisierten Scharen die regulären Heere schlägt, Chartum erobert und Gordon tötet. Auch er gründet ein Reich und eine neue Dynastie. Es dürfte jetzt hier am Platze sein, diese wechselvolle und so überaus traurige Geschichte des ägyptischen Sudan zu erörtern, wenn nicht gerade in der letzten Zeit der tragische Fall Chartums und die Bemühungen, Emin Pascha in seiner Äquatorialprovinz zu entsetzen, eine grosse Anzahl populärer Schriften veranlasst hätten, welche dieses Thema erschöpfend behandeln.

Auch würden wir mehr von schwarzen und weissen Paschas, von Sklavenjägern und kleinen Häuptlingen erzählen müssen, als von schwarzen Fürsten, welche einen solchen Titel wirklich verdienen. Wenden wir uns darum lieber gleich den Grenzen des ägyptischen Sudan zu und suchen wir in jenen fernen Gebieten echt afrikanische Fürsten auf!

Die Länder, die wir jetzt betreten wollen, sind erst seit verhältnismässig kurzer Zeit bekannt, obwohl sie seit uralten Zeiten die Neugierde der Menschen herausforderten. Sie liegen in jener Gegend, von der, wie man früher meinte, der heilige Nilstrom kam, dessen Quellen jahrtausendelang von mächtigen Königen und zahllosen Reisenden gesucht, aber erst in unserer Zeit entdeckt wurden. Das Verlangen, den heiligen Strom in seinem oberen Laufe kennen zu lernen, war auch im Anfange unseres Jahrhunderts vorhanden, und es gab den Anstoss zu dem Vordringen der Ägypter nach dem Sudan. Leider waren diese Expeditionen keine reinen Entdeckungs-, sondern Eroberungsfahrten, und so kam es, dass hier den Forschern Sklavenjäger vorausgingen. Wir haben gesehen, dass Barth und Nachtigal von Sklavenjägern in die fernen Heidenländer geführt wurden; dasselbe war anfangs auch hier der Fall.

Inner-Afrika ist verhältnismässig ein armes Land, und die Gebiete, die am oberen Nil lagen, boten den Händlern nur zwei Hauptartikel: Elfenbein und Sklaven. Die Vermittelung dieses Handels nahmen Nubier in die Hand. Europäer hatten sich zwar mit dem Elfenbeinhandel auch eine Zeitlang befasst, später aber ihn so gut wie ganz aufgegeben. Für das Verständnis der Zustände in den Ländern im Herzen von Afrika ist es durchaus notwendig, diese Elfenbeinhändler näher zu kennen.

Ihr Zentralpunkt war Chartum; hier war der Sitz der grössten Handelshäuser, und hier wurden die nötigen Tauschwaren gesammelt, die

Handelskarawanen ausgerüstet. In Chartum schifften sich die Händler auf Barken ein, fuhren den Weissen Nil hinauf bis etwa in die Gegend der Mündung des Gazellenflusses und gingen hier ans Land. Sie fanden hier keine Handelsstädte wie im Sudan, keine bereits geordneten Staatsverbände; hier lebten wilde, nackte Neger, die bald Ackerbau, bald Viehzucht trieben, bald sich mit der Jagd befassten und im Besitze des Elfenbeins waren. Um dieses zu erlangen, musste man quer durch das Land von einem Häuptling zum anderen ziehen und die Zähne nach und nach einhandeln. Für ein solches Unternehmen mussten aber die Händler einen festen Stützpunkt haben, und da solche Stützpunkte nicht vorhanden waren, so schufen sie sich welche. In einem reicheren Distrikte bauten sie ein eigenes mit Verhau oder Pallisaden umgebenes Dorf – eine Seriba. Dieselbe war eine Art Festung, in welcher stets eine Besatzung lag. Sie bildete den Stützpunkt der Karawane.

Auf unseren Wanderungen durch den Sudan haben wir bis jetzt die des Weges Ziehenden stets im Besitze von Reit- und Lasttieren gesehen. Pferde und Kamele oder Lastochsen wurden je nach der Beschaffenheit des Landes benutzt. In diesem Teile von Afrika giebt es keine Reit- und Lasttiere. Das Pferd und das Kamel gehen hier zu Grunde, und die einheimische Rinderrasse ist zu schwach, um zum Lasttragen verwendet zu werden. Alle Lasten werden hier auf dem Kopfe von Menschen getragen. Dies bedingt nun eine ganz andere Ausrüstung der Karawane. Der Händler muss über eine genügende Anzahl von Trägern verfügen. Da aber diese wiederum des Schutzes bedürfen und andererseits bewacht werden müssen, so braucht er eine entsprechende Anzahl von Soldaten. Da nun selbst die gewöhnlichsten Afrikaner nicht allein, sondern mit Weib und Kind zu reisen pflegen, so wächst der Tross noch mehr an, so dass eine Karawane oft nach Hunderten von Köpfen zählt. Die Verpflegung einer solchen Menschenmasse hat auch ihre Schwierigkeiten, und so hat sich im ägyptischen Sudan folgendes System ausgebildet.

Der Händler zwingt die Eingeborenen des Distriktes, in dem er seine Seriba gebaut hat, ihm Getreide zu liefern; er bringt sie also in eine Art Hörigkeitsverhältnis. Da aber die Bedrückten sich oft ihren Peinigern durch Flucht oder Auswanderung entziehen, oder ihre Zahl zu gering ist, um den ganzen Tross des Händlers zu ernähren, so sieht sich dieser veranlasst, die nötigen Lebensmittel auch auf eine andere Weise zu beschaffen. Er schickt seine Soldaten auf Razzia aus; d. h. er befiehlt ihnen, Dörfer der Eingeborenen zu überfallen und Getreide und Vieh zu rauben. Bei dieser Gelegenheit werden natürlich auch Menschen, deren man habhaft werden kann, gefangen genommen und in die Sklaverei fortgeschleppt. So gehen hier Elfenbeinhandel und Sklavenraub Hand in Hand. Diese Zustände herrschten in jenen Gebieten vor Jahrzehnten, herrschen gegenwärtig und herrschten auch zu jenen Zeiten, da Gordon und Emin noch im Lande waren; denn wenn man auch den Sklavenraub nicht gestattete und den Sklavenhandel unterdrückte, so war man doch gezwungen, auch regierungsseits, Razzien auf Vieh und Getreide abzuhalten. Das mussten sowohl Gordon, wie Gessi und Emin, nicht nur etwa erlauben, sondern auch befehlen, wenn sie mit ihrem Gefolge nicht verhungern wollten. Unter den Augen der europäischen Beamten, die im Dienste des Chedive standen, wurden alsdann Sklaven nicht gefangen, aber in ihrer Abwesenheit legten sich die nubischen und türkischen Offiziere keine Beschränkung auf. Welchen Wert übrigens die Kontrolle dieser Beamten thatsächlich hatte, geht daraus hervor, dass ein einziger europäischer Beamter Gebiete verwaltete, die beinahe so gross wie das Königreich Preussen waren. Übrigens würde man irren, wenn man diese Seriben nur als kleinere Gruppen von Gehöften ansehen wollte – es gab im Gegenteil Seriben, die mehrere tausend Einwohner hatten und den Namen einer Stadt wohl verdienten. Auch waren sie ziemlich dicht im Lande zerstreut. Dass unter solchen Umständen die eingeborenen Negerfürsten gar keine Bedeutung haben, keinen Hof halten konnten, ist um so selbstverständlicher, als hier die einzelnen Stämme noch viele besondere Häuptlinge mit ganz kleinen Machtbezirken hatten. Fürsten, Könige, Herrscher waren hier eben die grossen Händler, und man nannte auch Siber, welcher Darfor bezwungen hatte, mit vollem Rechte den Seribenkönig. Sein Anhang wurde ausser seinen eigenen Soldaten noch durch die sogenannten Dschellaba verstärkt, nubische Kleinhändler, die mit kleinen Warenvorräten das Land durchzogen, um dafür einige wenige Sklaven zu erschachern.

Schweinfurth, welcher diesen Seribenkönig, da er an einer Schusswunde daniederlag, besucht hatte, bestätigte, dass Siber sich mit einer Art fürstlichen Hofhalts umgeben hatte. Seine Privatwohnung bestand aus einer Gruppe wohlgebauter, grosser Hütten, welche, von hohen Zäunen umgeben, verschiedene abgesonderte Hofräume in sich schloss, wo Bewaffnete Tag und Nacht postiert zu sein pflegten. Reichgekleidete Sklaven meldeten die Besucher an, und eigene Räumlichkeiten mit von Teppichen bedeckten Diwanen an den Wänden waren daselbst als Wartezimmer hergerichtet. Den Gästen wurde Kaffee, Tschibuk und Scherbet serviert. Gefangene Löwen, an schweren Ketten befestigt, erhöhten den fürstlichen Pomp dieser Hofräume. Hinter einem grossen Vorhange stand in der innersten Hütte das Krankenlager des Siber, um welches sich beständig eine Anzahl dienstbarer Geister zu schaffen machte. Ein ganzer Haufen von Fakis sass, durch den Vorhang vom Kranken getrennt, an der Wand des Gemaches auf dem Diwan; sie murmelten beständig Gebete.

In Dem Siber* konnte man für Anweisungen auf Chartum alle mögli-

* Dem ist die Bezeichnung für solche grosse Seriben.

chen europäischen Waren kaufen, selbst „Luxusartikel“ wie Pfeifenköpfe, Kämme, Zündhölzchen und Papier; auch Seife und Kaffee. Die Zahl der Sklaven, welche dieser Mann allein jährlich einfing, betrug 2000 und mehr, und Szenen, wie in Bagirmi, konnte man auch hier abseits vom Wege, beobachten.

Rückten die Karawanen der Elfenbeinhändler in entfernte Gebiete, so benahmen sie sich anfangs friedlich und trieben regelrechten Handel mit den Negerhäuptlingen; erst wenn sie in den neuerschlossenen Gebieten festen Fuss gefasst hatten, begannen sie nach ihrer Art zu sengen und zu morden. Alsdann ging die ursprüngliche Herrlichkeit der Negerfürsten in wenigen Jahren zu Grunde, und an Orten, wo sich einst weite, luftige Paläste erhoben, wogte nach einigen Jahren das Grasmeer. In Begleitung solcher Karawanen sind nun deutsche Forscher in die Länder im Südwesten von dem ägyptischen Sudan eingedrungen, zur letzten Stunde noch, um uns Bilder ursprünglicher afrikanischer Kultur zu erhalten, um echte schwarze Fürsten zu schauen, wie sie Afrika aus eigener Kraft ohne Zuthun des Islam hervorgebracht hat.

Könige der Menschenfresser

In einer der geschilderten Seriben befand sich im Jahre 1870 der deutsche Reisende Georg Schweinfurth und bereitete sich zu einer Campagne in ein unbekanntes Land vor. Mohammed Abd es-Sammat, der Besitzer der Seriba, hatte im Süden des Bahr el-Ghasalgebietes ein Dorado für die Elfenbeinhändler und ein Dorado für die geographischen Forschungsreisenden entdeckt. Wunderbare Dinge erzählte man von jenem Lande. Ein grosser Fluss sollte dort nach Westen strömen und ein wirklich mächtiger König über ein fleissiges und hochentwickeltes Volk herrschen, welches trotzdem dem Laster des Kannibalismus ergeben war. Es handelte sich um jenes Land in der Nähe der Nilseen, welches seit Jahrtausenden als ein Wunderland galt; denn dorthin verlegte die Sage, die Wohnsitze der Ellenmännchen oder Pygmäen, welche mit den Kranichen den Krieg führten, dort sollten geschwänzte Menschen und Anthropophagen wohnen, schreckliche Wesen, die in nächtlichen Zusammenkünften von Waldhexen und Kobolden gezeugt würden. Jahrtausendelang beschäftigte jenes Land die Schriftgelehrten, aber noch war es keinem Europäer gelungen, in dasselbe einzudringen, wie viele von ihnen auch ausgezogen waren, um das caput Nili zu entdecken. Schweinfurth sollte der erste sein, der seine Wunder schaute, geführt von Abd es-Sammat, einem unternehmenden Nubier.

Endlich ist der Tag des Abmarsches gekommen. Die aus 700 bis 800 Köpfen bestehende Karawane ordnet sich zu einem langen Zuge, denn der Weg, auf dem man wandeln soll, ist schmal, nur ein ausgetretener Pfad, auf dem nur ein Mensch gehen kann; so ist die Gänsemarschordnung hier von den Verhehrsverhältnissen dem Zuge aufgedrungen. Bevor aber die Karawane die Lagerstadt verlässt, wird vor dem Thore derselben ein Lamm geschlachtet und die Fahne, mit Halbmond und Sternen geschmückt, in das Blut des Opfertieres getaucht. So ist sie in Wirklichkeit die Blutfahne des Islams.

Zunächst führt der Weg noch durch bekannte dem Chartumer Händler unterworfene Gebiete; allmählich aber beginnt sich der Charakter der Landschaft zu ändern. Der Boden wird stellenweise in Mulden und Einsenkungen wasserreicher, und an solchen Orten schwindet die dürre Flora des Steppengebietes, um Bäumen und Büschen mit vollsaftigen Blättern Platz zu machen. Dort wo ein Bach murmelt und auch im Sommer nicht versiegt, schauen wir ein Wunder der Pflanzenwelt, einen Wald, der wie eine Galerie die Ufer des Gewässers säumt, ein dichter, echt tropischer Wald mit Riesenbäumen, mit undurchdringlichem Unterholz, mit der grünen Dämmerung in seinem tiefen Schoss, mit der feuchten Treibhaustemperatur, mit Lianen und Farnkräutern aller Art – ein Urwald, vorläufig allerdings nur noch ein Urwald en miniature.

Der Forscher erreicht aber bald wichtige Anhöhen. Bis jetzt suchten alle Flüsse und Bäche, die er überschritt, den Nil zu erreichen – nun strömen sie nach Westen, um einen anderen Riesenstrom zu speisen. Diese Höhen bilden die Wasserscheide zwischen dem Nil und dem Kongo, und es gewinnt den Anschein, als ob hier auch für Tier-, Pflanzen- und Menschenleben eine Grenzlinie gezogen wäre.

Was wir bis jetzt im Sudan an Negerstämmen sahen, das war ein buntes Völkergemisch, das wir schwer voneinander trennen konnten. Hier begegnen wir einem Volke, das schon durch die äussere Erscheinung sich auf den ersten Blick als eine besondere Nation kennzeichnet, die man auf weite Entfernung unter vielen anderen Negern herausfinden kann. Sofort fallen uns die langen Haarflechten dieser Menschen auf, die, aus dem feingekräuselten Haar der sogenannten echten Negerrasse bestehend, weit über die Schultern und bis zum Nabel herabhängen können; der breite, runde Kopf; beispiellos grosse und offene, mandelförmig geschnittene Augen, von dicken, scharf abgezirkelten Brauen umschattet, verleihen dem Gesichtsausdruck ein unbeschreibliches Gemisch von tierischer Wildheit, kriegerischer Entschlossenheit und dann wieder Zutrauen erweckender Offenheit; die Nase ist breit, aber von geringer Höhe, die Lippen sind breit, und fette Wangen runden das Gesicht ab; die Hautfarbe erscheint zumeist von dem matten Glanze der Tafelchokolade. Diese Eingeborenen übersteigen selten die mittlere Grösse eines Europäers. Sie zeichnen sich auch durch eine besondere Tättowierung von anderen Stämmen ab. Auf Stirn, Schläfen und Wangen haben sie drei oder vier mit Punkten ausgefüllte, Schröpfnarben ähnliche Quadrate und unter der Brusthöhlung über dem Nabel eine x-förmige Figur. Punkte, Striche, Zickzacklinien am Oberarme und auf der Brust dienen noch als individuelle Erkennungszeichen. Bei festlichen Gelegenheiten bestreuen sie noch ihren Körper mit pulverisiertem Rotholz oder färben ihn in schwarzmarmorierten Mustern mit dem Gardeniasafte. Sie kleiden sich nur mit dem Schurzfell, aber sie wenden auf die Haarfrisur eine besondere Sorgfalt. Sie sind unerschöpflich in der Kunst, neue Haartrachten zu ersinnen. Als Waffen führen sie lange Speere und Wurfeisen zum Angriffe und aus spanischem Rohr geflochtene Schilde zum Schutze.

Das sind die Sandeh, wie sie sich selbst nennen, oder Niam-Niam, wie sie von den Nubiern genannt werden. Niam-Niam ist der Dinkasprache entlehnt und bedeutet Vielfresser, hier freilich spielt er noch auf eine Unsitte der Sandeh an, auf den Kannibalismus – ein Laster, welches bei diesem Volksstamme eingebürgert ist. Es giebt wohl manche unter ihnen, welche diesen Genuss verabscheuen, aber das Vorhandensein der Anthropophagie lässt sich in diesen Gebieten nicht leugnen. Die Reisenden haben im Laufe der Zeit ja viele Beweise gesammelt. Und die Sandeh verheimlichen es durchaus nicht. Sie rühmen sich vor aller Welt ihrer wilden Gier, sie tragen die Zähne der von ihnen Verspeisten wie Glasperlen auf Schnüren gereiht um den Hals, hängen die Knochen an ihren Wohnungen auf. Menschenfett ist ihr grösster Leckerbissen, und dem Genusse grosser Mengen desselben schreiben sie eine berauschende Wirkung zu. Sie verspeisen sowohl Krieger, die im Kampfe gefallen sind, als auch eigene Stammesgenossen, die friedlichen Todes gestorben sind. Sie sind nahe Verwandte der wilden Fans an der Westküste von Afrika, die gleichen Sitten huldigen.

Ihre Hütten bestehen aus runden Thonmauern, auf welche spitze Kegeldächer aus Stroh aufgesetzt werden; aber nach Dörfern und Städten in unserem Sinne des Wortes würde man im Sandehlande vergeblich suchen. Die Hütten liegen, zu kleinen Weilern gruppiert, im Kulturlande verstreut, und diese Gruppen menschlicher Wohnungen sind voneinander meist durch meilenlange Wildnisse getrennt. Fürstliche Paläste giebt es in diesen Weilern nicht; die Wohnungen der Häuptlinge bestehen aus einer Anzahl derselben Hütten für sie und ihre Weiber.

In dem Gebiete der Niam-Niam kann man wohl ein halbes Hundert solcher Fürsten zählen, ihre Macht kann darum keine bedeutende sein. Ein solcher Regent einiger Weiler, der den Titel „Bjiä“ führt, hat seine bestimmten Rechte; er führt den Oberbefehl im Kriege, entscheidet überhaupt über Krieg und Frieden, ist berechtigt, das Todesurteil auszusprechen und es höchst eigenhändig zu vollstrecken. Er bezieht auch Einnahmen aus Abgaben; so gehört ihm alles Elfenbein, das im Lande gesammelt wird, und die Hälfte des Fleisches von dem erlegten Jagdwild.

Hütten, Krieger und Sänger der Niam-Niam.

Mitunter, namentlich in westlichen Distrikten, wo fremde Stämme den Sandeh unterworfen sind, erhebt er einen Sklaventribut von Mädchen und Knaben, die er an Sklavenhändler, die aus Darfor und Nubien kommen, verkauft, wobei er mitunter die Hälfte des erzielten Preises den Eltern der Sklaven auszahlt. Was er sonst braucht zum Lebensunterhalt, das muss er sich selber beschaffen, und so hat er seine Sklavinnen, die für ihn das Feld bestellen, ja mitunter lässt er auch seine „Königinnen" Feldarbeiten verrichten. Er entfaltet keinen äusseren Pomp in Kleidungsstükken, Waffen und dergleichen, aber er ist stets mit einem Haufen von Trabanten, einer Art Leibwache, die unablässig seiner Befehle harrt, umgeben. Die Autorität der Sandehfürsten ist gross. Sie sind kleine Despoten, und von einigen wird erzählt, dass sie ihre Macht in höchst merkwürdiger und barbarischer Weise fühlen lassen. Plötzlich und willkürlich sollen sie ein Opfer aus der Menge herausgreifen, dem sie mit eigener Hand die Schlinge um den Hals werfen, und dem sie alsdann mit dem hackigen Messer einen tödlichen Streich in den Nacken versetzen; so beweisen sie durch diesen „Cäsarenwahn" ihren Unterthanen, dass sie Herren seien über „Leben und Tod".

Viele der Häuptlinge waren schon durch die Nubier eingeschüchtert gewesen, als Schweinfurth vor zwanzig Jahren ihr Land betrat, und so geschah es, dass die Häuptlinge zu dem Reisenden zur Audienz kamen. Wir haben bis jetzt stets berichtet, wie die schwarzen Fürsten Europäer empfingen, nun müssen wir einen entgegengesetzten Fall berichten. Schweinfurth erzählt von seinem Zusammentreffen mit Uando folgendes:

„Uando war von untersetzter Gestalt, mit kolossaler Entwicklung von Muskelfülle und Fett. Der königliche Aplomb, mit welchem sich diese imposante Masse vor uns gebärdete, liess nichts zu wünschen übrig; sein Benehmen war sicher und gesetzt. Von Uando wurde übrigens allgemein behauptet, er sei ein abgesagter Feind des Kannibalismus. Dieser Vorzug des Landesoberhauptes schien indes seine Untergebenen wenig zu beeinflussen. Ich hatte übrigens Grund, die mir durch den Besuch des Häuptlings dargebotene Gelegenheit zu Vorwürfen wegen ungenügender Gastfreundlichkeit von seiner Seite gehörig auszubeuten. Ich berief mich auf die Freigebigkeit der Nubier und ihrer Seriben und erzählte ihm, daselbst hätten meine Hunde besser gelebt als ich, der Herr, bei ihm, der doch ein König sei. Für meine Hunde hätte man Ziegen, für mich selbst Rinder geschlachtet. Uando wandte ein, er besässe weder das eine noch das andere. ‚So verlange ich wenigstens Hühner, aber mehrere und genug für mich und meine Leute', sprach ich. Dabei hielt ich ihm seine feindseligen Kundgebungen vor, welche unserem Erscheinen vorausgegangen waren, und unterstützte jedes meiner Worte durch einen Faustschlag auf den Feldtisch, der vor uns stand, so dass Gläser und Teller erklirrten. Uando schaute ganz verdutzt drein, erhob sich aber gefasst und versprach, Lebensmittel in Hülle und Fülle zu senden. Unmittelbar darauf trafen Leute bei mir ein, welche ausser einigen schlechten Hühnern mit einer Anzahl grosser, schwarzer Töpfe beladen waren und dieselben als Gastgeschenk seitens des Herrschers vor meine Zeltöffnung setzten. Ein abscheulicher Geruch wie von brenzlichem Öle, schwarzer Seife und verdorbenen Fischen drang aus den Thongefässen zu der Nase des Neugierigen; bei näherem Nachsehen gewahrte das Auge darin, umflossen von einer dunklen Brühe, Fäden und Faserstränge wie von aufgelöstem Tauwerk, dazwischen Lederabfälle und altes verknotetes Riemenzeug. Das war ein Erzeugnis wilder autochthoner Kochkunst; so mögen unsere Vorfahren in den Wäldern der Urzeit Europas Mammutbraten und Rhinocerosfüsse zubereitet haben; der gewaltige Sprung in Zeit und Raum lag mir nahe. Mit einem Worte: die Töpfe waren erfüllt von angebranntem, räucherigem Ragout von Kaldaunen eines zweihundertjährigen Elefanten, sehr zähe und mit sehr viel Hautgout.“

Dieser Uando war unter den Sandehfürsten eine ganz hervorragende Persönlichkeit, wie die späteren Ereignisse es bewiesen. Er war einer von den wenigen Häuptlingen, welche anfangs den nubischen Karawanen und später der „Regierung“ Gessis am längsten trotzten. Als auf der Rückkehr vom Mangbattulande die Karawane Abd es-Sammats sein Gebiet wieder betrat, fand sie an dessen Grenzen die landesübliche Kriegserklärung. Hart am Pfade und jedem so recht in die Augen springend, fanden sich an einem Baumaste drei Gegenstände aufgehängt. Diese waren: ein Maiskolben, eine Hühnerfeder und ein Pfeil. Der Führer erklärt die Bedeutung dieser Symbole: „Lasst ihr euch's einfallen, auch nur einen Maiskolben zu pflücken oder ein Huhn zu greifen, so werdet ihr durch den Pfeil sterben.“ Die Karawane, welche nur 40 Soldaten zur Bedekkung hatte, wurde in der That und dazu verräterischerweise von mehreren Tausenden Krieger überfallen, aber obwohl Abd es-Sammat verwundet wurde, wurde der Angriff dennoch zurückgeschlagen.

So sind diese Sandeh Gewehren gegenüber keine besonders Feinde, obwohl sie Zeichen ihrer Tapferkeit, Jagdtrophäen und dergl. gern öffentlich zur Schau stellen; denn an keinem ihrer Weiler fehlen die Votivpfähle mit allerlei Knochen behangen. „Am Diamvonu“, erzählt Schweinfürth, „verdankte ihnen meine osteologische Sammlung einen reichen Zuwachs. Schädel von Antilopen aller Art, von Meerkatzen, Pavianen, Wildschweinen, von Schimpansen und Menschenschädel fanden sich bunt durcheinander an den Ästen der Votivpfähle gespiesst, teils in kompletten, teils nur in fragmentarischen Stücken, Weihnachtsbäumen nicht unähnlich, aber mit Geschenken nicht für Kinder, sondern für vergleichende Anatomen reichlich behangen. Zahlreiche, unzweideutig für den entschiedenen Hang der Bewohner zum Kannibalismus sprechende Zeugen traten hier vor unsere staunenden Blicke. In der Nähe der Wohnhütten, auf den Haufen von Küchenabfällen aller Art, menschliche Gebeine und Bruchstücke von solchen, an den Ästen der benachbarten Bäume hin und wieder Arme und Füsse aufgehängt in halb skelettiertem Zustande und bei schlechter Trocknung im Schatten des dichten Laubes übelriechend und die Luft in weitem Umkreise verpestend. Das waren keine Wirtshausschilder, welche dem Wanderer zu einem gastlichen Asyl entgegenwinkten."

Im Jahre 1870, da Schweinfurth als Entdecker das Land bereiste, hatten sich die Chartumer Handelskompanien in dasselbe geteilt. Nach einer Art von Verträgen, welche sie mit einander abgeschlossen, durfte in einem bestimmten Distrikt nur ein bestimmter Händler Seriben errichten und Elfenbein aufkaufen. Wenn auch in Chartum das beste Einvernehmen herrschte, so war die Lage der Dinge in der fernen Wildnis eine andere. Dieser oder jener Karawanenführer respektierte nicht das Nachbargebiet und schlug einige Weiler zu seinem Grenzbezirke. Daraus entstanden wohl Streitigkeiten und Kämpfe unter den Händlern selbst. Diese Wirren wurden noch durch die Feindseligkeiten der einzelnen A-Sandeh-*fürsten gegeneinander erhöht, da die Elfenbeinhändler sich in dieselben einmischten. Diese Kriege und die Razzien brachten aber den Händlern noch einen anderen Vorteil; in denselben wurden selbstverständlich Sklaven gemacht, und diese Ware zog wiederum die nubischen Kleinhändler, die Dschellaba, ins Land. Diese Menschen kauften nicht allein Sklaven auf, sondern gingen geradezu auf Raub aus. Die Soldaten der Nubier bestanden zum grossen Teil aus Sklaven, die als junge Knaben geraubt und von ihren Herren im Gebrauch der Feuerwaffen unterrichtet worden waren. Man nannte sie Basinger. Sie waren tapferer als die eigentlichen nubischen Söldner, welche hier in der Regel ihren Lohn in Sklaven ausbezahlt erhielten; aber sie waren wilder, grausamer als selbst die arabischen Sklavenjäger. Solche Basinger hielten sich auch die Dschellaba mit der Zeit, und wenn sie auch zu schwach waren, regelrechte Überfälle gegen die Weiler der A-Sandeh zu unternehmen, so legten sie sich doch auf Menschendiebstahl, indem sie im Lande nach Art der Zigeuner aus alter Zeit hausten. War einmal ein Knabe oder ein Mädchen in ihrem Besitz, so half alles Klagen derselben oder der Eltern nicht, denn in den Augen der mohammedanischen Nubier waren ja diese kannibalischen Heiden so wie so zur Sklaverei geboren.

Alle diese Frevel, welche in diesen Gebieten östlich vom Weissen Nil verübt wurden, erregten schliesslich den grössten Unwillen in Europa. Der Einfluss der fremden Mächte in Kairo schrieb den Paschas im ägyptischen Sudan eine andere menschenfreundlichere Politik vor; es wurde

* A-Sandeh = Mehrzahl von Sandeh.

die Aufhebung der Sklaverei proklamiert und mit der Lösung dieser höchst schwierigen Aufgabe der Engländer Gordon beauftragt. Einer seiner Offiziere, Gessi Pascha, ein Italiener, wurde mit der Aufhebung der Sklavenjäger im Bahr el-Ghasal beauftragt. Die Seribenbesitzer und die Dschellaba scharten sich um Soliman Siber, den Sohn Siber Rahamas, und leisteten einen verzweifelten Widerstand. Im Jahre 1879 wurde jedoch die Macht der Sklavenjäger gebrochen, und Gessi schritt zur Neuorganisation des Landes.

Auch das A-Sandehgebiet gehörte zu seiner Provinz. Es wurde nun die Einrichtung getroffen, dass die einzelnen Häuptlinge als Vasallen der Regierung von derselben in Schutz genommen wurden. Niemand durfte mehr in ihren Gebieten Sklavenjagden abhalten, sie waren ihres Lebens und ihres Besitzes sicher und sollten dafür der Regierung eine jährliche Abgabe in Elfenbein abliefern, sowie bestimmte militärische Stationen erhalten, deren Aufgabe es war, Frieden und Sicherheit im Lande aufrecht zu erhalten.

Die Absichten Gessis waren gut, aber sein Reformwerk stand, insofern von seiner Residenz entferntere Gebiete in Frage kamen, nur auf dem Papier. Auf welche Beamten stützte er sich? Sie rekrutierten sich aus Ägyptern oder nubischen Händlern, welche klugerweise sich gleich beim Beginn der Kämpfe der Regierung unterworfen hatten. Diese Leute hatten nicht die geringste Absicht, den Sklavenhandel, durch den sie sich ja bereicherten, zu unterdrücken. Sie fügten sich nur scheinbar den Anordnungen der Regierung und wirtschafteten hinter deren Rücken auf die altgewohnte Weise.

Dazu kam es noch, dass Gessi, um die Neger vor den Übergriffen der noch im Lande herumziehenden Dschellaba zu sichern, die entlassenen Soldaten und befreiten Sklaven mit Gewehren und Munition ausrüstete, also das Volk sozusagen bewaffnete.

Die Negerhäuptlinge hatten nun den Wechsel des Systems nicht bemerkt; sie meinten noch lange, dass die eigentlichen Beherrscher der Gebiete einzelne Elfenbeinhändler seien. So kam es zu Differenzen; viele Häuptlinge wollten nicht gehorchen und mussten nun von den Regierungstruppen zum Gehorsam gebracht werden. Andere Häuptlinge benutzten wieder die Gelegenheit, um ihre etwaigen alten Feinde zu verderben, indem sie sich gegen diese der Regierung anschlossen. So waren die Zustände in dem A-Sandehlande, als zehn Jahre später, im Jahre 1880, Dr. Wilhelm Junker es bereiste. Allgemeines Misstrauen, vollste Unsicherheit, Krieg aller gegen alle; dabei waren die zur Macht und in den Besitz von Flinten gekommenen Häuptlinge gegen ihre Unterthanen und Nachbarn noch viel schlimmer als die ehemaligen nubischen Sklavenjäger. So konnte man hier bereits nach der kurzen Zeit eines Jahrzehntes völlig veränderte Typen, jene missratenen Negerkönige schauen, wie sie für die oberflächlich mit der Zivilisation in Verbindung stehenden Teile von Afrika charakteristisch sind.

Bei einem derselben hatte Junker seine Station Lacrima gebaut, und von hier unternahm er eine Rundreise durch das A-Sandehgebiet; wir sind darum in der Lage, unseren Lesern nach den Berichten des berühmten Reisenden einen Fürsten jenes menschenfressenden Stammes vorzuführen.

Dieser Fürst hiess Ndoruma. Als der Fürst erfuhr, dass Junker ihn mit seinem Besuch beehren wolle, kam er ihm in Dem Bekir, einer Regierungsstation, entgegen, um sich zu überzeugen, ob er einen Feind oder einen Freund zu erwarten habe. Zum feierlichen Empfang Ndorumas liess Junker seine kleine Dienerschar Festtagskleider anlegen: russische Bauernanzüge, bunte Hemden und Hosen aus Kattun, deren er viele Dutzende, bereits fertig genäht, zu Geschenken mitgenommen hatte.

Dann stellten sich die Jungens mit Waffen in der Hand in Reih und Glied auf.

Ndoruma war einer der mächtigsten A-Sandehherrscher und hatte z. B. im Jahre 1871 zwei gut ausgerüstete Karawanen arabischer Händler so gründlich geschlagen, dass nur wenige von den Teilnehmern mit dem Leben davonkamen.

Junker sah darum dem Eintreffen desselben mit berechtigter Spannung entgegen. Ndoruma war bei seinem ersten Erscheinen in einem komischen Anzug, den er gewiss kurz zuvor zur Ehre des Tages angelegt hatte, zu seinem Nachteil eine urspasshafte, lächerliche Figur. Er hatte seine kräftigen, muskulösen, sehr langen Beine in eine viel zu kurze und enge, prall anliegende, ehedem wohl einem Husaren zugehörige Hose von karmesinroter Farbe gezwängt. Bei der hochgewachsenen stattlichen Erscheinung Ndorumas reichte die Hose weder oben noch unten; die Nähte vollends liessen bei jeder Bewegung das Schlimmste befürchten. Mit dem zweiten Kleidungsstück, einer arabischen Dschelabije, stand es auch nicht besser; die Arme und die Schultern waren in dieselbe eingezwängt, während die volle nackte Brust bis zum Unterleib sich kräftig ins Tageslicht drängte.

Im Gesicht prägte sich unverkennbar der Typus der A-Sandeh aus. Scharfe, energische Züge, grosse, lebhafte Augen zeugten von Willenskraft. Stark vortretende Backenknochen, die nebst den breiten Nasenflügeln dem Gesichtsausdruck der Neger etwas Fremdartiges, Wildes verleihen, charakterisierten auch Ndoruma, doch zeigte er dabei nur mässig aufgeworfene Lippen. Sie waren von einem nicht starken Schnurrbart eingerahmt, der struppige Kinnbart war nach unten gezogen und verlor sich seitlich an den Kinnbacken in spärlichem Haarwuchs. Das Haupthaar war nach Art der A-Sandeh, jedoch etwas nachlässig, in Flechten gelegt; sie ragten unter einem Tarbusch hervor und umrahmten den Hinterkopf. Wie alle Niam-Niamherrscher aus früherer Zeit litt auch Ndoruma keinen Schmuck an sich.

Vor anderthalb Jahr war Ndoruma durch Rafai Agha, den Verwalter der ehemals Siberschen Seriben, zur Botmässigkeit gezwungen worden, jetzt begrüsste er mit Freuden die Anbahnung der neuen von Gessi geschaffenen Verhältnisse. Junker bestätigte den Häuptling in seinen guten Absichten und konnte ihm auch mitteilen, dass er ihm Geschenke von Gessi Pascha zu übergeben habe. Wenn schon diese allein auf Ndoruma vorteilhaft einwirkten, so wollte doch Junker sich auch persönliche Freundschaft bei diesem Fürsten sichern und improvisierte zu dessen Ehren ein kleines Fest. Er unterhielt seinen Gast zuerst mit allerlei Bilderbüchern, Musik- und Lärminstrumenten, als es aber am Abend dunkel geworden war, hielten Junkers Jungen mit bunten Papierlaternen einen Umzug. Junker hatte ihnen dazu scherzhafte Charakter- und Tiermasken gegeben, welche die kleinen, schwarzen Teufel in lächerlich komischer Weise entstellten und für Augenblicke, bis der Zauber einer ruhigeren Überlegung der Zuschauer gewichen war, Angst und Schrecken verursachten. „Manche der Zaghafteren unter ihnen, auch die aus der Ferne zuschauenden Weiber, stoben lärmend und schreiend auseinander. Bald aber löste sich das Entsetzen der Leute in brausenden Jubel auf, zu dem die Töne der Drehorgel erklangen. Sie geboten lautlose Stille; lauschend hing jedwedes Ohr an den unerhörten Tönen, während „die Wacht am Rhein" laut und voll weit hinausschallte in die afrikanische Wildnis."

In seiner Heimat, in der Junker Ndoruma bald aufsuchte, trug dieser nur einen, wenn auch etwas abgetragenen, Rokko, einen Schurz aus Rindenstoff, wie er durch Ausklopfen der Rinde einer Feigenart gewonnen wird, und diese Kleidung stand dem schwarzen Manne besser als die zusammengestückelte europäische Uniform. Seine Residenz bestand aus gewöhnlichen Hütten, nicht eine Spur von Luxus war da zu sehen, und wozu sollte der Fürst sich mit Bauten abmühen? Im Laufe einiger Jahre war ja bei den wechselvollen Kriegsläuften seine Residenz mehrmals abgebrannt. Das Vertrauen war in die Herzen dieser Menschen noch nicht eingezogen und die Furcht vor den Einfällen der Nubier eine beständige. Auch sonst wechselt ein A-Sandehfürst häufiger seinen Wohnsitz, und trotz aller schlimmen Erfahrungen versteht er nicht, seine Wohnung zu schützen. Selbst gegen den Leoparden, der im Lande häufig und gerade hier häufiger als anderwärts ist, der dem Menschen nachstellt und ihn selbst aus Hütte und Hof herausholt, bringen die indolenten Leute einen oft nur ungenügenden Verschluss an ihren Hütten an, die allerdings zur Nachtzeit auch mit quergestellten Balken verrammelt werden. „Als ich auf meinem letzten Durchzug durch das Gebiet Ndorumas", berichtet Junker, „drei Jahre später nach Osten reiste, fand ich in meiner Station, die ich „Thräne" getauft hatte, kaum eine Spur des einst Bestandenen wieder; auch Ndoruma hatte, was ich zur Bekräftigung des oben Gesagten anführe, seine Hütten schon wieder verlassen und sich etwas weiter östlich auf dem Uerreplateau neu angebaut; von den früheren Hütten war nichts mehr sichtbar. Und so mahnt im tropischen Afrika alles und jedes an raschen Verfall und Vergänglichkeit. In uns aber bleibt das peinliche Gefühl zurück und die Furcht, ob denn selbst mühevolle, europäische Arbeit hier Früchte reifen werde, ob bei diesen Naturvölkern dauernde und bessere Verhältnisse geschaffen werden können, ehe auch sie dem Untergang anheim fallen."

Interessant war die Art und. Weise, in welcher die Station Junkers gebaut wurde. Die Arbeit ging langsam, selbst für Afrika äusserst langsam, von statten, und um dem gerechten Drängen seines Gastes gerecht zu werden, musste der Häuptling zum äussersten Mittel greifen. Als eines Morgens die Arbeiter wieder ausgeblieben waren, liess Ndoruma die gewaltige Kriegstrommel der A-Sandeh rühren. Ihr Schall ist weithin vernehmbar und vermittelt, je nach Zahl und Art der Schläge, den Befehl des Fürsten an die umwohnenden Häuptlinge, mit ihren Untergebenen zur Versammlung oder zum Fest, zur Jagd oder zum Krieg gerüstet herbeizueilen. In vergangenen Zeiten, als die Gebiete noch bevölkerter waren und die Unterthanen dichter beisammen wohnten, soll auf diese Weise, indem die Häuptlinge sich auf ihren Kriegstrommeln die Signale schleunigst übermittelten, die stets kriegsbereite Mannschaft in sehr kurzer Zeit bis an die äussersten Grenzen eines Gebiets mobilisiert worden sein. Auch im gegebenen Fall weckte das Signal bei Ndorumas Hütten alsbald in weiter Ferne, gleichsam als Echo, dieselben Signale auf den Kriegspauken einiger Häuptlinge. Binnen kurzer Zeit eilten die Leute mit Speer und Schild zum Kampfe gerüstet herbei. Als sie dann den schlauen Scherz ihres Fürsten erfuhren, war die Heiterkeit gross, sie lehnten Lanze und Schild friedlich an die Hütten, und die Kriegsmannschaft bequemte sich zur Arbeit.

Auch der alte Uando, mit dem uns Schweinfurth bekannt gemacht hatte, lebte noch im Jahre 1880; aber er hatte sich bereits zur Ruhe gesetzt und sein Land an drei Söhne verteilt. Leider liessen sie ihn nicht in Ruhe; er wurde namentlich von seinem Sohne Hokua verfolgt, der sich früher mit den Arabern verbunden hatte, und irrte in der Wildnis umher, bis nach der Besiegung der Sklavenjäger Dr. Junker eine Art Frieden zwischen Vater und Sohn stiftete.

Später trat Emin Pascha organisierend in einem Teile des A-Sandehlandes auf. Die Zustände, die er vorfand, waren äusserst traurig. Die türkischen Soldaten hatten auf eigene Faust die rechtmässigen Fürsten gestürzt und an deren Stelle neue, die man jetzt richtiger Chefs nannte, eingesetzt. Viele derselben waren echte Raubritter, die mit den ihnen anvertrauten Gewehren das Land unsicher machten und sich selbst an den

Karawanen der Regierung vergriffen. Emin selbst erwähnte diese Vorgänge kurz in seinen Briefen an Schweinfurth. Er setzte die schlimmsten dieser Raubhelden ab und liess sie in Verbannung an den Nil abführen. Söhne aus wirklich fürstlichen Familien wurden mit der Würde der Chefs bekleidet und die geraubten Frauen ihren Männern zurückgegeben. Das Staunen über diese That war ein ungeheueres; eine solche Gerechtigkeit war in dem Lande noch niemals vorgekommen. Allerdings sollte dies nur ein kurzer Lichtblick in der Geschichte des A-Sandehvolkes sein; denn Emin, von Chartum abgeschnitten, musste seinen Wirkungskreis mehr und mehr einschränken. Was nach seinem Abzug geschehen ist, das kann man sich leicht nach dem Vorhergesagten denken. Die A-Sandeh reiben sich untereinander auf und fallen den Dschellaba, die, wieder aus dem Mahdireiche in das Land eingedrungen sind, zum Opfer. Diese Länder sind nun für die Anhänger des Chalifa, der in Chartum residiert, Heidendistrikte, wie wir sie im Süden von Bornu und Bagirmi kennen gelernt haben.

Das Land wurde erst vor etwa zwanzig Jahren entdeckt; es ist wieder verschlossen; aber die Geschichte dieser zwei Jahrzehnte wird uns nicht verloren gehen, sobald die berühmten Forscher Emin, Junker und Casati durch ihre Publikationen die trefflichen Angaben Schweinfurths vervollständigt und fortgeführt haben werden.

Meine Leser sind jedoch durch die Pracht der mohammedanischen Höfe des Sudan vielleicht verwöhnt und finden kein besonderes Interesse an diesen kleinen Häuptlingen, die einander auffressen und in der abgeschlossenen Wildnis die Tage ihres Lebens zubringen. Nun, auch in diesem Teile Afrikas gab es einst einen Palast und einen Hof, der das Staunen der Fremden hervorrief und der von allen bis jetzt geschilderten vielleicht der interessanteste war; denn er war echt afrikanisch, frei von den Einflüssen des Islam, frei von den Einflüsterungen Asiens, und den Verlockungen Europas. Diesen Hof wollen wir nunmehr aufsuchen, indem wir weiter nach Süden vordringen.

Der braune Cäsar

Wir überschreiten den Uelle, und eine neue Welt empfängt uns. Hier wohnt bereits ein anderer, heller gefärbter Volksstamm, die Mangbattu*, eigenartig in ihrer Erscheinung, ihrer Tracht, ihrer Kunstfertigkeit und ihren Sitten. Aber die Natur ist auch eine andere. Wenn wir bereits im Niam-Niamlande ein frischeres Auftreten der Vegetation verzeichnet ha-

* Schweinfurth nennt das Volk „Monbuttu". Junker, der länger unter denselben gewohnt hat, meint, es nenne sich selbst „Mangbattu".

ben, wenn dort die Galeriewälder schon zu mächtiger Entfaltung gediehen waren, so tritt uns hier die Pflanzenwelt mit einer noch urwüchsigeren Kraft und Frische entgegen.

Wir fühlen hier, dass wir unter den Tropen sind, wie wir sie aus den üblichen Beschreibungen kennen. Hinter uns liegen die Gebiete, in denen vor allem das Getreide, die Negerhirse u. s. w., den Menschen ernährten; wir sind jetzt im Lande der Banane und der Erdfrüchte.

„Der Pfad“, schreibt Schweinfurth, „führte uns durch eine paradiesische Landschaft, deren Reize sich für immer meiner Erinnerung eingeprägt haben. Wir durchzogen die endlosen Pisangplantagen, welche vermischt mit bezaubernden Hainen der Ölpalme das ganze Land zu einem ununterbrochenen Garten, einem wahren Eden gestalten. Die Ölpalmen, deren Stämme von oben bis unten von Farnkräutern überwuchert waren, stellten alle Pracht eines ägyptischen Dattelhains weit in den Hintergrund. Eine köstlich erquickende, würzige Luft strich durch die Landschaft, überall war Wasser und kühlender Schatten zu finden; vor den Häusern der Eingeborenen prangten riesige Feigenbäume, deren dichte Kronen kein Sonnenstrahl durchdrang.

Dann ging es wieder über von dichten Dschungels mit Raphia, Calamus und Pandanus erfüllte Bäche und Galerien, bergauf, bergab in beständig aufsteigender Hügellandschaft.“

Über zahlreiche rieselnde Bäche führt der Weg, an Mangbattudörfern vorüber, die im Schatten breitästiger Bäume, Überreste ehemaliger Wälder, einen überaus lieblichen Anblick bieten. „Endlich winkten“, fährt der Reisende fort, „aus tiefem Grün die Palasthallen des Königs den Wandernden entgegen, dann gelangten wir zu einer breiten Thalsenkung, in deren Mitte, weit und breit von Pflanzungen umgürtet und beschattet von den riesigen Zeugen früherer Wildnis, ein spiegelklarer Bach murmelnd sich hinschlängelte. Durch die tiefe, walderfüllte Bachsenkung von der Residenz geschieden, schlugen wir am diesseitigen Gesenke einer baumfreien Thalwand unser Lager auf. Uns gegenüber zeigte sich ein weitgedehnter, grasfreier Abhang, auf welchem die dunkelrote Erde wohlgesäubert mit vielen Reihen der zierlichsten Hütten, teils im Dachbau als Schuppen, teils in Kegelform errichtet, bedeckt erschien. Dahinter erhoben sich, alles übrige weit überragend, bahnhofähnliche Gebäude in einer Höhe und Breite, wie sie mir, seit ich Kairo verlassen, nicht vorgekommen waren und verrieten mir sofort den Wohnsitz des Königs Munsa.“

Bevor wir aber diese weiten Hallen betreten und den König in seinem afrikanischen Staate schauen, müssen wir das Volk der Mangbattu ein wenig kennen lernen.

*

Unter den Völkern des von ihnen besetzten Teiles von Zentralafrika zeichnen sich die Mangbattu durch eine hellere Hautfarbe aus, deren Grundton der des gemahlenen Kaffees ist. Auffallend ist ferner das ziemlich häufige Vorkommen von blondhaarigen Menschen unter diesen Negern; denn Schweinfürth glaubte die Zahl der blonden Mangbattu auf fünf Prozent veranschlagen zu dürfen. Dieses Blond hat indes nichts mit dem unserigen gemein, es erscheint von unreiner und wie mit Grau gemischter Färbung, dem Hanf vergleichbar. Besonders hellfarbige Individuen verrieten in ihren Augen fast immer etwas Krankhaftes und gaben manche Merkmale von Albinismus zu erkennen. In anderer Beziehung aber erinnert der physiognomische Ausdruck der Mangbattu vielfach an den typischen Charakter der semitischen Völker, eine Erscheinung, die ja auch bei dem Fulbevolke von verschiedenen Reisenden konstatiert wurde. Ebenso sind auch die hellfarbigen Manjema im Westen vom Tanganjika in ihrer physiognomischen Erscheinung den Ägyptern nicht unähnlich.

Auch die Sprache der Mangbattu ist eine ganz besondere und durchaus von der der A-Sandeh verschieden.

Allerdings sind diese Klassenzeichen vielfach im Volke vermischt, denn man findet auch unter den Mangbattu dunkler gefärbte Individuen, was ohne Zweifel mit den vielfachen Verschiebungen der Wohnsitze der afrikanischen Stämme zusammenhängt. Immerhin bildeten die Mangbattu, als sie entdeckt wurden, noch ein ursprüngliches afrikanisches Volk, welches in völliger Abgeschlossenheit sowohl gegen die mohammedanische wie gegen die christliche Welt gelebt hat. Die kontagiösen Seuchen unserer Kulturwelt waren damals noch nicht in das ferne Land gedrungen, und die Völker hatten auch von den fremden Sitten nichts angenommen.

Während europäische Zeuge und Kleidungsstücke oft die Gebiete im Inneren Afrikas erreichten, bevor sie vom Reisenden betreten wurden, waren den Mangbattu, als Schweinfurth zu ihnen kam, gewebte Stoffe aller Art völlig unbekannt. Den Bekleidungsstoff lieferte ihnen der Rindenbast eines Feigenbaumes (Urostigma Kotschijana). Dieser Baum wurde im Mangbattulande angepflanzt und fehlte vor keiner Hütte. Sobald der Stamm die Dicke eines Mannesleibes erreicht hat, wird der ganze Stamm vier bis fünf Fuss lang entschält, worauf er sich merkwürdigerweise mit einer neuen Rindenschicht bedeckt, die nach drei Jahren von neuem abgeschält werden kann. Daraus erklärte sich auch die Anpflanzung der Bäume als Nutzbäume in der Nähe der Gehöfte. Von den A-Sandeh wird der Baum Rokko genannt.

Die Rokkorinde ist ähnlich unserer Lindenrinde, die ja auch in Europa, z.B. in Russland, einen wichtigen Handelsartikel bildet; nur ist die Rinde fester, die einzelnen Bastfasern liegen nicht wie papierdünne Platten übereinander, sondern verweben sich untereinander, als wären sie geflochten. Die Weberei hat somit in diesem Falle die Natur selbst besorgt, der Mensch bearbeitet nur den Stoff durch eine Art Maceration sowie durch vieles Klopfen derart, dass er das Aussehen eines sehr dichten und geschmeidigen Gewebes erhält. Er wird auch mit Farbholzabkochung getränkt, so dass er eine braunrote Färbung annimmt und an ordinäres Wollenzeug erinnert. Das Rindenstück wird nun durch einen Gürtelstrick über den Hüften zusammengehalten und bedeckt in einem originellen Faltenwurf den ganzen Körper von der Brust bis zu den Knieen.

Dies ist jedoch Männertracht; die Mangbattufrauen tragen nur eine Gürtelschnur, an der sie in der Schamfuge ein handgrosses Stück Bananenlaub oder ein ähnliches Stück von Rindenstoff befestigen. Den übrigen Körper bemalen sie aufs fleissigste mit dem schwarzen Safte der Gardeniafrucht. Die Muster sind die verschiedenartigsten. Zebraartige Streifen, pantherartige Flecke, schachbrettförmige Felder, verschlungene Linien wechseln miteinander ab, und jede Mangbattufrau sucht bei festlichen Zusammenkünften ihre Rivalin an Erfindungsgabe in dieser Richtung auszustechen. Dieser Tintenschmuck ist natürlich vergänglich; in der Regel hält er zwei Tage an und wird dann durch einen neuen ersetzt. Aber wenn die Frauen sich beklecksen, so schminken sich die Männer in ausgiebigster Weise, und zwar schminken sie nicht nur die Wangen, sondern den ganzen Körper mit einer Mischung von Rotholzpulver und Fett. Was nun die Haartracht anbelangt, so ist dieselbe bei beiden Geschlechtern gleich. Zunächst wird ein Teil der Haare zu einem gewaltigen Chignon geformt, der auf dem Hinterkopfe, nach hinten etwas gebeugt, emporragt und durch Rohrgestelle in die richtige Form gebracht wird, der Rest der Haare wird in Gestalt feiner Löckchen zusammengedreht und fein über die Stirne bis zur Schläfe gelegt. Allerdings reicht das eigene Haar nur in den seltensten Fällen für diese Frisur, und so machen auch die Neger Gebrauch von falschem Haare. Dasselbe wird von den im Kriege gefallenen Helden erborgt – überhaupt wohl von Toten genommen –; Haarhändler ziehen durch das Mangbattuland wie bei uns die Hausierer. Auf diesen Chignon setzen die Männer einen cylinderartigen Strohhut, der mit bunten Federn geschmückt wird.

Verunzierungen des Körpers, wie sie bei anderen Negervölkern gebräuchlich sind: Ausbrechen oder Spitzfeilen der Zähne, Durchbohren der Nasen und Lippen und Hineinstecken unförmlicher Dinge in dieselben, sind bei den Mangbattu nicht gebräuchlich; sie leisten sich nur den Luxus der Ohrringe, die allerdings in einer besonderen Art getragen werden. Es wird dabei nicht das Ohrläppchen, sondern die innere Ohrmuschel durchstochen und in diese Öffnung, die schon mehr einen kreisförmigen Ausschnitt darstellt, ein Stab in der Grösse einer Cigarre hineingesteckt.

Auch in der Kriegstracht unterscheidet sich der Mangbattu von seinen Nachbarn. Ausser Schild und Lanze führt er noch Bogen und Pfeile, eine Zusammenstellung, die man sonst nur bei wenigen Völkern Afrikas wiederfindet. Dann haben sie aber noch sichelartig gekrümmte Säbelmesser, Hackmesser und eine Anzahl grosser Dolche von verschiedener Form. Das Wurfeisen, das wir bei den nördlichen Nachbarn so oft vorfinden, ist dagegen im Mangbattulande nicht üblich.

Wenn wir nun nach der industriellen Geschicklichkeit der Völker fragen, so überzeugt uns schon ein flüchtiger Blick auf die Wohnhäuser derselben, dass die Mangbattu eine ungewöhnliche technische Gewandtheit besitzen müssen. Wir werden später wahre Palasthallen der Mangbattuherrscher kennen lernen, die, obwohl sie nur aus dem leichten Holze der Weinpalme hergestellt sind, an Eleganz und Solidität wenig zu wünschen übrig lassen – luftige Bauten, die selbst Orkanen trotzen. Während sonst in Nord- und Ostafrika für den Hüttenbau die runde, kegelförmige Form vorherrscht, macht sich hier bereits der Einfluss von Westafrika geltend, indem wir bei den Mangbattu neben den runden auch viereckigen Häusern mit weit vorspringenden Dächern begegnen. Diese viereckigen Hütten sind auch zumeist für die Wohnung bestimmt, während die runden, mit spitzen, kegelförmigen Dächern mehr als Küchen und Vorratskammern benutzt werden.

Die Wohnhäuser sind in der Regel acht bis zehn Meter lang und fünf bis sieben Meter breit; die zwei bis drei Meter hohen Wände derselben bestehen ausser den Pfosten aus einem Flechtwerke von feingespaltenem spanischen Rohre und sind mit Rindendecken gefüttert; sie erlangen dadurch eine hohe Widerstandskraft gegen die Sturmwinde; man sieht sie beim Ausbruch eines tropischen Gewitters weder sich neigen noch schwanken, nur ein leichtes Zittern verrät die Gewalt des über sie hinflutenden Luftstromes. Es ist dieselbe Bauart, wie sie in Westafrika üblich ist, und auf Schritt und Tritt begegnen wir hier im Pflanzen-, Tier- und Menschenleben dem Übergang von einer Zone zur anderen.

Wie wir bei den Niam-Niam keine Städte und Dörfer in unserem Sinne des Wortes angetroffen haben, so sind auch hier die einzelnen Wohnhäuser weilerartig im Lande zerstreut; nur die königliche Residenz könnte man ein grosses Dorf nennen. Rings um die Weiler sieht man die Kulturen der Mangbattu.

Der Rindenbaum Rokko wächst dicht an den Häusern, weiterhin erstrecken sich Anpflanzungen der Ölpalmen, aus deren Früchten das Palmöl gewonnen wird, an diese schliessen sich die Bananenpflanzungen und die mit Bataten, Yams und dergleichen bestellten Felder. Getreide, wie Negerhirse und dergleichen, wird hier gar nicht und der Mais nur in der unmittelbaren Nähe der Häuser als Gartengemüse angebaut. Der Mangbattu beschränkt sich ähnlich dem Westafrikaner auf den Anbau derjenigen Früchte, welche die geringste Mühe erfordern. Dies ist vor allem bei der Banane der Fall, welche hier eine sehr geringe Pflege erfordert; man steckt die jungen Schösslinge in das vom Regen erweichte Erdreich, die alten sterben von selbst ab, und die Pflanzung ist bestellt. Ebensowenig Mühe veranlasst das Ausstecken von allerlei Wurzelknollen, von Maniok, oder Kassawa, von Bataten, Yams, Colocasien und dergleichen. Als Genussmittel werden von den Mangbattu Zuckerrohr und Tabak gebaut; der letztere ist virginischer Tabak, und verrät schon durch den Mangbattunamen „E Tobbu" seinen amerikanischen Ursprung. Die Hauptnahrung des Volkes besteht aber in Bananen, die in allen verschiedenen Formen und Zubereitungen genossen werden.

Viehzucht ist im Lande völlig unbekannt; in den Dörfern werden nur Hühner und kleine Hunde gehalten; Schweine, der afrikanischen Potamochoerusart angehörig, finden sich hier und dort im halb domestizierten Zustande. Wenn auch der Wildreichtum des Mangbattulandes nicht so gross ist wie der der nördlicheren Gebiete Zentralafrikas, so bietet die Jagd dennoch eine ergiebige Quelle für die Fleischnahrung, zumal hier das erbeutete Fleisch getrocknet und für längere Zeit aufbewahrt wird. Sehr in Betracht kommt dabei die Elefantenjagd, die wegen des Elfenbeins von Mannschaften, die der König entbietet, regelmässig betrieben wird. Die Jagd liegt den Männern ob; werden sie durch diese, oder durch Kriegszüge nicht vom Hause fern gehalten, so verbringen sie die Tage im Müssiggang, Tabak rauchend und mit ihren Freunden Unterhaltung pflegend, denn die Besorgung der Feldarbeiten ist hier Sache der Weiber. Nichtsdestoweniger ist die Lage der Mangbattuweiber keineswegs eine erniedrigende; im Gegenteil, sie haben hier mehr Einfluss als in anderen heidnischen Negerländern. Sie haben dabei aber auch eine Menge von Freiheiten, die ihnen gar nicht zur Zier gereichen, und was die Sittlichkeit anbelangt, so stehen sie tief unter den ebenso nackten, aber dezenten Frauen vieler nördlicheren Stämme.

Die Kunstfertigkeit der Mangbattu wird von allen Reisenden gerühmt. Sie sind treffliche Eisenschmiede, geübte Töpfer, verfertigen schöne Holzarbeiten, bauen gute Kähne – in dieser Hinsieht stehen sie hoch über anderen Negern – aber in unseren Augen sind sie mit einem scheusslichen Fehler behaftet: sie sind die ärgsten Menschenfresser, die es in Afrika giebt. Sie veranstalten diese Orgien, so oft sie nur können. Kriegsgefangene werden von ihnen wie Schlachtvieh nach Hause getrieben; sie verschmähen selbst Leute ihres Stammes nicht, indem die Leichen der zum Tode verurteilten Verbrecher dem Volke zum Schmause ausgeliefert werden.

So bietet uns auch dieses Volk ein Bild, das in der Völkerkunde nicht vereinzelt dasteht; neben einer verhältnismässig hohen kulturellen Entwicklung, soweit von einer solchen bei Naturvölkern die Rede sein kann, begegnen wir den grössten sittlichen Verirrungen, der schlimmsten Barbarei.

*

Unsere Phantasie stellt uns die Menschenfresser in der abscheulichsten Gestalt vor, und wir sind gern geneigt, uns den Hof eines Königs der Menschenfresser unter dem Laubdache des Urwaldes zu denken, wilde Gesellen rings um den Banditenhäuptling. Die Geschichte der Entdekkungsreisen giebt uns oft eine andere Auskunft. War nicht z. B. der Hof des Aztekenfürsten Montezuma so glänzend, dass er Cortez und seine Gefährten in Staunen versetzte? Und wurden nicht in Tenochtitlan, dem alten Mexiko, Feste gefeiert, an denen das Fleisch der dahingeschlachteten Menschenopfer gerade unter die vornehmsten Familien verteilt wurde? Auf etwas Ähnliches müssen wir uns auch am Hofe des Mangbattukönigs Munsa gefasst machen.

Es war der 22. März 1870, an dem Schweinfurth sich anschickte, den braunen Cäsar zu besuchen. Er zog den feierlichen, längst vergessenen schwarzen Tuchrock an, ebenso die schwerbeschlagenen hohen Schnürstiefel eines Alpentouristen, welche seiner leichten Figur durch die vermehrte Wucht der Tritte einen imponierenden Charakter verleihen sollten, und ging, von der schwarzen Musikbande seines Freundes Mohammed es-Sammat begleitet, nach der Residenz. Ihm folgten drei schwarze Knappen, die seine Büchse, seinen Revolver und einen Rohrsessel trugen; denn unter diesen „Wilden" wurde niemand zugemutet, sich auf die Erde zu setzen, wenn auch jedermann seinen Stuhl oder Schemel selbst mitbringen musste. Andere Diener in weissen Festgewändern trugen die für Munsa bestimmten Geschenke und bildeten den Beschluss des Zuges.

Unterwegs fand der Reisende ein Zeichen der königlichen Aufmerksamkeit; er musste einen Bach passieren. In Afrika giebt es keine Brükken, und so hätte Schweinfurth seine Schnürschuhe aus- und anziehen müssen, wenn nicht der König auf Anregung des Elfenbeinhändlers Mohammed Abd es-Sammat aus einigen frisch gefällten Baumstämmen eine Brücke hätte bauen lassen. Diese Rücksicht bestätigte die Mangbattu in der Meinung, des Europäers Füsse seien mit Bocksklauen versehen, da er ja auch ein glattes Haar – wie ein Ziegenbock – hatte.

Unter Trommelwirbel und schmetternden Klängen der Trompete, mitten durch eine dichtgedrängte Menschenmenge, die nur eine schmale Gasse offen liess, betrat der Gast die zweitgrösste der königlichen Palasthallen. Wenden wir zunächst dem Bau selbst unsere Aufmerksamkeit zu!

Die Halle hatte 33 Meter Länge, 13 Meter Höhe und 17 Meter Breite. Sie war erst vor kurzem vollendet worden, und alles bot einen sehr freundlichen Anblick dar, denn sie strahlte von Glanz und Helligkeit. Alles Holzwerk an ihr schien glänzend braun poliert und wie frisch gefirnisst; das war aber nur die natürliche Farbe des zum Bau verwandten Materials. Sie war ein kleines Weltwunder in ihrer Art und, um diesen Ausdruck zu rechtfertigen, für die Kultur Zentralafrikas merkwürdig genug. „Mit unseren Baumitteln, es sei denn, man hätte Fischbein in Anwendung gebracht, wäre man nicht imstande gewesen, etwas Ähnliches von gleicher Leichtigkeit und solcher Widerstandsfähigkeit gegen das Toben der Orkane hinzustellen, wie die Königshallen König Munsas. Das in einem breit abgerundeten Spitzbogen kühn gewölbte Dach der Audienzhalle ruhte auf drei langen Pfostenreihen, welche aus Baumstämmen von dem geraden Wuchs der Fichte hergestellt waren. Die zahllosen Rippen und Sparren des Dachstuhls dagegen, sowie alle übrige Konstruktion war ausschliesslich aus den Blattschäften der Weinpalme (Raphia vinifera) zusammengesetzt. Diese glänzend braunen Stäbe waren Stiele und Mittelrippen des 8 bis 12 Meter Länge erreichenden Blattes der genannten Palme, welche in Mangbattulanden in allen Uferwaldungen anzutreffen ist. Sie geben in Zentralafrika ein beliebtes Baumaterial ab. Der Fussboden der Halle war mit einem dunkelroten Thonanstrich überzogen, fest und wohlgeglättet wie Asphalt. Eine niedrige Brustwehr aus gleicher Masse bildete die Seiteneinfassung, indem sie unter dem bis nahe zur Erde reichenden Dache noch einen offenen Raum freiliess, welcher auch von den Seiten Licht und Luft in die Halle hineinliess."

Am Eingange zu dieser Halle erwartete der Zeremonienmeister des königlichen Hofes den seltenen Gast. Schweigend ergriff er seine rechte Hand, geleitete ihn ins Innere mitten durch die Reihen Hunderter von Trabanten und den Vornehmen des Volkes hindurch. Alle waren in vollem Waffenschmucke und sassen auf ihren zierlichen Bänken in Reih und Glied geordnet, wie bei uns die Zuhörerschaft in einem Konzerte. Die Vorstellung hatte aber noch nicht begonnen. Die Bühne auf dem entgegengesetzten Ende der Halle war noch leer. Dort stand die Thronbank des Königs – einfach wie die Schemel seiner Unterthanen; nur eine Matte war unter ihr ausgebreitet. Dagegen war unmittelbar hinter der Bank eine gewaltige, mit kupfernen Ringen und Stäben beschlagene Lehne angebracht. In der Nähe dieses Thrones liess der Reisende seinen Stuhl aufstellen, liess sich nieder und wartete, indem seine Diener sich hinter ihm gruppierten, in Spannung auf die Ankunft des Königs. Er war auf ein langes Warten gefasst, denn er hatte erfahren, dass der König noch vor kurzem auf dem Markte gewesen und soeben zu seinen Frauen gegangen sei, die ihn salben und für die grosse Audienz putzen sollten.

Das Publikum unterhielt sich inzwischen auf eigene Faust. Ein wildes Toben der Kesselpauken und das Gebrüll der Hörner erschütterte den luftigen Bau.

Munsa, König der Mangbattu.

Mit heiteren Klängen verkürzte man sich die Zeit und führte die lauteste Unterhaltung, deren Hauptgegenstand natürlich der fremdartige, weisse Mann bildete. Die Vornehmen in der Halle sassen ruhig auf ihren Bänken; anders verhielt sich das Zaunpublikum, das „schwarze Volk" von Mangbattu, welches von aussen an der Seitenbrüstung lehnte und schaulustig zu dieser Öffnung hineinguckte. Hier machten Aufseher mit langen Stöcken die Runde, und hieben, wo es nötig war, wacker auf die Menge ein. Knaben, welche sich unberufen in den Festsaal geschlichen, wurden von ihnen schonungslos hinausgepeitscht.

Nach einer Stunde erhob sich ein gewaltiger Hörnerklang, verdoppeltes Paukengetöse und verstärktes Brüllen des Volkes. War das die Anmeldung des Königs? Nein – hinter dem Throne im Freien wurde ein Hintergrund für Munsas Erscheinen geschaffen. Pfosten wurden in die Erde eingerammt, ein Gerüste schnell improvisiert, und nun wurde in demselben eine Waffensammlung ausgestellt.

Hunderte ganz aus Kupfer geschmiedeter Lanzen und Spiesse wurden dort angelehnt oder angehangen. Die Strahlen der äquatorialen Mittagssonne verbreiteten über diese Anhäufung von rotglänzendem Metall einen blendenden Schein, und ein Glühen wie von flammenden Fackeln ging von den Lanzenspitzen aus, deren symmetrische Reihen einen prächtigen Hintergrund für den Thronsitz des Herrschers abgaben. Es war in der That eine wahrhaft königliche Pracht, die da entfaltet wurde, für zentralafrikanische Begriffe Schätze von unberechenbarem Werte, denn das Kupfer hatte dort denselben Wert wie bei uns das Silber.

Endlich wurden die Vorbereitungen beendigt. Ein Laufen und Ordnen entstand und – jetzt still! Da kommt der König. Lassen wir den grossen Afrikaforscher diese denkwürdige Audienz mit eigenen Worten schildern:

„Vorne schreiten Musikanten, welche auf kolossalen, aus ganzen Elefantenzähnen geschnitzten Hörnern blasen, und andere, die in ihren Händen plumpe, aus Eisenblech roh gehämmerte Glocken schwingen. Den Blick gleichgiltig vor sich hin gerichtet, naht endlich derben Schrittes der rotbraun gesalbte Cäsar, gefolgt von der Schar seiner Lieblingsweiber, in Putz und Haltung wild, romantisch, malerisch. Ohne mich eines Blicks zu würdigen, wirft er sich auf die niedere Thronbank und betrachtet seine Füsse. – –

Wohl hafteten meine Augen an der phantastischen Figur des Kannibalenfürsten, nicht satt sehen konnten sie sich an diesem seltsamen, wilden Gesellen, von welchem gesagt wurde, dass er täglich Menschenfleisch esse. Mit Ringen und Ketten und vielem fremdartig geformten Schmuck an Armen und Beinen, an Hals und Brust, auf dem Scheitel eine Art Halbmond, alles aufs glänzendste geputzt und geschliffen, erstrahlte der Herrscher in seiner schweren Kupferpracht, wie im roten Schimmer der sonntäglichen Küche, ein Staat, der freilich nach unseren Begriffen eines königlichen Schatzes unwürdig erschien; er erinnerte gar zu sehr an jene Rüstkammern bürgerlicher Opulenz. Sein Anblick hatte indes etwas über alle Massen Bizarres, denn alles, was er an sich hatte, trug den unverfälschten Geschmack Zentralafrikas zur Schau, und nur die Kunsterzeugnisse des eigenen Landes wurden hier als würdig erachtet, die Majestät eines Königs der Mangbattu zu schmücken.

Ein imposanter Federhut beschattete das Haupt und sass über 1½ Fuss hoch auf der Höhe des Scheitels, indem derselbe, wie es die Mangbattumode vorschreibt, den oberen Teil des Chignons deckte. Dieser Hut bestand aus einem schmalen Cylinder von feinem Rohrgeflechte und war aussen mit drei Etagen von roten Papageifedern besetzt; grosse Federbüschel derselben Art krönten die Spitze. Einen Schirm hatte der Hut nicht; wohl aber war vorn über dem Scheitel nach Art der Schirmwehr am Normannenhelme das erwähnte halbmondartige Gebilde aus Kupfer angebracht. Die durchbohrten Ohrmuscheln trugen fingerdicke Kupferstäbe. Am ganzen Leibe war der König mit der landesüblichen Schminke von Farbholz eingerieben, welche seinem ursprünglich hellbraunen Körper die antike Färbung pompejanischer Hallen verlieh. Seine einzige Kleidung, gleichfalls durch nichts von der allgemeinen Mode des Landes abweichend, nur von ausgesuchter Eleganz und Feinheit, bestand in einem grossen Stück aufs sorgfältigste verarbeiteter Feigenrinde, welche mit demselben Farbstoffe imprägniert war, der als Schminke diente, und umhüllte in äusserst kunstvollem Faltenwurfe den halben Körper, Kniehosen und Leibrock zugleich darstellend. Fingerdicke stilrunde Riemen von Büffelhaut, welche im Schosse zu einem kolossalen Knoten verschlungen waren und an den Enden schwere Kupferkugeln trugen, hielten als Gürtel das schönbesäumte Rindenzeug an den Hüften zusammen. Um den Hals hing ein feingegliederter Kupferschmuck, der einen Strahlenkranz über die ganze Brust warf, und an den nackten Armen waren sonderbare, mit Ringen beschlagene Cylinder befestigt, ähnlich den Trommelschlägeln, welche ein Tambour an sich trägt. An den Gliedmassen des Unterarms und des Schienbeins wanden sich spiralige Kupferringe hinauf, und unter dem Knie hatte man je drei glänzende, hornartige, aus Hippopotamushaut geschnittene und gleichfalls kupfergeschlagene Ringe befestigt. In der Rechten schwang Munsa als Zeichen seiner Würde den sichelförmigen Mangbattusäbel, an diesem Platze eine Luxuswaffe aus purem, lauterem Kupfer. Munsa mochte ein Mann von nahe an die Vierzig sein, seine ziemlich hohe Gestalt war schlank, aber kräftig, der Wuchs stramm und gerade wie bei jedem Mangbattu. Durchaus nicht einnehmend waren seine Gesichtszüge, obgleich dieselben den nicht unschönen Typus seines Volkes aufwiesen. Sie hatten etwas Neronisches an sich, etwas wie von Überdruss und Übersättigung. Ein ziemlich dichter Knebelbart sass am Kinn, auch die Backen waren mit einigem Haarwuchs bekleidet. Eine völlig kaukasische Nasenbildung schloss sich dem fast orthognathen Profil an, nur die besonders stark aufgeworfenen Negerlippen standen hierzu in lebhaftem Kontrast. In den Augen aber brannte ein wildes Feuer tierischer Sinnlichkeit, und um den Mund ging ein Zug, den ich bei keinem der übrigen Mangbattu wiedergefunden; da lagen Habsucht und Gewaltthätigkeit höhnend auf der Lauer und die Freude am Grausamen. Nie sah man ihn zu einem Lächeln sich verziehen. Aus diesen Zügen sprach kein Herz.

Das war also Munsa, Selbstherrscher der Mangbattu, ein Abglanz jener halbmythischen Majestäten von Zentralafrika, von denen bisher nur die Namen nach Europa gedrungen waren, den ich nun von Angesicht zu Angesicht erschaute, so recht ein wilder König, ohne jede Spur eines europäischen oder orientalischen Schmuckes; nichts Unechtes und Erborgtes war an ihm zu finden."

Die Audienz sollte wohl länger als gewöhnlich dauern, denn auf zwei niedlichen Tischchen oder Schemeln zur Rechten und zur Linken Munsas wurden Erfrischungen aufgestellt. Dann dauerte es eine Weile, bis mit Hilfe zweier Dolmetscher, von denen der eine die Worte des Königs ins A-Sandeh und der andere ins Arabische übertrug, die Unterhaltung zwischen dem König und dem Gaste begann. Sie betraf ganz untergeordnete Dinge, denn Munsa schien an dem Grundsatz festzuhalten, dass er sich über die fremde Erscheinung nicht wundern dürfe, um seiner Würde nichts zu vergeben.

Auch die Geschenke, unter denen sich Schnuren wunderbarer venetianischer Glasperlen befanden, welche Schweinfurth von seinem Freunde, dem unglücklichen italienischen Reisenden Miani, erhalten hatte, wurden von dem König anscheinend gleichgiltig aufgenommen. Mehr Freude erregten sie bei seinen Frauen, unter denen ein die Gesichter verzerrender Doppelspiegel unter Jauchzen und Schluchzen von Hand zu Hand ging. Diese Königinnen hatten ausser ihren Chignons und den schöngemalten Mustern auf ihren Leibern keinen Schmuck an sich – Glasperlen waren damals im Lande noch nicht üblich, und das Kupfer behielten die Männer für sich selbst.

Dann gab Munsa, wenigstens für Schweinfurth, eine besondere Vorstellung, indem er ass und wie ein Türke mit grossem Aplomb aus einer Pfeife oder vielmehr einem sechs Fuss langen Eisenrohre rauchte.

Hierauf begannen Vorstellungen, um den Gast und das zahlreiche Publikum zu unterhalten. Hornbläser trugen zunächst Solopiecen vor. „Virtuosen in ihrer Art, thaten sie solche Kraft, Umfang und Lenkbarkeit ihrer Stimmmittel kund, dass sie bald durchdringend heftige Brülltöne gleich dem Brüllen des hungernden Löwen oder dem Trompetengeschmetter eines gereizten Elefanten hervorzubringen vermochten, bald wieder mit den zartesten Flötenstimmen dieselben abwechseln liessen, vergleichbar mit dem leichten Säuseln des Morgenwindes oder einem heimlichen Liebesgeflüster. Der eine verstand auf dem gewaltigen Horne von Elfenbein, das er nur mit grossem Kraftaufwande in der horizontalen Lage zu erhalten vermochte, so sicher und zart zu trillieren, als hätte er eine kunstvolle Flöte in den Händen."

Hierauf folgten komische Vorstellungen des königlichen mit Schweinschwänzen geschmückten Hofnarren und eines Eunuchen, welcher der einzige in der Versammlung war, der etwas Fremdes an sich trug – einen türkischen Fes.

Dann erhob sich der König und hielt, während die Versammlung sitzen blieb, eine schwungvolle Rede, von der Schweinfurth natürlich nicht ein Wörtchen verstand, die aber von dem Volke mit brüllendem Jubel aufgenommen wurde, der schliesslich in der Nationalhymne „Ih, Ih, tschupi, tschupi, ih, Munsa, ih" kulminierte. Auf solchen Hymnus liess der König mehrmals, gleichsam zur Ermunterung des Getobes, ein schnarrendes „Brrr!" hören, ein Brrr, dass die Palmstäbe des Dachstuhls mit zu vibrieren schienen und die Schwalben angsterfüllt ihren Nestern enteilten.

Schliesslich artete der Lärm in ein allgemeines Pauken- und Hörner-Konzert aus, zu dem der König mit einer Rassel den Takt schlug. – Der hungrige Reisende empfahl sich zuletzt, ohne das Ende der Feierlichkeit abzuwarten.

So zeigte sich Munsa in der Öffentlichkeit. Man würde aber irren, wenn man die Monarchie der Mangbattu als eine spasshafte Einrichtung ansehen wollte. Hinter dieser uns lächerlich erscheinenden Äusserlichkeit barg sich ein tieferer Ernst. Wie in anderen Negerstaaten, so war auch hier der König eine geheiligte Person. Munsa pflegte stets allein zu essen, und niemand durfte den Inhalt seiner Schüssel sehen; alles was er übrig liess, wurde in eine besondere Grube geschüttet. Alles was der König berührt hat, gilt hier als unantastbares Heiligtum; selbst das Feuer, welches vor seinem Sitze brennt, gehört ihm allein, ist königlich, und mit dem Tode würde der Mann bestraft werden, der es wagen sollte, von diesem Feuer eine Kohle zu nehmen, um seine Pfeife anzuzünden.

Die Privatwohnung des Königs besteht aus einer Reihe von Hütten, die von einem Palissadenzaune umgeben sind. Sein ganzer Hof wohnt aber nicht darin; selbst seine älteren Frauen, diejenigen zweiter Klasse, wohnen in besonderen Dörfern in der Nähe der Residenz. Die Zahl seiner Weiber musste schon darum eine bedeutende sein, weil er nach afrikanischer Sitte nicht nur die Frauen seines Vaters, sondern auch die seines vor kurzem gestorbenen Bruders verpflegen musste.

In der königlichen Seriba befanden sich auch die Rüstkammern, in denen nicht allein die uns bereits bekannten Luxuswaffen, sondern auch für den Ernstfall bestimmte Lanzen aufbewahrt wurden, um im Falle der Kriegserklärung unter die Mannen des Königs verteilt zu werden.

Besonders reichhaltig war die Garderobe des Königs, die für sich allein mehrere Räume beanspruchte. In dem einen gewahrte man nichts als Hüte und Federschmuck in den verschiedensten Formen, namentlich in Gestalt grosser, kugelrunder Büsche von roten Papageifedern. Dann folgte eine Hütte, wo sich bündelweise Civetten- und Genetten-, Potamochoerus- und Giraffenschwänze, Felle und tausenderlei der seltsamsten Zieraten, die der Herrscher zu tragen pflegt, aufgehängt fanden. Zu langen Schnüren aufgereiht sah man die Zähne von seltenen erbeuteten Tieren hängen; Reisszähne des Löwen, von denen Hunderte an einem Schmuckgehänge zu zählen waren, bildeten gewiss ein kostbares, von Vater auf Sohn überkommenes Erbstück.

Die Verwendung dieses Schmuckes geschah bei Festlichkeiten, zu denen es Anlass genug gab. Als einmal ein Sohn Munsas von den benachbarten Momwus mit Gewalt den Tribut eingeholt hatte, wurde dieser Sieg mit einem grossen Tanze gefeiert.

Der Tag war regnerisch, als Schweinfurth gerufen wurde, in die Halle zu gehen, da König Munsa selbst vor seinen Frauen tanze. Im Sprühregen ging er also nach dem von Sang -und Klang wiederhallenden Festsaale. Hier erwartete ihn ein grossartiges Schauspiel. Im Inneren der Halle war ein weiter Raum freigelassen worden, und achtzig Weiber des Königs sassen händeklatschend da auf ihren kleinen Schemeln und umgaben ihn mit einem einreihigen Quadrat. Hinter den Weibern, welche in besonders abenteuerlicher Weise bemalt erschienen, standen die Krieger im vollen Waffenschmuck, und ein Wald von Lanzen starrte zur Decke. Alle musikalischen Kräfte, über welche der König verfügte, waren aufgeboten worden: Kesselpauken und Holzpauken, Hörner und Pfeifen aller Art, Schellen und Glocken. In solcher Umgebung tanzte König Munsa – welch ein Anblick!

Diesmal beschattete sein Haupt ein gewaltiger Aufsatz von langhaarigem Pavianfell, der Bärenmütze eines Grenadiers vergleichbar, von dessen Spitze lange Federbüschel herabflatterten, die Arme waren mit Genettschwänzen behangen und an den Handgelenken grosse Bündel von Schweinsschwänzen befestigt. Ein dichter Schurz von verschiedenen Tierschwänzen umgürtete die Hüften, die nackten Beine waren mit klirrenden Ringen besetzt. In diesem Aufzug sah man den König umherspringen im rasenden Tanze, die Arme wie ein Besessener nach allen Richtungen von sich schleudernd, aber im Takte der Musik. König Munsa raste förmlich, ruhte eine Weile aus und raste von neuem unter wachsender Erregung und wachsendem Lärm der Zuschauer. In dieses Toben der Instrumente und Menschenkehlen mischte sich schliesslich das Heu-

König Munsa tanzt vor seinen Frauen.

len des Sturmwindes und das Grollen des Donners; denn ein Gewitter zog herauf, und dieses erst machte dem rasenden Tanze ein Ende.

Munsa war ein ausgesprochener Menschenfresser; man sagte, dass in seiner Küche täglich ein Kind gebraten werde; aber Schweinfurth hat in Mangbattu keine Kannibalenorgien gesehen, sondern nur zweimal Frauen beim Zubereiten des Menschenfleisches ertappt. Da der braune Cäsar wusste, dass seine neuen Freunde ausgesprochene Feinde des Kannibalismus waren, wollte er sie nicht verletzen und gab seinen Unterthanen den Wink, die Menschenschlächterei öffentlich nicht vorzunehmen.

Wenn nun Schweinfurth diese Sehenswürdigkeit, auf welche sonderbarerweise einige europäische Reisenden in jüngster Zeit so neugierig gewesen sind, nicht zu Gesichte bekam, so fand er im Lande Munsas dafür eine andere, die gewiss die grösste war – denn Märchen und Jahrtausende alte Sagen wurden durch dieselbe zur Wahrheit.

Wer kennt nicht die Sage von den Pygmäen oder Ellenmännchen, von denen schon Homer in der Ilias singt: „Mit vogelartigem Geschrei, gleich dem Geschrei der Kraniche, die fliehend vor Winterkälte und Regen unter Krächzen und Schreien den ozeanischen Strömen zueilen, um den Pygmäen Tod und Verderben zu bringen, so stürzten die Troer in den Kampf"? Diese poetische Überlieferung wurde auch von griechischen Gelehrten aufrecht erhalten. Herodot berichtet, indem er die Wanderung der Nasamonischen Jünglinge durch die Libysche Wüste beschreibt, von einem kleinen afrikanischen Stamme, der nicht einmal die mittlere Körpergrösse erreiche. Aristoteles äusserte sich bestimmt: „Die Kraniche ziehen an die Seen oberhalb Ägypten, woselbst der Nil entspringt; dort herum wohnen die Pygmäen, und zwar ist das keine Fabel, sondern die reine Wahrheit; Menschen und Pferde sind, wie die Erzählung lautet, von kleiner Art und wohnen in Höhlen."

Als nun Schweinfurth in Gesellschaft der Nubier nilaufwärts zog, hörte er immer wieder von diesen Zwergen, und die Nubier versicherten ihm, dass er sie am Hofe des Mangbattukönigs sehen werde. Hofzwerge! das war nicht viel versprechend; denn auch afrikanische Könige halten an ihren Höfen Zwerge, und wir werden von einem solchen in dem nächsten Bande der „Schwarzen Fürsten" berichten: aber diese Zwerge waren auch wie die unsrigen in Europa pathologische Erscheinungen, während doch die alten Schriftsteller von einem Volke von Zwergen sprachen. Und sie hatten recht! Hier im Lande Munsas lebte ein Zwergvolk, und der König hielt sich einige Familien am Hofe – für den Europäer die grösste Merkwürdigkeit, die dieser Hof bieten konnte.

„Schon hatte ich", schreibt Schweinfurth, „mehrere Tage in der Residenz des Mangbattukönigs verlebt, und noch immer nicht waren mir die vielversprochenen Zwerge zu Gesicht gekommen, meine Leute aber hatten sie gesehen. ‚Weshalb habt ihr sie mir nicht gleich mitgebracht?' war meine vorwurfsvolle Frage. ‚Sie fürchten sich', hiess es. Da erscholl eines Vormittags lautes Geschrei durch das Lager. Mohammed hatte einige Pygmäen beim Könige überrascht und schleppte nun trotz seines Sträubens und wilden Gebarens ein seltsames Männchen vor mein Zelt; es hockte auf seiner rechten Schulter, hielt ängstlich Mohammeds Kopf umklammert und warf scheue Blicke nach allen Seiten. Bald sass es vor mir auf meinem Ehrenplatze, zu einer Seite der königliche Dolmetsch; ich konnte nun endlich meine Augen weiden an der handgreiflichen Verkörperung tausendjähriger Mythe, ihn zeichnen und ausforschen. Beides war nicht so leicht gethan als gedacht; ihn vorläufig zum Sitzen zu bringen, war nur dem Erfolge zu verdanken, welchen die mit grosser Eilfertigkeit von mir ausgekramten Geschenke erzwangen. In meiner Angst, es würde sich keine zweite Gelegenheit darbieten, griff ich zu jedem Mittel der Überredungskunst; ich beschenkte den Dolmetsch, ihn bittend, dem Furchtsamen doch ja Mut zuzusprechen, in ihm Zutrauen zu mir zu erwecken. Was also im Laufe von zwei Stunden geschehen konnte, das geschah; er wurde gemessen, porträtiert, gefüttert, beschenkt und bis zur Erschöpfung ausgefragt."

Er nannte sich Adiemokuh und sein Volk Akka. An Munsas Hofe wurde auf diese Weise die Existenz einer Zwergrasse in Zentralafrika wissenschaftlich festgestellt. Später mehrten sich die Beweise, und man weiss jetzt, dass diese Zwergstämme, die bald Akka, bald Batua, bald Watwa heissen, in den Urwäldern der Nebenströme des Kongo leben. Sie erreichen wohl durchschnittlich die Grösse von 1,30 bis 1,40 m; sie sind Jäger und werden als solche von den Negerhäuptlingen in Dienst genommen; im Urwalde sind sie, dank ihren vergifteten Pfeilen, ziemlich unbeschränkte Herren des Terrains und gefährliche Feinde für ihre Gegner. Grausam und hinterlistig, fröhnen sie auch dem Kannibalismus. Vermutlich sind sie verwandt mit den Buschmännern Südafrikas. Heute ist ihre Zahl eine geringe; sie sind nur dort anzutreffen, wo es wirkliche unzugängliche Urwälder giebt; diese sind ihre Heimat. Früher war wohl ihre Verbreitung eine grössere, ja man neigt zu der Annahme, dass wir in den kleinen Häuflein der Zwergstämme die Überreste einer kleinen Menschenrasse vor uns haben, die einst Afrika bewohnte.

Ausser den Akka, die in der Nähe der Residenz wohnten und von denen einer später bis nach Chartum, wo ihn der Tod ereilte, Schweinfurth folgte (Munsa tauschte ihn gegen einen Hund aus), hatte der Mangbattukönig noch eine grosse Anzahl anderer in seinen Diensten, ein ganzes Regiment Zwerge, da seine Herrschaft sich im Südwesten über einen Teil des Akkagebietes erstreckte. Diese standen unter dem Befehl Mummeris, eines Bruders Munsas, und als dieser einmal den Tribut brachte, waren die Akka mit ihm gekommen. „Ich hatte an jenem Tage", berichtet Schweinfurth, „einen weiten Ausflug unternommen, auf welchem mich meine Niam-Niam begleiteten. Die Sonne war eben ihrem Untergange nahe, als mich der Rückweg durch das grosse Residenzdorf führte. Nichts wusste ich von Mummeris Ankunft, da sah ich mich auf dem weiten Freiplatze vor den königlichen Hallen plötzlich von einem Haufen übermütiger Knaben umringt, welche ein Scheingefecht zu meinem Empfange improvisierten, ihre Pfeile auf mich richteten und mich in einer Weise umschwärmten, dass ich ihre Zudringlichkeit mindestens für unziemlich halten musste. ‚Das sind ja Ticki-Ticki!‘ riefen meine Begleiter (Namen der Akka bei den Niam-Niam), ‚du glaubst wohl, es seien Kinder; das sind Männer, die zu fechten wissen!‘ Die Regierung Mummeris entzog mich dieser denkwürdigen Begegnung, ich nahm mir aber vor, am folgenden Morgen das Lager des Vasallen näher zu besichtigen. Leider hatte ich die Rechnung ohne den Wirt gemacht, denn Mummeri verliess beim frühesten Morgengrauen des nächsten Tages den Platz und mit ihm die Pygmäen. Einem phantastischen Traumgebilde gleich waren sie wieder zurückgesunken in die Nacht, welche das innerste Afrika umfangen hielt, so nahe und doch so unerreichbar meinen Wünschen!“

Wie ein phantastischer Traum ist auch in kurzer Zeit Munsas Macht und Herrlichkeit hinweggeweht worden. Mohammed es Sammat, der Elfenbeinhändler, war sein Freund, und er war auch ein gutmütiger Mann, dem der Negerfürst vertraute. Am Hofe Munsas wurden Soldaten der nubischen Händler stationiert; sie waren ja sehr gern gesehen, da sie geeignet waren, das Ansehen des Fürsten bei seinen Vasallen und Nachbarn zu heben. Aber diese Türken waren anders gesinnt als jener Mohammed es Sammat; in ihren Augen war ein jeder Neger nur ein unreines Wesen, ein Heide, ein Sklave gut zum Ausbeuten und zum Verschachern; die Königinnen Munsas hielten sie für gewöhnliche Sklavinnen und schauten auf den Fürsten selbst mit verächtlichem Hochmut herab. Und es waren nicht einmal zehn Jahre verflossen, seit Schweinfurth Munsa in seiner Palasthalle begrüsst hatte, da ereignete es sich, dass dieser Kannibalenfürst sich erdreistete, einem Mohammedaner, einem Nubier zu widersprechen. Da sank Munsa, zur Strafe von einer Kugel durchbohrt – die Mangbattuherrlichkeit hatte ihr Ende erreicht. Rechtzeitig war noch Schweinfurth erschienen, um dieses Stück Afrika, wie es ursprünglich war, zu schauen und durch seine Worte und seinen Stift für die Nachwelt zu erhalten.

Denn anders bereits waren die Verhältnisse, als nach zehn Jahren, im Jahre 1880, ein anderer deutscher Reisender, Dr. Willhelm Junker, wiederum an den Ufern des Uelle als mutiger Forscher erschien.

Den Nachkommen Munsas, mit denen er auf seinen Wanderungen zusammentraf, sei der nächste Abschnitt gewidmet.

Erben verschwundener Herrlichkeit

Spätere Forscher haben die Geschichte der Mangbattu durch ihre Erkundigungen vervollständigt.

Die Thäler von Uelle und Bomokandi, weit und breit als reich und fruchtbar bekannt, hatten den in der Ferne wohnenden Stamm der Mangbattu angelockt; mit Waffen in der Hand zogen sie in dieselben ein und unterwarfen sich in blutigen Kämpfen die einzelnen Stämme, die dort ansässig waren. Die Kultur der wenig zahlreichen Mangbattu zeigte sich überlegen; die Eingeborenen nahmen Sprache und Sitten der Sieger an. Die endgiltige Unterwerfung war dem König Tubka, dem Sohne Nembimbalis, gelungen. Wie eine Lawine stürzte er an der Spitze der Seinigen über die unbotmässigen Stämme. Von Stamm zu Stamm, ohne der Ruhe Raum zu geben, leuchtete das Schwert der Stürmenden; Verwüstung, Schrecken, Tod folgten den ersehnten Trophäen der Sieger. Tubka beherrschte endgiltig das zwischen dem Gadda, dem Bomokandi und dem Teli gelegene Land.

Aber die neuen Herrscher sollten sich nicht lange der Ruhe des Besitzes erfreuen. Ein neuer fürchterlicher Feind erschien an den Grenzen des Reiches; es waren die Sandeh, welche dem alt gewordenen Mangbattu-König die Kriegserklärung hinwarfen. Die neuen Ankömmlinge wurden vom Kriegsglück begünstigt; trotz tapferster Gegenwehr wurden die Mangbattu in offenen Schlachten geschlagen, und Tubka fiel, die Lanze in der Hand.

In dieser traurigen Stunde der Niederlage ergriff der damals noch junge Munsa als Nekinje – König der Mangbattu – die Zügel der Herrschaft. Er zeichnete sich durch Mut und Klugheit aus; er sammelte die zersprengten Krieger seines Vaters, schloss mit umwohnenden Stämmen Bündnisse ab und zog gegen die Sandeh zu Felde. Es gelang ihm wiederholt, den Feind zu demütigen, und er benutzte seine Siege dazu, um mit den gefährlichen Feinden einen ehrenvollen Frieden abzuschliessen.

Lange Jahre der Ruhe kamen für Mangbattu; Munsa organisierte sein Reich, teilte es in Provinzen ein, und der Wohlstand blühte überall auf.

So lagen die Dinge um jene Zeit, als die Araber als Elfenbeinhändler in das Land kamen.

Es giebt wohl kein Land oder Volk, in dem es nicht Unzufriedene giebt.

Auch in Mangbattu gab es solche. Es waren dies Verwandte Munsas, die ihrer Meinung nach bei der Verteilung der Provinzen in ungerechter Weise übergangen worden waren. Mit diesen Unzufriedenen verbanden sich die Menschenjäger, um Munsa zu stürzen, seine edle Gastfreundschaft mit Verrat zu belohnen.

Nessugo, ein Neffe Munsas, war das Haupt der Unzufriedenen.

Er zog sich zu dem Stamme der Abisanga, von dem seine Mutter stammte, zurück, stellte sich an dessen Spitze und fing eine offene Rebellion gegen Munsa an. Er war der hauptsächlichste Helfershelfer der Araber bei deren Vorbereitungen zum Überfall der Residenz.

Munsa war tot, sein Palast niedergebrannt; sein Erbe wurde unter verschiedene Häuptlinge verteilt; aber Nessugo sah sich in seinen Hoffnungen getäuscht. Er hatte gehofft, dass er an die Spitze des ganzen Mangbattulandes gestellt werden würde, aber die Araber waren schlau. Sie wollten keinen mächtigen König im Lande dulden; sie zerstückelten das Land in viele kleine Gebiete, in denen sie ihre Kreaturen als Herrscher einsetzten.

Nessugo sann auf Rache. Er beschloss, die Araber zu verderben. Er heuchelte Ergebenheit und Freundschaft; und als die Sklavenjäger einen Kriegszug gegen die Niam-Niam unternahmen, bot er ihnen seine Bundesgenossenschaft an.

Auf diesem Zuge wollte er seine Feinde verderben. Er sandte ihnen getrocknetes Fleisch, das mit feinem Gifte vermengt war. Aber zu seinem Unglück wollte er die Feinde noch verhöhnen. Er kannte die Abscheu der Araber gegen die Anthropophagie, und er liess der Fleischsendung auch Stücke von Menschenfleisch beimengen. Dieses Scherzes rühmte er sich vor seinen Leuten. Diese Prahlerei war sehr unklug; ein Weib floh während der Nacht aus dem Lager Nessugos in das der Araber, und um desto sicherer den gesuchten Schutz bei den neuen Herren zu finden, verriet sie ihnen die Beschaffenheit des ihnen zugesandten Mahles. Einmal aufmerksam gemacht, entdeckten die Araber den ganzen Anschlag und beschlossen ihrerseits Rache an dem Giftmischer zu nehmen.

Am nächsten Tage sollte eine Beratung über die bevorstehenden kriegerischen Operationen im Lager der Araber stattfinden. Nessugo brach am Morgen dorthin auf. Er hatte keine Ahnung, dass sein ruchloser Anschlag entdeckt worden war, und näherte sich übermütig, des Erfolges sicher dem Lager. Aber wie gross war sein Staunen, als er hier keine Toten, keine Spur von Erkrankungen, sondern nur einen blühenden Gesundheitszustand vorfand.

Mit schlecht verhehltem Grimme näherte sich nun Nessugo dem Kreise der anderen Häuptlinge, die um den arabischen Räuberhauptmann Beschir Salah versammelt waren. Er wurde von allen mit der grössten Zuvorkommenheit behandelt; er hatte keine Ahnung von dem Schicksal, das ihm bevorstand.

Da knallte ein Schuss, und Nessugo brach zusammen, von einer wohlgezielten Kugel getroffen.

Den Verräter Munsas hatte die Nemesis erreicht.

Das herrliche Mangbattuland war aber der Willkür der nubischen Sklavenjäger preisgegeben. Die weite Entfernung desselben von den ägyptischen Regierungsstationen brachte es mit sich, dass hier die Ordnung nur schwer aufrecht erhalten werden konnte. Die Wirtschaft der Sklavenjäger und die traurigen Schicksale der von den Siegern eingesetzten Fürsten wurden erst durch die neuesten Publikationen Junkers und Casatis in Europa bekannt.

*

Zehn Jahre waren seit dem Besuche Schweinfurths bei Munsa verflossen, und als Junker die Stelle passierte, an der einst die Residenz stand, war von Munsas Herrlichkeit geradezu alles verschwunden; alles, denn nicht ein einziger Pfahl, den das Feuer verschont hätte, war in dem hohen Grase stehen geblieben. Die Mangbattu lebten unter einzelnen Fürsten, deren Machtbezirke besonders eingeengt waren; in den einen gab es selbständige Häuptlinge aus fürstlichem Blut, in den anderen regierten die Kreaturen, welche die Nuboaraber eingesetzt hatten. –

In das Land waren auch Regierungsstationen vorgeschoben worden, welche die Neger bewachen und den ihnen an Elfenbein auferlegten Tribut einsammeln sollten.

Traurige Stationen, die man gar nicht mit den berühmten Stationen Emins am Nil, an der Hauptverkehrsstrasse seiner Provinz, vergleichen konnte. In der Nähe des Gouverneurs herrschte unter seinen Augen Ordnung, an den Grenzen der unermesslichen Provinz, die viele Meilen von der Hauptstadt entfernt waren, stand noch das alte System in voller Kraft. Die Beamten dieser Stationen, die aus den alten Seriben der Nubier hervorgegangen waren, rekrutierten sich aus ehemaligen Elfenbeinhändlern, die sich der Regierung unterworfen hatten, aber im Trüben fischen wollten. Ausschreitungen gegen die Neger waren an der Tagesordnung, und als Junker z. B. das Gebiet der Station Tangasi bereiste, waren die Beamten derselben eifrig bestrebt, ihn von jeder näheren Berührung mit den Eingeborenen fernzuhalten, damit diese ihre Missethaten dem europäischen Reisenden nicht verrieten, wodurch sie zur Kenntnis Emins oder Gessis hätten gelangen können.

Allerdings gab auch die Politik der Regierung genügende Handhabe, die Neger zu verfolgen. Selbst in diesen fernen Distrikten sollte die Autorität derselben aufrecht erhalten werden, und darum mussten die Häuptlinge, die ihre Selbständigkeit noch gewahrt hatten, unterworfen, zum Gehorsam gezwungen werden.

Ein solcher Häuptling war auch Mambanga, ein Neffe Munsas, der am Südufer des Uelle über einige versprengte Negerstämme herrschte.

Junker, der auf seinen Reisen überall als Friedensvermittler auftrat, erklärte sich auch bereit, den Fürsten Mambanga durch gütliche Unterredung für die Regierung zu gewinnen. Die Anerkennung der Oberhoheit derselben war ja für Mambanga das beste, was er anscheinend thun konnte; aber wenn der Fürst zögerte, den ihm angebotenen Schutz gegen einen mässigen Tribut anzunehmen, so hatte er von seinem Standpunkte auch triftige Gründe, die seine Handlungsweise gerechtfertigt erscheinen liessen.

Wir haben gesehen, dass die mohammedanischen Sudanesen in den Heidenländern von Bagirmi dem Grundsatz huldigten, dass man den verfluchten Heiden keinen Aman zu halten brauche; ähnliche Ansichten waren auch hier unter den Nuboarabern massgebend; Treubruch Negerfürsten gegenüber war bei ihnen Sitte, und durch ein solches Vorgehen war selbstverständlich das Vertrauen der Eingeborenen gegen die Versprechen der Fremden stark erschüttert. Dass man jetzt in Kairo und Chartum eine neue Politik eingeschlagen habe, konnten die Neger nicht wissen, und wenn man es ihnen sagte, nicht begreifen. Was war ihnen Kairo und Chartum! Sie kannten nur die Nubier, mit denen sie in Berührung gekommen waren und die so oft alle gutgemeinten Pläne der europäischen Gouverneure durchkreuzt hatten.

Aus diesen Gründen konnte sich auch Mambanga nicht entschliessen, der Regierung seine Unterwerfung anzuzeigen, er gab unbestimmte Antworten, zog die Verhandlungen in die Länge, während in seinen Distrikten die Kriegstrommel während der Nacht ertönte und seine waffenfähigen Mannschaften sich an den Ufern des Uelle sammelten. Junker ging also zu Mambanga, um ihn zu belehren und zu einer besseren Einsicht zu bekehren, und er hatte so die Gelegenheit einen Mangbattufürsten in seiner Residenz zu schauen. Wie vieles aber hatte sich in dem Lande seit zehn Jahren geändert.

An dem Ufer des Uelle trafen der Deutsche und der Mangbattufürst zusammen. Junker liess sich, um Mambanga alle Furcht zu benehmen, nur von zwei Dienern begleiten. Er reichte dem Häuptling, der dicht am Ufer stand, beide Hände, ein Zeichen des Wohlwollens, das gewiss unter allen Zonen richtig gedeutet wird. Schweigend, aber Hand in Hand, stiegen dann beide das Flussufer hinan zu den nahen Hütten, von der dicht gedrängten Volksmenge ehrerbietig begleitet.

Mambanga war, laut Junkers Schilderung, ein hoher, stattlicher Mann, der auf den ersten Blick durch seine bedeutend hellere Haut von lichter Bronzefarbe aus seiner dunkleren, kupferfarbigen Umgebung hervorstach. Die nachlässige Haltung, welche bei hochgewachsenen Negern der angesehenen Klasse häufig bemerkbar ist, prägte sich bei ihm besonders darin aus, dass er den Rücken stark krümmte, wodurch sich im Sitzen sein Kopf weit nach vorn neigte. Er war noch ein junger Mann mit fast bartlosem Gesicht, in dessen Zügen sich wilde Sinnlichkeit aussprach, auffallend grosse, aus ihren Höhlen hervorgewölbte Glotzaugen trugen zum Charakteristischen seiner Erscheinung bei: im übrigen unterschied er sich äusserlich nicht von seinen Stammesgenossen, war wie sie mit dem landesüblichen Rindenstoff, doch von der besseren havannabraunen Art, bekleidet und trug das Haar als hoch nach hinten abstehenden Chignon, auf dem der korbförmige Hut, mit einer langen Elfenbeinnadel durchstochen und festgehalten, aufsass.

Die durch den Dolmetscher geführte Unterredung drehte sich um die Versicherungen Junkers, dass die Europäer, die jetzt in diesen Teilen Afrikas der Ordnung und Sicherheit zum Sieg verhelfen wollten, nicht wie die „Bahara“ und „Turk“ wären, dass sie in ihrem Lande nur eine Zunge und ein Wort hätten und dass man ihnen sicher vertrauen könnte. Die Rede war nicht ohne Eindruck, aber man konnte aus dem Benehmen der Leute wahrnehmen, dass Misstrauen und Furcht aus ihren Herzen noch nicht gewichen waren.

Freilich wandte sich bei dieser ersten Ratsversammlung das Interesse der grossen Kinder mehr der ungewohnten äusserlichen Erscheinung des Reisenden zu.

Um ihr Vertrauen zu gewinnen, erklärte Junker, dass er am folgenden Tage zu Mambanga übersiedeln und in ihrer Mitte wohnen würde, wobei er ihnen einschärfte, in der nächsten Nacht, falls sie in Wirklichkeit friedlich gesinnt seien, die Kriegstrommeln ruhen zu lassen und sich selber ruhig zu verhalten.

In der That hörte man an jenem Abend im Lager der regierungsfreundlichen Partei nur ganz vereinzelt die Töne der Kriegsnugara, und so verlief die Nacht am Uelle durch die Dazwischenkunft des deutschen Forschers zum ersten Male ohne Kriegslärm.

Am nächsten Tage hielt Junker seinen friedlichen und ruhigen Einzug in Mambangas Residenz. Sie bildete ein Unikum im Mangbattulande; denn sie war eine Festung, die nicht etwa gegen die benachbarten Eingeborenenstämme, sondern aus Furcht vor den Einfällen der Nubier errichtet war. Ein runder, einige Meter tiefer Graben umgab den Hüttenkomplex, der auf einem weiten, 600 bis 800 Schritt breiten Platz lag. Innerhalb des Grabens erhob sich zum ferneren Schutz eine Palissade; die aufgeworfene Erde wurde aber nicht zu einer Schanze verwendet, sondern lag in unregelmässigen Haufen am inneren Rande des Grabens umher.

Die ganze Anlage war jedoch ausserordentlich schwach, denn sie lag mitten im Walde, und die Bäume desselben wurden im Umkreis gar nicht gefällt, im Gegenteil sie blieben sogar dicht am Graben stehen und gewährten auf diese Weise einem die Niederlassung stürmenden Feinde den besten Schutz. Innerhalb der Palissaden aber war alles Holz niedergeschlagen, und hier standen die Wohnhäuser des fürstlichen Hofes sowie die öffentlichen Hallen. Die letzteren waren etwa 70 Fuss lang und nach der Art unserer offenen Trinkhallen gebaut.

Die Pracht Munsas war hier nicht zu finden; im Gegenteil alles ging in gewöhnlicher Art zu. „Kaum graute der Morgen", schreibt Junker, „so war ich in meiner Hütte, ehe ich noch Zeit gefunden, mir den Schlaf aus den Augen zu waschen, schon wieder von Schaulustigen umlagert und zwar vorherrschend von Frauen. Die Mangbattudamen brachten ihre hübsch geschnitzten, mit reichen Mustern verzierten Schemel, sowie natürlich ihre Säuglinge mit und liessen sich, ländlich sittlich, dabei in ihrer Art auch sittsam, jedenfalls aber höchst bequem und sozusagen häuslich bei mir nieder. Ich zeigte ihnen allerlei seltsame Dinge, und mein Musikkasten that redlich das Seine. Auch einen kleinen schwarzen Weltbürger musste ich wiederum zum Jubel der Menge im Schoss wiegen; er verhielt sich dabei recht manierlich, kraute mich mit seinen Händchen im Bart und griff nach meinen Hemdknöpfen und anderem, was eben in meiner Nähe war, tout comme chez nous."

Mambanga entpuppte sich übrigens als ein habgieriger Mensch, der, mit den ihm überreichten Geschenken nicht zufrieden, von Junker andere, namentlich ein Gewehr, erpressen wollte. Aber auch an diesem so primitiven Hofe wurden Feste gefeiert.

Hornsignale und das Tam-Tam der Nugarapauke riefen die Umwohnenden zusammen. Die Männer zogen in Gruppen herbei; die meisten von ihnen liessen sich ihre leichten Sitzbänke nachtragen und setzten sich dann reihenweise in den Versammlungsgängen nieder. Zwischen diesen, auf dem grossen, freien Platze, begann darauf das Kriegsspiel, welchem Mambanga, von einer Anzahl seiner Frauen umgeben, von seiner Laube aus zuschaute. Die Männer führten nun gegeneinander Scheingefechte aus. Wutentbrannt stürmten die Krieger aus der Laube Mambangas der offenen Stelle des Halbkreises zu und schleuderten ihre Speere weithin durch die Luft, wobei sie einander im kräftigen Fernwurf zu überbieten suchten. Neue Gruppen traten auf und unterhielten die Schaulustigen stundenlang.

Dann sammelte sich die Gesellschaft in einer der offenen Hallen zum Tanzvergnügen. Es wurden dabei nur Solotänze aufgeführt, wie wir sie im Palaste Munsas bereits kennen gelernt haben; ein frischer Tänzer löste den ermüdeten der Reihe nach ab, und schliesslich produzierte sich Mambanga selbst.

Dies waren die heiteren Bilder, welche sich dem fremden Gaste an diesem Hofe boten: aber er musste auch der unfreiwillige Zeuge trüber Ereignisse sein. Die Neger sind abergläubisch, und nach der Meinung der Mangbattu stirbt kein Mensch eines natürlichen Todes, sondern an demselben ist stets ein anderer schuldig, der ihn verhext hat. Hat nun der Tod einen gewöhnlichen Sterblichen aus der schwarzen Masse des Volkes erreicht, so wird selten nach dem Schuldigen gefahndet; anders verhält es sich aber, wenn Mitglieder angesehener oder gar fürstlicher Familien sterben; dann erfordert ihr Tod Sühne. Man sucht nach dem Schuldigen und findet ihn durch das Orakel.

Unter anderen ist bei ihnen ein eigentümlicher, umfangreicher Orakelapparat im Gebrauch, das „Mapinge", welches von Junker ausführlich beschrieben worden ist. Diesem sind, nach Mitteilungen des Reisenden, förmliche Tempelhallen geweiht, mit allen nötigen Werkzeugen eingerichtet und mit einigen dienstthuenden Priestern bemannt. Bei Mambanga war das betreffende Lokal ein geräumiges Schrägdachhaus. Der Orakelapparat ist folgender: Ein mehrere Meter langer, glatt geschälter Bananenstamm (er hat unter der absterbenden äusseren Hülle schon von Natur eine glatte Politur und besteht überhaupt nur aus den ineinandergerollten Blattscheidenteilen) ist horizontal auf niedrige Füsse gestellt. Quer auf diesen kreisrunden Stamm legen die Priester mit äusserster Vorsicht zahlreiche, sehr glatt polierte, runde Stäbchen von der Länge und Dicke einer Cigarre, und zwar in gewissen Abständen als Häufchen von je drei Stücken, so dass schliesslich, je nach der Länge des Stammes, fünfundzwanzig bis dreissig solcher Häufchen im Gleichgewicht auf ihm ruhen. Die Zahl dieser Apparate ist nicht gleich; im Orakelhäuschen bei Mambanga waren damals fünf aufgestellt und wurden meistens von zwei Tempeldienern überwacht und gedeutet. Will jemand in einer Angelegenheit eine Frage an das Schicksal richten, so legen diese Auguren die Stäbchen in der angegebenen Weise, der Reihe nach auf die Bananenstämme und gebärden sich alsdann so turbulent, dass einige der Stäbchen aus ihrer halbschwebenden Lage auf die Erde herabgleiten. Je mehr Hölzchen herabpurzeln, als desto ominöser gilt das Zeichen, und sind es viele, so ist der Orakelspruch als bestimmt ungünstig anzusehen. Steht z. B. jemand im Verdacht eines Verbrechens und wird das eben geschilderte Schicksal um seine Schuld oder Nichtschuld befragt, so braucht nur der grösste Teil der Stäbchen herabzufallen, und die Schuld des unglücklichen Individuums ist unwiderleglich erwiesen. Die Fungierenden selbst leiten ihr Verfahren dabei durch längeres Geplapper ein, das in lautes Rufen, Singen und Händeklatschen übergeht. Während dieses Getöses springen sie beständig in gebückter Haltung längs der Bananenstämme hin und her und bewegen die Hände beim Klatschen an der Stäbchenreihe entlang, ohne sie zu berühren. Aber schon der geringe Luftzug, der hierdurch entsteht, kann hinreichen, um die glattpolierten Stäbchen, die sich überall nur mit konvexen Flächen berühren, zum Auseinanderweichen und Hinabgleiten zu bringen. Und somit dürfte das besagte Schicksal eigentlich aus dem Klatschen, Schnaufen und Hauchen der Tempeldiener bestehen. Die Redensart, dass das Leben eines Menschen häufig nur von einem Lufthauch abhängt, ist, wie man sieht, bei den Mangbattustämmen wörtlich zu nehmen, denn oft lautet der Orakelspruch auf Schuldig und Tod.

Auch während der Anwesenheit Junkers bei Mambanga beschuldigte das Mapinge-Orakel zwei Burschen als Urheber des Todes eines fürstlichen Verwandten. Damit war also ihr Todesurteil gesprochen. Der eine der Verurteilten entfloh rechtzeitig, der andere aber wurde gefesselt und sollte hingerichtet werden, um dann verspeist zu werden. Junker wollte den Unglücklichen retten und ihn von Mambanga loskaufen – aber der Verurteilte wurde schon auf dem Wege zum Richtplatze von der Volksmenge gelyncht, und die Sklavinnen machten sich sofort daran, den Mehlbrei als Zukost zum Menschenfleisch für die Kannibalen zu bereiten. „So war die ruchlose That, während draussen der Donner grollte und die schwarzblauen Wolken ihre schweren Regenmassen niedersandten, bereits vollbracht. Als ich spät abends noch dieses Erlebnis niederschrieb, hörte ich den Lärm der mit Menschenfleisch gesättigten Unmenschen, die sich zur Nachfeier ihrer satanischen Orgien in der grossen Hütte neben der meinigen versammelt hatten und nun bei Tanz und Lustbarkeit sich's wohl sein liessen."

Nachdem Junker kaum ein notdürftig befriedigendes Einvernehmen zwischen Mambanga und den Nuboarabern hergestellt hatte, reiste er ab.

Mambanga erwies sich dabei als ungefällig und voll Misstrauen gegen die Bahara und Turk. Kurze Zeit darauf überfielen die Nubier die von uns bereits geschilderte Festung Mambangas, nahmen dieselbe ein und liessen in ihr einen Militärposten zurück. Mambanga, der nach verlorener Schlacht in die Wälder geflohen war, sammelte indessen seinen Anhang und überrumpelte eines Tages die Besatzung, die zum grossen Teile niedergemacht wurde und vierzig Gewehre verlor. Als nun Emin von dieser Niederlage erfuhr, sandte er einen seiner türkischen Offiziere in die Gegend, der nun seinerseits die vierzig Gewehre (Regierungseigentum) Mambanga abnehmen und ihn zur Unterwerfung bringen sollte! Hauasch Effendi, so hiess der Offizier, war im Gegensatz zu den Nubiern, die bis dahin in der Station Tangasi das Regiment führten, ein humaner Mann. Er wollte Mambanga zuerst in Frieden zur Raison bringen, wobei er ihm versprach, billigerweise für das Rachewerk, das er an den Nubiern geübt, keine Vergeltung nehmen zu wollen. Das Geschehene wollte man vergessen. Das war in der That ein humanes Verfahren, ganz dem Sinne Emins entsprechend. Junker spielte wieder die Vermittlerrolle.

Er suchte wieder Mambanga auf, der im Walde ein neues Heim sich gebaut hatte.

Von den Erlebnissen Junkers, die er nunmehr bei diesen Fürsten zu verzeichnen hatte, ist ohne Zweifel das Interessanteste eine grosse Volksversammlung, in welcher über die Vorschläge der Regierung beraten werden sollte. Schon am frühen Morgen des 18. September 1880 erschollen die Signalhörner und Pauken, und bald begannen die Mannschaften heranzuziehen. Zur Feier des Tages liess sich Mambanga frisieren. Junker hatte einen Einblick in diese Geheimnisse der fürstlichen Toilette gewonnen. Der Fürst legte sich dabei der Länge nach auf eine Bank, und mehrere Weiber bearbeiteten abwechselnd seinen Wollkopf mit spannenlangen Elfenbeinstöckchen.

Grosse Versammlungshallen fehlten in dieser flüchtigen Residenz; die Mannschaften Mambangas wussten aber Rat zu schaffen; sie schleppten Laubbäumchen, Zweige und Buschwerk herbei und bauten daraus in weiter Runde Lauben oder Schattendächer. Der grüne, weitgezogene Kranz gab, durch Tausende von Kriegern belebt, ein buntes, höchst seltsames Bild.

In dieser Versammlung wurden viele Reden gehalten. Junker eröffnete den Reigen; dann sprach Mambanga; er „salbaderte", aber darin waren Erinnerungen an Munsas Zeiten enthalten, und wie dieser, gleich seinen Brüdern und Verwandten, im Kriege gegen die Dongolawi (die Nubier aus Dongola) und „Bahara" gefallen und wie viele ermordet worden seien. Die Rede bestand aus vielen leeren Worten. „Wenn sie mich trotzdem fesselte", bemerkt Junker, „so lag dies an ihrer überaus komischen Inszenierung. Während er nämlich redete, sprang ein Polizist mit der Gelenkigkeit eines Affen auf dem Platze umher, gebot Ruhe, obgleich sich kein Mäuschen rührte, und plapperte oft papageiartig die Endworte eines längeren Satzes der Rede nach oder suchte durch Grunzen die Äusserungen des erlauchten Demosthenes zu bekräftigen. Zugleich machten sich andere unterthänige Adjutanten unausgesetzt in der Nähe des Gebieters zu schaffen, indem sie ihn mit Dienstleistungen überhäuften. In den längeren Pausen der Rede aber lärmten die weithin schallenden Töne von Signalhörnern, die aus einem durch künstlichen Ansatz bis auf 2½ m und mehr verlängerten Elefantenzahne bestanden, und das kreischende, knirschende Gebimmel von grossen eisernen Glocken."

Nachdem noch andere Redner gesprochen hatten, folgten Kriegsspiele, an denen sich Mambanga selbst beteiligte und unter dem dröhnenden Jubel des Volkes Speere gegen den nicht vorhandenen Feind schleuderte. Mambanga hatte schon früher gegen zwanzig alte Flinten gehabt und bei dem Überfalle vierzig erobert. Er konnte darum auch ein Scheingefecht mit Flinten vorführen, das insofern von einer grossen Wirkung war, als beim Losgehen derselben einige der zuschauenden Helden sich glatt auf den Bauch warfen.

Auf diese grosse Ratsversammlung folgte am späten Abend im Waldesdunkel eine besondere Versammlung von Häuptlingen, zu der auch Junker herbeigezogen wurde. Zu einem entscheidenden Beschlusse wollte es aber nicht kommen, da Junker das Misstrauen der Leute nicht überwinden konnte.

Der Zufall wollte nun, dass Hauptmann Casati am nächsten Tage, von einer weiten Reise nach dem Nil heimkehrend, zu Mambanga kam, und nun vereint mit Junker den Häuptling bewegen wollte, dass er zur Station gehe und die Oberhoheit der Regierung anerkenne. Vergeblich! Der Häuptling schien ein doppelzüngiges Spiel zu treiben. Endlich, als die Europäer abreisen wollten, erklärte er, dass er sein Verhalten von dem Ausfalle des „Mapinge"-Orakels abhängig machen werde.

So schloss wenigstens die Bekanntschaft Junkers mit Mambanga mit einem ethnographisch interessanten Akte, bei dem allerdings die Politik kurz wegkam. Die Hölzchen wurden gelegt, und dem einen Teile des Apparates wurde eigens die Aufgabe zugemutet, zu erraten, ob Junker Mambanga wirklich wohlgesinnt wäre. Der andere Teil galt Mambanga und sollte weissagen, ob der Herrscher die Regierungsstation ohne Schaden betreten könnte.

Für Junker hatte der Apparat Einsehen; die Hölzchen blieben unverrückt, aber auf Mambangas Seite wich eines der Häufchen von je drei Hölzchen plötzlich auseinander und fiel hinab, wobei aber der dienstthuende betrügerische Orakeldiener einen Seitensprung machte, als hätte ihn eine giftige Schlange gebissen. Und als ob es an diesem furchtbaren Omen noch lange nicht genug wäre, begannen nun die Hölzchen auch von einem anderen Baumstamme massenhaft hinabzupurzeln und bekräftigten so die unheilvolle Prophezeiung.

Das Orakel hatte gesprochen; die Friedensvermittler, die es so gut mit dem Fürsten meinten, mussten abziehen. Junker gab ihm noch gute Ratschläge, sich wenigstens aller Angriffe gegen die Station zu enthalten. „Wie der arme Fürst so in die finstere Wolke seines Misstrauens gehüllt dastand", schreibt Junker, „that er mir aufrichtig leid, denn ein Teil der Schuld fiel auf seine Leute, die ihn fortwährend durch blöde Einflüsterungen irre machten."

Junker hatte alle möglichen Beredungskünste angewandt, hatte mit Mambanga Blutsfreundschaft geschlossen. Alles hatte nichts geholfen. Als er in die Regierungsstation zurückkehrte, meldeten Spione, Mambanga habe behauptet, er werde den Krieg gegen die Türken fortsetzen, bis er siegen würde – und in der That hörte man in der Nacht aus der Ferne wieder die Töne der Kriegstrommel. Der arme Fürst verteidigte ja eigentlich nur sein Land, er stritt für seinen Herd und seine Unabhängigkeit, aber die Politik verlangte im ägyptischen Sudan die Unterwerfung der Häuptlinge, und so beschloss Hauasch Effendi, da ein Überfall gegen die Station befürchtet wurde, Mambanga zuvor zu kommen.

In drei Abteilungen rückte die Armee in Feindesland ein, um Mambanga einzuschliessen und gefangen zu nehmen.

Mambanga wurde verraten. Er rechnete auf die Hilfe des Sandehhäuptlings Gansi, dieser aber verband sich mit den Truppen der Regierung und rückte gegen Mambanga vor. Als des letzteren Krieger unmittelbar hinter den Leuten Gransis, die sie für Freunde hielten, die Flinten und Fahnen der Nuboaraber erblickten, merkten sie den Verrat und ergriffen die Flucht. Die Panik war so gross, dass die Krieger, um besser laufen zu können, nicht nur die schweren Schilde, sondern nach Negerbrauch ihre Schurze fortwarfen.

Die Beute der Regierungstruppen war gross. Die Schilde wurden zwar an Lagerfeuern verbrannt, aber die Soldaten kehrten reich beladen mit verschiedenen Geräten, namentlich mit schönen Mangbattumessern, zurück. Auch hatte man an hundert Frauen Mambangas und einige seiner Söhne eingefangen.

Inzwischen rückten die ehemaligen Anhänger des Fürsten ins Lager und kündigten ihre Unterwerfung an. Nach Kriegsrecht nahm man ihnen 150 Lanzen und 75 Schilde ab und entliess sie in ihre Heimstätten. Einige von ihnen erboten sich, Mambanga einzufangen, aber der gehetzte Fürst konnte zu einem im Süden des Bomokandi herrschenden, noch unabhängigen Mangbattufürsten entfliehen.

Nach Kriegsrecht wurde das Land Mambangas verwüstet; die Nuboaraber plünderten die Dörfer, aber zu Ehren des Offiziers, den Emin Pascha gesandt hatte, muss gesagt werden, dass die Truppen wenigstens keinen Menschenraub ausübten.

*

Mambanga war nur einer der Erben der verschwundenen Herrlichkeit; er trieb sich in den Wäldern umher und trug bei sich wie ein zweiter Alboin eine Trinkschale, die er aus dem Schädel eines von ihm getöteten Arabers anfertigen liess – aber er musste bald wahrnehmen, dass diejenigen Häuptlinge, welche sich mit den Arabern verbunden hatten, eine vorteilhaftere Stellung einnahmen als die Verteidiger der alten Unabhängigkeit. Die Not und die Verhältnisse stimmten den Negerfürsten um.

Die mächtigsten Häuptlinge im Mangbattulande waren Gambari im Norden, Kadebo im Süden und Jangara im Osten. Sie waren in ihre Würden von den siegreichen Sklavenhändlern, den Mördern Munsas, eingesetzt worden; als rechtmässige Herrscher konnten sie im Ansehen des Volkes nicht gelten.

Den Titel Nekinje (König der Mangbattu) hatte Asanga, der sich auf das rechte Ufer des Bomokandi zurückziehen musste, angenommen.

In der Residenz Olopo besuchte der italienische Reisende Major Gaëtano Casati den letzten rechtmässigen Mangbattukönig.

Die Pracht, welche Schweinfurth in der Residenz Munsas geschaut hatte, war hier nicht vorhanden; wohl aber war noch das alte Zeremoniell üblich. Wenn Asanga ausging oder heimkehrte, so wurde er von Trompetenstössen und Zurufen der Umstehenden begrüsst, und wenn am Abend Asanga sich in seine Gemächer zurückzog, so wurde dies dem Volke durch das grosse Horn verkündet, und der Ruf: „Der König geht in das grosse Haus!" pflanzte sich von Hütte zu Hütte und von Dorf zu Dorf; wenn er nieste oder hustete, so ertönte es in der Umgebung: „Dem Könige Heil!" Aber die gewöhnlichen Sterblichen durften sich nicht erlauben, im Angesichte des Monarchen zu niesen, zu husten oder auszuspucken, ein solches Betragen wurde einer Majestätsbeleidigung gleich geachtet und mit dem Tode geahndet.

Die Königsburg Olopo war nach Casatis Schilderung eine umfangreiche Seriba, die in verschiedene Abteilungen getrennt war. Ausser den vom König bewohnten waren dort auch noch jene für die Mutter, die Frauen und seine Kinder. Die bewaffneten Wachen hatten bequeme Wohnungen. Kleine Gärten mit Tabak und Gardenia bepflanzt umgaben die einzelnen Häuser. Eine gewisse Vorliebe für gezähmte Tiere wurde hier von Casati beobachtet. Der Schmuck der Wohnungen war dort der graue Papagei. Zahllose Scharen dieser Vögel tummelten sich in den Höfen und auf den kleinen Bäumen wie Tauben. Aus ihren Nestern genommen, werden sie dort sorgfältig erzogen und gelehrt, einige Worte, leider wenig richtig, zu stammeln. Dann sind sie der feinste und beliebteste Gegenstand zu Geschenken.

Asanga pflegte auch wie einst Munsa vor seinem Hofe zu tanzen; und sein Tisch war nicht nur mit allerlei Fleisch, welches der Wald lieferte, sondern zuweilen auch mit Menschenfleisch beschickt.

„Das Fleisch des Schimpansen", sagte er eines Tages Casati, „wird in Feinheit des Geschmackes von keinem anderen erreicht"; und auf die Frage des Reisenden nach dem Geschmacke desselben erwiderte er: „Es ist so gut wie Menschenfleisch."

Die Anthropophagen haben natürlich eine Vorliebe für Affenfleisch. Was den Schimpansen anbelangt, so sind sie über seine Herkunft einer anderen Meinung als die Europäer. Nach der Mangbattulegende war dieses Tier einst ein Mensch. „Der fortgesetzten Verpflichtung zu arbeiten müde, hielt er es für angezeigt, die Gesellschaft zu verlassen und sich allein mit seiner Familie in den Wald zurückzuziehen, wo er sich von Früchten nährte. Allmählich verlor er den Verstand und baute sich zuletzt auf den hohen Bäumen eine Hütte. Wenn es regnet, fährt die Legende fort, rettet er sich auf das Dach, nicht unter einen Zufluchtsort, weil er des festen Glaubens lebt, das Wasser komme von unten nach oben, eine Annahme, zu welcher ihn das Geräusch, das es hervorbringt, wenn es auf dem Boden aufschlägt, veranlasst. Er lässt sich herbei, mit dem Menschen zusammenzuleben, und wird dann ein Nachahmer seiner Gewohnheiten; er kocht Fleisch und Pistaziennüsse und zieht dem Zuckerrohr die Rinde ab. Von Jugend auf ist er sehr stark und tapfer; man sagt, dass er zur Verteidigung seiner Jungen selbst den Leoparden anzugreifen wagt, und dass er, vom Menschen überfallen, die nach ihm geschleuderten Lanzen im Fluge erfasst und sie mit sicherer Hand zurückwirft."

Kein Wunder, dass infolge solcher Anschauungen im Mangbattulande noch heute über Tiere Gerichte abgehalten werden, wie dies im grauen Mittelalter auch bei uns der Fall war.

Auch an Asangas Hofe ereignete sich ein solcher Vorfall während Casatis Anwesenheit. Ein starker Bock, der entlaufen war und von einem Hunde verfolgt wurde, versetzte bei seinem Verteidigungskampfe dem nichts ahnenden Gegner einen Stoss mit dem Horne. Der Hund, das teure Besitztum eines mächtigen Mannes, verendete kurz darauf. Der ernste Fall wurde besprochen, klargelegt und dem fürstlichen Gerichte übertragen. In Gegenwart seines Opfers wurde der arme Bock verurteilt, die Kehle abgeschnitten zu erhalten! – –

Asanga hatte über die Macht und Ausdehnung seines Reiches einen besonders übertriebenen Begriff.

„Erglänzt die Sonne auch in Chartum?“ fragte er eines Tages Casati.

„Gewiss.“

„Das kann nicht sein; es wird eine andere Sonne sein.“

„Welche Notwendigkeit besteht zur Annahme, dass es eine andere Sonne sei?“

„Das ist doch die Sonne meines Reiches. Ihr bewohnt eine andere Welt.“

„Wie Sie wollen. Aber die Sonne ist gross und steht an solcher Stelle, dass sie Ihr Land und das meinige beleuchten kann.“

„Das kann ich Ihnen nicht glauben. Schon mein Reich ist so ausgedehnt und seine Grenzen so ferne; und hinter mir giebt es noch andere grosse und ausgedehnte Reiche, dass ich nicht zugeben kann, die Sache verhalte sich anders, als ich sie mir vorstelle.“

„Nun, es sei, wie Sie wollen. Aber ich rate Ihnen, über die Vorrechte der Sonne keinen Streit zu erheben. Sie möchte darüber beleidigt sein und Sie strafen.“

Asanga verstummte. – – Er sollte sich nur zu bald überzeugen, wie winzig seine Macht war. Der flüchtige Mambanga weilte an Asangas, seines Onkels Hofe, aber er war nicht mehr der glühende Feind der Araber, sondern ihr geheimer Verbündeter, welcher Asanga stürzen und an dessen Stelle herrschen wollte. Emin Bey war um jene Zeit am Nil, und in Tangasi konnten die Nubier nach eigenem Willen schalten und walten.

Eines Tages standen in der That die Nubier, unterstützt von den Horden Gambaris und Jangaras, an den Ufern des Bomokandi; sie waren frohen Mutes, denn das Orakel hatte ihnen den Sieg verkündet.

Asanga war auf den plötzlichen Angriff nicht vorbereitet und völlig überrascht; er sah wohl ein, dass jeder Widerstand in diesem Augenblikke fruchtlos sei, und beugte sich vor der Fahne des Halbmondes, indem er seine Unterwerfung anzeigte. Begleitet von seinem Neffen Mambanga ging er in das Lager des ägyptischen Hauptmanns Hawasch Montasser, der bereits eine so unrühmliche Vergangenheit hinter sich hatte, dass er eigentlich zur Strafe in die fernsten Provinzen versetzt worden war, und hier hatte er seine Laufbahn durch allerlei Schandthaten eröffnet. Der Ägypter nahm die Unterwerfung des Mangbattukönigs an und beschloss am nächsten Tage nach Olopo zu ziehen. Asanga eilte ihm voraus, um sein Volk auf die Ankunft der Fremden vorzubereiten und ihm Ruhe und Ergebenheit zu empfehlen, da das Heer nunmehr in freundlichen Absichten komme. Mambanga blieb inzwischen bei dem ägyptischen Hauptmann, seinem früheren Feinde, um mit ihm die Einzelheiten der Verschwörung gegen seinen Oheim zu beraten.

Am zweiten Tage stand das Heer Hawasch Montassers vor den Thoren Olopos. Asanga kam ihm, von grosser Volksmenge begleitet, entgegen. Seine Leute trugen keine Waffen; sie waren nur mit Pfählen und Strauchwerk beladen, um nach Landessitte für die Ankömmlinge ein Lager, ein neues Dorf zu bauen; andere trugen Geschenke für den Hauptmann: Schimpansen und andere Affen, Papageien, Ziegen, Schilde, Lanzen, Bogen, Pfeile und dergleichen, was das Mangbattuland bieten konnte. Auch bot Asanga dem Ägypter eine seiner Töchter zum Zeichen des Friedens an.

Die Unterwerfung des Bruders Munsas wurde durch ein grosses Festmahl gefeiert; Fleisch, Bananen und Bier wurden verschwenderisch verteilt; an der Tafel des Königs sassen ausser seinem Sohne Hawasch Montasser und die regierungstreuen Häuptlinge Gambari und Jaranga. Der Vertreter der Regierung behandelte den König mit ausgesuchter Höflichkeit, machte ihm die verlockendsten Versprechungen, so dass dieser durch das freundschaftliche Entgegenkommen völlig in Sicherheit eingewiegt wurde.

Gegen das Ende des Mahles stand Hawasch Montasser auf, reichte Asanga die Hand und begab sich in seine Wohnung.

Dies war für die Verschwörer das verabredete Zeichen, dass sie ihre That ausführen sollten. „Die bereitstehenden Schergen“, erzählt Casati, „werfen sich auf Asanga und Kabraha, der König ergreift den Trumbasch und macht einen Schritt rückwärts, indem er sich zur Verteidigung stellt. Aber er wird entwaffnet. Die beiden Unglücklichen wurden zu Gefangenen gemacht mittels des bekannten, gabelförmigen Holzes am Halse sicher gemacht. Man sagt, dass Jangara, der nur mit Widerwillen und aus Furcht vor Verfolgung sich dem Zuge angeschlossen hatte, entrüstet ausrief: ‚Einen König tötet man; man erniedrigt ihn nicht und tritt ihn nicht auf solche Weise in den Staub.‘

Zur selben Zeit stürzte sich durch die grossen mit Absicht offen und frei gehaltenen Eingänge Mambangas mit seinen Anhängern und den Horden Gambaris und Jangaras, die von den Arabern, denen ihre Sklaven folgten, ermutigt wurden, mit bewaffneter Hand wütend in die grosse Seriba, und indem sie die zahlreichen Mangbattu überfielen, welche, unbewaffnet und die Gefahr nicht ahnend, sich in verschiedenen Höfen und Wohnungen in Gruppen geteilt hatten, verübten sie ein schreckliches Blutbad. Höher als auf dreihundert belief sich die Zahl der Opfer.

Der rote Schein der angefachten Flammen beleuchtete von dem brennenden Dorfe her schrecklich die fürchterliche Szene, indessen die Trompeten und Trommeln die Orgien der hochherzigen Sieger erheiterten."

Mambanga wurde zum Herrscher über die Gebiete Asangas eingesetzt, der gefangene rechtmässige König aber nach Tangasi, der Regierungsstation, abgeführt. Die arabischen Sklavenjäger setzten sich in Olopo fest, indem sie dort eine Seriba gründeten. Der verräterische Mambanga erfreute sich aber keineswegs der Zuneigung seines Volkes. Die Herzen desselben blieben dem rechtmässigen Könige treu.

„So lärmend und zügellos die Schwarzen bei Tanz und freudigen Gesängen sind", erzählt Casati, der nach dieser Katastrophe das ehemalige Land Asangas bereiste, „ebenso ernst und jämmerlich treten sie bei den Klageliedern auf, mit welchen sie die Toten betrauern oder ihren Schmerz um ferne oder in schlimmer Lage befindliche Personen bezeigen. Im Dunkel der Nacht um ein knisterndes Feuer sitzend, begleiteten die Söhne Asangas und eine Schar anderer Leute auf ihren Mandolinen ein Trauerlied um den gefangenen König und Vater. Es war eine schmerzvolle Erinnerung, die immer lebhafter das Andenken und die Sehnsucht nach dem verlorenen Manne wach hielt. ‚Asanga ist gefangen; warum kehrt er nicht in das Land zurück? was können wir ohne ihn machen? O, wenn er sterben müsste, unser Schmerz würde nie ein Ende nehmen.' Und dieser Klang voll Teilnahme erscholl jeden Abend in jedem Dorfe an jedes Ohr."

Als Emin Bey von diesen neuen Schandthaten seiner Beamten, die sich mit Sklavenjägern verbunden hatten, erfuhr, zauderte er nicht, das Unrecht wieder gut zu machen. Zuvörderst wurde Hawasch abberufen, und dann erschien Emin selbst in Tangasi, um die Lage der Dinge in Mangbattu zu untersuchen.

Asanga wurde in seine Königswürde wieder eingesetzt; Mambanga aber, der vom Helden, der für die Freiheit und Unabhängigkeit seines Volkes stritt, allmählich zum niedrigen Verräter herabgesunken war, wurde mit dem Todesurteile bestraft.

*

Emin war selbst in das Mangbattuland gekommen, um in seiner gewinnenden Weise freundliche Beziehungen mit den Leuten anzuknüpfen, er grollte ihnen nicht; denn er bemerkt selbst: „Was gerade dieser Landesteil bisher von seiten der Danagla gesehen, die doch als offiziell sich gerierten, war kaum angethan, ihm Lust zum Anschlusse oder auch nur Vertrauen zu erwecken.“

Mit dem Buche Schweinfurths in der Hand ging dieser Missionar der Kultur in Afrika unter die Chefs in der Nähe der Station Tangasi, und in einem Briefe an Schweinfurth gab er uns eine kurze Nachricht über die letzten Schicksale der Familie Munsas; sie möge den Abschluss dieses Kapitels bilden.

„Als Munsa von den Leuten des Ghattas getötet wurde, teilten sich diese natürlich in seine Frauen; auf welchem Wege es nun sein mag, die jüngste und Lieblingsfrau Munsas, Kattivoto, ist heute Jangaras (eines echten Mangbattufürsten) erste Frau und Beraterin, und es scheint, dass ihr Einfluss nicht unbegründet ist, denn in allen Beratungen, an welchen sie teilnahm, zeigte sie ein gesundes, vernünftiges Urteil. Hübsch ist sie nicht und jung auch nicht mehr, Kinder hat sie – merkwürdig für eine Mangbattufrau – nie geboren, und doch ist ihre Überlegenheit nicht allein in Tangasi, sondern im ganzen Lande anerkannt. Sie wissen ja, eine wie grosse Rolle in Mangbattu Frauen überhaupt spielen. Munsas Tochter ist mit Gambari verheiratet und ist eine eingebildete, sehr aristokratische Person, die das Halbblut ihrer Zwillingssöhne durch um so festeres Einschnüren ihrer Köpfe zu verdecken sucht. Es ist ganz merkwürdig, was man in Mangbattu und wohl auch bei den Sandeh für ein Gewicht auf reine Deszendenz legt, natürlich nur in väterlicher Linie. Munsas Söhne, deren etwa fünfzehn existieren, sind hie und da bei den Chefs verstreut; die ältesten, Mbala, Bomba und Bebe, haben ein Dorf am Nomajo gegründet, wo sie, wie allgemein erzählt wird, das Unglaubliche in Anthropophagie leisten und auf Restitution des väterlichen Erbes warten. Mbala hat auf mich keinen guten Eindruck gemacht.

Jedenfalls der hervorragendste unter allen Mangbattuchefs aber ist Munsas Bruder Ssanga, welcher von seinem Wohnsitze, zwei bis drei Tage südsüdwestlich von Tangasi, herbeigeeilt kam. Wir waren nicht persönlich bekannt, als ich ihn aus langer, unverdienter Gefangenschaft befreien und in sein Land zurückkehren liess, und nun kam er, um persönliche Bekanntschaft zu machen. Das ist der Negerfürst, wie man ihn sich vorzustellen liebt. Er war begleitet von einer Menge Leute, unter ihnen ein Albino mit langem, blondem Bart, und brachte etwa zwanzig sehr elegant bemalte Damen mit sich. Schon lange hatte mein Herz sich an keiner so eleganten und obendrein schönen Gesellschaft erfreut, als am Tage, wo diese ganze Gesellschaft, verstärkt von Jangara mit etwa vierzig seiner Frauen, mir Visite machen kam; wären es nicht die Apologien von Schambedeckungen gewesen, die gar zu sehr an Afrika erinnerten, man hätte unter all den Chignons sich bei einem ästhetischen Thee wähnen kennen. Zur Feier des Tages und nach Beschenkung der liebenswürdigen Gesellschaft mit ein wenig Glasperlen und Kupferarmbändern wurde Ihr

Buch hervorgeholt, und hätten Sie das Entzücken sehen können, welches die Bilder und namentlich die Sandeh- und Mangbattu-Zeichnungen erregten, Sie hätten sich reich belohnt gefühlt für die Mühen Ihrer Arbeit. Ich kann Sie versichern, das man besonders unter den Sandeh sich des ‚Mbarik Pah'* recht lebhaft erinnert, und dass man, wenn ich Pflanzennamen erfragte oder Sämereien sammelte, sich oft genug erkundigte, ob ich Ihr Landsmann sei. 's ist halt den Leuten hier wie überall im Lande ziemlich unbegreiflich, wie ein Mensch sich mehr um Tiere und Pflanzen kümmern kann als um Sklavinnen, wie man für Berg und Fluss und Thal und Feld ein grösseres Interesse an den Tag legen kann, als für den Besitzstand der Neger an Kühen und Ziegen. Und zu verdenken ist es den Leuten ja nicht – wer hat sich denn bis jetzt uneigennützig mit ihnen beschäftigt?"

Leider war es auch Emin nicht lange vergönnt, seine Arbeitkraft der Hebung des Mangbattulandes zu widmen. Heute ist es den Europäern verschlossen, unzugänglicher als vor zwanzig Jahren; ob es sich in seiner Abgeschiedenheit wieder zu Munsas barbarischer Pracht erheben wird? Schwerlich, denn für das Reich des Mahdi, für die Nubier ist es ein Heidenland, in dem sie gleich den Bagirmiern ohne Aman hausen. Und selbst, wenn die Mangbattu tiefer in die dunklen Wälder, an andere Nebenströme des Kongo, fliehen wollten, würden sie auch dort Ruhe finden können? Schwerlich! Trotz des Kongostaates, der auf dem Riesenstrome seine Flagge wehen lässt, trotz der deutschen Siege an der Küste von Sansibar sind in dieses „dunkelste Afrika" bereits arabische Sklavenjäger und ihre menschenfresserischen Helfershelfer, die Manjema, eingedrungen. – Wir werden im nächsten Bande wieder bis nahe an die Grenzen des Mangbattulandes vordringen, indem wir den durch verbrannte Dörfer, durch Menschengebeine und Menschenblut bezeichneten Spuren der Herrscher von Ostafrika folgen werden.

*

Anscheinend ist der Sudan so weit von der Küste entfernt, dass man glauben möchte, die Zeit, in welcher Europäer mit ihm Handelsbeziehungen anknüpfen würden, werde nicht sobald kommen.

Berechtigt scheint namentlich diese Meinung, wenn man die Folgen des Mahdistenaufstandes in Betracht zieht. Aber die Geschichte der Sudanländer belehrt uns, dass solche religiöse Kriege im Sudan in wenigen Jahren verlaufen; der Araber ist vor allem Händler, er selbst wird nicht lange in seiner Abgeschiedenheit verharren wollen. Inzwischen aber rü-

* Das Wort bedeutet „Blattesser"; so wurde Schweinfurth genannt, weil er überall auf seiner Reise seltsame Pflanzen sammelte, alias botanisierte.

stet sich auch Europa, um auf verschiedenen Wegen in den Sudan vorzudringen. Von Abessinien aus erfolgt der Vorstoss der Italiener, die Franzosen dringen über Algier vor, und in den Oasen der Sahara hat der Kardinal Lavigerie den Orden der Saharabrüder organisiert, die, eine Art moderner Kreuzritter, die Bekämpfung des Sklavenhandels und die Verbreitung des Christentums sich zur Aufgabe gestellt haben. Am Viktoria-Njansa, an den Grenzen von Äquatoria, haben sich Deutsche und Engländer niedergelassen, und vom Kongostaat sind schon Vorstösse den Unbangi aufwärts unternommen worden, auf denen die Forscher bereits in das Land der A-Sandeh, welches Junker besucht hat, gelangt sind.

Auch der weisse Fleck auf der Karte Afrikas zwischen Kamerun und Adamaua schwindet immer mehr, dank der rastlosen Thätigkeit deutscher Expeditionen. Die Kämpfe, welche Dr. Zintgraff in dem Balilande zu bestehen hatte, stehen noch in frischer Erinnerung.

In allen diesen Gebieten werden wir noch in den nachfolgenden Bänden die schwarzen Fürsten Afrikas aufsuchen und dann noch kurz diejenigen Grenzstaaten des Sudan schildern, die in diesem Bande nicht erwähnt werden konnten.

Zweiter Teil

Herrscher in Ostafrika

Der Schauplatz

Es ist ohne Zweifel schwierig, wenn nicht unmöglich, einen ganzen Kontinent mit wenigen Worten zu schildern, in einige Sätze die Charakteristik ungeheurer Gebiete zusammenzufassen. An dem Versuch einer solchen Darstellung bleibt immer der Stempel einer Ungenauigkeit haften. Nichtsdestoweniger fühlt der menschliche Geist das Bedürfnis, solche allgemeine Umrisse zu entwerfen, und wenn eine geschickte Hand von einem sachkundigen Geiste dabei geleitet wird, so fallen auch diese Versuche zum mindesten lehrreich aus.

Ein berühmter englischer Forscher, Henry Drummond, hat in seinem Werke „Inner-Afrika" das Herz des dunklen Weltteils kurz skizzieren wollen: Afrika – so lautet ungefähr seine Darstellung – steigt in drei breiten Streifen von den drei es umgebenden Meeren in die Höhe. Zu äusserst ein niederer, Fieberluft erzeugender Küstenstrich; dann ein Hochland etwa von der Durchschnittshöhe der Vogesen; nach diesem ein zweites, höheres Hochland, welches im innersten Teil des Landes, viele tausend Kilometer weit, mit Berg und Thal sich hinzieht. Man fülle diesen Umriss aus, und man hat Afrika vor sich.

Man denke sich den Küstenstrich als eine sonnverbrannte Graswucherung, in der hie und da eine Palme steht; Dörfer sind hier nicht zahlreich, und die wenigen von heruntergekommenem Volk bewohnt; Leoparden, Hyänen, Krokodile haben hier ihre Heimat. Dann folgen die Hochebenen; beide mit endlosem Wald bedeckt – nicht herrliche, satte Wälder sind es jedoch wie in Südamerika, noch üppige Dschungel wie der Wald Indiens, sondern eher eine dürftige Waldung: niederer Baumwuchs mit unansehnlichen Stämmen, dessen mageres Laubwerk den Wanderer nur schlecht vor der tropischen Sonne schützt. Die Bäume an sich sind auch nichts Besonderes, man braucht nicht in die Tropen zu gehen, um derartiges zu finden. Hier und dort erblickt man eine Wein- und Fächerpalme, eine wie ein Kronleuchter sich ausbreitende Euphorbie, eine farbenglühende Mimose oder den trostlosen Baobab; auch sieht ein aufmerksames Auge allerlei Schlinggewächs, und zwischen den Sträuchern bergen merkwürdige Orchideen ihre bizarren Blütenformen. Der äussere Typus des Waldwuchses aber ist ähnlich dem europäischen; Bäume wie Eschen, Ulmen und Buchen, nur selten so gross gewachsen wie bei uns und, von den Flussufern abgesehen, selten so schön. Man kann tagelang durch diese Wälder streifen, und wenn die klimatischen Verhältnisse nicht wären, würde man kaum daran erinnert, wo man ist. Die Tierwelt ist allerdings eine andere; aber wenn man nicht besonders darauf aus ist, sieht man selten einen Vierfüssler; die Vögel sind andersartige, aber man hört sie nie, und was das Gestein betrifft, so finden sich von biederen Basaltgängen durchzogene Gneise und Granite mit krausem Flechtenwuchs an verwitterter Wand, ganz wie bei uns. Viele tausend Kilometer Wald also, über Berg und Thal sich hinziehend, ein dürftiger, schattenloser, spurloser, sangloser Wald – das ist das östliche Innerafrika.

Zauberduftige Labyrinthe von Farn und Palmen, Lianengewinde, die des Wanderers Füsse hemmen, schwanke Guirlanden von Schlinggewächs über ihm, die mit dem würzigen Wohlgeruch ihrer leuchtenden Blüten die Luft erfüllen, wohliges Gesumme farbenglühender Insekten, prächtig gefiederte Vögel, Papageien auf überhängendem Ast, neckische Affen im geheimnisvollen Dunkel des Urwaldes – das giebt es ja nicht in Afrika. Alle acht Tage sieht man eine Palme, aller Vierteljahre begegnet man einem Affen; der Blütenschmuck ist kein auffallender, und die Bäume sind, wie gesagt, eher dürftig ... Während des grössten Teils des Jahres stehen diese Wälder sonnenverbrannt und kahl, kein Moos, kein würziger Waldmeister breitet Kühlung zu ihren Füssen, an die nackten Stämme heftet sich selten die groteske Flechte, und an ausgedorrten Ästen hängt dürstend und matt das Laub. Blumen giebt's natürlich, grosse und kleine, in zahlloser Mannigfaltigkeit, aber keinen Blütenschmuck, keine mit einem Male sich erschliessende Blütenfülle, wie wenn auf unsern Berghalden der goldene Ginster und die rötliche Heide in Blüte stehen. Vielleicht hat der grelle Sonnenschein der heissern Zone etwas damit zu thun, dass Farbenschönheit der tropischen Natur versagt scheint; denn es giebt einen Moment, ein paar kurze Minuten nach Sonnenuntergang, wo sich der Ton der Landschaft wie magisch verwandelt und ein unbeschreiblicher Zauber einem entgegentritt. Das ist der lieblichste Augenblick des afrikanischen Tages, und nur zu schnell senkt die Nacht ihre dunklen Schleier über das milde Zwielicht, das dem überreizten Auge eine wunderbare Erquickung ist und der Sehnsucht des Wanderers wie ein Gruss aus der Heimat.

Henry M. Stanley wendet sich mit grosser Entschiedenheit gegen diese Beschreibung des Professors Drummond: „Njassaland ist nicht Afrika, sondern nur Njassaland“, ruft er. „Ebensowenig kann man die Wildnis des Massailandes, die mit Gestrüpp bedeckte Kalahariwüste, das wellige Grasland von Usukuma, die dünnen Wälder von Unjamwesi, das ockerfarbige, mit Akazien bewachsene Gebiet von Ugogo anders nennen als Teile eines Kontinents, der sich vieler Zonen rühmt. Afrika ist an Ausdehnung ungefähr dreimal grösser als Europa, aber unendlich viel mannigfaltiger. Man findet die Wüste der Wüsten in der Sahara, die Steppen des östlichen Russland im Massailand und in einigen Teilen von Südafrika, die kastilischen Hochlande in Unjamwesi, die besten Teile Frankreichs in Ägypten repräsentiert; man hat die Schweiz in Ukondju und Toro, die Alpen in dem Ruwensori, Brasilien im Kongobecken, im Kongoflusse den Amazonenstrom, und dessen ungeheure Wälder haben ihresgleichen in dem zentralafrikanischen Walde am Aruwimi."

Fassen wir aber Ostafrika allein ins Auge, so können wir die Schilderung Drummonds nicht ganz verwerfen; ja, der weite Strich von der Küste des Indischen Ozeans bis zur Wasserscheide des Kongo ist im grossen und ganzen so beschaffen, wie uns ihn der englische Naturforscher schildert. Nur müssen wir auf diesem Grunde einige besondere Striche einzeichnen, welche Ausnahmen von der Regel bilden. – Steppen, die noch wüster sind als der trostlose, trockene Wald, fruchtbare Oasen längs einiger Flüsse und an Seeufern, riesige mit ewigem Schnee bedeckte Berge. Traurigen Anblick bietet uns die Njika, welche den Kilimandscharo von der Küste trennt. Die dichten Dschungeln, die grasigen Lichtungen, der offene Wald verschwinden hier, und an ihre Stelle tritt ein Dornenland – ein Wald von Skeletten. Geisterhaft und gespenstisch ist der Anblick dieser graugefärbten Bäume und Büsche; denn sie sind fast völlig entblösst von jedem zarten, wogenden Zweig oder zitterndem Laub. Kein geschmeidiger Ast oder gefälliges Laubwerk antwortet auf den erfrischenden Druck der durchziehenden Brise. Steif und unnachgiebig strecken sie ihre straffen Arme und furchtbaren Stacheln aus, als wollten sie der Dürre und dem Sturme Trotz bieten. Um die düstere Wirkung der Landschaft noch zu erhöhen, sind nach allen Richtungen hin abgestorbene Bäume zu sehen, welche ihre zersplitterten Formen zwischen die lebenden erheben, weil sie unfähig sind, im Kampf ums Dasein sich aus eigener Kraft aufrecht zu erhalten. Kaum ein grüner Flecken hebt die niederdrückende Landschaft, und selbst zur Regenzeit ist hie und da nur ein Grastüpfel zu entdecken. Ein düsteres Schweigen herrscht überall, nicht unterbrochen von dem Zirpen eines Insekts oder dem Gesange eines Vogels. Kein Grashalm rauscht, kein belaubter Zweig seufzt oder klatscht vom aufschlagenden Regen. Der Wind erhebt sich nur zu klagendem Pfeifen oder dumpfem Knirschen voller Traurigkeit, als ob er sagen wollte: hier ist alles Tod und Verlassenheit!*

Aber schon wenige Tagemärsche von diesen öden Gefilden erreichen wir eine Gegend, deren Boden durch den von den Höhen des Kilimandscharo kommenden Lumifluss getränkt wird, und treten urplötzlich in eine paradiesische Landschaft ein, in den Wald von Taweta mit jenen lauschigen Labyrinthen, mit welchen die volkstümliche Einbildung die äquatorialen Gegenden zu beleben beliebt, die aber von dem marschmüden afrikanischen Reisenden so selten erblickt werden. Und dahinter

* Vgl. Thomson, „In Massailand", S. 64 u. ff.

liegt der prächtige, grüne Sockel des schneebedeckten Kilimandscharo – jene Wunderlandschaft, in der wir Palmen und Schnee mit einem Blicke zu umspannen vermögen.

Aber auch eine und dieselbe Landschaft wechselt mit den Jahreszeiten ihr Aussehen. Wir ziehen z. B. zur Regenzeit im Thal des Mukondokwa. Er erscheint uns als ein Riesenstrom, der weit über die Landschaft seine Fluten wälzt und durch seine Überschwemmungen die ganze Umgegend in einen Sumpf verwandelt, durch den sich die Karawanen nur mit grösster Mühe durcharbeiten können. Die Wasserflächen sind mit Wasserpflanzen bedeckt, mächtiges Schilf schiesst aus ihnen hervor, Berge und Hänge sind mit frischem Grün bedeckt. Aber nach wenigen Monaten in der dürren Jahreszeit ist das Bild ein ganz andres geworden; der gewaltige Strom ist zusammengeschrumpft und rauscht behend über Granitfelsen in einem tief ausgehöhlten Bette; vier bis sechs Meter hohes Schilfrohr umrahmt ihn auf weiten Strecken und rauscht jetzt unheimlich, wenn der Wind über die dürren Riesenhalme fegt; verschwunden sind die Sümpfe, das Gras auf den weiten Flächen ist gelb und verdorrt, oder es ist abgebrannt, und eine schwarze Aschendecke liegt auf dem Boden; hier und dort nur steht ein verdorrter oder versengter Baum, und über den trostlosen Gefilden tanzen im Winde düstere Aschentromben; in den Wäldern haben die meisten Bäume ihr Laub abgeworfen, ein dürres Gewirr von Lianen umschlingt die nackten Äste. Die Natur ist tot und wartet, bis der erste Regen fällt, der sie rasch, binnen wenigen Tagen zu neuem Leben wecken wird.

So wechseln hier, terrassenförmig von der Küste aufsteigend, Berg und Ebene ab und steigen zu dem Hochplateau im Innern an, welches die Quellen und Wasserreservoire der wichtigsten Ströme dieses Weltteils bildet.

An Norden liegen die Quellen des Nils, die sich zu den drei Nilquellseen, dem mächtigen Victoria-Njansa, dem Albertsee und Albert-Edwardsee vereinigen. Hier im Herzen des Kontinents erhebt sich das Alpenland des Ruwensori mit seinen schneebedeckten Zinnen. Trostlos ist dieser Teil des Kontinents keineswegs; denn hier erstrecken sich am Victoria-Njansa die wunderbaren, fruchtreichen Landschaften von Uganda, während nach dem Albertsee hin die schönsten Viehweiden von Unjoro liegen.

Weiter im Süden liegt der langgestreckte Tanganjika, der seine Fluten periodisch in den Kongostrom entleert. Seine Ufer sind nicht so sanft wie die südlichen und westlichen Landschaften am Victoria-Njansa. In leuchtenden Farben schildert Burton den Anblick dieser Seelandschaft. „Doppelt schön erscheinen die lachenden Ufer dieses Beckens nach den schweigenden, geisterhaften Mangrowen der ostafrikanischen Küstenlandschaft und der melancholischen, einförmigen Wüsten- und Urwaldlandschaft, den verbrannten Felsen, versengten Flächen und schwarzen Sümpfen Ugogos.“ Der Charakter der Ufer ist kühn, wahrhaft alpin, wenn auch den Bergen am Tanganjika die Gletscher fehlen; die gewaltige Grösse dieses „Sammelplatzes der Gewässer“ bringt es aber mit sich, dass man nur einen Teil der Ufer auf einmal betrachten kann und das Ganze weniger abwechselnd und malerisch erscheint als die Umgebung unsrer Seen. Prachtvoll sind dagegen die natürlichen Beleuchtungseffekte namentlich bei Sonnenauf- und -untergang. Ein sonderbarer Binnensee, dessen Wasser zum Teil brackig ist, auf dem Möwen hausen, und in dessen Fluten Quallen gefunden worden sind. Der zerrissene, bergige Charakter der Uferlandschaft und der nächsten Umgebung bringt es mit sich, dass hier weniger Siedelungen vorhanden sind, als man erwarten sollte. Dafür giebt es hier wieder Striche, welche mit den schönsten Berglandschaften der Welt wetteifern. „Unsre schönsten Lagerplätze“, schildert Dr. Böhm seinen Marsch durch das Bergland Kawende, „waren am Katumaflusse, wo riesenhafte Wollbäume ein wahrhaft undurchdringliches Urwalddickicht überschatteten, und in der weiten, menschenleeren Wildnis um die Bergbäche Mgengäwe und Manda. Der erstere zwängt sich dort durch eine Bergschlucht, die der prachtvollste Urwald mit riesigen Lianengruppen und weissblühenden, duftenden Orchideen auf den mächtigen Stämmen vollständig verfinsterte. Der Manda floss tief in einem engen Thal, dessen jähe Wände überall mit einem wahren Forst von Bambus bestanden waren, und stürzte in drei Absätzen zur Tanganjika-Ebene herab, welcher herrliche Fall mit der rings wuchernden üppigen Tropenvegetation ein prächtiges Landschaftsbild bot. Und dazu die grossartige, erhabene Einsamkeit! Hinter mir zwei lange Tagemärsche keine Menschenseele, keine Hütte, kein Feld, nur Bergwildnis, vor und unter mir ein neues Gipfelmeer, wieder zwei Tage lang nur die Fährten von Nashörnern und Büffeln, die ihre tiefen Pfade durchs Bambusdikkicht zum Wasser getreten; das Rufen der metallisch glänzenden Vögel, und das Rieseln und Klingen des Wassers als die einzigen Naturlaute, da geht einem das Herz auf!“

Noch weiter im Süden liegt der Njassa, aus dem der Sambesi als majestätischer Strom hervorbricht, ein „See der Stürme“, wie ihn Livingstone nannte, mit einer Brandung, die etwas Ozeanisches an sich hat. Er ist von Hochebenen umgeben, aber wie die Erfolge der englischen Missionare ergeben haben, eignet sich das Land wohl zum Anbau.

So ist das weite Gebiet des als armselig verschrieenen Ostafrika beschaffen; Savanne und trockner Wald mögen in ihm überwiegen, aber der lachenden Oasen giebt es so viele, dass man wohl sagen darf: Ostafrika ist eins der entwicklungsfähigsten Länder der Erde.

Leider ist seine Bevölkerung zurückgeblieben. Am düstersten schildert sie wieder Henry Drummond. „Verborgen in diesen endlosen Wäldern, wie Vogelnester im Dickicht, in steter Furcht voreinander und vor ihrem gemeinsamen Feinde, dem Sklavenjäger, finden sich die kleinen Ortschaften der Eingebornen. Und hier in paradiesischer Einfalt haust der Mensch im Urzustand, ohne Kleidung, ohne Bildung, ohne Gelehrsamkeit, ohne Religion, das echte Kind der Natur, gedankenlos, sorglos und zufrieden. Dieser Mensch ist allem Anschein nach stets vergnügt, er hat, was er braucht: ein zugespitzter Stecken liefert ihm seinen Speer; zwei Stecken, aneinander gerieben, gewähren ihm Feuer; aus fünfzig Stecken macht er sich ein Haus; die Rinde, die er davon abschält, giebt sein bisschen Kleidung ab; die Früchte, die an den Ästen hängen, sind seine Nahrung. Es ist ganz erstaunlich, wenn man darüber nachdenkt, wie die blosse Natur dem Naturgeschöpf, genannt Mensch, genügen kann und wie wenig ein menschliches Wesen an sich nötig hat zu seiner Reise durchs Leben. Ich wohnte einmal dem Begräbnis eines Afrikaners bei; nach Gewohnheit seines Stammes wurde seine ganze irdische Habe mit ihm bestattet. Nach dem Leichnam wurde des Gestorbenen Tabakspfeife ins Grab gesenkt, dann ein kunstloses Messer, dann eine irdene Schüssel und zuletzt Pfeil und Bogen, die Sehne des letzteren durchschnitten, ein rührendes Symbol, dass die Arbeit gethan. Das war alles – vier Gegenstände der ganze Besitz eines Menschenkindes während eines halben Jahrhunderts. Er war ein Durchschnittsmann vom Mittelstand, wie wir sagen würden. Niemand hat eine Vorstellung davon, was der Mensch ist, bis er gesehen, mit wie wenig er leben kann und doch noch ein Mensch sein; mit andern Worten, niemand hat einen Begriff von der Grösse des Menschen, bis er geschaut hat, von wie geringer Herkunft er ist.“

So düster sieht es nicht überall in Ostafrika aus. Wie verschiedenartig das Land ist, so verschieden sind auch die Völkerstämme, die es bewohnen. Es giebt unter ihnen eigenartige Ackerbauer und Nomaden, ärmere und reichere Stämme, allen gemeinsam ist aber der Mangel an Organisation. Über das weite Gebiet herrschen Tausende von kleinen Häuptlingen, selbst am Fusse des Kilimandscharo auf einem engen Bezirk, der die Grösse eines Fürstentums nicht übersteigt, giebt es über ein Dutzend Fürsten! Nur hier und dort, nur an der Küste und im Norden an den Nilquellseen stossen wir auf Staatengründungen. Im Norden sind es Uganda und Unjoro, ostafrikanische Kaiserreiche, die unsre Aufmerksamkeit auf sich lenken. An der Küste tritt aber ein fremder Erobererstamm in den Vordergrund. Der Araber war hier seit Jahrhunderten heimisch, er war bis auf die jüngsten Tage der eigentliche Herr von Ostafrika, an die Geschichte seiner Eroberungszüge knüpft sich die Geschichte des grössten Teils des Landes, eine Leidensgeschichte bedauernswerter Völker.

Jetzt stehen Europäer im Begriff, Ostafrika der Kultur zu erschliessen. Was sie ihnen bietet, das ist nicht viel. Wohl kennen die Botaniker eine

Unmasse von Nutzpflanzen, die auf Ostafrikas Boden gedeihen, aber nur wenige von ihnen werden angebaut, und nur die Küste exportiert einige wenige Ackerbauprodukte. Was Afrika bis jetzt hauptsächlich der Welt geliefert, was in ihm den Araber wohlhabend gemacht hat, das waren Sklaven und Elfenbein. Der Sklavenhandel liegt in den letzten Zügen, und so kommt von den alten Handelsprodukten Afrikas vorläufig nur das Elfenbein in Betracht; aber auch dieses ist in Abnahme begriffen, und so beruht Ostafrikas Zukunft in den Pflanzungen, die erst geschaffen werden müssen. Der Grund, warum das Innere dieses Landstrichs so schwer erschliessbar ist, warum Handel und Wandel in ihm nur langsam aufblühen können, ist in den schwierigen Transport- und Verkehrsmitteln zu suchen. Ostafrika besitzt keine so namhaften Ströme, die schiffbar wären; die natürlichen Verkehrsadern fehlen ihm oder reichen nur auf kurze Strecken landeinwärts. Ostafrika hat keine Last- und Zugtiere, nur im nördlichen Gebiet kann man mit Kamelen reisen; Pferde gehen in Ostafrika in kürzester Zeit zu Grunde, selbst die Esel halten sich nicht lange, und in vielen Strichen kann das Rind wegen der Tsetsefliege nicht fortkommen. Ostafrika hat auch keine Strassen in unserem Sinne des Wortes. Dafür aber ist kein Land in der zivilisierten und unzivilisierten Welt wohl besser mit Fusswegen ausgestattet, als dieses von keinem Vermessungsbureau aufgenommene Festland. Dorf ist mit Dorf verbunden, jeder Stamm mit seinem Nachbarstamm und darum mit allen andern. Des Reisenden Kunst besteht darin, in dem grossen Netz der Pfade seinen besondern Fussweg zu erkennen. Diese Pfade sind Fusspfade im doppelten Sinne; denn sie sind nie mehr als fussbreit, dabei hart wie Eisen durch den jahrhundertelangen Verkehr und tief eingetreten in den Waldboden. Die Regel ist, dass sie erstaunlich direkt sind; geradeswegs wie die alten Römerstrassen steuern sie über Berg und Thal auf ihr Ziel los, sie schrekken vor keinem Hindernis des Bodens zurück und lassen sich nie auf Abwege ein. Auf diesen Pfaden ziehen im Gänsemarsch die Karawanen, in denen der Mensch das einzige Lasttier ist. Alles Elfenbein, welches in Sansibar oder den Küstenstädten verkauft wird, ist auf den Schultern oder den Köpfen der Neger oft Tausende von Kilometern weit herbeigeschleppt worden; alle europäischen Waren, welche das Staunen der Einwohner am Victoria-Njansa oder am Tanganjika erregen, sind auf dieselbe Weise von der Küste fortgetragen worden. Ein mühseliger Verkehr, wenn wir bedenken, dass ein Träger durchschnittlich nur 25 Kilo auf dem Marsche tragen kann.

Wenn am Victoria-Njansa Kaffeeplantagen, an den Ufern des Tanganjika Tabak- und Baumwollfelder erblühen sollten, sie würden heutzutage nicht lohnen; wie teuer würde die Beförderung ihrer Erzeugnisse bis zur Küste zu stehen kommen!

Langsam, Schritt für Schritt von der Küste aus muss dieses unermessliche Gebiet kultiviert werden, bis der Zauberer Dampf die Schranken des Raumes durchbricht und Afrikas gewaltige Seen dem Ozean nähert; dann wird die Zeit kommen, wo auch Ostafrika in ungewohnter Schnelligkeit emporblühen wird. Dann wird für dasselbe eine neue Ära beginnen, grundverschieden von der alten, welche den Gegenstand unsrer Betrachtung bilden soll. Unsre Zeit bildet eine Übergangsstufe zwischen beiden; sie wird durch die Pionierarbeit der europäischen Kulturträger auf einem Gebiete bezeichnet, welches bis dahin ein öder Schauplatz afrikanischer Barbarei und arabischer Misswirtschaft war.

Wie im Sudan das arabische Element wie ein gärender Stoff auf die träge Masse der Negervölker eingewirkt hat, so drückte auch hier das Arabertum den politischen Verhältnissen seinen Stempel auf. Aber zwischen den fanatischen Wüsten- und Steppensöhnen, die sich über die Gefilde des Sudan ergossen, und zwischen dem aus Maskat eingewanderten Araber von Ostafrika besteht ein wesentlicher Unterschied. Losgelöst von seiner ursprünglichen Heimat, hat der Araber in Ostafrika ein geringeres Interesse für religiöse Fragen. Er ist hierher gekommen, um sich zu bereichern, er fand keine bedeutenden Staaten, die er zu besiegen hatte; mit wenig Mühe war es ihm gelungen, sich zum Herrn über die Schwarzen aufzuschwingen, und so gründete er nur an der Küste ein neues Reich, in das Innere entsandte er nur Handelsexpeditionen. Allerdings waren dieselben keineswegs friedlicher Natur, denn sie gingen auf Menschenraub aus. Um seine Züge auszudehnen, legte er im Innern des Landes Stationen an, denen er wohl hier und dort den stolzen Namen eines Sultanats beilegte, aber diese Niederlassungen der Sklaven- und Elfenbeinhändler sind zu dürftig, als dass man sie als Staatengründungen auffassen könnte. Mit der Zeit hätten sie sich vielleicht zu selbständigen Reichen entwickelt, wie die Reiche im Sudan; Tabora, Udschidschi und Njangwe schienen wohl einen Anlauf nach dieser Richtung hin nehmen zu wollen, aber unerwartet trat zwischen den ausgebeuteten Neger und den ausbeutenden Araber der Europäer, und er lenkt die Entwicklung des dunklen Erdteils in neue Bahnen ein.

Die Geschichte dieses Teils von Afrika setzt sich aus den Geschichten der beiden zunächst erwähnten Elemente zusammen.

Betrachten wir zuerst die jahrhundertelangen Schicksale der fremden Einwanderer!

Die Araber

Aus der Vorgeschichte Sansibars

Den Völkern des Altertums war Deutsch-Ostafrika nicht fremd, so weit reichten bestimmt die Seefahrten der griechischen Kaufleute, und den Geographen des Altertums waren die Insel Sansibar unter dem Namen Menuthias und die Berge Kenia und Kilimandscharo unter dem Namen Mondgebirge aus Erkundigungen bekannt. Viele von diesen Nachrichten sind jedoch unbestimmt; andere sind verloren gegangen. Ostafrika wurde erst durch die Fahrten der Portugiesen in dem grossen Zeitalter der Entdeckungen für die Völker des zivilisierten Europa thatsächlich entdeckt. Das geschah auf der berühmten Fahrt Vasco de Gamas nach Indien.

Nach furchtbaren Leiden, welche die kühnen Seefahrer bei der Umschiffung des Kaps der Guten Hoffnung ertragen mussten, liefen sie im Januar 1498 in die Mündung des Sambesi ein, den sie Rio dos bons Sinaes, d. h. den Strom der guten Anzeichen, nannten, da sie hier zum ersten Male mit hellfarbigen Mischlingen, die des Arabischen mächtig waren, zusammentrafen. Sie hatten an jener Stelle die Sphäre des arabischen Handelsverkehrs erreicht und wandten sich nach der Insel und dem Hafenplatz Mosambik.

Vasco de Gama fand hier ähnliche Verhältnisse, wie sie noch in den letzten Jahrzehnten an der Ostküste Afrikas geherrscht hatten. Die Araber hatten die Hafenplätze besetzt und eine Reihe von Sultanaten begründet. Ihre Einwanderung datierte schon aus dem zehnten Jahrhundert nach Christo, und die blühendsten Reiche waren Melinde, Mombasa, Mosambik, Kilwa, Makdaschu, Merka, Barawa und Sofala.

Die Häfen der Ostküste waren damals als Stationen auf der Fahrt nach Indien für die Portugiesen von hoher Bedeutung, und so setzten sie sich hier fest, wider Willen der Araber, mit denen sie Kämpfe zu bestehen hatten. Interessant ist es nun, dass schon um jene Zeit deutsche Kaufleute an jener Küste, wenn auch vorübergehend, thätig waren. Die durch die Entdeckung des Seeweges nach Indien neu entstandenen Handelsverhältnisse erregten auch die Teilnahme der grossen deutschen Handelshäuser, welche damals den deutschen Markt beherrschten und durch ihre weitgehenden Verbindungen ein allgemeines Ansehen in Europa erhielten. So gründete das Haus der Welser zuerst für den Handel mit indischen Waren eine Niederlassung in Lissabon und beteiligte sich von dort aus unmittelbar an den Fahrten nach Indien. Zum ersten Male gingen deutsche Schiffe, wiewohl unter portugiesischer Flagge und mit portugiesischer Bemannung, im Jahre 1505 mit der Flotte des Vizekönigs Francisco de Almeida nach Indien. Zwei der deutschen Bevollmächtigten, Balthasar Sprenger und Hans Mayr, haben ihre Erlebnisse niedergeschrieben und drucken lassen, und ihnen verdanken wir auch ausführliche Schilderungen der Städte Kiloa und Mombasa, welche uns einen Einblick in die damaligen Zustände an der Küste von Ostafrika gewähren.

Die Stadt Kiloa lag, laut diesen Berichten, auf einer Insel, die erst durch den Durchbruch des Meeres entstand. Im Umkreise derselben konnten Schiffe von 500 Tonnen vor Anker gehen; Stadt und Insel zählten 4000 Seelen. Die letztere war reich an Früchten, hatte Mais wie in Guinea, Butter, Honig und Wachs; die Bienenkörbe waren auf Bäumen in grossen Gefässen angebracht, mit Matten aus Palmfasern bedeckt und mit kleinen Öffnungen versehen. Auf dem Festlande lagen in einer Entfernung von einigen Kilometern Ortschaften. Bäume gab es viele, sehr verschieden von denen Portugals, unter ihnen viele Palmen. Nach echt deutscher Sitte richtete Mayr sein Augenmerk auf die Gärten. Sie wurden aus Brunnen bewässert, er sah in ihnen viele Orangen, Limonen, Rüben, kleine Zwiebeln und Majoran, endlich eine Pflanze, Tambor genannt, mit Blättern gleich dem Grase, welche von den Mauren sowohl als Nahrung wie als Heilmittel für Wunden gebraucht wurde; sie färbte Mund und Zähne rot und sollte sehr erfrischend sein. Erbsen fanden sich in grosser Menge, ihr Kraut wurde so hoch wie das Senfkraut, man pflückte sie reif und speicherte sie auf. Alle Gärten waren mit Pfählen von Holz und Rohren von Mais umgeben, letztere glichen den Sumpfrohren, das Gras stand in Mannshöhe. Der Boden von rötlicher Farbe zeigte dem ersten Blicke Ähren und war immer mit Grün bedeckt. Schwarze Sklaven, welche die Gärten besorgen und die Flur anbauen mussten, gab es mehr als weisse Araber. Reich war das Land an fettem Fleische, an Ochsen, Kühen, Hammeln, Schafen und Ziegen, ebenso das Meer an Fischen. Walfische umschwammen die Schiffe; laufendes süsses Wasser fand sich keines. Die kleineren Inseln in der Umgebung von Kiloa waren alle bevölkert.

Die deutschen Teilnehmer an der Expedition beschrieben auch die Fahrzeuge der Araber, die Fusten oder die Sambukos. Sie waren teils wie Caravellen von fünfzig Tonnen, teils kleiner. Zu ihrem Bau wurden keine Nägel verwendet; die Bretter waren durch Seile aus Palmen verbunden; mit solchen war auch das Steuerruder befestigt; geteert waren sie mit wildem Weihrauch und Mastix.

Auf diesen im Vergleich zu den europäischen so schwachen Fahrzeugen unternahmen die Araber weite Fahrten von Arabien nach Indien und nach Sofala an der Südostküste von Afrika, und sie waren dabei mit Kompass, Messinstrumenten und Seekarten vielleicht besser ausgerüstet als die europäischen Seefahrer.

Den Deutschen fiel auch der verhältnismässige Wohlstand in den Häusern der Mauren auf. Sie nennen Glas in allen Arten, baumwollene Tücher von verschiedener Beschaffenheit, Weihrauch und Mastix in grossen Säcken, Gold, Silber und kleine Perlen in großer Zahl und erwähnen auch das äusserst wohlriechende Rosenwasser in gläsernen Flaschen.

Was nun die Waffen der Bewohner anbetrifft, so führten die Eingeborenen Bogen mit Wurfpfeilen, starke Schilde aus Palmenholz mit Baumwolle durchflochten, Assagaien, Schwerter in geringer Zahl; die Araber waren aber bereits in Besitz von einigen Donnerbüchsen, mit denen sie jedoch nicht gut umzugehen verstanden.

Als Almeida Kiloa besuchte, herrschte in ihr ein Scheich Namens Ibrahim; er wollte sich den Portugiesen nicht unterwerfen und floh aus der Stadt. Da wählte der Vizekönig einen gefügigeren Mann und ernannte ihn zum Scheich von Kiloa. „Da macht der Hauptmann“, sagt Sprenger, „ein andern Kunig mit grossen Herrlichkeiten und Eren, und Crönet yn mit einer Cron als einem kunig zugehört, und gab ym das kunigreich mit allen rechten, doch dem kunig von Portugal trew und holt zu sein.“ Die Krönung geschah, nebenbei gesagt, mit derselben Krone, welche Almeida von Portugal gebracht und mit der er noch einige andere Häuptlinge in Indien gekrönt hatte.

Von Kiloa ging die Flotte nach Mombasa, demselben Orte, der jetzt die Hauptstadt von Britisch-Ostafrika bildet. Da die Mombasaner den Portugiesen feindlich gesinnt waren, so beschloss der Vizekönig, die Stadt zu zerstören, damit das unter der portugiesischen Herrschaft stehende Kiloa an Macht gewinne und alle Reiche der Araber an der Ostküste überflügele.

Mombasa war bedeutend stärker als Kiloa. Als die Flotte sich der Stadt genähert hatte, kam ein Christ an den Strand. Es war Antonio de Campo, ein Spanier oder Portugiese, Bombardier von Beruf, der in Mombasa den Islam angenommen hatte. Er sagte den Portugiesen, Mombasa sei nicht wie Kiloa, sie sollten nicht glauben, hier Hühner essen zu können, wie dort; wollten sie aber an das Land kommen, so sei ein Nachtmahl für sie bereitet.

In der That hatten die Araber am Eingange des Hafens ein „onseglich starck bolwerk“ errichtet und dieses mit vielen Donnerbüchsen armiert. Das erste Schiff der Flotte des Vizekönigs, welches einzulaufen versuchte, wurde durch einen Schuss beschädigt, erwiderte aber das Feuer in der Art, dass das Pulver im Bollwerk aufflog, dieses verbrannte, die Araber entflohen, die ganze Flotte einlaufen und vor der Stadt Anker werfen konnte.

Die Erstürmung von Mombasa beschreibt Kunstmann* nach den zeitgenössischen Berichten etwa folgendermassen:

Den ganzen folgenden Tag wurde die Stadt von allen Schiffen aus beschossen; sie erwiderte das Feuer. Am 15. August lag der Oberbefehlshaber mit acht Schiffen vor einer Seite der Stadt, sein Sohn Don Lorenzo mit drei vor der anderen. Am frühen Morgen des folgenden Tages bewaffneten sich alle Portugiesen. Ein Signalschuss vom Schiffe des Oberbefehlshabers gab das Zeichen zur Landung, sämtliche Schiffe nahten sich mit der Flut dem Lande. In grosser Ordnung ging die Landung vor sich. Armbrustschützen, vor ihnen Büchsenschützen, nahten über den unebenen Boden der Stadt, in der sie einige Häuser durch das Feuer der vorigen Nacht zerstört fanden. Bei ihrem weiteren Vordringen wurden sie von den Häusern herab, die aus drei Stockwerken bestanden, angegriffen und verwundet, von den Terrassen und flachen Dächern aus mit Steinen beworfen, die Armbrustschützen schossen, die Büchsenschützen noch nicht.

Die Steine flogen bei der engen Beschaffenheit der Strassen von einer Strasse zur andern, was ihre Stärke brach; viele Balkone, die nach der Strasse gingen, waren von Menschen besetzt, die sich dort für sicher hielten. Unter der Führung Almeidas wurde die Stadt erobert und die Standarte Portugals auf der Terrasse in der Wohnung des Scheichs aufgepflanzt. Die Bevölkerung, darunter viele Mauren, die mit reichen Kapuzen und Kopfbedeckungen bekleidet waren, zog sich aus der Stadt nach einem Palmenhaine zurück, wo sie von den Portugiesen nicht mehr belästigt wurde. Am Eingange zu demselben waren 500 Bogenschützen aufgestellt, lauter Neger, Sklaven der weissen Bevölkerung, die aber gleich denen in Kiloa zu ihren Herren mehr im Verhältnisse des Gehorsams als dem einer völligen Unterwürfigkeit standen. Hierauf wurde der Befehl zur Plünderung der Stadt gegeben. Alle fingen nun an, in den Häusern zu plündern, deren Thüren man mit Äxten und Sturmböcken erbrochen hatte. Man fand in der Stadt sehr viele Tücher aus Baumwolle, die von Cambaya dahin gebracht wurden; die Bewohner der ganzen Küste bekleideten sich mit ihnen. Man fand auch Tücher, reich mit Gold und Seide gestickt, feine Tapeten und Pferdedecken; eine der Tapeten, die ihresgleichen nicht hatte, wurde mit andern sehr reichen Gegenständen an den König von Portugal gesandt.

Nach den Schilderungen Mayrs hatte die Insel, auf welcher die Stadt lag, einen Umfang von zwei Meilen; gegen das Meer zu war sie nicht befestigt; an der Landseite hatte sie eine Mauer von der Höhe einer Schiessscharte. Die Häuser waren wie die in Kiloa gebaut, die Strassen sehr enge, so dass nur zwei Menschen nebeneinander gehen konnten;

* „Die erste Fahrt der Deutschen nach dem portugiesischen Indien."

durch die steinernen Bänke, die überall angebracht waren, wurde der Raum noch mehr beschränkt. Zu den Häusern aus Stein kamen aber noch mehr als 600 aus Holz, die mit Palmzweigen bedeckt waren. Sie erschienen im Verhältnis zu den übrigen wie Säulengänge, nur bei wenigen der steinernen Häuser fehlten sie; auch Stallungen waren noch eigens angebracht.

Die Portugiesen legten Feuer an die Stadt, und sie brannte die ganze Nacht; viele Häuser stürzten ein, ein grosser Wert von Waren aus dem Handel mit Sofala und Cambaya ging zu Grunde. Die Stadt war nach der Versicherung der Mauren die schönste an der Küste, die Insel reich an Früchten, unter denen Granatäpfel und Zuckerrohr aufgeführt werden.

Die Zerstörung von Mombasa machte einen niederschmetternden Eindruck auf die Araber. Der Scheich von Mombasa schrieb darüber an den Scheich von Melinde:

„Gott erhalte dich, Said Ali. Ich mache dir zu wissen, dass ein grosser Herr zu uns mit Feuersverheerung gekommen ist. Unsre Stadt hat er mit solcher Macht und Grausamkeit betreten, dass er niemand das Leben schenkte, weder Mann noch Weib, jung noch alt, selbst den Kindern nicht, so klein sie auch waren. Seiner Wut konnte man nur durch die Flucht entgehen. Man tötete und verbrannte nicht nur die Menschen, selbst die Vögel des Himmels wurden zu Boden geworfen. Der Gestank der Leichname ist so gross in der Stadt, dass ich es nicht wage, sie zu betreten, auch von der überaus reichen Beute, welche sie aus der Stadt wegnahmen, kann ich keine bestimmte Nachricht geben. Genehmige die Mitteilung dieser traurigen Neuigkeiten, um dich in Sicherheit zu setzen.“

Nach der Eroberung von Mombasa oder Mombas, wie heute die Stadt genannt wird, zogen die deutschen Kaufleute, denen wir obige Schilderungen verdanken, mit Almeida nach Indien. Die Portugiesen aber suchten die ganze Küste von Ostafrika in ihre Gewalt zu bringen und errichteten an den wichtigsten Plätzen Forts und Citadellen.

Diese Niederlassungen der Portugiesen kamen im Laufe des 16. Jahrhunderts zu einer bedeutenden Blüte. Die Geschichtsschreiber jener Zeit rühmen aber nur im allgemeinen den Wohlstand und die Zukunft jener Kolonien; sie berichten uns in der gewohnten Art nur von Schlachten und Thronwechseln, während das so viel wichtigere Kulturleben der Menschheit selbst unbeschrieben bleibt. Eine solche Lücke erscheint in der Geschichtsschreibung Ostafrikas um so bedauerlicher, als es gerade für die heutige Kolonialpolitik höchst wünschenswert gewesen wäre, statt nur von der Zerstörung der Städte auch von der Art und Weise ihres Aufbaus, statt nur von den Kämpfen der Einwanderer zu Kriegszeiten vielmehr auch von der Art und Weise des Lebens der eingewanderten Portugiesen in Friedenszeiten zu hören, von der innern Einrichtung ihrer

Häuser, von der Art, wie sie und ihre Familien dem Klima in diesen Tropengegenden zu widerstehen vermochten, wie der Schiffahrtsverkehr beschaffen war, welche Artikel des Imports und Exports die wichtigsten waren, welche Tropenartikel in den portugiesischen Plantagen gebaut wurden, durch welche Arbeitskräfte und mit welchem Erfolge.*

Friedliche Zustände herrschten jedoch nach der Niederlassung der Europäer keineswegs in diesen Gebieten. Niemals war es den Portugiesen gelungen, die Araber völlig zu unterwerfen. Die Scheichs derselben regierten nach wie vor im Lande, wenn auch unter portugiesischer Oberherrschaft. Von Zeit zu Zeit empörte sich dieser oder jener gegen die europäischen Eindringlinge und musste mit Waffengewalt zum Gehorsam gebracht werden. Andrerseits befehdeten sich die Scheichs untereinander, und die in arabischen Staatsverbänden so häufigen Thronstreitigkeiten gaben stets Veranlassung zu innern Kriegen. Endlich mussten die Händler an der Küste wiederholt Kämpfe mit den Eingebornen bestehen.

So formierte im Jahre 1589 eine grössere Anzahl der im Norden und Nordosten des Sambesi sesshaften Negerstämme ein gewaltiges Heer, welches, überall Verwüstung um sich her verbreitend, zur Küste und sodann der Küste entlang nordwärts zog. Man hiess diese Negerföderation die Zimba. Dieselbe wandte sich zuerst gegen Kiloa und bezog auf dem Festlande der Insel gegenüber, auf welcher die Stadt lag, ein festes Lager. Dadurch wurde der Stadt die Zufuhr von Lebensmitteln abgeschnitten, aber auf die Insel konnte der Feind wegen Mangel an Booten nicht gelangen. Da wurde den Zimba von Eingebornen von Kiloa eine Furt verraten, sie wateten zur Nachtzeit durch dieselbe und überfielen die Stadt, deren Einwohner fest schliefen. Ein grosser Teil der Kiloaner wurde erschlagen, ein andrer in die Gefangenschaft fortgeschleppt, und nur wenigen gelang es, sich durch Flucht zu retten. Die Zimba waren Kannibalen, und so war das Schicksal der Gefangenen ein höchst beklagenswertes. Ein Geschichtsschreiber der damaligen Zeit dürfte aber übertreiben, wenn er erzählt, dass damals an dreitausend Araber, Männer und Weiber, von den Zimba aufgezehrt wurden.

Von Kiloa zog das Negerheer nordwärts die Küste entlang. Die Portugiesen schlossen mit ihm ein Bündnis, um das widerspenstige Mombas zu bezwingen. Die Eroberung der Stadt gelang, als aber die Neger allein gegen Melinde zogen, wurden sie dort von einem Eingebornenheer unter der Führung von Arabern aufgerieben.

Die Araber waren an die Küste von Ostafrika zu Handelszwecken gekommen; dasselbe Ziel verfolgten auch die Portugiesen; leider führten

* Vgl. „Deutsche Kolonialzeitung“, Jahrgang 1888, S. 390: „Kiloa im fernern Verlaufe der Portugiesenherrschaft.“

die letzteren ein rücksichtsloses Ausbeutungssystem ein und machten sich durch ihre Willkürherrschaft sowohl bei den Arabern wie bei den Negern verhasst. Kein Wunder also, dass sich die Bevölkerung gegen die Europäer erhob und, als die Macht Portugals im Laufe der Zeiten schwand, der Zuzug von Ansiedlern und Händlern aber geringer wurde, endlich ihre Unabhängigkeit wieder erstritt. Sie wurde in diesen Kämpfen von den Arabern aus Maskat unterstützt.

Der erste Angriff des Imam oder Sultans von Maskat gegen die Portugiesen erfolgte im Jahre 1660. Sultan ben Sef aus der Familie der Jarebiten eroberte die wichtige Festung Mombas, verlor sie aber wieder nach kurzer Zeit, und erst seinem Sohne Sef ben Sultan gelang es, die Portugiesen aufs Haupt zu schlagen; aber auch diesmal war der Sieg der Araber nicht von Dauer. Im Jahre 1728 rafften sich die Portugiesen auf, eroberten die Küste zurück und führten in allen Plätzen ein rücksichtsloses und grausames Regiment ein. Auf das höchste bedrängt, griffen die Araber zu den Waffen; es gelang ihnen durch Verrat und List, die portugiesische Besatzung in Mombas aufzuheben, und als im Jahre 1740 eine Flotte aus Maskat erschien, wurden die Portugiesen endgiltig vertrieben, und man setzte überall arabische Statthalter ein.

So wurde Ostafrika wieder zu einer arabischen Handelskolonie. Friedliche Zeiten kamen aber auch damit nicht. In Maskat wurde einige Jahre darauf die Dynastie der Jarebiten gestürzt, ein Statthalter, Achmed ben Said, schwang sich zum Imam auf, und diese Wirren im Mutterlande erschienen vielen Statthaltern an der Ostküste von Afrika erwünscht, um den Emporkömmling nicht anzuerkennen und sich selbständig zu machen. Dies führte nun zu fortwährenden Kämpfen zwischen der Kolonie und dem Mutterlande, die anderthalb Jahrhunderte dauerten. Ausserdem aber befehdeten sich die Statthalter untereinander. In Mombas war es z. B. die Familie der Msara, welche die Statthalterschaft inne hatte, deren einzelne Mitglieder aber einander mit Gift, Dolch und Schwert nachstellten.

Da kam in Maskat im Jahre 1804 ein junger, aber einsichtsvoller Herrscher, Seid Said, auf den Thron, dem es gelang, Maskat zu einem der wichtigsten Handelsreiche des Orients zu erheben. Er stiftete auch Ordnung in Ostafrika. Er liess wiederholt das widerspenstige Mombas belagern und nahm es 1837 mit Verrat. Der Sieger beschloss nunmehr, die Familie der Msara zu vernichten, sandte einen seiner Söhne nach Mombas, liess 25 der vornehmsten Msara auf ein Schiff locken und dann nach Arabien verbringen, wo die meisten in harter Gefangenschaft starben.

Ostafrika blühte als arabische Kolonie wieder auf, und Said siedelte sogar 1840 ganz nach Sansibar über, wo er sich einen Palast baute. Für die gegenwärtigen Verhältnisse ist es von Interesse, zu erfahren, dass schon Seid Said sich mit der Absicht trug, Dar-es-Salaam auf dem Festlande zur Hauptstadt des Landes an Stelle von Sansibar zu erheben.

Seid Said starb im Jahre 1856 auf einer Besuchsreise nach Maskat. Seine Söhne teilten sich in das Reich. Seid Sueni nahm die arabische Hälfte für sich in Anspruch; Seid Madschid die afrikanische. So wurde Sansibar zu einem selbständigen Sultanat.

Jahre 1859 musste Seid Madschid sich allerdings bequemen, seinem älteren in Maskat residierenden Bruder einen jährlichen Tribut von etwa 160 000 Mark zu zahlen, aber nach dem Tode Seid Suenis hörte auch dieses letzte Zeichen der Abhängigkeit auf. Trotzdem aber blieb Sansibar eine Kolonie der Maskataraber, indem es von dort stets Zufuhr an frischen Kräften erhielt. Daraus erklärt sich auch der Unterschied, der thatsächlich zwischen den Arabern in Ostafrika und im Sudan besteht.

Die Maskataraber mögen früher fanatisch gewesen sein; heutzutage sind sie es keineswegs. Die Propheten und der Koran haben bei ihnen nur eine geringe Geltung, und selbst die Pilgerfahrt nach Mekka ist abgeschafft. In Maskat herrscht für mohammedanische Verhältnisse eine grosse Toleranz, und Wein und Tabak werden in grossen Mengen gebraucht. Maskat war seit lange der grösste Abnehmer der ostafrikanischen Sklaven; viele von ihnen haben sich mit der Zeit frei gemacht und bilden schon jetzt etwa ein Viertel der Landesbevölkerung. Maskat ist ein Handelsstaat, und unter der Bevölkerung herrscht ein Hang zum Wohlleben. Diese Grundzüge des Volkscharakters kommen auch bei dem Araber in Ostafrika zur Geltung; er ist kein Staatengründer, kein fanatischer Politiker, wie sein nomadisierender Bruder im Sudan; er ist vor allem Kaufmann, freilich nicht in unserem Sinne des Wortes; denn so weit ist er immer ein echter Moslim geblieben, dass er den Kafir, den schwarzen Heiden, geringer als ein Tier schätzt, dass er fest glaubt, Gott habe diese Neger nur geschaffen, damit der Araber sie ausbeuten könne; er ist Sklavenhalter und Sklavenhändler, und aus allen diesen Gründen tritt er in Afrika als Räuber auf.

Seine Macht ist allerdings nunmehr gebrochen. Das Sultanat von Sansibar steht unter englischem Protektorat. Der deutsche Teil der Küste des Festlandes ist von ihm völlig getrennt und steht unter deutscher Herrschaft. Rechtlich hat der Araber in ihm nicht mehr zu befehlen; thatsächlich ist er besiegt. Dass er sich jemals wieder erheben und wie einst die Portugiesen, so auch jetzt die Deutschen und die Engländer aus Ostafrika verjagen könnte, ist geradezu unmöglich; denn Europa verfügt heute über ganz andere Mittel als zur Zeit der Entdeckung Indiens, und die Völker, welche das Zivilisationswerk Ostafrikas in Angriff genommen haben, sind mit dem kleinen Portugal nicht zu vergleichen. Da jedoch der Araber, wie wir gesehen haben, seit alter Zeit in Ostafrika eingesessen ist, so wird er uns noch viel zu schaffen machen, bevor er sich in den Rah-

Ansicht von Sansibar.

men der Zivilisation fügt; er ist ein Element, mit dem wir noch lange werden rechnen müssen.

Die Residenz

In früheren Zeiten spielte Sansibar unter den arabischen Niederlassungen in Ostafrika keine besonders hervorragende Rolle. Dass es im Laufe der Jahre Mombas und Kiloa überflügelte, hatte es zwei Umständen zu danken. Das schöne, nur wenige Meilen von dem Festlande entfernte Eiland besitzt einen guten Hafen, den einzigen an der weiten Küstenstrecke des heutigen Deutsch- und Britisch-Ostafrika; ferner ist die aus Korallenkalk aufgebaute Insel mit einer fruchtbaren Humusschicht bedeckt, auf welcher die tropische Vegetation wunderbar üppig gedeiht. Wenn man heute durch die Insel wandert, so gleicht die Wanderung einem Spaziergang durch eine schöne Parklandschaft, wo in Baumgruppen die weissen Schambas, Landhäuser, versteckt sind, während dazwischen Bananen-, Reis- und Zuckerrohrfelder liegen, wo auf grünen Wiesen Teiche blinken, mit Rohr und Binsen bestanden, mit weissen und blauen Wasserblumen geschmückt. Gesegneter Boden, welcher der kleinen nur 1590 qkm grossen Insel selbst auf dem Weltmarkte eine hohe Bedeutung gesichert hat; denn im Schatten der Kokospalmen gedeiht hier der Gewürznelkenbaum, und Sansibar deckt heutzutage etwa drei Viertel des Weltbedarfes an Gewürznelken.

Das war nicht seit jeher so. Die Europäer mussten anfangs die heissbegehrten indischen Gewürze von weit her holen, und die Nelkenbäume gediehen nur auf den fernen Molukken. Die glänzendsten, abenteuerlichsten Fahrten wurden in dem Zeitalter der grossen Entdeckungen unternommen, um diese Inseln zu erreichen. Den Molukken galt die weltberühmte Fahrt Magelhães', welche mit der ersten Erdumsegelung abschloss. Die Inseln gerieten später die Hände der Holländer, und die klugen Kaufleute beschlossen, das Monopol sich für ewig zu sichern. Sie rotteten die Nelkenbäume auf allen anderen Inseln aus und beschränkten die Pflanzungen lediglich auf die Insel Ternate. Hier konnten sie ihren Schatz wie der alte Lindwurm hüten. Aber sie konnten sich nicht lange des Erfolges rühmen. Schon im Jahre 1770 gelang es den Franzosen, sich Samen zu verschaffen und daraus auf der Insel Mauritius Nelkenbäume gross zu ziehen. Von hier wurden die Nelkenbäume nach Réunion, Guiana und Westindien gebracht. Später, in den ersten Jahrzehnten unseres Jahrhunderts, importierte man sie nach Sansibar, und hier sowie auf der Nachbarinsel Pemba gediehen sie so ausgezeichnet, dass die Gewürznelkenproduktion der Molukken in den Hintergrund gedrängt wurde.

Mehr noch als die Plantagen wirkte aber der Handelsverkehr auf die

Hebung Sansibars. Dank seinem vorzüglichen Hafen wurde es zum Stapelplatz aller Waren, die von der afrikanischen Ostküste von Mombas bis Kiloa exportiert wurden. Sansibar übte schon im Anfang unseres Jahrhunderts eine besondere Anziehungskraft auf die orientalische Handelswelt aus. Nicht nur die Araber aus Maskat, auch Indier kamen dorthin, und zuletzt gingen auch europäische Kaufleute nach Sansibar, welches unter der Regierung Seid Saids einen überraschenden Aufschwung nahm. Es wurde schliesslich zu einer Grossstadt, deren Einwohnerzahl auf mindestens 80 000 Einwohner geschätzt werden konnte.

Auf der Insel vor dem afrikanischen Festlande gelegen, bildet die Stadt einen Übergang von der orientalischen zur afrikanischen Welt. Nordöstlich von dem Hafen schneidet eine Lagune tief in das Land ein und trennt von demselben eine dreieckige Halbinsel ab, die nur durch einen schmalen Zipfel mit dem Festlande zusammenhängt. Um diese Lagune, die allerdings zur Ebbezeit meist trocken ist, erhebt sich die Residenzstadt der Sultane von Sansibar.

Auf der Halbinsel liegt das Araberviertel Schangani; es ist die eigentliche Stadt, an die sich die übrigen Viertel anlehnen. Dem nach Sansibar kommenden Fremden bietet es sich als die weite, stattliche Häuserfront dar, welche aus vielen Abbildungen und Beschreibungen den Europäern in der Heimat genügend bekannt sein dürfte. Es sind die „Prachtbauten“ Sansibars: der alte und neue Palast des Sultans mit dem Harem, das Zollhaus und das Fort; vor ihnen der hohe viereckige Leuchtturm, von dem elektrisches Licht während der Nacht herabstrahlt. In weiter Flucht reihen sich daran, vielfach von grünen Büschen und Palmen umgeben, die stattlichen weissen Privathäuser, auf denen die Flaggen verschiedener Nationen wehen, andeutend, dass in den Häusern die Konsuln der betreffenden Staaten wohnen. Hinter dieser Front erstreckt sich, fast die ganze Halbinsel bedeckend, die Araberstadt mit ihren engen Gassen und den schmucklosen, aus Lehm oder Korallenkalk errichteten Häusern. Von der Prachtarchitektur ehemaliger Maurengeschlechter finden wir hier kaum eine Spur. Der Araberhändler ist ein nüchterner Mensch, und seine Häuser sind Geschäftshäuser. Die Händler und Gewerbetreibenden haben sich nach Strassen geordnet niedergelassen, und wie es bei uns früher Fleischer-, Böttcher-, Sporergassen und dergleichen gegeben hat, so findet man noch heute in Sansibar Strassen, in denen ausschliesslich Klempner oder Kupferschmiede wohnen; in dieser werden nur Gemüse und Früchte, in jener nur Betelnüsse, in jener wieder nur Fische verkauft. Sonst pflegen auch die am dürftigsten gebauten Handelsstädte in Gotteshäusern einen würdigen Schmuck zu besitzen. Nichts derartiges findet man in Sansibar. Die Moscheen sind ganz gewöhnliche Gebäude, denen selbst schlichte, schlanke Türme als Schmuck fehlen.

In diesem Stadtteil wohnen auch die Europäer, ohne ein eignes Viertel zu besitzen, zerstreut unter den Arabern, oft in Häusern, welche von diesen gekauft oder gemietet wurden.

Nordöstlich von Schangani, jenseits der Lagune und mit dem ersteren durch eine steinerne Brücke verbunden, liegt gleichfalls am Meeresstrande Malindi, auch Madagaskarstadt genannt, das Viertel der Indier. Sie sind zu gleichem Zwecke wie die Araber nach Ostafrika gekommen, aber im Vergleich zu diesen sind sie geschicktere Kaufleute und mehr Kapitalisten. Es giebt wohl reiche Araber in Sansibar, aber die wirklichen Millionäre der Stadt sind nur unter den Indiern zu finden. Viele von den Indiern sind aber nur kleine, arme Schacherer und Hausierer oder fristen ihr Dasein als Barbiere u. dgl. Malindi besteht eigentlich nur aus einer einzigen Strasse, in welcher Laden an Laden sich drängt. Durch diese Strasse pflegen die Neger, welche in der Araberstadt und im Hafen gearbeitet haben, abends nach Hause zurückzukehren, und da finden sie genügende Gelegenheit, ihren Tageslohn an die Indier loszuwerden; denn dieselben führen alles: Lebensmittel, sowie minderwertige europäische Waren.

Gegenüber Schangani auf der Landseite der Lagune liegt das Negerviertel Ngambo. Die Hütten der Neger liegen im Grün der Büsche versteckt; hier und dort von Palmenwedeln beschattet, bieten sie einen freundlichen Anblick. Die Neger bilden den Hauptbestandteil der Bevölkerung und gehören dem Stamme der Suahili an.

Es ist schwierig, ja unmöglich, für diesen Stamm besondere Rassemerkmale aufzustellen, wie etwa für die Mangbattu oder Massai. Es giebt heutzutage weder auf der Insel Sansibar noch in den wichtigeren Küstenplätzen einen wirklich reinen Negerstamm. Dies ist leicht zu erklären. Die Araber schleppten im Laufe von Jahrhunderten eine Unmasse von Sklaven aus dem Innern des Landes an die Küste. Viele von denselben wurden nach Arabien verkauft, ein grosser Teil blieb aber auf der Insel Sansibar und in den Küstenplätzen, wo er in den Plantagen der Araber oder in deren Häusern beschäftigt wurde. Natürlich heirateten diese Sklaven und Sklavinnen untereinander, und so entstand jene Mischrasse, welche heute die Hauptmasse der Einwohner bildet.

Dieselbe wird jedoch durch ein gemeinschaftliches Band verbunden: durch die Sprache. Die Suahilisprache oder das Kisuahili wird von allen Einwohnern Sansibars gesprochen. Es ist auch die eigentliche Verkehrssprache Ostafrikas; denn wie weit man in demselben vordringt, an allen Handelsplätzen des Innern, sei es am Victoria-Njansa, sei es am Tanganjika, ja selbst in den fernen Distrikten am Kongo-Lualaba findet man immer einige Leute, welche das Kisuahili sprechen.

Dasselbe ist ein Zweig jener grossen afrikanischen Sprachfamilie, deren Hauptmerkmal darin besteht, dass sämtliche Wortbildungen, Flexionen, Zahl- und Zeitänderungen, kurzum der ganze Aufbau der Sprache nicht durch bestimmten Stämmen angehängte Endsilben, sondern durch ihnen vorgesetzte Vorsilben bewirkt werden.

Wir wollen im Nachstehenden einige Proben dieser Sprache geben, da diese uns das Verständnis der später oft wiederkehrenden Benennungen erleichtern werden.

Die Mehrzahl wird durch verschiedene Präfixe gebildet, von denen *wa* am häufigsten wiederkehrt; *m* bedeutet die Einzahl.

Es heisst z. B. im Kisuahili:

msuahili der Suahili,	*wasuahili* die Suahili;
mtoto das Kind,	*watoto* die Kinder;
fuko der Sack,	*mafuko* die Säcke;
mti der Baum,	*miti* die Bäume;
msungu der Weisse,	*wasungu* die Weissen.

Die Silbe *U* bedeutet das Land, die Silbe *Ki* die Sprache.
Es heisst also:

Unjoro das Land Unjoro oder Njoro.
Kinjoro, die Sprache von Unjoro, also nach unserem Gebrauch etwa unjorisch.
Wanjoro die Einwohner von Unjoro.

Bana heisst Herr, *bana kubua* grosser Herr; dies sind die Titel, mit welchen der Neger seine Freunde und den Europäer anredet.

Die Neger haben es zu keinem Schrifttum gebracht; erst durch den Verkehr mit den Arabern lernten sie schreiben, und so wird auch heutzutage das Kisuahili allgemein geschrieben, aber mit Hilfe der arabischen Schriftzeichen. Dieselben eignen sich sehr wenig zum Ausdruck der Laute, denn dem Arabischen fehlen zwei unsrer Vokale, das *e* und das *o*, sowie der Konsonant *p* vollständig; *e* wird darum durch *i*, *o* durch *u* und *p* durch *b* ersetzt. Da nun im Kisuahili die Worte sich in erschreckender Weise ähneln und das Verändern oder Fortlassen nur eines Buchstaben dem Worte häufig andre Bedeutung giebt, so können nur Geübte geschriebenes Kisuahili entziffern.

Die Europäer bezeichnen mit dem Namen Suahili alle Eingebornen auf der Insel Sansibar und dem Küstendistrikte, welcher früher dem Sultan von Sansibar unterthan war. Bei der eingeborenen Bevölkerung hat der Name eine andre Bedeutung. Msuahili heisst jeder, der sei es in Sansibar, sei es in Mombas oder auf der Insel Lamu geboren wurde. Auch andre Küstenleute machen hiervon Gebrauch, aber die Einwohner von Kiloa, Lindi u. s. w. werden von den echten Wasuahili nicht für voll angesehen.

Man neigt zu der Annahme, dass zur Zeit, als die Araber die Küste aufsuchten, um Mombas herum ein Negerstamm wohnte, welcher das Kisuahili sprach. Die Araber waren zuerst mit ihm in engere Verbindungen getreten und benutzten seine Sprache als Verständigungsmittel mit den anderen Stämmen; das ursprüngliche Volk der Wasuahili ist mit der Zeit in anderen Stämmen aufgegangen, aber die Sprache hat sich erhalten und ist zur Verkehrssprache in Ostafrika geworden.

Seit alter Zeit wurden die Neger von Sansibar noch in zwei Klassen eingeteilt. Watuma heissen die Sklaven, Wangwana die freien Leute. Die letzteren spielen in der Geschichte der Erschliessung von Ostafrika schon darum eine hervorragende Rolle, weil mit ihrer Hilfe die meisten europäischen Expeditionen ausgeführt wurden und weil sie seit jeher die vornehmste Stütze der in das Innere vordringenden Araber waren. Sie sind also die Erschliesser des dunkeln Weltteils im guten und im schlechten Sinne gewesen. Sie sind das eigentliche schwarze Volk von Sansibar.

Schon John Hanning Speke, der Entdecker der Nilquellen, hat uns eine zutreffende, bis auf die jüngste Zeit giltige Beschreibung derselben geliefert.

Die meisten dieser Leute, so etwa lautet der Bericht des berühmten Reisenden, werden ohne Zweifel in Kriegen gefangen, wie man es alle Tage in Afrika sieht, zu Sklaven gemacht und für ein paar Ellen gewöhnlichen Kattuns, Messingdraht oder Glasperlen an Araber verkauft. Sie werden dann nach Sansibar gebracht, dann wie Pferde an den Meistbietenden wieder verkauft und dann von ihrem neuen Herrn im Dienst erhalten, aber mehr wie Kinder der eigenen Familie als irgend etwas andres. In dieser neuen Stellung werden sie beschnitten, um Muselmanen aus ihnen zu machen, damit ihre Hände „rein“ seien, ihrer Herren Vieh zu schlachten und ihren Glauben zu verbreiten; denn die Araber glauben, dass einst der Tag komme, wo die Lehren Mohammeds von allen Menschen werden angenommen werden.

Der Sklave fühlt sich in dieser neuen Lage viel glücklicher als je in seinem Leben, und wenn das erste Unbehagen einmal überwunden ist, sehen wir ihn sehr anhänglich seinem neuen Herrn, der ihn ernährt und ihn mit Kleidung versieht als Lohn für die niedrigen Dienste, die er leistet.

Ist nun der Herr ein Sklaven- oder Elfenbeinhändler, so zieht der Sklave, wenn er sich sein Vertrauen erworben hat, mit ihm in das Innere, nimmt als Träger oder Soldat an den Handels- und Kriegszügen teil; er kann dabei zum Hauptmann einer Truppe und zum Bevollmächtigten seines Herrn avancieren. Stirbt der Herr, so müsste nach dem mohammedanischen Gesetze der Sklave frei werden; in Sansibar ist es indessen allgemeiner, dass der Sklave dem Nachfolger vermacht wird.

Das ganze System des Sklavenhaltens seitens der Araber in Afrika, oder vielmehr an der Küste, ist ausserordentlich seltsam; denn die Sklaven sind sowohl an individueller körperlicher Stärke als der Zahl nach den arabischen Fremden so sehr überlegen, dass sie, wenn sie revoltieren wollten, die Araber kopfüber aus dem Lande treiben könnten. Sie sind aber rein verzaubert, sie kennen ihre Stärke ebensowenig wie die Haustiere; und es scheint fast, als hielten sie es für unehrenhaft, nach ihrem Ankauf davon zu laufen und ihren Besitzern dadurch pekuniären Verlust zu bereiten. Die feste Anhänglichkeit dieser Neger an die Araber hat es ja den letzten überhaupt möglich gemacht, den bekannten Aufstand gegen die Deutschen an der Küste zu wagen und fortzusetzen.

Wird nun ein Sklave durch den Tod seines Herrn frei, so beginnt er sein Leben von neuem. Er nimmt bei Kaufleuten Dienste als Träger; er geht mit ihnen ins Innere, und wenn er Geld gespart hat, so kauft er sich auf Sansibar oder an der Küste eine Hütte und ein Gärtchen und begründet ein Familienheim, das er aber von Zeit zu Zeit verlässt, um wieder als Träger u. dgl. Dienste zu leisten. Hat er aber ein hinreichendes Kapital gesammelt, so beginnt er den Handel auf eigene Rechnung. Die meisten aber ziehen es vor, in arabischen Diensten zu bleiben, und man findet diese „Sansibariten“ in allen arabischen Niederlassungen von der Küste bis zum Kongo. Sie haben alle das Kisuahili erlernt und tragen so zur Verbreitung der Sprache bei. Der Sohn des „Freien“ führt denselben Lebenswandel wie sein Vater.

Über den Charakter der Wangwana gehen die Meinungen der Forscher weit auseinander. Speke äussert sich über sie:

„Faulheit ist diesen Leuten angeboren, und trotzdem, dass sie ausserordentlich kraftvoll sind, arbeiten sie doch nicht, wenn sie nicht dazu gezwungen werden. Da sie keinen Gott im christlichen Sinne haben, den sie anbeten, so haben sie keine Liebe für Wahrheit, Ehre und Anstand. Da sie weder von einer Regierung noch von häuslichen Banden gehalten werden, so haben sie auch keine Ursache, an die Zukunft zu denken oder dafür zu sorgen. Jedes Wagnis reizt sie, wenn sie Not um Nahrung haben; und je mehr sie sich umherzutreiben haben, desto mehr lieben sie es. Das Matrosenleben ist ganz anziehend für befreite Sklaven, in seinem Sinne denkt er, dass er mit allen Menschen gleicht steht, sobald er in die Musterrolle eingetragen ist, und dann nennt er alle seine Mitafrikaner ‚Wilde‘. Und doch hängt ihm die Eigentümlichkeit des Afrikaners an, er hat keinen bleibenden Nutzen erreicht. Die Verbindung mit Weissen und der Glanz des Goldes verwirren ihn nur. Er äfft, ganz wie ein Affe, die gemütliche Teerjacke nach und verthut dementsprechend seine Löhnung. Bringt ihn der Zufall zurück nach Sansibar, so nennt er seinen alten arabischen Herrn Vater und geht wieder in die Sklaverei mit so viel Eifer als je.“

Es giebt wohl in Ngambo Moscheen, d. h. mit Palmblättern versehene

Lehmhütten, in denen die mohammedanischen Neger beten, aber die Mehrzahl des Volkes huldigt dem heidnischen Aberglauben, in welchem die „Daua“ oder Medizin eine so grosse Rolle spielt. Diese „Dauna“ ist zugleich das Heilmittel gegen Krankheiten und Zaubermittel gegen Gefahren und dergleichen. Ist ein Neger krank, so verlangt er Daua. Wünscht man Regen, so wird von einem Zauberer Daua gemacht; möchte man über irgend etwas Auskauft haben, z. B. über den Ausgang eines Kriegszuges, über das Schicksal eines Verschollenen, über die Anstifter irgend eines Brandes u. s. w., so kommt der Zauberer, macht Daua und beantwortet die Frage. Im Inneren steht noch diese Art des „Medizinierens“ in höherer Blüte. Der Tod eines Menschen, namentlich eines Vornehmen oder Häuptlings, wird auf die Zauberei eines Gegners zurückgeführt, der Medizinmann von Profession muss alsdann Auskunft geben; der von ihm auf Grund eines förmlichen Hexenprozesses Angeschuldigte wird dann zum Tode oder zu anderen empfindlichen Strafen verurteilt. Man kann sich denken, welches Netz von Intriguen durch diese Art Justiz gesponnen werden kann, zumal die Medizinmänner der Bestechung durchaus zugänglich sind.

Für die Bildung des Negers ist von arabischer Seite so gut wie nichts gethan worden. Es giebt nur wenige Suahili, die lesen und schreiben können. Es handelt sich dabei um das in arabischen Schriftzeichen ausgedrückte Suahili. Gelehrt wird dasselbe in einigen höchst sonderbaren Schulen, die auf dem Lande anzutreffen sind.

„Schon von weitem hören wir“, so berichtet K. W. Schmidt in seinem Kulturbilde „Sansibar“, „wenn wir uns durch die Maniok- und Bohnenfelder nahen, ein lautes Geschrei. Treten wir näher, so finden wir vielleicht unter dem Schatten eines grossen Mangobaumes ein halbes Dutzend mit unterschlagenen Beinen auf der Erde hockender Knaben, in der Mitte der Schulmeister, mit einem kleinen Strickende in der Hand. Das Geschrei ist, wie wir zu unserer Genugthuung bemerken, nicht die Folge unliebsamer Schwingungen dieses Stickendes. Friedlich sitzt alles nebeneinander, einen Knochen oder eine grosse Holztafel vor sich, einen Tintentopf neben sich und eine Feder in der Hand. Jeder Buchstabe, der auf die Tafel gemalt ist, wird so laut als möglich hinausgeschrieen, ohne Rücksicht auf die Ohren der Nachbarn. Emsig und fleissig arbeitet alles fort; selbst das Erscheinen eines Fremden darf nicht stören. So haben wir Musse, uns vor allen Dingen die sonderbaren Tafeln anzusehen. Diese werden entweder repräsentiert durch die Schulterblattknochen von Kamelen oder auch durch grosse, mit einem schwachen Thonanstrich überzogene Brettstücke. Auf beiden wird mit Tinte geschrieben, und eventuelle schlechte Buchstaben werden gleich mit dem Finger fortgewischt. Letztere und überhaupt das ganze Kostüm der Schreibenden glänzen daher von Tinte! Als Federn dienen geschnittene Rohrstengel.“

Seit vielen Jahren haben sich in dem Suahiligebiete auch christliche Missionare niedergelassen. Die Früchte ihrer mühseligen Arbeit sind sehr geringfügig. Die katholische Mission blickt noch auf die besten Resultate zurück. Dasselbe lässt sich von den Erfolgen der englischen Missionen nicht sagen; im Gegenteil, Negerjungen, welche diese Schule durchgemacht haben, sind bei den Europäern wegen ihrer Schlechtigkeit geradezu verrufen; sie wurden in den Missionen zu gut gehandelt und haben vor allem nicht arbeiten gelernt. Gegenwärtig ist die Erziehung des Negers zur Arbeit zur wichtigsten Aufgabe der europäischen Kolonisatoren gemacht worden, und hoffentlich werden die Mühen von besserem Erfolge gekrönt werden.

Der Suahilineger kann ja arbeiten; er ist auch verhältnismässig genügsam, aber als Kind der Tropen kennt er weder den Wert der Zeit noch die Bedeutung einer regelmässigen Arbeit. Bis jetzt hatte er zu dem Araber als zu seinem Gebieter hinaufgeschaut und von ihm die Laster des Orients gelernt. Seit die Europäer an der Küste herrschen, bricht für ihn eine neue Ära an.

Neben dem Sansibarneger treten noch die Mischlinge auf, Nachkommen der Araber und der Negerinnen; je nach der Bedeutung ihres Vaters nehmen sie eine mehr oder weniger hervorragende Stellung ein; ja, der mächtigste Araberhäuptling des Innern, der reichste Elfenbeinhändler von Sansibar, Tippu-Tip, ist ein solcher schwarzer Mischling.

Aus diesen Elementen setzt sich die Bevölkerung Sansibars zusammen. Heute ist noch der Einfluss der Europäer in Betracht zu ziehen. Früher, zu Anfang dieses Jahrhunderts, ja, noch vor wenigen Jahrzehnten war er verschwindend klein. Wir werden im weiteren Verlaufe der Darstellung sehen, wie diese drei Elemente auf das Innere Ostafrikas einwirkten: der Indier durch sein Geld, das er dem Araber gegen Wucherzinsen lieh, der Araber durch seinen Unternehmungsdrang und seine Lust zu Abenteuern, der Sansibarneger durch die bereitwilligen Dienste, die er seinem Herrn auf dessen Raub- und Handelszügen leistete.

Zunächst aber wollen wir den Fürsten dieses merkwürdigen Sultanats kennen lernen.

Die Sultane und ihr Hof

In Sansibar herrscht nach arabischer Sitte eine üble Thronfolge, welche den Keim zu fortwährenden Streitigkeiten und Intriguen in sich birgt. Der Sohn folgt hier nicht dem Vater in der Reihe der Regenten. Der Erbe des Sultans ist sein nächst jüngerer Bruder; erst wenn alle Brüder ausgestorben sind, kommt der älteste Sohn des ältesten Bruders auf den Thron.

So folgte auch auf den ersten Sultan, der in Sansibar residierte, auf Seid Said, sein Sohn Seid Medschid und auf diesen im Jahre 1871 sein Bruder Seid Bargasch ben Said, was man auf deutsch mit Se. Hoheit Bargasch, der Sohn von Said, übersetzen kann.

Die arabischen Brüder stehen einander ziemlich fremd gegenüber, oft sind sie von verschiedenen Müttern geboren und fern voneinander erzogen; die Bande der Blutsverwandtschaft werden erst im Familienleben durch gemeinschaftliche Erziehung fester geknüpft; in der Familie arabischer Sultane blickt der eine Bruder misstrauisch auf den andern; der ältere sieht in dem jüngern seinen geschwornen Feind und Rivalen, der ihn vom Throne stürzen möchte, und der jüngere beneidet den Erben der väterlichen Macht und zählt die Stunden seines Lebens, wartet auf seinen Tod, der ihm die Herrschaft bringen würde.

Die Söhne Seid Saids machten keine Ausnahme von der Regel, der jüngere Bargasch bekriegte seinen Bruder sogar im offenen Felde und sah sich darauf genötigt, nach Bombay zu entfliehen. Er kehrte später nach Sansibar zurück, musste aber hier jahrelang in strengster Einsamkeit leben, bis er im Jahre 1876 nach Medschids Tode auf den Thron kam.

Die Lage seines Reiches war eine eigenartige. Gefahren von aussen bedrohten es durchaus nicht; denn die europäischen Kolonialmächte hatten frühzeitig die Bedeutung dieses Thores von Ostafrika erkannt, und im Jahre 1862 garantierten England und Frankreich die Unabhängigkeit des Sultanats. Dafür musste sich der Sultan allerdings den Wünschen der Europäer fügen, und vor allem war es England, das in Person seines Generalkonsuls Sir John Kirk auf die Regierung Seid Bargaschs einen bedeutenden Einfluss ausübte. Derselbe legte auch dem Sultan nahe, Ansprüche auf weitere Küstengebiete zu erheben und namentlich im Norden seine Macht zu befestigen. Es handelte sich zumeist um eine nominelle Herrschaft und um Erhebung der Zölle an den wichtigsten Küstenplätzen. Die nominelle Herrschaft reichte auch sehr weit; Seid Bargasch dünkte sich der Herr von ganz Ostafrika bis über das Seengebiet hinaus. Das Aufblühen des Handels, an welchem sich Engländer, Deutsche und Amerikaner beteiligten, gestaltete seine finanzielle Lage sehr günstig, aber er war nicht auf Rosen gebettet.

Europas Einfluss wurde von Jahr zu Jahr fühlbarer. Seit der Eröffnung des Sueskanals war auch Europa sozusagen Sansibar bedeutend näher gerückt. Im Hafen der alten Araberstadt erschienen jetzt andre Schiffe als zur Zeit der Portugiesen. Von Zeit zu Zeit kamen auch die gepanzerten Manowari, wie die Wasuahili die Kriegsschiffe nach den englischen „man of war" nannten, und wenn die europäischen Mächte einig waren und etwas durchsetzen wollten, so musste sich der Sultan fügen, sonst hätte er an einem Tage seinen Palast und seinen Thron verlieren können. Das musste Seid Bargasch schon in den ersten Jahren seiner Regierung erfahren, wo England, durch Livingstones Berichte angeregt, die Unterdrückung des Sklavenhandels an der Ostküste von Afrika einleitete und von Bargasch die Unterzeichnung eines entsprechenden Vertrages verlangte. Der in mohammedanischen Grundsätzen erzogene Fürst sträubte sich gegen den Akt, der ihn in den Augen seiner Unterthanen unpopulär machen würde. Da erschien eine Kriegsflotte unter dem Kommando des Admirals Cumming vor Sansibar, und der Sultan musste sich fügen.

Man bewog ihn, im Jahre 1874 nach London und Paris zu reisen. Eine freundliche Aufnahme wurde ihm zu teil, und der kluge Mann fand genügende Gelegenheit, die Stärke Europas kennen zu lernen.

Seit jener Zeit wurden auch die Geschicke Sansibars nicht in der Stadt selbst, im Palaste des Sultans, sondern in den Kabinetten von London und Berlin entschieden. Sie bilden einen wichtigen Abschnitt der jüngsten Kolonialgeschichte und tragen einen durchaus europäischen Charakter. Sie sind allgemein bekannt, und ihr endliches Resultat ist das Protektorat Englands über das Sultanat und das völlige Abtreten des Küstenstriches von Wanga bis zum Rovuma an Deutschland. Um jene Zeit lebte Seid Bargasch nicht mehr.

Wir müssen jedoch diesen halb asiatischen, halb afrikanischen Fürsten an dieser Stelle, wenn auch flüchtig, skizzieren, weil er das Oberhaupt der Araber war, deren Thaten in Ostafrika wir im Verlaufe unserer Darstellungen kennen lernen werden.

Seid Bargasch wurde gegen das Jahr 1830 geboren und gelangte somit als reifer Mann ans Ruder. In sein von einem grossen Barte umrahmtes Antlitz haben viele Europäer, Afrikareisende, Kaufleute und Gesandte geschaut, und die meisten haben es sympathisch gefunden. Er erschien selbstverständlich in Arabertracht, aber die Audienzen, die von ihm im Palaste gegeben wurden, waren keineswegs mit denjenigen der echt afrikanischen Fürsten zu vergleichen, die wir im ersten Bande kennen gelernt haben. Europäische Sitte nahm hier bereits überhand. Vornehmen Gästen kam der Sultan selbst unten an der Treppe entgegen, und das Audienzzimmer war europäisch ausgestattet.

In europäischem Geschmack war auch die Vorhalle geschmückt, in welcher nach arabischer Sitte an jedem Morgen eine Menge Volks sich versammelte, um Bittgesuche und Beschwerden dem Herrscher vorzutragen und auf seine Entscheidung zu harren. Auch sonst bot sich dem Volke oft Gelegenheit, Seid Bargasch zu sehen, denn er pflegte die freien Stunden mit seinen Hofleuten und vornehmen Arabern auf der Veranda zu verplaudern, indem er irgend einem Schauspiel oder einer Parade zusah. Am anziehendsten erschien diese Veranda während der Abendstunden, da sie nicht nur von vielen Petroleumlampen, sondern auch von elektrischen Kohlenlichtern erhellt wurde. An Festtagen, wie z. B. zur Feier des Geburtstags Mohammeds, erschien die Veranda in ihrem vollsten Glanze, denn auf dem obern Teil derselben sassen die Haremsdamen in reichen gold- und silbergestickten Gewändern und mit goldenen Masken. Unten wogte die betende und singende Menge, und elektrisches Licht und bengalische Flammen warfen ihren magischen Schein auf das sonderbare glitzernde Bild.

Der Harem von Sansibar ist ein einfaches, düsteres Gebäude, welches die Surias des Sultans öfter, aber nur in tiefer Nacht verlassen. K. W. Schmidt schildert diesen sonderbaren Aufzug in folgender Weise:

„Wenn der Sultan sich einmal von den Regierungsgeschäften erholen will, welches Verlangen er ziemlich oft verspürt, so packt er seinen ganzen Damenvorrat zu je vier in einige dreissig Wagen und fährt auf die Schamba, d. h. nach einem seiner in wenig Stunden Entfernung von Sansibar gelegenen Landhäuser. Stets wird dieses Ereignis vorher allgemein bekannt, und kein Schwarzer wagt es dann zu jener Zeit, vielleicht 11 Uhr nachts, seinen Kopf aus der Thür zu stecken. Alles ist totenstill und ausgestorben, auch der wohlerzogene Europäer vermeidet es, der wilden Jagd in die Hände zu fallen, und nur der neugierige ‚Grüne' sucht sich wohl ein stilles Plätzchen, um mit Musse das ungewohnte Schauspiel zu geniessen. Voran auf galoppierenden Pferden erscheinen verschiedene Vorreiter mit gezogenen Säbeln, dann folgt eine vierspännige Karosse mit den vier Favoritinnen und in einem weitern Viergespann der Herrscher von Sansibar selbst. Die übrige Wagenzahl rast nur mit je zwei Pferden daher, und jeder Wagen enthält vier der Damen nebst zwei Eunuchen hinten auf dem Bock. Der Schluss wird ebenso wie die Spitze von Reitern mit gezogener Waffe gebildet. Da sämtliche Wagen offen sind und der Vollmond hell und freundlich scheint, so ist es wohl möglich, von der glitzernden Seidenpracht, von den flimmernden Goldmasken manchen Blick zu erhaschen. Aber die Gestalten, die Gesichter dieser exotischen Blumen bleiben uns leider verborgen, und nur hie und da macht uns ein silberhelles Lachen glauben, dass es unmöglich aus einem hässlichen Munde kommen kann." –

Die Landhäuser des Sultans waren auch den Europäern zugänglich, da der Sultan dieselben zum Aufenthalt in den Schambas einzuladen pflegte. Sie sind geräumige Bauten, denen jedoch der Schmuck der Garten- und Parkanlagen fehlt. In den grossen und geräumigen Gemächern findet man Spiegel, Kronleuchter, Tische und Stühle; nur Betten fehlen, weil man hier auf dem mit Teppichen bedeckten Boden schläft. In manchen der Landhäuser sind auch grosse Badeeinrichtungen zu finden, ausserdem allerlei Belustigungen für die Damen, wie z. B. Karussels mit Drehorgeln und grossen Pauken. Das Karussel in der Schamba Tschukuani in der Nähe der Stadt wurde seiner Zeit sogar von einer Lokomobile in Betrieb gesetzt!

Die vom Sultan zum Besuch der Schambas eingeladenen Europäer pflegten in denselben einige Tage zu verweilen und wurden auf das gastfreundlichste bewirtet. Es wurden dabei Diners von etwa 50 Gängen serviert, wobei allerdings das Hammelfleisch in verschiedenen Zubereitungen gar oft wiederkehrte. Für die Europäer bildete es einen besondern Übelstand, dass als Getränk dabei nur Scherbet, Mandelmilch und Sodawasser geboten wurden. Zwar war es erlaubt, Wein mitzubringen, aber die Rücksicht auf den Gastgeber verbot es, von dieser Vergünstigung Gebrauch zu machen. In den letzten Jahren wusste jedoch Seid Bargasch das Verbot des Propheten milder auszulegen; wenn auch der Traubenwein verpönt blieb, so zog der Apfelwein in Form des Apfelweinchampagners siegreich in die Schambas ein.

Der Sultan von Sansibar sorgte auch für Belustigungen seines Volkes. Er bestellte sich Gauklertruppen aus Arabien, Indien und Ägypten, welche abends auf dem Platze vor der Veranda des Palastes bei phantastischer Fackelbeleuchtung ihre Vorstellungen gaben.

Der Sultan war kein armer Fürst. Er bezog reiche Einnahmen aus den Ein- und Ausfuhrzöllen und aus seinen eignen Pflanzungen, deren Zahl auf 500 geschätzt wurde. Seine jährlichen Einkünfte wurden von Sachverständigen auf etwa 8 Millionen Mark berechnet, und ausserdem hatte er noch einen Silberschatz in Kisten und Kasten aufbewahrt, der 20 bis 24 Millionen Mark betragen sollte.

Wir haben bis jetzt im Laufe der Darstellung gesehen, dass die mohammedanischen Fürsten im dunkeln Weltteil stets die ersten Kaufleute im Lande gewesen waren. Von Seid Bargasch konnte man das nicht sagen; immerhin aber stand auch er dem Handel nicht fern. Seine Flotte diente wenigstens zum grossen Teil dem Handelsverkehr. Er besass seine eigene, elegant eingerichtete Jacht Njansa und ein sogenanntes Kriegsschiff mit eisernen Salutgeschützen, das allerdings nicht mehr seetüchtig war und im Hafen festgeankert liegen musste; aber seine übrigen sieben Dampfer vermittelten eben den Verkehr zwischen Sansibar und dem Festlande sowie Indien.

An dem Hofe dieses Sultans gab es keine Regierungsbeamten, keine Minister wie in anderen Staaten. Seid Bargasch hatte nur ein Faktotum, das seine Geschäfte besorgte. Lange Zeit bekleidete Pira Dautschi, ein mohammedanischer Indier, diesen Posten. Er war der persönliche Adjutant und zugleich Hofmarschall des Sultans.

Dieser Mann verwaltete alle möglichen Ämter. Er sorgte für die Veranstaltung der Festlichkeiten, führte Aufsicht über den Wagenpark und den Marstall des Sultans; er bekümmerte sich auch um die Plantagen u. s. w. Der Einfluss aller andern Beamten, selbst des Leibsekretärs des Sultans, war diesem Manne gegenüber nur ein geringer. Am meisten trat noch in die Öffentlichkeit der sogenannte Polizeiminister, welcher für die Sicherheit in der Stadt Sorge zu tragen hatte. Unter seinem Befehl stand eine besondere uniformierte Truppe, welche während der Nacht in verschiedenen Teilen der Araberstadt aufgestellt wurde und keinem Schwarzen erlaubt, sich nach acht Uhr auf der Strasse blicken zu lassen. Dank der Thätigkeit dieser Polizei galt Sansibar seinerzeit als eine der sichersten Städte, in denen Anfälle, Morde u. dergl. kaum vorkamen.

Selbstverständlich besitzt der Sultan von Sansibar auch eine „Armee“; sie ist einheitlich uniformiert. Die Uniform der Infanterie besteht in weisser Jacke und Beinkleidern, sowie einer roten, gelbgeränderten, kleinen Mütze; auch Stiefel gehören dazu. Die Offiziere zeichnen sich durch weisse Litzen und Schnüre an der weissen Jacke und durch eine rote Schärpe aus, ferner tragen sie einen mächtigen Kavalleriesäbel. Lange Zeit hindurch stand ein „General“ an der Spitze des Heeres; es war dies der ehemalige englische Marinelieutenant Matthews, der grosse Messingachselstücke und einen mit rotseidener Schärpe umwundenen Tropenhelm trug.

Diese Truppe führte das englische Snidergewehr mit der dazu gehörigen Seitenwaffe und wurde nach englischem Exerzierreglement ausgebildet. Von Zeit zu Zeit, namentlich am Freitag, pflegte vor dem Palaste eine Parade stattzufinden. Die schwarzen Soldaten erschienen dann in voller Uniform oder sollten es wenigstens thun; denn in Wirklichkeit fehlten wohl dem einen die Stiefel, dem andern die Knöpfe u. s. w. Nach einigen Evolutionen und Senken der Fahnen, der bekannten roten arabischen Flaggen mit Koransprüchen, wurden zum Schluss einige Salven abgegeben, wobei jeder Soldat ein Dutzend Patronen verschoss.

Auf dem Papier sollte diese Heeresmacht 3000 Mann stark sein; in Wirklichkeit standen in Sansibar nicht mehr als 1000 Mann.

Die Kavallerie oder vielmehr die Leibgarde des Sultans bestand in etwa 20 persisch-belutschischen Reitknechten, welche mächtige Kürassierstiefel und grosse Säbel führten. Der Sultan besass wohl eine ziemlich grosse Anzahl von alten Geschützen, aber eine eigentlich ausgebildete Artillerietruppe war in Sansibar nicht vorhanden. Von besonders ruhmreichen Thaten dieser Armee weiss die Geschichte von Sansibar nichts zu berichten. Die Zeit floss für sie friedlich dahin, nur selten wurde eine kleine Expedition nach dem Festlande unternommen, um einen rebellischen Araber- oder Negerhäuptling an der Küste zu züchtigen. Zweimal nur unternahmen Abteilungen dieser Soldaten weitere Züge in das Innere. Das eine Mal eilten sie den Arabern von Tabora zu Hilfe gegen Mirambo, das andere Mal zogen sie bis an den Fuss des Kilimandscharo, um dort die Flagge des Sultans zu hissen.

Wichtiger war eine andere Truppe, die Irregulären, welche aus Belutschen und Arabern bestand und gleichfalls an der Parade teilzunehmen pflegte; wegen der sprungartigen Tänze, die sie aufführte, erhielt sie den Namen „Viriboto“, d. h. Flöhe.

Zu diesen Vorstellungen erschienen auch vornehme Araber, und man fand hier vollauf Gelegenheit, die Arabertracht kennen zu lernen.

Sie ist zum Teil verschieden von der, die wir im Sudan kennen gelernt haben. Um die Hüften wird das Kikoy, ein bis an die Knöchel reichendes Tuch, getragen; es ist zumeist weiss, aber mitunter auch von blauer oder roter Farbe. Darüber kommt der lange Kangu oder das Hemd, welches aus feinem, selbst durchsichtigem weissen Stoffe gefertigt ist. Vornehme Araber pflegen dasselbe mit einer buntseidenen Schärpe zusammen zu gürten, in welche der reichverzierte Dolch gesteckt wird. Über dem Kangu wird schliesslich der Kaftan mit oder ohne Ärmel getragen. Der ärmellose heisst Buschti, er wird in Arabien aus Kamelhaaren gefertigt und ist zumeist braun oder weisslich, am Halsausschnitt sind stets reiche Goldstickereien angebracht. Der mit Ärmeln versehene Kaftan heisst Jecho und besteht zumeist aus schwarzem, seltener aus farbigem Tuch. Besonders vornehme Araber verwenden hierzu auch Seidenstoffe.

Der Kopf wird mit einer kleinen, gestickten Zeugmütze, wohl auch mit dem roten türkischen Tarbusch bedeckt, darüber wird dann der bunte Turban gewickelt. Der Rosenkranz bildet gleichfalls einen niemals fehlenden Teil der Arabertracht.

Mit Gold- und Silberschmuck belädt sich der Araber nicht gern; dagegen hält er sehr viel auf seine Waffen. Da kommt zuerst das Schwert in Betracht. Es giebt verschiedene Formen desselben. Das gekrümmte Schwert in einfacher Scheide ist ein schlechtes, zumeist europäisches Fabrikat und wird an einem Riemen über der linken Schulter getragen. Besser gearbeitet sind die breiten, gestreckten Schwerter, deren Klingen durch einen geschickten Stoss in vibrierende Bewegung versetzt werden können. Die Scheiden dieser Schwerter sind oft mit reichem Silberbeschlag versehen. Die prächtigste und teuerste Waffe ist aber der Belutschensäbel. Er hat eine schmale, stark gekrümmte Klinge aus bestem damascierten Stahl, der Griff ist reich geschmückt, mit Elfenbein und Gold ausgelegt, ebenso prachtvoll ist die Scheide. Obwohl diese Säbel unter 60 Mark nicht zu haben sind und oft 100 Mark und mehr dafür bezahlt werden, sucht doch jeder irgendwie wohlhabende Araber sich eine solche Prachtwaffe zu verschaffen.

Noch reicher sind die Dolchgriffe geschmückt; man findet sogar welche, die mit Edelsteinen ausgelegt sind. Auch für sie werden gern hohe Preise bezahlt, denn der Dolch, Handschar oder Dschambidscha, gehört so wie der Turban unbedingt zu einer vollkommenen Arabertracht.

Lange Zeit führten die Araber die langen, mit Feuersteinschloss versehenen Gewehre; erst in neuerer Zeit wurden dieselben durch die besseren Zündhütchengewehre verdrängt. Im Innern aber erweist sich noch heute das Steinschlossgewehr praktisch, da Zündhütchen nicht immer zu beschaffen sind.

So tritt uns der Araber entgegen – eine eigenartige Gestalt, der wir in Ostafrika auf Schritt und Tritt begegnen werden. Diese Unterthanen des Sultans erkannten in Seid Bargasch wohl ihr Oberhaupt an, aber im grossen und ganzen regierten sie sich selbst nach altem patriarchalischen Brauch.

Die Zustände in Sansibar sind noch heute fast dieselben, aber die politische Bedeutung des Sultanats ist geschwunden. Der Araber in Deutsch-Ostafrika muss die deutsche Oberherrschaft anerkennen; er kann nicht mehr an den Sultan appellieren, und dort, wo derselbe noch regiert, muss er sich England fügen, denn dieses hat das Protektorat über den Rest des Staates übernommen. Wir brauchten darum nur flüchtig diesen Araberfürsten und seinen Hof zu skizzieren. Viel wichtiger sind in ihrer Bedeutung für Ostafrika die kleinen Machthaber und Satrapen, die von Sansibar aus die Küste und später das Innere ausgebeutet haben und noch heute ausbeuten möchten.

Die Verhältnisse an der Küste oder der „Mrima" sind ähnlich denjenigen in Sansibar selbst. Hier regierten früher Araberscheichs, die sich einer gewissen Selbständigkeit erfreuten; später wurden sie durch Gouverneure des Sultans, die Walis, ersetzt. Auch in den wichtigeren Stapelplätzen der Mrima, in Mombas, Melinde, Bagamojo, Dar-es-Salaam, Kiloa und Lindi waren die drei Elemente: Suahili, Araber und Indier vertreten; auch hier war eine Übergangsstufe zwischen der orientalischen und afrikanischen Welt überall charakteristisch. Nach einem kurzen Kampfe wurde aber in den letzten Jahren die Herrschaft der Araber gebrochen, und dem Einfluss des indischen Kapitals trat das europäische entgegen. Eine neue Zeit ist für Ostafrika eingetreten. Der Europäer giebt jetzt den Ausschlag. Er begnügt sich nicht mit einigen Handelsniederlassungen an der Küste; weit in das Innere des dunklen Weltteils entsendet er seine Expeditionen, gründet dort seine Forts; an den Ufern des Victoria-Njansa, des Tanganjika und des Njassa pflanzt er seine Flaggen auf und tritt mit den eingeborenen Fürsten der schwarzen Menschen in Berührung. Er ist aber fast überall der Nachfolger des Arabers, sein Rivale, sein Gegner. Nicht der Neger ist sein Feind, sondern der Araber, der sich in den betreffenden Gebieten niedergelassen hat, und darum wollen wir auch in erster Linie die Geschichte des Arabertums im Innern von Ostafrika einer näheren Betrachtung unterwerfen.

Die Satrapen im Innern

Der Vorstoss der Araber in das Innere begann verhältnismässig spät. Die Gründung ihrer wichtigsten Stützpunkte im Seengebiete fällt überhaupt in die erste Hälfte unseres Jahrhunderts. Veranlassung hierzu gab die Anlegung von Gewürznelkenpflanzungen auf den Inseln Sansibar und Pemba und die damit verbundene Nachfrage nach Arbeitssklaven. Ihr verdankt Tabora, die wichtige Araberkolonie in Unjamwesi, ihre Entstehung.

In den vierziger Jahren kamen die ersten Araber dorthin. Sie waren zunächst als Händler erschienen und führten sich als solche auf. Als Händler wirkten sie noch zu der Zeit, da Burton und Speke im Jahre 1858 zum ersten Male das „Königreich Kaseh", wie sie Tabora nannten, aufsuchten. Wenige Jahre darauf fand Speke auf seiner zweiten Afrikareise die Verhältnisse bedeutend verändert. Die Araber hatten sich fester angesiedelt und lebten wie Farmer im Besitz von grossen Rinderherden inmitten bestellter Felder. Sie hatten sich in die inneren Angelegenheiten der eingeborenen Häuptlinge gemischt und brachten dieselben in ein gewisses Abhängigkeitsverhältnis. Nach langwierigen Kämpfen war ihre Macht fest begründet und Tabora zu einem der wichtigsten Stützpunkte der Araber geworden.

Im Jahre 1871 bestand Tabora bereits aus etwa 1000 Hütten mit etwa 5000 Einwohnern, einer aus Arabern, Wangwana und Wanjamwesi zusammengesetzten Bevölkerung. Stanley konnte die Ansiedelung folgendermassen schildern:

„In Tabora lebte man ganz luxuriös, die Ebene, auf welcher die Kolonie liegt, ist sehr fruchtbar, obgleich baumlos. Die reichen Weideplätze erlauben es, grosse Vieh- und Ziegenherden zu halten, von denen sie grosse Mengen Milch, Sahne und Butter gewinnen. Mais wird überall erbaut; ebenso sind süsse Kartoffeln, Yams, Reis, Sesam, Hirse, Felderbsen oder Wicken billig und immer zu haben. Um ihre Tembes* bauen die Araber etwas Weizen zum eigenen Gebrauch und haben sich Orangen, Limonen, Melonen- und Mangobäume gepflanzt, die hier sehr schön gedeihen. Zwiebeln und Knoblauch, Gurken, Tomaten und mancherlei andres kann sich der Weisse von den wohlhabenden Arabern verschaffen, die in ihrer Art zweifellos Epikuräer sind. Wenigstens einmal im Jahre bringen ihnen ihre Sklaven von der Küste Vorräte von Thee, Kaffee, Zucker, Gewürzen, eingemachten Säften, gewürzten Saucen, Wein, Branntwein, Zwieback, Sardinen, Lachs, feinen Tuchen und allem, was sie für ihren eignen persönlichen Gebrauch bedürfen. Fast jeder Araber von Stande vermag einen Reichtum an persischen Teppichen, luxuriösen Betten, vollständigen Thee- und Kaffee-Servicen, schön verzierten Schüsseln von verzinntem Kupfer und messingenen Waschbecken aufzuweisen. Fast alle haben Uhren und Ketten, einige solche von Gold, andere von geringerm Metall. Und wie in Afghanistan, Persien und der Türkei die Harems einen wesentlichen Zug in dem Haushalte eines Arabers bilden, so tritt die Sinnlichkeit der Mohammedaner hier ebenso deutlich hervor wie im

* Häuser mit einem Hof.

Orient. Jeder Araber hält sich je nach seinen Mitteln eine Anzahl Konkubinen; denn er führt hier das Leben ganz ebenso wie in der ‚Stadt des Sieges'."

Der Wohlstand der Araber wuchs, aber von den Eingebornen konnte man dasselbe nicht behaupten. Sie verarmten, und viele ihrer Häuptlinge wurden von den Arabern vertrieben. Die Geschichte Manua Seras, des Häuptlings von Tabora, wie er sie Speke erzählt hat, mag als Beispiel genügen:

„Kurz nachdem du Kasch verlassen hattest, um nach England zurückzukehren", lautet der Bericht, „starb mein alter Vater, der frühere Häuptling Fundi Kira, und auf seinen Wunsch wurde ich gesetzmässiger Häuptling; denn obgleich Sohn eines Sklavenmädchens und nicht der Frau Fundi Kiras, bestimmte mich dazu das Erbgesetz; eine Politik unsrer Verfassung, um jede Veranlassung zu Intriguen zwischen den in rechtmässigen Ehen gebornen Söhnen zu vermeiden. Nachdem ich nun den Titel des Häuptlings angenommen hatte, gab ich allen Arabern sehr freigebig Geschenke von Elfenbein, am meisten aber an Musa, was eine grosse Eifersucht unter den übrigen Kaufleuten verursachte. Hierauf richtete ich eine Eigentumssteuer auf alle Waren ein, die in mein Land eintraten. Fundi Kira hatte das nicht gethan; das hielt ich aber für keine Ursache, es auch nicht zu thun, besonders da die Araber das einzige Volk in meinem Lande waren, das von Steuern frei war. Diese Massregel erbitterte aber die Araber und veranlasste sie, mir feindselige Botschaften zuzusenden des Inhalts, dass, wenn ich mich je um sie kümmere, sie mich entthronen und Mkisiwa, einen anderen illegitimen Sohn, an meiner Stelle auf den Thron bringen würden. Dies konnte ich nicht ertragen; die Kaufleute duldete ich nur in meinem Lande. Dies sagte ich ihnen und riet, meinen Befehlen nicht entgegenzuhandeln, denn ich sei kein ‚Weib', um verächtlich behandelt zu werden. Infolgedessen kam es zum Krieg. Mkisiwa, der die Gelegenheit ergriff, nach dem ihm von den Arabern mit ihrer Unterstützung vorgehaltenen Preise zu greifen, begann nun eine systematische Bestechung. Worte führten zu Schlägen; wir hatten einen langen und zähen Kampf, ich tötete ihnen eine grosse Zahl Leute, und sie töteten mir viele. Endlich trieben sie mich aus meinem ‚Palaste' und führten Mkisiwa dahin als Häuptling an meiner Stelle. Mein treues Gefolge hat mich indes nie verlassen; so ging ich nach Mubuga und wohnte dort bei dem alten Häuptling Maula. Die Araber verfolgten mich, vertrieben mich nach Nguru und versuchten Maula zu töten, weil er mir geholfen habe. Er entging ihnen indessen; sie verwüsteten aber sein Land und verfolgten mich dann bis Nguru. Dort kämpften wir viele Monate, bis alle Vorräte erschöpft waren, worauf ich, ihrer Absicht, mich zu fangen, Trotz bietend, mich durch ihre Reihen schlug. Es ist unnötig, noch zu sagen, dass ich seitdem ein Wanderer bin; und obgleich ich Frieden will, wollen sie es nicht gestatten, sondern thun alles, was sie können, mich zu Tode zu hetzen."

In der That wurde Manua Sera nach mehrjähriger Verfolgung ergriffen und geköpft; der alte Häuptling Maula hatte schon früher mit den Arabern Frieden schliessen wollen, wurde aber beim Vollziehen der Zeremonie der Blutsbrüderschaft meuchlings erschossen. Unjamwesi hat allerdings noch andere mächtigere Häuptlinge gehabt, welche den Arabern einen energischeren Widerstand entgegenzusetzen wussten. Nichtsdestoweniger behaupteten sich hier die Araber; denn sie waren Händler, und echtes Händlerblut floss auch in den Adern der Unjamwesi. „Diese Mondvölker",* schreibt Speke, „sind erblich die grössten Kaufleute in Afrika und das einzige Volk ausserdem, das aus Liebe zum Tauschen und Handeln sein Land als Träger verlässt, nach der Küste geht und dies mit so vielem Eifer thut, wie unser Landvolk zur Messe kommt. Soweit wir es zurückverfolgen können, haben sie dies gethan, und sie thun es noch jetzt wie vor Zeiten."

Wenn jetzt die Araber, die früher nur als flüchtige Gäste bei ihnen erschienen, sich in ihrer Mitte niederliessen, so wussten viele Wanjamwesi die Bedeutung der neuen Handelsverbindungen wohl zu schätzen, und sie tragen auch ihrerseits viel dazu bei, dass Tabora zu einem der wichtigsten Knotenpunkte der afrikanischen Karawanenstrassen wurde.

Wer von der Sansibarküste nach dem Innern reist, findet immer Träger, die sich verpflichten, ihm bis Tabora zu folgen, und er weiss, dass er in Tabora neue Träger für den weiteren Marsch ins Innere wird mieten können. Ausserdem kann er in Tabora bei den arabischen Kaufleuten seine Warenvorräte ergänzen und findet, was äusserst wichtig ist, auch Kredit auf Wechsel für Sansibar.

Von Tabora aus unternahmen die Araber weitere Vorstösse nach Westen und Norden. Das südliche Gebiet hatte für sie weniger Anziehungskraft, denn nach dem Njassasee waren seit alters her von Kiloa, Lindi und Quilimane Karawanenstrassen eröffnet worden.

Im Norden waren die arabischen Händler weniger glücklich. Sie stiessen hier auf besser organisierte Reiche, wie Uganda und Unjoro, welche mit den einfachen Mitteln, die den Händlern zur Verfügung standen, nicht bezwungen werden konnten. Im Westen dagegen, am Tanganjika und darüber hinaus, fanden sie die echt afrikanischen Verhältnisse; zahllose Völkerstämme unter kleinen einander befehdenden Häuptlingen; hier konnte ihr Grundsatz: Teile und herrsche! zur vollsten Geltung gebracht werden.

So entstanden im Westen weitere Araberniederlassungen. Am Ostufer des Tanganjika wurde Udschidschi gegründet; am Kongo-Lualaba die

* Unjamwese = Mondland.

Stadt Njangwe. Im grossen und ganzen waren die Verhältnisse auch in diesen Kolonien ähnlich denen in Tabora. Sie waren Stütz- und Sammelpunkte der Elfenbein- und Sklavenhändler, die wohl den Sultan von Sansibar als ihren obersten Herrn anerkannten, aber in den von ihnen erschlossenen Gebieten nach Belieben schalteten und walteten.

Die Lebensgeschichte der hervorragendsten dieser Händler wird uns am besten das Verständnis jener Zustände ermöglichen.

Tippu-Tip, der Elfenbeinkönig

Unter allen arabischen Sklavenjägern, welche von Sansibar in das Innere vorgedrungen sind, ragt die Gestalt Tippu-Tips hervor. Er war ohne Zweifel der mächtigste Räuberhauptmann im Innern des dunklen Weltteils und wurde durch seine vielfachen Beziehungen, in die er zu europäischen Reisenden getreten war, auch in Europa bekannt. Lange Zeit hindurch wurde er als der Verursacher aller Not, welche Stanley auf seinem Ersatzzuge zu Emin Pascha in der Äquatorialprovinz erdulden musste, hingestellt. Bis zum letzten Augenblicke schwankte das Urteil der Männer, die mit ihm zusammengekommen waren, über seinen Wert. Während die einen hofften, dass man ihn für die Zwecke der Zivilisation werde gewinnen können, erkannten die anderen in ihm den verstohlenen, hinterlistigen Feind aller Europäer. Fasst man sein ganzes Leben zusammen, von den ersten schüchternen Anfängen seiner Raubthätigkeit bis zu dem Augenblicke, wo er, einen klugen Diplomaten spielend, als Gouverneur eines von ihm geplünderten Distriktes in den Dienst des Kongostaates trat, so wird es nicht schwer fallen, uns ein Urteil über diesen Mann zu bilden.

Sein eigentlicher Name ist Hamed ben Mahommed ben Dschuma. Den Namen Tippu-Tip haben ihm Afrikaner beigelegt. Die einen, wie Livingstone, sagen, er bedeute soviel wie „Sammler des Reichtums", andere meinen, es sei ein Spottname. Am Kongo erzählt man sich, dass die Eingeborenen der Distrikte, in denen er zuerst Krieg geführt hat, ihm den Namen gegeben haben, weil das rasch wiederkehrende Knallen seiner vielen Gewehre, als die Beutejäger in den Pflanzungen der Dörfer darauf losschossen, den erschreckten Bewohnern wie „tip u tip, tip u tip" ins Ohr geklungen habe. Wie die Helden des Lederstrumpf führt er noch andere Namen; Jameson, ein Mitglied der verunglückten Nachhut der Stanleyschen Expedition, nennt zwei: Mkangwa Nsala, „Furcht vor Hunger", nach einem alten Ausspruch Tippu-Tips entstanden, dass er sich vor keinem Wege scheue, wo es Kämpfe zu bestehen gebe, denn dort seien auch Lebensmittel zu finden, aber eine Route ohne Kämpfe heisse Hunger leiden. Der letzte Name dieses Arabers lautet endlich Mtipura, „Fusstritt" oder „Fusstapfen“. Wenn Eingeborene am Kongo bei einem Dorfe anlangen, welches er angegriffen hat, so sehen sie nach den Fussspuren und sagen: „Tippu-Tip ist hier gewesen, das ist ein schlechter Platz, wir wollen fort von hier.“

Der hervorragendste Führer der Araber in diesem Teile Afrikas ist von schwarzer Hautfarbe; vermutlich war schon seine Grossmutter eine Negerin, und er wurde etwa um das Jahr 1840 in Maskat als der Sohn eines angesehenen Kaufmanns und einer vollblütigen Negersklavin von der Ostküste geboren.

Die erste Kunde von Tippu-Tip findet sich in den „letzten Tagebüchern“ Livingstones. Der berühmte Reisende schreibt darüber:

„29. Juli 1869. Ich ging 2½ Stunden westwärts nach dem Dorfe Preda, wo ein arabischer Anführer lebt, der von den Eingeborenen ‚Tipo Tipo‘ genannt wird; sein Name ist Hamed ben Mohammed ben Dschuma Boradschib. Er schenkte mit eine Ziege, ein Stück weissen Baumwollenstoffes und vier grosse Bündel Glasperlen, sowie einen Sack Negerhirse und bat mich um Entschuldigung, weil es so wenig sei.“

An einer anderen Stelle bemerkt Livingstone:

„Die Eingeborenen sind rasch dabei, eine Eigentümlichkeit an einem Menschen zu entdecken und ihm einen darauf bezüglichen Namen zu geben. Die Eroberer eines Landes suchen ihnen zuvorzukommen, indem sie sich selbst einen aussuchen. Susi* erzählt, dass als Tipo-Tipo bei der in Nsama eroberten Beute stand, er dieselbe dichter zusammengeschoben und gesagt habe: ‚Jetzt bin ich Tipo Tipo, d. h. Sammler von Reichtum!‘“

Im August des Jahres 1874 nahm der englische Reisende Werney Lovett Cameron die Dienste Tippu-Tips in Anspruch, als er von Njangwe am Kongo-Lualaba die Westküste erreichen wollte. Er beschreibt seine äussere Erscheinung mit folgenden Worten:

„Es war ein stattlicher Mann und der grösste Dandy, den ich unter den Händlern gesehen. Obgleich von vollkommen schwarzer Hautfarbe, war er doch durch und durch Araber, denn, merkwürdig genug, die Beimischung von Negerblut hatte seinen arabischen Anschauungen und Gewohnheiten keinen Eintrag gethan.“

Am 15. Oktober 1876 erblickte Stanley in der Nähe von Njangwe zum ersten Male den Kongostrom. Hier an dem grössten Wendepunkte seiner denkwürdigen Expedition „durch den dunklen Weltteil“ traf er in dem Dorfe Mwana Mambas mit Tippu-Tip zusammen. Den Eindruck, welchen der Araberführer auf Stanley gemacht hat, schildert derselbe mit folgenden Worten:

„Zuletzt kam der berüchtigte Hamed ben Mohammed, sonst auch Tip-

* Der Diener Livingstones.

pu-Tip oder nach der verschiedenen Aussprache der Eingeborenen Tipo-Tip oder Tibbu-Tib genannt. Es war ein grosser, schwarzbärtiger Mann mit negerartiger Hautfarbe, in der Blüte seiner Jahre, von straffer Haltung und lebhaft in seinen Bewegungen, ein wahres Bild von Energie und Stärke. Er hatte ein schönes, intelligentes Gesicht, mit einem nervösen Zucken in seinen Augen und mit glänzend weissen und vollkommen geformten Zähnen. Er war von einem Gefolge junger Araber, welche zu ihm als zu ihrem Befehlshaber emporblickten, und von etwa zwanzig Wangwana und Wanjamwesi begleitet, die er viele Hunderte von Meilen weit durch Afrika mit sich geführt hatte. Mit dem würdevollen Benehmen eines feingebildeten Arabers und fast mit Höflingsmanieren hiess er mich in Mwana Mambas Dorfe willkommen, und da seine Sklaven mit Matten und Polsterkissen schnell bei der Hand waren, liess er sich mir gegenüber nieder, während sich die Zuschauer, wie ich es wahrnahm, ihre Bewunderung seines ganzen Auftretens in einzelnen Bemerkungen zuflüsterten. Nachdem ich ihn einige Minuten betrachtet hatte, gewann ich die Überzeugung, dass dieser Araber ein bedeutender Mensch sein müsse, der bedeutendste, dem ich bisher unter den Arabern, Wasuaheli und der Mischbevölkerung in Afrika begegnet war. Er war fein in seinem Äusseren, seine Kleider waren von der reinsten Weisse, sein Fez nagelneu, um seine Taille war ein kostbarer Seidenshawl geschlungen, und seine gesamte Erscheinung war die eines arabischen Gentleman, der sich sehr grosser Wohlhabenheit zu erfreuen hat."

Stanley rüstete sich damals, den Lauf des Lualaba zu erforschen, ein Gebiet zu betreten, das in jenen Jahren nicht einmal den in Njangwe wohnenden Arabern bekannt war. Er musste zu diesem Vorhaben einen Bundesgenossen haben, und diesen fand er in Tippu-Tip, der sich gegen eine Belohnung von 5000 Dollars verpflichtete, Stanley auf die Entfernung von 60 Lagern, wovon jedes um einen vierstündigen Marsch vom andern abliegen sollte, zu begleiten, und zwar mit 140 Mann seiner Eskorte.

Wir übergehen die Klauseln des Vertrages, der schliesslich voll und ganz von Tippu-Tip nicht gehalten werden konnte.

Thatsache bleibt es aber, dass Tippu-Tip am 5. November 1876 Njangwe mit Stanley verliess und den Marsch in die gewaltige Waldung antrat, die wie eine schwarze Mauer in einem weiten Bogen sich vom Stromufer an nach Südosten zu vor den Entdeckern ausstreckte, bis sie sich in den Bergen und in der weiten Ferne verlor.

Es war in der That ein tollkühnes Wagnis, diesen Wald zu betreten; alle Erzählungen von den Schrecknissen desselben wurden durch die rauhe Wirklichkeit überboten. Nur einige Auszüge aus Stanleys Tagebüchern mögen dem Leser ein schwaches Bild dieser schrecklichen Märsche geben:

„Während der ganzen Zeit liessen die Bäume unablässig ihren Tau wie

Regen in grossen, runden Tropfen auf uns niederfallen. Jedes Blatt schien Thränen zu vergiessen. An den Stämmen und Zweigen und längs der Schlinggewächse und der von Pflanzen gebildeten Guirlanden träufelte die Feuchtigkeit nieder. Über unsern Köpfen schlossen die sich weit ausbreitenden Zweige in vielen durcheinander gewobenen Schichten – da jeder Zweig breite, dicke Blätter trug – ganz und gar das Tageslicht ab. Wir wussten nicht, ob draussen die Sonne hell scheine, oder ob der Tag dunkel, trübe und nebelig sei; denn wir zogen in einem matten, feierlichen Zwielicht dahin, so wie man es in der gemässigten Zone eine Stunde nach dem Sonnenuntergange beobachten mag. Der Pfad wurde bald zu einem zähen, lehmigen Teige, und bei jedem Schritte spritzten wir schlammiges Wasser über die Beine unserer Vorder- und Nebenmänner."

An einer anderen Stelle heisst es:

„Wir hatten gewiss schon vorher manchen Wald gesehen, aber diese Waldszenen waren eine Epoche in unserem Leben, deren wir wegen der bitteren Schmerzen, die sie uns bereitet hat, immerdar gedenken werden. Die beständige Dunkelheit steigerte noch das traurige Elend unseres Lebens; dazu die alles beschmutzende Feuchtigkeit, die ungesunde, dampfende Atmosphäre und die Einförmigkeit der Landschaftsbilder; nichts als das ewige Gewirr von Zweigen und Laubwerk, diese hohen Stämme, welche aus einem zu lauter Knoten verschlungenen Dickicht emporsteigen, durch welches wir wie wilde Tiere uns auf Händen und Füssen durchzuwühlen und durchzuwinden hatten."

Zehn Tage hatte der Marsch durch diese Wildnis gedauert, da kam Tippu-Tip zu Stanley und verlangte die Lösung des Vertrages. „Ich bin nie zuvor in diesem Walde gewesen", sprach er, „und ich hatte keine Idee davon, dass sich eine solche Gegend auf der Erde befände, aber die Luft tötet meine Leute; sie ist unerträglich. Sie werden Ihre Leute auch töten, wenn Sie weiterziehen. Dieselben murren von Tag zu Tag mehr. Dieses Land ward nicht zum Reisen eingerichtet; es ward für Barbaren, Affen und wilde Tiere geschaffen. Ich kann nicht weiter gehen."

Aber „vorwärts!" war die Losung Stanleys, und er wusste Tippu-Tip zu bestimmen, noch zwanzig Tagemärsche mit ihm zu ziehen. Und vorwärts ging es, obwohl schrecklich heulende Paviane die einzigen Wesen waren, denen man meilenweit begegnete, obwohl die abscheulich schreienden Lemuren (Halbaffen) die Nächte der Ermüdeten störten; vorwärts ging es durch Dörfer von Stämmen, deren Strassen mit Menschenschädeln, Zeichen des Kannibalismus, geschmückt waren; vorwärts ging es, obwohl feindliche Eingeborene die Expedition mit vergifteten Pfeilen überschütteten.

Dann marschierte man oder zog vielmehr getrennt; der eine Teil fuhr den Strom hinab, der andere marschierte am Ufer. Land- und Wasserheer verloren sich mehrmals; Krankheiten und Kämpfe mit den Eingeborenen lichteten die tapfere Schar; Pocken und Ruhr dezimierten die Leute; Krätze, Beulen und Fieber warfen viele darnieder. Tippu-Tip blieb jedoch treu bis zu Weihnachten.

Die Stunde der Trennung war aber doch gekommen. Das Weihnachtsfest 1876 verlebte Stanley mit Tippu-Tip zusammen. Es wurde festlich begangen. Man kaufte die Boote, auf denen Stanley und seine Genossen den unbekannten Strom hinabfahren sollten, nicht wissend, ob sie den Atlantischen Ozean oder den Nil erreichen würden. Hierauf wurde eine Ruderregatta veranstaltet und zuletzt sogar ein Wettrennen.

In dem ersten Wettrennen rangen Stanleys unglücklicher Begleiter Francis Pocock und Tippu-Tip um einen silbernen Becher, und der Araber siegte. Das letzte Rennen wurde von den Weibern der Expedition ausgeführt, und zum Schluss führten hundert Wanjamwesi, welche mit dem ganzen Federaufputz und den schrecklichen Bemalungen der Krieger geschmückt waren, unter dem Klang der Trommeln und den melodischen Tönen der Elfenbeinhörner einen Tanz auf.

Am zweiten Feiertag gab Tippu-Tip ein Bankett, bei welchem Mais und Hammelbraten und Palmwein aufgetragen wurden. Man war in wirtschaftlichere Gegenden gekommen.

Am 28. Dezember schiffte sich Stanley, der inzwischen ein eigenes Lager bezogen hatte, ein, um sich von den Wellen des Stromes einem ungewissen Schicksal entgegentragen zu lassen.

„Trommel und Trompete", schreibt er, „verkündeten dem in gespannter Erwartung lauschenden Tippu-Tip, dass wir den Strom hinauffuhren. In einer halben Stunde ruderten wir nach dem linken Ufer schräg hinüber, und nachdem wir es etwa 1½ Kilometer oberhalb Winja-Ndschara erreicht, wurden die Ruder in die Kähne gelegt und diese der starken Strömung überlassen. Diese brachte uns bald in die Hörweite eines vollen und melodischen Chorgesanges, den man uns zum Lebewohl vortrug. Wie prächtig er uns entgegentönte, als wir uns unseren Begleitern näherten! Das dichte Gebüsch und der Urwald schienen von diesen Stimmenklängen ganz durchdrungen, und der Strom schien sie uns sanft und freundlich zuzuführen. Landher anschwellend schlugen jetzt die ernsten Töne an unser Ohr, mit ihrer gefühlvollen und Trauer ausdrückenden Stimmung. Mit angehaltenem Atem lauschten wir auf ihre köstliche Musik, welche unverkennbar vom Scheiden, von getrennter Freundschaft sprach und uns auf lange Zeit – vielleicht auf ewig – ein herzliches Lebewohl zurief. Jetzt bekamen wir auch die Sänger zu Gesicht; längs des Stromufers hatten sich in malerischem Kostüm die Söhne Unjamwesis aufgestellt und sangen uns ihr letztes Lied. Wir winkten ihnen mit den Händen zu. Unsere Herzen waren von Wehmut so erfüllt, dass wir nicht sprechen konnten. Doch die braunen Fluten des Stromes achteten nicht auf unsere Gefühle, gleichmässig trugen sie uns weiter fort, und immer schwächer kamen die Klänge den Strom herab, bis sie endlich ganz dahinstarben und uns in unserer Einsamkeit ganz allein und verlassen zurückliessen.“

So war die erste Begegnung Stanleys mit Tippu-Tip beschaffen; es war mehr als eine flüchtige Bekanntschaft, es war eine Waffenbrüderschaft in schlimmsten Tagen gewesen. Stunden, wie die, welche wir hier nur flüchtig berühren konnten, vergisst man nicht im Leben. So kommt es auch, dass in der Darstellung Stanleys der Araber in einem vorteilhafteren Lichte erscheint. Stanley hat auch gewiss auf seinem schnellen Marsche durch den dunkeln Weltteil in das Getriebe der arabischen Wirtschaft nicht tiefer blicken können. Um jene Zeit liessen noch die Beziehungen der europäischen Reisenden zu den Arabern in Ostafrika wenig zu wünschen übrig. Der Erforschungsreisende, der durch unbekannte Gebiete zog, fand in den Stationen der Araber willkommene Stützpunkte. Er konnte hier neue Waren auf Kredit erhalten, konnte seine Expeditionen stärken und neu organisieren; ohne diesen Beistand der Araber wären die meisten der berühmten Durchquerungen Afrikas unmöglich geblieben. So spiegelt sich auch in den Reiseberichten früherer Jahrzehnte das Gefühl des Dankes gegen die Araber wieder.

Die Verhältnisse gestalteten sich jedoch anders, als die Europäer die Kolonisation des dunklen Weltteils in Angriff nahmen und als sie Missionare in die fernen Gebiete aussandten. Von nun an erwies sich der Araber als ein Hemmschuh aller humanitären Bestrebungen, und eine längere Berührung mit den arabischen Händlern liess die Europäer das Verderbliche ihres Thuns und Treibens durchblicken. Die Araber erkannten ihrerseits in den Sendlingen Europas ihre gefährlichsten Konkurrenten; an Stelle des früheren guten Einvernehmens traten Misstrauen und Hass. In dieser Periode wurden andere Urteile über Tippu-Tip laut, und das Charakterbild des Mannes konnte durch andere Züge vervollständigt werden.

Tippu-Tip hatte schon frühzeitig den afrikanischen Boden betreten. Seine ersten glücklichen Handelszüge fanden noch unter der Regierung des Sultans Medschid statt. Tippu-Tip befand sich insofern in einer günstigen Lage, als er von Hause aus wohlhabend war und darum nicht in die Hände der indischen Wucherer, wie viele seiner Stammesbrüder, fiel. Er hatte Glück. Aus den zahllosen Kämpfen, die er mit den Negerhäuptlingen in den verschiedensten Gebieten bestehen musste, ging er stets als Sieger hervor. Die Begründung seiner wirklichen Macht verdankt er aber einem besonderen Umstande, der beinahe wie ein Märchen sich anhört. Tippu-Tip weilte gerade in Rua, einem Distrikte, den er sich unterworfen hatte. Da kehrte einer seiner schwarzen „Bundesgenossen“ von einem Zuge heim und brachte überraschend grosse Mengen von Elfenbein mit. Auf Befragen gestand er Tippu-Tip, dass er das Elfenbein in Mbali, einem nicht weit von Manjema entfernten Lande, erworben habe. Er zog weitere Erkundigungen über das Land ein und erfuhr, dass vor vielen Jahren Krieg zwischen Rua und Mbali gewesen und zwei Schwestern des Königs damals als Sklavinnen fortgeführt, später aber nie in ihre Heimat zurückgekehrt seien. Diese beiden Frauen waren als Schwestern des bejahrten Königs von Mbali von besonderer Bedeutung. Bei seiner Ankunft im Lande sprengte nun Tippu-Tip die Behauptung aus, er sei der Enkel einer dieser königlichen Schwestern und daher mit dem Könige selbst nahe verwandt. Mit dieser List gelang es ihm, die Leute zu betrügen, ja der alte König dankte sogar zu seinen Gunsten ab, und Tippu-Tip wurde auf diese Weise plötzlich zum Herrscher von 30 000 bis 40 000 Unterthanen.

Jameson, einer der Begleiter Stanleys auf der Expedition zur Rettung Emin Paschas, erzählt dieses Ereignis in anderer Weise: „Einstmals kam Tippu-Tip“, lesen wir in Jamesons „Forschungen und Erlebnisse im dunkelsten Afrika“, „in ein fremdes Land, von dem man ihm erzählt hatte, dass der König vor vielen Jahren mit seinem kleinen Sohne fortgeführt worden sei, dessen Rückkehr die Eingeborenen schon lange erwartet hätten. Nachdem Tippu-Tip an jeden Eingeborenen, den er traf, allerlei Fragen gerichtet hatte, ohne sich selbst genannt zu haben, sagte er schliesslich zu einem Manne: ‚Hatte Euer König nicht Augen von solcher oder solcher Farbe?‘ Der Mann antwortete ja; darauf beschrieb Tippu-Tip dem Manne den König ganz genau, bis dieser sagte: aber das ist er ja, wie er leibt und lebt. Tippu-Tip erklärte ihm nun, er sei der Sohn, der mit dem alten König fortgegangen wäre, und er solle hingehen und es dem ganzen Volke sagen. Das that dieser denn auch sofort, und sie kamen mit allerlei Geschenken zu ihm, und um die Geschichte kurz zu machen: er ist noch heutigen Tages König seines Landes.“

Von Mbali aus wandte er sich nach Njangwe am Kongo-Lualaba. Dies geschah im Anfang der siebziger Jahre kurz vor der Ankunft Camerons ebendaselbst. Um jene Zeit stand Njangwe wohl auf dem höchsten Punkt seiner „Blüte“.

Der erste Araber, der in jener Gegend sich niedergelassen hatte, war Muini Dugumbi. Damals, vor wenigen Jahrzehnten, war das Land reich bevölkert, aber Muini Dugumbi und die anderen Araber, die ihm später folgten, hetzten die einzelnen Häuptlinge aufeinander und trugen so das meiste zum Verfall des Wohlstandes unter den Manjema bei. Schliesslich fügten sich die Eingeborenen und wurden zu den berüchtigtsten Helfershelfern der Sklavenjäger im Kongogebiete.

Die Niederlassungen der Araber stechen überall auf den ersten Blick vorteilhaft von den Negerdörfern ab. Der Araber verzichtet nicht auf die Bequemlichkeit, an die er von Haus aus gewöhnt ist, und so ist er auch in gewissem Sinne des Wortes ein Kulturträger. Rings um sein Haus pflanzt er Obstbäume wie Melonenbäume, Mango, Guayaven, Orangen, Limonen und Granatäpfel. Er legt Gemüsegärten an, in denen Zwiebel, Knoblauch, Kümmel, Tomaten, Gurken und Melonen gezogen werden; er begnügt sich nicht mit der Anpflanzung von Bananen und Knollenfrüchten, sondern führt auch Getreide ein, namentlich Mais und Reis; er wendet auch der Viehzucht seine Aufmerksamkeit zu, verbessert die Rindviehrasse, sorgt für gute Ziegen und Schafe. Esel, Hühner und Tauben folgen dem Araber.

Aber diese Kultur betreibt der Araber nur für sich; er bemüht sich gar nicht, den Neger aus seiner Gleichgiltigkeit herauszureissen und ihn zu lehren, sein Feld besser zu bestellen. Zieht darum der Araber fort, so wuchert Unkraut in Gärten und auf Feldern, und das freundliche Bild einer höheren Kultur ist aus der Gegend spurlos verschwunden.

Der Afrikaner ist von Natur Händler. Märkte giebt es in Afrika; in den Stationen der Araber werden sie ansehnlicher, und es werden hier nicht nur Landesprodukte für den täglichen Gebrauch, sondern auch Elfenbein und Sklaven gehandelt.

Als Tippu-Tip nach Njangwe kam, war die „Stadt“ bereits gross und zählte gegen 10 000 Einwohner. Rings umher im Lande herrschten die eingeborenen Häuptlinge unter der Botmässigkeit verschiedener Araber. In der Stadt selbst aber gab es keinen Sultan. Jeder der grossen Araber war ein freier, unumschränkter Herr. Durch ihren Reichtum fielen vor allen Muini-Muharra, Abed ben Salim und Dschuma ben Salim auf. Die Stadt bestand auch eigentlich aus drei diesen Machthabern gehörigen Vierteln, in denen die Wohnungen der Herren, ihren Verwandten und Klienten sowie die Sklavenhütten sich gruppierten. Wenn wir bedenken, dass der Begründer Njangwes Muini Dugumbi in seinem Harem allein 300 Frauen hatte, und dass Njangwe auch von Händlern, die von der Sansibarküste kommen, eifrig besucht wird, so wird uns klar sein, dass die Hofhaltungen der Elfenbein- und Sklavenhändler keine geringen sind.

Inmitten des dunklen Kontinents sahen sich auch die Araber genötigt, einige Industrien ins Leben zu rufen. Ausser der Vervollkommnung der landesüblichen Gewerbe, wie der Flechterei, Töpferei u. s. w. haben sie treffliche Schmiedewerkstätten eingerichtet, in denen Messer hergestellt und auch Reparaturen an Gewehren vorgenommen werden. Sie bereiten auch Seife aus Palmöl, Hammeltalg und der Asche von Bananenblättern, sowie Branntwein aus Bananen, Zuckerrohr, Palmwein und Hirsebier.

Dem ehrgeizigen Tippu-Tip gefiel es nicht, hier unter den alteingesessenen Landsleuten eine untergeordnete Rolle zu spielen; er wandte sich darum nach dem nahen Orte Kassongo, wo nur wenige Araber sich niedergelassen hatten, und wo er als der mächtigste zum wirklichen Häuptling erwählt wurde.

Was der Araber in Innerafrika sucht, ist vor allem Elfenbein und Sklaven. Die letzteren sind leicht zu beschaffen, das erstere aber erschöpft sich bald. Hat der Araber die Vorräte an Elfenbein in einem Gebiete ausgekundschaftet und an sich gebracht, so ist das Land in seinen Augen arm; die Unternehmungslust erwacht in ihm, und er späht nach neuen, von seinen Landsleuten noch nicht heimgesuchten Gebieten aus.

Tippu-Tip war in diesem Kundschaften unermüdlich. Er hatte den europäischen Forschungsreisenden Dienste erwiesen, aber im Verkehr mit ihnen sicher seinen Blick erweitert. Als er Stanley auf dessen Zuge den Lualaba abwärts begleitete, da verfolgte er dabei seine besonderen Pläne. Unter einem seiner Diener stand auch eine Abteilung von mehreren hundert Mann, welche auf halbem Wege sich von der Stanleyschen Kolonne trennte, um ein unbekanntes Land Tata aufzusuchen.

Jahre vergingen. Stanleys Kongofahrt rief jene Association hervor, aus welcher später der Kongostaat hervorging; Stanley wirkte am Kongo im Auftrage des Königs der Belgier und gründete Stationen an dem Riesenstrome. Als er im Jahre 1876 den oberen Lauf des Flusses verfolgte, waren die Eingeborenen noch völlig von der Berührung mit fremden Elementen abgeschlossen; sie kannten weder die Feuerwaffen noch den Sklavenhandel. Man begegnete hier wohl der afrikanischen Wildnis und Barbarei, dem Kannibalentum, aber man sah nicht die furchtbaren Greuel, welche das Auge des Europäers auf dem weiten Wege von Tabora über Udschidschi nach Njangwe verletzten. Sieben Jahre darauf kam Stanley auf einem Dampfer der Association in die Nähe der nach ihm benannten Stanleyfälle.

Wie hatte sich inzwischen das Bild geändert!

Der Reisende erkannte die Stellen wieder, an denen er einst mit den Eingeborenen gehandelt oder gekämpft hatte; noch standen die Lichtungen da, in denen sich damals volkreiche Dörfer befunden hatten, aber die Pallisaden, die kegelförmigen Hühnerställe, die niedrigen Hütten mit den hohen Firstdächern, die Menschen, welche einst das Ufer belebten, waren spurlos verschwunden. Eine Feuersbrunst hatte hier gewütet, das sah man noch deutlich an den versengten Bäumen, deren silberweisse Stämme von der Feuersglut gebräunt und geschwärzt wurden. Auf meilenweiten Strecken stets dasselbe Bild der Verwüstung! Endlich treffen die Europäer mit einigen verstörten Eingeborenen zusammen und erhalten Kunde von den Ereignissen, die sich hier in den letzten Jahren abgespielt haben. Ein alter Mann berichtete Stanley die Geschichte des Jammers und der Trauer.* Er beschrieb, wie sein Dorf plötzlich und unerwartet in der Dunkelheit von einer Bande heulender, springender Männer angegriffen und überfallen worden sei, welche ihre Ohren mit mörderischem Schiessen betäubt und die Leute, welche aus den brennenden Hütten ins

* Stanley, „Der Kongo“, Bd. II, S. 141 u. f.

Licht der Flammen gestürzt seien, niedergemetzelt hätten. Nicht ein Drittel der Männer sei entkommen, der grösste Teil der Weiber sei gefangen genommen und fortgeführt, wohin? wüssten sie nicht.

„Und wer waren jene Räuber, wie sahen sie aus?“

„Sie sahen ebenso aus, wie die Wangwana, welche Stanley auf seinem Dampfer hatte, und trugen wie diese weisse Kleider.“

Ja, die Verwüstung, welche Stanley geschaut hatte, war ein Werk der Araber von Njangwe. Vor etwa sechzehn Monaten war von Winja Ndschara am Lualaba eine Banditenhorde der dem Araber Abed ben Salim gehörigen Manjemasklaven unter Führung mehrerer Diener des Arabers nach dem oberen Kongo aufgebrochen; die Bande zählte nur 300 Mann, die zumeist mit Steinschlossgewehren und doppelläufigen Perkussionsflinten bewaffnet waren, und in elf Monaten verwüstete sie ein Gebiet, das grösser war als Irland und von etwa einer Million Menschen bewohnt wurde.

Im weiteren Verlaufe seiner Fahrt traf Stanley mit den arabischen Sendlingen zusammen und konnte die von ihnen gesammelte menschliche Ernte betrachten.

„Da waren“, erzählt der Reisende, „Reihen auf Reihen dunkler, nackter Formen, unter denen hier und dort die weisse Kleidung ihrer Räuber sich hervorhob, lange Linien oder Gruppen stehender, liegender oder apathisch umhergehender, nackter Gestalten, nackte Körper in den mannigfachsten Positionen unter den Schuppen, unzählige nackte Beine der umherliegenden Schläfer, zahllose nackte Kinder, darunter viele ganz kleine, Knaben und Mädchen jeden Alters, hier und dort eine Schar vollständig nackter alter Weiber, welche keuchend unter der Last schwerer Körbe mit Brennholz, Kassaweknollen oder Bananen von zwei oder drei mit Musketen bewaffneten Männern durch die Menge getrieben wurden. Die Einzelheiten mehr beachtend, finde ich, dass die meisten gefesselt sind, die Jünglinge mit eisernen Ringen um den Hals, durch die eine Kette von der Stärke unserer Bootsankerketten hindurchgezogen ist, welche die Gefangenen in Trupps von je 20 bei einander hält. Die Kinder über 10 Jahren sind vermittelst dreier Ringe gekettet, die um jedes Bein geschlossen sind und durch ein Mittelglied zusammenhängen, das erklärt mir die scheinbar apathische Bewegung, welche mir beim Betrachten der seltsamen Szene anfänglich aufgefallen war. Mit kürzeren Ketten sind die Mütter gefesselt, um die sich ihre Nachkommenschaft gruppiert, so dass die grausamen eisernen Ketten, welche in Schlingen oder Festons über die Brüste der Frauen herabhängen, verborgen sind. Nicht ein einziger erwachsener Mann befand sich unter den Gefangenen. – Während mein Blick auf diesen Gruppen ruht, schlägt jeden Moment das Rasseln der Fesseln und Ketten an mein Ohr, meine Augen sehen, wie die Unglücklichen beständig die Hände heben, um dem vom Kragen geschwollenen

Hals eine Erleichterung zu verschaffen, und wie die nicht passenden Handfesseln durch ihr Gewicht die entzündeten Gliedmassen drücken. Meine Nerven werden von der ranzigen Ausdünstung der ungewaschenen Mengen in diesem Menschenstalle beleidigt, und der fast unerträgliche Gestank verpestet die Atmosphäre, denn was können die armen Leute, die je zu 20 aneinandergefesselt und genietet sind, anderes thun, als sich in ihrem eigenen Schmutze wälzen! Nur die alten Weiber werden hinausgetrieben, um Lebensmittel herbeizuholen, die Kassaweknollen auszugraben und Bananen zu suchen, während die Wachen mit geladener Muskete sorgfältig aufpassen, dass sich kein rachsüchtiger Eingeborner nähert. Auf diese Weise können nicht viel Nahrungsmittel herbeigeschafft werden; das Wenige, was die alten Weiber bringen, wird in den einzelnen Gängen auf einen Haufen hingeworfen und giebt Veranlassung zu einem widerlichen Streite. Viele der armen Geschöpfe sind schon seit Monaten in dieser Weise gefesselt gewesen, und ihre Knochen stehen hart und hoch aus der dünnen Haut hervor, die in zahllosen Falten und Runzeln herabhängt. Wer vermag dem Gefühl des Mitleids zu widerstehen, welches die grossen Augen und die eingesunkenen Wangen so mächtig erflehen!"

2300 Sklaven hatte diese Bande erbeutet; aber um sie zu erlangen, mussten viel mehr Menschen getötet werden. Stanley berechnet, dass 5000 Sklaven, welche aus diesem Gebiete entführt wurden, nur mit Kosten des grausamen Todes von 33 000 Menschen gewonnen werden konnten.

„Rechnet man, dass jeder Mensch, der während dieser mörderischen Campagne fiel, 3 Liter Blut besass, so ergiebt sich, dass dieser einzige Araber 11 400 Liter Menschenblut vergossen hat, genügend, um einen Behälter von 13 Kubikmeter Inhalt zu füllen und ihn und seine ganze Sippschaft darin zu ertränken."

Die Sklaven sind zumeist Frauen und Kinder; nur wenige sind zum Export nach der Küste bestimmt. Die meisten dieser Eingeborenen entstellen sich durch das Tättowieren, Aufschlitzen der Lippen u. s. w. derart, dass sie nicht gekauft werden würden. Die Knaben werden wohl in den Niederlassungen zu Sklaven grossgezogen. Werden sie zur Küste gebracht, so sterben die meisten unterwegs. Die Missionare am Tanganjika kaufen solche Kinder auf, aber sie vermögen nur die wenigsten der armen Opfer am Leben zu erhalten, von zehn pflegen sieben bis acht an Erschöpfung zu sterben. Der Zweck des Sklavenraubes ist ein anderer. Die Frauen werden darum gefangen genommen, damit sie von den Eingeborenen gegen Elfenbein losgelöst werden. So ist der Elfenbeinhandel in diesen Gebieten zu einem wahren Plünderungssystem und Menschenraub geworden.

Wir haben als Beispiel eine Truppe der Räuber Abed ben Salims beschrieben; der mächtigste Araberhäuptling in diesen Gebieten ist aber unzweifelhaft Tippu-Tip. Er ist der unumschränkte Herr von Manjema und wirtschaftet im grossen und ganzen ebenso wie die anderen Araber. Seine Residenz in Nassongo überflügelte in kurzer Zeit Njangwe; die Stadt ist gross geworden und auf stundenweite Entfernungen von Mais-, Hirse- und Reisfeldern umgeben. Auch am Kongo in der Gegend der Stanleyfälle gründete er eine neue Niederlassung Singatini, welche den Stützpunkt des Arabertums in jener Gegend bildet. In den eroberten Distrikten herrscht jetzt Ruhe und eine gewisse Ordnung.

Die Araber erliessen eigenartige Verordnungen, um den Handelsverkehr zwischen den Eingeborenen zu heben. Der eine Stamm darf kein Holz fällen; er muss das Brennmaterial von einem anderen beziehen. Diesem wieder ist es verboten, den Fischfang zu betreiben, er bezieht dieses Nahrungsmittel von denjenigen Dörfern, denen er Holz liefert.

An den Stanleyfällen stiessen die Europäer und Araber aufeinander; in der Nähe von Singatini wurde eine Station des Kongostaates begründet. So lange Tippu-Tip an den Fällen weilte, kam es zu keinem Friedensbruch; als er aber eine Reise nach Sansibar antrat, kam der Gegensatz zum Durchbruch. Der Befehlshaber der Station nahm sich einer von den Arabern misshandelten Frau an. Als er die Herausgabe der Flüchtigen verweigerte, griffen die Araber die Station an. Wegen Mangel an Munition mussten die beiden Europäer Dubois und Deane das Fort räumen und in der Flucht ihr Heil suchen. Dubois ertrank dabei, Deane trieb sich dreissig Tage im Walde umher, bis er von einem der Dampfer des Kongostaates gerettet wurde. Der Kongostaat war zu schwach, um diese Niederlage an den Arabern zu rächen. Auf den Vorschlag Stanleys wurde ein Kompromiss geschlossen. Tippu-Tip trat als Gouverneur des Distriktes an den Stanleyfallen in Dienste des Kongostaates und verpflichtete sich, Stanley durch Beschaffung von Trägern in dessen Bemühungen zur Aufsuchung Emin Paschas zu unterstützen. Er hat sein Wort nicht gehalten, und es ist bis jetzt unentschieden, ob er dies mit Absicht gethan oder durch äussere ungünstige Verhältnisse daran gehindert wurde.

Durch das Abkommen zwischen Tippu-Tip und dem Kongostaate wurde vorläufig ein Waffenstillstand zwischen den beiden Rivalen am Kongo geschaffen. Aber der Kongostaat hat dabei wenig gewonnen. Er hat zwar im Norden gegen den Uelle hin die Station Dschabir gegründet, die nicht mehr weit von dem Lande der A-Sandeh entfernt ist; die Araber hatten jedoch noch weitere Gebiete besetzt.

Als Stanley nach der Äquatorialprovinz durch den düsteren Aruwimiwald zog, fand er in demselben arabische Elfenbein- und Sklavenjäger, welche weite Gebiete verwüstet hatten. Dieselben überschritten auch in letzter Zeit den Aruwimi und überschwemmten das ganze Land nördlich vom Kongo, so dass auch die neue Station Dschabir von ihnen bedroht erscheint. Ebenso überraschend sind ihre Fortschritte im südlichen Kongobecken. Sie besetzten die Mündung des wichtigen Nebenflusses Lamami und drangen von Njangwe weit nach Westen vor. Schon vor Jahren konnte Wissmann auf seinem zweiten Zuge quer durch Afrika unfreiwilliger Zeuge arabischer Schandthaten sein, und auch die Reisenden, die in der jüngsten Zeit die betreffenden Gebiete aufsuchten, berichten, dass das Arabertum überall im Süden vorrücke.

So naht fast unabwendbar die gefürchtete Katastrophe heran. Tippu-Tip selbst wird wohl einen feindlichen Zusammenstoss mit den Europäern vermeiden wollen; aber in den arabischen Stationen giebt es eine Unmasse von Hitzköpfen, welche im Gefühl ihrer augenblicklichen Übermacht vor einem Angriff auf die Stationen des Kongostaates nicht zurückschrecken werden. Und leider muss man bekennen, dass der junge Kongostaat noch sehr schwach ist und im Falle eines Krieges im Gebiete des oberen Kongo dem Ansturm der Araber nicht standhalten wird.

Denn noch ein anderer früher befürchteter Umstand ist bereits eingetreten. Alle Anzeichen sprechen dafür, dass die Araber von Ostafrika im Norden des Kongo die längst ersehnte Fühlung mit den Arabern im Sudan erlangt haben. Diese Vereinigung der beiden arabischen Strömungen ist aber geeignet, die Rückwirkung der Besetzung der Küste von Ostafrika durch die Europäer zu paralysieren.

Ebenso ungünstig liegen die Verhältnisse für die Sache der Zivilisation am Njassasee, wo trotz der Anwesenheit englischer Missionare und Kaufleute die Araberwirtschaft fortbesteht.

Wir glauben damit dem Leser einen genügenden Überblick über die Macht des Arabertums in Ostafrika gegeben zu haben. Von Sansibar aus haben sie sich lawinenartig über den dunklen Weltteil ausgebreitet, und die Geschichte dieser Bewegung bietet eins der seltsamsten Kapitel der Menschengeschichte.

Was uns aber die Hoffnung auf den endlichen Sieg der guten Sache verleiht, das ist der Umstand, dass diese Araber Händler sind und als solche die Küste als ihr Absatzgebiet brauchen. Tippu-Tip, der mächtigste Häuptling, ist ein reicher, angesehener Mann, aber er ist es nur so lange, als er sein Elfenbein zur Küste schaffen kann. Zu diesem Zwecke hat er ebenso wie andere angesehene Händler eine grosse Zahl von Etappen auf dem weiten Wege von Kassongo bis Bagamojo errichtet. Er hat in Udschidschi, Tabora u. s. w. seine Filialen. In dem Bestehen dieser Etappen ist seine Macht begründet.

Wir sehen nun, dass die Europäer die Küste besetzt halten und allmählich gegen das Innere vordringen. Der Zug Emin Paschas nach dem Victoria-Njansa hat der Ausbreitung des deutschen Einflusses neue Wege eröffnet; Tippu-Tip, der in der letzten Zeit in Tabora weilte, sah dort die deutsche Flagge wehen und wird hoffentlich mit der neuen Gestaltung der Dinge zu rechnen wissen. Hat er doch selbst zu einem Missionar, der ihm seine Sklavenjagden vorwarf, erklärt: „Ach ja, ich war damals ein junger Mann; jetzt wird mein Haar, wie Sie sehen, grau, ich bin ein alter Mann und werde mehr Überlegung besitzen."

Wenn aber auch am Tanganjika und Victoria-Njansa der Einfluss der Europäer massgebend sein wird, dann wird auch der heissblütigste Araber mehr Überlegung als jetzt besitzen und sich allmählich in die neue Ordnung der Dinge fügen. Allerdings wird dies erst geschehen können, wenn die Vorkämpfer der Kultur im dunklen Weltteil über genügende Mittel verfügen werden.

In der Geschichte Inner-Afrikas ist jetzt ein grosser Wendepunkt eingetreten. Die wilden Negervölker kamen seit tausend Jahren nur mit arabischen Räubern in Berührung; nun soll diese tausendjährige Herrschaft gestürzt und die dunkle Menschenmasse in lichtere Bahnen gedrängt werden. Die Neger sind vor die Wahl gestellt, sich den Europäern anzuschliessen oder fernerhin mit den Arabern gemeinschaftliche Sache zu machen. Ist unter den Negern Ostafrikas der Islam so weit ausgebreitet, dass er als Feind des Christentums, ähnlich wie im Sudan, die Kulturarbeit uns erschweren wird? Ist von den einzelnen Stämmen die arabische Sitte bereits derart angenommen worden, dass sie anstatt der einfacheren Gewohnheiten der Naturvölker von dem Europäer überwunden werden muss? Das sind Fragen, deren Beantwortung für die zukünftige Thätigkeit der Kulturträger massgebend ist. Und eine Antwort auf dieselben giebt uns die Geschichte der wichtigsten Völkerstämme Ostafrikas, der wir uns nunmehr zuwenden, nachdem wir kurz die tausendjährigen Bedrücker dieser Stämme skizziert haben.

Fürsten des Mondlandes

Land und Volk

Die grosse Handelsstrasse der Araber von Sansibar nach dem Tanganjika war auch die Strasse, auf welcher die ersten Afrikaforscher in das Innere vordrangen, und noch in unseren Tagen ist sie eine der Profillinien, aus denen wir das Gesamtbild von Afrika zusammenzusetzen pflegen, ähnlich wie der Geologe von den wenigen von ihm untersuchten Erdschichten auf die Beschaffenheit der Erdrinde schliesst.

Wir haben die politischen Verhältnisse an dem Ausgangspunkt dieser Strasse, an der Küste kennen gelernt. Dringen wir landeinwärts vor, so finden wir die für Ostafrika charakteristische politische Zersplitterung vor: schwache Stämme, die Ackerbau treiben und seit jeher dem Sklavenhandel oblagen; kleine Häuptlinge, die sich gegenseitig befehden; Nomadenvölker, die raubend und sengend von Gebiet zu Gebiet ziehen und abwechselnd mit den Arabern und Wasuahili die Bevölkerung nicht zur Ruhe kommen lassen. Von Staatengründungen finden wir hier keine Spur, aber selbst die Gesamtheit der sesshaften Stämme erlangt keine politische Bedeutung; der ewige Krieg hat dieselben aufgerieben, und erst eine längere Friedensepoche wird den am besten beanlagten und unternehmendsten Völkern die Möglichkeit einer neuen politischen Entwikkelung gewähren.

Erst hinter dem unwirtlichen Ugogo und der Wildnis von Mgunda Mkali stossen wir auf die Wohnsitze eines Stammes, der für den Kolonisator Afrikas von Bedeutung ist. Hier erstreckt sich Unjamwesi, das Mondland, welches im Westen bis an den Tanganjika, im Süden bis an den Victoria-Njansa reicht. Einst soll es eins der grössten afrikanischen Reiche gewesen sein; aber im Volke lebt von der ehemaligen Grösse nicht einmal eine Tradition fort. Heute zerfallen die Wanjamwesi in eine ganze Anzahl kleinerer Stämme, wie die Walori, Wallagansa, Wafisa, Wagalla, Wawendi, Wanameri, Wasumbua, die wieder von einer Anzahl Häuptlingen, die in Kisuahili „Sultani“ und in Kinjamwesi „Mtemi“ heissen, regiert werden. Das Land ist ein hohes Plateau, mit kleinen, vorspringenden Granitbergen bedeckt, zwischen welchen in den Thälern sich zahlreiche, befruchtende Wasserquellen befinden. Der weit grösste Teil desselben ist mit dem trockenen Wald (Puri) bedeckt, wie wir ihn in der Einleitung geschildert haben.

Es ist schwierig, einen charakteristischen Volkstypus der Wanjamwesi festzustellen. Die Farbe stuft sich von einem sehr hellen Rotbraun bis zu tiefem Schwarzbraun ab. Ein ausgeprägter Gesichtstypus, wie man von den einzelnen Völkern erwarten sollte, findet sich nicht vor. Die ursprüngliche Nationalkleidung ist längs der Karawanenstrasse verschwunden; sie ist nur noch in entfernteren Ortschaften zu finden und besteht aus Tierfellen oder einem aus geklopftem Baumbast gefertigten Stoffe, seltener aus einem einheimischen, juteartigen Baumwollengewebe. Eine vorn und hinten von einer um den Leib gebundenen Schnur herabhängende, kurze Schürze genügt häufig bei beiden Geschlechtern zur Bedekkung. Die Kinder männlichen Geschlechtes gehen meist bis zum achten Jahre ganz nackt. Jetzt bürgern sich die von Europa und Amerika massenhaft importierten Baumwollenstoffe immer mehr ein, und es wird die bei den Wasuahili gebräuchliche Tracht, die um den Leib geschlungene Schuka, Umwurf und Kopftuch getragen. Der Pflege des Haares wird grosse Sorgfalt gewidmet, und die verschiedensten, zum Teil künstlichen Frisuren sind gebräuchlich. So werden die Haare entweder gänzlich abrasiert oder bleiben in verschiedenen Figuren oder als hoher, über die Scheitelmitte verlaufender, der Raupe eines bayrischen Helmes sehr ähnlicher Kamm stehen, oder sie werden in viele einzelne Zöpfchen geflochten, die entweder in grosser Menge herabhängen oder vereinzelt, mit Bast und Perlen umwunden, strahlenförmig nach allen Seiten vom Kopfe abstehen.

Wie die Tracht, so hat auch die Wohnung im Laufe der Zeit eine Änderung erfahren. National sind die in ganz Ostafrika üblichen rundlichen Hütten: ein etwa mannshoher Cylinder mit aufgesetztem, kegelförmigem Strohdache, welches rings herum 1–2 Meter vorspringt und so eine niedrige, von Pfählen gestützte Veranda bildet. Der innere Raum ist meist ungeteilt; die Wände werden aus aufrecht in die Erde gesteckten, gespaltenen Scheiten erbaut, welche durch quergezogene Rutenbündel zusammengehalten und von innen mit lehmartigem Schlamm beworfen sind. Längs der Karawanenstrasse findet man andere nach arabischem Muster erbaute Lehmhütten oder Tembe. Denken wir uns eine aus Pfählen und Lehm erbaute länglich viereckige Wand, die einen weiten Raum umschliesst, in der Entfernung von wenigen Schritten eine zweite ähnliche Wand, welche zur ersteren parallel läuft, legen wir auf die beiden Wände ein flaches, mit Erde beworfenes Dach, so haben wir ein viereckiges Gebäude, in dessen Innerem sich ein grosser freier Hof befindet: die Tembe, welche überall in Ostafrika, wo Araber wohnen, anzutreffen ist. Ein Thor führt in das Innere des Hofes, auf den sonst alle Thüren der Zimmer gehen. In diesem Hause wohnen nicht nur Menschen, sondern auch Haustiere, indem einzelne Abteilungen zu Ställen eingerichtet sind. Fenster sind unbekannt; da aber in die äussere Wand leicht Schiessscharten eingeschlagen werden können, so dient eine Tembe auch als eine kleine Festung.

Überhaupt sind fast alle bedeutenderen Ortschaften in Unjamwesi befestigt. Sie sind entweder von einem einfachen Pallisadenzaun, einer Boma, oder ausserdem durch einen einspringenden Graben und Wall geschützt. Letzterer ist gewöhnlich mit undurchdringlich dichten Hecken einer Euphorbia bepflanzt, welche einen sehr stark ätzenden Saft enthält. Diese Verbarrikadierung dient als Schutz einmal gegen Raubtiere, dann bei Kriegsfällen, die hier auf der Tagesordnung stehen. Die Residenzen einzelner Häuptlinge sind oft von einem doppelten Gürtel von Befestigungswerken umgeben, von denen der äussere durch Schützengraben und niedrigen Erdwall, der zweite von einem umlaufenden, mit Schiessscharten vesehenen Tembe gebildet wird.

Die Hauptbeschäftigung der Wanjamwesi ist der Ackerbau. Wir finden hier die gewöhnlichen Nährpflanzen Afrikas vertreten: Negerhirse oder Mtama, Mais und stellenweise Reis; Bananen werden nur dort, wo der Boden genügende Feuchtigkeit besitzt, angebaut. Ferner kommen noch bohnen- und linsenartige Früchte, Knollengewächse, Gurken und als Genussmittel Tabak in Betracht. Viehzucht wird nur in denjenigen Distrikten getrieben, in welchen Weiden vorhanden sind.

Was den Charakter der Wanjamwesi anbelangt, so muss hervorgehoben werden, dass sie unter den Negern zu den fleissigeren Stämmen zählten. Sonst schildert sie der Afrikaforscher Reichard: „Die Sinnesart dieser Neger ist scheusslich; sie sind heuchlerische Diebe, habsüchtig, sehr sinnlich, lieblos; Eltern verkaufen ihre Kinder, ein liebevolles Familienleben ist nicht vorhanden."

Man muss aber zur Entschuldigung anführen, dass dieses Volk wohl niemals die nötige Ruhe zu gedeihlicher Entwickelung gefunden hat. Die Araber haben durch den Sklavenhandel das Ihrige zum Verderben des Menschen beigetragen; aber auch an und für sich boten hier die Verhältnisse seit jeher das bunteste Bild.

An der Ostgrenze des Landes wohnen die räuberischen Wagogo und die Nomadenhorden der Massai; von Norden her dringen die heller gefärbten Wahumavölker vor; vom Süden kommen die Sulus oder die Watuta und drängen die Wanjamwesi zurück; aus den Trümmern der vielen Kriegshorden haben sich Banditenbanden gebildet, die unter dem Namen Ruga-Ruga bekannt und gefürchtet sind und von denen alle Wälder voll sind. Dass unter diesen Umständen eine gewisse Staatsordnung sich noch erhalten konnte, ja selbst ein Anlauf zum Gründen einer grösseren Macht genommen wurde, zeugt von der unverwüstlichen Kraft des Volkes.

Das Mondland und seine Völker sind für Deutsch-Ostafrika von hoher Bedeutung; wenn Deutschland sich am Südufer des Victoria-Njansa und am Ostufer des Tanganjika festsetzen will, so muss es die Wanjamwesi für sich zu gewinnen suchen. Die Geschichte des Landes zeigt uns aber, dass sie unter tüchtiger Leitung sich nützlich machen können. Mit welchen Elementen aber dabei zu rechnen ist, darüber sollen uns die nachstehenden Abschnitte Auskunft geben, in denen wir einen Fürstenhof in Unjamwesi und einen Napoleon von Ostafrika schildern werden.

Eine Sultanin

Tabora, die Niederlassung der Araber, liegt in Unjanjembe, einem Distrikt von Unjamwesi, welcher unter einem besonderen Mtemi steht. Die Araber haben ihn aus Bequemlichkeit an der Spitze seines Staates gelassen; er ist in ihren Händen ein gefügiges Werkzeug und regiert für sie das Land.

Südwestlich von Unjanjembe liegt ein zweiter Unjamwesistaat Ugunda, welches bis zum Anfang der achtziger Jahre selbständiger als Unjanjembe geblieben war und nur in Kriegsfällen und bei der Wahl des Mtemi von dem Bescheid der Araber und des Mtemi von Unjanjembe abhängig war.

Um diese Zeit kam eine deutsche Expedition nach Tabora, und da sie zu wissenschaftlichen Beobachtungszwecken eine Station zwischen Tabora und dem Tanganjika gründen sollte, so fiel ihre Wahl nach verschiedenen anderen Versuchen auf Ugunda. Zwei Mitgliedern dieser Expedition, Paul Reichard und Dr. Böhm, verdankt die Wissenschaft höchst wertvolle Berichte über die Zustände in Ugunda und die Natur des Landes, und diese Berichte, welche in den „Mitteilungen der afrikanischen Gesellschaft in Deutschland“ veröffentlicht wurden, sind der nachfolgenden Schilderung zu Grunde gelegt.

Der Schauplatz der höchst charakteristischen Ereignisse war Gonda, die Hauptstadt von Ugunda. Sie hatte damals etwa 500 Einwohner, darunter aber befanden sich höchstens 40 Freie, alle übrigen waren Sklaven. Die Häuser dieser „Stadt“ waren sehr dicht zusammengedrängt, und von Strassen konnte eigentlich nicht gesprochen werden; es waren nur zufällig unbebaut gebliebene Stellen, welche sich bei Regenwetter in kleine, oft unergründliche Sümpfe verwandelten. Die Häuser waren meist Tembes, da der letzte Mtemi der Feuersgefahr wegen nicht gestattete, Hütten mit Strohdächern zu errichten. In der Mitte der mit einem Tembe und einer Boma befestigten Stadt lag das „Quikuru“ oder das Tembe des Häuptlings – der Palast.

Die Stadt hatte mehrere Thore, aber das wichtigste war das bei der Gründung derselben zuerst erbaute, das Thor von Songäro. Vor diesem Thore mussten alle Hinrichtungen stattfinden; ein wiedereingefangener Sklave musste durch dieses Thor zurückgebracht werden; geschah es durch ein anderes, so wurde der Eigentümer mit seiner ganzen Familie zu Sklaven des Mtemi gemacht. Wurde in Ugunda ein Elefant getötet, so gehörte das Elfenbein vor allen Dingen dem Mtemi und musste ebenfalls durch dieses Thor in die Stadt eingebracht werden; wenn die Jäger einen anderen Weg wählten, wurden sie zu Sklaven gemacht.

In dieser interessanten Stadt starb am 18. Juli 1881 der damalige Häuptling Mlimangombe oder der „gute Hirt", wie die Übersetzung seines Namens lautet. Nur wenige der Wanjapara, der Beiräte der Krone, waren dabei zugegen, und der alten Sitte gemäss hielten sie den Tod des Fürsten vor dem Volke geheim. Der Mtemi hatte ja Verwandte, welche die Kunde von seinem Tode zu Erbfolgestreitigkeiten benützen könnten. Darum wurde im Hofe des Quikuru in aller Stille in dunkler Nacht ein Grab gegraben, in welches der mit bunten Tüchern verhüllte Leichnam des Fürsten versenkt wurde; aber allein, ohne Gefolge, liess man ihn nicht die Reise nach der unbekannten Welt antreten. Eine düstere Zeremonie wird in dem Mondlande mit dem Begräbnis des Fürsten doch verbunden, und sie besteht in dem Menschenopfer. Vier Sklaven, zwei Knaben und zwei Mädchen, wurden ergriffen und gefesselt. Man versenkte sie mit in die Gruft, tötete oder suchte sie rasch mit einigen Speerstichen zu töten, schloss rasch die Grube und verwischte aufs sorgfältigste alle Spuren der Gruft, in welcher der Herrscher mit seinen letzten Sklaven ruhte. Insgeheim wurden nun alle Wanjapara, Kronbeiräte, und alle Wagaue, d.h. Adlige oder Vornehme des Reiches, berufen, nach Gonda zu kommen. Still, ohne dass das Volk eine Ahnung von den Vorgängen hatte, schritt man zur Wahl eines neuen Mtemi. Und dieser Fürst war diesmal kein Mann, die geheime Wahl fiel auf Discha oder Ndischa, die rechte Schwester des verstorbenen Mlimangombe.

Der neue Mtemi sandte nun Boten an die Deutschen, welche damals in dem 44 Kilometer von Gonda entfernten Kakoma weilten, und lud sie ein, die Station nach Gonda zu verlegen; denn Discha dachte, dass Gonda für alle Gegner unangreifbar sein würde, wenn von ihren Dächern die deutsche Flagge wehte.

So sah sich Paul Reichard als Vertreter der deutschen Expedition veranlasst, nach Gonda zu gehen und Verhandlungen mit der Sultanin anzuknüpfen. Die Stadt trug, als Reichard am 29. Juli 1881 in ihr eintraf, ein Festgewand, wenigstens hatten alle Bewohner, jung wie alt, ein solches angelegt, indem sie Gesicht, Arme, Rücken und Brust mit dem Mehlniederschlage des Pombe (Bier) beschmiert hatten.

Discha hatte ihre Wohnung noch nicht in dem Palaste aufschlagen dürfen; denn sie musste erst die Bestätigung ihrer Wahl von Unjanjembe abwarten, und sowohl der Mtemi Sike, wie der arabische Wali beeilten sich nicht damit. Sie wohnte darum in einer eines Mtemi ganz unwürdigen Behausung, einer halbzerfallenen Hütte, nach Art der Tembe errichtet. Vor derselben herrschte ein äusserst reges Leben. Es war eine Menge Landvolk herbeigeströmt, um der neuen Herrscherin zu huldigen; die Männer waren im Kriegsschmucke, die Weiber schleppten Krüge voll Pombe herbei, und die Kindlein waren ganz nackt. Reichard wurde eingeladen, in das Haus einzutreten, und da die Sultanin noch nicht zugegen war, konnte er mit Musse diese merkwürdige königliche Wohnung betrachten.

Es war ein kleiner Raum von etwa 10 m Länge und 2 m Breite, durch eine zerrissene Schilfmatte in zwei Teile getrennt und so niedrig, dass man kaum stehen konnte. Der Boden aus gestampftem Lehm lag tiefer als der Weg, und so wurde er bei starkem Regen vom Wasser überflutet, das nicht allein von der Strasse, sondern auch durch das schadhafte Dach eindringen konnte. Decke und Wände waren vom Rauche geschwärzt, welcher einem links vom Eingange befindlichen Feuer entstieg, an welchem ein paar schmutzige Sklavinnen Ugali, einen dicken, zähen Brei aus Mitamamehl, zubereiteten. Er erfüllte den ganzen Raum mit einem erstickenden Qualm, Thränen in die Augen treibend. An der hinteren Wand standen vier bis fünf grosse mit Maiskolben gefüllte Schachteln aus Baumrinde, auf denen schreiend und quiekend unzählige Ratten ihr Wesen trieben.

Das war die Audienzhalle, in welche Discha nach einer Weile hereingehuscht kam. Ängstlich und verlegen reichte sie Reichard die Hand und kauerte dann im Dunkel der zweiten Abteilung auf der Erde nieder.

Sie war eine kleine, robuste Gestalt; doch konnte man ihr eine gewisse Würde nicht absprechen, die sich besonders in dem selbstbewussten Gange offenbarte. Sie war von heller, kaffeebrauner Farbe, Füsse und Hände waren sehr klein und wohlgeformt, die Stirn war niedrig und etwas vorspringend, die Nase klein und aufgestülpt, die Backenknochen vortretend. Die aufgeworfenen Lippen gaben dem Gesicht im Verein mit dem grossen Kinn und den etwas tiefliegenden braunen Augen den Ausdruck von Lüsternheit, gepaart mit Grausamkeit. Die Haare trug sie kurz geschoren. Bekleidet war sie mit einer weissen Schuka, welche sie nach Art der Küstenbewohner hoch unter den Achseln auf der Brust befestigt trug. Als einzigen Schmuck hatte sie eine Anzahl aus Schwanzhaaren der Giraffe hergestellter und mit feinem Kupfer- und Messingdraht umsponnener Ringe um die Knöchel gelegt.

Diese Frau hatte bereits eine bewegte Vergangenheit. Sie war um jene Zeit zum dritten Male verheiratet, und sie war selbst schuld daran, dass sie zweimal Witwe geworden, denn sie hatte ihre beiden ersten Gatten eigenhändig getötet, den einen mit einem Beilhiebe in den Nacken, den anderen durch einen Lanzenstich. Der dritte war noch am Leben, aber zu jener Zeit war er noch auf einer Reise nach der Küste begriffen, wohin ihn der verstorbene Häuptling mit Elfenbein, dem Krongut, gesandt hatte. So war Discha Strohwitwe, sollte aber bald eine Geschiedene werden; denn die Landesgesetze duldeten nicht, dass ein weiblicher Mtemi verheiratet sei, und nach erfolgter Einsetzung musste die Sultanin ihre Ehe lösen, ihr Mann aber das Land verlassen. Die erste Begrüssung war kurz; nachdem Discha Reichard und Reichard Discha gefragt hatte, was sie gegessen hatten, verabschiedete sich Reichard und versprach abends wiederzukommen, um die Angelegenheit der Stationsgründung ausführlicher zu besprechen.

Der Deutsche besuchte inzwischen das Quikuru. Dieser Palast war ein im Quadrat errichtetes Tembe mit einer Seitenlänge von 30 bis 40 m. Die Gebäude schlossen einen geräumigen Hof mit nur einem Ausgange ein. Inmitten desselben spendete ein grosser, dichtbelaubter Baum kühlen Schatten, und um seinen Stamm lag eine Menge Zaubermittel aufgehäuft, deren Bedeutung nur dem Mtemi und den Medizinmännern bekannt war. Es fanden sich da aufgehäuft Holzscheite, Stäbe mit schlecht geschnitzten Doppelköpfen, Antilopenhörner mit eingesteckten Zaubermitteln, Elfenbein, Löwen- und Pantherschädel und ein mit Gehäusen der Achatina-Schnecke gezierter Holzblock.

Ausserdem hatte man im Hofe zwei Hütten mit kegelförmigem Strohdache errichtet. Die eine diente als Vorratsraum, die andere war die Schatzkammer des Mtemi.

In dem Palaste selbst herrschte ein noch regeres Leben als vor der Wohnung Dischas; denn die Wahl eines neuen Mtemi wird acht Tage lang durch Tänze gefeiert. Die Männer führten dabei ihre wilden Kriegstänze vor dem Quikuru aus; die Weiber tanzten in höchst unanständiger Weise in dem Hofe des königlichen Tembe. Gesänge und der Schall der Trommel begleiteten den Tanz.

Nach acht Tagen muss die Trommel, das Lieblingsinstrument der Wanjamwesi, ruhen, bis der neue Mtemi wirklich in seine Würde eingesetzt ist. Ebenso müssen zu dieser Zeit alle Waffen, wie Lanzen und Pfeile, mit der Spitze und Gewehre mit der Mündung nach unten getragen werden. Zuwiderhandelnde werden mit Verlust der Waffe bestraft.

Drei Tage währten die Verhandlungen Reichards mit der Sultanin, nicht zu lange für afrikanische Verhältnisse, und es kam folgendes Abkommen zu stande: Die Deutschen verpflichteten sich, etwas Pulver und einige Gewehre zu liefern, Discha dagegen übernahm, das Stationsgebäude unentgeltlich zu bauen, ebenso den nötigen Platz sowie auch Feld, dessen Bebauung ihr zur Last fiel, zur Verfügung zu stellen. Die Mitglieder der Expedition hatten dagegen in allen Regierungsangelegenheiten mitzustimmen, und nichts durfte ohne deren Einwilligung ausgeführt werden; sie sollten mitentscheiden über Leben und Tod, Krieg und Frieden.

Diese Abmachung wurde jedoch ohne den Mtemi und die Araber von

Ostafrikanische Musikanten.

Unjamjembe getroffen, während Ugunda doch in einem gewissen Vasallenverhältnis zu diesem Lande stand. Die Araber fühlten sich verletzt, und der Wali von Tabora liess Discha eröffnen, dass er ihr Land mit Krieg überziehen werde, falls sie die Deutschen aufnehmen würde. Schon damals hatten die Zwistigkeiten zwischen den Europäern und Arabern begonnen, wobei sich allerdings die letzteren nur auf geheime Intriguen und Hetzereien beschränkten. So kam es, dass, als Reichard wieder nach Gonda kam, um die verabredete Übersiedelung einzuleiten, Discha in der Stadt sich nicht sehen liess und bei ihrem inzwischen heimgekehrten Gemahl in dem Dorfe Simba weilte. Dieser Herr Namens Manamjäga, hatte das Elfenbein an der Küste vorteilhaft verkauft, aber das Geld für sich behalten; er verspürte keine Lust, nunmehr das Mondland zu verlassen, und begann seinerseits die Bestätigung Dischas in ihrer Mtemiwürde zu hintertreiben.

Ausserdem waren aber noch andere politische Angelegenheiten in Ugunda zu erledigen. Man glaubt dort nicht, dass ein Mtemi eines natürlichen Todes sterben könne. Wenn er also nicht im Kampfe fällt, verunglückt oder ermordet wird, so sucht man seinen Tod durch Zauberei zu erklären. Es sollen nämlich nach dem Volksglauben bei der Wahl eines neuen Häuptlings zahlreiche Warosi (Mrosi: Zauberer) aufstehen, welche denselben durch Gift und Zauberei zu töten suchen. Nun wurde die Lieblingsfrau Mlimangombes angeklagt, dass sie im Einverständnis mit ihrem Sohn Kassita und dessen Oheim Kahumba, einem aus Njungu vertriebenen Mtemi, ihren Mann vergiftet habe, um Kassita auf den Thron Ugundas zu bringen. Ausserdem wurde noch gegen einen Bruder und eine Schwester Kassitas die Anklage wegen Zauberei erhoben.

Kassita hatte wirklich Lust, das Erbe des Vaters zu erlangen, und er floh nach Unjamjembe, von seinem Oheim begleitet; er überbrachte den Arabern und Sike, dem Mtemi von Unjamjembe, Geschenke und suchte sie zu bestimmen, ihn an Dischas Stelle zum Mtemi von Ugunda auszurufen.

Alle diese schwierigen Fragen mussten erst nach und nach geordnet werden; zuerst wurde ein Einverständnis zwischen den Deutschen und den Arabern erzielt, und nun versprachen der Wali von Tabora und Sike, nach Gonda zu kommen und Discha einzusetzen. Zuvor aber hatte man die Prätendenten Kassita und Kahumba aus dem Wege geräumt. Die Araber von Tabora legten die Hand auf ein Buch, angeblich den Koran, und leisteten unter Anrufen Gottes und des Propheten einen Meineid, dass sie Kassita zum Mtemi erheben, Discha aber vertreiben würden.

Um sie noch mehr ins Vertrauen einzuwiegen, beschenkte man sie mit weissen und bunten Stoffen, arabischen Kleidern und Pulver zum Salutschiessen bei dem feierlichen Akte der Thronbesteigung. Dann entliess man sie nach Gonda und gab ihnen als Geleite einen gewissen Magohä mit einer Schar Bewaffneter.

Magohä war der richtige Mann, um den geheimen Auftrag der Araber sicher auszuführen. Er war der Sohn eines Mtemi vom Stamme der Wasukuma, deren Land zu jener Zeit Mirambo beherrschte. Er war früher der Fahne seines Häuptlings gefolgt, dann aber entflohen, da ihn Mirambo einer Unthat halber hinrichten lassen wollte. Seiner Tapferkeit und Grausamkeit wegen war er allgemein gefürchtet, und man sagte, dass er schon unzählige Menschen erschlagen habe. Als Trophäen trug er sowohl als seine Wagaue aus kleinen Eisen- und Messingwürfeln zusammengesetzte Armringe, von denen jeder Würfel ein Menschenleben bedeutete. Einer dieser Wagaue trug z. B. 5 Armringe, deren jeder 28 bis 30 Würfel enthalten mochte.

Kassita und Kahumba wurden nun auf dem Wege nach Gonda von dieser sauberen Eskorte plötzlich niedergestochen; und hierauf trennte man ihre Köpfe ab und legte sie vor dem Thore Songäro nieder.

Auf die Kunde von dem Tode der Prätendenten schritt man in Gonda zur Hinrichtung der Mutter Kassitas. Die Unglückliche wurde ganz entkleidet und unter dem Hohngeschrei einer rohen Menge nach der Richtstätte gebracht. Dort trennte man ihr zuerst beide Hände ab, um sich in den Besitz ihrer Kupferarmbänder, welche sich nicht abstreifen liessen, zu setzen. Hierauf wurde ihr mit einigen Keulenschlägen der Hinterkopf eingeschlagen. Die Leiche warf man in eine Wasserpfütze, um Regen herbeizuziehen.

So stand anscheinend der endgiltigen Einsetzung Dischas kein Hindernis mehr im Wege. Da erfuhr man, dass der gefürchtete Häuptling Mirambo auf einem Kriegszuge in der Nachbarschaft von Ugunda begriffen sei. Dies hatte zur Folge, dass man die Einsetzung Dischas wieder hinausschob. Es gilt nämlich in Unjamwesi als verboten und unehrenhaft, ein Land anzugreifen, dessen Mtemi gestorben ist, und das noch keinen neuen Häuptling besitzt. Man glaubt, der Angreifer müsse sterben. So bot denn das Interregnum den besten Schutz gegen die Raubgelüste Mirambos und wurde auch in Gonda bis zum Rückmarsche Mirambos verlängert.

Endlich wurde am 8. Juli 1882 mit der feierlichen Einsetzung Dischas ein Anfang gemacht. Der alten Sitte gemäss muss der neugewählte Mtemi von den Wanjapara zunächst ergriffen und eine Zeitlang gefangen gehalten werden. Discha wurde am Abend des 8. Juli erst nach vielem Suchen in einer Hütte entdeckt. Die Sitte schreibt vor, dass ein Mtemi nicht willig seinen Ergreifern folgen dürfe; er muss bei seiner Gefangennahme vorgeben, dass er kein Häuptling werden wolle, und so leistete auch Discha Widerstand, wofür sie von einem ihrer Häscher mit einem Backenstreich regaliert wurde.

Sie wurde sodann von den Wanjapara gefesselt und in ein Tembe geschleppt, welches sie bis zu ihrer Thronbesteigung nicht verlassen durfte.

Hier wiederholten sich dieselben Scenen. Die Sultanin lag in denkbar kläglichstem Zustande in einem von Flackerfeuer nur spärlich erhellten Raume und suchte sich den Männern, die sie mit kräftigen Händen festhielten, vergeblich zu entwinden. Sie schrie dabei laut nach ihrer Mutter und ihrem Bruder, beteuerte, dass sie keine Sultanin werden wolle, und verwünschte Land und Leute von Ugunda.

Da Discha als Mtemi durchaus als ein Mann behandelt werden musste, so bezog sich die nächste Zeremonie auf ihre Scheidung von Manamjäga oder, wie man hier sagte, auf die Lösung der Blutsbrüderschaft. Von Priestern und Staatsbeamten umringt, liess Discha eine Ziege mit einigen Messerstichen in den Hals schlachten und sagte die Worte: „Wir haben gesagt, dass wir den Gefährten nicht verlassen werden. Jetzt heben wir auf die Brüderschaft."

Manamjäga that hierauf dasselbe. Der Sinn dieser Zeremonie ist folgender: Die von Discha geschlachtete Ziege bedeutete den Manamjäga, und wie das Blut aus der Ziege floss, so floss Dischas Blut aus dem Körper des Manamjäga zurück; und entsprechend verhielt es sich mit der Ziege des andern Teiles.

Die folgende Zeremonie bestand in Überführung Dischas aus dem Tembe, in dem sie gefangen gehalten wurde, in den Königspalast oder das Quikuru. Diese Zeremonie wurde jedoch bis nach dem Neumond verschoben, nach welchem die Wafumu (Zauberer) erschienen, um ihre Zaubermittel zur Verscheuchung der bösen Geister vorzunehmen.

Am 24. Juli waren die Beschwörungen beendet, und nun trat Discha, in schmutzige Tücher ganz und gar verhüllt, von einigen Wanjapara begleitet, vor die Thür des Tembe, um den feierlichen Gang nach dem Palaste zu machen. Die Sultanin und deren Begleiter wurden nunmehr von einer Anzahl Wafumu umringt, welche grosse mit Erbsen gefüllte Flaschenkürbisse schwangen und durch das ohrenbetäubende Gerassel den bösen Geist fernhielten. Eine grosse Volksmenge schloss sich dem Zuge an; die Weiber liessen dabei ein schrilles Geschrei ertönen, während die Männer unaufhörlich ihre Flinten knallen liessen. In diesen Höllenlärm mischte sich noch der Schall der hierzu eigens angefertigten grossen Trommel.

Vor dem Quikuru, in welches nunmehr Discha eingeführt wurde, führten die Krieger ihre wilden Tänze aus, die sie mit folgendem Gesange begleiteten. Ein Solist liess sich zuerst vernehmen:

„Männer des Spiesses gehen zu kämpfen!"

Der Chor erwiderte hierauf:

„Ho, wir sind Männer, zu töten Männer. Ho, er (der Spiess) hat sie verderbt. Ho!"

Dann sang wieder der Solist: „Männer des Spiesses gehen zu kämpfen!" und der Chor antwortete: „Ho, wir sind Männer, zu töten Männer!"

und dieses geistreiche Lied wurde mindestens dreihundertmal wiederholt, bis ein neues an die Reihe kam.

In dem Quikuru sass indessen Discha vor dem flackernden Feuer und ernannte ihre Hofbeamten. Ein Weib wurde hineingezerrt, aber es sträubte sich sehr; das Amt der obersten Mgori, welches ihr zugedacht war, konnte ihr keine besondre Freude bereiten; denn ihr künftiger Beruf bestand darin, dass sie für jeden Unfall, der dem neuen Mtemi begegnete, der Zauberei beschuldigt und womöglich hingerichtet wurde. Dann wurde ein junger Mgaue vorgeführt, den Discha zu ihrem Leibmgaue ernannte, u. s. w.

Die für den folgenden Tag festgesetzte Thronbesteigung war insofern von besonderer Bedeutung, als ausser Discha auch einer der Deutschen zum Mtemi eingesetzt werden sollte. Diese Ehre sollte dem Reisenden Paul Reichard zufallen.

Am frühen Morgen des andern Tages versammelten sich die Wafumu bei der Sultanin. Als Priester erteilten sie ihr gute Lehren. Es wurde der neuen Herrscherin vorgehalten, gerecht und weise zu regieren, sich nicht vom Zorne hinreissen zu lassen und nicht Menschen ohne Ursache zu töten. Sie sollte jeden Entschluss zuvor beschlafen, bevor sie ein Urteil fällte. Sie sollte ferner ihre Unterthanen als ihre Kinder betrachten, mildthätig gegen Arme sein, schliesslich stets den Worten der Wasungu (der Europäer) folgen, die jetzt mit ihr gleichberechtigt seien.

Dann wurde ihr das Zeichen der Sultanswürde, eine abgeschliffene Platte einer Schnecke, mit Streifen von Löwen- und Pantherfell über der Stirn befestigt, während den Würdenträgern gleiche, aber etwas kleinere Platten um den Hals gehängt wurden. Sie sass dabei auf dem Unjamwesithron, einem einfachen Sessel, der mit der Haut eines frisch geschlachteten Hammels überzogen war, und den kein gemeiner Mann aus dem Volke berühren durfte.

Nachdem sie diese Belehrungen empfangen, führte man sie in ein Nebenzimmer, wo sie gewaschen und mit neuen bunten Tüchern und einem arabischen Tuchkaftan – was sie nebenbei gesagt nur der Güte der Europäer verdankte – bekleidet wurde. So festlich geschmückt, wurde die Königin wieder vorgeführt und neben Reichard gesetzt, indem man erklärte, dass von nun an Discha und die Wasungu zusammen Sultane sein sollten.

Während man nun den Europäer in Ruhe liess, traten die Zauberer an Discha heran, flüsterten ihr geheimnisvolle Worte in beide Ohren und zerbrachen einen kleinen Flaschenkürbis mit drei Schlägen über ihrem Haupte, um anzudeuten, dass jeder von ihren Verwandten, der ihr Böses zufügen wollte, gleich diesem Kürbis von ihr vernichtet werden solle.

Hierauf nahm eine der Wagori Discha, eine andere aber Reichard bei der Hand, und so wurden beide feierlich und unter dem üblichen Lärm vor das Thor von Songäro geführt. Sie gingen aber nicht durch das alte Thor von Quikuru, sondern durch eine Lücke, die in den Zäunen gebrochen wurde, da der neue Mtemi durch eine neue Thür gehen muss.

Nach einem kurzen Marsche gelangte der Zug auf die geschichtliche, blutbefleckte Richtstätte des kleinen Reiches Ugunda. Hier wurde zunächst der Discha Bogen und Pfeil übergeben, den sie abschoss, um ihre Kraft zu zeigen. Dann ordneten sich die Gruppen zur Schlussfeier.

In der Mitte nahm Discha auf ihrem Sessel Platz, die Europäer und ihre Würdenträger stellten sich zu beiden Seiten, das Gesicht nach der Stadt zu gekehrt, auf; das Volk bildete vor ihnen einen weiten Halbkreis, während im Hintergrunde die Ruga-Ruga oder Krieger im Tanzschritt und unter Kriegsgesang sich dem Platze näherten.

Die Schlusszeremonien begannen. Es wurde der Discha eine ganz alte aus Eisen bestehende Lanze, der Mgori eine grosse Hacke und dem Leibmgaue der Sultanin eine alte Flinte in die Hand gegeben. Das waren symbolische Handlungen; die Lanze bedeutete, dass die Herrscherin von nun an Gewalt über Leben und Tod habe, sowie dass sie als Mann zu betrachten sei; die Hacke diente als Sinnbild der den Weibern obliegenden Arbeit, und das Gewehr wurde dem Mgaue zum Zeichen überreicht, dass er nunmehr Kriegsminister oder Heerführer sei.

Während nun einzelne der Wafamu mit Rasseln umherliefen, um die bösen Geister zu verscheuchen, schickten sich andere an, gewiss den originellsten Teil der Krönungszeremonie zu vollführen. Man nahm die unten trichterförmig zulaufende Trommel und hielt sie unter anfangs sehr kräftigen, allmählich abschwellenden Schlägen mit ihrem spitzen Ende der Discha zuerst an das rechte und dann an das linke Ohr. Der Sultanin wurde Verstand eingepaukt, und zwar ist diese Handlung bei den Wanjamwesi nicht symbolisch zu nehmen; sie glauben im Gegenteil wirklich, dass der Verstand aus der Zaubertrommel komme. Hierauf wurden ihr geheimnisvolle Worte in das Ohr geflüstert. Dieselbe Prozedur des Einpaukens wurde auch bei den neuerwählten Würdenträgern vorgenommen.

Der Hauptpriester trat nunmehr vor, einen unversehrten trockenen Flaschenkürbis in der linken und einen kleinen Hammer in der rechten Hand. Er trat an Discha heran und zertrümmerte den Kürbis mit drei Hammerschlägen über ihrem Haupte, indem er sagte, dass jeder, der das Zeichen ihrer Sultanswürde, die Muschelplatte, berühre, ebenso wie der Kürbis mit seiner ganzen Familie zerschlagen werden solle. Dann liess er die Stücke zur Erde fallen.

Sonderbarerweise stürzten sich hierauf andere Wafamu auf ihn, und vertrieben ihn unter ganz gemeinen Schimpfwörtern aus der Corona.

Nun kam ein Redner an die Reihe, der die Sultanin noch einmal über ihre Pflichten belehrte, den man aber wegen des Flintengeknalles, das inzwischen von den Kriegern veranstaltet wurde, nicht gut verstehen konnte. Dann, als der Lärm sich ein wenig gelegt hatte, sprang der Redner auf einen Mehlmörser und hielt eine lange Rede an das Volk, deren kurzer Sinn etwa folgender war: „Discha sei jetzt Sultanin geworden, die Wanjamwesi sollten deren Anordnungen Folge leisten und friedlich miteinander leben. Die Wasungu seien gleichberechtigt mit der Sultanin."

Die Thronbesteigung war damit erledigt. Der Herrscherin und ihren Würdenträgern wurden der Spiess, die Hacke und das Gewehr wieder abgenommen, und in derselben Ordnung kehrte der Zug in das Quikuru zurück.

Hier liess sich Discha vor der Thür ihres Palastes nieder und nahm die Huldigungen ihrer Unterthanen entgegen. Jeder, der sie begrüsste, musste eine Kleinigkeit geben, sei es einen Pfeil oder einen Spiess oder Zeug oder Perlen oder Hühner u. s. w. Dabei liessen sich die Unterthanen auf ein Knie nieder und klatschten in die Hände, „Kassinde" rufend, was Discha mit einem einfachen Kopfnicken entgegennahm. Dabei mussten sich alle sämtlicher Waffen sowie der Kopfbedeckung und des Kopfputzes entledigen, widrigenfalls ihnen derselbe von den Ruga-Ruga entrissen wurde.

In der „Stadt" aber scholl bei Pombe der Ruf: Es lebe der Mtemi! und die wüste Feierlichkeit dauerte noch tagelang. – – –

So war Discha der rechtmässige Mtemi von Ugunda. Ihr Gemahl Manamjäga hatte sich empfehlen müssen. Discha war ja ein Mann; aber ein echter afrikanischer Häuptling kann nicht ohne Frauen leben, und so nahm sich auch Discha eine Anzahl Frauen aus dem Adel des Landes, aber diese Frauen des weiblichen Häuptlings waren wieder junge Burschen, die allerdings Weiberkleider tragen mussten. Aber neben Discha waren auch die Wasungu Herrscher im Lande, und die Deutschen waren während ihres kurzen Aufenthaltes in Ugunda wohl bestrebt, die rohen Sitten des Volkes zu mildern.

In der That wird in Unjamwesi eine grausame Justiz geübt. Da war eine Sklavin, welche der Sultanin einige Tücher gestohlen hatte. Sie wurde auf der That ertappt, da sie aber nicht gestehen wollte, wohin sie bereits einen Teil des gestohlenen Gutes in Sicherheit gebracht hatte, wurde sie einer grässlichen Folter unterworfen. Am Schluss derselben spaltete man einen etwa armdicken Ast, band ihn an einem Ende zusammen und brachte dann den Kopf zwischen die so entstandene Gabel; das noch offene Ende schnürte man ganz fest zusammen, wodurch der Schädel ganz fürchterlich zusammengepresst wurde und schreckliche Schmerzen verursacht wurden. Nun führte man das Opfer in der Stadt umher, damit es den Ort zeige, wo das gestohlene Gut versteckt sei, erreichte aber den Zweck durchaus nicht. Zuletzt zerschmetterte man der Diebin den Schädel.

In geradezu bestialischer Weise wurden Weiber hingerichtet, welche im Verdacht standen, Warosi oder Zauberinnen zu sein; denn die Hexenprozesse stehen in Afrika noch in höchster Blüte.

Die Deutschen zogen jedoch bald von Gonda fort. Sie waren ja noch keine Koloniengründer gewesen, sondern nur Forscher, und die Forscherlust trieb sie tiefer ins Innere hinein bis an den Tanganjika und darüber hinaus. Aber sie wurden in dem kleinen Reiche Ugunda nicht vergessen; denn als einmal während des Araberaufstandes eine Karawane vom Mondlande zur Küste kam, befanden sich in ihr auch Träger aus Ugunda und brachten Elfenbein für Paul Reichard, welches Sultanin Discha als den pflichtschuldigen Tribut an ihren weissen Mitregenten sandte, der allerdings damals fern von Afrika am Ufer der Spree weilte.

Die Geschichte der Sultanin Discha führt uns in die Sitten des Mondlandes ein. Der weibliche Mtemi führte keine Kriege. Unjamwesi fehlte es aber niemals an kriegerischen Häuptlingen. Wir haben bereits von Manua Sera erzählt, der den Arabern zum Opfer gefallen war. In den achtziger Jahren gab es in Unjamwesi eine Anzahl wahrer Räuberhäuptlinge, welche die Karawanenstrassen unsicher machten.

Sie stützten sich vor allem auf die Ruga-Ruga, welche sie unter ihre Zeichen sammelten. Die gefürchtetsten hiessen Simba und Liowa, welche ihre Raubzüge bis an den Tanganjika ausdehnten. Über allen diesen Kriegern ragt aber die Gestalt Mirambos hervor, welcher durch seine Tapferkeit und kluge Politik zu einem wahren Napoleon Ostafrikas sich aufschwang und, da er ein geschworener Feind der Araber war, sich der Sympathien der Europäer erfreute. Wir wollen nunmehr kurz die Gestalt dieses hervorragendsten Häuptlings von Unjamwesi skizzieren.

Der Napoleon des Mondlandes

Mirambo konnte auf keine hervorragende Ahnenreihe zurückblicken; seine Väter waren niemals Häuptlinge gewesen, und er selbst war in seiner Jugend ein einfacher Sohn Unjamwesis, ein Lastträger, wie man sie in den Küstenplätzen zu Tausenden sehen kann. Er stand zunächst in Diensten der Araber und machte mit deren Karawanen die weiten Wege von Tabora nach Bagamojo. Man erzählt, dass sein Herr ihn einmal durchgeprügelt habe, und dass Mirambo von nun an den Arabern Rache geschworen habe. Er verzichtete auf Trägerdienste und ging in die Wälder von Unjamwesi, wo er Ruga-Ruga wurde.

Mirambo hatte das Zeug zu einem Hauptmann, und so sah er sich bald an der Spitze einer kleinen Bande, mit der er die Gegend von Ujoweh unsicher machte; aber er begnügte sich nicht mit dem gewöhnlichen Räuberhandwerk; sein Geist strebte höher hinaus, und er wartete nur auf eine günstige Gelegenheit. Diese bot sich ihm, als der alte Häuptling von Ujoweh starb. Ujoweh war ein kleines Reich, ähnlich dem von Ugunda; während die Wanjapara und Wagaue sich den Kopf zerbrachen, wen sie zum Mtemi wählen sollten, rückte Mirambo in das Dorf ein und riss die Herrschaft an sich. Die Männer von Ujoweh brauchten diese Wandlung der Dinge nicht zu bedauern; denn der Usurpator war ein schneidiger Herrscher. Die kleinen Häuptlinge der Umgegend waren uneinig, führten stets Kriege miteinander. Mirambo legte sich auf die Lauer; stets wusste er die günstige Gelegenheit abzuwarten, um bald den einen, bald den anderen zu überfallen, sich bald mit diesem, bald mit jenem zu verbünden. Er kehrte stets reich mit Beute beladen zurück, und das gab ihm Ansehen bei den Ruga-Ruga, die nun gern seiner Fahne folgten und seine Kriegsmacht vergrösserten. So trug Mirambo den Krieg durch Ugara nach Ukonongo, durch Usagosi an die Grenze von Uwinsa, seine Macht wuchs, und er konnte sie dank der Trägheit der Araber, die damals nur in Unjanjembe sich festgesetzt hatten, allmählich befestigen.

Mkasiwa, der Mtemi von Unjanjembe, galt damals als der mächtigste Herr des Mondlandes, obwohl er zum grossen Teil von den Arabern abhing. Nun wurde Mirambo sein Rival und geriet mit ihm in Streitigkeiten. Da Mkasiwa die Araber in Tabora beherbergte, so waren sie seine Bundesgenossen, und Mirambo konnte nicht den Kriegszug gegen Unjanjembe vornehmen, ohne mit den Arabern handgemein zu werden. Die verbündete Macht Mkasiwas und der Araber mochte ihm zu stark erscheinen, und so begann er zu diplomatisieren, indem er die Araber zu bewegen suchte, sich mit ihm zu Mkasiwas Verderben zu verbinden. Das war eine starke Zumutung. Wie sollten die Araber den Häuptling, der sie freundlich aufgenommen hatte und jetzt ihr ausgesprochener Schützling war, Mirambo zuliebe verraten? Sie wiesen natürlich das ihnen angebotene Bündnis des Mtemi von Ujoweh ab.

Mirambo musste sich fügen, aber von nun an dachte er nur, wie er die Araber schädigen, ihre Macht in Unjamwesi brechen könnte. Die Gelegenheit hierzu war leicht zu finden. Die Häuptlinge Innerafrikas sehen sehr gern, wenn Karawanen durch ihr Land ziehen; denn dieselben müssen sich das Durchzugsrecht durch Entrichtung des Hongo, eines Tributs, erkaufen. Festgesetzt sind diese Abgaben nicht; der Häuptling und der Reisende verhandeln von Fall zu Fall. Es giebt milde Häuptlinge, die wenig nehmen, und habgierige, welche dem Händler das Fell über die Ohren ziehen möchten. Die Verhandlungen wegen der Höhe des Hongo bilden die lästigsten Momente der Afrikareisen. Die Händler müssen sich in der Regel zu den Verhandlungen verstehen. Der eine oder andere mag den Durchzug mit Waffengewalt ertrotzen, aber dann bleibt die Handelsstrasse verschlossen. So versuchten z. B. einmal die Araber, den Wagogo auf dem Wege von Tabora nach der Küste keinen Hongo zu zahlen, und rüsteten eine mit vielen Flinten ausgestattete Karawane aus; aber sie hatten die Rechnung ohne den Wirt gemacht. Die Wagogo stellten sich ihnen nicht feindlich entgegen; aber sie verschütteten alle Brunnen, verliessen die Dörfer am Wege und zogen sich mit dem Vorrat an Lebensmitteln in den Wald zurück, und die Folge davon war, dass die Karawane auf dem Marsche durch Ugogo zu Grunde ging und nur wenige der Teilnehmer lebend nach Unjanjembe zurückkehrten.

Durch die Gebiete, welche Mirambo beherrschte, führte der Weg von Tabora nach Udschidschi; man konnte zwar den See noch auf anderen Wegen im Süden erreichen, aber diese Wege waren wegen der vielen Ruga-Ruga, die sich in den Wäldern umhertrieben, und wegen der vielen kriegerischen Häuptlinge, welche am Wege lagerten, sehr unsicher.

Mirambo beschloss nun, die Hauptstrasse nach dem Westen den Arabern zu verlegen.

Als nun eine nach Udschidschi bestimmte Karawane in Mirambos Gebiet kam, liess der Mtemi sie anfallen und verlangte von derselben fünf Fässer Schiesspulver, fünf Gewehre und fünf Ballen Tuch. Diese ausserordentliche Forderung wurde, nachdem man mehr als einen Tag im wildesten Streite zugebracht, bezahlt; wenn aber die Araber schon über die ungeheure Abgabe, die ihnen auferlegt wurde, erstaunten, so waren sie noch mehr entsetzt, als sie den Befehl erhielten, sich wieder auf den Weg zurückzumachen, auf dem sie hergekommen, und vernahmen, dass keine arabische Karawane mehr durch dieses Land nach Udschidschi ziehen solle, es sei denn über Mirambos Leiche!

Die arabischen Händler beschwerten sich über Mirambo bei dem damaligen Gouverneur von Tabora, Said ben Salim, der schon damals ein alter Mann war und gern den Krieg vermeiden wollte; er begann mit Mirambo zu verhandeln. Dieser aber beharrte hartnäckig bei seinem früheren Entschlusse.

So standen die Dinge, als im Juli 1871 Stanley in Tabora eintraf und von hier nach Udschidschi zur Auffindung Livingstones marschieren wollte. Natürlich war auch ihm der Weg verlegt, und so schloss er sich den Arabern an, um Mirambo zu bekämpfen und die Strasse nach dem Tanganjika zu eröffnen.

In dem Kapitel „Das Leben in Unjanjembe" des Werkes „Wie ich Livingstone fand" giebt Stanley eine anschauliche Schilderung der arabischen Kriegsvorbereitungen und des arabischen Kriegsrates. Bezeichnend sind die Worte, die er dabei dem Araber Soud in den Mund legt:

„Mein Vater pflegte mir zu erzählen", soll dieser in dem Schauri gesagt haben, „wie er sich der Tage erinnere, da die Araber durch das Land von Bagamojo bis Udschidschi, von Kiloa bis Tunda, von Usonga bis Uganda nur mit Stöcken bewaffnet ziehen konnten. Jene Tage sind vorüber. Wir haben die Unverschämtheit der Wagogo lange genug geduldet.

Swaruru von Uhui nimmt uns geradezu ab, was er will, und jetzt haben wir es gar mit Mirambo zu thun, welcher, nachdem er fünf Ballen Tuch als Tribut von einem einzigen Manne genommen, uns erklärt, eine arabische Karawane solle nur über seine Leiche nach Udschidschi gelangen können. Sind wir bereit, das Elfenbein von Udschidschi, Urundi, Karagua oder Uganda um dieses einen Mannes willen aufzugeben? Ich sage Krieg – Krieg, bis wir seinen Bart unter unsere Füsse getreten, Krieg, bis das ganze Ujoweh und Wiljankuru zerstört ist; Krieg, bis wir wieder durch jeden Teil des Landes nur mit dem Spazierstock in der Hand reisen können!"

Die Rede Souds fand allgemeinen Beifall, und die Araber, sowie der Mtemi Mkasiwa, und auch Stanley mit seinen Expeditionssoldaten zogen gegen Mirambo. Die Ortschaft Mfuto bildete den Versammlungsplatz. Es erschienen auf demselben etwa 2250 Mann, mit 1500 Flinten bewaffnet. Pulver und Kugeln waren reichlich vorhanden; die meisten Wanjamwesi Mkasiwas waren aber nur mit Speeren und langen Messern bewaffnet, um die Toten enthaupten und aus Rache verstümmeln zu können.

Mit fliegenden Bannern, mit schallenden Hörnern und fünfzig lärmenden Basstrommeln zog dieses Heer gegen den Feind aus, und die Führer prahlten damit, dass sie in vierzehn Tagen Mirambo demütigen würden. Sie kehrten schon in acht Tagen, aber in einer ganz anderen Verfassung, nach Mfuto zurück. Inzwischen aber hielten die Wanjamwesikrieger tapfere Reden: „Worte, Worte, Worte!" rief einer. „Hört, ihr Söhne von Mkasiwa, ihr Kinder von Unjamwesi. Der Marsch liegt vor euch, die Diebe des Waldes erwarten euch. Ja, sie sind Diebe, denn sie plündern euere Karawanen; sie stehlen euer Elfenbein, sie morden eure Frauen. Sieh da, die Araber sind bei euch, die Wali des arabischen Sultans, und der weisse Mann ist bei euch. Kämpft, tötet, macht Sklaven, nehmt Tuch, nehmt Vieh, tötet es, esst es und macht euch satt. Geht!"

In den ersten Tagen verlief auch alles programmmässig; einige Mirambo freundlich gesinnte Dörfer wurden angegriffen, genommen und geplündert; Elfenbein, Sklaven, Vieh und eine Menge Getreide fielen in die Hände der Sieger.

Stanley erkrankte inzwischen am Fieber und konnte nicht am Hauptschlag teilnehmen, den die Araber gegen Mirambo ausführen wollten, indem sie eine seiner Residenzen, das Dorf Wiljankuru, angriffen. Es gelang ihnen auch, dasselbe nach einem kurzen Widerstande zu nehmen, und sie machten eine verhältnismässig gute Beute, indem sie 100 Elfenbeinzähne, 60 Ballen Zeug und 200 bis 300 Sklaven fortschleppten. Sie traten nun ihren Rückmarsch nach dem Hauptlager durch eine weite, mit hohem Grase bestandene Savanne an und waren in einer frechen, übermütigen Stimmung. Held Mirambo hatte ja in der Flucht sein Heil gesucht.

Die Araber kannten noch nicht das Feldherrntalent ihres schwarzen

Feindes. Mirambo war nicht geflohen, sondern hatte mit seiner Hauptmacht, indem er Wiljankuru preisgab, einen Flankenmarsch nach vorwärts ausgeführt. Er lag mit seinen Mannen im hohen Grase versteckt und brach plötzlich von beiden Seiten hervor, und seine Soldaten streckten, was sie erreichen konnten, mit ihren Speeren nieder. Die Araber, welche an dem Sturm auf Wiljankuru teilgenommen hatten, blieben alle auf dem Kampfplatze; der tapfere Soud wurde getötet, als er seine Flinte laden wollte. Dieser plötzliche Angriff des Feindes, den man für besiegt gehalten hatte, hatte die Mannschaft so demoralisiert, dass sie ihre Beute im Stich liess und insgesamt davonlief. Erst nachdem die Leute einen weiten Umweg durch die Wälder gemacht, kehrten sie in das Hauptlager zurück, um die traurige Geschichte von der Niederlage zu erzählen.

Die Macht der Araber war noch stark genug, um Mirambo mit Erfolg zu trotzen, aber sie konnten zu keinem Entschluss gelangen; sie brachten einen vollen Tag in fruchtlosen Beratungen zu, in denen sie sich gegenseitig die elendeste Feigheit vorwarfen, und als in der Nacht der blinde Lärm: „Mirambo kommt!" ertönte, ergriffen alle die Flucht und wandten sich nach Mfuto, ohne sich um den kranken Stanley zu bekümmern, der ihnen in der dichten Nacht nur mit Mühe und Not nachfolgen konnte.

Von hier zogen sich die Araber nach Tabora und Stanley, der an diesen Bundesgenossen keinen Gefallen mehr fand, nach dem benachbarten Kwihara zurück. Anstatt nun ihre Hauptmacht in Tabora selbst zu konzentrieren, blieben die Araber in den einzelnen Ortschaften Unjanjembes zerstreut und machten auf diese Weise Mirambo einen neuen Angriff leicht. Er verband sich mit etwa 2000 Watuta, Leuten des Sulustammes, der in jene Gegend raubend vorgedrungen war, und rückte gegen Tabora vor. Wiederum fielen einige der angesehensten Araber, und der Rest räumte das brennende Tabora und zog sich nach Kwihara zurück. Die Leichen der Gefallenen wurden von den Wanjamwesi verstümmelt, und die Wafumu Mirambos bereiteten aus den Fleischteilen eine zauberkräftige Medizin, welche von den Kriegern als feiendes Mittel gegen Kugeln und andere Geschosse getrunken wurde.

Nach dieser empfindlichen Niederlage rafften sich die Araber auf und drängten Mirambo aus Unjanjembe heraus, ohne ihn jedoch zu besiegen. Stanley fand inzwischen im Süden eine gangbare Strasse nach dem Tanganjika, wo er in Udschidschi mit Livingstone zusammentraf.

Fünf Jahre darauf kam der anglo-amerikanische Forscher auf seiner berühmten Reise durch den dunklen Weltteil im Jahre 1876 wieder in jene Gegenden. Das Land Ujoweh hiess nach dem berühmten Häuptling Urambo. Stanley trat diesmal mit dem gefürchteten Feldherrn in freundschaftliche Beziehungen.

„Seine Persönlichkeit nahm mich ganz für ihn ein", schreibt Stanley, „denn er war seiner äusseren Erscheinung nach ein vollkommener afrikanischer Gentleman und ganz verschieden von dem Bilde, das ich mir in meiner Phantasie von dem schrecklichen Banditen entworfen hatte, der seine berüchtigten Schläge an eingeborene Häuptlinge und an Araber mit derselben Schnelligkeit ausgeteilt hatte, wie einst Friedrich der Grosse, als den preussischen König die Feinde rings umgaben."

Aus dem Tagebuche Stanleys entlehnen wir folgende Charakteristik des hervorragenden Häuptlings:

„Mirambo ist ein Mann von ungefähr 1,8 m Höhe, etwa 35 Jahre alt,* ohne ein Lot überflüssigen Fleisches. Ein schöner Mann mit regelmässigen Gesichtszügen, milder Stimme, sanfter Sprache, mit einem Benehmen, das man fast sanft und demütig nennen könnte, dabei grossmütig und freigebig. Sein Charakter zeigte sich so verschieden von dem, welchen ich ihm in meinen Gedanken beigelegt hatte, dass auf einige Zeit der Verdacht in meinem Geiste aufstieg, dass man mich täuschen wolle, aber es traten Araber an mich heran, welche mir bezeugten, dass dieser rüstig aussehende Mann wirklich Mirambo sei. Ich hatte erwartet, etwas von dem Mtesa-Typus zu sehen, einen Mann, dessen Äusseres seine Lebensführung und seinen Rang verkündigen würde; aber dieser anspruchslose Mann mit seinen milden Augen, mit seinem stillen, in keiner Weise auffälligen, fast demütigen Äusseren und einem ruhigen, alle Gesten vermeidenden Wesen bot dem Auge durchaus nichts von dem napoleonischen Genie dar, das er bereits fünf Jahre lang im Herzen von Unjamwesi, die Araber und ihren Handel schädigend und die Elfenbeinpreise verdoppelnd, entfaltet hat. Ich sagte ‚durchaus nichts', aber ich muss doch seine Augen ausnehmen, welche den ruhigen, aber zugleich festen und sicheren Blick eines Herrn und Meisters hatten.

Während der Unterredung, welche ich mit ihm hatte, sagte er unter anderem, dass er Knaben und Jünglinge als Begleiter auf seinen Kriegszügen vorzöge; er nehme nie Leute mittleren oder höheren Alters, weil sie sicherlich durch Weiber und Kinder gestört und vom Dienst abgezogen würden und nicht halb so gut kämpften, wie junge Burschen, welche auf jedes seiner Worte lauschten. Er sagte: ‚Sie haben schärfere Augen, und ihre jungen Glieder befähigen sie, sich mit der Leichtigkeit von Schlangen und der Geschwindigkeit der Zebras zu bewegen, und wenige Worte pflegen ihnen den Mut von Löwen einzuflössen. In allen meinen Kriegen mit den Arabern hat eine Armee von Jünglingen, von unbärtigen Knaben mir den Sieg verliehen. Fünfzehn meiner jungen Leute fielen an einem Tage, weil ich sagte, ich müsse ein gewisses rotes Tuch haben, das als eine Herausforderung hingeworfen worden war. Nein, nein, gebt mir Jünglinge für den Krieg, für die offene Feldschlacht und Männer für die Palissadenverschanzungen des Dorfes'."

* Im Jahre 1876.

Stanley schloss mit Mirambo Blutsbrüderschaft, wobei ein Gehilfe in die rechten Beine beider einen kleinen Einschnitt machte, aus dem er das Blut entnahm, und beim Austauschen desselben laut ausrief:

„Wenn einer von euch beiden diese jetzt zwischen euch geschlossene Brüderschaft bricht, so möge der Löwe ihn verschlingen, möge die Schlange ihn vergiften, möge Bitterkeit in seiner Nahrung sein, mögen seine Freunde ihn verlassen, möge seine Flinte in seinen Händen zerspringen und ihn verwunden und alles Böse ihm widerfahren, bis dass er sterbe!"

Im Laufe der Zeit kam Mirambo öfter mit den Europäern in Berührung, denn in Unjanjembe wurden Stationen und dort sowie in Urambo Missionen gegründet. Reichard, Böhm und Kaiser, die uns bereits aus ihrer Thätigkeit in Ugunda bekannt sind, trafen im Jahre 1882 mit Mirambo zusammen und schilderten ihn folgenderweise:

„Mirambo, der Napoleon der Wanjamwesi, ist ein grosser Mann von etwa 45 Jahren, obgleich er sich selbst einer hierzulande ganz gebräuchlichen Auffassungsweise gemäss als sehr alt (‚ja samani', wörtlich: von früher) und dagegen uns als ganz junge Leute (Wafoto = Kinder) bezeichnete, die zu ihm etwa im Verhältnis von Enkeln ständen. Sein intelligentes Gesicht, welches von einem dünnen Barte umrahmt ist, wird durch einige hervorstehende Zähne nicht gerade verschönert. Die sonstige Erscheinung des Häuptlings sowohl im Anzug als in Gang und Haltung zeigt die Nachlässigkeit eines Mannes, der auf dergleichen Äusserlichkeiten keinen Wert legt, so dass er in seinem abgetragenen Kitambi, seiner dunklen europäischen Jacke und einem nachlässig als Mantel umgeschlungenen Stück Amerikano unter seinen entweder in reinstes Weiss oder in farbig glänzende Stoffe gekleideten Wanjapara ordentlich auffiel. Auch das Haar trägt Mirambo ohne jede künstliche Frisur, selbst das Zeichen des Mtemi fehlte, sowie jeder Hals- und Armschmuck. Nur die einfache Holzganga, die jeder Ruga-Ruga trägt, hing am Handgelenk. Nach alter Gewohnheit trug er in der Hand Bogen und Pfeile, obwohl er ausgezeichnete europäische Gewehre besass und ein guter Schütze war. Gewehr und Patronentasche, sowie ein Wassergefäss wurden von einigen Jungen nachgetragen."

Um dieselbe Zeit traf auch Wissmann auf seiner ersten Durchquerung Afrikas, von Udschidschi kommend, mit Mirambo zusammen. Er vervollständigte die Charakteristik des Unjamwesi-Häuptlings durch folgende interessante Züge:

„Mirambo", so äussert sich Wissmann in seinem Werke: „Unter deutscher Flagge quer durch Afrika von West nach Ost", „war ein Mann von etwa 50 Jahren, hohen, sehnigen Wuchses, mit einem feinen Hüftentuch, sowie einfachem grauen europäischen Rock bekleidet. Das Haupt etwas geneigt und ein freundliches, stillvergnügtes Lächeln auf dem mageren

Gesicht, das einen leidenden Ausdruck hat, bot er in leisem Ton und langsamer Rede mir ein Willkommen. Hierauf drückte er seine Verwunderung aus über die weite Reise, die ich zurückgelegt, und besonders, dass ich mit so geringer Macht Uha durchzogen hätte. Bescheiden, fast schüchtern war sein Wesen, mild seine Sprache, und der ruhige Ausdruck seiner Züge wurde durch eine feine Tättowierung auf der Stirn, die einer starken Zornader glich, gestört. Es hätte kaum jemand in diesem ruhigen Mann den grossen Krieger, der Ostafrika erzittern machte, erkennen können. – – –

Der Ruhm der vielen Siege hatte allmählich Mirambo zum gefürchtetsten und bei den Seinigen zum populärsten Mann gemacht. Mirambo schlafe nie, er könne fliegen, sei unverwundbar, und manche andere Eigenschaften schrieb man ihm zu. Trotz seines scheinbar milden Wesens soll er durch wenig Worte seine Krieger zu wildem Mut entflammt haben. Er focht heute hier und erschien am nächsten Morgen sechs gewöhnliche Tagereisen weiter entfernt mit seinen sieggewohnten Heeren, den Tag über und eine ganze Nacht im Dauerlauf unglaubliche Entfernungen durcheilend. Er war überall."

Seit langer Zeit zeigen die Sulu das Bestreben, sich nach Norden auszubreiten, ein Stamm derselben, der im Norden des Njassasees wohnte, wurde von einem mächtigen Häuptling von dort vertrieben; die Watuta, so nannte man sie, wandten sich erobernd gegen Mirambos Gebiet. Sofort trat ihnen dieser mit einer bedeutenden Heeresmacht entgegen, zwang sie zum Frieden, gab ihnen im Nordwesten von seiner Residenz neue Wohnsitze, verpflichtete sie aber, ihm im Kriegsfalle Heeresfolge zu leisten. Auf der Höhe seiner Macht war er im stande, innerhalb dreier Tage 10 000 Mann aufzubieten, ohne die Watuta.

Die Araber setzten alles daran, ihrem gefährlichen Feinde die Pulverzufuhren abzuschneiden. Als Wissmann bei ihm weilte, war er gerade mit der ihm eigenen Energie bestrebt, den Pulvermangel zu ersetzen. In den weiten Höfen waren viele Menschen beschäftigt, Speere, Bogen und Pfeile anzufertigen. Hier sassen zwanzig Mann, die nur Pfeilschäfte glätteten, dort Schmiede, dem Eisen die Form von Pfeil und Speerspitzen gebend, andere schliffen an Steinen diese Spitzen, wieder andere fügten Federn in den Pfeilschaft ein, in einer anderen Gruppe wurden Sehnen für die Bogen gedreht u. s. w.

Mirambo führte Wissmann in sein Arsenal. Es war dies ein Tembe; ein grosser Raum war angefüllt mit Tausenden von Speeren, Bogen und eine ganze Wand bedeckt mit Bündeln schöner Pfeile.

„Siehe hier mein Pulver", sagte er, „noch bin ich nicht waffenlos!"

Und als Wissmann ihn fragte, gegen wen diese Rüstungen gerichtet seien, gebrauchte er den fast genau in Suahilisprache übersetzten Spruch: Si vis pacem, para bellum.

Mitten in einem grossen Hofe befand sich eine kleine, halbverfallene Hütte, in welcher Mirambo den grössten Teil des Tages zubrachte, indem er die Geschäfte der Regierung besorgte. Seine Unterthanen näherten sich ihm in gebückter Haltung und klatschten dabei mehrfach in die Hände.

„Ein alter hübscher Neger mit einer Adlernase und schlauem Gesichtsausdruck scheint sein Hauptberater zu sein“, erzählt Wissmann. „Wenn derselbe Vortrag hält, so spricht er fliessend und ausdrucksvoll vor sich hin, ohne seinen Herrn anzusehen, denn er weiss, dass selbst die überraschendsten Nachrichten auf den ruhigen, stillvergnügten Zügen desselben keine Verwunderung hervorrufen würden. Ganz nach dem Gesetz afrikanischer Rhetorik macht er Vergleiche, spricht in Bildern oder malt das Schlimme drastisch aus, um dann das Erwünschte im Gegensatze dazu glänzend hervorzuheben. Plötzlich unterbricht er seine Rede und beginnt mit leiser Stimme einen der vielen Gesänge, in denen die Wanjamwesi ihren Mirambo verherrlichen. Ausdrucksvoll, mit leuchtenden Augen, endet der Alte jeden Vers mit dem Refrain: ‚Mirambo‘; dann lässt er eine Gefühlspause eintreten und fährt fort in seinem Vortrage. Mir schien der Alte für einen Wilden ein sehr feiner Diplomat zu sein.“

Wissmann verlebte bei Mirambo sehr interessante Tage. Die beiden für Afrika so bedeutenden Männer entwarfen Pläne für die Zukunft. Damals war im Norden von Urambo noch ein wichtiges geographisches Problem zu lösen. Stanley hatte im Jahre 1876 den Muta-Nsige, der heute Albert-Edwardsee genannt wird, entdeckt, aber ihn nicht genau erforschen können. Gehörte er zu den Nilseen, oder floss er nach dem Kongo ab?

Wissmann erörterte diese Frage mit Mirambo, und dieser erbot sich auch, dem Reisenden bei seiner eventuellen Rückkehr nach Afrika so viel Mann zur Erforschung des Muta-Nsige zu geben, als er nur wollte, nur sollte das auf der Reise aufgekaufte Elfenbein Mirambo gehören. Wissmann sollte auch Pulver mitbringen, denn die Stämme dort, die Wasongora, seien wild und kriegerisch.

Während der Anwesenheit Wissmanns trat auch ein für Unjamwesi höchst wichtiges Ereignis ein. Durch die Thore Urambos zog nach vielen Jahren wieder ein Araber friedlich ein – es war Zefu ben Mohammed, der Sohn Tippu-Tips. Die beiden mächtigsten Männer Ostafrikas schlossen Freundschaft. Tippu-Tips Karawanen sollten von nun an unbehelligt durch Mirambos Land ziehen dürfen, dieser aber sollte Seid Bargasch günstig für Mirambo stimmen, damit er sein Elfenbein zur Küste schaffen und in Sansibar verkaufen konnte.

Mirambo konnte die Früchte dieser Verhandlungen nicht mehr ernten; denn wenige Jahre darauf starb er, noch im rüstigen Mannesalter; man behauptete, dass die Araber ihren Todfeind vergiften liessen.

Mit seinem scharfen Blick hatte Mirambo in den Europäern die künftigen Rivalen der Araber erkannt, und er suchte darum die Weissen, die ihn besuchten, freundlich zu empfangen. Er war kein kleiner, habgieriger Häuptling, der nach dem Hongo lüstern war; im Gegenteil, er pflegte seine Gäste trefflich zu bewirten und reich zu beschenken. Es kamen zwar in seinem Gebiete Angriffe gegen die Weissen vor, und von seinen Ruga-Ruga wurden die Engländer Carter und Catanhead getötet, aber man kann ihn für diese Unthaten nicht verantwortlich machen. Seine Armee war ja aus Walddieben hervorgegangen, und es mochte ihm schwer fallen, die unbändigen Gesellen im Zaum zu halten; er selbst entschuldigte sich mit den Worten, dass seine Leute „Hyänen“ seien, wenn sie Beute erblickten. So ist auch wohl anzunehmen, dass jene Überfälle von den Soldaten Mirambos auf eigene Faust unternommen worden waren, wie überhaupt viele der Verwüstungen auf seinen Namen geschrieben wurden, obwohl er sie in späteren Zeiten gar nicht beabsichtigte.

Während er gegen andere freigebig war, lebte er selbst einfach; seine Kleidung war schlicht, seine Mahlzeiten bestanden fast ausschliesslich in Reis und Milch. Mit dem englischen Missionar Southon, der an einer auf einer Jagd erlittenen Wunde in Urambo starb, verband ihn eine aufrichtige Freundschaft. Es ist in der That zu beklagen, dass Mirambo so frühzeitig von dem Schauplatze abtreten musste; in unseren Tagen, wo der deutsche Einfluss in Tabora massgebend wird, wäre Mirambo der beste Lehnsfürst gewesen, der für geordnete Verhältnisse in den Mondlande sorgen würde; vereinigt mit den Deutschen und auf deren Schutz sich stützend, wäre er auch im stande gewesen, die Araber in Tabora in Schach zu halten.

Nach dem Tode Mirambos atmeten die Araber in Tabora auf. Das grosse Reich Mirambos scheint nur durch die Person des Häuptlings selbst gehalten worden zu sein. Die Söhne, die sich in die Herrschaft des Vaters teilten, hatten dessen Geist nicht geerbt. Herrischer denn je traten jetzt die Araber in Tabora auf, und als infolge der deutschen Besitzergreifungen an der Ostafrikanischen Küste deutsche Kaufleute bis nach Tabora vordrangen und hier Elfenbein einhandeln wollten, räumten die Araber den einen ihrer Konkurrenten fort, indem sie ihn meuchlings erschossen. Erst im Jahre 1890 konnte Wissmann all der Küste den Meuchelmörder ergreifen und durch dessen Hinrichtung die Unthat sühnen.

Zu derselben Zeit brach von der Küste Emin an der Spitze einer deutschen Expedition nach den Victoria-Njansa auf. Er kam auch nach Tabora, hisste hier die deutsche Flagge und nahm von den Arabern die Erklärung der Unterwerfung entgegen. In dem ehemaligen Reiche Urambos lagen die Verhältnisse schlimm. Die vom Süden vordringenden Sulustämme, welche Mirambo zu bezwingen gewusst hatte, hatten ihr Haupt erhoben und durch ihre Raubzüge die friedlicheren Wanjamwesi bedroht. Die Truppen Emins sahen sich genötigt, gegen dieselben vorzurükken, aber es ist ihnen nicht gelungen, den räuberischen Stamm gänzlich zu besiegen.

So ist das Feld beschaffen, auf welchem demnächst in Deutsch-Ostafrika ein neuer Stützpunkt der Kultur errichtet werden soll. Die Schilderung der kleinen Reiche und des mächtigen Kriegshäuptlings der Unjamwesi dürfte aber wohl geeignet sein, in uns die Überzeugung wachzurufen, dass mit dem Menschenmaterial von Unjamwesi sich etwas machen lässt. Wenn es Mirambo gelungen war, ein haltsames Reich zu gründen, so wird es auch deutschen Befehlshabern nicht unmöglich sein, in Unjamwesi eine Station zu gründen, die, mit tapferen schwarzen Soldaten ausgerüstet, die Karawanenwege beschützen, die Einfälle der räuberischen Stämme zurückschlagen und Ordnung in dem Lande aufrechterhalten wird, welches durch seine geographische Lage die Wege zu den wichtigen Gebieten am Victoria-Njansa und am Tanganjika beherrscht.

Etwas freilich dürfen wir uns nicht verhehlen: diese Kulturarbeit wird nicht so leicht noch ohne die nötige Machtentfaltung verrichtet werden können.

Die Wahumafürsten

Land und Volk der Wahuma

Als Speke sich anschickte, von Tabora nordwärts vorzudringen in die Länder, in welchen die Wahuma herrschten, sagte der Araber Nasib zu ihm: „Diese Wahumakönige sind nicht wie die, welche ihr in Unjamwesi oder sonstwo saht; sie haben Offiziere und Soldaten gleich dem Sultan von Sansibar.“

In der That finden wir an den Nilseen die hervorragendsten Staatenbildungen Ostafrikas, Reiche, welche allein diesen Namen verdienen. Dort tritt uns aber noch ein anderes Rassenelement entgegen, welches von dem bisher beobachteten zentralafrikanischen Negertypus durchaus verschieden ist. Der aufmerksame Reisende begegnete bereits im Mondlande einem fremdartigen Stamm, der Viehzucht betreibt und weit ab von den begangenen Strassen am Rande von Wäldern zu leben pflegt. Es sind dies die Watusi, welche schon durch ihre hellere Färbung verraten, dass sie mit den Wanjamwesi nicht desselben Ursprungs sind. Die Gesichtszüge, der Körperbau und die Sitten derselben deuten auch mehr auf eine Verwandtschaft mit den Abessiniern oder den Gallavölkern. In Unjamwesi sind die Nomaden verstreut und haben keine hervorragende politische Bedeutung; weiter im Norden, zwischen den Nilseen, sind sonderbarerweise gerade die Herrscherfamilien unzweifelhaft Abkömmlinge jenes heller gefärbten Stammes, der hier den Namen Wahuma, d. h. Leute aus dem Norden, führt.

Die Völkergeschichte Afrikas ist eine Reihe von Wiederholungen, hat man treffend gesagt, und eine solche Wiederholung liegt auch für den Forscher in diesem Falle vor. Unsre Leser haben im ersten Bande ein sonderbares, heller gefärbtes Hirtenvolk, die Fulbe, kennen gelernt und erfahren, wie dieselben die alten Haussareiche im Sudan stürmten und sich zu Herrschern derselben aufschwangen.

Wir konnten im Verlauf einer hundertjährigen Geschichte der Haussastaaten nachweisen, wie die nomadisierenden Sieger in der besiegten akkerbautreibenden dunklen Bevölkerung aufgingen und wie aus beiden das Mischlingsvolk der Haussa-Fullani hervorging. Ähnliches muss sich auch in dem Nilseengebiet ereignet haben.

Ein hellgefärbtes Hirtenvolk, die Wahuma, drang von Norden oder Osten in diese Gebiete vor und unterwarf sich hier die alteingesessene

Bevölkerung; aber auch hier erwies sich die Kultur der Ackerbauer dauernder, als die des energischeren Nomadenvolkes. Die Sieger nahmen die Sitten der Besiegten an, und das herrschende Mischvolk blickte mit der Zeit mit Geringschätzung auf diejenigen Wahuma nieder, welche nach der Art ihrer Vorfahren sich der Viehzucht widmeten. So begegnen wir hier Negerstaaten, in denen Wahumafürsten herrschen und in denen die echten Wahuma eine sehr untergeordnete, ja verächtliche Rolle spielen. Dabei finden wir auch einzelne Stufen dieses Entwickelungsprozesses in den einzelnen Staaten ziemlich deutlich ausgeprägt, indem hier die Bedeutung der Wahuma mehr, dort aber weniger gross ist.

Die siegreichen Nomaden gründeten zuerst das Reich Kittara, welches in den weidereichen Gebieten des heutigen Unjoro sich erstreckte. Von hier aus beherrschten sie die umliegenden Länder, namentlich das fruchtbare Uganda. Wann dieses Reich gegründet wurde, kann heute niemand mit Bestimmtheit sagen. In späteren Zeiten, nach den Erkundigungen Spekes aus dem Jahre 1863 vor etwa zwanzig Generationen, sollen Zwistigkeiten um die Thronfolge einige Wahumafürsten zur Auswanderung veranlasst haben; so wurden nacheinander die südlichsten Wahumareiche Karagua, Usinsa und Usija gegründet. Um dieselbe Zeit etwa erfolgte die Trennung Ugandas von Unjoro oder dem alten Reiche von Kittara und zwar laut Speke in folgender Weise:

In den frühesten Zeiten betrachteten die Wahuma von Unjoro alle ihre den Victoria-Njansa umfassenden Ländereien infolge von deren ausgezeichneter Fruchtbarkeit als ihren Garten und belegten deren Einwohner mit dem Beinamen Wiru oder Sklaven, weil sie die königliche Regierung mit Nahrung und Kleidung zu versehen hatten. Kaffee wurde von den Wiru nach der Hauptstadt gebracht, auch Mbugu (Rindenzeug) von einem unerschöpflichen Feigenbaum, kurz, das Land der Wiru war berühmt wegen seiner reichen Erzeugnisse.

In dieses Land kam vor achtzehn Generationen der Sage nach ein Jäger aus Unjoro, Namens Uganda, mit einem Rudel Hunde, einem Speer und einem Schild, um am linken Ufer des Katongathals, nicht weit vom See, zu jagen. Er war nur ein armer Mann, aber beim Jagen so glücklich, dass eine unendliche Anzahl Wiru des Fleisches wegen zu ihm lief und ihn so lieb gewann, dass sie ihn einlud, ihr König zu sein, indem die Leute sagten: „Was nützt uns unser gegenwärtiger König, der so weit wegwohnt, dass, wenn wir ihm eine Kuh als Tribut schicken, die Kuh unterwegs kalbt, das Kalb zur Kuh wird, ein zweites Kalb giebt und so fort, und doch das Geschenk noch nicht seine Bestimmung erreicht hat."

Zunächst zögerte Uganda unter dem Vorwande, dass sie ja bereits einen König hätten, da sie aber weiter in ihn drängten, willigte er ein; als das Volk seinen Namen hörte, sagte es: „Gut, so sei es; und künftig heisse das Land zwischen dem Nil und Katonga Uganda, und du heissest Kimera, erster König von Uganda."

In derselben Nacht stand Kimera auf einem Steine mit einem Speer in seiner Hand und einer Frau und einem Hunde an seiner Seite sitzend; und bis auf den heutigen Tag behauptet das Volk, dass seine Fusstapfen und der Eindruck seines Speerschaftes, ebenso wie die Sitze der Frau und des Hundes noch sichtbar seien.

Die Nachrichten über diese Vorgänge erreichten bald den grossen König von Unjoro, welcher in seiner Grösse bloss sagte: „Das arme Geschöpf muss verhungern; lassen wir ihn dort sich ernähren, wenn er Lust hat!"

Heute ist der Name Kittara nicht mehr gebräuchlich. Uganda wurde zu dem mächtigsten Reiche an den Nilseen, welches an Bedeutung Unjoro überflügelte, und beide Länder sind seit langen Zeiten in eine Reihe von Kriegen verwickelt. Karagua wurde von den Königen von Uganda unterworfen und tributpflichtig gemacht.

Als nun Ostafrika zwischen Deutschland und England geteilt wurde, kamen von diesen Reichen Uganda und Unjoro in das englische Gebiet, während Karagua Deutsch-Ostafrika zugeteilt wurde. Da aber Uganda der wichtigste Staat am Victoria-Njansa ist und die Gebiete der kriegerischen Wanjoro an deutsches Kolonialgebiet grenzen, so sind alle diese Reiche für die deutschen Unternehmungen an dem grössten See Afrikas von höchster Bedeutung und verdienen auch von diesem Standpunkte aus eine eingehende Würdigung.

Wenden wir uns zunächst dem Reiche Karagua zu, welches unter deutschem Schutz seine Abhängigkeit von Uganda wohl bald aufgeben wird.

Die Fürsten von Karagua

Vor etwa zwanzig Generationen sah sich ein Thronprätendent von Kittara genötigt, da er im Kampfe von seinem Rivalen besiegt wurde, das Land zu räumen, und er floh mit seinem Anhange nach Karagua, in welchem damals ein König Nono über das Volk der Wanjamba herrschte. Er bat ihn um Schutz, der ihm auch gewährt wurde. Der vertriebene Verschwörer – Rohinda war sein Name – machte sich bei den Wanjamba sehr beliebt, und er vergalt König Nono die gastliche Aufnahme mit dem schwärzesten Undank. Er hatte die Krone von Kittara nicht gewinnen können, und so beschloss er, wenigstens die von Karagua an sich zu reissen. Eines Tages gab er ein Fest, an dem auch König Nono teilnahm; da stürzten während des Gelages seine Wahumaschergen vor, töteten Nono und riefen Rohinda zum König von Karagua aus. Die Tradition nennt folgende Könige, die auf den Gründer dieses Wahumareiches folgten: es herrschten abwechselnd sechsmal Rohinda und siebenmal Ntare, auf Rohinda VI. folgte Dagara, unter dessen Sohn Rumanika die Europäer zum ersten Male das Land betraten. Es wäre müssig, den vielen Einzelheiten der Regierungsgeschichte der vielen Nitares und Rohindas nachzugehen; wenn wir uns begnügen, nur davon zu berichten, was Speke von dem Fürsten Dagara erzählt wurde, so werden wir uns überzeugen, welcher Wert der mündlichen Geschichtsüberlieferung der Negervölker beizulegen ist.

Karagua zählt zu den gesegneten Landstrichen Ostafrikas. Es liegt 1300 bis 1500 m über dem Meeresspiegel und ist ausserordentlich reich bewässert; soweit das Auge reicht, sieht man hier schön bewachsene Hügelreihen, dazwischen eine Menge von Flüssen, die sich zu Seen erweitern. Besteigen wir, nach Norden ziehend, einen dieser Bergrücken, so bietet sich uns ein prachtvoller Ausblick in das Thal von Kafurro, der Residenz des Reiches Karagua. Ungefähr 180 m unter uns baut sich eine grasbedeckte Terrasse dicht über einen etwa 300 m tiefer liegenden See, welchen die Engländer zur Erinnerung an ihre heimatlichen Seen den kleinen Windermeresee genannt haben. Seine ruhig glatte Oberfläche wetteifert in der Farbe mit dem reinen Azurblau des wolkenlosen Himmels. Über einen schmalen Bergrücken hinweg blicken wir in ein breites, mit Papyrusstauden bedecktes Thal, welches von dem Alexandrafluss durchschnitten wird, während nach Süden zu noch viele kleine, blaue Seen hervorblinzen, wie blaue Perlen an dem silbernen Schlangenband desselben Flusses aufgereiht.

Jenseit des breiten Thales erhebt sich Berg an Berg, durch tiefe Seitenthäler voneinander getrennt, und dahinter türmen sich, in matte und unbestimmte Umrisse zurückweichend, höhere Gebirgszüge auf, und über allen ragt in nebelhafter Ferne der zuckerhutförmige Mfumbiroberg.

Auf der Rasenterrasse unter uns liegt ein Dorf, durch ein starkes, kreisrundes Pfahlwerk rings eingehegt. Es ist Rumanikas Dorf. Kafurro verdankte seine Wichtigkeit wohl weniger den Thaten der kleinen Wahumafürsten, als vielmehr dem Umstande, dass sich hier einige Araber niederliessen und den Ort zu einer Etappe auf dem Wege nach Uganda erhoben.

Der Hervorragendste von ihnen war Hamed Ibrahim, der in Kafurro ein schönes Haus mit einem Giebeldache besass. Sein Reichtum bestand in 150 Rindern, 100 Sklaven und 450 Elfenbeinzähnen. Er hatte mehrere Frauen und eine Schar von Kindern; er war ein gastfreier, feiner Araber von heller Farbe, der schon seit dem Anfang der 1860er Jahre in Kafurro lebte und auf die Reisenden, die ihn besuchten, einen guten Eindruck machte.

Rumanika, der Fürst von Karagua.

Im November 1861 herrschte in dem kleinen Kafurro eine grosse Aufregung, denn König Rumanika sollte die ersten Europäer, die ihn besuchten, empfangen. Die Karawane Spekes und Grants war eingetroffen. Durch eine Reihe von Umzäunungen wurden die Reisenden zu einer geräumigen Hütte, dem Königspalaste, geleitet. Hier wurden sie vom König Rumanika und dessen Bruder Nnanaji erwartet; beide waren Leute von stattlicher Grösse und „nobler Erscheinung"; sie sassen mit gekreuzten Beinen auf der Erde. Der König war einfach in einen schwarzen Araberkaftan gekleidet und trug als Schmuck Perlengewinde von reichgefärbten Perlen über den Knöcheln und nettgearbeitete Armbänder von Kupfer. Des Königs Bruder war ein berühmter Medizinmann und hatte darum ausser dem karrierten Stück Zeug, mit dem er bekleidet war, noch eine Menge Talismane an sich gehängt. Vor den beiden lagen grosse Pfeifen von schwarzem Thon. Hinter ihnen kauerten so still wie Mäuse alle Söhne des Königs, sechs oder sieben junge Kerlchen mit ledernen kurzen Röcken und kleinen Traum-Amuletten, die um den Hals gebunden waren. Die Erscheinung der Wahumafürsten machte auf die Reisenden den vorteilhaftesten Eindruck; denn sie hatten schöne, ovale Gesichter, grosse Augen und hohe Nasen, das beste abessinische Blut verkündigend.

Die Begrüssung war eine ausserordentlich freundliche und erfolgte ohne viel Zeremonien. Rumanika führte sich in die Geschichte der Afrikareisen sofort als ein liebenswürdiger, leutseliger Mann ein, der er auch bis an sein Lebensende geblieben ist. Er lächelte ewig und war stolz auf sein Karagua. Die erste Frage, die er an die Reisenden richtete, war die, was sie von dem Lande dächten, ob sie einen schöneren See und schönere Berge gesehen hätten.

Seine Wohnung zeichnete sich durch grosse Reinlichkeit aus. Das Dach wurde durch zahlreiche, reine Stangen gehalten, an welche man verschiedene Speere von ausgezeichneter Arbeit befestigt hatte. Ein grosser stehender Schirm von schönem Strohgeflecht in geschmackvollen Mustern teilte einen Raum des Zimmers ab, und auf der gegenüberliegenden Seite befanden sich als blosse Schmucksachen eine Anzahl messingener Anker und kleine Modelle von Hähnen, welche zu seiner Unterhaltung von den Arabern in Kafurro in Eisen gearbeitet worden waren.

Das grösste Wunder von Karagua waren aber die Frauen der Wahumaprinzen. Unter diesen Hirtenvölkern herrscht die wunderbare Ansicht, dass fette Frauen besonders schön sind, und darum werden die Ärmsten im vollsten Sinne des Wortes gemästet. Welche Erfolge man dabei zu erzielen vermag, darüber mag uns die folgende Beschreibung eines Besuches bei einer der Schwägerinnen Rumanikas belehren:

Die Frau war ein zweites Wunder der Fettleibigkeit, nicht fähig zu stehen, ausgenommen auf allen Vieren. Speke war begierig, einen ordentlichen Anblick von ihr zu erhalten und sie wirklich zu messen, und veranlasste sie, ihm die Sache dadurch zu erleichtern, dass er sich erbot, ihr auch ein Stück seiner nackten Beine und Arme sehen zu lassen. „Der Köder fing, wie ich wollte“, erzählt der Reisende, „und nachdem ich es dahin gebracht hatte, dass sie sich bis in die Mitte der Hütte gedreht und gewälzt hatte, that ich, wie ich es versprochen hatte, und mass dann ihre Dimensionen.* Alle diese Masse sind exakt mit Ausnahme der Höhe, und ich glaube, ich hätte diese genauer erhalten können, wenn ich sie hätte auf den Boden legen lassen können. Die Schwierigkeiten nicht kennend, mit denen ich bei einer solchen Ingenieurarbeit zu kämpfen haben würde, versuchte ich ihre Höhe zu erhalten, indem ich sie aufrichtete. Nach unendlicher Anstrengung von beiden Seiten gelang dies; sie sank aber sofort ohnmächtig um, da ihr das Blut nach dem Kopfe gestiegen war. Unterdes sass ihre Tochter, ein Mädchen von sechzehn Jahren, völlig nackt vor uns, an einem Milchkrug saugend, bei welcher Arbeit sie ihr Vater mit einem Stock in der Hand anhielt; denn da das Fettwerden die erste Pflicht des fashionablen Lebens ist, muss es mit dem Stocke, wenn nötig, gehörig eingeschärft werden. Ich fing ein bisschen mit dem Fräulein zu kokettieren an und bewog sie aufzustehen und mir die Hand zu drücken. Ihr Gesicht war lieblich, ihr Körper aber rund wie eine Kugel.“

Rumanika war der Sohn eines erlauchten Königs. Rohinda der Sechste regierte so lange, dass er selbst ein Mitleiden mit seinem Sohne Dagara bekam, dass dieser wohl niemals die Herrschaft über Karagua antreten dürfte. Er dankte aber nicht ab, wie dies andre Fürsten thun, sondern nahm ein magisches Pulver, welches sein Leben wegzauberte. Aus seiner Leiche sprang ein junger Löwe hervor und behütete den Hügel, auf dem der tote König ruhte; aus ihm entstanden andere Löwen, bis der ganze, Ort eingenommen wurde. Dank diesen Löwen gelangte Karagua zu ungeheurer Macht und wurde zum Schrecken anderer Länder; denn diese Löwen waren dem Willen Dagaras untergeben, und als einmal Karagua vom Feinde angegriffen wurde, sammelte Dagara kein Heer, sondern rief seine Löwen zusammen und trieb mit ihnen den Feind in schreckliche Flucht.

Rumanika beschäftigte sich sehr gern mit geographischen und astronomischen Fragen; er stellte z. B. an Europäer die Fragen, ob dieselbe Sonne, die an einem Tage schiene, wiedererscheine, oder ob alle Tage frische Sonnen kämen, und ob der Mond verschiedene Gesichter mache, um über uns Sterbliche auf der Erde zu lachen oder nicht. Solche Neugierde hatte er ohne Zweifel von seinem Vater geerbt, denn auch dieser stellte während seiner Regierungszeit ähnliche Studien an.

Einmal wollte er wissen, woraus die Mitte der Erde zusammengesetzt sei, und liess hinter dem Palaste eine tiefe Grube graben. Er scheint aber

* Um den Arm 1 Fuss 11 Zoll, Brust 4 Fuss 4 Zoll, Schenkel 2 Fuss 7 Zoll, Wade 1 Fuss 8 Zoll, Höhe 5 Fuss 8 Zoll.

das weitere Graben als ein schlechtes Geschäft bald aufgegeben zu haben; denn er liess die Grube in einen unterirdischen Gang verwandeln, der in eine Höhle führte. Hier trieb er nun seine Zaubereien, und die Leute behaupteten, dass er darin viele Tage ohne zu essen und zu trinken zugebracht habe, und sich zuweilen in einen jungen Mann, dann in einen alten, abwechselnd, wie ihn die Laune anwandelte, verwandelt habe.

Als nun der kluge Dagara starb, wurde nach alter Sitte sein Leichnam in eine Kuhhaut eingenäht und in ein auf dem See schwimmendes Boot gelegt. Darin blieb er drei Tage, bis die Zersetzung eintrat und sich Maden erzeugt hatten. Von diesen wurden drei nach dem Palast genommen und in die Obhut des erwählten Erben gegeben. Statt aber zu bleiben, was sie waren, verwandelte sich ein Wurm in einen Löwen, einer in einen Leoparden und der dritte in einen Stock. Darauf wurde der Leichnam des Königs genommen und auf dem Berge Moga-Mamirinzi bestattet; statt ihn aber unter die Erde zu bringen, errichtete man eine Hütte über ihm, steckte fünf Mädchen und fünfzig Kühe hinein und verschloss dann die Thüre so, dass sie alle später verhungerten.

Die Thronfolge in Karagua ist die, dass der älteste Sohn den Vater beerbt; es kommen aber dabei nur diejenigen Söhne in Frage, welche zur Regierungszeit des gestorbenen Königs geboren wurden. Es gab nach Dagaras Tode drei Prätendenten: Rumanika, Rogero und den bereits erwähnten Priester Nnanaji. Rumanika war nun der älteste; aber in dem abergläubischen Karagua durfte er nicht so ohne weiteres den Thron besteigen. Es musste zuerst der Beweis geliefert werden, dass er auch der wirkliche Thronerbe sei. Natürlich musste auch darüber ein Zaubermittel entscheiden. Die Prinzen wurden zusammenberufen, und die Staatsbeamten stellten vor sie eine kleine Zaubertrommel hin. In Wirklichkeit war sie federleicht, aber sie war mit Zaubereien gefüllt, und darum konnte sie nur von demjenigen gehoben werden, den die Geister als den rechtmässigen Thronerben anerkannten. Rogero und Nnanaji mühten sich nun vergeblich, die Zaubertrommel von der Stelle zu rücken, während Rumanika sie sofort mit dem kleinen Finger in die Höhe hob.

Rogero gab sich aber damit nicht zufrieden; er wollte selbst König von Karagua werden, und da er einen ziemlich starken Anhang im Lande hatte, griff er zu den Waffen, und er hätte Rumanika vertrieben, wenn nicht die Araber für diesen ein Heer ausgerüstet hätten. So stützte er sich bereits auf die arabische Macht.

Das Leben Rumanikas floss ruhig dahin; andere Reisende, die ihn besuchten, schilderten ihn als einen ehrwürdigen Patriarchen, der bei jedem Neumond seine Musikanten versammelte, um das Gestirn mit einem Höllenlärm zu begrüssen.

Nach dem Tode Rumanikas blieb Karagua das Schicksal anderer afrikanischer Reiche nicht erspart, und binnen zehn Jahren wechselten die

Herrscher in erstaunlicher Anzahl. Auf Rumanika folgte sein ältester Sohn Kjensi, der nur neun Monate regierte; darauf folgte Kakoko, ein anderer Sohn Rumanikas, der sich mit Gewalt auf den Thron setzte, drei Jahre an der Herrschaft war und während dieser Zeit 17 Brüder erschlug und seinem jüngsten Bruder Luadschumba die Augen ausstach. Dann trat Katschi-Kondschu auf, bis Kakoko ihm, als er des Weines voll auf seinem Lager lag, zweimal den scharfen Speer ins Herz stiess und das Land von dem Tyrannen befreite. In demselben Monat wurde der Araber Hamed ben Ibrahim von seinem Sohne Said ben Hamed ermordet. Der letzte Herrscher von Karagua, von dem die Kunde zu uns aus dem Jahre 1890 gekommen war, war Ndagara, Sohn Kjensis, damals ein sechzehnjähriger Bursche.

Für den von der Küste kommenden Europäer bildet Karagua nur die Vorbereitung für den Empfang viel wichtigerer Eindrücke. Er fühlt schon hier deutlich die Machtsphäre Ugandas, vor dessen König die Einwohner von Karagua sich mehr fürchten, als vor dem eigenen Landesfürsten, der ja nur ein Vasall Ugandas ist. In der That betreten wir nunmehr den mächtigsten und am besten organisierten Staat Ostafrikas, dem frühere Forscher den Namen eines Kaiserreichs beilegten und dessen Herrscher Mtesa durch Spekes und Stanleys Schilderungen auch in Europa eine gewisse Berühmtheit erlangt hat.

Uganda

Land und Volk

Verfolgen wir den Lauf, welchen der Nil zwischen dem Victoria-Njansa und dem Albertsee beschreibt, so finden wir, dass derselbe hier gewissermassen eine Grenze zwischen zwei Pflanzen- und Tierreichen bildet. Im Norden finden wir das steppenartige Gebiet, welches wir aus der Beschreibung der Sudanländer zur Genüge kennen; im Süden liegt ein fruchtbares, mit üppigerer, echt tropischer Vegetation ausgestattetes Land.

Im Norden bildet das Getreide, die Negerhirse, die Hauptnahrung des Menschen, im Süden gelangen wir in das Gebiet der Bananen. Im Norden finden wir zersplitterte, schwache, auf einer niedrigen Kulturstufe stehende Völker, im Süden hört dieser urwüchsige Zustand auf. Wir begegnen hier nicht mehr nackten Menschen; jeder Einwohner kleidet sich, und er würde mit dem Tode bestraft werden, wenn er nackt umherlaufen wollte. Dieser Unterschied muss schon dem oberflächlichen Beobachter auffallen, und der aufmerksame oder länger im Lande weilende Reisende sieht auf Schritt und Tritt die Kluft, welche jene Völker trennt, grösser werden.

Uganda, an der Nordwestküste des Victoria-Njansa gelegen, ist ein herrliches, fruchtbares Land; weit interessanter aber als seine Wälder, Gewässer und Fluren sind die Menschen, die es bewohnen.

Wir ziehen durch das herrliche Land; der Tropenwald mit seinen Schlingpflanzen umfängt uns, Herden von grauen Affen schwingen sich von Ast zu Ast, ihr misstönendes Geschrei schallt durch die Wälder, Schwärme von grünen Papageien fliegen kreischend umher, zarte, kleine Kolibris, deren Gefieder in der Sonne wie lebendige Rubine und Smaragde glänzt, wiegen sich über den bunten Blumen am Waldsaum, und wo sich eine Lichtung aufthut, spielen zahllose Schmetterlinge von allen Regenbogenfarben.

Wir verlassen den Wald, der sich längs eines nach dem Njansa fliessenden Gewässers erhebt, und betreten die offene Landschaft. Wir haben in der Einleitung dieses Bandes von einem afrikanischen Pfade gesprochen, hier in Uganda ist der Pfad zu einem Wege geworden, und der Reisende staunt über den ausgezeichneten Stand dieser Strassen, welche die Dörfer untereinander verbinden und selbst in weniger dicht bevölkerten Distrikten ausserordentlich reinlich gehalten werden. Ja, während man sonst in Afrika durch Flüsse und Sümpfe waten muss, giebt es hier Anfänge eines Brückenbaues; auf der trügerischen Oberfläche eines Morastes schaukelt z. B. ein Knüppeldamm, über den wir trockenen Fusses gehen können.

Jenseits des Waldes gewinnt die Landschaft noch mehr Leben; denn wir sehen hier bebaute Felder, Bananenhaine, über denen der Rauch sich kräuselt – das sind Zeichen der menschlichen Thätigkeit, die uns erst die schönste Landschaft traulich erscheinen lassen.

Wir nähern uns der Siedelung. Wir sehen Felder, die mit Mais und Zuckerrohr bepflanzt sind, dazwischen erheben sich die Bananenpflanzungen; das Riesenkraut bildet wahre Haine, aber unser Auge streift hinüber zu dem zuckerhutförmig zugespitzten Strohdache, neben dem wie ein Baum sich eine Banane erhebt; dort liegt die Wohnung des fleissigen Herrn dieser Felder, des Kopi, des ugandischen Bauern.

Statten wir ihm einen Besuch ab. Indem wir näher treten, erkennen wir, dass die Hütte von einem Zaune umgeben ist, also ein regelrechtes Gehöft bildet; wir sehen ausser der Banane noch einige Bäume im Hintergrunde derselben. Wir erkennen in ihnen leicht die Ficusbäume, aus deren Rinde der „Mbugu“, der landesübliche Anzug der Waganda, bereitet wird, in ähnlicher Weise, wie der „Rokko“, den wir bei den Mangbattu und den Njam-Njams vorgefunden haben, da wir mit unseren Lesern die Fürsten am Uelle aufsuchten.

Eine Einfahrt giebt es zu diesem Bauerngehöfte nicht; denn in Uganda kennt man keine Wagen. Die Pforte ist schmal; denn kein Rind pflegt durch dieselbe aus- und einzugehen; der Ugandabauer ist kein Viehzüchter; auf diese Beschäftigung blickt er mit Verachtung herab; er überlässt sie den Wahuma, die, wie wir ja bereits wissen, einst dieses Land erobert hatten, jetzt aber am Rande der Wälder in strenger Abgeschiedenheit ihre Herden weiden.

Vor diesem Eingang erstreckt sich aber ein Vorgarten – ein Gemüsegarten; in welchem wir süsse Kartoffeln, Yams- oder Brotwurzeln angepflanzt sehen, in dem Erbsen und Bohnen auf dem Boden hinkriechen oder an Stangen emporranken, in dem wir einige Beete mit Tabak bepflanzt finden, und der hier und dort mit Kaffeebäumen eingefasst ist.

Mitten in demselben steht der Kopi, der Herr des Grundstücks, ein echter Neger von dunkelschokoladenfarbener Haut und mit krausem Wollhaar, aber schöner gebaut als die Söhne des Mondlandes; mit schöneren Gesichtszügen, als wir sie sonst in Afrika vorfinden; mit grossen, mild und klug dreinschauenden Augen; neben ihm steht eine junge Frau, die wir geradezu hübsch nennen dürfen, mit kleinen, zierlichen Händen und Füssen. Beide sind in den togaartig gehaltenen Rindenstoff gekleidet, der sie uns wie ein paar antike Statuen erscheinen lässt.

Die Leute haben augenblicklich nicht viel zu thun; es giebt zwei Ernten in einem Jahre in Uganda: denn es giebt hier zwei Hauptregenperioden, und so ernten die Waganda zweimal im Laufe von zwölf Monaten und rechnen folglich jede Periode als ein Jahr. Der erste Monat eines solchen Jahres heisst bei ihnen „der Monat zum Nahrungsäen" und die übrigen „Monate zum Nahrungverzehren".

Lassen wir die Leute ihre aufkeimende Saat und ihre aufblühende Pflanzung betrachten und betreten das Gehöft selbst!

Wir befinden uns zunächst in einem Vorhof und erblicken in demselben eine kleine, viereckige Hütte. Sie ist dem Schutzgeist des Hauses heilig, und wir finden in ihr allerlei Weihgeschenke niedergelegt und aufgehängt. Ihr Wert ist nicht gross, aber wer vermag den tiefen Sinn der Schneckengehäuse, der aus Lehm geformten Kugeln, der verschiedenen Kräuter und Hörner zu enträtseln?

Durch eine zweite Hecke gelangen wir in den inneren Hof. Im Vordergrunde desselben steht eine grosse Hütte: es ist die Wohnung des Kopi selbst, das Herrenhaus dieses Gutes. Gleich den anderen Ugandahütten ist sie rund und kuppelförmig gebaut und bis zum Boden mit Stroh gedeckt, so dass sie wie ein ungeheurer Bienenkorb aussieht.

Zum Bau derselben verwenden die Waganda die starken Stengel des hohen Tigergrases, die eine Länge von 15 bis 20 Fuss erreichen. Ein Ring von feinem Gras, der fest mit Bananenfasern umwickelt ist, wird auf den Boden gelegt und eine Anzahl von Tigergrasstengeln mit Stauden von Papyrus daran festgebunden; ein zweiter und dritter Ring wird auf eine Entfernung von fünfunddreissig cm hinzugefügt. Das so hergestellte Flechtwerk wird nun an dem Platz, wo das Haus stehen soll, auf Stangen aufgerichtet, neue Ringe kommen dazu, neue Tigergrasstengel werden hineingearbeitet, je mehr die Form sich erweitert. Wenn die Biegung der Ringe so sanft wird, dass man auch für sie dieselben Stengel verwenden kann, ohne dass sie brechen, so treten letztere an die Stelle des zuerst angewandten feinen Grases, während die ganze schirmartige Form mit der fortschreitenden Arbeit mehr und mehr gehoben wird, bis die erforderliche Höhe erreicht ist. Dann werden innen so viele Stangen stehen gelassen, als zur Festigkeit des Ganzen nötig sind, die Enden der Stengel abgeschnitten und die Thüre herausgeschnitten. Aussen wird nun um das Haus ein Damm von Erde aufgeworfen, befeuchtet und festgestampft, damit das Wasser während der heftigen Güsse nicht hineinsickern kann. Büschel von langem Gras werden dann vom Boden aus an die Halme befestigt, um die äussere Bedeckung herzustellen, und das Ganze krönt eine hohe, sehr festgeschnürte Grasgarbe. Unter der Thür wird das Gras sauber abgeschnitten, und von aussen ist das Haus fertig. Thorbogen werden gewöhnlich noch errichtet, und wenn der Boden geebnet und die Scheidewände aus demselben allgegenwärtigen Tigergrase hergestellt sind, so kann der Bau für vollendet gelten. Anfangs sehen die Häuser ausnehmend reinlich und hübsch aus, da sie aber keine Fenster haben und der Rauch nur durch die Thür abziehen kann, so sind sie sehr dunkel und werden bald vom Russ geschwärzt.*

Treten wir durch die niedrige Thür in das Innere, so müssen wir uns erst an das Dunkel gewöhnen, das in dem Raume herrscht. Dann aber sehen wir, dass er durch Scheidewände aus dem Tigergrase in den eigentlichen Wohnraum, in die Küche und in den Schlafraum getrennt ist. Besonders reich ist die Ausstattung nicht; nur wenige Hausgeräte sind hier aufgestellt.

Unser Kopi aber zählt zu den wohlhabenderen Bauern, und so besitzt er mehrere Hütten, die in anliegenden Höfen stehen, und vor denen wir die Frauen bei ihren Hausarbeiten beobachten können.

Uganda ist ein an Frauen überreiches Land, vielleicht das frauenreichste Land der Welt, denn Reisende, die hier länger geweilt haben, teilen uns mit, dass auf einen Mann drei bis vier Frauen kommen. Der Grund hierzu ist leicht erklärlich. Die Waganda werden von ihren Herrschern fortwährend auf Kriegs- und Raubzüge ausgesandt. Viele der Krieger bleiben natürlich auf dem Schlachtfelde, und die Männer des besiegten Stammes werden grundsätzlich getötet, während die Frauen und die Mädchen nach Uganda verschleppt werden.

Der freie Ugandamann lässt seine Felder durch Sklaven und Frauen bestellen; er selbst führt ein ziemlich heiteres und sorgloses Leben. Aus den Bananen braut er verschiedene Sorten Bier oder Wein, wie man es nennen will, und die Herstellung desselben ist so mühelos, das Material so billig, dass sich selbst der ärmste Mann an dem Biertopf laben kann, und so sitzen denn die Freien vor den Riesenkrügen und saugen aus denselben durch lange Röhren oder Strohhalme den berauschenden Trank. Sie sind auch starke Raucher, und Frauen stehen hierin den Männern nicht nach; übrigens wird hier auf die Grösse des Pfeifenkopfes ein besonderes Gewicht gelegt; je vornehmer der Mann, desto grösser der Pfeifenkopf, und man kann hier welche sehen, die bis zu einem halben Kilo Tabak fassen.

Vor äusseren Feinden ist der Kopi im Innern des Landes sicher, in das mächtige Uganda wagt kein Nachbarstamm einen Einfall, und in den Kriegen, welche mit Unjoro seit Jahren geführt werden, leiden nur die Grenzdistrikte.

Aber nicht immer begegnen wir so friedlichen, fröhlichen Bildern.

Wir ziehen durch ein gesegnetes Land; weite Pflanzungen aller Art umsäumen den Weg; fruchtschwere Kornfelder harren des Schnitters. Vor den Häusern liegt auf schweren Hürden grüner Tabak, gelber Mais zum Trocknen, aber kein Bewohner ist sichtbar, kein Laut lässt sich ver-

* Felkin und Wilson, „Uganda und der ägyptische Sudan."

nehmen; nicht einmal ein Huhn gackert um die schweigenden Häuser herum.

Ein Todesschweigen liegt über dem Lande. Auf dem enormen freien Platze im Dorfe wächst kniehohes Gras, und die weiten Höfe sind menschenleer. In der glühenden Mittagssonne rascheln die nackten Äste der Gifteuphorbie, Eidechsen huschen über den Weg. Der Giftbaum im ausgeplünderten Lande! Denn das ist die Bedeutung des Schweigens: die Leute des Königs haben auf seinen Befehl nachts das Land überfallen und Leute und Vieh, Vorräte und Hausgeräte fortgeschleppt, ihres Herrschers Gelüsten zu frönen. Vor einzelnen Häusern liegen noch Stücke frischgearbeiteten Rindenstoffs, halbvollendete, zierliche Bastmatten – von ihrem Werke wurde die Hausfrau fortgeschleppt, als Sklavin des Königs Haushalt zu mehren!

Ja, glücklich wäre in früheren Zeiten der Bauer von Uganda gewesen, wenn ihn jemand vor seinem eigenen Herrscher hätte schützen können! Und konnte er sich aus seiner tiefen Stellung nicht emporarbeiten? als fleissiger Mann zu Reichtum und Ansehen gelangen? O ja, es giebt auch für den Bauer von Uganda höhere Ziele, die seinen Ehrgeiz wecken. Er muss dem König als Soldat dienen; er muss, wenn der Krieg entbrennt, dem Rufe desselben folgen, und nun bietet sich ihm Gelegenheit zur Auszeichnung.

Er kann ein Mtongoleh, ein Häuptling, werden, der im Frieden ein Gebiet verwaltet, in demselben Steuern erhebt und bei geringeren Vergehen und Streitigkeiten das Recht spricht, im Kriege aber an der Spitze der waffenfähigen Mannschaft zu dem grossen Heere stösst. Er ist dann immer noch ein Häuptling zweiten Ranges, über dem ein Mkungu, ein Oberst oder General, steht. Ein Mtongoleh kann selten Mkungu werden; denn diese Würde ist seit langer Zeit in den Familien einiger Vornehmen erblich, aber er kann durch die Gunst des Königs zu einem Amt erhoben werden, das dem der Mkungu mindestens gleich ist, ja unter Umständen noch wichtiger sein kann. Er kann zum Katekiro oder Premierminister ernannt werden, und dann ist er bei öffentlichen Auftritten doch die erste Person nach dem König.

Die ersten Reisenden, die Uganda besuchten, wie Speke, Grant und Stanley, hielten den König von Uganda für einen unumschränkten Selbstherrscher; aufmerksamere Beobachter haben diese Meinung widerlegt. In wichtigen Angelegenheiten ist derselbe vom grossen Rate Lukicho abhängig, der aus den Wakungu, dem Katekiro und einigen anderen königlichen Beamten besteht. Was sind aber wichtige Angelegenheiten? Die Ernennung der Häuptlinge, die Rechtsprechung, die Entscheidung über Leben und Tod, die Verfügung über das Eigentum des Einzelnen zählen nicht zu ihnen, und so regiert der König von Uganda thatsächlich absolut, ist seinen Unterthanen gegenüber ein Despot im vollsten Sinne des Wortes.

Hat sich nun der Bauer im Kriege ausgezeichnet, ist er zum Häuptling ernannt worden, so hat er auch die Verpflichtung, drei Monate während eines Jahres am Hofe zu weilen und die neun übrigen sich der Verwaltung des ihm zugewiesenen Gebietes zu widmen.

Hier in der Residenz, welche die Könige von Uganda oft zu wechseln pflegen, herrscht ein reges Leben. Unaufhörlich kommen und gehen die Boten aus allen Teilen des Reiches. Prozesse werden entschieden; Geschenke werden entgegengenommen, Raubzüge angeordnet, Leute vorgeführt und verteilt – aber an diesem Hofe herrscht auch eine strenge Etikette, und das Menschenleben ist feil.

Des Königs Pagen sind Henker, die zum Zeichen ihres Amtes sonderbare aus Stricken oder zerzaustem Grase gefertigte Turbane tragen. Sie sitzen vor den Hallen des Palastes, an den Stufen des Thrones und sind bereit, jeden Augenblick ihres Amtes zu walten. Und wie oft bietet sich ihnen hierzu Gelegenheit! Da hat der arme Mtongoleh, der bis dahin ein ehrsamer Bauer war, sein Mbugu nicht vorschriftsmässig geschürzt oder er hat unvorsichtigerweise ein nacktes Bein unter dem Gewande vorgestreckt – ist der Herrscher übelgelaunt, so ist ein solcher Verstoss gegen die Kleiderordnung ein Verbrechen, auf dem die Todesstrafe steht, und die Herren vom Stricke walten auf einen Wink sofort ihres Amtes.

Selbst wenn der Mtongoleh fern vom Hofe auf den Gütern seines Bezirks lebt, zittert er ewig vor dem Zorne seines Herrn; denn wenn eine Anklage gegen ihn erhoben wird, die vielleicht ganz unbegründet ist, aber den Missmut des Königs erregt, so giebt dieser einem seiner Obersten den Befehl, den Mtongoleh zu strafen. Eines Nachts wird dann plötzlich der friedliche Distrikt überfallen, der beschuldigte Mtongoleh getötet oder gefangen genommen; seine Frauen und Töchter, seine Sklavinnen, seine Kinder und seine übrige Habe, ja auch die Frauen und Töchter der Wakopi seines Dorfes werden mit fortgeschleppt und als Sühne dem Könige vorgeführt. Er behält davon, was ihm gefällt, das andere verteilt er an die, welche heute seine Günstlinge sind, morgen aber vielleicht von demselben Schicksal erreicht werden. Selbst der mächtige Katekiro weiss nicht, wann seine Stunde schlagen wird, er kann plötzlich über Nacht die Gunst seines Herrschers verlieren.

Dieselbe Strenge waltet im Inneren des Palastes, wo die nach Hunderten oder gar Tausenden zählenden Frauen des Königs leben; auch in diese Räume dringen die Herren vom Strick und schleppen von Zeit zu Zeit eine Königin gebunden heraus, um sie hinzurichten.

Die Menschen können hier leicht angeschwärzt werden; denn in Uganda glaubt man ebenso wie in Unjamwesi an Zaubereien aller Art.

Die Waganda glauben an einen Gott, welcher die Welt erschaffen hat, aber sie verehren ihn nicht, da er ihrer Meinung nach viel zu hoch steht, um sich um die Menschen zu kümmern. Auf der Erde schalten und walten nach ihrem Glauben zahlreiche Dämonen, und diesen wird von den Waganda Verehrung dargebracht.

Der mächtigste derselben ist der Seegott Mukusa, eine Art Neptun, der in dem See lebt und die Gewässer beherrscht. Wenn die Waganda eine Fahrt auf dem Victoria-Njansa antreten, so verfehlen sie nie, dem Gotte zu opfern.

In einer Entfernung von dem Ufer sammeln sich die Boote, und der Häuptling oder Führer derselben verrichtet die Zeremonie; er legt Bananen oder andere Früchte auf das Ruder, hält sie über dem Wasser und bittet den Mukusa, günstige Fahrt und glückliche Heimkehr zu gewähren; dann versenkt er die Früchte und bittet den Gott, sie zu holen.

Mukusa hat aber noch eine andere für die Verhältnisse in Uganda sicher sehr verhängnisvolle Eigenschaft; er soll von Zeit zu Zeit den See verlassen und in irgend einen Menschen, bald einen Mann, bald ein Weib, fahren. Wird eine solche Person als Besessene erkannt, so gilt sie als das Orakel des Gottes, und es werden ihr übernatürliche Mächte zugeschrieben: sie soll dann Krankheiten heilen oder Pestilenz herbeiführen, Regen fernhalten oder ihn hervorrufen, die Zukunft vorhersagen können. Diese Person übt dann einen ungeheueren Einfluss auf das Gemüt des Volkes und die Häuptlinge, sie beeinflusst also mittelbar die Regierung des Landes.

Natürlich giebt es ausser diesem noch eine ganze Reihe anderer Dämonen. Der Blitz ist eine Gottheit, und an der Stelle, an welcher er eingeschlagen, errichten die Waganda eine kleine Hütte, die niemand betreten darf, die Stätte ist geweiht; die Hütte aber wird nicht ausgebessert; erst wenn Wind und Wetter sie vernichten und ihr letzter Rest vermodert, ist der Ort wieder ein gewöhnliches Stückchen Erde.

Auf den Höhen Gambaragaras, eines hohen Berges, dessen Zinnen man von Uganda aus erblickt, thront der Dämon der Pocken. Chiwuka und Nenda heissen andere Dämonen, welche als Kriegsgötter gelten; sie wohnen in vielen Bäumen des Landes, welche darum von besonderen Wächtern beschützt werden, und vor diesen Bäumen erscheinen die in den Krieg ziehenden Haufen und bringen den Dämonen Opfer dar, Ziegen, Schafe und Rinder von schwarzer Farbe, welche im Namen der Götter von den Wächtern entgegengenommen werden.

Auch die Flüsse und Seen sind mit Gottheiten besetzt, mit finsteren Dämonen, denen man Menschenopfer darbringt; Menschenopfer erheischen auch die unter die Halbgötter versetzten verstorbenen Könige Ugandas, deren Gräber von besonderen Häuptlingen bewacht werden.

Natürlich schützen den Menschen Talismane vor den üblen Einflüssen der Dämonen, und diese Talismane verkaufen oder verteilen die Medizinmänner Ugandas, die Wawanda, welche verschiedene Zauberkünste, wie das Aufsuchen der Diebe, Wiedererlangen des verlorenen und gestohlenen Gutes praktizieren und auch behaupten, den Regen herbeilocken zu können. Sie stehen beim Volke in Ansehen und geben sich den Anschein von Propheten, wissen aber sich auch wirklich nützlich zu machen, indem sie Krankheiten heilen, und zwar nicht allein mit Zaubersprüchen, sondern mit Kräutern, Wurzeln und Rinden verschiedener Bäume. Sie sollen auch Mittel gegen das Fieber besitzen, und wer weiss, ob nicht die eine oder andere nützliche Droge später durch diese schwarzen Medizinmänner bekannt gegeben wird.

Diese kurze Skizze möge dem Leser als Einführung in das sonderbare Volk dienen, dessen wechselvolle und für die gegenwärtigen kolonialpolitischen Verhältnisse sehr wichtige Geschichte wir im Nachfolgenden kurz skizzieren werden.

Aus der Heldengeschichte Ugandas

In dem Abschnitte, in welchem wir den Hof des milden Königs Rumanika geschildert haben, konnten wir auf die Art hinweisen, in welcher man in Ostafrika Königslegenden erdichtet; der Sohn umgab bereits den Vater mit einem märchenhaften Nimbus. Unter solchen Umständen ist man leicht geneigt, solchen sagenhaften Überlieferungen überhaupt allen Wert abzusprechen, aber man muss doch zwischen den einzelnen Sagen zu unterscheiden wissen; echte Sagen, die in fernere Zeiten zurückreichen, sind von den in der Neuzeit entstandenen leicht zu unterscheiden. Sie enthalten in der Regel Gedanken und Anschauungen, welche dem Geistesleben des Volkes in der Gegenwart durchaus fremd sind.

Auch Uganda hat seine Sagen. Wir haben im Vorhergehenden schon erzählt, in welcher Weise nach Erkundigungen Spekes das Reich gegründet wurde. Die Waganda halten aber den Jäger Uganda nicht für den Gründer ihres Reiches, ihre Sage reicht weiter zurück.

Vor grauen Zeiten, so erzählen sie, kam vom Norden ein milder, leutseliger Mann nach Uganda. Das Land zwischen dem Victoria-Njansa und dem Albertsee war zu jener Zeit noch nicht besiedelt, aber Kintu, so hiess der Einwanderer, brachte eine Frau, eine Kuh, eine Ziege, ein Schaf, eine Bananenwurzel und eine süsse Kartoffel mit sich.

Der Patriarch Kintu lebte lange, seine Frau gebar ihm Kinder, die gleich in der ersten Jugendblüte standen, und so bevölkerte sich das Land rasch mit seinen Nachkommen. Ebenso vermehrten sich die Tiere und die nützlichen Pflanzen, welche Kintu mitgebracht hatte; ja, wenn Kintu einen Bananenstengel in den Boden steckte, so wuchs er augenblicklich empor und bedeckte sich mit hundert Früchten, und die Kartoffel, die er gelegt hatte, wuchs so schnell, dass sie über den Boden hinzukriechen schien.

Als nun Kintus Nachkommen in dem von ihm gewählten Wohnsitze an der Grenze zwischen dem heutigen Unjoro und Uganda sich derart vermehrten, dass für sie in dem väterlichen Dorfe kein Platz mehr war, so schnitt er von der ursprünglichen Bananenwurzel und Kartoffel Teile ab, gab jeder Familie einen Teil und befahl ihnen, sich eine neue Heimat zu suchen. Seine Nachkommen wanderten aus: diejenigen, welche die Banane erhalten hatten, liessen sich in dem heutigen Uganda nieder, diejenigen, denen er die Kartoffel gegeben hatte, gingen nach Unjoro, und bis heute ziehen die Waganda die Banane, die Wanjoro aber die süsse Kartoffel als Nahrungsmittel vor.

Der Patriarch Kintu war ein gutmütiger Mensch, und die Tiere, welche sich in seinen Fallen fingen, baten ihn oft um Freiheit, indem sie zu ihm sagten: „Habe mit uns Mitleid im Sonnenschein (d. h. wenn es dir gut geht), und wir wollen dir helfen im Regen" (d. h. wenn du in Not bist); und so liess er sie oft frei. Einst hatte er sich bei Verfolgung eines wilden Tieres weiter als gewöhnlich von seinem Hause entfernt, und als er zurückkehrte, waren alle seine Ochsen verschwunden. Er suchte sie überall, konnte sie aber nicht finden; da begegnete er einem Mann, der Kintu fragte, was er suche. Als ihm nun Kintu seine Not klagte, da erwiderte ihm der Mann: „O, du brauchst sie hier auf Erden nicht zu suchen, die Götter sind vom Himmel herabgekommen und haben deine Herden gestohlen."

Nun ging Kintu in den Himmel und verlangte seine Ochsen zurück, aber die Götter wollten sein Verlangen nur dann erfüllen, wenn Kintu gewisse Aufgaben lösen würde.

Kintu erklärte sich bereit. Die Götter setzten ihm einen Korb mit Essen vor, der gross genug war, um fünfzig bis sechzig Mann zu versorgen, und das alles sollte Kintu auf einmal verzehren. Während er aber noch überlegte, wie er diese erste Aufgabe lösen könnte, erschien eine Menge Ratten, die er auf Erden verschont hatte, und frass den Vorrat auf.

Erfreut kehrte Kintu mit dem leeren Korbe zu den Göttern zurück und forderte die Wiedergabe seiner Ochsen. Aber die Götter stellten ihm eine zweite Aufgabe; sie führten ihn vor einen tiefen Brunnen, gaben ihm einen leeren Eimer ohne Seil und befahlen ihm, diesen aus dem Brunnen zu füllen. Das konnte Kintu wieder nicht machen, denn er konnte dort, wo er war, kein Seil bekommen oder machen; als er aber schon verzweifeln wollte, kam ein Flug Schwalben, denen er sich gütig erwiesen hatte; sie nahmen den Eimer, tauchten ihn in den Brunnen und brachten ihn wieder gefüllt herauf. Freudig eilte Kintu zu den Göttern und zeigte ihnen den mit Wasser gefüllten Eimer. Aber seine Ochsen bekam er noch nicht wieder; er musste noch eine dritte Aufgabe lösen.

Die Götter führten ihn auf eine weite Ebene, auf welcher unermessliche Rinderherden grasten; sie sagten ihm, dass seine Ochsen darunter seien und ihm gehören sollten, wenn er sie, ohne sich zu irren, heraussuchen könnte; mit dem geringsten Fehler sei alles für ihn verloren. Kintu, der seine Ochsen nicht erkennen konnte, wurde sehr bekümmert. Er wagte nicht, zu wählen, aus Furcht, einen Fehler zu machen, und wollte doch nach all den Mühen, die er schon durchgemacht hatte, seinen Anspruch nicht aufgeben. Da kam in seiner höchsten Not eine grosse Biene, der er bei einer früheren Gelegenheit eine Wohlthat erzeigt hatte, und sagte zu ihm: „Ich kenne deine Rinder, und ich will vorausfliegen und über jedem deiner Ochsen eine Weile schweben." Und sie that es, und Kintu suchte seine Ochsen aus, ohne sich zu irren, und brachte sie triumphierend auf die Erde zurück.

Der Patriarch Kintu war ein grosser Feind des Blutvergiessens; er ist eine lichte Gestalt, welche die Einbildungskraft der gepeinigten Völker so oft als ein leuchtendes Bild darzustellen vermag. Im alten Mexiko, welches blutdürstigen Kriegsgöttern Tausende von Menschen alljährlich opferte, verehrte man den milden, friedlichen Luftgott Quetzalcoatl; hier in Uganda, wo der Henker nimmer ruhen kann, erzählt man sich die Legende von dem milden Kintu, dem kein Blutvergiesser nahen durfte, und der zum Tode Verurteilte zu befreien pflegte.

Die Nachkommen Kintus wurden aber mit der Zeit schlecht, sie beachteten nicht die guten Lehren und das gute Beispiel, welches ihnen der Patriarch gab, denn sie hatten die Kunst entdeckt, aus den Bananen Wein zu bereiten, und wurden dadurch zu Schwelgern und Wüstlingen. Sie gingen in ihrem gottlosen Wandel sogar so weit, dass sie, als er sie ermahnte, ihm drohten, ihn abzusetzen und zu töten. Der Wein hatte sie toll gemacht.

Da wurde der alte Kintu betrübt, und eines Nachts verliess er mit seiner Frau sein Haus, nahm mit sich die zuerst mitgebrachte Kuh, die Ziege, das Schaf, das Huhn, eine Bananenwurzel und eine süsse Kartoffelpflanze und ging fort aus dem Lande.

Als Vater Kintu verschwunden war, wurden alle, die ihn früher lästerten, von Gram erfüllt, und grosses Wehklagen erscholl in ganz Uganda. Drei Tage lang suchte man eifrigst nach dem Patriarchen, als er aber nicht gefunden wurde, da sagte sein ältester Sohn Tschwa: „Ich bin der Erstgeborene, und es ist mein Recht, die Stelle meines Vaters einzunehmen. Ihr, meine Brüder, mögt nun gut sein und euch vor meinem Speer in acht nehmen!" Da er stark war, so fürchteten ihn seine Brüder und huldigten ihm als ihrem König.

Tschwa forschte lange noch nach seinem Vater, aber alle seine Bemühungen blieben fruchtlos. Kein Sterblicher hat mehr den Vater Kintu gesehen. Er blieb verschollen, und Tschwa starb, ohne dass seine Hoffnung in Erfüllung ging.

Seit der Zeit suchte noch eine ganze Reihe von Königen von Uganda nach dem mythischen Patriarchen Kintu. Ist er mehr als eine poetische Gestalt? Knüpfen sich etwa an ihn Erinnerungen an die vom Norden eingewanderten Stämme? Sind in dieser Legende Anklänge an Traditionen asiatischer Völker vorhanden? Es ist schwierig, wenn nicht unmöglich, auf alle diese Fragen eine Antwort zu geben. Man kann sich nur in Vermutungen ergehen. Soweit dieselben zulässig erscheinen, werden wir sie später zusammenstellen. Jetzt wollen wir lieber in der Erzählung der Geschichte der Dynastie Wakintu, der Nachkommen Kintus, fortfahren.

Auf den König Tschwa folgte sein Sohn Kamiera oder Kamiela (*r* und *l* sind gleichlautend im Kiganda). Er suchte gleichfalls vergebens nach dem Patriarchen Kintu. Erst als Nachfolger Kamieras erscheint sein riesengrosser Sohn Kimera, der Nimrod der Waganda. Ein grosser Liebhaber der Jagd, führte er zuerst Jagdhunde in Uganda ein: wohin er auch ging, führte er einen Hund an der Leine, und seit jener Zeit gilt auch der Hund als ein Wappenzeichen Ugandas neben der Frau und dem Speere.

Speke schildert Kimera, der ihm als Gründer der herrschenden Dynastie der Waganda gilt, in folgender Weise: „Kimera, plötzlich zur Grösse emporgehoben, wurde stolz und streitsüchtig, bildete eine starke Partei um sich, deren Anhänger er zu seinen Wakungu ernannte, belohnte gut, bestrafte hart und wurde bald grossartig. Nichts als der grösste Palast, ein Thron zum Draufsitzen, der grösste Harem, die nettesten Offiziere, das bestgekleidete Volk, selbst eine Menagerie zum Vergnügen, faktisch überall nur das Beste konnte ihn zufriedenstellen. Ganze Flotten von Booten, nicht blosser Kanoes, wurden für den Krieg gebaut und Armeen gebildet, damit der Ruhm des Königs nie abnehme. Kurz, das Regierungssystem war barbarischen Ideen zufolge vollendet. Landstrassen wurden von einem Ende des Landes zum andern gemacht und alle Flüsse überbrückt. Kein Haus durfte ohne den nötigen Apparat für Reinlichkeitszwecke gebaut werden; keiner Person, wie arm sie auch sei, war erlaubt, ihren Körper bloss zu tragen, und wer diesen Gesetzen zuwiderhandelte, musste sterben.“

Von besonderer Bedeutung ist, was Speke über das Begräbnis Kimeras berichtet. „Die Beamten begruben Kimera mit Staatsehren; sie übergaben den Leichnam der Obhut des begünstigtesten Begleiters des Verstorbenen, welchem die Pflicht oblag, den Leichnam auszutrocknen, indem er auf ein Brett gelegt wurde, das auf der Öffnung eines grossen irdenen, von unten durch Feuer erhitzten Kruges lag. War dieser Trocknungsprozess nach Verlauf von drei Monaten vollendet, so wurde der Unterkiefer ausgeschnitten und hübsch mit Perlen überarbeitet; der Nabelstrang, von der Geburt an aufbewahrt, erhielt dieselbe Bearbeitung in Perlen. Beides kam in besondere Verwahrung; den Körper aber übergab man einem Grabe, das hernach stets von dem genannten Begleiter und einer Anzahl der vom König am meisten begünstigten Frauen bewacht wurde, welche alle Gärten anlegten und den folgenden König nicht sehen durften.“

Speke hat in Erfahrung gebracht, dass nach dem Tode Kimeras bis auf Mtesa, den ersten König von Uganda, der von Europäern besucht wurde, sieben Könige regierten. Heute wissen wir, dass in den Königsgräbern von Mengos dreiunddreissig Herrscher beigesetzt sind, und Stanley hat fünfunddreissig Regenten aus der Kintudynastie genannt. Wir können aber sicher annehmen, dass die Zahl der Wakintuherrscher eine weit grössere war, und ersehen daraus, dass der Ugandastaat eine in sehr alte Zeiten zurückreichende Geschichte hat, sehr im Gegensatz zu allen anderen zentralafrikanischen Reichen.

Über die Thaten dieser Regenten wissen wir nur das, was verschiedene Reisende von der mündlichen Überlieferung der Waganda in Erfahrung bringen konnten, da die Waganda keine Schrift besitzen. Die Geschichte der Wakintu ist darum mythisch und sagenhaft bis in den Anfang unseres Jahrhunderts hinein, wo man sich auf Erzählungen von Augenzeugen stützen kann.

Wir wollen unsere Leser mit der Aufzählung der fünfunddreissig Regenten nicht ermüden und werden nur einige hervorragende Herrscher und interessantere Sagen erwähnen.

Schon Kimera führte Kriege mit Unjoro. Erst unter dem zwölften Herrscher (nach der Stanleyschen Liste der Wakintu), unter Nakiwingi, wurde Unjoro von Uganda gründlich gedemütigt. Stanley nennt Nakiwingi Ugandas Karl den Grossen. In der Regierungsgeschichte dieses Königs ragt vor allem die Gestalt des fliegenden Kriegers Kibaga hervor. Dieser Held konnte fliegen und wurde von Nakiwingi als Kundschafter benutzt, um die Stellungen des Feindes auszuspähen. Kibaga unterstützte seine Leute noch dadurch im Kampfe, dass er aus der Luft grosse Felsblöcke auf die Feinde niederwarf und diese in Massen erschlug. Er wurde dabei von niemand gesehen, und seine Kunst war nur dem Könige bekannt, dem Volke wurde sie geheim gehalten.

Eines Tages sah Kibaga unter den Gefangenen von Unjoro eine schöne Frau, die er zu seiner Gemahlin begehrte. Obwohl Nakiwingi sie für sich bestimmt hatte, konnte er doch seinem treuen Krieger die Bitte nicht abschlagen; er gab ihm die Frau, ermahnte ihn aber, ihr seine Flugkraft zu verheimlichen, damit sie an ihm keinen Verrat üben könne.

Kibaga that, wie der König ihm befohlen, und es verging eine geraume Zeit, ohne dass die Frau etwas merkte. Nach und nach fiel es aber dem Weibe auf, dass ihr Gatte oftmals plötzlich verschwand und ebenso unerwartet heimkehrte. Sie überwachte ihn und war eines Morgens überrascht, ihn plötzlich mit einer Bürde Steine, die er sich auf den Rücken gebunden hatte, in die Luft steigen zu sehen. Nun erinnerte sie sich, dass viele ihrer Landsleute durch Steinwürfe, die von einer unsichtbaren Hand geschleudert wurden, getötet wurden. Ihr Verdacht fiel auf Kibaga, und sie eilte nun heimlich in das Lager ihrer Landsleute und verriet ihnen, was sie wusste.

Die Wanjoro beschlossen, sich an Kibaga zu rächen. Auf den Gipfeln aller hohen Berge wurden Bogenschützen in den Hinterhalt gelegt, mit dem Befehl, nur die Luft zu beobachten, auf das Schwirren der Flügel Kibagas zu lauschen und in der Richtung des Geräusches ihre Pfeile abzuschiessen. Die Kriegslist gelang. Als Nakiwingi eines Tages in die Schlacht zog, sah man grosse Blutstropfen auf den Weg fallen, und als der König an einen hohen Baum kam, erblickte er in den Ästen desselben einen menschlichen Leichnam. Von böser Ahnung erfasst, liess Nakiwingi den Baum fällen und erkannte zu seiner tiefsten Betrübnis in dem Toten seinen treuen Krieger Kibaga.

Aus der Regierungsgeschichte des siebenundzwanzigsten Herrschers Maanda ist eine auf den Patriarchen Kintu bezügliche Legende hervorzuheben. Ein Kopi hatte einen sonderbaren Traum, in welchem er aufgefordert wurde, sich an eine bestimmte Stelle im Walde zu begeben. Er folgte dem Rufe, und hier erschien ihm ein alter Mann mit grauem Barte, in weissem Gewande, welcher dem Bauer erklärte, Kintu wolle den König Maanda sprechen, aber von dieser Zusammenkunft dürften nur der König und seine Mutter wissen. Der Bauer eilte zu dem König, und da auch dessen Mutter einen sonderbaren Traum gehabt hatte, so folgte er in Begleitung seiner Mutter dem Bauer zu der bewussten Stelle. Als aber der Katekiro, der erste Reichsminister, den König sich heimlich entfernen sah, fürchtete er um dessen Leben und folgte ihm heimlich nach. Der Bauer führte den König richtig zu dem Orte, an welchem der alte Mann noch stand. Dieser aber fragte den König, warum er wohl seinen Katekiro mitgebracht hätte, und zeigte auf den hinter einem Baume Lauschenden. Der König wurde zornig und durchbohrte seinen treuen Diener mit dem Speere. Der mildherzige Kintu war aber bekanntlich ein Feind allen Blutvergiessens, und als der König sich umwandte, war der Greis mit seinen Begleitern verschwunden. Vergebens warf sich der König verzweiflungsvoll zu Boden, vergebens riefen er, seine Mutter und der Bauer nach dem entschwundenen Patriarchen; sie erhielten keine Antwort, nur in der hohen und tiefen Waldung hallte ihr Ruf: „Kintu, Kintu-u, Kintu-u-u!" wieder, wie wenn das Echo ihren Gram verspotten wollte. Seit jener Zeit hatte man in Uganda nie mehr etwas von Kintu gehört.

Im Norden Ugandas erstreckt sich das fruchtbare, durch seine Weiden ausgezeichnete Usoga. Die Unterwerfung desselben fällt in die Regierung des dreissigsten Herrschers Namens Tschabagu. Auch an diese Kämpfe knüpft sich eine Heldensage von dem Krieger Wakinguru.

Einer der Generale Mtesas erzählte sie Stanley bei dem Scheine der Wachtfeuer, und nach Stanleys stenographischen Aufzeichnungen leben die Thaten dieses Achilles von Uganda in folgender Gestalt unter den Waganda fort.

Die Wasoga verhöhnten König Tschabagu. Da beschloss Held Wakinguru, ihre Herausforderung anzunehmen. Er marschierte zur Höhe von

Dschindscha, wo sich das Lager der Wasoga befand, mit einem Bündel Speere auf seinem Rücken. Sein Schild war so gross, dass zwei gewöhnliche Männer kaum im stande waren, ihn emporzuheben, denn Wakinguru war ein Mann von herkulischem Körperbau.

Als er an einer Stelle angekommen war, von der er das ganze Wasogalager überschauen konnte, forderte er den Feind zum Kampfe heraus. Die tapfersten Krieger der Wasoga stürzten hervor, um den Herausforderer niederzustrecken, aber Wakingurus Stärke war so riesig, dass lange bevor irgend ein Feind bis auf die Schussweite herankam, in welcher ein gewöhnlicher Krieger seine Lanze schleudert, sie alle schon tot dalagen. Wakinguru rückte vor, riss seine Speere aus den Leichen und trat einer neuen Schar der Wasoga entgegen, welche heraneilte, um den Tod ihrer Freunde zu rächen. Wiederum schleuderte der furchtbare Held seine todbringenden Speere, und wiederum bedeckten die Leichen der Feinde den Kampfplatz.

In höchste Wut versetzt, rückte jetzt das ganze Heer der Wasoga gegen Wakinguru vor und bildete um ihn einen grossen Ring. Aber Wakinguru lachte; er schleuderte seine gewaltigen Speere, und als sein eigener Vorrat ausging, sammelte er die Lanzen, welche seine Feinde gegen ihn geschleudert hatten und mit denen der Boden massenhaft bedeckt war, und kehrte ihre eigenen Waffen gegen sie, da er diese mit der Geschwindigkeit und Treffsicherheit von Pfeilen zu werfen verstand. Vom Aufgang bis zum Untergang der Sonne hielt Wakinguru dem Ansturm des feindlichen Heeres stand, und dann zeigte es sich, dass er mit eigener Hand 600 Mann erschlagen hatte. In der Nacht kehrte er unversehrt in das Lager Tschabagus zurück, wo er sich mit den Bananen, der Milch und dem Wasser von Uganda erquickte, um am andern Morgen das Turnier mit dem Feinde wieder aufzunehmen. Drei Tage lang setzte Wakinguru den ungleichen Kampf fort, bis die Wasoga sich für besiegt erklärten, König Tschabagu über die Wasserfälle von Dschindscha setzte und die Unterwerfung des Landes vollendete.

Im Norden von Usoga liegt Ukedi, bewohnt von dem kriegerischen Volksstamme der Wakedi oder Lango. Dieselben unternahmen, von ihren Kriegshunden begleitet, zahlreiche Raubeinfälle in Uganda, und der Sicherung des Landes vor diesen unbequemen Nachbarn widmete König Kamanja seine Thätigkeit.

Kamanja war der 33. Herrscher der Wakintudynastie, und auf ihn folgte Suna II., den man auch für Uganda Suna den Grausamen oder Suna den Grossen nennen könnte. Als die Europäer das Land betraten, lebten noch viele, welche Suna persönlich gekannt und unter dessen Szepter gewirkt hatten; denn nach den Erkundigungen Stanleys muss Suna im Jahre 1820 geboren, 1836 zur Regierung gekommen und 1860 gestorben sein.

Die Geschichte der Wakintuherrscher bis Suna II. muss als eine mythische, sagenhafte bezeichnet werden. Wir können sie die Heldengeschichte Ugandas nennen. Mit Sunas Regierungsantritt beginnt für die Geschichtschreibung Afrikas eine neue Ära, denn unter diesem König trat Uganda aus seiner Abgeschiedenheit an dem grossen Quellsee des Nils hervor; die Araber erschienen an den Grenzen des Landes und knüpften mit dem König Handelsbeziehungen an. In Uganda, welches bis dahin auf seine eigenen Traditionen und seine eigene Geisteskraft angewiesen war, kamen andere Elemente zur Geltung: zunächst begann der Islam gärend zu wirken, bis unter der Regierung Mtesas die Europäer das Land aufsuchten und in ihm Missionen gründeten. So ist für Uganda die wichtige Übergangsperiode eingetreten, in welcher durch den Einfluss der europäischen Kultur der Glaube, die Sitten, das Staatswesen des Volkes rasch umgebildet werden. Diesen Gärungsprozess werden wir im Nachstehenden schildern.

Dass in Uganda die Bemühungen der Europäer verhältnismässig gute Erfolge nachzuweisen haben, bessere sicher als in irgend einem anderen Lande, darf uns nicht verwundern; denn wenn wir die Sagengeschichte des Volkes prüfen, so müssen wir zugeben, dass die vom Norden eingewanderten Wakintu doch noch vieles beibehalten haben, was ihnen den Anschluss an die europäisch-asiatische Geisteswelt erleichtert. Es mag dahingestellt bleiben, wer diese Einwanderer gewesen sind, ob sie von Ägypten oder Abessinien eingewandert sind, das eine ist nicht zu leugnen, der Charakter der Waganda ist dem der Kulturvölker der alten Welt sicher mehr verwandt als z. B. derjenige der Mondvölker oder anderer echter Negerstämme. Das sind freilich Behauptungen, die sich schwer durch besondere Beispiele beweisen lassen; aber das Gefühl dieser geheimen Anklänge zwischen den beiden Kulturen ist aus den Berichten der meisten und erfahrensten Afrikaforscher herauszulesen. Diese dunkle Ahnung lebt auch in den Gemütern der Völker an den Nilseen, bei denen eine alte Prophezeiung sagt, dass auf demselben Wege, auf welchem sie gekommen sind, wieder weisse Männer kommen und das Land erobern würden.

Die Gesichtszüge der Wakintuherrscher verraten deutlich trotz der Beimengung des Negerblutes, das in ihren Adern rollt, ihre Abstammung von einer anderen höheren Rasse. Die Könige von Unjoro glauben, dass ihre Vorfahren einst halb weiss und halb schwarz, halb mit krausem, halb mit glattem Haare ausgestattet waren. Wir werden über den Ursprung dieser Kultur Näheres am Schluss des Abschnittes über Uganda mitteilen. Wir glauben aber, dass die einzelnen Bilder aus der Heldengeschichte dieses Volkes geeignet sein dürften, in dem Leser Sympathien für das Volk zu erwecken sie lassen uns tiefer in das Seelenleben der Menschen blicken, die bei oberflächlicher Betrachtung uns durch ihre grausame Kriegsführung, ihren Aberglauben und ihre anscheinend geringe Sittlichkeit abstossend erscheinen möchten.

Suna II.

Suna war klein von Statur, fest und stark gebaut, sehr despotisch und grausam, aber tapfer und kriegerisch. Er hatte die eigentümliche Gewohnheit, mit tief niedergebeugtem Kopfe dazusitzen und nur selten aufzublicken. Seine Haltung erschien wie die eines Mannes, der mit gespannter Aufmerksamkeit Zeichnungen auf dem Erdboden entwirft, obgleich er wirklich auf alles, was um ihn vorging, scharf achtete. Er liess häufig seine Unterthanen zu Hunderten enthaupten. Wegen eines einzigen Verbrechens liess er eines Tages 800 Menschen aus Uganda hinrichten. Er verhängte überhaupt grausame Strafen, liess Augen mit dem Daumen ausdrücken, Ohren, Nasen und Lippen aufschlitzen. Er soll seine Augen so selten von dem Erdboden erhoben haben, dass die Henker, welche die „Herren vom Stricke" genannt wurden, es für ein Zeichen der Verdammung zum Tode ansahen, wenn er je einmal seine Blicke zu einem Menschen emporrichtete. Wenn er durch sein Reich zog, so flohen die Menschen von den Strassen, da sie fürchteten, wenn er sie erblickte, hingerichtet zu werden. Sonderbarerweise war dieser gegen seine Unterthanen so strenge Herrscher freigebig und gastfrei gegen Fremde, die in sein Land kamen, und Araber, die ihn besucht hatten, waren von diesen seinen Tugenden geradezu entzückt.

Aus den allgemeinen Zügen seines Charakters ist noch seine Vorliebe für gewisse Tiere hervorzuheben. Suna war ein leidenschaftlicher Hundeliebhaber, und für einen dieser seiner Köter liess er einen ganzen Distrikt mit süssen Kartoffeln bebauen, weil der Hund sie gerne frass; und als der Hund starb, da wurde er mit besonderen Ehren begraben, und die Häuptlinge mussten zu diesem Begräbnis Rindenzeug beisteuern.

Unter Sunas Regierung stand Uganda auf der Höhe der Macht, und die Wakungu wetteiferten, den Kabaka, wie nunmehr der Herrschertitel der Könige von Uganda lautete, mit kühn ausgeführten Raubzügen zu erfreuen. Suna selbst führte Kriege zu Lande und zu Wasser, und der bedeutendste galt den Wasoga, welche sich in der ersten Zeit seiner Regierung gegen ihn empörten. Als Suna sein Heer gesammelt hatte und in Usoga einrückte, zogen sich die Wasoga auf die Insel Kitenleh im Victoria-Njansa zurück, da sie wohl wussten, dass die Waganda ihnen im Seekampfe nicht gewachsen waren. In der That wurden wiederholte Versuche Sunas, vom Festlande nach der Insel überzusetzen, vereitelt, und die Wasoga fügten noch Spott zum Schaden hinzu, indem sie Suna laut verhöhnten, er möge die Gräber seiner Vorfahren Kagurus und Kamanjas aufsuchen und sich aus Scham über seine Niederlage dort selbst begraben.

Suna tobte vor Wut. Er rief seine Häuptlinge zusammen und befahl einen neuen Angriff auf die Insel und bedrohte seine Heerführer, dass er sie im Falle des Misslingens am Feuer rösten, enthaupten und bis auf den letzten Mann niedermetzeln lassen werde.

Wieder ruderten die Kähne der Waganda gegen die Insel Kitenleh vor; aber die Wasoga waren fest entschlossen, ihre Freiheit zu erkämpfen, und die Verluste der Waganda waren so ungeheuer, dass Suna seinen Plan änderte, vom Sturme absah und die Insel auszuhungern beschloss.

Zwei Monate lang konnten die Wasoga sich noch behaupten; dann aber zwang sie die Hungersnot, die Waffen zu strecken. Die angesehensten Häuptlinge näherten sich dem Lager Sunas, um ihm ihre Unterwerfung anzuzeigen. Dieser aber weigerte sich, sie zu empfangen, schenkte ihnen dreissig Ochsen und liess ihnen sagen, sie möchten sich, wenn sie ihren Hunger gestillt, die Sache überlegen und nach vier Tagen wiederkommen. Die Häuptlinge kamen am vierten Tage wieder, und Suna nahm ihre Unterwerfung an. Nachdem die Wasoga als Gefangene vor Suna gebracht worden waren, liess er sie gut behandeln und befahl ihnen, vor ihm und seinem Heere einen Kriegstanz auszuführen.

Nur mit Stöcken bewaffnet marschierten die nichts Böses ahnenden Besiegten, 30 000 an der Zahl, in das von etwa 100 000 Wagandakriegern gebildete Viereck und begannen ihre Scheinkämpfe. Auf ein Zeichen Sunas aber stürzten sich plötzlich die Wagandakrieger auf die Tänzer und fesselten alle nach einem kurzen, aber vergeblichen Widerstande der Wehrlosen.

Nun liess Suna die vornehmsten Wasogahäuptlinge vor sich bringen und herrschte sie an: „Drei Monate lang habt ihr mich und mein Volk auf eure Unterwerfung warten lassen; ihr empörtet euch gegen meine gesetzmässige Macht und Gewalt und versuchtet von Treue und Gehorsam euch loszumachen; ihr habt mehr als die Hälfte meiner Häuptlinge erschlagen, und ihr habt mich mit Schmähungen geärgert, indem ihr sagtet, ich solle hingehen und die Gräber Kagurus und Kamanjas aufsuchen und mich dort im Gefühl meiner Schande selbst begraben. Ihr habt mich verspottet, mich, der ich Suna heisse, Suna, der Kaiser (Kabaka)! Ich gehe bald nach meinem Grabe, aber bei dem Grabe meines Vaters Kamanja sollt ihr noch heute sterben, und ihr mögt euern Vätern sagen, dass Suna euch zu ihnen gesandt hat."

Er gab darauf seinen Waganda den Befehl, alle Wasoga zu töten, sie in Stücke zu zerhacken und die Glieder auf einem Haufen am Ufer des Njansa aufzutürmen. Fünf Tage lang soll die Metzelei gedauert haben, worauf Suna mit 5000 gefangenen Weibern und 8000 Kindern nach Uganda zurückkehrte.

Wir übergehen die anderen Kriege Sunas, die bald Unjoro, bald Uddu, bald Usongora galten. Interessant ist nur noch die Geschichte einer zweiten Empörung von Usoga. Suna nahm sich Zeit, gegen die Empörer ins Feld zu rücken, aber ein junger Mtongoleh namens Kasindula, der dem

Bauernstande entstammte, unternahm es auf eigene Faust, die Widerspenstigen zum Gehorsam zu bringen. Durch kühne nächtliche Überfälle wusste er die Wasoga derart zu schädigen und in Schrecken zu versetzen, dass sie von neuem Uganda huldigten. Kasindula aber zog vor Suna mit einer Beute von 7000 Sklaven, 9000 Kühen und Ochsen, 3000 Ziegen und 500 Schafen, und da er mehr geleistet hatte, als alle anderen Wakungu Sunas, wurde, er von dein Kabaka zum Range eines Mkungu von Uganda erhoben.

Auf einem Kriegszuge gegen Usongora erkrankte Suna an den Pocken, und da er sein Ende nahen fühlte, liess er sich nach Uganda tragen. Jetzt beschäftigte ihn die Sorge um die Zukunft seines Reiches. Er hatte viele Söhne, aber sein Liebling war Kadschumba, von dem man erzählte, dass er schon als Knabe einen Büffel mit einer Keule und einen Elefanten mit einem Speer erlegt habe. Der kaiserliche Prinz war ein gewaltthätiger, halsstarriger Jüngling von riesiger Gestalt und Stärke. Darum gefiel er Suna, weil er mit allen Eigenschaften ausgestattet zu sein schien, um das Reich im Sinne seines Vaters fortzuregieren. So berief Suna die Wakungu und den grossen Rat und empfahl den Häuptlingen seinen Sohn Kadschumba als Kabaka zu wählen, und noch auf dem Totenbette versicherte er ihnen, dass Kadschumba noch berühmter werde als der löwengleiche Kimera oder der grosse Nakiwingi.

Suna starb. Als Prinz Kadschumba dies erfuhr, ergriff er Schild und Speer und rief sich selbst zum Kabaka aus, kraft seiner Geburt und laut des letzten Willens des verstorbenen Herrschers. Er kündigte auch seinen Entschluss an, dass er seine Würde mit den Waffen in der Hand bis zum letzten Atemzuge verteidigen werde.

Die Wakungu waren jedoch längst auf diese Ereignisse vorbereitet. Sie hatten so viel unter dem grausamen Suna gelitten, dass sie den vielleicht noch gewaltthätigeren Kadschumba um keinen Preis zum Herrscher erheben mochten. Sie sehnten sich nach einem ruhigeren, bequemeren Kabaka. So sah sich plötzlich der tapfere Kadschumba von kräftigen Händen ergriffen und gebunden. Er wanderte ins Gefängnis und konnte nunmehr die letzten Tage seines Lebens zählen; denn jeder der Brüder, dem die Kaiserwürde zufallen würde, musste ihn fürchten und hassen – und das bedeutete seinen Tod.

Die Wakungu traten aber zur Königswahl zusammen, und der alten Sitte des Landes gemäss sollte ein minderjähriger Prinz gewählt werden, der unter dem Beistand seiner Mutter, der Königin-Mutter, und des grossen Rates bis zu seiner Volljährigkeit das Land regieren würde.

Ihre Wahl fiel auf einen sanftmütigen, grossäugigen Jüngling. Mtesa wurde zum Kabaka von Uganda ausgerufen.

Mtesa

Mtesas Jugend

In der Nähe von Mengos, unweit von dem Ufer des Victoria-Njansa, erhoben sich damals 31 pyramidenartige Bauten; es wurde eine neue, die zweiunddreissigste Hütte errichtet, das Mausoleum für den grossen Suna. Seine nach roher Ugandaart einbalsamierte Leiche wurde in dem dunklen innersten Gemache niedergelegt, und in dem Vorgemache schlugen zwölf schwarze Jungfrauen ihren Wohnsitz auf, um dem Toten zu dienen.

Der milde Jüngling war jetzt der Herrscher des Landes. Man sagt, dass der Reichtum die Menschen verderbe; dasselbe, ja in noch höherem Masse, lässt sich von der Macht sagen. Jedenfalls zeigte sich der Herrscher Mtesa ganz verschieden von dem jungen, heiteren Prinzen. Ob er dabei nach eigenen Herzenstrieben handelte oder den Ratschlägen der Königin-Mutter und einzelner Wakungu folgte, muss dahingestellt bleiben.

Jedenfalls war seine erste That grausam. Er wandte sich zunächst gegen seine Brüder. Nicht nur der ehrgeizige Kadschumba wurde den „Herren vom Stricke" ausgeliefert; alle Söhne Sunas und Brüder Mtesas, die Geschichte verschweigt ihre Zahl, erreichte dasselbe Schicksal. So war Mtesa vor Rivalen sicher, und er hatte dabei, wie man sagt, nach berühmten Mustern gehandelt, denn in allen grösseren afrikanischen Staaten herrscht unter den Königen die Sitte, gefährliche Brüder beiseite zu schaffen.

Aber Mtesa ging weiter. Für gewisse Charaktere ist die Verpflichtung zum Danke etwas Lästiges. Mtesa war ein solcher Charakter. Er war der Kabaka von Uganda … aber nicht einer von Gottes Gnaden, wie man in anderen Staaten sagen würde. Er war gewählt worden, und die Wähler hatten für ihn mehr gethan, als sonst Wähler zu thun pflegen. Die Wakungu, die ihn auf den Sitz seines Vaters gehoben, hatten zuerst den mutigen Kadschumba unschädlich gemacht. Das konnte ihnen der junge Mtesa nicht vergessen; er war ihnen doch zum Dank verpflichtet, und das störte ihn. Und der junge Herrscher setzte sich über dieses Hindernis hinweg. Die treuen Wakungu wurden der eine nach dem andern den Herren vom Stricke überliefert; denn Mtesa erklärte, dass er keinen Unterthanen in seinem Reiche haben wolle, der behaupten könnte, dass er ihm einen Dank schulde.

Über alle diese Vorgänge setzte man sich in Uganda leicht hinweg, die Unterthanen waren ja an ein strenges Regiment gewöhnt. Das Menschenleben hatte hier keinen Wert, und so wie Mtesa zu regieren anfing, hatten ja die meisten Kabaka regiert.

Aber in jener Zeit, in welche Mtesas Regierungsantritt fiel, begann für Uganda eine neue Ära. Schon zu Sunas Zeiten besuchten die Araber häufiger das Land. Sie krochen allerdings noch demütig vor dem Kabaka ebenso wie seine schwarzen Unterthanen, aber ihr Einfluss war ein tiefeingreifender. Durch ihre Vermittlung kamen viele wunderbare Dinge ins Land, die man früher in Uganda nicht gekannt hatte: baumwollene, auch seidene Stoffe und vor allem Feuerwaffen. Allerdings waren diese Handelsverbindungen nicht ganz neu; denn Unjamwesi stand, wie wir bereits erfahren haben, seit sehr langer Zeit mit Sansibar in einem ziemlich regen Verkehr. Die Händler, welche diesen Verkehr vermittelten, waren Neger oder Halbblutaraber und diese waren schwerlich im stande, einen tieferen sittlichen Einfluss auf die Waganda auszuüben. Ihnen gegenüber waren die Kabaka doch richtige Herrscher, vor denen sich die Wangwana von der Küste ebenso wie die Waganda im Staub wälzten.

Sonderbarere Nachrichten kamen indessen vom Norden her. Auf Anregung der europäischen Gelehrten hatte Mehemet Ali von Ägypten schon in der ersten Hälfte unseres Jahrhunderts dem oberen Nil seine Aufmerksamkeit zugewendet. Wir haben bereits in dem ersten Bande von dem Vordringen der Nubier den Nil aufwärts berichtet. Ausser den Nubiern waren aber auch Europäer in jene Gebiete gekommen, und die Kunde von der Annäherung weisser Männer vom Norden her kam auch nach Uganda. Sie wirkte jedoch anfangs nicht sehr beunruhigend. Es gab zwar in Uganda und Unjoro alte Prophezeiungen, laut welchen einst Weisse das Land wiedererobern sollten, aber das Gefühl der eigenen Kraft war in jenen Staatswesen noch so gross, dass jede Furcht verschwand, als man erfuhr, dass kein Heer weisser Männer, sondern nur einzelne weisse Reisende in Begleitung schwarzer Diener hier und dort erschienen seien. Man erwartete ihre Ankunft, aber eher mit Gefühlen der Neugierde.

Man ahnte nicht im entferntesten, dass die beiden fremden Elemente, das arabische und das europäische, binnen wenigen Jahrzehnten in den inneren Angelegenheiten Ugandas eine bedeutende Rolle spielen würden, man ahnte nicht, dass es bald in Uganda eine arabische und eine europäische Partei geben würde.

Der junge Mtesa, der um jene Zeit an der Spitze des Staates stand, hatte kein Verständnis für solche Fragen; seiner innersten Überzeugung nach war er der mächtigste Herrscher der Welt und liess die fremden Gäste vor sich erscheinen, um sich mit ihnen zu unterhalten, seine Neugierde zu befriedigen. Erst in seinem späteren Alter mochten die Gründung des ägyptischen Sudanreiches, der Vorstoss Bakers und Gordons gegen Unjoro und die Nähe der Äquatorialprovinz ihm vorübergehend ernstere Gedanken erregt haben; aber zu seiner Befriedigung konnte er doch noch erleben, wie diese Gründung in sich selbst zusammenbrach und die Ägypter an den Grenzen seines Reiches Halt machen mussten, was nur dazu angethan war, das Bewusstsein seiner eigenen Macht und das Vertrauen in dieselbe zu stärken. Uganda wurde inzwischen zum Ziel vieler Forschungsreisenden, und in den Berichten derselben ist die Gestalt Mtesas so genau wie die keines anderen afrikanischen Fürsten beschrieben worden. Wir lernen aus denselben Mtesa in den verschiedenen Phasen seiner eigenartigen Entwickelung kennen, und diesen von der Geschichte der Afrikaforschung gegebenen Gang werden wir auch in der nachfolgenden Darstellung beibehalten.

Eine Audienz

Es war im Februar des Jahres 1862. Der junge Mtesa war sehr aufgeregt; denn der längst angekündigte weisse Mann, der in Karagua geweilt hatte und den Rumanika dem Kabaka empfohlen hatte, war in Bandawarogo, der damaligen Hauptstadt von Uganda, erschienen. Nicht minder neugierig war aber auch der Fremde, der Engländer Speke, der hier, um sich Ansehen zu verschaffen, als ein weisser Prinz auftrat, obwohl er nur ein englischer Kapitän war. Von seinem Quartier, das ihm in einigen für Fremde bestimmten Hütten angewiesen worden war, flog sein Blick hinüber zu dem königlichen Palaste, einer ungeheueren Anzahl von Hütten, welche den Abhang eines grossen Hügels bedeckte. Es war ein prachtvoller Anblick, denn die Hütten waren „gigantisch“, wie man sie sonst in Ostafrika nicht zu sehen bekommt.

Endlich nahte die Stunde der Audienz. Speke rückte mit seiner Eskorte und den Trägern für die Geschenke von seinem Quartier ab; er trug seinen Regenschirm und liess sich seinen Feldstuhl nachtragen. Er hatte bemerkt, dass die Händler, welche von der Küste an diesen Hof kamen, sich der unwürdigen Hofetikette unterwarfen; er wollte die Würde des Europäers wahren und war fest entschlossen, die Schranken des Zeremoniells zu durchbrechen.

Durch das Palastthor schritt er in das Innere des Hüttenkomplexes, welche hier durch viele Zäune von Tigergras in eine Anzahl von Höfen getrennt waren. In dem ersten Hofe standen vor den Hütten viele schwarze Damen, Frauen des Königs, die mit Interesse den Einzug des Fremden beobachteten. In dem zweiten Hofe wurde Speke von einer Anzahl in reine, neue Mbugus gekleideter Wakungu begrüsst und war nicht wenig überrascht, hier eine grosse Versammlung anzutreffen. Es war der Hof zum Antichambrieren. Hier standen Väter mit ihren Töchtern, welche sie ihrem Herrscher schenken wollten, andere führten Ochsen, Hunde und Ziegen an Stricken herum, andere wieder trugen Hühner auf den Armen, alles Gaben für den Kabaka. Es wurde nunmehr dem Fremden bedeutet, er möge sich hier auf der Erde niedersetzen und warten, bis der König ihn rufen werde. Der Aufenthalt in dem Hofe war für einen Erforschungsreisenden gerade nicht uninteressant, denn es gab hier viel zu sehen, und selbst eine Musikbande spielte auf, aber der Europäer wollte nicht wie jeder Neger behandelt werden; er liess dem Hofe fünf Minuten Zeit, damit sich dieser auf seinen Empfang vorbereite, und erklärte, dass er nach dieser Zeit, wenn er nicht vorgelassen werden sollte, gehen würde.

Niemand beeilte sich, dem Kabaka diese Erklärung zu überbringen, die Wakungu standen erstaunt da; eine solche Sprache hatte noch kein Fremder am Hofe von Uganda zu führen gewagt, und niemand hatte sich erdreistet, gar einen Stuhl mitzubringen, um vor dem Kabaka sich darauf niederzusetzen. Die Wakungu rührten sich nicht, und der Europäer hielt sein Wort; anscheinend beleidigt ging er in sein Quartier zurück.

Das feste Auftreten half; Boten wurden ihm nachgesandt, er sollte wiederkommen und seinen Stuhl mitbringen. Die Etikettenfrage war erledigt.

Der König hielt seinen Hof in einem wirklichen Hofe ab. Ihm gegenüber wurde der Feldstuhl aufgestellt und Speke bedeutet, sich in die strahlende Sonne zu setzen. Der Gast that es, stülpte seinen Hut auf, spannte seinen Regenschirm aus und betrachtete mit Ruhe und Musse den theatralischen Anblick, der sich ihm darbot.

„Der König, ein gutaussehender, hübschgewachsener, langer junger Mann von fünfundzwanzig Jahren, sass auf einer viereckigen Plattform von Königsgras, das mit einem roten Laken bedeckt und mit Tigergrashalmen eingefasst war; er war sehr gut gekleidet mit einem neuen Mbugu. Das Kopfhaar trug er kurz abgeschnitten, mit Ausnahme des Scheitels, wo es in eine hohe Leiste aufgekämmt war, die von vorn bis hinten wie ein Hahnenkamm sich erstreckte. Um den Hals hatte er einen netten Schmuck, einen grossen Ring aus schön gearbeiteten blauen Perlen, die durch ihre verschiedenen Farben hübsche Muster bildeten. An dem einen Arme war ein anderer hübsch gezeichneter Perlenschmuck, am andern ein hölzernes Amulett mit einem von Schlangenhaut überzogenen Strick befestigt. An jedem Finger und jeder Zehe befanden sich abwechselnd Messing- und Kupferringe und über den Knöcheln halbwegs bis zur Wade eine Art Strumpf von hübschen Perlen. Alles war leicht, nett und in seiner Art elegant; man konnte dem Geschmack seines Anputzes nichts anhaben. Als Schnupftuch hielt er ein gefaltetes Stück Rinde und ein Stück goldgestickter Seide, das er beständig benutzte, um seinen grossen Mund zu verbergen, wenn er lachte, oder ihn abzuwischen, nachdem er Bananenwein getrunken hatte, wovon er häufige und kleine Züge aus netten, kleinen Kürbisbechern nahm, die ihm seine aufwartenden Damen, gleichzeitig seine Schwestern und Frauen, darreichten. Ein weisser Hund, Speer, Schild und eine Frau – die Uganda-Zeichen, waren an seiner Seite, desgleichen eine Gruppe von Häuptlingen auf der einen und eine Gruppe von Zauberdamen auf der anderen Seite."

Der König unterhielt sich mit seinen Wakungu, sonst herrschte eine tiefe Stille in der Versammlung, alle hielten die Blicke auf den Boden gesenkt, aus Furcht, angeklagt zu werden, dass sie den König mit bösem Blick verzaubert hätten, obwohl die Zauberdamen da waren, um die Wirkung des bösen Blicks zu bannen.

Eine Stunde lang starrte der König seinen Gast an, ohne durch einen der Dolmetscher sich in eine Unterredung einzulassen; er liess nur den Engländer auffordern, seinen Hut abzunehmen und wieder aufzusetzen und seinen Schirm auf- und abzumachen. Zuletzt liess er Speke fragen, ob er ihn gesehen habe, und als dieser antwortete: „Ja, für eine ganze Stunde!" erhob sich der König und ging, den Speer in der Hand und den Hund an der Leine führend, durch die Einfriedigung in einen anderen Hof. In den Augen der Neger schritt er majestätisch von dannen, denn sein Gang sollte den des Löwen nachahmen, auf den Europäer aber machte das Watscheln einen recht possierlichen Eindruck.

Damit war der erste Akt der Audienz vorüber, und in der Pause wurde Speke mitgeteilt, der König habe sich zurückgezogen, um zu essen. Nachdem Mtesa seinen Hunger gestillt, wurde Speke in den anderen Hof geleitet. Hier sass der König auf einem roten Laken, von etwa hundert seiner Frauen umgeben, die alle in neue Mbugus sauber gekleidet waren.

Nach einem nichtssagenden Gespräch ging der König wieder vor eine andere Hütte, und hier fand die Übergabe der Geschenke, welche Speke mitgebracht hatte, statt. Es waren dies: ein Kästchen aus Blockzinn, vier reiche, seidene Gewänder, eine Whitworthbüchse, eine goldene Uhr, eine Revolverpistole, drei Karabinerbüchsen, drei Degenbajonette, eine Kiste Munition, eine Kiste Kugeln, eine Kiste Zündhütchen, ein Teleskop, ein eiserner Stuhl, zehn Bündel beste Perlen, ein Satz Tischmesser, Löffel und Gabeln.

Diese Geschenke bereiteten ihm grosse Freude; damals war er noch nicht so verwöhnt, wie in späteren Jahren; er betrachtete sie wie ein kleines Kind und untersuchte alles, bis es Nacht wurde und die Fackeln angebrannt wurden.

Erst jetzt entliess er seinen Gast mit dem Versprechen, ihm am nächsten Morgen Nahrungsmittel zuzuschicken. Auf den Weg gab er ihm aber wenigstens etwas zum Durstlöschen, nämlich sechs Krüge Bananenwein.

Am nächsten Morgen aber stellte sich das königliche Gegengeschenk in der Gestalt von zwanzig Kühen und zehn Ziegen ein.

Vom Könige hingehalten, blieb Speke vier und einen halben Monat in Bandawarogo und lernte Mtesa und den Hof zur Genüge kennen. Wegen der Hofetikette wurde ein Kompromiss geschlossen. Speke verzichtete darauf, vor dem König auf seinem Stuhl zu sitzen, es wurde ihm dagegen gestattet, sich auf einem Bündel Tigergrases, also auf einem Material, mit dem auch der königliche „Thron" gepolstert war, niederzulassen. Besonders wichtige Angelegenheiten wurden bei den nachfolgenden Audienzen nicht verhandelt. Speke wollte nur die Erlaubnis zum Weitermarsch nach Norden behufs Feststellung des Nillaufes erhalten, Mtesa wollte sich mit seinem weissen Gaste amüsieren. So musste Speke bei der zweiten Audienz die Wirkung der Feuerwaffen zeigen und Kühe im königlichen Hofe schiessen; er erlegte derselben fünf mit einem Revolver. Der König aber lud einen Karabiner, gab ihn einem seiner Pagen und befahl ihm, er solle in den äusseren Hof gehen – und einen Menschen niederschiessen!

„Hast du's gut gemacht?" fragte der König den Jungen, nachdem derselbe mit der abgeschossenen Flinte zurückgekehrt war.

„O ja, ganz vortrefflich!" lautete die Antwort, aber unter den Anwesenden erregte dieser Vorfall nicht das geringste Aufsehen; niemand schien neugierig zu sein, wen gerade der Page des Lebens beraubt hatte!

Wie leicht man an diesem Hofe sein Leben verlieren konnte, davon noch ein Beispiel!

Mtesa besuchte mit Speke eine Insel auf dem Victoria-Njansa. Eine Anzahl seiner Frauen begleiteten den Kabaka. Während des Spazierganges pflückte eine der jungen Frauen eine Frucht ab und reichte sie dem Kabaka. Dieser aber geriet ob dieser unverschämten Dreistigkeit, ihm etwas anzubieten, in solche Wut, dass er seinen Herren vom Stricke befahl, die Frau fortzuführen und hinzurichten. Sofort nahmen auch die Pagen ihre von Stricken gefertigten Turbane vom Kopfe und fesselten das junge Weib, dem erst auf eine energische Fürsprache Spekes das Leben geschenkt wurde.

Lieblingsfrauen des Königs, welche das Todesurteil ohne Sträuben entgegennahmen, wurde die Vergünstigung zu teil, dass ihnen nur die Hände über dem Kopfe gebunden wurden und dass sie frei zur Richtstätte gehen konnten. Wunderbare Welt!

Eine milde Strafe war es noch, die Mtesa über einen seiner Pagen verhängte, da er eine Botschaft falsch verstanden hatte. Er liess ihm die Ohren abschneiden, weil er diese Organe nicht richtig zu benutzen verstanden hatte.

Die Königin-Mutter

Bei der Beschreibung der Fürstenhöfe im Sudan haben wir gesehen, dass die Königin-Mutter, dort Magira genannt, eine hervorragende Stellung im Staatsleben einnahm. Auch in Uganda, wo sie Njamasore heisst, ist dies der Fall. Da die Etikette am Hofe vorschrieb, dass jeder Gast zwei Tage hintereinander dem Könige und jeden dritten Tag seiner Mutter aufwarte, so bot sich Speke genügende Gelegenheit, diese wichtige Person kennen zu lernen.

Mit den üblichen Geschenken versehen, machte sich der Reisende auf den Weg, um den Palast der Njamasore aufzusuchen, der etwa zwei Kilometer von dem königlichen entfernt lag, ebenso wie dieser gebaut, nur bedeutend kleiner im Umfang war. Alle Hütten waren mit Weibern gefüllt, denn die Königin-Mutter bewachte eine grosse Anzahl der königlichen Frauen. Sie war liebenswürdiger als ihr Sohn und liess den Reisenden nicht lange antichambrieren; denn sie liebte mehr eine fröhliche Unterhaltung als ein steifes Schaugepränge.

Die Königin war damals eine fette Schönheit von fünfundvierzig Jahren; sie sass bei der ersten Audienz einfach mit einem Mbugu bekleidet auf einem Teppich, der innerhalb eines Vorhangs von Mbugu auf die Erde gebreitet war, mit ihrem Ellenbogen auf einem aus demselben Rindenzeug gemachten Kissen ruhend; die einzigen Schmucksachen an ihrer Person bildeten ein Halsband aus Paternostererbsen (Abrus precatoria) und ein Stück Mbugu, das um ihren Kopf gebunden war, während ein Klappspiegel, durch Gebrauch nicht besser geworden, offen neben ihr lag. Vor dem Eingang zur Audienzhalle war ein eiserner Stab mit einem Napfe, der mit Zauberpulver gefüllt war, aufgestellt; in der Hütte selbst leisteten neben einigen Frauen vier Zauberinnen in ihrem phantastischen Schmucke der Königin Gesellschaft.

Anfangs sassen die Njamasore und Speke still da und betrachteten sich gegenseitig; dann wurden die Frauen entlassen und einige Wakungu und eine Musikbande hereinbefohlen. Nun wurde Speke bedeutet, näher zu treten und sich innerhalb der offenen Hütte zu setzen.

Man trank Pombe (Bananenwein) und rauchte, während die Usogakapelle ihr Konzert begann, wobei die Musikanten ihre Körper auf- und abwiegten wie die Bären auf der Messe.

Die Königin verliess die Hütte, wechselte die Toilette und erschien wieder. Der Hof wurde bis auf drei oder vier vertraute Wakungu entlassen, und die Njamasore trug Speke ein besonderes Anliegen vor. Sie nahm ein Bündel glattgearbeiteter Stäbe und sagte, dass sie drei Klagen habe. „Dieser Stab“, fuhr sie fort, „stellt meinen Magen dar, der mir viel Beschwerden macht; dieser zweite Stab ist meine Leber, die mir herumschiessende Schmerzen über den ganzen Körper verursacht, und dieser dritte ist mein Herz, denn ich träume nachts beständig von Suna, meinem verehrten Gatten, und das ist nicht angenehm."

Speke erwiderte: „Die Träume und Schlaflosigkeit seien die gewöhnlichen Klagen der Witwen, sie könnte nur dadurch geheilt werden, dass sie sich entschlösse, wieder zu heiraten; wegen ihrer körperlichen Leiden wolle er sie zunächst untersuchen, d. h. ihre Zunge sehen, ihren Puls und vielleicht auch ihre Seiten befühlen."

Die Wakungu erschraken darüber und wollten erst die Erlaubnis des Königs einholen, aber die Königin war erzürnt, dass sie von einem „Bürschchen" Rat holen sollte, und liess sich untersuchen. Speke gab ihr einige Pillen, von denen die Wakungu zuerst kosten mussten, und verordnete ihr Diät, in welche zu ihrem Leidwesen auch die Enthaltsamkeit von Pombe einbegriffen war.

Die Geschenke, die Speke ihr überreichte, befriedigten sie ausserordentlich. Sie revanchierte sich durch ein grosses, sehr kunstvoll gearbeitetes Pombesaugrohr, eine Kuh und andere Kleinigkeiten, unterhielt sich mit dem Fremden auf das freundlichste und lud ihn ein, in zwei Tagen wiederzukommen, da sie ihn gern habe, ganz ausserordentlich, sie könne nicht sagen wie sehr. Nach dieser sonderbaren Erklärung stand sie auf und verliess die Halle, womit die Audienz ihr Ende erreicht hatte.

Da Speke den Einfluss der Königin-Mutter auf ihren Sohn sich sichern wollte, damit ihm der Weg nach dem Nil gestattet würde, so zeigte er sich auch seinerseits liebenswürdig gegen die Frau, die er später noch sehr oft besuchte. Das Leben in ihrem Palaste war sehr gemütlich, wozu der Genuss von Pombe nicht wenig beitrug, und die Königin trank diesen Wein mitunter wie ein „Schwein", indem sie ihren Kopf in einen grossen damit gefüllten Trog steckte.

Nachdem Speke seine Besuche bei dem König und seiner Mutter in gebührender Zahl angestellt hatte, durfte er auch mit dem Waganda-Adel, der uns bereits aus den früheren Schilderungen bekannt ist, nähere Bekanntschaft schliessen und die hervorragendsten Häuptlinge besuchen. Sehr drollig fiel die Vorstellung der fünfundzwanzig Frauen des Katekiro aus. Der Minister erwies damit dem Gaste die grösste Ehre, da die Waganda sonst auf ihre Frauen eifersüchtig sind, damit der Engländer aber nicht auf den Gedanken komme, die eine oder andere dieser Schönheiten zu verlangen, sagte er gleich bei der Vorstellung: „Diese sind aber nur zum Ansehen!"

Die Njamasore erwies sich freigebiger; sie wollte durchaus Speke verheiraten und schenkte ihm zwei ihrer schönsten Sklavinnen, die nicht zurückgewiesen werden durften und den treuesten Wangwana der Karawane Spekes als Frauen gegeben wurden. Mit diesem Los nicht zufrieden und darüber entrüstet, dass der Weisse sie nicht für würdig befunden hatte, liefen sie später davon.

Das Heer

Speke fand auch oft Gelegenheit, die Armee von Uganda zu sehen. Wenn die Waganda in den Krieg ziehen, legen sie ihre faltigen Mbugu ab und ziehen die bei weitem knapperen „Kriegsuniformen" an. Im Jahre 1862 gab es noch wenig Flinten im Lande, und die Bewaffnung war noch die alte. Speke schildert die Parade eines aus etwa 600 Mann bestehenden Bataillons in folgender Weise.

„Man kann sich nichts Wilderes und Phantastischeres denken, als den Anblick, der nun folgte; die Männer waren alle fast nackt, nur mit Ziegen- oder Katzenfellen, die von ihren Gürteln herabhingen, bekleidet und mit Kriegsfarben je nach dem Geschmack jedes Individuums beschmiert. Die eine Hälfte des Körpers sah rot oder schwarz, die andere blau, aber nicht regelmässig, so z. B. war der eine Strumpf rot, der andere schwarz, während die Hosen darüber die umgekehrte Färbung hatten und ebenso die Ärmel und Jacke. Alle führten dieselben Waffen, zwei Speere und einen Schild, in einer Haltung, als näherten sie sich einem Feinde, und so bewegten sie sich in drei Zügen in einzelnen Gliedern und Reihen, fünfzehn bis zwanzig Schritt auseinander mit derselben hohen Aktion und verlängertem Schritte, wobei nur das Bein, das auf dem Boden ruhte, gebogen wurde, um ihrem Schritt mehr Kraft zu geben.

Nachdem die ganze Mannschaft vorübergezogen, kamen die Hauptleute der Kompanien, noch phantastischer gekleidet, und ganz zuletzt der grosse Oberst, ein vollständiger Robinson Crusoe mit seinem langen, weisshaarigen Ziegenfell, einem geigenförmigen, ledernen Schild mit Haarbüscheln an allen sechs Ecken, Bündeln langer Haare unter den Knieen und einem prächtigen Helm mit reichen Perlen in allen Farben in famosem Geschmack bedeckt und von einem Busch purpurner Federn überragt, aus dessen Mitte ein gebogener, mit einem Büschel von Ziegenhaaren gekrönter Stab hervorragte. Nun machten sie kompanieweise Angriffe auf und ab, und zuletzt kamen die älteren Offiziere nach dem König ausholend, zum Zeichen heftiger Beteuerungen ihrer Treue und Ehrlichkeit, wofür sie applaudiert wurden. Die Parade war nun zu Ende, und alle gingen nach Hause."

*

So war vor dreissig Jahren der Hof Mtesas beschaffen. Vor dem jungen Herrscher wälzte sich alles im Staub; für jede seiner Thaten riefen alle „Njanzig, Njanzig!" (danke, danke!) Und der Kaiser oder Kabaka, das junge Bürschchen, hatte keinen Sinn für ernstere Fragen.

Bei der ersten Erscheinung des Neumondes in jedem Monat schloss er sich für zwei oder drei Tage ein zur Betrachtung und Anordnung seines

Zauberhornes (Hörner wilder Tiere, die mit Zauberpulver gefüllt sind). Dies konnte man für seine Sonntage oder Kirchenfeste halten, die er der Andacht weihte. An anderen Tagen nahm er seine Frauen, einige hundert, zum Baden oder Vergnügen in Weihern; oder war er davon ermüdet, ging er weit spazieren, während seine Frauen hinter ihm liefen, worauf alle Musikanten zu ihm stiessen, die Spitze des Zuges bildend, hinter ihnen die Wakungu und die Pagen mit dem König in der Mitte der Prozession. Bei diesen Ausflügen durfte kein gewöhnlicher Mensch zu dem Könige aufschauen. Und wurde zufällig jemand am Wege entdeckt, so wurde er von den Pagen niedergehetzt, er konnte sich glücklich preisen, wenn er nur geprügelt, seines Besitzes beraubt wurde und wenn man ihn nicht zur Richtstätte schleppte.

Mit den neuen Gewehren, die ihm Kaufleute und Reisende gebracht hatten, ging er auf die Jagd oder unternahm Fahrten auf dem Victoria-Njansa, besuchte hier auf einer Insel den Mann, aus welchem der Geist des Sees, der gewaltige Mukusa, sprach. Nur eine einzige ernstere Beschäftigung konnte man bei ihm nachweisen: er begann das Kisuahili der Kaufleute zu erlernen.

Freilich, Mtesa war noch, wie ihn seine Mutter selbst nannte, ein junges Bürschchen, dem die königliche Macht neu war und der sie wie ein Spielzeug missbrauchte. Aber mit der Zeit mussten doch die Staatsgeschäfte ihn in Anspruch nehmen. An den Grenzen des Landes verhielten sich Ugandas Feinde nicht ruhig; die räuberischen Wanjoro fielen in das Land ein und mussten gezüchtigt werden; irgend ein Häuptling von Uddu verweigerte den Tribut, und das unbändige Usoga wurde wieder rebellisch. Die Wakungu und Watongoleh zogen in den Krieg, und man ging zu den Gräbern der Wakintu, zu dem Grabe des grossen Suna, um aus dem Wachstum und anderen Zeichen gewisser Bäume und Pflanzen die künftigen Geschicke des Reiches zu erfahren.

Vom Süden und vom Norden kamen überraschende Nachrichten.

In Tabora erstarkte die arabische Niederlassung, und die Händler, die von dem Mondlande kamen, traten selbstbewusster auf; die Ägypter und Engländer hatten ihre Banner an den Ufern des Albertsees aufgepflanzt, und Unjoro wurde von ihnen mit Krieg überzogen.

Die Kämpfe nahmen jetzt eine andere Gestalt an; der Ugandaspeer musste die Feuerwaffe als Bundesgenossin erwerben, wenn er nach wie vor siegreich aus den Schlachten hervorgehen wollte. Eine neue Ära fremder Einflüsse begann. Da wurde das Bürschchen Mtesa ernster und lauschte den Erzählungen eines einfachen Arabers, der sich als Elfenbein- und Sklavenhändler an seinem Hofe niederliess.

Muley ben Salem, so hiess der Araber, erzählte Mtesa von der Macht der Araber, vom Sultan von Sansibar, von der Pracht orientalischer Höfe, und er weihte ihn in die Lehren des Korans ein, die, wie tief sie auch unter denen des Christentums stehen mögen, doch himmelhoch den Aberglauben Ugandas überragten. Ohne es zu ahnen, wurde Mtesa zum Schüler des Arabers und huldigte in seinem Herzen den Lehren des Propheten, obwohl er äusserlich dem Glauben seiner Väter nicht entsagte. Unter solchen Einflüssen reifte das Bürschchen zum Manne heran, und was unter seiner Herrschaft in zwölf Jahren aus Uganda geworden, darüber wird uns das nächste Kapitel einen überraschenden Aufschluss geben.

Mtesa als Reformator

Das Jahr 1875 ist ein hochwichtiges in der Geschichte Ugandas. Wenn das Volk der Waganda jemals, dem Christentum zugeführt, eine höhere Kulturstufe erringt, so wird es dieses Jahr als das seiner Wiedergeburt feiern müssen; denn in ihm wurde der Grund zu der grössten inneren Umwälzung gelegt, der Weg zur Einführung des Christentums gebahnt.

In jenem Jahre betrat wieder ein Europäer den Boden Ugandas. Es war Stanley. Mtesa, mit dem er im April 1875 zusammentraf, war kein Bürschchen mehr. In seinem Tagebuch beschrieb Stanley die äussere Erscheinung des Kaisers mit folgenden Worten: „Von Person ist Mtesa hochgewachsen – er misst wahrscheinlich 6 Fuss 1 Zoll (1,85 m) – und schlank. Er hat sehr intelligente und angenehme Gesichtszüge, die mich an einige unter den Gesichtern der grossen Steinbilder in Theben und der Statuen im Museum zu Kairo erinnerten. Er hat dieselbe Fülle der Lippen, aber ihre Dicke wird durch den allgemeinen Ausdruck einer mit Würde gemischten Liebenswürdigkeit gemildert, welcher sich über sein Antlitz breitet, und durch die grossen, glänzenden, wie zwei Flammen unruhig lodernden Augen, welche demselben eine wunderbare Schönheit verleihen und für die Rasse, von welcher er, wie ich glaube, abstammt, typisch sind. Seine Farbe ist ein dunkles Rotbraun und dabei die Oberfläche seiner Haut von merkwürdiger Glätte."

Im Jahre 1875 ging Mtesa nicht mehr in den landesüblichen Mbugu gekleidet; er hatte die arabische Tracht angenommen. Viele seiner Wakungu waren seinem Beispiel gefolgt, und auch die Pagen trugen zum grossen Teil importierte Baumwollstoffe; die Soldaten hatten zum Teil andere Uniformen, die Leibwachen waren mit Flinten bewaffnet, und Stanley fühlte sich berechtigt, zu erklären: „Ich sehe, dass Mtesa ein mächtiger Kaiser ist, der grossen Einfluss auf seine Nachbarn besitzt. Ich habe heute gesehen, wie der nie Ruhe haltende Makorongo, der König von Usui, und Mirambo, jenes schreckliche Phantom, das alle Gemüter in Unjamwesi aufregt und beunruhigt, durch ihre Gesandtschaften vor ihm knieten und ihm Tribut darbrachten. Ich sah ungefähr hundert Häuptlinge, welche etwa auf derselben Kulturstufe standen, wie die Einwohner von Sansibar und Oman, manche in reiche Kleider gehüllt und in derselben Art und Weise bewaffnet, und bin mit Erstaunen Augenzeuge gewesen von der Ordnung und Gesetzmässigkeit, wie solche in halbzivilisierten Ländern überhaupt erreichbar sind."

Die ehemalige Residenz in Bandawarogo, welche Speke besucht hatte, war nicht mehr vorhanden; Mtesa hatte sich eine neue auf dem Berghügel von Rubaga gebaut; aber sie glich in allen Einzelheiten der früheren, und ebenso war das Leben am Hofe dasselbe geblieben.

Als nun Stanley sah, wie leicht es den Arabern geworden war, Mtesa zu beeinflussen, fasste er den Entschluss, den Kabaka zum Christentum zu bekehren, und anscheinend war ihm dies gelungen. Mtesa und seine Wakungu waren der Meinung, dass das Buch der Weissen, das Evangelium, besser sei als das Buch der Araber, der Koran. Und Mtesa hatte nichts dagegen, dass Stanley in Uganda eine Art christlicher Kirche einrichtete und in derselben vorläufig einen schwarzen Zögling der Missionen von der Küste einsetzte. Er gab auch seine Einwilligung dazu, dass Missionare nach Uganda kämen.

Stanley hatte mit Mtesa den Feldzug gegen die Wawuma mit gemacht und sehr interessante Schilderungen der Armee Mtesas, die aus etwa 150 000 Kriegern und 100 000 Weibern, Sklaven und Kindern bestand, gegeben. Er schilderte Mtesa als einen weitsichtigen, hochbeanlagten, der Kultur leicht zugänglichen Mann und erliess von Uganda aus einen Aufruf, man sollte christliche Missionen an Mtesa schicken.

Die optimistische Auffassung Stanleys, welche Mtesa selbst betraf, erwies sich später nicht ganz berechtigt; Forscher, welche später Uganda besuchten, konnten der idealen Schilderung Stanleys durchaus nicht beipflichten; aber unzweifelhaft gebührt Stanley das Verdienst, die ersten Schritte zur Zivilisierung Ugandas gethan zu haben. Infolge seines Aufrufes kamen zuerst englische, dann französische Missionare nach Uganda. Mtesa öffnete ihnen das Land. Aber das Christentum fasste nicht am Hofe, sondern in dem uns wohlbekannten Stande der Kopi oder Bauern feste Wurzeln.

Mtesa hatte vom Mohammedanismus etwas gelernt, aber er wurde kein Mohammedaner; er liess sich nicht beschneiden, und hundert Jünglinge, die seiner Zeit glaubten, dass der Islam Staatsreligion werden würde, und sich darum beschneiden liessen, wurden von Mtesa zum Tode verurteilt. Er war eben ein Kind des Augenblicks, der Grundzug des Charakters, den wir schon in der Schilderung Spekes bei dem Jüngling finden, war auch dem Manne eigentümlich. Ein Fremder, der an der Spitze der Karawane eintraf, war der Held des Tages; Mtesa folgte seinen Einflüsterungen eine Zeitlang, aber er vergass sie bald, und so erklärt sich seine scheinbare Bekehrung zum Christentum, die von Stanley verkündet wurde. Trotz aller Vorzüge seines Geistes hatte er doch niemals den Rest des Heidentums abgestreift und blieb bis an sein Ende abergläubisch. Wenn er von einer lebenden Person träumte, so war das für ihn ein Zeichen der Verräterei, und er liess sie hinrichten. Einmal in den letzten Jahren seines Lebens träumte er von seinem Vater Suna und liess infolgedessen ein Opfer von 500 Menschen darbringen. Er hielt sich auch, wie alle Herrscher der Kintudynastie, für einen Propheten.

Es mag schliesslich nicht wunderbar erscheinen, dass er in seinem Glauben schwankend blieb und am meisten zu dem alten Glauben seiner Väter hielt. Es stürmten zu viel neue Eindrücke auf ihn ein. Da kamen die Mohammedaner, welche ihre Lehre als die beste ausgaben und die Christen verleumdeten, dann erschienen Missionare, und zwar nicht nur protestantische, sondern auch katholische. Der Zwiespalt zwischen den Bekennern verschiedener Religionen und Bekenntnisse konnte seinem scharfen Geiste nicht entgehen. Er liess die Theologen gern an seinem Hofe disputieren; wenn sie miteinander stritten, dann war er in seinem Elemente, aber im stillen stand er kraft seines Dünkels als der Kabaka doch über allen diesen Menschen; und der Laune des Augenblicks folgend begünstigte er bald diesen, bald jenen.

Er hatte den Hund, das Zeichen der Ugandadynastie, abgeschafft und ein arabisches Schwert als Zeichen der Königswürde angenommen; wahrscheinlich, weil ihm eingeredet wurde, dass der Hund ein unreines Tier sei. Er war überhaupt für Äusserlichkeiten sehr empfänglich.

Die Menschenhinrichtungen fanden an seinem Hofe bald seltener, bald häufiger statt, auch dies war ein Ausfluss seiner Laune. Als ihm eines Tages Dr. Felkin, der Arzt der Mission, die Anatomie der Hand erklärte, da rief er aus: „Wie kunstvoll ist das! Ich könnte es nicht machen; ich sollte es auch nicht zerstören!" Aber trotzdem liess er bald darauf Hände abhauen, Nasen und Ohren abschneiden.

Er hatte aber auch seine entschiedenen Vorzüge. Mtesa war der erste König von Uganda, der lesen und schreiben, und zwar Kisuahili mit arabischer Schrift, gelernt hatte, und viele seiner Häuptlinge folgten seinem Beispiele. Er erkannte die Überlegenheit der weissen Rasse voll und ganz an und sah Europäer gern in seinem Lande, damit seine Waganda von ihnen lernten. Einige seiner Unterthanen hatte man nach England und von dort wieder nach Uganda zurückgebracht. Sie berichteten ihm wunderbare Dinge von Häusern, die von selbst mit den Reisenden laufen (Eisenbahnen), von grossartigen Städten wie London. „In Sansibar", sagten sie, „sahen wir Seid Bargasch, der uns Geschenke gab. Aber Seid Bargasch hat nur einen ganz kleinen Ort. Die Araber lügen, o Herr, wenn sie sagen, sie hätten ein grösseres Land als die Küste. Die Küste gehört den Engländern, und die Araber sind ihre Sklaven. England ist ein sehr grosses Land. Es ist eine Insel so gross, wie von hier nach Sansibar, und um sie herum sind viele Inseln, so viele, dass wir sie nicht zählen konnten. Die Leute machen Brücken über die Flüsse, so gross, dass man nicht ins Wasser zu gehen braucht, um hinüberzukommen. O mein König, wir haben gar kein Land. Ein Häuptling in England hat mehr Land als ganz Uganda, Unjoro und Usoga zusammen."

Hier unterbrach Mtesa den Redner, der ihm vor den versammelten Wakunga den Bericht erstattete, und sprach: „Sage das noch einmal; ich freue mich, wenn ein Mann die Wahrheit spricht."

„Wir haben kein Land, mein König", bestätigte der Berichterstatter.

„Hört ihr?" sprach Mtesa zu den Häuptlingen. „Wir haben kein Land."

„In England hat jeder Mann nur ein Weib, und jedes Weib hat dreissig Kinder", fuhr der Erzähler fort. „Es sind noch andere Frauen im Hause, die sind aber nicht ihre Weiber, sie arbeiten nur. Die Wasungu, die hierherkommen, haben keine Weiber, aber wenn sie wieder nach England gehen, so werden sie grosse Häuptlinge, und jeder bekommt zum Lohn für seine Thaten ein Weib. –

Das Haus der Königin ist ganz aus Spiegeln, Gold und Silber im Innern, und wir sassen auf Stühlen, die waren aus purem Elfenbein."

Hier gebot Mtesa dem Erzähler Schweigen und entliess den Hofstaat, indem er dem heimgekehrten schwarzen Reisenden sagte, er solle niemand als ihm allein weiter erzählen, was er sonst noch in England gesehen hätte.

Es muss in der That ein sonderbares Kulturbild der zivilisierten Welt gewesen sein, welches sich Mtesa aus den Lügen der Araber, den schwerverständlichen Berichten der Europäer und den naiven Erzählungen seiner Leute zusammenstellte.

Als Politiker war Mtesa schlau und glücklich. Das grosse vom Vater übernommene Reich wusste er nicht nur zu erhalten, sondern noch zu vermehren, indem er im Norden des Victoria-Njansa Kriegszüge unternahm und seine Waffen bis nach Kawirondo trug; aber seine Freundschaft gegen die Europäer bewährte sich nicht in der Stunde der Not. Emin Pascha hatte von Uganda keine Hilfe erhalten.

Mtesa starb am 9. Oktober 1884. Seine 7000 Weiber schenkten ihm 70 Söhne und 88 Töchter.

Er hatte das Land fremden Einflüssen geöffnet. Unter seinem Scepter wurden die arabischen Händler, die sich am Südufer des Victoria-Njansa in grosser Zahl niederliessen, zu einer für Uganda gefährlichen Macht, und ihr Einfluss war auch im Lande selbst nicht zu unterschätzen, aber Mtesas Toleranz hatte auch den Christen eine Heimstätte in Uganda bereitet, so dass der arabische Einfluss an dieser Stelle frühzeitig gekreuzt werden konnte. In dem Bauernvolke Ugandas fand das Christentum Anhänger, und dies kam dem Lande in den Wirren zu gute, welche bald nach Mtesas Tode das Volk der Waganda zerfleischten.

Muanga

Nach dem Tode Mtesas wählte der grosse Rat der drei erblichen Häuptlinge Mtesas Sohn Muanga zum Kabaka. Die Wahl verlief ruhig, und zum ersten Male hatte man in Uganda die übrigen Söhne des verstorbenen Herrschers leben lassen. Ohne Zweifel war diese Schonung dem zunehmenden Einfluss der Missionare zuzuschreiben.

Muanga war bei der Thronbesteigung sechzehn Jahre alt; als ein einfacher Junge ohne Falsch wird er von den englischen Missionaren geschildert, ebenso wie einst Mtesa. Und er machte auch denselben Prozess durch wie sein Vater. Als er zur Macht gelangt war, verdrehte ihm seine hohe Stellung den Kopf; er wurde misstrauisch und grausam und, was das Schlimmste war, gewöhnte sich das Trinken und Hanfrauchen an. Er begann noch viel schlimmer als sein Vater zu hausen; seine Herrschaft wurde mit so viel Blutvergiessen gekennzeichnet, dass er in der europäischen Presse den Beinamen der Bluthund Muanga erhielt.

In den ersten Jahren wurde unter seiner Regierung an der Grenze Ugandas Bischof Hannington von der englischen Mission ermordet. An dieser That war nun Muanga nicht schuldig. Bischof Hannington wollte Uganda vom Osten her betreten. Nun besteht in Uganda eine Prophezeiung, dass durch eine von Osten kommende Karawane der Kintudynastie ein Ende bereitet werde. Aus diesem Grunde liessen die Waganda keine Karawane auf diesem Wege passieren. Muanga sandte nun Boten an Bischof Hannington und befahl ihm auf dem gewöhnlichen Wege über Karagua nach Uganda zu kommen. Leider war dem Bischof diese Prophezeiung völlig unbekannt; er verstand darum nicht die Tragweite der Warnung Muangas und setzte seinen Weg fort, was die Waganda derart erzürnte, dass sie ihn erschlugen.

Inzwischen aber wussten die Araber König Muanga gegen die Christen aufzuhetzen, so dass er eine Art grausamer Christenverfolgung anordnete. Viele der neubekehrten Christen, Katholiken und Protestanten, wurden an Pfählen verbrannt oder arg verstümmelt, bevor man ihren Qualen ein Ende bereitete. Nachdem aber Muanga einmal zu wüten begann, wandte er sich gegen alle seine Unterthanen und machte nun gar keinen Unterschied zwischen Heiden, Christen und Mohammedanern, sondern mordete alle. So verbanden sich nunmehr sowohl die bekehrten Christen wie Mohammedaner gegen Muanga; derselbe leistete der offenen Rebellion eine Zeitlang Widerstand, als er aber die Hauptstädte Rubaga und Nebulagalla verloren hatte, war seine Macht gebrochen, und er floh auf einem Kanoe nach dem Südufer des Victoria-Njansa, wo er bei dem Araber Said ben Saif Zuflucht suchte. Der Araber aber misshandelte den entthronten König, so dass dieser weiter floh und von den französischen Missionaren in Bukumbi, die er früher von Uganda vertrieben hatte, freundlich aufgenommen wurde. Hier wurde aus dem Saulus Paulus, Muanga wurde Christ, liess sich taufen und wenn nicht alle Anzeichen trügen, besserte er sich auch innerlich.

In Uganda wurde inzwischen nicht mehr von dem grossen Rate Lukicho, sondern von den siegreichen christlichen und mohammedanischen Proselyten ein Bruder Muangas Namens Kiwewa zum Kabaka ausgerufen.

Anfangs proklamierte Kiwewa Freiheit für alle Bekenntnisse. Die Mohammedaner, die einen besonders starken Anhang im Lande hatten, begannen indessen gegen die Christen zu agitieren. Sie sprengten das Gerücht aus, dass, da England von einer Königin regiert werde, die Christen nun ebenfalls beabsichtigten, eine von den Töchtern Mtesas auf den von Kiwewa eingenommenen Thron zu setzen. Kiwewa wandte sich nunmehr gegen die Christen, richtete unter denselben eine Schlächterei an und trieb sie insgesamt hinweg. Der eine Teil derselben floh nach Ankori, wo sie vom König Antari als Kolonisten aufgenommen wurden, der andere wurde teils von den katholischen Priestern in Ukumbi, teils von den Engländern in Usumbiro aufgenommen.

Die Missionare in Uganda wurden für eine Woche gefangen genommen, dann aber in einem Boote nach dem Südufer freigelassen.

Nun aber war Kiwewa in den Augen der Mohammedaner noch immer ein Heide, und sie drängten in ihn, dass er sich der Zeremonie der Beschneidung unterwerfe. Die Notwendigkeit hiervon wollte aber der König nicht einsehen, und so beschlossen die Mohammedaner, die Operation an ihm gewaltsam ausführen zu lassen; zu diesem Zwecke wurden zwölf Watongoleh gewählt. Der König aber erhielt Kenntnis von diesem geheimen Plane, legte seine Leibwache in den Hinterhalt, und als die Watongoleh in den Palast kamen, wurde einer nach dem andern erstochen. Als sich die Nachricht hiervon in der Hauptstadt verbreitete, rebellierte das Volk. Der Palast wurde sofort erstürmt und Kiwewa erschlagen.

Nach anderen Berichten wurde zuerst gegen Kiwewa ein anderer Sohn Mtesas Namens Karema oder Kalema zum Kabaka ausgerufen, und erst diesem soll es gelungen sein, das Heer Kiwewas zu schlagen, diesen selbst gefangen zu nehmen und zu töten.

Die Thatsache, dass Muanga sich zum Christentum bekehrt hatte, bewog indessen die versprengten Christen von Uganda, sich als seine Unterthanen zu bekennen und ihn zu unterstützen. Inzwischen erschien der englische, jetzt in deutschen Diensten stehende Handelsmann Stokes am Victoria-Njansa und erbot sich, auch seinerseits Muanga Hilfe zu leisten.

Muanga sammelte nun eine kleine Streitmacht und pflanzte seine Fahne in der Nähe der Kageramündung als rechtmässiger Herrscher von Uganda auf und erliess eine Aufforderung an die Waganda, den Usurpator Karema zu vertreiben. Dieser aber sandte dem heimkehrenden Kabaka ein Heer entgegen, welches über die Christenmacht den Sieg davontrug. Muanga floh, aber diesmal wandte er sich nach der im Nordwesten des Victoria-Njansa gelegenen Gruppe der Sesse-Inseln, wo er von den Insulanern anerkannt wurde. Dadurch gewann er festeren Halt; während Karema das Festland von Uganda beherrschte, sah sich Muanga an der Spitze der gesamten Flotte des Reiches und war somit für Karema unangreifbar, ja in wenigen Monaten sammelte er ein neues Heer, mit dem er in der Gegend von Munjono in der Murchisonbucht landete. In Kjagore kam es zu einem Treffen, in welchem Karemas Armee geschlagen wurde. Dies geschah Ende 1889. Der Anhang Muangas bestand fast ausschliesslich aus Christen, Protestanten wie Katholiken, welche bereits 1500 Mann mit etwa 1000 Flinten ins Feld stellen konnten; dazu kamen noch einige tausend heidnische Insulaner, mit Speer und Schild bewaffnet. Karema verfügte über eine weit stärkere Macht, und so gelang es ihm, Muanga noch einmal auf die Inseln zurückzudrängen. Dieser Rückzug erfolgte im November 1889.

Um diese Zeit befanden sich europäische Expeditionen, welche zur Rettung Emin Paschas oder vielmehr zur Begründung der englischen Herrschaft in der Äquatorialprovinz und in den Ländern um den Victoria-Njansa ausgezogen waren, in der Nähe von Uganda. In Kawirondo an der Nordostküste des Sees stand Jackson, der Agent der Britisch-Ostafrikanischen Gesellschaft, mit der bedeutenden Macht von 500 Flinten und mit grossen Munitionsvorräten. In seiner Verzweiflung sandte Muanga Boten an Jackson mit der Bitte um Unterstützung im Kampfe gegen den mohammedanischen Karema. Aber Jackson fühlte sich zu schwach; er lehnte die Bitte Muangas ab, obwohl sie von den französischen Missionaren befürwortet wurde. Er überliess die Christen von Uganda ihrem eigenen Schicksal.

In derselben Zeit näherte sich vom Westen eine starke englische Expedition den Grenzen Ugandas. Stanley führte an ihrer Spitze Emin Pascha, Casati und eine Schar von Ägyptern zur Küste; derselbe Stanley, welcher vor fünfzehn Jahren die Missionare nach Uganda gerufen hatte. Die Saat, die man auf seine Anregung ausgestreut hatte, war wirklich aufgegangen, ein christliches Heer rang um die Herrschaft von Uganda, und eine Deputation schwarzer Christen erschien in seinem Lager, ihn um Hilfe bittend. Zugleich kamen Briefe von König Muanga. Man war in Uganda voll froher Hoffnung; würde wohl Stanley das Werk, das er selbst angeregt hatte, zu Grunde gehen lassen? Aber es geschah das Unerwartete. Als Emin Pascha dies vernahm, wollte er selbst nach Uganda eilen. Stanley verbot es ihm und drohte ihm mit Verhaftung; er selbst fühlte sich zu schwach, in die Verhältnisse von Uganda einzugreifen, und umging das Land in weitem Bogen. England hatte die schwarzen Christen im Stiche gelassen; nicht einen Soldaten, nicht eine Patrone sandte es nach Uganda; Jackson liess nur dem König ein Paket mit der Flagge der Britisch-Ostafrikanischen Gesellschaft überreichen!

Welche Gefühle musste diese Engherzigkeit in den Herzen der christlichen Waganda erwecken. Ihre weissen Brüder liessen sie im Stich!

Da nahte vom Osten her eine dritte Karawane dem Lande. Auf den Inseln wütete die Pest, und Muanga sah sich genötigt, sein Lager in dem verwüsteten Landstriche Ugandas in der Nähe der königlichen Gräber von Mengo aufzuschlagen. Hier erhielt er die Kunde von dem Herannahen einer dritten Expedition der Christen.

Sie kam vom Osten ... brachte sie der Wakintudynastie den prophezeiten Untergang? Im Gegenteil. Diese Expedition war die schwächste von den dreien, aber sicher die ruhmreichste. Sie zählte nur 60 Mann, aber der Ruhm vieler Siege ging ihr voran; sie war von der Mündung des Tana aufgebrochen und durch das Land der Massai gezogen; sie hatte sich den Weg durch die wildesten Völker mit Waffen in der Hand zu ertrotzen gewusst – es war die deutsche Emin Pascha-Expedition und ihr Führer Dr. Karl Peters, der Gründer von Deutsch-Ostafrika.

An ihn wandte sich nun der bedrängte Muanga – und Peters zauderte nicht; er erwiderte: „Ich werde kommen, um meinen Brüdern, den Christen, zu helfen!“

So rückten denn die Deutschen, die Badutschi, wie sie von den Waganda genannt wurden, zum ersten Male in Uganda ein. Sie zogen durch ein vollständig verwüstetes Land. „Nicht nur waren die Dörfer verbrannt“, schreibt Dr. Peters in seinem Werke, „die Bananenhaine zerstört – nein, die ganze Landschaft schlechtweg war niedergebrannt und stellte eine schwarze Fläche dar. An den Strassen lagen Skelette und noch in Verwesung begriffene Leichen, welche die Luft verpesteten. Der Sonnenschein, welcher über Usoga gelacht hatte, war verschwunden, der Himmel meistens mit grauem Gewölk bedeckt, und ein puffartiger Wind wirbelte entweder die schwarzen Aschenmassen in die Höhe, oder er goss kurze, kalte Regenschauer auf die Expedition herunter. Nur die Aasgeier, welche sich an den Leibern der unbeerdigten Leichen gütlich thaten, schienen das Land zu bewohnen. Jede Spur von Menschen war verschwunden. Eine beklemmende Öde erfüllte das Herz. Denn wenn solche Eindrücke auch nicht im stande waren, auf Entscheidungen einzuwirken, so mussten sie die Stimmung doch in hohem Grade beeinflussen. Dumpf und fast gespensterhaft hallte der Trommelschlag von den Hügeln nieder, von welchen wir einen Zug nach dem andern überschritten. Kamen wir dann in die Tiefe, so galt es, einen Bach, einen Flusslauf zu überschreiten, dessen zerstörte Brücke das Bild der Verwüstung ringsum noch erhöhte. Und wer bürgte uns dafür, dass wir nicht hinter jedem dieser Hügelzüge von den Felsen aus, an denen wir vorbei zu marschieren hatten, plötzlich mit den Salven der arabischen Anhänger Karemas empfangen wurden? Wer hätte dafür stehen können, von fünf zu fünf Minuten, bei Tag oder bei Nacht, auch nur noch am Leben zu sein?“

Endlich zog die Expedition an den Grabdenkmälern der Wakintukönige vorüber und erreichte die vorläufige Residenz Muangas in Mengo.

Es waren noch nicht dreissig Jahre verflossen, seit Mtesa den ersten Europäer an seinem Hofe empfangen hatte, und welch ein Unterschied ist zwischen jener ersten Audienz Spekes und der Begrüssung Peters' durch Muanga vorhanden!

„Je weiter wir den Hügel emporschritten", erzählt der berühmte Reisende, „um so dichter wurde das Gedränge. Auf der Höhe befand sich eine mattenartige Umzäunung, in die wir durch ein Thor eintraten. Rechts und links waren die Soldaten Muangas mit präsentiertem Gewehr aufgestellt, Spalier bildend, zu einer provisorischen, aus Rohr aufgeführten Empfangshalle. Auf europäischen Trommeln wurden Wirbel geschlagen, Trompeten wurden geblasen, während wir langsam grüssend durch die Reihen der Soldaten schritten. Vor dem Eingang der Halle fassten meine Somalis Posto, und wir traten ein in den dicht gedrängten Raum, gefüllt mit den Grossen Ugandas, welche rechts und links an den Wänden sassen oder standen. Sowie wir in die Halle eingetreten waren, erhob sich am äussersten Ende ein noch junger Mann von einem Sessel in völlig europäischer Tracht. Seine dunklen Augen blickten wohlwollend zu uns herüber. Ein dunkler Bart umrahmte ein Gesicht, welches einen fast europäischen Schnitt besass. Die Nase und der Mund waren regelmässig geformt, letzterer zwar ein wenig gross, aber ausgezeichnet durch tadellos weisse und schöne Zähne. Die ganze Erscheinung hatte auf den ersten Blick etwas Angenehmes und Sympathisches. Das war Muanga, Ugandas König, lange Zeit in der europäischen Presse bekannt als der Bluthund Muanga. Er trug einen schwarz und weiss karrierten Anzug, Hose und Jackett, welcher seiner Erscheinung den Eindruck eines wohlsituierten Herrn in der Sommerfrische verlieh.

‚Treten Sie näher', sagte er in fliessendem Kisuahili, indem er einige Schritte vorging und uns die Hand drückte. ‚Wie geht es Ihnen? Nehmen Sie Platz', indem er auf zwei Sessel zeigte, welche zu seiner Rechten für uns (Peters und v. Tiedemann) aufgestellt waren."

Ein Vergleich dieser Erzählung mit dem Berichte Spekes wird genügen, um zu beweisen, welche Fortschritte die europäische Kultur während eines Menschenalters in Uganda gemacht hat.

Schon die blosse Anwesenheit des Massaibesiegers am Hofe Muangas scheuchte den feindlichen Karema zurück. Von vielen der Seinigen verlassen, suchte er bei Kabrega von Unjoro Schutz; als ihm aber dieser verweigert wurde, schlug er an den Grenzen Unjoros und Ugandas mit etwa 500 Flinten sein Lager auf.

Peters stattete inzwischen den König mit Pulver aus, bewog ihn, der Kongoakte beizutreten und den Sklavenhandel in Uganda zu verbieten. Während er aber so zum Wohle des Landes wirkte, wurde das Schicksal Ugandas in anderem Sinne von den Diplomaten Europas entschieden.

Trotzdem konnte er das Land mit innerster Befriedigung verlassen: „Im Norden von Mengo war alsbald unter mächtigen Bäumen der tägliche Markt wieder eröffnet worden, und massenhaft, mit jedem Tage mehr, strömten die christlichen Flüchtlinge von allen Seiten in ihre Heimat zurück. Fast wie die Blüten nach einem Frühlingsregen schossen auf allen Hügeln Häuser und Dörfer wieder empor. Die breiten, schönen Wege, welche mit Gras überwachsen waren, waren bald wieder gereinigt und gewährten den netten Eindruck, welcher allen diesen Ansiedelungen eigen ist. Überall wurde geschaufelt und gepflanzt, und da merkwürdigerweise mit unserem Einzug auch der Regen wiedergekommen war, so grünte und blühte es bald an allen Orten und Enden. Die Gemeinden beider Bekenntnisse gingen auch sofort an die Erbauumg von Gotteshäusern. Das Symbol und der Segen des Kreuzes waren überall bemerkbar."

— —

Doch wir müssen hier unsere Schilderung unterbrechen, denn das, was wir noch zu sagen hätten, gehört zu der noch unklaren Tagesgeschichte von Uganda.

Der Ursprung der Waganda

Es giebt sicher kein farbiges Volk in Afrika, welches den Waganda gleich sich so empfänglich für die Einflüsse der europäischen Kultur gezeigt hätte. Das Bild, welches wir in der Geschichte Ugandas vor unsern Lesern entrollt haben, ist geradezu ein erstaunliches. In einem Dutzend Jahre sehen wir in dem Lande Tausende von neubekehrten Christen und Mohammedanern, und, was noch wunderbarer ist, die Proselyten schliessen sich zu politischen Parteien zusammen. Alle diese Erscheinungen sprechen dafür, dass in dem Naturell des Volkes eine besondere Empfänglichkeit für unsre Kultur vorhanden sein muss, dass dieselbe ihnen keineswegs ganz neu ist, dass schon einmal in früheren Zeiten der Samen dieser Kultur unter diesem Volke ausgestreut sein musste, und dass Anklänge an dieselbe sich noch erhalten haben.

Wenn wir die Geschichte der Entdeckungsreisen verfolgen, so kommen wir in der That zu der Überzeugung, dass die Gebiete, um die es sich hier handelt, sozusagen zum zweiten Male von den Kulturvölkern der alten Welt entdeckt wurden. Diese Frage hängt mit der uralten Frage der Nilquellen zusammen. Die neuere Forschung hat bewiesen, dass die Alten, die Ägypter, die Griechen und die Römer, über die Lage der Nilquellen gut unterrichtet waren. Wir haben ihre Nilseen, ihr Mondgebirge, ihre Zwergvölker oder Pygmäen nach und nach wiederentdeckt.

Wir wissen ferner, dass früher am oberen Nil ziemlich mächtige Reiche bestanden haben, dass das heutige Sennaar sozusagen zivilisiert war; aus dem Körperbau der heutigen Waganda erkennen wir, dass sie von einer Rasse abstammen, deren Wohnsitze wir nach dem Norden oder Osten Afrikas verlegen müssen, und die Sage des Volkes bekundet auch, dass seine Vorfahren aus dem Norden gekommen waren.

Die Einwanderung eines fremden, höher stehenden Volkes in das Nilseengebiet dürfte damit genügend erwiesen sein; ebenso aber auch die Thatsache, dass die Bewohner jener Gebiete einst mit Ägypten in regem Wechselverkehr standen; denn anders lässt sich die Kenntnis der alten Geographie von den Nilquellen nicht erklären.

Die neueste Forschung hat wieder interessante Thatsachen gesammelt, welche einiges Licht in die dunkle Vorgeschichte der Waganda werfen.

In seinem Werke „Im dunkelsten Afrika“ hat Stanley eine grosse Anzahl alter auf die Nilquellen und das Mondgebirge bezüglicher Angaben gesammelt. Darunter zitiert er auch folgende seltsame Erzählung Achmeds, des Sohnes Ti Farschis:

„Die Geschichtschreiber behaupten, Adam habe seinem Sohne Seth den Nil vermacht, der im Besitze dieser Kinder der Prophezeiung und Religion geblieben sei; sie seien nach Ägypten (oder Kairo) hinabgekommen, wo sie den Fluss Lul genannt hätten, und hätten auf Bergen gewohnt. Nach ihnen sei ein Sohn Kinaan und dessen Sohn Mahalil, dann dessen Sohn Jaud, dann dessen Sohn Hamu, dann dessen Sohn Hermes gekommen – dies sei Idrisi, der Prophet. Idrisi habe begonnen, Gesetz und Ordnung im Lande herzustellen. Der Nil pflegte auf sie herabzukommen, und sie seien vor den Wassern auf die grossen Berge und das höhere Land geflohen, bis der Fluss wieder fiel, worauf sie alles Land, was kahl geblieben war, bepflanzten. Idrisi habe die Leute von Ägypten gesammelt und sei mit ihnen zu dem ersten Strom des Nils gezogen und habe die Ausgleichung des Landes und des Wassers unternommen, indem er das hohe Gebiet niedriger machte und das niedrige erhöhte, sowie noch sonstige Arbeiten gemäss der Wissenschaft der Astronomie und der Vermessungskunst verrichtete. Idrisi sei der erste gewesen, der über diese Wissenschaften gesprochen und Bücher geschrieben habe. Dann zog er nach Abessinien und Nubien und sammelte die Leute und vergrösserte oder verringerte die Länge des Strombettes des Nils, je nachdem dieser zu langsam oder zu rasch floss. Er berechnete sogar das Volumen des Wassers und die Geschwindigkeit der Strömung. Er war der erste, der die Strömung des Nils bis Ägypten regulierte. Wie es heisst, wurde Idrisi zur Zeit des Am-Kaam, eines der Könige von Ägypten, gen Himmel geführt, und da er das Kommen der Flut voraussah, blieb er auf der andern Seite des Äquators und baute dort auf den Abhängen des Berges Gumr einen Palast. Er stellte ihn aus Kupfer her und fertigte 85 kupferne Statuen an, durch deren Mäuler das Wasser des Nils strömte, der dann in einen grossen See und von dort nach Ägypten strömte."

Stanley bemerkt hierzu: „Ich möchte wissen, ob dieser berühmte Idrisi identisch ist mit dem Patriarchen Kintu in der Legende der Waganda." Stanley verlegte den Berg Gumr oder das Mondgebirge nach dem Ruwensori. Dr. Peters erinnert im Anschluss an diese Berichte, dass in der nächsten Nähe von Uganda, in der Landschaft Elgon, nordöstlich vom Victoria-Njansa, von Thomson in der gebirgigen Landschaft sonderbare Höhlen entdeckt wurden. Thomson beschreibt sie: „Da lag vor mir ein massiger Schlund, 30 Fuss tief, 100 Fuss lang und etwa 20 Fuss breit, senkrecht geschnitten aus vulkanischem Gemengsel kompakt vulkanischer Gesteine. Auf meine Frage, wer diese seltsame Aushöhlung gemacht habe, wurde mir gesagt, dass es Gottes Werk sei. ‚Wir', sagten die Eingeborenen, ‚wir sollten mit unseren schlechten Hilfsmitteln eine Höhle gleich dieser schneiden? Und dies ist nichts im Vergleich mit andern, welche Sie rund um den Berg sehen können. Sieh da und da! Diese sind von solchem Umfang, dass sie tief in die Finsternis hineinragen und selbst wir ihr Ende noch nicht gesehen haben. In einigen sind grosse Dörfer mit ganzen Herden von Rindvieh. Und doch fragst du, wer sie machte? Sie sind sicherlich Gottes Werk.' – Auch gab es keine Überlieferung unter den Leuten betreffs dieser Höhlen. ‚Unsre Väter lebten hier', sagten sie, ‚und ihre Väter thaten dasselbe.' Und doch trugen die Höhlen das unbestreitbare Aussehen an sich, dass sie weder einen natürlichen noch unnatürlichen Ursprung besassen. Sie mussten durch die Hand von Menschen ausgehöhlt worden sein." Thomson kam zu folgendem Schluss: „Wenn ich alles erwäge, so kann ich nur zu einem Schlusse kommen, und dies ist, dass in einer sehr weit entfernten Zeit irgend eine sehr mächtige Rasse, beträchtlich in Künsten und Zivilisation vorgeschritten, diese grossen Höhlen ausschnitt in Suche nach wertvollen Steinen und vielleicht wertvollen Metallen. – Haben wir anzunehmen, dass die Ägypter wirklich so weit gingen? Wenn nicht, welche andere Rasse könnte diese ausserordentlichen Zufluchtsstätten ausgeschnitten haben?"

Bedenken wir nun, dass Elgon bei den Arabern auch El Gumi heisst, so spricht schon der Klang für den Zusammenhang mit dem mythischen Berge el Gumr. Vielleicht hat ein arabischer Geschichtschreiber von den wunderbaren Minenwerken in Elgon gehört und diese mit der Expedition Idrisis nach den Quellen des Nils in Verbindung gebracht.

Ein ferner Anklang an Ägypten ist in den Königsgräbern der Wakintu in Mengo zu finden. Peters hat sie zuerst geschildert.

Wenn man aus der Ferne kommt, glaubt man, Pyramiden vor sich zu haben, indes stellen die Bauten in Wirklichkeit grosse Kegel dar, welche nach der Wagandaart aus Holz gebaut sind. Tritt man hinein, so kommt man in eine halbdunkle Halle, welche durch eine Reihe von Säulen getragen wird. Im Hintergrunde dieser Halle befindet sich ein Vorhang, der bemalt ist, und vor welchem die Lieblingsgerätschaften und Waffen des Verstorbenen aufgestellt sind. Hebt man den Vorhang zur Seite, so gelangt man in einen dunklen Raum, in welchem Schachte und Gänge in die Erde hineingearbeitet sind. In diesen Gängen sind Zeugstoffe, Kaurimuscheln und andere Wertgegenstände, welche in Uganda das Gold darstellen, aufgehäuft. Am äussersten Ende dieser Gänge befindet sich der Sarg mit der einbalsamierten Leiche des Verstorbenen. Es scheint, dass das regelmässige Verfahren, um die Leiche zu erhalten, das Austrocknen derselben und das feste Einpressen in Stoffe ist; aber die Waganda sagen auch, dass sie es verstehen, durch Einspritzung ins Blut die Leiche vor Zersetzung zu schützen. Vor dem Vorhange wachen für den zuletzt Verstorbenen Tag und Nacht zwölf Mädchen. Von Zeit zu Zeit ziehen die sämtlichen Grossen des Landes mit Trommeln und Pfeifen zu dem Verstorbenen, um ihn zu besuchen, gleich als ob er noch am Leben wäre.

Wir schliessen hiermit die Reihe der Beobachtungen, welche sich auf Spuren ägyptischen Einflusses in Zentralafrika beziehen, und bemerken nur noch, dass nach Erkundigungen, welche Peters eingezogen bat, in den Wakintugräbern sich alte Urkunden befinden sollen, welche sich auf die Kintudynastie beziehen. Leider ist die Pietät der Waganda in diesem Punkte so gross, dass Nachforschungen nach diesen Urkunden bis jetzt nicht angestellt werden konnten.

Mögen nun die Wahuma ein den Galla oder Abessiniern verwandter Stamm sein, so zwingt uns kein Umstand, noch eine andere Annahme unwahrscheinlich erscheinen zu lassen. Neben der Einwanderung der Hirtenvölker kann noch eine andere Einwanderung nach dem Nilseengebiet stattgefunden haben. Geringer an der Zahl, aber geistig sowohl den Ureinwohnern wie den Wahuma überlegen, kamen versprengte Glieder eines Kulturvolkes hierher; sie wurden zu Herrschern des Volkes und prägten ihm jene Charaktereigenschaften ein, die es von allen anderen Völkern Afrikas unterscheiden. Von diesem Gesichtspunkte aus gewinnen die Sagen und Legenden der Waganda an Bedeutung.

Das Material ist allerdings heutzutage ein noch so geringes, dass man einigermassen sichere Behauptungen nicht aufstellen kann. Hoffentlich aber werden uns die nächsten Jahre mehr Aufklärung bringen. Die Waganda haben bereits ihre in Kiganda gedruckten (selbstverständlich aus europäischen Druckereien hervorgegangenen) Bücher; das Interesse für die Tradition ihrer Vorfahren und die Erhaltung derselben wird auch bei ihnen ohne Zweifel rege werden, und dann wird vielleicht auch unter ihnen ein Geschichtschreiber erstehen, der uns Ugandas Vergangenheit schildert, wie einst Garzilasso de la Vega die Geschichte der Inka von Peru vor der Vergessenheit bewahrt hat.

Die Könige von Unjoro

Nordöstlich von Uganda liegt das weite Gebiet von Unjoro, welches bis zu den Ufern des Albertsees reicht. Die Vorgeschichte des Volkes, welches hier wohnt, ist ähnlich jener der Waganda, aber nicht in allen Punkten gleich.

In uralter Zeit, sagen die Wanjoro nach Berichten Emin Paschas, waren der Leute viel auf dieser Erde. Sie starben nie, sondern lebten ewig. Da sie aber übermütig wurden und keine Gaben darbrachten, ergrimmte der „grosse Zauber", der die Geschicke der Menschen lenkt, und warf das ganze Himmelsgewölbe auf die Erde nieder und tötete sie alle. Um aber die Erde nicht verödet zu lassen, sandte der „grosse Zauber" einen Mann und eine Frau von oben hernieder: beide waren geschwänzt. Sie zeugten einen Sohn und zwei Töchter, die miteinander Umgang pflogen. Eine gebar ein ekelhaftes Tier, das Chamäleon, die andere gebar einen Riesen, den Mond. Beide Kinder wuchsen auf, bald aber begannen zwischen ihnen Streitigkeiten, denn das Chamäleon war böse und heimtükkisch, und zuletzt nahm der „grosse Zauber" den Mond hinauf, von wo er noch immer zur Erde herabschaut. Um aber an seine irdische Herkunft zu erinnern, wird er gross und leuchtend und nimmt dann ab, wie um zu sterben, stirbt aber nicht, geht in zwei Tagen um den Horizont von Osten nach Westen und erscheint, müde von der Reise, klein am Westhimmel wieder. Die Sonne aber ergrimmte über den neuen Nebenbuhler und brannte ihn so, dass noch heute die Flecken in seinem Gesichte sichtbar sind. Das Chamäleon und seine Nachkommenschaft bevölkerten die Erde, die Schwänze gingen verloren, und die ursprünglich bleiche Hautfarbe wurde unter der glühenden Sonne bald dunkel. Auch heute noch sind die Himmelssphären von Leuten bewohnt, die geschwänzt sind und viele Herden haben. Die Sterne sind Wächter, welche der „grosse Zauber" während der Nacht ausstellt. Die Sonne ist von riesenhaften Leuten bewohnt.

Das ist die Schöpfungsgeschichte der Wanjoro.

Ihre Sage von der Einwanderung der weissen Rasse schliesst sich an die in Uganda übliche an.

Unjoro bildete demnach einst mit Usoga, Uganda, Uddu und Karagua ein grosses Land, welches von den Witschwesi bevölkert war. Da kamen aus dem fernen Nordosten Leute mit weisser Haut und kreuzten den Fluss (Somerset-Nil), ihre Zahl war sehr gross, und die Einwohner fürchteten sich sehr vor ihnen; denn die weissen Leute sind Waliabantu (Menschenfresser). Als nun die neuen Ankömmlinge alle über den Fluss gekommen, sammelten sie sich in Matjun, einem noch heute existierenden Orte südöstlich von Mruli, und beschlossen, eine Kolonne nach Unjoro, eine andere nach Süden (Uganda u. s. w.) zu senden und sich dieser Länder zu bemächtigen. Die Eindringlinge nannten sich Wawitu, d. h. Leute von Witu, ein Name, der heute nur den herrschenden Geschlechtern zukommt; das Volk aber nannte sie Wahuma, d. h. Leute vom Norden. Sie waren und sind Hirten, während die Witschwesi Ackerbauer waren. Als nun die Wawitu immer weiter vordrangen, zogen sich die Witschwesi immer weiter nach Westen zurück; ein Teil von ihnen ertrank im Albertsee, da sie keine Kähne besassen. Der Rest wurde zu Sklaven gemacht; aus ihrer Vermischung mit den Ankömmlingen entstand die heutige hellfarbige Rasse. Wo die Witschwesi sich rein erhalten haben – und viele von ihnen durchziehen noch heute das Land als fahrende Sänger und Zauberer –, sind sie rein schwarz. Der Name Witschwesi ist heutzutage in Unjoro gleichbedeutend mit Leibeigener.

Die Wanjoro sind der herrschende Stamm, ihre Sprache, das Kinjoro, ist dem Kiganda sehr verwandt; aber die Wanjoro sind von minder gutem Stamme als die Waganda und ihre geistigen Eigenschaften weniger entwickelt; auch in moralischer Hinsicht stehen sie auf einer weit tieferen Stufe. Bananen und namentlich süsse Kartoffeln bilden die Hauptnahrung des Volkes; aber die Vornehmeren besitzen auch Rinderherden, die von den Wahuma gehütet werden.

Ihre Häuser stecken in Bananenwäldchen und sind kegelförmige Grashütten; obwohl die Wanjoro sich selbst sehr oft waschen, strotzt doch das Innere ihrer Häuser von Schmutz.

Versuchen wir kurz den Lebenslauf eines Minjoro zu schildern.

Das Neugeborene wird mit lauem Wasser gewaschen und mit rotem Thon und Fett eingerieben. Die ersten Tage nach der Geburt dürfen weder Mutter noch Kind die Hütte verlassen. Am fünften Tage aber nimmt die Mutter das Kind und setzt sich an die Thürschwelle. Die Familie versammelt sich, um an der Zeremonie der Namengebung teilzunehmen. Ein Schaf wird geschlachtet, und der Grossvater oder, wenn dieser tot ist, die Grossmutter giebt dem Kinde zwei Namen, von denen der eine beliebig gewählt wird, der andere aber sich auf irgend welche Eigentümlichkeit des Körpers bezieht. Das Fell des geschlachteten Schafes dient zum Tragen des Kindes, welches auf den Rücken der Mutter gelegt und mit dem Felle bedeckt wird, so dass dessen Vorderbeine über den Schultern und dessen Hinterbeine über dem Leibe der Mutter zusammengebunden werden.

Wir nehmen an, dass das Kind ein Knabe ist. Über seine Jugend lässt sich nicht viel sagen. Anfangs läuft er nackt herum; dann übt er sich in verschiedenen Arbeiten, um, wenn volljährig geworden ist, zu heiraten. Auf eine reiche Heirat kann er nicht spekulieren, er muss seine Frau vielmehr erkaufen, und der gewöhnliche Preis besteht in vier Ochsen oder Kühen und einem Schaf. Ist er arm, so kann er sich mit seinem Schwiegervater verständigen, dass er den Preis nach und nach bezahlt; aber solange er noch in Schuld steht, sind seine Kinder das Eigentum des Schwiegervaters. Ist er reich, so kann er sich mehrere Frauen kaufen; denn Polygamie ist auch in Unjoro gebräuchlich. Die Ehegesetze aber sind ausserordentlich lax; Brüder dürfen ihre Schwestern, Väter sogar ihre eigenen Töchter heiraten; nur darf der Sohn seine Mutter nicht zur Frau nehmen.

Weiber, Kinder und Haustiere bilden den Reichtum des gewöhnlichen Mannes, das Stück Land, das er bebaut, ist nicht sein eigen, es wird ihm zugewiesen; der Mann klebt an der Scholle und wechselt sie mit seinem Herrn; denn er ist in Wirklichkeit ein Sklave des Königs.

Das ganze Land ist in verschiedene grosse Distrikte eingeteilt, an der Spitze eines jeden steht wie in Uganda ein Häuptling, hier Makungo oder Manjoro genannt. Seine Pflicht ist es, für den König die Abgaben an Rindern, Getreide u. s. w. einzuziehen und Rechtspflege auszuüben; aber seine Macht ist beschränkter als die eines Mkungo in Uganda, denn er darf nicht die Todesstrafe verhängen. Dieses Recht ist dem Könige selbst vorbehalten. Jeder Makungo hat eine Anzahl Unterhäuptlinge „Matongali" unter sich, welche die einzelnen Kreise des Distriktes verwalten. Die Häuptlinge und Unterhäuptlinge strafen die Leute meist durch Konfiskation von Mädchen, Frauen und Kühen; übrigens muss jeder Unterthan diese Dinge hergeben, sobald der König sie verlangt.

Den Makungo straft der König selbst. Hat er sich etwas zu Schulden kommen lassen, so erscheint eines Nachts eine kleine bewaffnete Macht vor seinem Gehöfte, der Häuptling wird abgesetzt und seine Frauen, Mädchen und Kinder sowie Kühe werden zum Besten des Königs konfisziert; nur die erwachsenen Söhne lässt man laufen. An Stelle des unwürdigen wird ein neuer Makungo eingesetzt.

Unter dem wachsamen Auge dieser Beamten kann der gewöhnliche Mann verschiedenen Beschäftigungen nachgehen. Es giebt in Unjoro wie überall Landwirte, Handwerker, wie Schmiede, Töpfer und dergleichen. Die Gerberei blüht hier besonders, da man von den Wahuma die Sitte übernommen hat, sich in Tierhäute zu kleiden. Daneben wird aber auch Rindenstoff (Mbugu) getragen. Er kann sich auch der Jagd widmen, die oft gemeinsam und auf Befehl des Häuptlings unternommen wird. Es giebt gewisse Jagdgesetze in Unjoro. Vom getöteten Elefanten z. B. gehört ein Zahn von Rechts wegen dem Könige, den anderen kann der Jäger behalten, der König tauscht ihn aber gewöhnlich für ein Mädchen aus.

Stirbt der Mann eines natürlichen Todes, so wird er vor dem Eingang zur Hütte auf der rechten Seite begraben, die Gruft der Frauen findet dagegen links ihren Platz. Getötete dürfen nicht begraben werden, man lässt sie im Grase liegen.

Die Wanjoro sind abergläubisch, besonders gefürchtet ist der böse Blick. Amulette werden zum Schutz gegen Krankheit, Wunden und Tod getragen, selbst den Kindern werden oft Talismane um den Hals gebunden; die Amulette sind meist Wurzeln; denn viele Bäume und Pflanzen stehen im Ruf zauberkräftiger Wirkung.

Die Wahrsagerei spielt eine grosse Rolle unter ihnen. Medizinmänner schneiden die Tiere – gewöhnlich Geflügel – lebendig auf und prophezeien nach der Farbe der Eingeweide. Wenn einer den andern eines Verbrechens anklagt, so trinken beide eine Abkochung von Kräutern, und wer davon schläfrig wird, ist der Schuldige.

Der Gottesdienst, soweit von einem solchen die Rede sein kann, ist grausam, denn auch die Wanjoro kennen Menschenopfer. Zauberer und Zauberinnen reisen oft, mit Perlen und Amuletten geschmückt, im Lande umher; sie haben, wie die Zigeuner, keine feste Heimat, sondern machen sich's bequem, wo es ihnen eben passt. Mit ihren Beschwörungen treiben sie die bösen Geister aus, die sich im Körper der Kranken aufhalten sollen; sie verwenden mancherlei Kräuter als Arzneien, meistens aber nehmen sie ihre Zuflucht zum Schneiden, und zwar werden die Operationen mit einer Missachtung der Anatomie ausgeführt, die einen europäischen Arzt entsetzen würde. Als Messer dienen Kuhhörner.

Dank seiner trefflichen Weiden ist Unjoro an Rindern reich und treibt einen schwunghaften Handel mit Häuten und mit Butter, die namentlich nach Uganda exportiert werden. Sein wichtigstes Produkt ist aber das Salz; Unjoro besitzt reiche Salinen sowohl an den Ufern des Albertsees als auch in der Nähe vom Albert-Edwardsee. Die letzteren wurden erst neuerdings von Kabrega besetzt. Mit diesem für Zentralafrika so kostbaren Artikel versorgt es weite Gebiete, und das Salz bildet eine der wichtigsten Einnahmequellen der Könige von Unjoro.

Kamrasi

Wie in Uganda, so ist auch in Unjoro Speke zunächst unser Führer. Er war der erste Europäer, welcher in Begleitung Grants dieses Land betrat und den sonderbaren Hof kennen lernte. Er kam von Uganda, und das war eigentlich kein guter Empfehlungsbrief, denn es giebt immer Reibereien zwischen den beiden Ländern, und der König von Unjoro meint, seine Vorfahren hätten aus Gnade und Barmherzigkeit die Könige von Uganda emporkommen lassen. Nun, der „Emporkömmling" hatte seine eigenen Ansichten darüber und blickte mit Verachtung auf den Nachbar, der wieder seiner Meinung nach alles seiner Langmut verdankte. Die Verachtung war auch in gewisser Hinsicht berechtigt; denn im Vergleich zum Kabaka von Uganda war der König von Unjoro doch nur ein grosser Farmer.

Der Palast, in welchem im Jahre 1862 König Kamrasi residierte, war recht traurig; eine grosse Hütte, von vielen kleinen Hütten umgeben; inwendig alle recht schmutzig und alle in einem förmlichen Sumpfe vergraben, in welchem man die Stelzen recht gut hätte brauchen können. Die ersten Weissen, die durch Unjoro zogen, wurden in elenden Hütten am Ufer des Kafu einquartiert; von dort konnten sie die „schöne" Aussicht auf die königliche Residenz geniessen, durften sich aber aus ihrem Quartier nicht entfernen; denn Kamrasi wünschte nicht, dass sein Volk das Vergnügen, weisse Männer zu sehen, mehr als er selbst geniessen sollte.

In diesem unfreiwilligen Gefängnis mussten die Reisenden zehn Tage zubringen, bis sie endlich am 18. September 1862 vor den König vorgelassen wurden.

Die englische Flagge wehte voran, und Speke und Grant setzten in Kanoes über den Kafu, um sich in den königlichen Palast zu begeben; aber zu ihrem Erstaunen fanden sie am gegenüberliegenden Ufer eine kleine Hütte zu ihrem Empfang gebaut, wo sie kein fremdes Auge sehen konnte.

Innerhalb dieser Hütte sass auf einem niedrigen hölzernen Schemel der grosse König Kamrasi. Sein „Thron" stand auf einer doppelten Decke von Fellen – unten Kuhfelle und oben Leopardenfelle – und einer erhöhten Plattform von Gras. Kamrasi war in einen Mbugu-Anzug eingehüllt. Ein Armband von hübschgedrehtem Messingdraht schmückte sein linkes Handgelenk, und sein halbzolllanges Haar war in kleine, pfefferkornartige Knötchen verarbeitet, dadurch, dass die Hand im Kreise auf dem Kopfe herumgerieben war. Die Augen waren länglich; das Gesicht schmal, die Nase vorstehend nach der echten Art seiner Rasse. Eine ausgestreckte und am Dach befestigte Kuhhaut diente als Baldachin, den Staub abzuhalten, und ein Vorhang von Mbugu verbarg die unteren Teile der Hütte, vor welcher zu beiden Seiten des Königs ungefähr ein Dutzend Leute sass.

Das war der ganze königliche Pomp; das Zeremoniell war aber weniger umständlich als in Uganda; die Europäer sassen vor dem König auf ihren eisernen Feldstühlen. Der König selbst zeigte sich auch leutseliger als Mtesa.

Speke hielt eine Rede, in welcher er dem König die Vorteile auseinandersetzte, die ihm der Handel bringen müsste, wenn er sein Land den Kaufleuten öffnen würde. Der König aber ging auf diese handelspolitischen Fragen nicht ein; in seiner ruhigen, milden Art begann er von den Geschichten zu erzählen, welche die Waganda über die Weissen in Unjoro verbreitet hatten. Es ging nämlich den Reisenden der Ruf voran, dass sie Zauberer und Menschenfresser seien; Kamrasi aber meinte, er glaubte daran nicht, sonst hätten sie seine Flüsse ihrer Quellen berauben und austrocknen müssen; er sei der Meinung, wenn die Weissen Berge und die zarten Teile von Menschen ässen, so würden sie genug gehabt haben, ihren Appetit zu befriedigen, ehe sie Unjoro erreichten. Nun freue er sich aber zu sehen, dass sie, wenn auch ihr Haar schlicht und ihr Gesicht weiss sei, doch Hände und Füsse wie andere Menschen hätten.

Dann kam die Überreichung der Geschenke an die Reihe. Alles wurde betrachtet; die Brille erregte Heiterkeit; ebenso die Schere; die Streichhölzchen wurden für ein Wunder gehalten. Der König aber rührte sich nicht; als aber alles besehen wurde, ersuchte er Speke, er möge ihm seine Uhr zeigen. Die Uhr stand am Hofe in grossem Ansehen; denn die Wanjoro, welche Speke und Grant unterwegs zu Kamrasi geführt hatten, hatten dieselbe mit dem Kompass verwechselt und dem Könige erklärt, dies sei das magische Horn, mit welchem der Weisse überallhin seinen Weg finde. Der König besah das wunderbare Instrument und erklärte rundweg, er müsse es haben, denn ausser der Flinte sei es das einzige Neue, was er bei dem Reisenden gesehen habe.

Nun war dies die einzige Uhr, die Speke noch besass, und so vertröstete er den König, dass er ihm eine andere Uhr aus Ägypten kommen lassen werde.

Kamrasi schien damit einverstanden und fragte den Diener Spekes:

„Wer regiert England?"

„Eine Frau", lautete die Antwort.

„Hat sie Kinder?"

„Ja, das sind zwei von ihnen", und der Diener wies auf Speke und Grant.

In der dem Neger eigentümlichen Weise sprang Kamrasi von diesem Thema ab und begann die Reisenden auszufragen, ob sie gefleckte Kühe mitgebracht und ihre grossen Kühe aus Uganda gegen kleinere austauschen wollten.

Damit endete die erste Audienz.

In der Folgezeit besuchte Speke wiederholt den König, und der König besuchte die Weissen. Der Beherrscher von Unjoro wusste dabei seinem Gaste die Uhr in geschickter Weise zu entlocken, und Speke erlebte noch, wie der schöne Chronometer, den er täglich aufziehen musste, von Kamrasi entzwei gemacht wurde. Auch sonst erwies sich der grosse König als ein arger Bettler, der von seinen Gästen nicht gern mwiko, d. h. mit leeren Händen, fortging, und in naiver Weise für seine Frauen und Kinder wenigstens um ein paar Perlen bettelte.

Bei diesen Besuchen kamen aber auch interessante Fragen zur Erörterung. Speke sammelte hier die ersten Nachrichten über die Dynastie der Wawitu.

„Früher war unser Stamm halb weiss und halb schwarz, die eine Seite des Kopfes mit schlichtem Haar, die andere kraus; du weisst bestimmt alles", sagte Kamrasi zu Speke, und dieser revanchierte sich ein andermal, indem er die Bibel mitbrachte, um an der Hand derselben Kamrasi etwas über die Herkunft seines Volkes zu unterrichten. Speke begann mit Adam, um zu zeigen, woher es käme, dass der König durch Tradition gehört habe, seine Rasse sei früher einmal halb weiss und halb schwarz gewesen. Dann zur Flut übergehend, bemerkte er, dass die Europäer weiss blieben und Japhets Blut behielten, während die Araber nach Sem braungelb waren und die Afrikaner nach Ham schwarz. Dann las ihm Speke das vierzehnte Kapitel des zweiten Buchs der Chronika vor, worin von den Kämpfen der Juden und der Äthiopier die Rede ist.

Kamrasi liess sich die Bibel geben und fing an die Blätter des Buches zu zählen – eine Unterhaltung, in welcher jeder Neger, der ein Buch in die Hand bekommt, schwelgt – und er gelangte in seinem Sinne zu dem Schluss, dass jedes Blatt ein Jahr der Zeit seit Beginn der Schöpfung darstelle; er setzte die Arbeit durch ein Viertel des Buches fort und schloss es dann erst, als ihm gesagt wurde, er solle, wenn er die Zeit noch näher bestimmen wolle, lieber die Worte zählen.

Kamrasi residierte in einem schmutzigen Gehöft, in dem auch seine Rinder untergebracht waren. Er hatte auch fette Frauen, wie Rumanika von Karagua, und die Zahl dieser runden Schönheiten an seinem Hofe wurde noch durch seine Schwestern vergrössert. Man erzählte Speke, dass die Schwestern des Königs von Unjoro nicht heiraten dürfen; sie leben und sterben als Jungfrauen in seinem Palast. Ihre einzige Beschäftigung im Leben ist Milchtrinken; jede von ihnen verbraucht täglich die Milch von zehn bis zwanzig Kühen, und daher werden sie so ungewöhnlich fett, dass sie nicht gehen können. Wollen sie einen Verwandten sehen oder sich zu irgend einem Zweck von der Hütte entfernen, so erfordert es acht Mann, um jede von ihnen auf einer Trage in die Höhe zu heben. Auch den Brüdern ist nicht gestattet, aus dem Bereich des Palastes herauszugehen. Diese Einsperrung der Palastfamilie wird für eine Staatsnotwendigkeit gehalten, um Bürgerkriege zu vermeiden.

Kamrasi war ein milderer Herrscher als Mtesa. Er liess seine Unterthanen seltener hinrichten, er liess sie nur prügeln und hielt ihnen dabei vor: „Wenn ihr in Uganda wäret, müsstet ihr nicht eure Rücken, sondern eure Körper hergeben."

Wie Rumanika mit seinem Bruder Rogero im Streit lag, so hatte auch Kamrasi in einem Bruder Namens Rionga einen noch nicht endgiltig besiegten Rivalen, der sich mit seiner kriegsfähigen Mannschaft in der Nähe des Albertsees aufhielt. Natürlich wurden die Reisenden eingeladen, dem König in diesen Kämpfen beizustehen, denn in Unjoro kannte man noch nicht die Überlegenheit der Feuerwaffen, und es gab Leute am Hofe, die entschieden meinten, es sei nicht möglich, eine Kuh mit der Flinte totzuschiessen. Kamrasi hoffte darum, dass die Weissen mit ihren Flinten seinen Bruder bald verscheuchen würden.

Speke und Grant waren aber friedliche Erforschungsreisende, die sich in Kriege nicht verwickeln wollten, sie nahmen Abschied von Kamrasi und ruderten den Kafu hinab nach dem Nil. Wenige Jahre darauf aber knallten die Flinten in Unjoro. Samuel Baker kämpfte am oberen Nil gegen die Sklavenjäger und drang in abenteuerlicher Weise nach Unjoro vor. Er war zu schwach, um das Land zu erobern, aber die Verluste, die er den Wanjoro beibrachte, konnten diese niemals vergessen, und seit jener Zeit datiert der unversöhnliche Hass, den man in Unjoro gegen die Ägypter hegt.

Kamrasi starb. Nach alter Sitte wurde sein Leichnam gleich nach dem Tode gewaschen, über und über mit frischer Butter gesalbt und in leichte Rindenstoffe gehüllt auf ein hohes Gerüst in eigens dazu erbauter Hütte und Seriba gelegt. Unter dem Gerüst brannte Tag und Nacht Feuer – die Lieblingsfrauen und Diener des Toten waren dabei stets anwesend –, bis der Körper völlig getrocknet und geräuchert, eine Mumie war. Alsdann wurde der Lieblingsstier des Verstorbenen getötet, seine Haut zubereitet und der Leichnam in sie und eine Menge Rindenstoffe und Häute gewikkelt. Er blieb nun mit Frauen und Dienern in jenem Hause, in dem sich auch der Thronstuhl Kamrasis befand.

In dem Palaste aber traten die Makungo und Matongali zusammen, um zu beraten, welcher von den Söhnen der des Thrones Würdigste sei. Wie immer konnten sie sich über den Würdigsten nicht einigen; es entstanden Parteien, und der Rat ging auseinander, während die Brüder zu den Waffen griffen, um den Thronstuhl des Vaters zu erfechten. Lange wogte der blutige Kampf hin und her, bis Kabrega, auch Tschua genannt, seine Rivalen aufs Haupt schlug und aus der Totenhütte den Königsstuhl Kamrasis holte.

Er war nun König von Unjoro, und seine erste Pflicht war die, seinen Vater zu begraben. In der Nähe der Königsburg wurde eine breite und tiefe Grube gegraben, die bestimmt war, die Leiche des Verstorbenen aufzunehmen. In dieselbe wurden sechs von den Weibern des Königs sitzend gebracht, und auf ihre Beine liess man den Körper des Abgeschiedenen hinab; ein zu seinen Füssen sitzender Knabe hielt die Pfeife und das Tabaksgefäss. Nachdem ohne einen Klagelaut seitens der unseligen Opfer die schreckliche Gruppe hergerichtet war, wurde die Grube mit Erde gefüllt, und über dem Grabhügel flossen Ströme Blutes von geschlachteten Menschenopfern, besänftigten die grosse Seele des verschiedenen Königs und machten sie dem neuen Despoten geneigt. Und noch immer wacht er über der Grösse und dem Gedeihen des Reiches, und unglückliche Opfer zahlen den Tribut der Verehrung des Volkes und des launenhaften Aberglaubens des despotischen Erben.*

* Casati, „Zehn Jahre in Äquatoria".

Über der Gruft des Fürsten erhebt sich aber wie in den Königsgräbern von Mengo eine Hütte, in welcher Wächter wohnen, um dem Toten zu dienen.

Kabrega

Kabrega, nach seiner eigenen Aussage der achtzehnte König von Unjoro aus dem Geschlecht der Wawitu, wird von den Europäern, die mit ihm oder seinen Beamten in Berührung gekommen sind, verschieden beurteilt. Ein günstiges Zeugnis hat ihm Emin Pascha ausgestellt. Es muss dahingestellt bleiben, ob dieses Urteil ein zutreffendes ist, oder ob Emin Pascha infolge der Gutmütigkeit seines Charakters über die Fehler Kabregas hinwegsah. Den Aussagen Emins stehen die von Baker und Casati und mittelbar von Stanley entgegen, von denen Kabrega bald als ein feiger, tückischer, bettelhafter Trunkenbold, bald als ein Wüterich, bald als treuloser, habgieriger Mensch hingestellt wird.

König Kamrasi liess sich noch zu Zeiten Spekes im Flintenschiessen unterrichten, König Kabrega hatte in seinen Jugendjahren die Überlegenheit der Feuerwaffen in den Kämpfen mit den ägyptischen Soldaten kennen gelernt, und sein sehnlichster Wunsch war, sich in den Besitz dieser Waffen zu setzen, um die Macht seines „Reiches" zu heben. Obwohl er im Vergleich zu dem Ugandaherrscher ein Barbar war, war er doch reich; denn sein Land bot viele für Afrika wertvolle Ausfuhrartikel; er hatte Elfenbein und Sklaven, er hatte Häute und Butter und vor allem das kostbare Salz. Um Feuerwaffen zu erlangen, öffnete er arabischen Händlern sein Land und erreichte auch sein Ziel. Die Araber lieferten ihm Gewehre und Pulver; aber er wusste sich noch andere Lieferanten aus dem Norden zu verschaffen. Die kriegerischen Lango am oberen Nil lagen mit den ägyptischen Soldaten in fortwährenden Kämpfen, und sie blieben oft Sieger und erbeuteten Gewehre. Ihnen konnten sie nichts nützen, denn die Lango hatten kein Pulver, aber sie verkauften die erbeuteten Waffen an Kabrega, der ein williger Abnehmer war. Die Regierungstruppen im ägyptischen Sudan waren aus Schwarzen rekrutiert. Diese schwarzen Soldaten desertierten oft und nahmen dann auch ihre Gewehre mit, Kabrega, der Feind der Ägypter, gewährte ihnen in seinem Lande ein Asyl und nahm die Gewehre für sich.

Seine Macht wurde für afrikanische Verhältnisse bedeutend, Uganda konnte er allerdings nicht überflügeln; denn auch dieses Königreich schritt, wie wir wissen, rasch vorwärts; in den Grenzkriegen, die häufig zwischen den beiden Ländern entbrannten, blieb einmal die eine, das andere Mal die andere Partei Siegerin. Mit mehr Erfolg wandte sich Kabrega gegen den Süden, wo er die salzhaltigen Seen bei Katwa besetzte.

Mit dem Erscheinen der Kaufleute von Sansibar in Unjoro wurde der Sinn für den Handel bei dem Volke bedeutend geweckt. Sie führten auch Geld in das Land ein, die Kaurischnecke, welches den Verkehr besonders erleichterte. Und das ganze Aufblühen des Landes kam dem König zu gute, der mit tausend Flinten verschiedenster Modelle seine Leibwachen ausrüsten konnte.

Doch lernen wir ihn persönlich kennen. Emin Pascha entwirft in seinem „Journal einer Reise von Mruli nach der Hauptstadt Unjoros" folgendes Bild der äusseren Erscheinung Kabregas:

„Ein Stück feinen, lachsgelben Rindenstoffes deckte in malerischen Konturen den Körper bis hoch zur Brust hinauf; von da aufwärts war der Körper völlig unbekleidet, nur über der linken Schulter lag ein anderes Stück von etwas dunklerem Rindenstoff wie ein Plaid. Der hübsch geformte, völlig glatt rasierte Kopf zeigte an den Schläfen jederseits zwei Brandnarben, das Stammeszeichen der Wanjoro; die unteren vier Schneidezähne fehlen wie bei allen Wanjoro, und die oberen Schneidezähne treten leicht vor, sind jedoch glänzend weiss. Die unteren Schneide-, wohl auch die Eckzähne werden den Mädchen und Knaben, sobald sie mannbar geworden, ausgezogen, und zwar so, dass ein unten einigermassen breitgefeiltes Eisen an den Zahn gestemmt und dieser durch hobelnde Bewegungen entfernt wird. Ein Halsband von Schwanzquasten der Giraffe mit einer einzigen blauen Glasperle in der Mitte umringt den Hals. An den sehr muskulösen Armen befand sich ein Wurzelamulett und ein eisernes Armband als einziger Schmuck. Die Hände waren klein und sehr wohlgepflegt. Sein Kolorit ist auffallend hell, wohl Folge des reinen Wahumablutes. Der Totaleindruck war ein äusserst günstiger, jedoch von ausgesprochener Sinnlichkeit."

Wenn Kamrasi auf Speke und Grant den Eindruck eines Farmers gemacht hat, so hat auch Kabrega diesen Zweig des Erwerbes und Wohlstandes nicht vernachlässigt. In der Nähe seiner Residenz, die er übrigens von Zeit zu Zeit wechselt, hält er stets 1000 bis 2000 Rinder, welche auf das sorgfältigste gepflegt werden und zu dem schönsten Vieh zählen, welches man in Afrika sehen kann. Mit besonderer Sorgfalt werden die für des Königs Milchbedarf bestimmten Kühe behandelt; sie werden ganz abgesondert gehalten, früh vor dem König selbst gemolken, welches Geschäft nicht die Frauen, sondern die Männer selbst besorgen, und dann, von einem Manne begleitet, zur Weide getrieben. Peinlich werden sie vor dem Zauber, namentlich aber vor dem bösen Blick geschützt. Vor ihnen schreitet ein Knabe und ruft: „Des Königs Rinder!" Jeder, der diesen Ruf hört, flieht von der Strasse, da er sonst dem Tode verfallen ist. Die Wanjoro stehen dabei auf derselben Bildungsstufe, auf der sich viele Europäer im Mittelalter befanden, als sie wegen der sogenannten blutenden Hostien Judenverfolgungen anstifteten oder Hexen verurteilten. Die Milch wird manchmal auch in Unjoro rot. Die Eingeborenen haben natürlich keine Ahnung davon, dass diese Erscheinung auf einen Bacillus zurückzuführen ist, meinen vielmehr, die Milch werde durch den bösen Blick eines mit Zauberkräften begabten Menschen in Blut verwandelt.

Der böse Blick! Wir haben schon gesehen, dass er im Sudan gefürchtet wurde, dass Pferde, die der Sultan von Bornu seinen Gästen schenkte, diesen im Dunkel der Nacht zugeführt wurden, dass man in Wadai die Leute mit Peitschenhieben von dem Wege fortjagt, auf welchem das Trinkwasser für den Sultan getragen wird. Auch in Unjoro giebt es eine ganze Reihe solcher Schutzmassregeln für die geheiligte Person des Königs. Der Brunnen, aus welchem sein Trinkwasser geholt wird, ist von einer kleinen Strohhütte verdeckt und diese von einer Seriba umgeben. Ein zuverlässiger, durch Blutsbrüderschaft mit dem Könige verbundener Mann beschützt ihn ohne Unterlass. Auch sein Koch ist sein Blutsbruder und eine besondere Vertrauensperson.

Kabregas Speisezettel ist ziemlich beschränkt. Er nährt sich nur von Rindfleisch und einer Art Polenta aus Hirsemehl, trinkt Milch und Bananenbier, das mit gekeimtem Korn gegoren ist; aber bei diesem einfachen Mahl werden besondere Zeremonien beobachtet.

Begiebt sich der König in das Gemach, in welchem sein Tisch bereitet steht, so wird dies den Bewohnern durch das Wirbeln der Trommeln verkündet. Alles, was in der Königsburg auf den Höfen der Thüren versammelt ist, Männer, Frauen und Knaben, flieht eiligst und verkriecht sich in Schlupfwinkel; denn kein Mensch darf einen Blick auf die königlichen Speisen werfen, die jetzt von der Küche in das Speisegemach getragen werden. Kabrega speist allein, und während dieser Zeit bewacht der erste Minister die Eingangsthür, indem er dem König den Rücken zukehrt. Dafür wird ihm die Ehre zu teil, sich an den Resten des königlichen Mahles zu sättigen, das er, immer noch vor der Thüre Wache haltend und am Boden kauernd, einnimmt.

Bei den Nomadenvölkern steht die Milch in hohem Ansehen. Das Milchopfer bildete das grösste Fest am Hofe der Mongolenchane, und auch in Unjoro giebt es eine „Zeremonie der Milch“, welche ohne Zweifel noch aus jenen Zeiten stammt, da die in Unjoro eingewanderten siegreichen Wahuma sich ausschliesslich der Viehzucht widmeten.

Wer zu dieser Zeremonie zugelassen wird, muss dies als ein Zeichen der höchsten Gunst und des grössten Vertrauens ansehen. Es wird nur eine geringe Anzahl um das Land verdienter und vom König selbst geschätzter Personen zu diesem Feste zugelassen. „Wenn die Nacht herabgesunken und der königliche Tisch aufgehoben ist, treten die zur Zeremonie Zugelassenen in den grossen Saal des Palastes; die Trommeln wirbeln, und die Pfeifen lassen schrill den Königsmarsch erklingen; der König nimmt ein Gefäss voll frischer Milch, und nachdem er zuerst getrunken, lässt er es bei den übrigen herumgehen, welche der Reihe nach das Gleiche thun. Wenn die Zeremonie vorüber ist, werden die Thore geöffnet und die Freunde und die Genossen zu dem täglichen Zeitvertreib des Sichbetrinkens mit zahlreichen Libationen zugelassen. Der mäcenatische König geht voran."

Diese nächtlichen Zechereien sind für die Regierungsart Kabregas verhängnisvoll, denn während derselben entlocken ihm seine Günstlinge ungerechte Befehle, durch welche unschuldige Menschen um ihr Hab und Gut, ja um ihr Leben gebracht werden.

Man war geneigt, nach den Berichten der ersten Reisenden die Könige von Unjoro für milder als die von Uganda zu halten. Im grossen und ganzen mag das zutreffen, aber Reisende, die länger am Hofe Kabregas geweilt haben, wissen auch von einem Schreckensregiment zu berichten:

„Der Hof des Königs Tschua (Kabrega)", erzählt Casati, „hat kein aristokratisches Ansehen, wie dies bei dem Herrn von Uganda der Fall ist; wohl aber lastet die eiserne Hand des Despoten unerbittlich auf den Personen, welche mit Recht oder Unrecht die allerhöchste Ungnade auf sich laden. Die als schuldig Erachteten, und sei dies auf den leisesten Verdacht hin, werden auf barbarische Weise von eigens aufgestellten Schergen getötet. Man versichert sich des Verurteilten mit Stricken, die man ihm so um Arme und Beine bindet, dass er den Rücken vorwärts beugen muss; dann wird er mit Stöcken, die nach oben hin dicker auslaufen, mit einer überraschenden Gewandtheit mit drei Hieben niedergeschlagen, die man gegen die Schläfe und den Hinterkopf schwingt. Die Leichen der Gerichteten lässt man meist auf der Richtstätte als Futter für die wilden Tiere und Geier liegen. Schon das Hingehen oder Verweilen an dieser Stätte, um die Leichen zu beschauen, gilt als ein Verbrechen, das mit dem Tode bestraft werden kann. In der ersten Zeit meiner Ankunft in Dschuaia wurde meistens die Umgebung meiner Wohnung als Schauplatz dieser Schreckensthaten gewählt. In der Stille der Nacht hörte man herzzerreissende Rufe, das Echo der drei Gnadenhiebe, und ein Röcheln, das langsam erstarb. Eines Morgens lagen sieben schrecklich entstellte Leichen auf den nahen Feldern. Ich beklagte mich darüber beim Könige, er aber sagte mir, ich hätte darauf nicht viel zu achten, diese Leute verdienten kein Mitleid. Ich suchte ihm dann den Schauder klar zu machen, den diese Vorfälle auf mein Gemüt ausübten; er lächelte, wählte aber doch einen anderen Ort zu dem schrecklichen Geschäfte.

Bei den Räubern, Verführern von Frauen und immer, wenn er den Fall nicht so ernst findet, dass die Todesstrafe ausgesprochen werde, verfügt der König als Besserungsmittel das Abhauen der Hände und die Blendung."

An dem Hofe Kabregas erscheinen auch die Wakungo, die hier auch Manjoro genannt werden, wie in Uganda; ja, aus den besten von ihnen wird ein Ritterorden, der Orden des Kondo, gebildet. Die Inhaber desselben tragen als Schmuck ein Band von Kuhhaut, das auf der Aussenseite mit Kaurischnecken und bunten Glasperlen verziert ist und von dem vorderen Teile des Kopfes über das Gesicht bis zum Kinn herabfällt, wo es befestigt ist.

Die Kondoritter werden vom Könige gewählt, und ihre Zahl darf nicht siebzehn überschreiten. Sie stehen im Range den königlichen Verwandten gleich, sie erfreuen sich der öffentlichen Verehrung, sitzen im Rat des Königs und geniessen das Vorrecht, dass sie zur Todesstrafe nicht verurteilt werden können. Allerdings ist dieses Vorrecht in einem despotischen Reiche ein illusorisches; Kabrega wusste es wenigstens nichtig zu machen, indem er die ihm missliebigen Ritter aus dem Orden stiess und dann hinrichten liess. Aber selbst nach den Statuten des Ordens können seine Ritter dem Tode verfallen, denn aus ihrer Mitte wird das grosse Menschenopfer gewählt.

Verdächtige Zeichen mehren sich im Lande; der Aberglaube weiss eine jede Erscheinung schlimm zu deuten; Unruhe und Furcht ergreifen die Gemüter der königlichen Ratgeber; der König selbst zittert um seinen Thron, denn die Geister der abgeschiedenen Herrscher zürnen ihm aus unbekannten Gründen.

In einer der Hütten des Palastes wohnt die Königin-Mutter; sie ist in diesem Lande die Hohepriesterin und Wahrsagerin. Man wendet sich an sie und bittet sie um Ratschluss. Nachdem sie ihren Zauber vollendet, tritt die braune Pythia vor und erklärt: der Geist Kamrasis zürne, er müsse versöhnt werden, man solle die Zeremonie des Mpango oder des Beiles vollführen.

In der Königsburg ist eine besondere Hütte, in welcher die geweihten Geräte dieser Zeremonie aufbewahrt werden: eine Trommel, mit Talismanen behängt, ein hölzerner Stuhl, mit Löwen- und Leopardenfellen bedeckt, eine Lanze, ein Beil, dessen hölzerner Griff mit Leopardenfell umwickelt ist, und eine Schüssel.

Eines Tages, wenn die Sonne sich zum Untergange neigt, wird plötzlich ein dumpfer, schwerer Trommelschlag vernehmbar; das Volk kennt diese Töne, sie kommen von der geweihten Trommel des Mpango, und Gesang und Tanz hören in der Stadt auf, der Markt wird leer, von den Feldern und Gärten fliehen die Arbeiter, alles zieht sich in die Behausungen zurück, denn drei Tage lang schallt die grosse Trommel, von selbst, wie das Volk glaubt, drei Tage lang dauert der geheimnisvolle Ritus, drei Tage lang sind der friedliche Ackerbauer, der ruhige Hirte, der arglose Wanderer ihres Lebens nicht sicher. Jeden Augenblick können sie erfasst und mit Stricken geknebelt werden, um ihr Blut zur Sühne für Kamrasi zu verspritzen.

In Furcht erzittert jedes Herz, und an den Opferstätten fliesst reichlich das Blut.

In der Morgendämmerung des vierten Tages wird endlich das grosse Opfer vollbracht. In der Hütte des Mpango steht der König an der Schwelle des Eingangsthores im festlichen Ornat. Von seinen Schultern wallt ein grosser Mantel aus dem einheimischen Rindenstoffe herab, das Leopardenfell hängt über dem Rücken und Halse, geweihte Glasperlen schmücken seine Knöchel, Arme und seinen Hals, und in der Rechten hält er die kleine geweihte Lanze. Neben dem König steht der priesterliche Wächter der Hütte mit dem heiligen Beile. Vor ihnen stehen der Stuhl und die Trommel und daneben auf der Erde die grosse Schüssel. Im Halbkreise sitzen die Ritter des Kondoordens auf ihren kleinen Stühlen und warten mit Schrecken und Schweigen auf die königliche Entscheidung.

Kabrega winkt mit dem Kopfe. Die Ritter erbeben sich und defilieren in gebückter Haltung vor ihrem Herrscher: Morituri te salutant, Caesar! Kabrega mustert sie, da berührt er einen von ihnen mit der Lanze an der Schalter. Er ist bestimmt, Kamrasi zur Sühne zu fallen, und ohne Zaudern, stumm tritt er vor und streckt sein Haupt über die Schüssel.

Das Beil fällt, und das Blut wird in dem Becken gesammelt. Der König tritt vor, mit dem noch rauchenden Menschenblut benetzt er sich Stirn und Wangen, besprengt damit die Grossen und giesst den Rest über den Stuhl und die Trommel.

Vollbracht ist das Opfer. Man trägt die blutigen Geräte des Mpango zur Königin-Mutter; die Leiche des Opfers wird fortgeschleppt. – – –

Laute, jubelnde Pfeifenklänge und Trommelwirbel verkünden dem Volke, dass die Zeremonie des Mpango vollendet ist. In der Königsburg werden Ochsen geschlachtet, Krüge mit Bananenbier herbeigeschleppt, auf dem blutbefleckten Boden tanzt eine fröhliche Menge, und tief in die Nacht hinein hört man von weitem die lauten Rufe der Trunkenen.

Das Land aber atmet wieder auf; denn die Geister sind versöhnt; man kann wieder mit Ruhe den Geschäften nachgehen; aber wie lange wird es dauern?

Die Königin-Mutter oder ein anderer Magier verkünden, dass von dieser oder jener Richtung Kabregas Thron Gefahr drohe, im Nu werden Schlächter nach dieser Richtung ausgesandt, und wie ein Blitz fallen sie über die arglos des Weges Dahinziehenden; unglückliche Opfer bedecken den Weg, und die Geister eilen herbei, von dem Geruch des Blutes angezogen, und erfreut gewähren sie ihren Schutz dem Lande und dem Könige.

Oder es wird ein Raubzug geplant; man will den Stämmen des Graslandes am Albertsee ihre Kühe rauben, oder die Vasallen im Norden züchtigen, oder Uganda einen Streich spielen. Die Geister müssen milde und günstig gestimmt werden, damit sie den Sieg herbeiführen, und so sind wieder Menschenopfer nötig.

Ein Jüngling von makellosem Lebenswandel wird gewählt und heimlich im Dunkel der Nacht an die Grenze des Gebietes, dem der Überfall gilt, gebracht. Hier wird er lebend bis an die Schultern eingegraben und so belassen.

Am anderen Tage zieht die Heeresabteilung an jene Stelle. Ist das Opfer unberührt geblieben, hat der Feind es nicht entdeckt, so gilt das als ein günstiges Zeichen; die Kolonne zieht an dem sterbenden Haupt, das aus der Erde hervorragt, vorüber, aber niemand wagt dem Opfer ein Wort des Trostes zuzurufen, ja, nur einen Blick auf dasselbe zu werfen, um den günstigen Zauber nicht zu brechen.

Wir sehen daraus, dass der Aberglauben die Könige von Unjoro ebenso unheilvoll beherrscht wie die von Uganda, und darum erscheint auch der Hof Kabregas dem Europäer, der länger an ihm geweilt hat, so düster und abschreckend. Aber auch in sittlicher Beziehung sind an ihm verwerfliche Einrichtungen bemerkt worden, wie sie sonst in keinem Negerreiche vorkommen.

In der Königsburg von Unjoro wohnen in grosser Anzahl die „Vranga", Dienerinnen der Frauen Kabregas oder Trägerinnen, welche des Nachts die Burg verlassen und auf Abenteuer ausgehen. Diese Dirnen stehen unter Kabregas Schutz, was sie durch ihr ehrloses Gewerbe verdienen, ist ihr Eigentum, aber ihre Kinder sind Sklaven des Königs; aus den Knaben stellt er seine Pagenkohorte zusammen, die Mädchen lässt er zu dem Gewerbe der Mutter erziehen.

In Unjoro besteht ebenso wie in Uganda die allgemeine Wehrpflicht; im Kriegsfalle müssen alle Mann ins Feld. Aber seit jeher umgaben sich die Könige von Unjoro mit einer Art Leibgarde, welche den Namen der Banassura führte. Anfangs galt der Dienst in dieser Leibgarde nur als eine Art Repräsentation, unter Kabrega wurde das anders. Kabrega rüstete in erster Linie die Banassura mit Feuergewehren aus und erhöhte die Zahl derselben derart, dass sie zuletzt 3000 Mann betrug. Früher waren die Banassura, welche aus allerlei entlaufenen Soldaten und Sklaven der angrenzenden Länder sich rekrutierten, nur als fürstliche Lakaien, weniger aber als Soldaten des Landes betrachtet; der junge König Kabrega machte aus diesem Gesindel eine Art Prätorianer. Als er sie stets von mehreren Hunderten von Flintenträgern umringt und von ihren Salven begrüsst sah, bildete er sich ein, er sei der mächtigste Fürst des Weltalls, und begann seine Raubzüge, die, Uganda ausgenommen, auch überall von Erfolg gekrönt wurden.

Der Dünkel des Fürsten ging auf die Soldaten über. Dem wissenschaftlichen Forscher Emin Pascha war die Bedeutung der Banassura völlig entgangen. Casati hatte die politischen Verhältnisse des Landes anscheinend besser erkundet und die Banassura folgendermassen geschildert:

„Die Militärpartei gelangte in Unjoro zur Herrschaft, die Banassura wurden zur Erhaltung und Grösse des Staates unentbehrliche Männer.

Nachdem sie bis zur Zahl von dreitausend vermehrt worden waren, hatten die Banassura auf diese Weise die Verteidigung des Thrones und die Aufrechterhaltung der Achtung vor den Gesetzen in ihrer Hand. Das Leben und die Sicherheit der Einzelnen sowohl als des Eigentums wurde ihrer herkömmlichen Macht geopfert, und jegliche ihrer Schlechtigkeiten war von einer erzwungenen Straflosigkeit geschützt; ihr aber offen entgegenzutreten wurde das höchste Wagnis.

Entschieden bei der Verfolgung der Schuldigen, sowie der Ehrlichen, fleissig bei vielversprechenden Konfiskationen und bei summarischem Verfahren, kühne Ausforscher auf den Streifzügen, dulden sie keine Oberhoheit ausser jener ihrer würdigen Häuptlinge; jedes Ehrgefühls und jeder Liebe zu dem Lande, das ihnen fremd ist, bar, im Kriege überaus tapfere Soldaten, sind sie zügellose Räuber. Der König bietet ihnen keine direkte Entlohnung ihrer Dienste, ausser was die Bewaffnung betrifft; er überlässt jedoch ihrer Willkür die Aneignung der Güter der wegen Verbrechen und Vergehen Bestraften. Dabei aber überschreitet ihre Willkür jede Grenze der Scham; die Gerechtigkeit wird zum Spotte, Straflosigkeit käuflich, Unschuld und Ehrlichkeit aber muss sich dieselbe erkaufen. Der König, gefällig, in die Kreise dieser Schar verwickelt und von ihnen fortgerissen, ohnmächtig, sich loszureissen und von ihnen fortzukommen, setzt den Ruhm seiner Ahnen fort und erhält ihn mittelst kühner und abenteuerlicher Unternehmungen auswärts, um der stets wachsenden Gier genügen zu können, und im Lande dehnt sich gleicherweise der blutige Kreis aus, der ihn umgiebt und der ihm mit jedem Tage mehr die Liebe seiner Unterthanen entfremdet."

Auf diese Banassura gestützt wandte sich der König gegen die ihm missliebigen älteren Berater der Krone, die, aus dem Landvolk hervorgegangen, dessen Interessen wahrnahmen; die bewährtesten Freunde Kamrasis wurden hingerichtet, und Kabrega konnte ausrufen: „Ich herrsche allein, da ich mit den Meinen regiere!"

So waren und sind noch heute die Verhältnisse beschaffen, so seufzte das Volk seines Lebens nicht sicher in einem Lande, wo der Schimpanse sich des königlichen Schutzes erfreut, wo niemand wagen würde, den klugen Vierhänder ohne den ausdrücklichen Befehl des Königs zu jagen, da der Affe nach dem Glauben der Wanjoro seit altersher zum Menschengeschlechte gehört!

Allerdings giebt es am Hofe dieses Despoten auch lichtere Bilder zu schauen.

Wenn der Morgen anbricht, da nahen in langem Zuge die Verwandten Kabregas der königlichen Hütte, um ihm unter Trommelwirbeln den Morgengruss zu entbieten; das Volk der Königsburg begrüsst ihn gleichfalls, bevor es an die Arbeit geht, und der König bringt die Hälfte des Tages bei seinen Hirten zu, die ihm Berichte über das Gedeihen seiner

Herden abstatten müssen; denn er ist der Sohn einer Mhuma und darum für die Viehzucht begeistert.

„Du bist ein Hirte, und ich bin ein Krieger", sagte zu ihm sein Bruder Kabamiro, und er machte ihm den Vorschlag, Kabrega solle ihm den Thron überlassen und dafür die Herden nehmen. Aber Kabrega begehrte beides und bestimmte einen Araber, den Bruder meuchlings zu ermorden. Als dies geschehen war, leugnete er alle Mitschuld und weigerte sich, den ausbedungenen Lohn für die Mordthat zu bezahlen.

Freilich, ohne die Herrschergewalt hätte er wohl seine Herden bald eingebüsst, im Besitz derselben konnte er sie vermehren; und wie er die Anzahl seiner Flinten verzehnfachte, so mehrte er auch seine Herden. Die Musterwirtschaft, auf die er achtete, hätte diese Vermehrung nicht so bald herbeigeführt, sie war vielmehr das Werk seiner Banassura, die auf seinen Befehl die umwohnenden Wahuma angriffen, Schrecken und Verheerungen in die Nachbarländer trugen und das geraubte Vieh dem Könige in solchen Massen zutrieben, dass dieser sein Reichtum zuletzt von Casati auf 150 000 Rinder geschätzt wurde.

Das ist in allgemeinen Zügen das Bild des Herrschers, welcher in der letzten Geschichte Afrikas, bei dem Fall von Äquatoria und bei der Fortführung Emin Paschas aus der Provinz, anfangs eine überaus freundliche, dann aber eine doppelzüngige und zuletzt feindliche Rolle spielte.

*

Die „grossen Könige" von Uganda und Unjoro hatten einmal um ihre Throne gefürchtet, als die „Bahara und Turk", die Ägypter, von Europäern geführt an den Grenzen ihrer Länder erschienen. In kolonialpolitischer Beziehung war es gewiss ein Fehler, dass Baker mit bewaffneter Macht in Unjoro eindrang. Später wurden die Beziehungen Unjoros zu dem mächtigen Nachbar im Norden bessere. Emin besuchte im Auftrage Gordons König Kabrega und wusste ihn freundlicher zu stimmen. Jedenfalls hat Emin einen guten Eindruck von dem Wawitufürsten mitgenommen, und dieser hat für den Mudir der Nilländer gleichfalls eine freundschaftliche Gesinnung gefasst. An den Grenzen hatte es wohl kleine Scharmützel gegeben; die Soldaten Emins erlaubten sich einige Übergriffe, plünderten ein Dorf oder trieben eine Herde Kühe fort, aber dafür revanchierten sich auch die Wanjoro ein anderes Mal, und diese Zwistigkeiten wurden in Ruhe und Frieden beigelegt.

Der Zug der Europäer führte nach Uganda. Dort wurden, wie wir wissen, Missionen angelegt; Unjoro blieb unbeachtet; es wurde mehr von den Arabern besucht. Uganda empfing von Ägypten, England und vom Sultan von Sansibar grosse Geschenke, Unjoro raubte afrikanische Schätze: Sklaven, Elfenbein und Kühe zusammen.

Da brach im Anfang der achtziger Jahre die grosse zentralafrikanische Katastrophe ein. Die Gründung Bakers und Gordons stürzte zusammen; die Woge des Mahdismus verschlang alle Bollwerke der Zivilisation, die in den Nilländern errichtet worden waren; nur ein einziges blieb am Rande der Völkerbrandung stehen, die im Lande der Schwarzen gelegene Provinz Emins. Der tapfere Gouverneur, einige europäische Reisende, einige Kaufleute und eine Schar ägyptischer Soldaten waren von der Verbindung mit der zivilisierten Welt abgeschlossen. Die Augen des Gouverneurs wandten sich nach dem Süden, wo über Unjoro und Uganda der Weg nach Sansibar führte; ein Weg, auf dem schon viele europäische Reisende und Missionare die Nilseen erreicht hatten und auf dem regelmässig arabische Handelskarawanen verkehrten. So wandte sich denn Emin Pascha an Kabrega, mit dem er Jahre lang in keinerlei Verbindung mehr gestanden. Lange Boten hin und her, um die Briefe zu tragen, und nachdem Kabrega sich überzeugt hatte, dass der Chef der Türken sein alter Freund, der Arzt, sei, trat er mit ihm in Verbindung, und so wurde der Weg über Unjoro zu den Missionaren in Uganda und von dort nach Sansibar wenigstens für Briefe geöffnet. Auf diesem Wege konnte Mohammed Biri, ein Araber aus Tunis, Emin wieder Nachrichten von Europa übermitteln, auf diesem Wege zog Dr. Junker nach Uganda und von hier nach Sansibar. Um die Beziehungen zu Kabrega zu pflegen, ging Casati an den Hof des Wawitufürsten. Durch den Krieg, den um jene Zeit Unjoro mit Uganda führte, wurde der Weg wieder verschlossen.

Emin vertraute Kabrega, Casati glaubte, dass der König auf den Zusammenbruch der Äquatorialprovinz warte, um sich dann in Besitz der vielen Gewehre zu setzen. In der That gab es in Unjoro eine starke Partei, welche den Untergang der Ägypter herbeisehnte und dem König zuflüsterte, die Notlage der ehemaligen Feinde auszunützen, andrerseits konnten die Freundschaftsbeweise, die Kabrega seinem Freunde Emin erwiesen hatte, nicht weggeleugnet werden. Nach dem Urteil Emins war Casati ein schlechter Diplomat; nach der Darstellung Casatis war Kabrega doppelzüngig.

Die Kunde von der Annäherung Stanleys führte schliesslich die Katastrophe herbei; Casati wurde verhaftet, an einen Baum gebunden, seiner Habe beraubt und dann aus dem Lande getrieben, der treue Mohammed Biri gefangen genommen und später enthauptet. Der doppelzüngige Kabrega, auf dessen Befehl das alles gethan wurde, versicherte Emin brieflich seiner Freundschaft und schob alle Schuld an den Vorgängen dem ungebührlichen Betragen Casatis zu.

Trotz aller Bemühungen Emins konnte jedoch der Bruch nicht wieder gekittet werden, und aus dem Benehmen der Eingeborenen an den Ufern des Albertsees sowie am Nil konnte man immer deutlicher die feindlichen Absichten des Wawitufürsten erkennen. Da nun aber die Gebiete am Albertsee für die Organisation des Rückmarsches bei der Rückkehr Stanleys von hoher Bedeutung waren, so durfte man Kabregas Hochmut nicht ungedemütigt lassen; und so trafen zum zweiten Male ägyptische Soldaten und die Wanjoro feindlich miteinander zusammen. Emins Dampfer bombardierten die wichtigsten Kabrega gehörigen Plätze am Ostufer des Albertsees und plünderten die Landschaft.

Der Expedition Stanleys, welche durch eine Schar von Ägyptern verstärkt wurde, wagte Kabrega mit Nachdruck nicht entgegenzutreten. Als dieselbe auf dem Marsche nach Sansibar die Grenzgebiete Unjoros passierte, wurde sie wiederholt von den Banassura Kabregas belästigt, aber die Banassura mussten sich stets mit Verlusten zurückziehen.

*

Wenn wir nun am Schluss unsrer Darstellung der Ugandageschichte auf dieses Land für die kolonialpolitische Entwickelung Inner-Afrikas grosse Hoffnungen setzen durften, so können wir uns denselben beim Rückblick auf die Geschichte der Wanjoro nicht in demselben Masse hingeben.

In Uganda herrscht augenblicklich der christlich-europäische Einfluss vor, und durch die Gründung der deutschen Station in Ukumbi, sowie der englischen in Kawirondo, sowie durch die Herbeischaffung von Dampfern wird derselbe nur gestärkt werden. Am Hofe von Unjoro sitzen ränkeschmiedend arabische Kaufleute und mohammedanische Wangwana.

Seit Jahrhunderten lagen Uganda und Unjoro in Krieg miteinander. Jedes rang gewissermassen um die Suprematie in dem Nilseengebiet. Aller Wahrscheinlichkeit nach wird Uganda, wenn es zum Hort der Kultur geworden, wenn es die inneren Kämpfe bestanden, naturgemäss die Herrschaft über Unjoro antreten.

Ausläufer der Wahuma

Ausser den bereits erwähnten Wahumastaaten liegt noch zwischen Unjoro und Karagua das Land Ankori, zuletzt vom König Ntali oder Antari regiert, der, wie wir dies bereits erwähnt haben, die flüchtigen Christen von Uganda als Kolonisten in seinem Reiche aufnahm. Die Bevölkerungsverhältnisse sind dieselben, wie in den bereits erwähnten Staaten; die Urbevölkerung war schwarz und besteht noch heute zum grossen Teil aus den Witschwesi, welche das Land bebauen, die Einwanderer und gegenwärtig die Beherrscher des Landes sind Hirten. Ankori ist berühmt durch seinen Tabak, der hier ein besonders schönes Parfüm hat und besonders gut zubereitet wird.

Während das ferner gelegene Karagua die Oberherrschaft Ugandas anerkennen musste, hat Ankori bis jetzt seine Unabhängigkeit behauptet. Der unternehmungslustige Kabrega hatte wohl seine Banassura auch nach Ankori gesandt, aber der König Ntali stieg von seinen Bergen herab und schlug die Räuberbanden aufs Haupt. Der junge Muanga hatte in übermütiger Weise von Ankori Tribut gefordert, aber der König liess ihm antworten, er möchte selbst kommen, er werde einen würdigen Empfang finden.

König Ntali betreibt selbst Handel; seine Leute besuchen wohl die Märkte von Uganda, Unjoro und Karagua, um für Elfenbein die Erzeugnisse der fremden Kultur einzutauschen, aber er hat bis jetzt keinem Araber gestattet, sich an seinem Hofe niederzulassen, und den Handelskarawanen nur erlaubt, an den Grenzen seines Reiches zu halten.

Als die starke Expedition Stanleys, nachdem sie das südliche Unjoro durchzogen, sich Ntalis Gebieten näherte, gestattete er klugerweise den Durchmarsch und that alles für die Verpflegung von tausend Menschen. Mit einem der Söhne Ntalis schloss Stanley Blutsbrüderschaft. Zur Feier des Tages wurde hier das Maximgeschütz abgefeuert.

Der Ausbreitungsbezirk der Wahuma erstreckt sich aber noch weiter. Wir finden sie zerstreut im Lande der Walegga an den Ufern des Albertsees. Sie haben sich aber hier nicht zu einem grösseren Staatswesen vereinigen können, sondern leben in einzelne Stämme geteilt und unter besonderen Häuptlingen nach echter Nomadenart. Bemerkenswert ist es, dass einer dieser Stämme den Namen Wawitu führt, also den des Herrschergeschlechtes von Unjoro, und dieser Stamm gilt in der That unter allen anderen als der vornehmste; die Wawituhäuptlinge ernennen gewissermassen oder bestätigen die Häuptlinge der übrigen Stämme.

Ihre Lage ist keineswegs eine beneidenswerte, da sie viel unter den Angriffen ihrer Nachbarn zu leiden haben; viele von ihnen waren aus Unjoro hierher geflohen, um den Erpressungen der Wawitufürsten und deren Beamten zu entgehen; nun haben die Banassura auch dorthin ihren Weg gefunden, und Kabrega frisst die kleinen Leute auf.

Wie mir schon hervorgehoben haben, giebt es Wahuma auch im Mondlande, und ihr Verbreitungsbezirk reicht bis zum Tanganjika. Wissmann begegnete ihnen in Uha, wo sie einen noch sehr reinen Typus darstellen: „Drei ganz auffallend schöne Weiber“, schreibt er, „zeigten als die Richtung ihrer Heimat nach Nordosten. Sie seien nicht Waha, meinten sie; stolze, schlanke, ebenmässige Figuren mit regelmässigen Gesichtszügen, ganz hellbrauner Hautfarbe und wohlgeformtem Hals und Brüsten, muss ich besonders zwei derselben, Schwestern, als die formvollendetsten Gestalten erklären, die ich je sah. Jede derselben hätte als Modell zu einer Aphrodite stehen können.“

Verderbliche Eigenschaften, denn diese Vorzüge der Wahuma machen sie zu einem begehrten Handelsartikel der Sklavenhändler, und die Nachfrage ermuntert die Raublust der Fürsten. So werden sie heute in den weiten Gebieten von fremden und ihren eigenen Fürsten durch Vieh- und Menschenraub gepeinigt.

*

Wir haben in den letzten Abschnitten in kurzen Umrissen den Gang und die Folgen der grossen Völkerwoge skizziert, die in geschichtlich nicht festgestellten Zeiten sich vom Norden her über einen grossen Teil von Inner- und Ostafrika ergossen und die Verhältnisse hervorgerufen hat, wie sie heute vorhanden sind.

Araber, Mondvölker und die Wahumastaaten, das sind die drei Elemente, mit welchen die Kolonisatoren des dunklen Weltteils rechnen müssen. Die Unternehmungen Emins in Tabora und am Victoria-Njansa, die künftige Thätigkeit Wissmanns in Afrika, die Unternehmungen der Engländer in Kawirondo, die Arbeit der Missionare – alle diese Faktoren werden den weiteren Verlauf der Geschichte dieses Teils von Afrika bedingen.

Aus den vorhergehenden Skizzen, die rein geschichtlich ohne irgend welche tendenziöse Absicht dargestellt wurden, wird der Leser, der sonst mit der Afrikalitteratur nicht vertraut ist, sich ein Gesamtbild unsrer künftigen Thätigkeit entwerfen können. Die Weidegründe, auf denen ein Raubfürst Tausende und Abertausende von Rindern zusammenbringen und erhalten kann, sind nicht zu unterschätzen; das Land ist nicht arm, welches Kaffee und Tabak hervorbringt. Und das Volk? Der verderbliche Einfluss des Arabertums ist noch nicht in alle Gebiete eingedrungen, und wenn dieser Pest Afrikas an der Küste in gründlicher Weise Einhalt geboten werden könnte, so wird es um so leichter fallen, am Victoria-Njansa dem Kreuz und der Zivilisation zum Sieg zu verhelfen.

Die sesshaften und friedlichen Elemente bedürfen vor allem eines ergiebigen Schutzes vor den ewigen Einfällen räuberischer Stämme. So sind z. B. im Süden Sulustämme im fortwährenden Vorrücken begriffen, und noch in der jüngsten Zeit haben die Watuta oder Wangoni das Mondland unsicher gemacht und die Gegend von Tabora bedroht; so sind ganze Gebiete Ostafrikas den räuberischen Massais unterthan. Von allen diesen Stämmen wird die ackerbautreibende Bevölkerung auf das schlimmste geschädigt und der Kaufmann geplündert. Der Neger verstand bis jetzt nur in den allerseltensten Fällen sich zu einem dauernden Widerstande zu organisieren. Der Araber verschlimmerte nur die bestehenden Zustände, indem er den einen Häuptling gegen den andern aufhetzte.

Unter dem Schutze der europäischen Nationen wird der Friede gewiss sicherer werden; das Vertrauen des Volkes wird von Jahr zu Jahr wachsen, um so mehr, als die europäischen Offiziere sich niemals derartige Übergriffe erlauben werden, wie die Bahara und Turk unter Emin Pascha.

Was aber die Wahumastaaten anbelangt, so ist zu bedauern, dass die Grenze zwischen Deutsch-Ostafrika und Britisch-Ostafrika diese Gebiete teilt. Wenn Deutschland naturgemäss in enge Beziehungen zu Uganda treten wird, so wird es doch dort keine Stationen gründen können. Der deutsche Einfluss wird sich vornehmlich auf die südlichen Wahumastaaten, namentlich auf Karagua erstrecken müssen, welches den bisherigen Lehnsherrn von Uganda mit dem deutschen Schutzherrn tauschen wird. So werden sich in Zukunft um den Victoria zwei Staatenbildungen erheben – das englische Uganda und das deutsche Karagua; sie werden mit einander rivalisieren, aber nicht in blutigen Kämpfen, sondern hoffentlich nur in den Werken des Friedens.

Bis aber dieses Ziel erreicht wird, werden noch viele Jahre vergehen und die Geschichte Afrikas um ein neues Kapitel bereichert werden, in dem aber nicht allein von Kämpfen um Sklaven und Kühe, sondern auch vom Ringen nach höheren Gütern der Menschheit berichtet werden wird.

Häuptlinge am Kilimandscharo

Wir haben bis jetzt in Ostafrika, soweit es für die deutsche Kolonialpolitik in Betracht kommt, zunächst die geschichtlich-politischen Verhältnisse an der Küste und dann diejenigen der Länder auf der Karawanenstrasse Tabora-Victoria-Njansa verfolgt, wir haben gefunden, dass sich beide Teile als besondere Staatenbildungen auffassen lassen, und dass die kolonisatorische Thätigkeit mit diesen Umständen rechnen kann und muss, wenn sie im Anschluss an das Bestehende sichere und dauernde Erfolge erzielen will.

Kehren wir noch einmal zur Küste zurück und dringen wir auf anderen Karawanenwegen in das Innere vor, so werden wir nirgends mehr grösseren Staaten, mächtigeren Häuptlingen begegnen, sondern stets die übliche afrikanische Zersplitterung erblicken.

Hier bietet nur die geographische Lage und die Verteilung der sesshaften, Ackerbau treibenden Bevölkerung im Vergleich zu den nomadisierenden Stämmen Anhaltepunkte für eine künftige Gestaltung von Provinzen; historische Überlieferungen sind hier so gut wie gar nicht vorhanden und reichen nicht weit zurück. Sie bilden auch in Wirklichkeit weiter nichts als eine Kette kleinerer Raubgeschichten.

Im Norden von Deutsch-Ostafrika liegt ein dank seiner Lage und Bodenbeschaffenheit begünstigtes Gebiet, welches wohl in kurzer Frist sich hoch entwickeln wird. Es sind dies die von der Mündung des Pangani, den Lauf des Flusses entlang, bis zu dem Schneegipfel des Kilimandscharo sich erstreckenden Landschaften Usambara, Pare, Ugeno und Dschagga. Man hat das sehr nahe an der Küste gelegene Usambara die Perle Deutsch-Ostafrikas genannt. Es besitzt eine Bevölkerung, die, wie die ersten Versuche bereits bewiesen haben, sich bei besonnenem Vorgehen nicht besonders schwer für Kulturzwecke gewinnen lässt und die schon seit längerer Zeit einer Herrscherfamilie zu gehorchen gewohnt ist. Die Häuptlinge der Dörfer entstammen alle dem Geschlechte der Wakilindi, die mehr oder weniger als Vasallen der in Wuga residierenden Könige aus demselben Geschlechte gelten. Diese Häuptlinge zeichnen sich zumeist durch eine lichtere Farbe und einen beinahe südeuropäischen Typus aus, und es dürfte wohl kaum einem Zweifel unterliegen, dass sie von Arabern abstammen, obwohl auch sehr viel Negerblut in ihren Adern fliesst.

Der jetzige Herrscher Simbodscha wird von O. Baumann folgendermassen geschildert: „Er ist ein sehr lichtfarbiger, kleiner und ausgemergelter alter Bursche mit zusammengekniffenem Gesicht und kleinen, verschmitzten Augen, der fortwährend Betel kaut und den Boden mit dem roten Saft vollspuckt. Er trug einen Tarbusch, eine rote Weste und einen Lendenschurz und sprach ein sehr gutes Suahili."

Seinen Sohn Kimueri schildert derselbe Reisende: „Er ist sehr lichtfarbig, hat fast ganz südeuropäischen Typus, aber Kraushaar, und macht einen angenehmen, weit besseren Eindruck als sein Vater. Er trug eine schwarze europäische Jacke und eine hohe abgestumpfte Mütze aus Korbgeflecht." Simbodscha wollte anfangs von den Europäern nichts wissen und die Deutschen gar nicht kennen, ja er plünderte die Reisenden Meyer und Baumann aus, legte sie in Ketten und liess sie nach echter Räuberart erst gegen ein hohes Lösegeld frei.

Später aber, als die Deutschen Pangani bombardierten, fiel es ihm gar nicht ein, mit den Arabern gemeinschaftliche Sache zu machen, sondern er sandte schlauerweise eine Karawane nach Pangani, um dem Reichskommissar seine Ergebenheit anzuzeigen; so kam es auch, dass er von den Deutschen glimpflich für seine Räuberthat behandelt wurde und die Schutztruppe ihm nur einen friedlichen Besuch abstattete. „Er ist ein erbitterter Feind des Sultans von Sansibar", schreibt G. F. v. Behr, Offizier in der Schutztruppe, „dessen Familie er als Emporkömmlinge verachtet, glaubend, dass ihm selbst, als aus der Familie Mohammeds stammend, die Herrschaft über ganz Ostafrika gebührt. In seiner Kleidung und seinen Manieren ist er ganz Araber und wie dieser ein strenger Mohammedaner. Sein hohes Alter und seine ruhige Haltung verleihen ihm eine gewisse Würde, welche im Verkehr mit ihm sympathisch berührt."

Man behauptet, dass dieser Häuptling im Notfalle 10 000 mit Gewehren bewaffnete Krieger aufstellen kann, was aber gewiss übertrieben ist. Er ist im Küstengebiete der mächtigste Häuptling, aber, wie wir gesehen haben, ganz und gar ein Suahili, und auch seine Umgebung trägt Suahilikleider, und selbst die weiteren Kreise der Waschamba, der Haupteinwohner von Usambara, werden nach und nach suahilisiert.

Das Geschlecht der Wakilindi ist im Lande nicht beliebt, seine Treue gegen die Deutschen wird vielfach bezweifelt, und so werden Stimmen laut, die dafür sprechen, mit diesen kleinen arabischen Potentaten aufzuräumen und sie durch Eingeborene zu ersetzen.

*

Verfolgen wir den Lauf des Pangani aufwärts, so finden wir keine besonders nennenswerten Reiche; als Beispiel der Zersplitterung möchten wir nur das Dschaggagebiet am Kilimandscharo anführen. In diesem kleinen Lande giebt es etwa 20 kleine Häuptlinge, welche über Gebiete herrschen, die nicht grösser sind, als z. B. die Territorien von London, Paris oder Berlin. Das Land ist schön, fruchtbar, zur Viehzucht und zum Ackerbau geeignet und wohl das gesündeste in Ostafrika, so dass hier selbst europäische Kolonisten fortkommen könnten. Die Bevölkerung ist arbeitsam und fleissig, obwohl sie, solange sie von Europäern gekannt wird, niemals in Ruhe die Früchte ihres Fleisses geniessen konnte. In den Steppengebieten, welche im weiten Umkreise den grünen Sockel des schneebedeckten Kilimandscharo umgeben, hausen nämlich die Massai, ein viehzüchtender Stamm, welcher, stets zum Raube bereit, von Zeit zu Zeit den Wadschagga ihr Vieh fortzutreiben sucht. Als die Araber auf der Insel Sansibar und an der Küste den Plantagenbau ausdehnten, da wurden die fleissigen Wadschagga, die von Haus aus Ackerbauer sind, als Sklaven sehr gesucht, und so ergoss sich über Dschagga ein Strom suahilischer Sklavenhändler, welche nach ihrer altbewährten Methode die einen Häuptlinge gegen die anderen aufhetzten und sie zum gegenseitigen Sklavenraub veranlassten. So wurde Dschagga zum Schauplatz immerwährender Kriege.

Unter den Königen am Kilimandscharo gewann namentlich der Häuptling Mandara einen besonderen Ruf; er ist augenblicklich der Günstling der Deutschen und sein Land Moschi der Ausgangspunkt zivilisatorischer Unternehmungen. Sein Lebenslauf ist wechselvoll und nicht ohne Interesse:

Der Staat Moschi wurde von dem Grossvater Mandaras, dem jüngeren Bruder eines Dschaggafürsten, gegründet. Derselbe war ein tapferer Krieger, der seine Unterthanen gegen die Überfälle der Massai zu schützen wusste, und ein kluger Diplomat, der durch Heiraten mit den Töchtern benachbarter Häuptlinge seine neue Stellung unter den Dschaggastaaten zu befestigen wusste. Der Held fiel in einem Treffen gegen die Massai, nach ihm regierte sein Sohn und nach dessen Tode Mandaras Mutter, da Mandara noch ein Kind war.

Johnston schildert die erste Regierungszeit Mandaras in seinem Werke „Der Kilimandscharo“ wie folgt:

Mandaras Mutter scheint eine sehr gescheite und gewandte Frau gewesen zu sein, und unter ihrer langen Herrschaft blühte der Staat Moschi. Augenscheinlich herrschte in jener glücklichen Zeit Friede unter allen Gemeinden des Dschaggavolkes, welches den Kilimandscharo bewohnte. Wenigstens gab es keine Bürgerkriege, und die einzigen Fehden bestanden in den gelegentlichen Scharmützeln mit den Massai, wenn diese Räuber ihre Streifzüge auf Vieh bis zu den Gebirgsweiden ausdehnten. Nachher aber kamen die verruchten Sklavenhändler von der Sansibarküste. Da sie die vereinigten Bewohner von Dschagga zu stark fanden, um gewaltsamen Sklavenraub oder Diebstahl an ihnen zu üben, so suchten sie ihren Zweck zu erreichen, indem sie Zwietracht zwischen den einzelnen Regenten säeten. Sie suchten sich einen besonderen Fürsten aus – besonders einen so jungen, ehrgeizigen Mann wie Mandara, als er zur Regierung kam

–, gaben ihm reiche Geschenke, erfüllten seine Ohren mit schmeichelhaften Reden und überzeugten ihn, dass, wenn er sich die mangelhafte Vorbereitung einiger Nachbarn zu nutze machte und plötzlich mit einer Armee in ihr Gebiet einbräche, er nicht allein als oberster König von Dschagga herrschen, sondern sich auch noch ein hübsches Vermögen aus dem Verkauf von Sklaven erwerben könne. Mandara war nicht abgeneigt, die Rolle eines Eroberers zu spielen. Er hatte sich die Massai zu Freunden gemacht und begann seine Nachbarn zu plündern und zu brandschatzen. Der Name Mandaras war unter allen Sklavenhändlern an der Küste berühmt. Bald aber kam ein Rückschlag; die einzelnen Dschaggastaaten schlossen einen Bund gegen Mandara, schlugen ihn und vertrieben ihn aus seinem Lande. Es gelang jedoch dem besiegten König später, die Herrschaft wieder zu übernehmen, und wenn auch sein Kriegseifer bedeutend abgekühlt war, so wusste er dennoch seine Macht dadurch zu stärken, dass er sich mit einer starken bewaffneten Macht umgab, die etwa zweitausend Mann hoch war – für die Dschaggaverhältnisse eine Armee.

Der schneebedeckte Kilimandscharo reizte die Neugierde der europäischen Forschungsreisenden, und so kam es, dass viele von ihnen den Berg aufsuchten und dabei ihren Weg durch das Land Moschi nahmen. Mandara wusste von ihnen Geschenke zu erpressen, lernte aber dabei auch die Macht der Weissen im Vergleich zu jener der Araber kennen. Als nun infolge der ersten Erwerbungen von Karl Peters in Ostafrika die Deutschen und der Sultan von Sansibar in förmlichem Wettlauf Schutzverträge mit den einzelnen Häuptlingen abzuschliessen begannen, nahm Mandara nach einigem Zögern die deutsche Schutzherrschaft an. Ehlers brachte einige Wadschagga von Moschi nach Berlin, wo sie als Gesandte Mandaras vor dem Kaiser auftraten, und zuletzt zog Mandara aus der deutschen Freundschaft einen hervorragenden Nutzen; denn als er von dem benachbarten Häuptling Sina angegriffen wurde, leistete ihm Wissmann an der Spitze einer starken Abteilung Hilfe. Sina wurde geschlagen und empfindlich gezüchtigt, und Mandaras Ansehen ist jetzt in Dschagga gewahrt.

*

Ähnlich wie die Geschichte Mandaras ist die der meisten kleinen Negerreiche in Afrika. Es wechselt nur die Dekoration, indem die verschiedenen Stämme auch verschiedene Sitten haben, die Höfe sich durch ein besonderes Zeremoniell voneinander unterscheiden; aber der Kern der Handlung bleibt immer derselbe.

Darum glauben wir, mit diesen Beispielen den zweiten Teil unserer Darstellung, die Schilderung der Herrscher in Ostafrika, schliessen zu dürfen.

Dritter Teil

Westafrikanische Könige

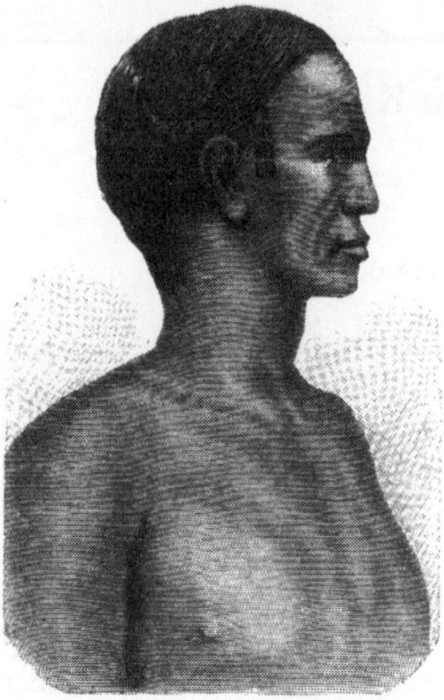
Bangala-Mann.

Neger von Kuilu.

Mpongwe-Frau.

Dualla.

Westafrikanische Typen.

Negerkönige am Kongo

Das alte Königreich Kongo

Etwas früher als die arabischen Niederlassungen an der Ostküste von Afrika wurde die Westküste dieses Kontinentes von den Europäern aufgesucht. Die Fahrten längs derselben bilden einen der wichtigsten Momente in der Geschichte der Entdeckungsreisen. Lange Zeit glaubte man in der zivilisierten Welt, die Erde sei im Süden unbewohnbar wegen der grossen Hitze, und die öde Küste von Westafrika längs der Sahara schien diese Meinung zu bestätigen. Man war darum nicht wenig erstaunt, als man jenseits der Wüstengrenze grünende Bäume, und zwar Palmen, erblickte. Man nannte die Stelle das Grüne Vorgebirge und entdeckte, über dasselbe hinausdringend, Küstengebiete mit echt tropischem Pflanzenwuchs und sehr volkreiche Länder.

Unter den Staaten, die man dort antraf, wurde das Kongoreich das berühmteste; und da auch heute das Kongogebiet den Schauplatz der regsten kolonialen Thätigkeit bildet, so möchten wir mit der Geschichte dieses Landes die Schilderung der westafrikanischen Könige eröffnen.

Die Mündung des Flusses wurde im Jahre 1484 von dem portugiesischen Seefahrer Diogo Cão entdeckt.

Nach dem zeitgenössischen Berichte jener Zeit fiel der Strom mit solcher Macht in das Meer, dass man zwanzig Meilen von der Küste seine süssen Wasser fand. Diogo Cão leuchtete es ein, dass an einem so grossen Flusse auch viele Ortschaften liegen mussten, und so fuhr er ihn eine kleine Strecke hinauf. Bald zeigten sich die Ufer von vielen Menschen besetzt, die alle schwarz, mit krausem Haar, waren. Obwohl Cão Eingeborene von weiter nördlich gelegenen Küstengebieten mit sich führte, so verstanden diese doch die Sprache der Eingeborenen nicht. Erst durch Zeichen konnten die Entdecker herausbringen, dass die Schwarzen einen sehr mächtigen König hätten, der so und so viele Tagereisen im Inneren des Landes wohnte. Die Portugiesen knüpften nun mit diesem Könige Verbindungen an und fanden ihn sehr bereit, das Christentum anzunehmen; vor der Hand wurden einige vornehme Jünglinge aus dem Kongoreiche nach Portugal mitgenommen, wo sie zu Beja vom Könige selbst über den Taufstein gehalten wurden; „die Königin aber war die Patin, und sie und der König hatten, um diese Handlung recht feierlich zu begehen, Festkleider angelegt“.

Dann wurden Missionare nach dem Kongo abgesandt, welche den König und eine grosse Masse Volkes tauften. Es wurden eine Kathedrale und viele Kirchen erbaut; die Hauptstadt, welche bis dahin Ambassi hiess, erhielt den Namen San Salvador; kurz und gut, das Land wurde christlich oder erhielt vielmehr einen christlichen Anstrich; über den inneren Wert dieser Mission mögen uns die Thatsachen aufklären, dass an einem Tage bis fünftausend der schwarzen Heiden von einem einzigen Priester getauft wurden. Man muss unsere heutigen Missionen nicht mit denen damaliger Zeiten vergleichen; denn die christlichen Portugiesen trieben ja damals einen recht schwunghaften Menschenhandel; bei der Bekehrung der Heiden in fernen Weltteilen handelte es sich damals zumeist nur um den äusserlichen Schein.

Das alte Königreich Kongo lag am Südufer des Kongostromes, welcher von diesem Lande erst seinen Namen erhielt; die Eingeborenen nannten den Fluss wie heute noch Nsadi oder Niadi, was soviel wie grosses Wasser bedeutet, und daraus entstand wohl auch der ursprüngliche portugiesische Name des Stromes, Zaire. Das Kongoreich sollte sich 300 km östlich landeinwärts erstrecken. Die alten Chronikenschreiber reden in prahlerischer Weise von „Königen", „Potentaten", „Prinzen", „Herzögen" und „Grafen", aber wir müssen diese Berichte und Titel mit kritischem Blicke lesen. Es wird erzählt, dass beim ersten Empfange der Portugiesen in seiner Hauptstadt der König von Kongo einen Elfenbeinthron hatte, der mit geschnitztem Holzwerke an den Lehnen verziert war und dass er ihn auf einem hohen Gerüste aufstellen liess, so dass er überall von der unermesslichen Versammlung gesehen werden konnte. Von seinen Schultern hing ein Rossschweif, das Zeichen der königlichen Würde, und sein Haupt bedeckte eine aus feinem Palmenbaste geflochtene, mitraartige Mütze. Nun, das sind Attribute der Häuptlingswürde, die man noch heute im Innern Afrikas antreffen kann.

Wenn wir die Berichte der Portugiesen miteinander vergleichen, so müssen wir zu der Überzeugung gelangen, dass die Titel in demselben Sinne gebraucht wurden, wie heute der Titel King oder König und Town oder Stadt namentlich von den Engländern missbraucht werden. In diesem Sinne sind Dorfschulzen Könige, und das kleine Kamerun hatte sogar dicht an der Mündung mehrere Könige. Das grosse Kongoreich war entschieden nicht mächtiger gewesen als die heutigen Negerreiche in jenen Gegenden.

Ohne Zweifel wurde mit diesem Namen ein weiteres Gebiet belegt, welches von einer grossen Zahl Häuptlinge oder Könige, Herzöge und Grafen regiert wurde.

Die zahlreichen Missionare und die ebenso zahlreichen portugiesischen Sklavenhändler führten in den Dörfern der Eingeborenen grössere für sie bestimmte Bauten aus, so dass dieselben dadurch einen mehr zivilisierten Anstrich erhielten, aber die Neger blieben diesen Bestrebungen fern.

Und wie sollen uns die Berichte der Missionare glaubhaft erscheinen, wenn wir von folgenden Wundern lesen? So erzählt der Missionar Lavazzi, dass in der Not einer heissen Schlacht, in welcher 900 000 Neger gegen die Portugiesen fochten, sich plötzlich ein Wind erhoben habe, der einen Feuerregen gegen den Feind getrieben, und eine majestätische Frau, ein Kind auf dem Arme, in den Lüften erschienen sei, um die Portugiesen zum Sieg zu führen. Das ist ebenso bezeichnend, wie die Nachrichten des Kapuziners Zuchelli, der versichert, dass viele von den Negersklaven, welche während des Transportes von Angola nach Brasilien starben, wirklich vom Teufel geholt wurden. Sie verdrehten im Sterben Augen und Hände, und nur wenn die weissen Christen sie mit Feuerbränden berührten, liess der Teufel nach.

Nachdem wir dieses vorausgeschickt, können wir auch kurz erwähnen, dass die Hauptstadt San Salvador zur Zeit ihrer grössten Blüte 40 000 Einwohner, einen Bischof, ein Kapuzinerkloster und eine grössere Zahl kleinerer Kirchen gehabt haben soll.

Heute ist San Salvador nur „eine gewöhnliche Eingeborenenstadt mit einigen wenigen zerstreuten Denkmälern früherer Tage“. Man findet dort nichts als unbedeutende Trümmer und eine heidnische Unwissenheit bezüglich alles dessen, was die geringste Ähnlichkeit mit der Zivilisation trägt. Bastian begegnete auch einem Nachkommen der berühmten Könige von San Salvador, der ausser dem verschiedene Male umgewickelten und tief herabhängenden Lendentuche ein weisses Hemd zur Bedeckung des Oberkörpers trug, um den Hals ein silbernes Kruzifix hing und in der Hand ein ihm von dem Gouverneur von Pemba geschenktes Schwert englischer Manufaktur hielt. Die Eingeborenen erwiesen noch diesem Prinzen königliche Ehren, nahten ihm auf Knieen, fühlten sich aber nicht mehr verpflichtet, ihm, wie das Hofzeremoniell früher vorschrieb, die Fusssohlen zu belecken.

Dass übrigens die Macht des Königreiches Kongo nicht so hervorragend sein konnte, bewies auch der geringfügige Widerstand, den es dem im siebzehnten Jahrhundert vordringenden Volke der Dschagga entgegenzusetzen vermochte.

Diesem für Westafrika bedeutungsvollen Volke wollen wir, bevor wir die weiteren Schicksale des Königreiches Kongo schildern, einige Worte widmen.

*

Eine Völkerbewegung, wie wir sie bereits wiederholt geschildert haben, fand im sechzehnten Jahrhundert auch in Westafrika statt. Dort erschien auf der Bildfläche das Volk der Dschagga. Schon als die zweite Gesandtschaft der Portugiesen in der Residenz des Kongokönigs weilte, kam an den Hof desselben die Schreckenskunde, dass von den Seen, aus welchen der Kongo entspringe, ein wildes Volk im Anrücken begriffen sei. Der König sammelte sein Heer und zog, nachdem er sich hatte taufen lassen, von den Portugiesen unterstützt, dem Feinde entgegen. Dieser Feind waren die Dschagga, die damals glücklich zurückgeschlagen wurden.

Die ausführlichsten Berichte über die Dschagga verdanken wir dem englischen Abenteurer Battel, der auf der Flucht vor den Portugiesen mit einer Heeresabteilung der Dschagga zusammentraf und eine Zeit lang unter ihnen lebte.

Er schildert uns die Leute als grausame Kannibalen und berichtet von vielen Sitten und Gewohnheiten, die noch heute bei Südafrikanern, wie den Sulu und Matabele, gebräuchlich sind. So pflegten z. B. die Dschagga die auf Raubzügen gefangenen Knaben grosszuziehen und die kräftigsten unter ihre Kriegerscharen einzureihen; sie wurden so lange als Sklaven behandelt, bis sie sich durch eine grausame Heldenthat auszeichneten und zum Lohn mit den freien Dschagga gleichberechtigt wurden. In Battels Berichten wird diese Sitte übertriebenerweise damit erklärt, dass die Dschaggamütter ihre männlichen Kinder gleich nach der Geburt ertränken mussten, weil jeder lebend gebliebene Knabe als ehrlos und aller Rechte bar betrachtet wurde. Die Dschagga waren ausgesprochene Menschenfresser und wurden von Königinnen beherrscht. Von den Greuelthaten derselben wird verschiedenes erzählt: so soll die Königin Dumba ihren Säugling in einem Mörser zerstampft und daraus eine Salbe bereitet haben, mit der sie ihre Krieger bestrich. Gleich vielen anderen afrikanischen Völkern brachten sie Kinderopfer, begruben die Frauen lebendig mit ihren gestorbenen Männern und balsamierten ihre Toten.

Bemerkenswert ist es, dass die Krieger von den Sulu Dschagga genannt werden und dass einige neuere Forscher versprengte Reste dieses Stammes in Südafrika gefunden haben wollen. Woher sie gekommen sind, ist bis jetzt nicht völlig aufgeklärt worden. Obwohl sie verheerend und jeden Widerstand niederwerfend durch weite Gebiete gezogen waren, konnten sie dennoch keinen selbständigen Staat gründen. Rasch, wie sie gekommen sind, sind sie auch von der Bildfläche verschwunden.

Der Haupteinfall der Dschagga in das Königreich Kongo geschah gegen das Jahr 1570. Die Kongoleute wurden geschlagen, die Stadt San Salvador eingenommen und samt der Kathedrale und ihren Kirchen zerstört. Der König, der Hof, die Missionare flohen erschreckt nach der Küste und fanden hier in der Nähe der Kongomündung auf der in der Nähe von Boma gelegenen Pferdeinsel Zuflucht.

In dieser Not wurde Portugal um Hilfe angerufen, und der König sandte auch sofort 600 Soldaten, die, mit Feuerwaffen ausgerüstet, die

Dschagga mit Schimpf und Schande aus dem Lande jagten, so dass der König von Kongo samt den Missionaren nach San Salvador zurückkehren und die Stadt und die Kirchen wieder aufbauen konnte.

Die Portugiesen behaupten, dass in jener kritischen Zeit der Kongokönig sein Land an Portugal abgetreten habe, und dass diesbezügliche „Dokumente“ sich in den Archiven von San Paolo de Loanda an der Angolaküste befinden sollen. Als es sich bei der Gründung des Kongostaates um die Abgrenzung der Gebiete der verschiedenen Mächte handelte, war diese Frage von einiger Bedeutung. In Wirklichkeit waren aber nicht alle Könige von Kongo so sehr treue Vasallen der portugiesischen Krone. König Johannes war der erste christliche Regent im Lande. „Unter dem Bürgerkriege, den der gleichfalls christliche Prinz Alfons gegen seinen heidnischen Bruder führte, folgte dem Könige Johannes der König Alfons. Ihm folgte sein Sohn Pedro, diesem sein Bruder Francisco, dem ein Diego, der zuerst sich ganz nach Art der Portugiesen kleidete, endlich ein Henrico, unter dem die Vielweiberei wieder zur Einführung kam, bis, wie Lopez genau erzählt, der Teufel den Sünder holte …“ Ein sehr schlimmer Sünder aber herrschte um das Jahr 1630 in San Salvador, denn dieser Mensch sagte den Portugiesen jeglichen Gehorsam auf. Er rebellierte, und die Folge davon war, dass die in San Salvador errichtete Missionsstation aufgehoben und der 1534 kreierte Bischofssitz nach San Paolo de Loanda verlegt wurde.

Dass übrigens die Potentatenverhältnisse im Königreiche Kongo früher im wesentlichen nicht anders beschaffen waren als in unseren Tagen, das dürften die Schilderungen einiger Reisenden beweisen, die um jene Zeit die Nachbarländer besuchten.

In Bezug auf die Regierung von Loango wird folgende Skizze gegeben:

Die Person des Königs ist geheiligt und infolgedessen gewissen sehr eigentümlichen Vorschriften unterworfen, die namentlich den menschlichen Bedürfnissen des Essens und Trinkens gelten. In einem seiner Häuser darf er nur essen, in dem anderen nur trinken; wenn die verdeckten Schüsseln, die seine Nahrung enthalten, in das Speisehaus getragen werden sollen, so wird dies von einem Ausrufer verkündigt, und jeder geht so schnell als möglich aus dem Wege. Hierauf werden die Thüren fest verschlossen und verriegelt, und jeder, der den König beim Essen beobachtet hätte, würde dem Tode verfallen sein. Proymert, der die Berichte der französischen Missionare sammelte, erwähnt den Fall, dass ein Lieblingshund des Königs ohne weiteres totgeschlagen wurde, weil er, während sein Herr ass, zu dessen Gesicht emporsah; dasselbe soll mit einem Kinde geschehen sein, das von seinem Vater zufällig in dem Speisegemach des Königs gelassen worden war und beim Erwachen den König essen sah. Auf dringende Bitten seines Vaters liess man es noch fünf bis sechs Tage leben, dann aber wurde es getötet und bespritzte den Fetisch des Königs mit seinem Blute. Wenn der König trank, konnten andere Personen zwar gegenwärtig sein, doch nur mit verhüllten Gesichtern. Ebenso war es niemand erlaubt, in Gegenwart des Königs zu trinken, ohne ihm den Rükken zuzukehren. Wir brauchen nur dabei unsere Leser an die Mahlzeiten des Königs von Unjoro zu erinnern, die wir im zweiten Teile dieses Buches geschildert haben.

Wenn auch vielleicht nicht wahr, so doch gut übertrieben sind die Bemerkungen über die Vorbereitungen zur Krönung des Königs von Angoy an der Loangoküste, die von demselben Schriftsteller erzählt werden:

„Der Kandidat darf keinen Fehler, keinen gebrochenen oder gefeilten Zahn, keine Narbe von einer zugeheilten Wunde, keine vom Schröpfen gelassene Hautritze u. s. w. haben. Er hat zuerst im Dorfe des Mambuk eine vorgeschriebene Zeit zu verweilen, dann in Amtenda zur Verehrung des Fetisch Kwitti-Kwitti, dann in Manafula, dann in der Waldeinsamkeit von Katte, wo die Ansprüche der dort herrschenden Prinzessin zu befriedigen sind, dann in Chisu, um mit dem Cunsunsi, dem dämonischen Fürsten der Küste, ein Abkommen zu treffen, dann in Mongokaije, dann in Mongo-Tombe, dann in Chifolulu, um die Fetische Sunga und Umsinga zu beschenken, dann in Chingukotambungo, wo der Fürst Kawuttete seine Bedingungen stellt, dann in Mtuntu, um die Fetische Jinzinbinganga, Umsinga und Longa zu sühnen, dann in Mangalumbe, einem Platz in Angoy, der die Königsgräber deckt. In jedem der elf Krondörfer muss der Krönungskandidat so lange verweilen, bis die von ihm gepflanzten Bananen genügend gereift sind, um essbare Früchte zu liefern. Umschifu ist der letzte Platz, in dem er vor der Krönung zu verweilen hat. Wenn sich aber dort zufällig eine Fliege auf ihn setzt, so waren alle diese vorhergegangenen Zeremonien wirkungslos, und er musste sie aufs neue beginnen, wenn er doch noch König werden wollte.“*

Schon in den Berichten der alten Reisenden wird auf die angesehene Stellung, welche die Frauen im Lande einnahmen, hingewiesen. In jedem Haushalte, zu welchem eine grössere Anzahl von Frauen gehörte, gab es eine ältere Frau, welche als Oberhaupt anerkannt wurde und den Ehrennamen Makonda führte. Ihre Stellung war eine angesehene, und ihr Einfluss erstreckte sich nicht nur auf die Frauen und Kinder, sondern auch auf den Herrn des Hauses.

Und noch heutzutage ist Westafrika das Land der Frauenrechte. Die Frau gilt hier bei weitem mehr als in anderen Gebieten, die wir bis jetzt kennen gelernt haben. Sie ist weder auf dem Throne, noch in der Hütte ein ganz willenloses Geschöpf. In der Hütte schwingt sie nur zu oft den Pantoffel, und als Prinzessin hat sie bedeutende Vorrechte. In Loango durfte sich bis noch vor kurzer Zeit eine Prinzessin irgend einen Mann wählen,

* Vgl. J. Löwenberg, Geschichte der Entdeckungsreisen.

sofern derselbe kein Prinz und kein Weisser war und kein Menschenblut vergossen hatte. Auch wenn er Sklave war, wurden dann die Kinder der Prinzessin Prinzen. Ganz dieselben Rechte haben die Prinzessinnen in Akem. Sie können durch ihre Wahl Bauern zu Häuptlingen machen und ihren Gatten zwingen, früher geehelichte Weiber fortzuschicken.*

*

Die Geschichte des Kongokönigreiches verklingt allmählich; wie die tropische Vegetation sich rasch über verlassene Siedelungen der Menschen ausbreitet, so wucherte auch die Barbarei mit erneuter Kraft auf dem von Missionaren verlassenen Boden. Es gab noch immer europäische und namentlich portugiesische Faktoreien an der Küste, welche die Landesprodukte, Palmöl und Elfenbein, einhandelten, aber das Hauptgeschäft, welches die Europäer hier jahrelang betrieben, war kein anderes als das, wegen dessen wir jetzt mit den Arabern kämpfen: es war der Sklavenhandel.

Nach den Erhebungen des Kapitän Tudley wurden an der Kongoküste noch im Anfang dieses Jahrhunderts jährlich gegen zweitausend Sklaven nach Nord- und Südamerika verschifft.

Erst nach und nach wurde dieses schändliche Gewerbe aufgehoben.

Im Jahre 1810 beschlossen die europäischen Mächte, den Sklavenhandel zu unterdrücken. Portugal, welches diesen Handel zuerst begonnen hatte, war die letzte Macht, welche ihn aufgab. Noch in einem Vertrage vom 22. Januar 1815 behielt es sich ausdrücklich vor, südlich vom Äquator dieses Gewerbe ausüben zu können. Es wurde erst dann gezwungen, es aufzugeben, als im Jahre 1817 die englische Regierung den Sklavenhandel überhaupt für Piraterie erklärte und portugiesische Sklavenschiffe auf hoher See wegkaperte. Verstohlenerweise wurden aber von diesen Gebieten Sklaven so lange ausgeführt, als es noch überhaupt in Nord- und Südamerika einen Absatz für sie gab.

Es ist klar, dass eine derartige Macht zivilisatorisch nicht wirken konnte, und so sind auch die Neger an der Kongoküste trotz einer jahrhundertelangen Berührung mit den Europäern keineswegs besser geworden.

Die heutigen Kongohäuptlinge

An den Ufern des unteren Kongostromes würden wir vergebens nach Königen suchen, wie wir sie in Ostafrika gefunden haben. Hier giebt es keine Herrscher, die man mit einem Mandara von Moschi, einem Simbodscha oder gar Mirambo vergleichen könnte. Die Könige von San Salva-

* Ratzel, Völkerkunde, Bd. 111, S. 598.

dor sind, wie wir das bereits mitgeteilt haben, nur schattenhafte Grössen, obwohl sie noch nominell über ein Areal von etwa 10 000 qkm gebieten und der jetzige Regent den Titel: Se. Majestät Dom Pedro, König von Kongo, führt.

„Alles übrige Land am linken Ufer des Stromes und an der Küste", schreibt Stanley in seinem Werke „Der Kongo", „wird von kleineren Königen in Anspruch genommen und steht unter der Herrschaft von ebenso vielen Häuptlingen oder noch gewöhnlicher Gruppen von Ältesten, zu denen je nach der Grösse des Distrikts drei bis zehn Personen gehören. Der landesübliche Titel eines Häuptlings oder Ältesten, der zwei oder drei Sklaven besitzt, ist ‚Nfumu', was zweifelsohne ursprünglich gleichbedeutend mit ‚König' gewesen ist. Nachdem aber die Sklavenbesitzer so zahlreich geworden sind, ist der Titel allmählich von demjenigen, welcher in alten Zeiten glücklicher Sieger über Tausende und dadurch der Herr seiner Gefangenen in Bezug auf Leben und Freiheit war, auch auf den anmassenden und ehrgeizigen Sklaven übergegangen, der mit Hilfe seiner Schlauheit, Sparsamkeit und Betrügerei so viel Vermögen zu erwerben gewusst hat, dass er sich selbst ein paar Sklaven hat kaufen können. Hier und dort findet man wohl am linken Ufer einen eingeborenen Herrscher, wie z. B. Makoko von Usansi, dem eine Anzahl von Häuptlingen einen gewissen Respekt und Gehorsam bezeugen. Aber selbst in dieser Form ist die Macht eigentlich nur die stillschweigende Anerkennung der Seniorität im Range, die Bezeugung einer Achtung, wie sie in England etwa ein wohlhabender Kaufmann dem Sprössling eines edlen Hauses gegenüber hegt."

Die Bedeutung dieser Häuptlinge kann dem Leser jedoch am besten an Beispielen erklärt werden, und so möchten wir an dieser Stelle den Hof des Königs von San Salvador schildern, wie ihn der treffliche Forschungsreisende Dr. Richard Büttner auf seinen vor wenigen Jahren im Auftrage der Afrikanischen Gesellschaft in Deutschland ausgeführten Reisen im Kongolande beobachtet hat.*

*

Das grosse San Salvador – es ist heute nur ein Dorf mit etwa zweihundert erbärmlichen Hütten und siebenhundert schmutzigen Negern. Von den Spuren einstiger Herrlichkeit ist wenig Rühmenswertes zu sagen.

Die wichtigste Ruine ist die der grossen Kathedrale in unmittelbarer Nähe der englischen Niederlassung, Mauerreste eines Längsschiffs und ein dreistufiger Altar. Man sieht hier ferner einen leidlich hübschen Mauerbogen und einen stark geneigten, runden, wachtturmartigen Bau von

* Vgl. R. Büttner, Reise durch das Kongogebiet.

mässigen Dimensionen. Auf dem grasbestandenen Platz vor dem Altare finden sich die Grabstätten von früheren Bischöfen, Königen und Prinzen, die Hügel von grossen Raseneisensteinen bedeckt. Unter einer Grashütte erblickt man drei gekalkte Stufen, darauf eine liegende Säule – das Denkmal eines der letzten Kongokönige. An diese Mauerruinen haben einige Europäer ihre Stationsbauten geklebt; denn das Missionswerk ist hier wieder aufgenommen worden, und es leben hier einige Agenten verschiedener Faktoreien.

Zwei neue Weisse sind in der Stadt angekommen, Dr. Büttner und Premierlieutenant Schulze; man hatte sie natürlich längst erwartet, und so lässt sie der König durch einen seiner Räte begrüssen und in seiner Stadt willkommen heissen; der alte Graukopf bringt auch zwei Ziegen als Geschenk, und ein jugendlicher Sklave erscheint bald darauf im Auftrage des Königs mit der Anfrage, ob es den Mundele (Weissen) angenehm sei, wenn die Residenzler ihre Ankunft mit Abfeuern ihrer Gewehre feiern würden.

Kaum waren die Boten des Königs verschwunden, so drängte sich die Masse der „Vornehmen“ der Stadt in das Missionshaus, um die Gäste zu begrüssen: Prinzen, Beamte und auch von den einundzwanzig Frauen des Königs einige. Sie waren nur mit bescheidenen gefransten Hüft- und Brusttüchlein bekleidet, dagegen trugen sie reichliche Schnüre von Glas- und Porzellanperlen verschiedener Form und Farbe um Hals, Hüfte und Armgelenke, während an den Unterschenkeln gewaltige Messingringe klapperten. Die meisten waren mit erhabenen Strichen, Kreisen, Sternen u. s. w. auf Rücken, Brust und Bauch tättowiert, und einige hatten sich die Gesichter schön und glänzend schwarz gefärbt, so dass sie wie blankgeputzte Stiefel spiegelten – aber keine von ihnen war hübsch oder nur jung.

Inzwischen knallten in der Stadt die Gewehre zur Ehre der Weissen, und der König beteiligte sich eigenhändig an diesem Vergnügen.

Nachmittags um zwei Uhr am folgenden Tage zogen die Reisenden in die königliche Lumba (Hofraum) – zur Audienz.

Die königliche Wohnung war im Grün der hohen Ricinus- und Bigonienhecken, durch die man auf wunderbar verschlungenen Pfaden schreiten musste, versteckt; einen Palast kann man sie nicht nennen; denn sie unterscheidet sich von den anderen Hütten der Stadt nur durch das Vorhandensein von zwei aus Steinen zusammengesetzten Vorstufen und einer grün angestrichenen Plankenthür, zu der die ersteren hinaufführen, im übrigen ist sie wie jene von Papyrusstengeln und Palmblattrippen erbaut und mit Ölpalmblättern bedeckt, ohne Fenster oder andere bei uns für nützlich gehaltene Öffnungen.

Durch diese Thür treten nun die Gäste in die königlichen Räume ein. Keine Flucht von Sälen oder Zimmern verwirrt den Fremden; es giebt hier nur zwei Räume: ein hinteres Schlafgemach, in dem sich ein gewaltiges Bett mit einem Moskitovorhang befindet; und den vorderen Raum, in welchem die Audienz stattfindet. „Die Ausstattung gleicht verzweifelt der einer Tagelöhnerwohnung auf unsern heimischen Dörfern. Der Erdboden ist ziemlich eben gestampft, und an den Wänden hängen einige zerbrochene kleine Spiegel und eine Menge Bilder von ganz verschiedener Herkunft. Einige sind aus englischen illustrierten Journalen ausgeschnitten, andere führen uns auf Ruppiner Bilderbogen die Vertreter mehrerer europäischer Armeen vor, die meisten aber sind Marien- und Heiligenbilder – der Einfluss der portugiesischen Mission –, so wie sie bei uns für einen Groschen oder zwei zu kaufen sind. Es war ferner auf Kisten und Koffern eine ganze Sammlung billiger Glas- und Porzellansachen ausgestellt, wie Gläser, Tassen, Vasen, eierlegende Hennen, aber auch einige Lampen – und ein silberglänzendes Trinkgeschirr, dieses letztere ein Geschenk des Gouverneurs von Loanda."

In diesem Raume sass König Dom Pedro V., ein Mann von mittlerer Grösse, ausserordentlich dick – man schätzt sein Gewicht auf 200 Kilo – und etwa 60 Jahre alt. Ein runder Kopf krönt ohne sichtbare Halsverbindung den gewaltigen Rumpf, das Gesicht ist blatter- und pockennarbig, bartlos, sehr in die Breite gegangen; die Nase ein wenig eingedrückt und aufgestülpt, die Augen schwarz und lebendig, die Stirn hoch genug; das Gesicht trägt den Stempel der Gutmütigkeit, aber nicht zu gleicher Zeit der Einfachheit.

Die schwarze, massige Kongomajestät sitzt in einem mit rotem Tuch ausgeschlagenen Lehnstuhl, sie ist bekleidet mit einem weiten, rotseidenen und mit Goldfransen besetzten Gewande; die Unterkleider sind von grüner und dunkelroter Seide, auf dem Kopfe thront ein Dreimaster mit hohen, roten Federn.

„Guten Tag, grosser König!" (mbote mbote muene mfumu!) sagt Dr. Büttner, geht auf den König zu und drückt ihm freundlich die fleischige Rechte. Lieutenant Schulze macht dagegen der Majestät eine tiefe Reverenz. Der König bleibt unbeweglich, aber der aufmerksame Beobachter merkt, dass diese Reverenz durch leichte Bewegung der Finger der rechten Hand erwidert wird. Die schwarzen Begleiter der Deutschen entbieten dem König gleichfalls ihren Gruss; sie knieen nieder und klatschen im Takt dreimal in die Hände, was der König wieder durch eine unmerkliche Händebewegung erwidert. Die steife Zeremonie ist zu Ende; die um den König versammelten „Grossen des Reiches" nehmen eine möglichst bequeme hockende Stellung ein, und die Gäste werden eingeladen, auf einigen mit schwarzem Tuch beschlagenen Stühlen Platz zu nehmen.

Die Deutschen waren als Forschungsreisende gekommen; ihre Unterhaltung mit dem König war darum schlicht und einfach. Sie sagten: „Wir kommen aus einem fernen Lande, um dein Land zu sehen und dir Geschenke zu bringen, die Geschenke sind hier, und du wirst noch mehr erhalten, wenn du uns weiterhilfst." Darauf erwiderte der König, er sei sehr erfreut, die Fremden in seinem Lande begrüssen zu können, ihre Geschenke seien gewiss sehr schön, und er wolle alles thun, was in seiner Macht stehe. Leider aber bekam diese Audienz einen politischen Beigeschmack. In europäischen Blättern wurde ein Aktenstück veröffentlicht, in welchem der König von Kongo gegen die Erwerbungen des neuen Kongostaates am linken Ufer des Kongo Protest erhob und erklärte, dass sein Land unter portugiesischer Herrschaft stehe. In San Salvador wussten die englischen Missionare, die mit Stanley sympathisierten, nichts davon, und einer derselben, der mit Dr. Büttner zur Audienz gekommen war, befragte den König, ob er wirklich eine solche „Mukanda" unterzeichnet habe. Einer der königlichen Beiräte, welcher glaubte, dass die Europäer die Landessprache gar nicht verständen, riet dem König, die Mukanda abzuleugnen; aber er sowie der König waren recht peinlich berührt, als der Missionar plötzlich in der Landessprache äusserte, er wisse nun, dass der König ein solches Schriftstück unterzeichnet habe. Später stellte sich allerdings heraus, dass der König von Kongo, der weder schreiben noch lesen kann, sehr hintergangen worden war, denn er wollte erklären, dass er sein Land niemand, weder der Assoziation noch den Portugiesen abtreten werde, und er schwor, von nun an unter kein Schriftstück seinen Namen zu setzen!

Um diesem peinlichen Gespräch ein Ende zu machen, liess Büttner die für den König bestimmten Geschenke überreichen. Es waren ein Regenschirm, eine Reisedecke mit der Darstellung eines gewaltigen Löwen, ein sehr gutes, buntgewürfeltes Tafeltuch, ein grosser Shawl, ein Stück roten Flanells, drei oder vier Stücke anderen guten Stoffes und etwa ein halbes Dutzend von gewöhnlicher Handelsware. Der König war aufrichtig erfreut und forderte seine anwesenden Unterthanen laut auf, seinen Dank für die Freigebigkeit der Mundele zu wiederholen, was einstimmig dreimal geschah.

Ein König, der solchen Hofstaat entwickelt, kann nicht besonders angesehen sein, und in der That „ist Dom Pedro weiter nichts als der Dorfschulze von San Salvador", berichtet Richard Büttner. „Er hat nicht Gewalt bis ins nächste Dorf, im Gegenteil fürchtet er seine Nachbarn sehr, von denen einige berechtigtere Ansprüche auf den Thron zu haben meinen, auf dem Dom Pedro nur durch die Unterstützung der Portugiesen sich sicher fühlt. Nicht einmal in der eigenen Residenz hat er Macht; er konnte uns nicht einen einzigen Trupp Träger zur Verfügung stellen; er kann vielleicht überhaupt niemandem (mit Ausnahme seiner Weiber und einiger Haussklaven) befehlen."

Ebenso machtlos sind die Häuptlinge in den benachbarten Gebieten, die unmittelbar an den Kongostrom angrenzen. Als Stanley die Station Wiwi gründen wollte, musste er wegen der Überlassung des Terrains mit fünf Häuptlingen verhandeln, welche über ein zusammen nur 45 qkm grosses Land herrschten. Die „Herren" waren mit alten europäischen Kleidungsstücken angethan, die von Trödlern nach Afrika spediert werden; ihre „Soldaten" waren ohne Uniform, mit Steinschlossgewehren bewaffnet und höchst gering an der Zahl. Selbst der „grosse" Häuptling Ngalema von Ntamo, welcher eine Zeitlang der Assoziation und dem Kongostaate Opposition machte, war weiter nichts als ein reich gewordener Elfenbeinhändler.

Wie sollte sich auch hier eine grössere staatliche Gruppierung entwikkeln, wo Jahrhunderte lang der Sklavenhandel und Sklavenraub herrschte? Was noch von mächtigeren Reichen vorhanden war, musste es nicht in den ewigen Sklavenjagden zersplittert werden? Wir haben viele Bücher über die Greuel, welche die Araber in Ost- und Zentralafrika beim Sklavenraub verüben; über die Art und Weise, in welcher portugiesische, spanische und französische Christen sich hier die alljährlich exportierten Tausende von Sklaven beschafften, schweigt man lieber, da diese traurigen Zustände nunmehr überwunden sind.

Wir wollen uns darum begnügen, nur den Hof eines hervorragenderen Häuptlings, des blinden Muene Putu, in der Nähe des Stanley-Pool, zu schildern.

„Eine grosse Menge", erzählt Büttner, „führte mich zu des Königs Hause, dem grössten, welches ich je bei Eingeborenen in Afrika gesehen habe, obgleich es auch nur mit Palmenmaterial errichtet ist. Eintretend sah ich mich in einem weiten, hallenähnlichen Raume, der wohl imstande sein dürfte, mehr als tausend Personen zu fassen. In der Hinterwand befanden sich Thüren zu des Königs und seiner Frauen Privaträumlichkeiten. Ich selbst sowie mein Dolmetscher nahmen auf unseren Stühlen inmitten der Halle Platz, für meine übrigen Begleiter brachte man Matten herbei, auf denen sie niedersassen. Darauf stellten sich die Würdenträger und Ältesten der Stadt ein – etwa ein Dutzend an der Zahl –, gravitätisch liessen sie sich auf den von Sklaven mitgeführten Tierfellen nieder und begannen aus mehr als armlangen Pfeifen zu rauchen. Man brachte auch uns glimmende Holzkohlen, und so sassen wir alle rauchend und schweigend, während sich das Volk vor der Halle drängte, aber niemand zugelassen wurde. In den Hinterräumen traf Muene Putu Vorbereitungen für die Audienz – ab und zu hörten wir Weiberstimmen und das Geklirr von Messingringen.

Endlich öffnete sich eine Thür in der Hinterwand: der König erschien und ging festen Fusses und ungestützt zu einem nahe der Thür auf der Erde ausgebreiteten Leopardenfell, auf dem er sich niederliess, seinen rechten Arm auf ein Kissen, das ich bisher als einen Sitz angesehen hatte, lehnend. Muene Putu ist ein grosser, starkschulteriger Mann von etwa fünfzig Jahren, mit gewinnenden Gesichtszügen und prächtig ausgebildeter Stirn, die durch den kahlen Scheitel noch an Bedeutung gewinnt. Gesicht und Kinnbart waren rot gefärbt, der bis zur Hüfte nackte Körper und die Arme mit breiten, weissen Farbenstreifen verziert, um den Hals trug er einen breiten, flachgeschlagenen und ausgezackten Messingring, um die Knöchel dicke Fussringe aus demselben Metall, wie sie auch die Weiber von San Salvador besitzen.

Als der König Platz genommen hatte, legte ein Knabe einen frischbemalten Fetischgegenstand vor ihm nieder, ein anderer reichte ihm eine übermässig lange Pfeife, auf deren mit Tabak gefüllten Kopf ein dritter eine glühende Holzkohle drückte.

Beim Eintritt war der König von seinen Unterthanen durch dreimaliges Händeklatschen, von uns durch Erheben begrüsst worden.

Der König war blind und verlangte weiter nichts als eine Medizin gegen seine Blindheit, die ihm allerdings nicht gegeben werden konnte.

Wie die Könige dieses Gebietes unbedeutend sind, so ist auch das Volk ziemlich verwahrlost. Der Westafrikaner ist vor allen Dingen Kaufmann, und so sucht er auch die Produkte seines Landes zur Küste zu schaffen. Von denselben sind drei von besonderer Bedeutung: Elfenbein, Palmöl und Kautschuk. Elfenbein ist jedoch bereits selten geworden, und die Kautschukliane wurde infolge der Raubwirtschaft fast vollständig ausgerottet. Der Kongoneger ist nicht weniger abergläubisch wie der Ostafrikaner. Er huldigt dem Fetischismus, und er bildet zu diesem Zwecke Geheimbünde, über deren Zeremonien dem Weissen kein Wort verraten wird. Frauen und Männer pflegen, wenn sie diese Zeremonien vollführen sollen, aufregende Medizin einzunehmen, die sie in eine Art von Raserei versetzt. Sie ziehen sich alsdann in entlegene Fetischhütten zurück und verrichten hier ihren Gottesdienst, der tagelang dauert, niemand darf sie dabei stören, und wer unwissend der Hütte naht, wird ergriffen und getötet.

Das untere Kongoland ist arm, das steht fest, trotz aller gegenteiligen Anpreisungen; es scheint auch kein brauchbares Menschenmaterial zu enthalten; es ist kein hervorragenderer geschichtlicher Kern vorhanden, um den sich die künftige Entwickelung gruppieren könnte. Erst wenn wir weiter ostwärts in das Innere des Reiches vordringen, begegnen wir Stämmen, die sich zu einer kräftigeren staatlichen Organisation emporgeschwungen haben.

Das Lundareich

Schon kurz nach der Entdeckung des Königreichs Kongo erfuhren die an der Küste weilenden Portugiesen von Sklaven, welche weit aus dem Inneren gebracht wurden, dass hundert Tagemärsche vom Meere entfernt ein gewaltiger Herrscher in einer volkreichen Hauptstadt über ein grosses Reich herrschen solle. Schwarze Händler vermittelten den Verkehr mit diesem fernen Potentaten, aber sie rieten den Weissen ab, sich unter das grausame Volk zu wagen, und so vergingen Jahrhunderte, bis jenes sagenhafte Reich von Europäern betreten wurde. Rodriguez Graça war der erste portugiesische Händler, welcher im Jahre 1846 die Hauptstadt des berühmten Königreichs betrat. Erst im Jahre 1875 gelang es aber einem Forscher, Dr. Paul Pogge, in die Mussumba des Muata Jamwo einzuziehen und die erste Schilderung von einem afrikanischen Herrscher zu geben, der sicher neben Munsa und Mtesa in eine Reihe gestellt werden kann.

Das Lundareich liegt im Süden des Kongobeckens, seine Ausdehnung gleicht etwa der des deutschen Reiches, aber die Bevölkerung beträgt nicht mehr als 2 Millionen Einwohner.

Den Kern derselben bildet das Volk der Kalunda, welches den von der Küste kommenden Reisenden als heller gefärbt erscheint; man berichtet, dass die Lundaleute schön, grossgewachsen sind, mit feinen Stumpfnasen und wenig aufgeworfenen Lippen.

Im Vergleich zu anderen Afrikanern ist dieser Volksstamm gutmütig, leutselig und friedliebend, und der Fremde reist im Lundareiche verhältnismässig sicher und angenehm.

Die vornehmen Kalunda kleiden sich niemals mit Tierfellen oder einheimischen Geweben, sondern immer mit importierten Baumwollzeugen. Die Männer befestigen dieselben um die Taille und heften die schmalen Streifen so zusammen, dass die Bekleidung von der Taille bis unter das Knie und meistens unterhalb der Wade reicht. Die Weiber bedecken dagegen den Körper nur von der Taille abwärts bis etwa 30 cm oberhalb des Knies und noch bescheidener. Sehr reiche Damen wickeln die Kalikostreifen mehrmals um die Taille und lassen dann eine 1 m oder noch längere Schleppe zwischen den Beinen herabwallen, welche ihnen oft von Sklavinnen nachgetragen wird, eine Mode, die wir bei den Wadaifrauen schon kennen gelernt haben. Das Volk kleidet sich in einheimische, aus Baumfasern gefertigte Stoffe oder Felle. Tättowierungen sind gebräuchlich; die beiden vorderen unteren Schneidezähne werden ausgebrochen, die oberen rundgefeilt.

Der Kalunda wohnt in backofenförmigen Hütten, die aus einem Holzgerüst und Savannengras gebaut werden. Das Dach bildet oben eine abgestumpfte Spitze und reicht in schräger Stellung bis unmittelbar auf den Boden, auf welchen es sich indessen nicht stützt, so dass meistens ein wenig Licht von unten in die Hütte fällt. Der arme Mann hat natürlich nur eine Hütte, die Reicheren haben ganze Gehöfte, die mit einem Flechtzaun eingefriedigt werden.

Die Kalunda sind fast reine Ackerbauer. Wir finden auf ihren Äckern die gewöhnlichen Feldfrüchte Innerafrikas: Yams, süsse Kartoffeln, Erdnüsse, Maniok, Bohnen, Mais, Hirse, Bananen, Zuckerrohr, Tabak und Hanf. Rinder sind hier selten, und darum ist auch die Sitte, Reitochsen zu benutzen, die sonst in den Nachbargebieten weit verbreitet ist, unbekannt; die Vornehmen, Herren wie Damen, reiten auf ihren Sklaven. Als Haustiere findet man Ziegen, Hühner, Hunde, Schafe und Schweine. Da das Land nicht besonders wildreich, die grosse Jagd darum nicht sehr ergiebig ist, werden auch kleinere Säugetiere, wie Ratten und Mäuse, gern verspeist; auch Raupen, Heuschrecken und Ameisen bilden gern gekaufte Delikatessen. Wie überall, so werden auch hier berauschende Getränke bereitet: Hirsebier und Palmwein. Tabak wird aus Wasserpfeifen geraucht.

Die Feuerwaffen haben längst ihren Weg in das Lundareich gefunden, man findet sie aber hauptsächlich im Besitz der Grossen, welche sie gewöhnlich mit Steinen und Eisenstücken laden. Im allgemeinen sind im Gebrauch bei Krieg und Jagden lange Speere, ganz von Eisen, mit schmaler, langer, lanzettförmiger Spitze, leichte hölzerne Wurfspeere, gleichfalls mit eiserner, schmaler Spitze, an deren unterem Ende sich Widerhaken befinden. Der Schaft ist da, wo die Spitze an ihm befestigt ist, meist so dünn, dass er abbricht, sobald die Klinge in einen Gegenstand eingedrungen ist und mit den Widerhaken festsitzt. Ferner dienen dem Krieger oder Jäger Bogen und Pfeil. Die eisernen Spitzen der Pfeile haben verschiedene Gestalten; ausserdem sind Pfeilspitzen aus hartem Holz in Gebrauch. Das Vergiften der Pfeile ist den Kalunda bekannt.

Die Toten werden in Grashütten begraben, Sklavenleichen hingegen ins Wasser geworfen. Was ihre religiöse Anschauung betrifft, so verehren die Kalunda einen Geist des Guten, den „Zambi“, welcher ihnen Glück zuführt und welchem sie dann und wann Feste darbringen. Die Furcht vor der Zauberei, dem Fetisch, ist jedem unter ihnen eigen. Er hat seine Geheimmittel, und seine Fetischfiguren, hauptsächlich aus Antilopenhörnern bestehend, trägt er meistens öffentlich zur Schau. Auch hier haben die Neger eine besondere Furcht vor den Geistern der Verstorbenen, den Mahamba; und um diese zu besänftigen, werden besondere Feste veranstaltet.

Das Lundareich wird von vielen Häuptlingen, welche Muata, Mona,

Muene heissen, beherrscht, aber alle diese Häuptlinge sind Vasallen eines Häuptlings, der sie nach Belieben ein- und absetzen kann. Er heisst Muata Jamwo, d.h. grosser Vater, der in Mussumba regiert. Die einzelnen Fürsten sind verpflichtet, durch Einsendung eines Tributs ihre Unterthänigkeit zu bekunden, und so kommen einmal im Jahre ihre Karawanen nach Mussumba, die einen mit Elfenbein, die anderen mit Salz und Kupfer, mit Flechtwaren, Sklaven, Tierfellen, europäischem Zeug und selbst Pulver, je nach dem Reichtum der Bezirke oder deren geringerer oder weiterer Entfernung von der Küste. Ausserdem aber hält Muata Jamwo Söhne und Verwandte seiner Vasallen an seinem Hofe, die er gewissermassen als Geiseln betrachtet.

Der Muata Jamwo ist ein unumschränkter Herrscher, aber er hat noch Regierungsbeamte zur Seite, unter denen als oberste Würdenträgerin ein Weib, die Lukokescha, hervortritt. Dieselbe muss von einer der Hauptfrauen des verstorbenen Muata Jamwo abstammen und wird, nachdem sie vom Rate der Vornehmen gewählt worden ist, von dem Muata Jamwo bestätigt. Stirbt ein Muata Jamwo, so wird der Neugewählte wieder von der Lukokescha bestätigt. Die Lukokescha hat einen Hauptgatten, an den sie allen möglichen Putz hängt. Er gilt als Weib und heisst Schamoana. Bei Buchner führte sich dieser „Mann mit gewaltigen Formen“ mit den charakteristischen Worten ein: „Siehe, ich bin zwar nur ein Weib, aber ich bin das Weib einer grossen Person.“ Etwas Ähnliches haben wir bereits bei der Sultanin Discha in Unjamwesi kennen gelernt.

Den Hof und die Beamten dieses sonderbaren Herrscherpaares werden wir am besten kennen lernen, wenn wir im Geiste einer Audienz beiwohnen, die Buchner bei Muata Jamwo im Jahre 1879 gehabt hat, und die er in farbenfrischer Sprache in seinen Berichten an die Afrikanische Gesellschaft in Deutschland geschildert hat.

Eine Audienz bei Muata Jamwo

Auf einer weiten Grasebene, in einem milden und gesunden Klima, liegt die Hauptstadt Mussumba mit 10000 Einwohnern, die auf den Afrikareisenden, der bis dahin nur in elenden, hundert bis zweihundert Seelen zählenden Dörfern gehaust hat, denselben Eindruck macht, wie eine Residenz in Europa auf den Landmann, der sie zum ersten Male besucht. Hier hält Muata Jamwo sein prunkvolles Lager; hier sind die Grossen des Lundareiches versammelt; alltäglich wird hier der Markt abgehalten, auf dem man alles, was Afrika bietet, erhalten kann. Reges Leben herrscht auf den Strassen, und in heiteren Nächten erreicht es seinen Höhepunkt, dann lodern überall Feuer, von allen Seiten tönt Paukenschall und der Gesang der Tanzenden herüber.

Es ist der 11. Dezember 1879; in seinem Quartier sitzt der Sendling der Afrikanischen Gesellschaft in Deutschland, Dr. Buchner, der vor kurzem in Mussumba eingetroffen ist und durch Boten und Gesandte mit Muata Jamwo bereits Verbindungen angeknüpft und mit ihm und der Lukokescha Geschenke ausgetauscht hat.

Heute kommen wieder Boten vom Hofe und zwar nicht mit leeren Händen; Muata Jamwo schickt einen Elefantenzahn, der 21 kg wiegt, und Lukokescha gleichfalls einen von 12 kg Gewicht. Ausserdem aber bringen die Boten noch ein anderes Geschenk, ein Kinderpaar, einen Knaben und ein Mädchen, beide etwa acht Jahre alt; sie kommen von der Moari, der Hauptgattin des Königs. Dadurch wird angedeutet, dass auch diese dritte Person des Staates in Handelsverbindungen mit dem Europäer treten will und dass auch ihr ein „Mussapu“, ein Begrüssungsgeschenk, gebührt. Es werden Stoffe und Perlen ausgesucht und als Gegengabe für die Königin den Boten übergeben. Nun betteln noch die Boten um eine Perlenschnur für die Lukokescha, die anstandslos ausgeliefert wird, und dann privatim für sich. Buchners Dolmetsch, der schwarze Pedro, ist damit einverstanden und meint, die Leute hätten nach Landessitte Anrecht auf ein kleines Präliminargeschenk. Da hilft also kein Widerstand, und Buchner bewilligt einem jeden vier Ellen Riscado-Zeug. Das „Trinkgeld“ scheint nicht hoch genug zu sein, aber die königlichen Boten danken.

Sie gehen aber noch nicht; sie haben noch nachträglich etwas auszurichten. Nun, was ist's! Fürwahr, der Gast wird zur Audienz bestellt. Der König wünscht ihn zu sehen, bevor er ihn dem Volke zeige, und der König schreibt ihm vor, wie er in der Residenz erscheinen solle – beritten auf dem Stier Malukku und bewaffnet mit dem wunderbaren Mausergewehr.

Malukku, das bedeutet so viel wie verrückt, toll. So haben die Neger den Reitstier genannt, aber Buchner hat ihn so zugeritten, dass er einer der frömmsten und zuverlässigsten Reitochsen Südwestafrikas geworden ist. Malukku ist ein berühmter Stier, denn er hat nicht allein Buchner nach Mussumba, sondern später Wissmann nach dem Kongo getragen, wo er leider zu Grunde ging.

Also Malukku wurde gesattelt, das Frühstück rasch verzehrt, das Gefolge gesammelt, und nun ging es nach der Kipanga, der Königsburg. Buchner ritt den Malukku, sein Dolmetscher Pedro trug unterm Arm einen Pack rotblümiger Schnupftücher für den Herrscher, die Diener Soba Mukelle und Manoel trugen das Mausergewehr und ein kleines Stühlchen. In den Strassen Mussumbas lief einiges Volk zusammen, viele Männer festtäglich geschmückt mit grossen Federbüschen auf dem Scheitel.

Der Zug hielt vor dem Haupteingang der Kipanga, um welchen herum etwa dreissig Menschenschädel unregelmässig am Zaune hingen oder auf der Erde lagen – ein Schmuck, der auch an den Gehöften kleiner Patrizier Mussumbas, der sogenannten Kilolo, zu bemerken ist. Das Thor, ein unbeholfenes, breites Ding, aus Stangen der Weinpalme zusammengefügt, wurde aufgethan. Über demselben an den oberen Querbalken war eine Medizin angebracht, aus einem festgebundenen Büschel Schilfrohr und einem freibaumelnden Palankahore bestehend, gerade hoch genug, dass Buchner etwas gebückt noch durchreiten konnte. Der Gast betrat nun einen grossen, reinlichen Platz, in dessen Mitte ein riesiges Strohkegeldach sich erhob – der Audienzpalast, der „Nsoff“ oder Elefant geheissen. Hundert Höflinge umringen den Gast und bedeuten ihm, zu halten; es sind vermutlich Kammerherren, und einige von ihnen haben sich auf Brust und Bauch grosse Figuren aus weissem Pfeifenthon gemalt.

Inzwischen werden vor dem Nsoff Vorbereitungen für die Audienz getroffen. Ein riesiger, weiss und rot gescheckter Sonnenschirm wird aufgestellt, so dass der Schatten desselben auf eine kleine Plattform aus Lehm fällt. Das ist der Thron Muata Jamwos, über den jetzt ein Leopardenfell gebreitet wird.

Etwa zehn Minuten vergehen noch. Dann ertönt im Hintergrund eine quiekende Musik, und aus einem System von Zäunen und Hütten taucht der königliche Zug hervor. Voran in farbigem Kopfputz der König, hinter ihm die Musikbande und eine Menge von Weibern und Schranzen.

Der König macht sich auf dem Leopardenfell zurecht, während durch den auf etwa 300 Personen angewachsenen Hofstaat ein loyales Gemurmel geht. Dann erfolgt das Zeichen, dass die Vorstellung beginnen kann.

Malukku wird in Trab gesetzt, zwanzig Schritte vor dem Throne pariert Buchner, springt von dem Ochsen, geht auf den König zu und reicht ihm, ohne den Hut zu ziehen, die Hand, die dieser heftig ergreift und kräftigst mehrmals schüttelt. Dann setzt sich Buchner auf den mitgebrachten Stuhl, sein Gefolge gruppiert sich um ihn, und während durch die Dolmetscher die üblichen Begrüssungsreden ausgetauscht werden, mustert er die Versammlung.

„Mir gegenüber links vom Throne“, heisst es in dem Berichte des Reisenden, „sitzt eine Dame mit dickem Gesicht und gedunsenen Lippen auf einer Matte, hinter ihr in mehreren Reihen eine zahlreiche, ausschliesslich weibliche Schar. Sie wird mir als Lukokescha bezeichnet. Sie zwinkert mir schon seit längerer Zeit aus ihren rotgeschminkten Augen zu und streckt mir die Hand entgegen. Deshalb stehe ich auf, trete zu ihr hin und gebe ihr die meinige. Dann wird mir noch eine andere Dame, welche hinter dem Thron und gleichfalls an der Spitze einer weiblichen Schar sitzt, gezeigt, das sei die Moari. Ich mache eine Bewegung, ihr gleichfalls die Hand zu reichen, aber Pedro flüstert mir zu, das schicke sich nicht, denn mit dem Hauptweib des Königs sei keine Vertraulichkeit statthaft. Muata Jamwo lächelt höchst gnädig über meine Naivetät. Die Geschenke werden überreicht ... Unterdessen geht es im Hintergrunde der Versammlung, wo uns eine stehende, dichtgedrängte Corona von Hofbediensteten niedrigen Ranges umschliesst, mehr als gemütlich zu. Man stösst sich und zankt sich, und ein Kerl mit roten Federn im Haar, der oberste Thürhüter der Residenz, haut mit einer zweispaltigen Peitsche aus Ochsenhaut rücksichtslos auf das Getümmel ein, wenn der Skandal zu arg wird. Aber auch die hinter Moari und Lukokescha sitzenden Weiber höherer Würden zanken sich zuweilen leise, rempeln sich mit den Ellenbogen und werfen sich böse Blicke zu.

Muata Jamwo lässt sich dadurch nicht stören und lächelt gnädig und zweifellos wirklich in rosigster Laune sein dummes Lächeln, das er vom ersten Moment ab nicht mehr unterbrochen, weiter. Er ist ein grosser, stattlicher Mann, entschieden eher hässlich als schön, doch liegt in seinen Zügen eine gewisse Intelligenz, die ihn über alle bisher gesehenen Neger erhebt. Seine sonst oft stechenden, giftigen Augen, die ich erst im weiteren Verlaufe unserer Freundschaft wahrnahm, strahlten heute von gütiger Milde. Das hervorstechendste in seinem Gesicht ist der grosse wulstige Mund, unregelmässige Zahnbau, der für die ganze Familie charakteristisch zu sein scheint. Doch ist Muata Jamwo das einzige Mitglied derselben, bei dem in der Ruhe der Mund nicht offen bleibt. Sein Bartwuchs ist auffällig spärlich und beschränkt sich auf einige struppige Borsten am Kinn. Seine Frisur, von welcher ich übrigens fünf bis sechs Varietäten kenne, bestand heute in drei plattenförmigen, breiten, aussen mit feinen Kassongoperlen bestickten Schlingen, welche rückwärts und rechts und links vom Scheitel herabfielen, an ihrem Ursprung mit den glatt nach hinten gestrichenen Haaren verflochten. Das Vorderhaupt ist der Lundamode gemäss immer zu einer Glatze ausrasiert. Über dem einen Ohr stak eine rote Papageifeder horizontal nach vorn gerichtet. Der ganze Kopf machte den Eindruck eines sehr geschmacklosen Zopfstils. Vom Hals hängt an einer Perlschnur ein Amulett auf die Mitte der Brust herab; der eigentümlichste Schmuck des Oberkörpers ist eine kupferne Kette, die beide Schultern einschnürt und auf dem Rücken gekreuzt ist, ungefähr so wie die Tragriemen eines Tornisters, wahrscheinlich auch eine Medizin. Hand- und Fussgelenke sind mit verschiedenartigen Spangen überladen, an dem linken Handgelenk steckt der Rukamu, ein dicker, wurstartiger Armring, aus Menschensehnen gefertigt, das Zeichen der Majestät, sein Szepter. Ein bis zu den Knöcheln reichendes Stück blauen Flanells umhüllt die Hüften, vorn in den regelrechten Falten über den niedrig sitzenden Leibgurt überfallend.

So sass die Majestät auf dem Lehmthron unter dem riesigen Sonnenschirm, huldvollst besorgt, dass sein Schatten auch mir zu teil ward, und unaufhörlich lächelnd und sehr oft vor sich, hinter sich und nach der anderen Seite spuckend, worauf dann immer ein ziemlich schmutziger Lakai herbeikroch, den allerhöchsten Speichel mit Erde zuzudecken und die Erde mit seiner Hand wieder glatt zu drücken. Einem zweiten Lakai, der nicht reinlicher als der erste war, oblag das Amt, einen Fliegenwedel aus langen schwarzen Haaren zu schwingen, ein dritter hielt die schwere Stange des Sonnenschirmes und rückte damit, der höher steigenden Sonne folgend, langsam von Osten nach Westen."

Bei dieser Audienz musste der Europäer dem Lundaherrscher selbstverständlich etwas Sonderbares zeigen. Der König selbst hatte bereits das Mausergewehr zur Vorführung bestellt, und dieses wurde zuerst verlangt. Der Mechanismus der Hinterlader war schon in Lunda bekannt, und der König verstand den Verschluss zu öffnen und zu schliessen, alle Griffe bis zum Abdrücken gelangen ihm richtig, zwar etwas ungeschickt, aber ohne Anstoss. Dann fand das Probeschiessen statt, wobei ein Günstling Muata Jamwos und Buchner, nachdem die Corona auseinander gepeitscht worden war, einige Schüsse in den Boden abgaben. Die Schnelligkeit, mit welcher Buchner feuerte, versetzte den ganzen Hof in Entzücken, während das Gesindel der Corona sich um die weggeworfenen Hülsen balgte und in der Erde nach den Bleikugeln wühlte.

Das zweite Wunder, welches dem Herrscher vorgeführt wurde, war ein Zentimeterband, das von selbst in seine Rolle zurückschnellt. Der König wurde unterrichtet, die Feder richtig abzudrücken, und dann wurden Gewehr und Zentimeterband den dunklen Damen der Lukokescha und der Moari zur verständnisvollen Besichtigung überreicht. Das Zentimeterband wurde dem König verehrt, das Mausergewehr wieder dem Flintenträger Buchners übergeben.

Die Audienz hat schon eine Stunde gedauert, der Gast ist fieberkrank, und das Fieber stellt sich ein, aber Muata Jamwo entlässt ihn nicht; er will ihm noch seine Macht zeigen. Der Dolmetscher teilt ihm mit, ein Sohn des Königs sei soeben in Mussumba eingetroffen und erscheine jetzt mit seinen Weibern und Soldaten, um dem Vater zu huldigen. Es war eine gemachte Huldigung, durch die Muata Jamwo dem Fremden imponieren wollte; der Prinz hatte niemals Lunda verlassen, besass in Wirklichkeit nur drei oder vier Frauen; die Weiber und die Soldaten wurden ihm einfach zu diesem Huldigungsschwindel zukommandiert. Aber es war eine interessante Theatervorstellung.

In der Corona öffnet sich eine Gasse, und im Hintergrunde stehen etwa dreissig Personen, alle über und über mit Lehm beschmiert, die Männer mit dem roten Lehm der Savannen, die Weiber mit dem fahlgelben der Thalrinnen.

„Auf ein Zeichen Muata Jamwos", fährt Buchner in seiner Schilderung fort, „begaben sie sich langsam und feierlich, in demütig gebückter Haltung, vorwärts und warfen sich acht Schritte vor dem Thron zur Erde. Der Prinz, die Hauptperson dieser schlammigen Schar, kriecht auf allen Vieren noch näher heran und bleibt ein paar Sekunden liegen, einige Phrasen stammelnd, während seine Frauen, die sich in zwei Reihen niedergelassen, sanft in die Hände klatschen. Hinter ihnen schliessen zwanzig gleichfalls rotgeschmierte Soldaten mit Feuergewehren, aufrecht bleibend, die Gruppe. Nun beginnt der Prinz sich förmlich im Staube zu wälzen. Langsam reibt er zuerst seine linke, dann seine rechte Seite, Schultern, Hütten und Hinterhaupt auf der Erde. Dieses sich im Staube Wälzen geschieht mit einem gewissen Anstand. Muata Jamwo spricht gnädig lächelnde Worte der Weisheit, durch die das eigentümliche Zeremoniell sein Ende findet. Der Prinz kriecht wieder zurück und setzt sich mit untergeschlagenen Beinen an die Spitze seiner Frauen, welche noch immer sanft in die Hände klatschen und Huldigungsformeln plappern.

Diese schlammbedeckten Gestalten sehen höchst befremdend aus, es sind lebende Figuren aus Terrakotta. Ihre ganze Oberfläche ist in Lehm gehüllt, selbst die spärlichen Lappen um die Hüften, ihre einzige Bekleidung, sind damit inkrustiert; ebenso auch das Haar, das bei Weibern turmformig emporgekämmt ist. Da ihre dunkle Farbe verdeckt ist, so machen sie nicht mehr den Eindruck von Negerinnen, einige sind ganz europäisch hübsch, die grossen schwarzen Augen wirken sehr im Kontrast mit der hellen Maske, die indessen ziemlich unbequem zu sein scheint. Sie verziehen gar häufig das Gesicht, weil der klebrige Schmutz die Haut spannt, und auch bei dem Prinzen schien es, als ob ihm das Sichwälzen im Staube eine angenehme Gelegenheit war, die spannende Haut zu scheuern.

Auf einmal beginnen die ziegelroten Soldaten einen Salut nach rückwärts in die Luft zu feuern, lauter überkräftige Ladungen von 20 Gramm Pulver. Ich zähle achtzehn mit strenger Regelmässigkeit abgegebene Schüsse. Entweder darüber erschreckt oder als absichtliche und gebräuchliche eigenartige Begleitung der Detonationen erheben drei alte Weiber aus der Gruppe der Lukokescha ein schrilles Geheul und Gewinsel wie Hunde, und ich war wirklich einen Augenblick im Zweifel, ob es nicht die hässlichen fetten Köter seien, welche, gleichfalls Höflinge, zwischen den Gruppen herumschnupperten."

Der Gast will sich empfehlen. Der König hat nichts dagegen, nur darf er nicht mit leeren Händen entlassen werden; und so wird vor ihm ein Zahn, 27 Kilo schwer, niedergelegt, das ist das Geschenk des Königs, die Königin schiebt ihm ein achtjähriges Mädchen zu; und im Hintergrunde erscheinen Träger mit Lebensmitteln, einige tragen ein schweres, heftig grunzendes Schwein, das an einer Stange aufgehängt ist.

Die Audienz ist beendigt, aber nach Hause darf der Fremde noch nicht; der Strom der Höflinge und des Pöbels drängt ihn in den Palast der Lukokescha hinein.

„Hier bei dieser alten gynokratischen Reminiscenz, bei der Lukokescha, geht es weniger förmlich zu. Auch sie hat ihren Nsoff, der jedoch viel kleiner ist als der des Muata Jamwo. Sie empfängt mich unter dem tief herabhängenden Strohdache desselben, indem sie zwischen den Tragepfählen hervorkriecht und mit plumper Höflichkeit mir die Hand entgegenstreckt. Neben ihr gucken die stupiden Gesichter etlicher Muata Jamwotöchter aus dem Inneren.

Ich merke, dass die holde Königin betrunken ist. Sie wird auffallend zärtlich und zudringlich, sagt, ich solle mich ganz dicht neben sie setzen und mit ihr Palmwein trinken. Deshalb breche ich die Audienz eigenmächtig ab und schwinge mich wieder auf Malukku."

Zur Geschichte des Lundareiches

Die Kalunda haben in Bezug auf die Entstehung ihres Reiches folgende Tradition: In Lunda wohnte am Flusse Kalangi ein Häuptling mit Namen Jamwo, welcher zwei Söhne und eine Tochter hatte. Sein Volk war ungeschickt und schwach, er aber verstand Palmwein zu machen und Matten zu flechten. Die erste dieser Künste trieb er zum Ärger seine Söhne für sich. Als er nun eines Tages eine Matte flocht und einen Topf mit Wasser vor sich stehen hatte, welches dazu nötig war, kamen seine beiden Söhne, glaubten, es sei Wein in dem Gefäss, und verlangten diesen; als er ihnen das Wasser gab, erzürnten sie, und es entstand ein Streit, in welchem sie flohen. Darauf verstiess Jamwo diese Söhne und übergab seiner Tochter Lunsch-a-Nkunt den Rukanu (oder Lukanu) zum Zeichen, dass sie nach ihm herrschen solle. Unverheiratet übernahm sie nach seinem Tode die Regierung. Gleichzeitig lebte im Osten ein grosser Häuptling; er hiess Tombe-Mokulo und hatte vier Söhne, von welchen der erste und vierte, der „Sohn des Staates" und der „Sohn der Waffen", nach Norden wanderten, um die Reiche Kanjika und Maju zu gründen; Kanjika und Maju waren ihre Rufnamen. Der dritte Sohn, Kibinda-Illunga, d. h. Jäger Illunga, hatte weder Titel noch Würden, er lebte ungebunden als Jäger und kam auf einem Jagdzuge nach Lunda, wo er die Hand jener Prinzessin erhielt und als Herrscher nun ihres Vaters Namen annahm, dem nach vielen glücklichen Kriegen Muata, d. h. grosser Vater, vorgesetzt ward.

Franz Müller zog im Dorfe des Lundafürsten Muata Kumbana ganz ähnliche Erkundigungen ein:

„Vor etwa 300 Jahren hatte der Muata Jamwo seiner Tochter Lukokescha die Insignien des Reiches, einen aus den Sehnen der früheren Herrscher hergestellten Armring ‚Lukanu' übermittelt, da er seine Söhne, die sich, wie er glaubte, um die Erbfolge bekämpfen würden, ausschliessen wollte. Lukokescha, im Besitz des Lukanu, der dem jedesmaligen Inhaber eine unantastbare Gewalt verleiht, wurde rücksichtslos vom Volke anerkannt, nur einer ihrer Brüder weigerte sich, dies zu thun und entfloh mit seinem Anhang nach Schinga; er hiess Bangala-Kinguri und gründete mit Hilfe der Portugiesen das Bangalareich, aus dem er die Tupende, die daselbst ansässig waren, vertrieb. Lukokescha heiratete einen Jäger Kibinda-Hungo, der auf seinen Streifzügen von Süden her in das Reich gekommen war und es verstanden hatte, sich durch sein schönes Äussere, sowie seine Kraft und Geschicklichkeit bei der jungen Fürstin beliebt zumachen. Da Lukokescha alsbald guter Hoffnung wurde, übergab sie den Lukanu ihrem Gatten, da das schwangere Weib überall bei den Negern als unrein gilt. So kam dieser zur Herrschaft, sicherte jedoch aus Dankbarkeit seiner Frau gleiche Herrscherrechte zu. Der Sohn beider, Muata Jamwo, bestieg nach Hungo den Thron; aus jener Zeit datieren die Bezeichnungen Muata Jamwo und Lukokescha."

Letztere ist nicht immer die Mutter des Herrschers, sondern sie wird wie dieser selbst gewählt; sie geniesst gleiche Rechte mit ihm, muss ihm jedoch gehorsam sein. Wenn sie stirbt, werden ungeheure Menschenopfer dargebracht; Hunderte von Leuten werden abgeschlachtet; beim Tode des Muata Jamwo, der bei Lebzeiten für hinreichendes Gefolge im Schattenreich gesorgt hat, werden nur vier Sklaven getötet. Ein Mann und ein Mädchen werden mit den Zähnen, Haaren und Nägeln des Herrschers, nachdem ihnen die Beine gebrochen sind, in die Gruft versenkt, während der Körper des Häuptlings, der sich nach dem Glauben der Kalunda in der Erde in ein wildes Tier verwandeln würde, in den Kalanschibach bei Mussumba versenkt wird. Der Muata Jamwo wird als Halbgott betrachtet und verehrt, doch scheinen die Kalunda in den letzten Jahren erkannt zu haben, dass auch er nur ein gewöhnlicher Mensch sei, wie aus dem häufigen, gewaltsamen Thronwechsel hervorgeht. So war Muata Jamwo Schamana, bei dem die im vorhergehenden Abschnitt geschilderte Audienz Richard Buchners stattgefunden, im Jahre 1883 ermordet worden; seine beiden Nachfolger, die ein blutiges Regiment geführt hatten, wurden ebenfalls noch in demselben Jahre umgebracht.

*

Aus diesen Berichten dürfte zur Genüge hervorgehen, dass bei den Kalunda früher die Gynokratie geherrscht hatte und erst später durch Androkratie ersetzt wurde; die Stellung der Lukokescha bedeutet einen Kompromiss, den die beiden Regierungsformen im Laufe der Zeit miteinander schlossen.

Was nun die weitere Organisation des Lundareiches anbelangt, so ist zunächst der Hofstaat zu erwähnen, welcher aus den Kannapumba, Würdenträgern, gebildet wird. Ausserdem giebt es im Lande eine Aristokratie, freie, wohlhabende Einwohner, die Kilolo genannt werden. Von den Kannapumba kommen vor allem die vier ersten in Betracht, die einen grossen Einfluss besitzen, da ihnen die Wahl des Muata Jamwo und der Lukokescha übertragen ist und sie in allen wichtigeren Fragen mit dem

Herrscherpaare zu beraten haben. Die Würden sind insofern erblich, als der Fürst sie nur Söhnen früherer Kannapumba mit ihren freien Frauen übergeben kann.

Der Stand der Kilolo wird dadurch stetig vergrössert, dass die Söhne der Muata Jamwo mit freien Frauen in denselben einrücken. Sie werden zu den verschiedensten Staatsgeschäften verwandt, eine Anzahl derselben wohnt beständig am Hofe und leistet dem Herrscher die verschiedensten Dienste. Sie begleiten ihn auf Schritt und Tritt und geben darauf acht, dass er keinen Hanf rauche und sich nicht betrinke, aus Furcht, er könne im Rausche Grausamkeiten begehen. Andere bekleiden das Amt der Polizisten in der Stadt, andere wieder gehen an die kleinen Höfe der Vasallen, wo sie als Gesandte wirken, vor allem aber darauf achten, dass der Tribut richtig abgeliefert wird. Ein Kilolo bleibt ständig am Hofe der Vasallenfürsten, ein anderer ist der Führer der Tributkarawanen.

Das eigentliche Volk befasst sich mit den verschiedensten Handwerken, und aus ihm werden Schmiede, Haarkünstler, Musiker für Hofdienste engagiert.

Die Kilolo haben das Recht, in der grossen Volksversammlung ihre Meinung frei zu äussern; wie prunkvoll aber auch ein solcher Reichstag aussieht, wenn der König mit seinem Hofstaate und seinen Würdenträgern in der Mitte der Aristokratie des Volkes erscheint, so ist doch seine Macht nur eine scheinbare.

Ein wichtiger Teil der Regierungsgeschäfte besteht in der Anfertigung zauberkräftiger Medizinen, um Unheil von dem Lundareiche abzuwenden, und jeder Muata Jamwo zieht sich alle vier Wochen mit einigen seiner Räte auf zwei Tage zurück, um die Medizin zu brauen. Ferner werden von Staatswegen Elefantenjagden angestellt, um das wertvolle Elfenbein zu erlangen, schliesslich ordnet auch die Regierung Menschenjagden an, um Sklaven zu beschaffen. Zu diesem Zwecke werden von Zeit zu Zeit kleine Abteilungen von zweihundert bis vierhundert Mann nach verschiedenen Richtungen ausgesandt. Leider aber muss man sagen, dass diese Razzien nicht dem Feinde allein gelten, sondern der Herrscher auch seine eigenen Unterthanen plündern lässt. Alljährlich z. B. findet sozusagen verfassungsmässig ein Raubzug statt, welcher stets eine Ortschaft in der Nähe Mussumbas zum Ziel hat. Diesen Zug machen der Muata Jamwo und die Lukokescha in ihren Sänften mit, wodurch dem Raubsystem eine besondere Weihe verliehen wird. Was dabei die Sklaven erbeuten, gehört dem Herrscher; die Freien dürfen die Hälfte des Raubes für sich behalten, die andere Hälfte müssen sie aber gleichfalls an den Herrscher abliefern.

Die Pflege der Handelsverbindungen ist in den Negerreichen auch ein wichtiges Staatsgeschäft; die Handelskarawanen stehen unter Schutz und Aufsicht des Muata Jamwo, der ihnen Lagerplätze anweist, sie mit Nahrungsmitteln versorgt und von ihnen den üblichen Zoll erhebt, über den von Fall zu Fall verhandelt wird. Der Herrscher behandelt die Händler milder als seine eigenen Unterthanen und hat für sie sogar besondere Ausnahmegesetze erlassen.

Als einmal bei Anwesenheit einer schwarzen Karawane in Mussumba die Geschäfte für den Hof nicht flott genug gingen, traf einer der Muata Jamwo folgende Anordnung. Er verkündete, dass jede Frau und jedes Mädchen in Mussumba mit den Fremden in nähere Beziehungen treten und dafür nicht bestraft werden dürfe; aber jede von ihnen war verpflichtet, von den Geschenken, welche die Fremden ihr geben würden, einen Teil dem Herrscher zu überlassen. Seit jener Zeit ist es im Lundareiche Sitte, dass bei der Ankunft einer Karawane im Dorfe eine Frau oder ein Mädchen einen der Fremden als ihren Freund verpflegt, ihm Nahrungsmittel bringt, aber für diese keine Bezahlung annimmt, sondern stillschweigend erwartet, dass der Fremde bei seiner Abreise sie entsprechend beschenken werde.

Nebenbei sei auch erwähnt, dass der Muata Jamwo, als Buchner seine Frauen, deren er etwa sechzig besass, photographieren wollte, dafür auch eine Bezahlung verlangte.

Nach dem Tode eines Muata Jamwo muss der neugewählte Herrscher eine Reihe von Zeremonien durchmachen, unter anderen auch durch Reiben von Holz neues Feuer entzünden, da das alte nicht mehr gebraucht werden darf. Neun Tage lang trauert er dabei in einer abgeschlossenen Hütte um den Toten; nach Ablauf dieser Frist wird er von der Lukokescha und den Würdenträgern abgeholt, und seine erste Aufgabe ist es nun, eine neue Hauptstadt oder Mussumba (grosses Lager) zu bauen; denn es besteht im Lundareiche die Sitte, dass die Kipanga oder der Palast des verstorbenen Muata Jamwo niedergebrannt wird. Freilich zieht der neue König nicht weit fort; er bleibt auf der fruchtbaren Ebene zwischen den Flüssen Kalansch und Luisa.

In seiner Nähe muss die Lukokescha ihre Kipanga errichten, die Würdenträger folgen dem Monarchen, und dem Hofe zieht das Volk nach, und so ist die Mussumba des Muata Jamwo eine wandernde Stadt auf Afrikas schwankenden Landkarten.

Lundafürsten

Als wir im ersten Teil dieser Schrift das mächtige Reich Bornu schilderten, haben wir im Anschluss an dasselbe die Höfe der Vasallen aufgesucht. Auch bei der Darstellung des Lundareiches wollen wir unsere Aufmerksamkeit den von Muata Jamwo abhängigen Fürsten schenken, die sich gern Muata Jamwo titulieren lassen.

Wenn wir von der berühmten Hauptstadt des ehemaligen Königreiches Kongo geradeaus in östlicher Richtung vordringen, so stossen wir auf den ersten Lundastaat, der von den Majakka bewohnt wird. Dieselben, ähnlich den anderen Westafrikanern in Brauch und Sitte, werden von einer Anzahl kleiner Häuptlinge beherrscht, die ihrerseits dem Muene Putu Kassongo, dem Muata Jamwo oder, wie hier der Dialekt lautet, dem Kiamwo der Majakka, huldigen. Die Unterhäuptlinge betrachten sich als Söhne des Muene Putu Kassongo, der wieder ein Sohn des grossen Vaters in Mussumba ist.

Die Organisation der Lundareiche ist überall dieselbe. Die Lundafürsten sind Kopien des grossen Muata Jamwo, und jeder von ihnen hat seine eigene Hauptstadt, die gleichfalls Mussumba genannt wird. Während wir nun die Hauptstadt des Muata Jamwo schlechthin Mussumba nennen, werden den anderen Hauptstädten der Vasallen die Namen der Herrscher angehängt, und so sprechen wir von der Mussumba des Muene Putu Kassongo oder der Mussumba des Muene Putu Kumbana.

Die erstere wurde wiederholt in den achtziger Jahren von deutschen Forschungsreisenden besucht. 1880 kehrte in ihr Major v. Mechow, 1885 Dr. Richard Büttner ein.

Die Stadt ist bedeutend grösser als San Salvador, ja sie könnte sich beinahe mit der Mussumba des grossen Muata Jamwo messen; denn Dr. Richard Büttner nimmt keinen Anstand, die Zahl ihrer Bewohner auf 7000 bis 10 000 Einwohner zu schätzen.

Auch in der Anordnung der Hütten und Strassen zeigt diese Residenz einen mehr städtischen Charakter. Wie in San Salvador sind mehrere Hütten in einen Hofraum vereinigt, der dort durch lebende Hecken, hier durch Zäune von Stöcken, Palmblättern und deren Rippen umfriedet ist. Während dort die Hofräume zerstreut gelegen und durch Gärten und unbebaute Strecken voneinander getrennt sind, stossen dieselben in der Mussumba Muene Putu Kassongos unmittelbar zusammen, und durch ihre Einfriedigungen entstehen abgeschlossene Wege, von denen mehrere ganz gerade und in ziemlicher Länge verlaufen. In San Salvador verbinden nur Fusspfade die einzelnen Gehöfte, in der Mussumba giebt es dagegen – freilich sehr sandige – Strassen von einiger Breite, selbst mehrere mit schattenspendenden Bäumen versehene, ausgedehnte Plätze. Dazwischen findet man wohl einige Bananenbüsche, sowie Baumwoll- und Pfeffersträucher, Tabak- und Hanfpflanzen; zu eigentlichen Gärten aber bietet die enge Anlage der Stadt keinen Raum.

Der Einmarsch einer Fremdenkarawane ist ein Ereignis, und so werden die Ankömmlinge von einer grossen Menschenmenge empfangen und in der ersten Zeit ihrer Anwesenheit von einer lästigen Schar Neugieriger besucht. Die Verpflegung ist aber eine gute, denn wie wir bereits wissen, kommen hier Weiber, um mit den Fremden Freundschaften zu schliessen und sie mit Lebensmitteln zu versorgen. So speisten z. B. Büttners Träger neben Erdnüssen, Bananen, Zuckerrohr und Maniok häufig genug Lukuklösse, aus Maniokmehl und kochendem Wasser bereitet, und Mbisi, worunter jede Art von Fleisch verstanden wird, sei es von Muscheln, Hühnern, Ziegen, Schweinen oder vom Flusspferd, oder auch Termiten, Käferlarven, Heuschrecken und Raupen, von welch letzteren bei den Majakka eine haarige Art, die auch auf den Märkten in getrocknetem Zustande gehandelt wird, als Leckerbissen geschätzt ist; dem Luka und dem Mbisi gesellte sich dann noch eine Sauce von Palmöl zu, reichlich gewürzt mit Ndungu, den Schoten des roten Pfeffers.

Am dritten Tage seiner Anwesenheit in der Mussumba wurde Büttner zu der Empfangsaudienz in die königliche Lumba (Wohnung, Gehöft) entboten. Er ging nicht zu Fuss, noch ritt er, wie Buchner, einen Ochsen, sondern liess sich, in feierliches Weiss gekleidet, in der mit einer getigerten Decke ausgeschlagenen Tipoja (Hängematte) bis an die Pforte des königlichen Staketenzaunes tragen. Erst nach einigen Minuten öffnete sich dieselbe, und der Gast wurde in einen grossen Vorhof eingelassen, in welchem er von einigen hundert Menschen, darunter viele Unter- und Oberhäuptlinge, begrüsst wurde. Dieselben waren sehr geschmackvoll drapiert mit bunten Schultertüchern und mit Federn, die in den hohen, an die Form des bayerischen Raupenhelmes erinnernden Haarfrisuren staken. Jeder von ihnen hatte in den Händen zwei kurze Eisenstäbe, die er aneinanderschlagend zum Gruss ertönen liess. In diesem Hofraume befand sich auch das königliche Warenhaus, ein grosses, birnförmiges Gebäude mit überhängendem Grasdach.

Der König erwartete den Gast in einem anderen, durch eine Zwischenwand von dem ersten abgetrennten Hofe, in dem sich auch seine Hütte befand, die sich durch nichts von den übrigen Hütten der Stadt unterschied. Muene Putu Kassongo sass vor der Thür seiner Hütte auf einem Leopardenfell, das auf dem Erdboden ausgebreitet war. Auch der König hielt zwei Eisenstäbe in der Hand und schlug sie zum Gruss aneinander. Der Gast nahm seinen Hut ab und setzte sich auf dem von ihm mitgebrachten Stuhl dem Fürsten gegenüber.

Von königlicher Pracht war da nichts zu schauen. Muene Putu Kassongo war mit einem einige Taschentücher messenden Hüftentuch von roter Farbe bekleidet, er trug auf dem Kopfe, dessen Haar kurz gehalten war, eine rote, gestrickte Mütze, um Hals, Arm und Fussgelenke unbedeutenden Zierat. Neben ihm lag ein Fliegenwedel von Ziegenbarthaar, eine europäische Schnupftabaksdose und eine kleine Kalebasse, in die er häufig hineinspie. Der König, einst ein kräftiger, lustiger Mann, war damals abgemagert und elend, denn sein Rachen war von einem krebsartigen Leiden befallen, das ihm viele Beschwerden bereitete.

Dieses schwere Leiden des Königs war für das Land höchst unglückbringend. Der früher kraftvolle, fröhliche, Glanz und Vergnügen liebende Herrscher war derweilen zum traurigelenden, missmutigen und grausamen Despoten geworden. Wie alle Eingeborenen Westafrikas in dem Glauben befangen sind, dass jede Krankheit die Folge einer Verwünschung oder Behexung sei, suchte er jetzt mit Hilfe seiner Zauberdoktoren und Doktorinnen die Schuldigen, um sie dem Verderben zu überantworten. So fielen in der letzten Zeit in Mussumba jährlich an 50 Menschen diesem Argwohn zum Opfer. Seit der Krankheit des Königs hatten alle Festlichkeiten ein Ende gefunden, die Töne der Marimba waren verstummt, und eine Art eines nationalen Schwertertanzes durfte nicht mehr aufgeführt werden. Es lag eine dumpfe Stimmung über der Mussumba, denn niemand, weder Sklave noch freier Mann, wusste, ob er nicht morgen den Henkern überliefert wurde.

Büttner war während seines kurzen Aufenthalts Zeuge einer solchen Hinrichtung:

Am Abend des 7. August 1885 ergriff man auf Befehl des Königs einen nichts ahnenden, vom Felde heimkehrenden Mann, unter der Beschuldigung, den König behext zu haben. Am anderen Morgen gesellte man dem Gefangenen einen Gefährten zu. Angeblich hatte jener seine Schuld gestanden und diesen als Mitschuldigen angegeben. Büttner ging am Vormittag, um die Leute anzusehen, und fand sie auf einem freien Platz der Stadt auf der Erde sitzend. Man hatte ihnen ein Palmseil um den Hals gebunden und den Kopf mit einigen grünen Blättern bedeckt. Um sie waren etwa 50 Menschen versammelt, zumeist Weiber und Kinder, die singend und lärmend jene umtanzten und sie dann meist unter Verwünschungen mit Sand und Asche bewarfen. Die kleineren Buben hatten hölzerne Stäbe, die sie aneinander schlugen, andere wieder Rasseln, die sie im Takt bewegten. Man schien die ganze Angelegenheit als ein Vergnügen aufzufassen; man rauchte, lachte, dann wieder stampfte man taktmässig mit den Füssen oder schnitt mit den grossen, scharfen, den Majakka eigentümlichen Messern den Angeschuldigten Haarbüschel von den Köpfen oder deutete ihnen lachend an, wie bei der Hinrichtung mit ihnen verfahren werden würde.

Die Leute schienen ganz gleichgiltig zu sein, und bald darauf fand die Hinrichtung statt. Man gab ihnen zu dem Zwecke Nkassa, die zu einem trockenen Pulver gestossene Rinde des Erythrophlaeum guineense. Es gilt als Beweis der Unschuld, wenn dieses Pulver wieder ausgebrochen wird – natürlich aber liegt es in der Hand der Mörder, die Dosen so stark zu geben, dass das Gift seine Wirkung thut. Unter Gesang und Gelärm führte man die Leute, denn das Gift wirkt erst nach einer Weile, mehrfach unmittelbar an der Lumba Büttners vorüber. Der eine der Angeschuldigten war auf diesem Gange von drei oder vier weinenden Weibern, vielleicht seinen Frauen und Töchtern, begleitet. Als die Vergifteten dann mit krampfhaften Zuckungen niederstürzten, tötete man den einen mit Messerschlägen und -stichen und schnitt ihm den Kopf ab, den anderen aber – wohl zur Abwechselung – hängte man an einen Baum.

Drei Tage darauf spielte sich in der Mussumba des Muene Putu Kassongo eine andere Scene ab. Es war Abend, und Büttner wollte sich bereits zur Ruhe begeben; seine Leute lagen rauchend und plaudernd an ihren Feuern. Da erhob sich plötzlich draussen ein gewaltiger Lärm, Schüsse knallten, und über den Staketenzaun flogen Steine, Stöcke, selbst Feuerbrände in das Lager. War das nicht ein feindlicher Überfall? Man griff zu den Waffen; aber da kommt der Hauswirt und beruhigt den Gast; der Lärm bedeutet keinen feindlichen Angriff – Kiamwo sei eben fröhlich (vielleicht betrunken) in diesem Augenblicke, und da sei auch jeder Bewohner von Mussumba verpflichtet, sich mit zu freuen und dies durch einen möglichst lauten Lärm zu bekunden. Natürlich mussten sich die Gäste aus Höflichkeit mit freuen, und so knallten bald hundert Flinten, und die ganze Stadt war während einer Stunde in freudiger Aufregung, jeder schrie, lärmte, alle zur Verfügung stehenden Musikinstrumente ertönten, um bald wieder für lange zu verstummen; denn der König war krank.

Allerdings war das Werfen der Steine, Stöcke und Feuerbrände ein Racheausbruch gegen den Weissen von seiten desjenigen Teils der Bevölkerung, der ihm grollte, dass er in der Mussumba keinen Handel treiben wolle.

Auch die königlichen Frauen sind einem besonderen Zeremoniell unterworfen und bilden eine Plage der Stadt und der Reisenden. Muene Putu Kassongo besass deren fünfundneunzig; einige von ihnen waren grosse und prachtvoll gebaute Gestalten, andere so hell, dass man sie für Araberinnen hätte halten mögen, die grosse Mehrzahl aber war alt und hässlich. Wer nun eine dieser Frauen berührte, dem liess der König den Kopf abhauen, und da dies in dem Gedränge des Lagers gar leicht möglich war, so wurde den Königsfrauen verboten, das Lager Büttners zu betreten, in dem sie sich zuerst nach Belieben aufhielten. Da aber die Damen neugierig waren und auch Tauschgeschäfte machen wollten, so gestaltete sich der Verkehr derselben mit Büttner ziemlich eigenartig: „Erschien eine königliche Taubenbringerin“, schreibt der Reisende, „an der Thür meines Hofraumes, so liess sie den Weissen bitten, sich ebenfalls dorthin zu begeben, worauf sie ihrer kleinen sie begleitenden Sklavin die Taube, ich aber meinem Diener die Spiegelchen in die Hand gab. Zwischen den beiden dienenden Geistern fand über den Zaun hinweg der Austausch statt. So war vermieden, dass weder die Bringerin noch ich selbst, der ich als grosser König sofort auch jenes Gesetz für mich in Anspruch nahm, von unberufenen Händen berührt wurden; der Neugierde der Königsfrau war aber einigermassen Genüge gethan.“

Es besteht im Lundareiche die Sitte, dass der König jedes Mädchen, das er zur Frau begehrt, rauben darf. Die Entführung geschieht in der Nacht durch einen königlichen Boten, sie ist allerdings nur symbolisch;

denn die Eltern wissen darum. Der König darf jedoch später die also Geraubte nicht als Sklavin verkaufen.

Muene Putu Kassongo ist wohl längst seinem Leiden erlegen. Wie es einem Herrscher der Majakka ziemt, wurde er in das Grab von Hunderten zu dem Zwecke geschlachteter Sklaven und Sklavinnen begleitet – das Land atmete auf; aber auf wie lange, kann man mit Recht fragen.

*

Ein Beispiel dafür, wie volkreiche, ja blühende Distrikte unter der tollen Regierung eines solchen Fürsten in kurzer Zeit verwüstet werden können, liefert das Reich des Kasembe, das gleichfalls dem Muata Jamwo unterthan war. Dasselbe liegt in einer Niederung zwischen dem Moero und Bangweolosee.

Der Kasembe ist eine Art kleiner Muata Jamwo. „Als Livingstone vom Kasembe empfangen wurde, sass derselbe vor seiner Hütte auf viereckigem Sitze, dem Leoparden- und Löwenfelle untergelegt waren. Er war in weiss und blaues Baumwollzeug mit rotem Besatze so farbig gekleidet, dass es aussah, als trage er eine Krinoline. An den Händen trug er Staucher, an den Füssen Gamaschen und auf dem Kopfe eine Mütze, alles mit farbigen und gefälligen Mustern gestickt; eine Krone mit gelben Federn überragte sein Haupt. Alle die Häuptlinge kamen im Schatten riesiger Sonnenschirme und setzten sich zu seiner Rechten und Linken, ebenso einige Musikbanden. Ein Scharfrichter mit breitem Lundaschwerte und einem scherenartigen Ohrenabzwicker auf dem Rücken war ebenfalls gegenwärtig, und nicht minder ein 1,14 m hoher Zwerg und Hofnarr von unbestimmter nördlicher Abstammung. Ein ohrenloser Rat trug der Reisenden Thaten und Wünsche vor, nach deren Entfernung Kasembe sich mit Würde entfernte, um die Geschenke anzusehen, wobei zwei Pagen seine Schleppe trugen. Zahlreiche Höflinge gingen ohne Ohren und Hände, Zeugnisse der Launen dieses Herrschers, der doch zu dieser Zeit so ohnmächtig war, dass die Araber sich vor und mit ihm über seine eigene Schwäche lustig machten. Die Grausamkeiten dieses Kasembe, welcher Anfang der sechziger Jahre an die Regierung gekommen war, hatten es dahin gebracht, dass sein einst dicht bevölkertes Land in wenigen Jahren sehr menschenleer geworden war."*

Auch der Kasembe wechselt beim Regierungsantritt seine Kipanga, bleibt aber gleichfalls in einer und derselben Gegend, so dass seine Mussumba einige Quadratkilometer bedeckt – dünn zerstreute Hütten, die kaum 1000 Menschen Obdach gewähren –, in der Mitte der Palast des Herrschers, an dessen Thorpfosten Menschenschädel den Wanderer grüssen.

* Ratzel, Völkerkunde.

Im Lande der Freundschaft

Die Mussumba Muata Jamwos, wie sie Pogge geschildert hatte, lenkte die Aufmerksamkeit Europas auf jenes Gebiet. Die Afrikanische Gesellschaft in Deutschland beschloss, dort eine Station anzulegen, von welcher aus weitere Forschungszüge in die unbekannten Teile Afrikas unternommen werden sollten. Mit der Ausführung dieser Aufgabe wurde Pogge betraut, und als Gefährte wurde ihm Wissmann beigegeben, damals ein Neuling auf Afrikas Boden, der den Kontinent aber betrat, um ihn sofort zu durchqueren.

Auf dem Wege nach der Mussumba Muata Jamwos erhielten nun die Forscher Nachrichten, welche sie veranlassten, den ursprünglichen Plan abzuändern. In Malange trafen sie mit Dr. Buchner zusammen, der gerade von Muata Jamwo zurückkehrte. Der Despot wütete mehr denn je; die Lukokescha, welche dem Einfluss der Weissen günstig gesinnt war und ihnen die Wege in der Mussumba ebnete, war vergiftet worden, und es war vor allem klar, dass Muata Jamwo die Absicht hatte, seine Mussumba zum End- und Ausgangspunkt des zentralafrikanischen Handels zu machen, oder mit anderen Worten gesagt: alle Handelskarawanen, die aus dem Inneren kamen, sollten in seiner Mussumba Halt machen und dort die Waren verkaufen, und ebenso sollte kein von der Küste kommender Händler über Mussumba ins Innere vordringen. Für Forschungsreisende waren das trübe Aussichten, um so mehr, als die Mittel, mit denen Pogge und Wissmann ausgerüstet waren, keineswegs hinreichten, um die verstärkte Habgier eines Muata Jamwo zu befriedigen, und weil ihnen dann das traurige Los bevorstand, in Mussumba festgelegt zu werden, wie das Buchner erleben musste.

Da erhielten sie höchst interessante und verlockende Nachrichten aus dem Norden. Jenseit des Kassai sollte ein schönes Land liegen, in welches seit einigen Jahren die Händler der verschmitzten Negerstämme Kioque und Bangala eingedrungen waren – Lubuku, d. h. das Land der Freundschaft, welches von den Baschilange, einem Zweige des grossen Stammes der Baluba, bewohnt wurde. Die schwarzen Händler konnten die Zugänglichkeit der Eingeborenen nicht genug rühmen. Ein Awiado, schwarzer Zwischenhändler von der Küste, war seit einigen Monaten aus jenem gelobten Lande zurückgekehrt und hatte die Erzählungen der Kioque bestätigt. Dort bot sich Pogge und Wissmann anscheinend ein viel günstigeres Thätigkeitsfeld, und so beschlossen sie, sich nach dem unbekannten

Norden zu wenden. Lubuku war die Parole, welche den Trägern der Karawane mitgegeben wurde. Im Lundareiche, durch dessen Grenzfürstentümer man ziehen musste, herrschten Unruhen, der eine Häuptling bekriegte den anderen; die Karawane zog auf der Strasse, auf welcher schon kurz vorher der Reisende Schütt vorzudringen versucht hatte. Damals hatten ihm einige der Häuptlinge den Durchmarsch durch ihr Gebiet verwehrt; Schütt hatte umkehren müssen; nun waren zwei dieser Häuptlinge gestorben, und das abergläubische Volk schrieb ihren Tod der aus der Ferne wirkenden Zauberkraft der weissen Reisenden zu. Diesmal hatte dieser Aberglaube auch seine gute Seite; er ebnete der Karawane die Wege; man wagte nicht im Ernst, Pogge und Wissmann aufzuhalten.

So kamen sie bis an den Kassai, den grossen Nebenstrom des Kongo; am jenseitigen Ufer erstreckten sich die unbekannten Gebiete der Balubastämme, zunächst das der Tuschilange und unmittelbar hinter demselben am Luluaflusse das Reich Lubuku, bewohnt von den Baschilange. Die Reisenden überschritten den Strom. Ein glücklicher Zufall wollte es, dass gerade zu jener Zeit einer der mächtigsten Häuptlinge der Baschilange in Handelsgeschäften am Kassai weilte und die Europäer besuchte. Es war dies Tschingenge, ein schlanker Mann mit intelligenten Zügen, glatt geschorenem Haupte und feiner Tättowierung im Gesicht und auf der Brust. Er näherte sich den Weissen ehrfurchtsvoll und bescheiden. Ein weisses Hemd, schon sehr gebrauchte Unterhosen und Morgenschuhe war seine fürstliche Kleidung. Sein Staunen gab sich in zurückhaltender, anständiger Weise kund. Keine wilde, unstäte Bewegung, kein lauter Ton liess ihn aus seiner mit drolliger Grandezza durchgeführten Rolle des grossen Mannes fallen; er brannte natürlich darauf, die Männer aus Mputu (Europa) nach seiner Hauptstadt zu geleiten.

So erschien er am verabredeten Tage mit seinem Gefolge, um sich der Karawane Pogges und Wissmanns anzuschliessen.

„Voran raste ein eine Phantasiefahne schwingender Mann, den Namen und die Grösse seines Häuptlings preisend. Dann folgte langsam ein dichter Knäuel von etwa 100 Menschen, viele mit Gewehren bewaffnet, die sie emporhielten, indem sie dabei eine eintönige Melodie sangen. Ab und zu sprang ein Krieger aus der Masse hervor, feuerte sein Gewehr in den Boden ab und verschwand wieder ladend in dem Knäuel. Inmitten des Lagers angekommen, öffnete sich der Haufen zu einem Halbkreis, in dessen Mitte Tschingenge auf einem Holzkasten reitend, die Füsse auf die Schenkel von ihn umlagernden Weibern gestellt, sichtbar wurde, in jeder Hand einen mit Klingeln behängten Fliegenwedel haltend, den er gravitätisch hin und her schwang. Eine mächtige Trommel intonierte in prachtvoll tiefem Bass, und helles Geheul der Krieger beschloss die Besuchszeremonie."

Der Dolmetscher der Weissen hielt eine Rede an die Baschilange, die mit lautem Jubel aufgenommen wurde, und die fremdartigen, hageren Gestalten schickten sich an, zur Feier des Tages ihr nationales Riamba-Fest zu begehen, Hanf zu rauchen. Rings um ihren Häuptling liessen sich die kahlköpfigen, tättowierten Bursche nieder und begannen ihre Pfeifen anzuzünden. Bald hüllte grauer, süsslich übelriechender Qualm die wunderliche Gruppe ein, aus der krampfhaftes Husten und Prusten, oder durch die narkotisierende Wirkung des Hanfes eingegebene Inspirationen über Freundschaft mit dem weissen Manne erschallten. Vier gut gestimmte Trommeln fielen ein, und die Versammlung erhob eine aus sieben Tönen zusammengesetzte, sich stets wiederholende Melodie. Pfeifen, Klappern, Rasseln, die langgezogenen Töne der Elfenbeinhörner mischten sich mit dem Gesang – ein Getöse, ein Höllenlärm betäubte das Ohr, während diejenigen, bei denen der Hanf bereits einen Rausch erzeugt hatte, in wilden Sprüngen mit stieren Blicken den Riambatanz begannen.

Ja, es war ein neuer origineller Stamm, dem sich im Jahre 1880 zum ersten Male europäische Reisende näherten; ein Stamm, der später als Bundesgenosse Wissmanns auf dessen Forschungszügen durch Afrika sich auch den Dank der geographischen Wissenschaft verdient hat. Ein Stamm, der für uns auch darum von Interesse sein muss, weil in seinem Lande vier Jahre später deutsche Offiziere die Luluaburg errichteten, eine Burg der Zivilisation, die an den südlichen Marken des Kongostaates noch heute blüht und gedeiht.

*

Das Land, welches wir betreten, ist eigenartig beschaffen; wir haben schon die eintönige westafrikanische Küstenlandschaft verlassen. Wenn wir uns in die Lüfte schwingen und dieses Land aus der Vogelschau betrachten könnten, so würde es uns wohl wie eine tief geäderte Marmorplatte erscheinen. Ähnlich bunt ist hier das Land von Bächen durchfurcht, welche, meistens in breiten, kesselartigen Schluchten entspringend, in breiten, 25 bis 50 m tiefen Rinnsalen nach den verschiedensten Richtungen ihren Lauf nehmen und überall die Campine (Grassavanne) in kleinere oder grössere Plateaus teilen. Die Breite dieser schluchtartigen Wasserläufe wechselt zwischen 60 und einigen hundert Metern und mehr. Sie sind fast ausnahmslos mit üppigem tropischen Urwald bewachsen, dem hohen, mit Lianen und dichten Büschen fast undurchdringlich verwobenen Urwald. Die Bäche, meistens über weisssandige und kiesige oder mit Felsblöcken bedeckte Betten fliessend und mit dichten Laubdächern überwölbt, liefern fast ausnahmslos ein gesundes, klares und frisches Trinkwasser und trocknen nicht aus; ihr unbedeutender Wasserstand, in den Oberläufen von einigen Zentimetern bis zwei Metern, bleibt vielmehr zu allen Jahreszeiten ziemlich derselbe. Auf der Campine findet man die der westafrikanischen Savanne eigentümlichen Bäume und Sträucher. Hässliche, schattenlose Hochwälder, grössere Sand- und sumpfige Wiesenstrecken giebt es hier nicht.

Die Bestellung des Bodens ist leicht, so dass die Eingeborenen infolgedessen eine reine Brachwirtschaft betreiben und jedes Jahr neue Urbarmachungen für ihre Plantagen vornehmen. Die Weiber, welche allein Feldarbeiten besorgen, hacken das Gras nieder, hauen gleichzeitig einige Büsche ab und verbrennen demnächst das vertrocknete Gras und Reisig oder tragen es von der Pflanzung. Der Boden wird alsdann flach gehackt und mit Bohnen bepflanzt, die rasch und üppig die Scholle beranken und nach ungefähr 3½ bis 4 Monaten die Ernte geben. Nach Einheimsung der Schoten werden die trockenen Ranken verbrannt, der Boden wieder gehackt und mit Hirse besät. Ist diese bereits etwas gewachsen, so beginnt die Pflanzung des Manioks durch Stecklinge zwischen die Hirse. Derselbe liefert nach 1½ bis 2 Jahren die ersten vollen Erträge. Dies ist die regelmässige Fruchtfolge der Negeragrikultur. Ausserdem werden aber noch viele andere Gemüse und Nutzpflanzen angebaut, wie Tabak, Hanf, Baumwolle u. s. w.

Da ein reichlicher Regenfall zur Regenzeit in diesen Gebieten niemals fehlt, so sind die Ernten ganz gesichert. „Welche enorme Kulturen würde ein europäischer Pflanzer hier vornehmen können!“ ruft der sachverständige Pogge aus. „Mit wie geringen Arbeitskräften und mit wieviel Aussicht auf sicheren Erfolg im Vergleich mit solchen in Europa, speziell Norddeutschland! Welche Arbeitskräfte erfordert in Deutschland die Urbarmachung von gutem Boden, und welchen verderblichen Wettereinflüssen (Regen und Dürren, Sturm, Schnee und Hagel) sind die Saatfelder dort ausgesetzt!“

So ist Lubuku in der That ein gesegnetes Land; seine Wälder bergen viele Nutzhölzer und auch die Gummiliane (Landolphia). Nur die Tierwelt ist spärlich vertreten; grössere jagdbare Säugetiere findet man selten, und der Elefant ist schon fast gänzlich ausgerottet, obwohl die Feuergewehre erst seit 20 Jahren eingeführt sind.

In dieses Land ergoss sich nun in alten Zeiten eine Völkerwoge, wie wir schon viele ähnliche in Afrika kennen gelernt haben. Der erobernde Stamm waren hier die Baluba, wilde, rohe Gesellen. Der erste Häuptling der Baluba, der in das Land eindrang, war Kapuku-Muluba, ein Sohn Kassongos, des mächtigen Mulubakönigs, auf den auch Kanjika, Kassenge, Kassembe und Kassongo, der erste Muata Jamwo des Lundareiches, ihre Abstammung zurückführen. Aus der Vermischung der Baluba mit den ursprünglich hier sesshaften Stämmen der Baschilange und Bateke entstanden die jetzt lebenden Stämme.

Die Baluba hatten zwar nach und nach den Kannibalismus, dem sie früher frönten, aufgegeben, aber sie lebten in starken Fehden untereinander und hielten ihr Land allen Fremden streng verschlossen. Da wurde von Osten her der Riambakultus (Hanfkultus) in Lubuku eingeführt; er bildet einen völligen Gegensatz zu den rohen Lehren des Fetischismus in Afrika; unter der narkotisierenden Wirkung des Hanfes wurden sonderbarerweise friedliche Gesetze und Einrichtungen im Lande eingeführt. Dieser Kultus gewann immer mehr an Ausbreitung, als sich etwa um das Jahr 1870 folgendes zutrug.

In Lubuku regierte damals Kalamba-Mukenge, ein junger Mann, der noch ein unbedeutender Häuptling war.

Eines Tages begab sich nun Mukenge mit Pfeil und Bogen auf einen Jagdzug nach Westen. Damals waren noch Elefanten häufiger, da die Eingeborenen Feuergewehre nicht kannten. Als Mukenge in den Wäldern am Kassai dem Wild nachstellte, hörte er plötzlich den ihm noch unbekannten Knall eines Gewehres; er schlich nach der Richtung hin und konnte bald aus dem Verstecke beobachten, wie ein Negerhäuptling einen bereits verwundeten Elefanten durch einen Schuss niederstreckte. Mukenge konnte sich kaum vor Erstaunen fassen, als er die Wirkung des Feuerrohrs sah. Der Jäger aber, ein schlauer Kioquehäuptling, gab sich für einen mächtigen Zauberer aus und erzählte Wunderdinge von der Macht seines rotbemalten Steinschlossgewehres. Der Zauberer wurde nun in das Dorf Mukenges gebracht und hier mit allen Ehren empfangen. Man schloss mit ihm einen Freundschaftsbund, und Mukenge nahm den bei den Kioque üblichen Königstitel Kalamba an. Seine Hauptaufgabe war nun, die Macht seines kleinen Staates zu stärken, was natürlich nur durch Anschaffung von Gewehren und Pulver geschehen konnte. Mukenge verbot darum seinen Unterthanen, Pfeil und Bogen zu tragen. Jeder sollte ein Gewehr sich anschaffen, und wenn der Mann kein Elfenbein hatte, um es zu kaufen, so musste er den von den Kioque geforderten Preis in Menschen, seinen eigenen Frauen und Töchtern zahlen.

Nachdem einmal der Bann gebrochen war, kamen ausser den Kioque noch die Bangala als Händler ins Land, zuletzt auch Karawanen von der Küste. Kalamba-Mukenge wurde reich und mächtig, und sein Ansehen unter den Baschilange wuchs ungemein rasch.

Das Volk der Baschilange wurde von einzelnen Häuptlingen beherrscht, deren Zahl eine sehr beträchtliche war. Ein eigentliches gesetzmässiges Oberhaupt, wie z. B. im Lundareiche, hatte es nicht gegeben. Es war wohl Sitte, dass der jüngere Häuptling dem älteren Tribut zahlen musste, aber diese Sitte wurde selten beobachtet. Entscheidend waren die Machtverhältnisse. Fühlte sich einer der Häuptlinge stärker als sein Nachbar, so kam er zu diesem und nötigte ihn, Tribut zu entrichten. Erstarkte aber ein Tributzahler und wurde mächtiger als sein bisheriger Lehnsherr, so trug er kein Bedenken, diesem den Gehorsam zu kündigen, ja von ihm Tribut zu fordern. Auf diese Weise wechselten stets die Machtverhältnisse.

Mukenges Handelsverbindung, sowie der grosse Besitz an Feuerwaffen machten es ihm leicht, viele kleine Häuptlinge sich tributär zu machen, und so wurde er in kurzer Zeit zum angesehensten Häuptling der Baschilange, dem nur sein Bruder Tschingenge einigermassen an Macht gleich kam.

Mukenge fand aber noch ein anderes Mittel, durch welches er seinem neugegründeten Reiche einen festeren Kitt gab. Er wurde zum Apostel des Riambakultus und erhob denselben zur Staatsreligion, worin er von seinem geistig hochstehenden Bruder nach Kräften unterstützt wurde. Die Anhänger der neuen Religion nannten sich Bena-Riamba, d. h. Söhne des Hanfs.

Das Hanfrauchen ist ihnen zur Pflicht gemacht. Alle Feste werden mit Riambarauchen gefeiert, bei der Riambapfeife, die gewöhnlich aus einem grossen Flaschenkürbis angefertigt ist und nicht selten 1 m im Umfang misst, werden Freundschaftsbündnisse geschlossen und die wichtigsten Geschäfte erledigt. Hat jemand sich eines Vergehens schuldig gemacht, so wird er zu einer bestimmten Anzahl Pfeifen Hanf verurteilt, die er unter Aufsicht bis zur Bewusstlosigkeit rauchen muss.

Die Riambapfeife begleitet den Mann auf Reisen und in den Krieg. Ist er ermüdet, abgespannt und hungrig, so genügen einige Züge aus derselben, um ihn zu erneuter Thätigkeit anzufachen. An jedem Abend vereinigen sich die Männer auf der Kiota, dem Häuptplatze inmitten der Ortschaft, um Hanf zu rauchen, und auch die Stille der Nacht wird gewöhnlich von den krampfartigen Hustenanfällen eifriger Riambaraucher unangenehm unterbrochen.

Es unterliegt keinem Zweifel, dass dieses Hanfrauchen entschieden verwerflich ist; der indische Hanf enthält ein starkes Narkotikum, welches in dem verweichlichten Orient als Haschisch missbraucht wird. Es erzeugt einen eigenartigen Rausch, in welchem gute oder schlechte Traumbilder, je nach der Stimmung des Berauschten und der Art der äusseren Eindrücke, entstehen; im Haschischrausch kann man die Freuden des Paradieses geniessen oder Höllenqualen leiden. Aber der häufige Genuss dieses Narkotikums, gleichviel, in welcher Form es genossen wird, untergräbt schliesslich die Gesundheit, ruiniert das Nervensystem; das Hanfrauchen insbesondere schädigt aber die Lungen. Man sieht diese Folgen schon deutlich unter den Bena-Riamba von Lubuku; viele von ihnen gehen an Lungenkrankheiten zu Grunde, das Volk ist auch sichtbar körperlich heruntergekommen, namentlich sind die Männer, die besonders der Riambapfeife huldigen, auffallend schwächer als die Frauen.

Mit dem Einführen des Riambakultus wurden aber noch andere höchst wunderbare Einflüsse geltend, die man als gute bezeichnen muss.

Die neue Religion war entschieden eine mildere, als der alte Fetischismus; aus ihren leider bis jetzt nicht völlig aufgeklärten Lehren leuchtet eine höhere Moral hervor, die auch auf den blutigen Strafkodex afrikanischer Völker in Lubuku zurückwirkte.

Während wir in den anderen Staaten der farbigen Rasse die Todesstrafe selbst gegen die geringsten Vergehen angewandt sehen, wird sie in Lubuku nur gegen ein einziges Verbrechen, gegen Mord, verhängt. Sie wird alsdann durch Verbrennung vollzogen. Der Verurteilte wird in sein Haus gesperrt, dieses mit trockenen Gräsern vollgepfropft und dann angezündet. Alles lagert sich umher im Kreise, raucht Hanf und schreit, man sagt, um die im Todeskampfe ausgestossenen Klagerufe des Verurteilten zu übertönen: „O Mama, o Tatu (ach Mutter, ach Vater), warum hast du getötet, siehe, jetzt musst auch du sterben!“ Aber wie die Gesetzgeber der zivilisierten Welt wissen die Bena-Riamba auch zwischen Mord und Totschlag zu unterscheiden und lassen den letzteren, wie dies im Anfang des Mittelalters noch in Europa üblich war, durch Zahlung einer Busse sühnen. Zumeist muss der Schuldige an die Verwandten des Erschlagenen einen Sklaven geben. Das Trinken des Giftes, um ein Gottesurteil herbeizuführen, ist unter den Bena-Riamba verboten, an Stelle dieser finsteren, so viele Menschenleben fordernden Sitte ist das Riambarauchen getreten.

Überhaupt wendet sich der Riambakultus mit aller Entschiedenheit gegen den Fetischismus. Als Kalamba-Mukenge ihn zur Staatsreligion erhob, liess er die alten Fetische zerstören und öffentlich verbrennen, an ihre Stelle trat die Riamba als Universalzauber- und Schutzmittel gegen alle Unbilden und als ein geheiligtes Symbol des Friedens und der Herrschaft.

Und in der That wurden die früher zügellosen Baschilange unter dem Einfluss des Hanfes gesitteter. Rechtliche Grenzen zwischen Mein und Dein wurden gezogen, fremde Händler sollten in Lubuku, wie jetzt das Reich genannt wurde, frei und ungehindert verkehren dürfen. Der alte heidnische Gruss: „Wie hast du geschlafen?“ wurde aufgehoben und dafür „Moio!“ (Gesundheit) gesetzt, mit dem sich die Bena-Riamba anreden. Bedeutsam ist die Satzung, man solle kein Blut vergiessen, welche von dem Kalamba dahin ausgelegt wurde, dass er seinen Bena-Riamba verbot, Haustiere zu halten, da ja diese geschlachtet würden, durch welche Verordnung er allerdings den Viehstand seines Volkes ruinierte.

Die Bena-Riamba glauben an ein höheres Wesen, an einen guten Geist, den sie Fidi-Mukullu nennen (Mukullu bedeutet alt; die Bedeutung von Fidi lässt sich nicht erklären), und der ihre Geschicke bestimmt; ausserdem aber auch an einen bösen Geist Koëmbe. Fidi-Mukullu belohnt auch die Guten und straft die Bösen nach dem Tode. Die Guten dürfen, sobald sie gestorben sind, gleich als hervorragende Persönlichkeiten oder gar Häuptlinge auf die Erde zurückkehren, während die Bösen erst von

Fidi-Mukullu Strafen erhalten, ehe sie dem Leben auf der Erde wiedergegeben werden; denn mit dem Riambakultus ist bei den Baschilange auch der Glauben an eine Art Seelenwanderung eingezogen.

So pflegen sie auch einen Verkehr mit den Geistern der Abgeschiedenen. Wissmann belauschte einmal eine solche Zwiesprach des Häuptlings Tschingenge mit dessen verstorbenen Eltern.

Er stand vor einem kleinen Erdaufwurfe hinter seinem Hause mit seinem Lieblingsweib und seinen Kindern. Aus Thon gemachte Tiergestalten, die im Boden vergraben lagen, hatten seine Eltern hier zu vertreten, denn beide lagen weit von hier begraben. Mit vernehmlich lauter Stimme sprach er, das Gesicht zu Boden gewendet, die Geister an: „Seht ihr jetzt, dass ich Recht hatte, als ich euch vertrieb und viele eurer Anhänger töten liess? Ihr rietet mir, bei euren alten, schlechten, wilden Sitten zu verharren, die schönen Sachen und das mächtig machende Gewehr, was alles von den Weissen kommt, nicht anzunehmen, und die Kioque, die uns solche brachten, zu bekriegen. Hier steht er neben mir, der weisse Mann mit langem, schlichtem Haar, und ist mein Freund. Mein Wunsch ist ganz erfüllt, ich bin gekleidet wie der Weisse, und ich bin mächtig durch das Gewehr und das Pulver. Der Weisse ist ein guter Mann, er füttert alle meine Söhne mit dem Fleisch des Flusspferdes und hat mich gesund gemacht, als Mukenge mich verzaubert hatte,* und wenn ihr nun am Leben wäret, würde er auch an euch so handeln! Ich will euch etwas Fleisch von den Geschenken des Weissen geben und euch zutrinken!“ Er legte hierbei einige, nebenbei gesagt, die schlechtesten Stücke des Fleisches, fast nur Knochen, auf den Erdaufwurf und schüttete einen Becher Hirsebier darüber.

Ein Teil des alten Aberglaubens ist bei den Bena-Riamba doch erhalten geblieben: wenn auch Kalamba-Mukenge ausser der Riamba keine Fetische besitzt, so fürchtet er doch diejenigen, die sich in Händen seiner Feinde befinden, und sucht, wenn er den Feind besiegt hat, sich derselben zu bemächtigen, um sie zu vernichten.

Jeder neue Glaube ist fanatisch; und Fanatiker sind auch die Bena-Riamba, sie suchen ihren Kultus zu verbreiten durch Überredung sowohl wie durch Waffengewalt.

Der Besiegte oder Neubekehrte muss zunächst seine Fetische herausrücken, damit sie verbrannt werden, alsdann wird ihm der Kopf rasiert, und er muss seine Sünden beichten, wofür ihm zur Strafe ein Pfefferaufguss in die Augenwinkel geträufelt wird.

Einer ähnlichen Prozedur müssen sich auch nach Mitteilungen Pogges fremde Karawanen oder unbotmässige Häuptlinge in Lubuku unterwerfen.

* Dies bezieht sich auf die Heilung eines Fieberanfalls.

Bei dem ersten Empfange kleinerer Häuptlinge und ihres Gefolges herrscht nämlich am Hofe Mukenges für gewöhnlich folgendes Zeremoniell. Wenn eine Tributkarawane ankommt, begiebt sie sich zuvörderst nach dem Marktplatze des Ortes, der Kiota, bringt dort die Nacht im Freien zu und begiebt sich am nächsten Morgen in corpore, Männer und Weiber, mit Zurücklassung ihrer Bekleidung, in puris naturalibus nach einem etwa 400 m östlich vom Dorfe fliessenden Bache und nimmt dort ein gemeinsames Bad. Am zweiten Morgen, nachdem die zweite Nacht ebenfalls im Freien auf der Kiota zugebracht worden ist, wallfahrtet die ganze Gesellschaft in demselben Aufzuge nach einem ungefähr 250 m südlich vom Orte gelegenen Bache, reinigt sich zum zweiten Male durch ein Bad und begiebt sich alsdann vor Kalambas Wohnung, wo die ganze Schar Posto nimmt und zwar in zwei Gruppen geteilt, die Männer und Weiber für sich. Soll die Handlung besonders feierlich vorgenommen werden, so erscheint Kalamba selbst, nimmt auf einem kleinen Schemel Platz und bemalt mit einem Stück weissen Thon (hier Lupemeba genannt) den vorderen Oberkörper einer jeden dieser durchaus paradiesisch ihre Huldigungen darbringenden Gestalten.

Nach Beendigung dieser Beschmierungskur gehen alle wieder auf den Marktplatz, bekleiden sich dort und kehren einzeln oder zusammen wieder zu Kalamba zurück, und er beginnt die gefürchtete Pfefferkur, indem durch die offene Spitze einer kleinen Blättertüte der ausgequetschte Saft von Pfeffer in beide Augen getröpfelt wird. Während dieser Prozedur hat der Täufling eine Art von Beichte abzulegen und hat auf alle möglichen Fragen zu antworten, auch Gelübde zu thun; z. B.: „Hast du schon gestohlen? Einen Menschen getötet? Besitzt du Fetische? Willst du ein gehorsamer Sohn sein?" u. s. w. Hiermit ist die Zeremonie beendet. Diesem Empfangsverfahren sind jedoch nur diejenigen Unterthanen Mukenges unterworfen, die ihren Kalamba zum ersten Male besuchen oder die ihm ungehorsam waren.

Dass die Pfefferprobe oft eine lästige und lange dauernde Bindehautentzündung zur Folge hat, braucht nicht besonders hervorgehoben zu werden. Sie ist eine Erfindung einer Schwester Mukenges, der Sangula-Meta, die eine der eifrigsten Prophetinnen des Riambakultus ist. Wenn Pogge ihr darüber Vorstellungen machte, so erwiderte sie kurz und bündig, von dieser Pfefferprobe sei noch niemand gestorben. Einige Grausamkeit hängt dem Negercharakter immer an.

Die Bena-Riamba sind besser als viele, ja die meisten der Negerstämme; aber sie haben, wie alle Menschen, auch ihre Fehler. Die Sittlichkeit steht bei ihnen sehr tief. Lubuku, d. h. Freundschaft, heisst ihr Land, weil hier die Frauen mit den Fremden dieselben Freundschaften schliessen, die wir bereits im Lundareiche kennen gelernt haben. Die Bena-Riamba führen ein glückliches Familienleben, aber da sie wenig Elfenbein haben, da der Kautschuk seltener geworden ist und auch dessen Bereitung einige Mühe erfordert, so betrachten sie ihre Frauen und Kinder als Wertsachen und Tauschobjekte. Ein ausgewachsenes Mädchen kostete hier zu Pogges Zeiten eine Muskete (Preis einer Muskete 4500 Reis = 20 Mark) oder 20 m Kaliko; ein Kind von 8 bis 10 Jahren ein Fass Pulver oder 12 m Kaliko. Fast jeder Träger, der nach Lubuku kommt, nimmt sich von hier eine Sklavin mit – dies sind die Folgen des schlimmen Einflusses der Kioque und Bangala, welche einen schwunghaften Sklavenhandel betreiben und zur Entvölkerung des Landes beitragen.

Die Begründung der Macht Kalamba-Mukenges konnte jedoch ohne innere Kämpfe nicht stattfinden. Es gab eine starke Gegenpartei im Lande, und diese beschuldigte den Herrscher und seine Schwester Meta und seinen Bruder Dibue Tussele förmlich der Apostasie. Sie sollten den Tod eines Mannes durch Fetischzauber herbeigeführt haben, und man zwang die beiden letzteren, Riamba zu rauchen. Bald darauf stürzten Meta und Dibue Tussele betäubt zu Boden, was als ein Zeichen ihrer Schuld angesehen wurde.

Die aufgeregte Menge fiel über sie mit Messern her und wandte sich dann auch gegen Kalamba. Zufällig waren gerade viele Bangalaleute im Dorfe, welche mit Waffen in der Hand für Kalamba-Mukenge eintraten und ihn retteten. Die Aufrührer flohen auf die andere Seite des Lulua, wo sie so lange blieben, bis sie von Mukenge eine Amnestie erhielten. Die Schwester Kalambas, Meta, war scheintot auf dem Platze geblieben, und als dieser von Menschen leer war, erwachte sie aus ihrer Ohnmacht und rettete sich in das Haus eines befreundeten Häuptlings; seit jener Zeit erhielt sie den Beinamen Sangula, da ein Totkranker, der unerwarteterweise wieder gesund ward, ku sangula genannt wird, oder auch ausführlicher Sangula baka musangula kudi Baschangi, d. h. „die wieder zum Leben Erstandene wurde wieder belebt durch die Baschangi (Geister)".

Sangula-Meta, die Hohepriesterin des Riambakultus, war in Lubuku eine Art Lukokescha. Ihr geschwisterliches Verhältnis zu Mukenge war ein wahrhaft rührend anhängliches. Das Gefühl der Furcht war ihr fremd, und sie trat oft mit einem Büschel grünen Hanfes in der Hand unbewaffnet den Feinden entgegen, um eine drohende Anrede zu halten. Schien diese keinen Eindruck zu machen, so suchte sie durch heftige Gesten und plötzliches Ablegen ihres einzigen Hüfttuches dem Gegner ihre Verachtung zu zeigen und ihre Krieger zum Kampfe anzufeuern. Auf alle Entschliessungen ihres Bruders, auf die äussere und innere Politik übte Sangula-Meta den mächtigsten Einfluss aus; ohne sie wurde kein Beschluss gefasst.

Sangula-Meta pflegte auch Rundreisen in Lubuku zu unternehmen, um für Nalamba Mulambo, d. h. Tribut, zu erpressen. Auf einer solchen

Reise begleitete sie auch der Reisende Pogge, der in seinen Tagebüchern interessante Notizen darüber verzeichnet hat.

Im Dorfe Kamoschi mit einer sehr zuthulichen Bevölkerung brachte der Soba (Häuptling) für Meta ein Mädchen mit einem kleinen Kind als Geschenk, obwohl deren Verwandte sich widersetzten. Meta war damit nicht zufrieden; sie wies das Geschenk unter der Behauptung zurück, dass das Mädchen zu hässlich sei, und drohte dem Soba, dass Kalamba, ihr Bruder, mit bewaffneter Macht kommen würde, wenn er nicht mehr geben würde.

Der Soba blieb hart, und die Erledigung der Frage musste bis zur Rückkehr auf der Reise verschoben werden. Nach Kamoschi zurückgekehrt, machte nun Meta mit ihrem Gefolge in der Nacht so viel Lärm mit den Trommeln und mit Gesang, dass es selbst dem Soba zu viel wurde, und er sie bitten liess, endlich still zu sein, damit seine Leute schlafen könnten! Sie liess ihm aber antworten, dass dies die Strafe dafür sei, dass er keinen ordentlichen Tribut zahlen wolle, und lärmte und tobte mit ihren Leuten den ganzen Morgen hindurch bis zum Sonnenaufgang.

Meta hatte nun inzwischen von dem Soba zwei Knaben und zwei Hühner als Mulambo erhalten. Am Morgen des nächsten Tages erschien sie nun in vollständigem Evakostüm vor ihrem Haus und drohte, dass, wenn die beiden Knaben nicht gegen einen Elfenbeinzahn umgetauscht werden würden, das ganze Dorf zur Strafe krank werden solle. Aber der hartnäckige Soba gab nichts weiter her, obwohl er beteuerte, dass es ihm eine grosse Ehre gewesen sei, den weissen Mann in seinem Dorfe gehabt zu haben und ihn und den Reitochsen seinen Frauen und seinen Kindern, die so etwas noch nie gesehen hätten, zeigen zu können. In anderen Dörfern wiederholten sich dieselben Scenen.

Sangula-Meta war eine energische Person, und ihre Energie brachte auch den deutschen Forschungsreisenden Nutzen; denn als auf dem Zuge nach Njangwe die entmutigten Baluba erklärten, dass Weitergehen Wahnsinn sei, blieb Sangula-Meta allein standhaft und erklärte: „Ich bleibe bei Kassongo und Kabassu,* mögen unsre Söhne daheim sagen, unsre Männer sind Memmen, sie haben die Baschangi ihrer Brüder verlassen, mich sollen sie nicht beschimpfen."

Wissmann bemerkt hierzu: „Welch ein Weib, eine Negerin, woher der Mut, woher diese hohen Worte?!"

Darum wird auch dieser seltsamen Hohepriesterin des Riambakultus in der Geschichte der Afrikaforschung ein dankbares Andenken bewahrt.

⁂

* Die Erklärung dieser Beinamen Pogges und Wissmanns wird weiter unten gegeben werden.

Zu diesem eigenartigen Volke führte nun Häuptling Tschingenge die deutsche Expedition. Bald aber trennten sich Wissmann und Pogge; der letztere zog in die Residenz Mukenges, der erstere in die Tschingenges, da sich die Reisenden, bevor sie an die Gründung einer Station gingen, zuerst überzeugen wollten, welcher von den beiden rivalisierenden Häuptlingen der eigentliche Herr des Landes sei. Die Erfahrung zeigte, dass dies entschieden Kalamba-Mukenge sei, und diesem schlossen sich die Deutschen an.

Aber ein sonderbarer Empfang stand hier den Europäern bevor. Sie wurden ähnlich begrüsst, wie Cortez bei Montezuma oder die Spanier Pizarros bei den Altperuanern. Vor einigen Jahren war der Vorgänger Mukenges Kassongo mit den Kioquehändlern nach Westen gezogen und dort gestorben und zu gleicher Zeit der Vorgänger Tschingenges, Namens Kabassu-Babu, im Westen auf der Jagd von einem angeschossenen Büffel getötet worden. Nun kamen zwei mächtige fremde Häuptlinge vom Westen in das Land, und der eine ging zu Mukenge, der andere zu Tschingenge. Wunderbare Thatsachen! Um sie zu erklären, half sich das Volk der Baschilange mit der Seelenwanderung und erdachte sich eine Fabel. Die ehemaligen Häuptlinge waren der Meinung der Baschilange nach in das Geisterwasser, in das Meer, hinabgestiegen und kehrten nun von dort, in weisse Menschen verwandelt, in das Land zurück.

Die weisse Hautfarbe erregte keinen Anstoss bei den Negern; im Hinterlande von Togo wurde Dr. Wolf in ähnlicher Weise von einer Negerin begrüsst und erhielt auch eine Erklärung für die Annahme der Neger, dass Weisse wiederauferstandene Häuptlinge seien.

Das Neugeborene der Neger ist nicht schwarz oder farbig; die neugeborenen Negerkinder sind zumeist weiss oder doch wenigstens sehr hell, erst im Laufe der ersten Tage dunkelt die Haut nach, bei manchen Stämmen bleiben die Kinder überhaupt lange Zeit hindurch heller gefärbt. In dieser Thatsache liegt der Schlüssel zur Erklärung der Fabel und des Umstandes, dass dieselbe im Negervolke so viel Gläubige findet; denn wie das Neugeborene hell ist, so werden auch die wiedergeborenen Schwarzen bei ihrer Wiedergeburt weiss.

Kurz und gut, Pogge galt nunmehr als der Geist Kassongos, der wieder Fleisch und Blut angenommen hatte, und Wissmann als Kabassu-Babu. Die Reisenden hatten keinen Grund, diese Fabel zu entkräften, da sie ihnen einen grösseren Einfluss auf das Volk sicherte, den sie auch, wie wir später sehen, zu Gunsten desselben verwerteten. Später, als noch mehr Weisse in das Land kamen und die eifersüchtigen Kioque und Bangala gegen die Europäer zu agitieren begannen, wurde der naive Glaube des Volkes wohl erschüttert, aber Wissmann, der Lubuku auf seinen späteren Reisen noch wiederholt besuchte, wurde immer Kabassu-Babu angeredet und führt unter den Baschilange noch heute diesen Namen.

Wissmann hatte in Lubuku sogar noch seine Familie angetroffen; denn Sangula-Meta war ja die Witwe Kabassu-Babus. „Nicht wenig erstaunt war ich", erzählt der Reisende, „als Tschingenge mir eines Tages die Mitteilung machte, dass meine Mutter und einige Vettern kämen, um mich zu besuchen. Eine alte Negerin, die Mutter des Kabassu-Babu, war doch über die Verwandlung ihres Sohnes höchst überrascht und eingeschüchtert. Als ich sie freundlich begrüsste, mich nach meinen, bei meiner damaligen Abreise zurückgelassenen Weibern erkundigte und ihr ein aus dem Maidschi-Kalunga (Geisterwasser, Meer) mitgebrachtes hübsches Perlenhalsband umhing, erholte sie sich und versprach ganz glücklich, mir alles herzuschaffen, was noch von meinem früheren Besitze in ihrem Dorfe vorhanden sei. Zu meiner nicht allzugrossen Trauer ersparte sie mir den Abschiedskuss, als sie, beglückt über das unverhoffte Wiedersehen, mit meinen lieben Vettern davonwatschelte."

Die wiederauferstandenen Häuptlinge sahen sich indessen bewogen, in die Regierungsweise Kalamba-Mukenges in einer Hinsicht energisch einzugreifen. Das Verbot Mukenges, Haustiere zu halten, wurde auf der neugegründeten Station sehr fühlbar durch den Mangel an Fleischnahrung. Kassongo-Pogge liess es darum aufheben und konnte noch Zeuge sein, wie rasch auf den günstigen Weidegründen sich die Herden vermehrten.

Mukenge, Sangula-Meta und eine Anzahl der Baschilange gaben Pogge und Wissmann das Geleite nach Njangwe durch die damals noch völlig unbekannten Gebiete an den Nebenströmen des Kongo Lubilasch und Lomami. Während nun Wissmann von dort nach der Ostküste ging, kehrte Pogge nach der Station in Lubuku zurück.

Njangwe, die arabische Stadt im Herzen von Afrika, hatte auf den Häuptling der Baschilange einen ungeheuren Eindruck gemacht. Von nun an nannte er sich nur Luaballa, nach dem Namen des Kongostromes (Lualaba), den er ein wenig verdrehte. Im Gegensatze zu anderen Negerhäuptlingen hatte er schon früher für sich einen Palast nach der Art der Leute von der Westküste, eine grosse Lehmhütte, bauen lassen. Nun hatten ihm die Tembe der Araber in Njangwe imponiert, und er begann nach diesem Muster einen neuen Palast zu bauen – die wahre Karikatur eines Hauses, dessen Inneres sich durch eine völlige Finsternis auszeichnete. Als ihn der Dolmetscher Pogges auf diesen Übelstand aufmerksam machte und ihm riet, Fenster anzubringen, wies er ihn barsch zurück, indem er sagte, der Mann verstände nichts, so und nicht anders sähen die Häuser der Araber in Njangwe.

Mit Kalamba-Mukenge-Luaballa waren die Unterthanen nicht sehr zufrieden; seine Kilolo klagten über ihn bei Pogge, aber nicht wegen seiner Härte. Im Gegenteil, die Klagen waren folgender Art: Erstens belästigen, sagte man, die Verwandten Kalambas die Frauen; ehemals hätten die

Verführer von Frauen Strafe zahlen müssen und im Weigerungsfalle wäre bald Krieg aus solchen Ursachen entstanden und die Übelthäter wären gefangen worden. Aber Kalamba verhindere jetzt die Bestrafung, da dies gegen die friedliebenden Gesetze des Riambakultus verstosse. Zweitens seien ehemals die der Zauberei verdächtigen Personen gezwungen worden, den Gifttrank zu trinken, aber Kalamba habe diese gute Sitte verboten, da sie Anlass zu dem Tode vieler Menschen gebe, und lasse nur Riamba rauchen. Drittens war es früher Gebrauch, dass nur die Vornehmen, Kilolo, oder die älteren Leute Fasenda (Baumwollenstoffe) tragen durften, jetzt könne aber jeder junge Bursche Baumwollenstoffe tragen, und dann sei Kalamba überhaupt zu schwach und zwinge seine Vasallen, besonders Tschingenge nicht, Tribut nach Mukenge zu bringen, so dass damit keine Reichtümer in das Land kämen.

Kalamba-Mukenge-Luaballa hatte noch einen anderen Namen: Nika oder Danika, d. h. der Erschütterer, aber er war kein gewaltthätiger Mann. Nach Pogges Schilderungen war er einer der stattlichsten und bestaussehenden Neger, die der Reisende gesehen hatte. Unter einer hohen Stirn blickten zwei klug und sogar schlau, aber doch gutmütig aussehende Augen hervor. Der Mund, obwohl etwas gross, hatte doch keine wulstigen, aufgeworfenen Lippen. Die Gestalt war gross, und die Füsse setzte er beim Gehen auswärts. Sein Charakter war gutmütig, wenn auch etwas habsüchtig; er war eigentlich der Spielball seiner Ratgeber, namentlich seiner Schwester Sangula-Meta.

Seine Regierungsart war in der That durch eine gutmütige Schwäche gekennzeichnet, und er liess so viele Leute straflos ausgehen, dass selbst Kassongo-Pogge sich veranlasst sah, ihn zu ermahnen, dass er seine Autorität im Lande besser wahre und nicht den ganzen Tag hingestreckt auf dem Bette zubringe, und dieser Mahnung die Drohung beifügte, die Station und das Njangwehaus Kalambas zu verbrennen und zu Tschingenge zu ziehen.

Gewiss eine seltene Erscheinung unter den schwarzen Fürsten, dieser Kalamba-Mukenge, von dem es nicht bekannt geworden ist, dass er ein Todesurteil gefällt habe!

*

Die Forschungsreisenden sind flüchtige Gäste in den Ländern des dunklen Weltteils, und so verliess auch Pogge nach nicht langer Zeit Lubuku, in dem er als wahrer Kulturträger aufgetreten war. Von Beruf Landwirt, hatte er den Viehstand der Baschilange gehoben und ihnen aus Njangwe ein wertvolles Geschenk, Reis, mitgebracht, der hier gute Ernten giebt.

Aber schon ein Jahr darauf kam nach Mukenges Dorf die Kunde, dass wieder vom Westen eine Karawane mit weissen Leuten nahe – ihr Führer sei Kabassu-Babu (Wissmann), der seine Söhne mitbringe. Mit wahrem Jubel wurden die Gäste empfangen. Es waren wiederum Deutsche, die Lubuku betraten: unter Führung Wissmanns Stabsarzt Dr. Ludwig Wolf, Hauptmann Curt von François und die Lieutenants Franz und Hans Müller, denen als niedrigere Chargen der Schiffszimmermann Bugslag und die Büchsenmacher Schneider und Meyer beigegeben waren.

Die Expedition marschierte unter der vom Prinzen Friedrich Karl geschenkten deutschen Flagge, aber sie war von dem hochherzigen Könige der Belgier, Leopold II., ausgerüstet. Ihre Aufgabe bestand darin, den Lauf des Kassai festzustellen und das südliche Kongobecken zu erforschen. Wissmann hatte nun beschlossen, für diese Operationen in Lubuku als Stützpunkt eine Station zu bauen.

Da es aber um jene Zeit überall in Afrika gärte, so sollte diese Station eine Burg sein, in welcher die Besatzung dem Angriffe eines starken Feindes trotzen könnte. Nicht in der Residenz Mukenges, sondern weitab von dieser an dem Luluaflusse wurde sie in strategisch günstiger Lage gegründet und erhielt den Namen Luluaburg.

In Lubuku hatte sich manches geändert; Tschingenge, der an Mukenge keinen Tribut zahlen wollte, war besiegt und befand sich in Gefangenschaft Kalambas. Dieser selbst aber war in Sorgen, da einige mächtigere Häuptlinge ihm keinen Tribut zahlen wollten und ihn sogar bedrohten. Er freute sich darum, dass Kabassu-Babu wieder da war, und wollte mit ihm und seinen Söhnen Kischila, d.h. Blutsbrüderschaft, trinken. Man hatte dagegen nichts einzuwenden, da die Expedition ja auch den Beistand des Häuptlings brauchte. In Lubuku wird diese Zeremonie so vollzogen, dass jede der Parteien in heisses Wasser ein paar Tropfen Blut fallen lässt und dieses alsdann getrunken wird.

Man schickte sich auch an, in dieser Weise die Blutsbrüderschaft zu schliessen, nur hatten die Weissen anstatt des Wassers hierzu Cognac vorgeschlagen, was anstandslos angenommen wurde. Ja, ein blutscheuer Apostel des Riambakultus machte auch seinerseits einen Vorschlag, welcher dieser Blutsbrüderschaft alles Blutige benahm. Er sprach:

„Wenn wir gegenseitig nach alter Sitte unser Blut trinken, wird das Volk sagen, wir seien keine Söhne des Riamba mehr, sondern blutdürstig geworden. Das Feuer ist die höchste Macht der Erde und Riamba das einzige Mittel für Gesundheit und Leben! Wenn wir Kischila nun vom Feuer mit Riamba trinken, so ist das unverbrüchlich. Wer es dann wagen wird, sein Wort zu brechen, der wird vom Feuer vertilgt worden, dem wird kein Feuer mehr brennen und leuchten und Riamba nicht mehr helfen. Ohne Feuer kann aber niemand das Eisen bearbeiten, ohne Eisen kann niemand seine Felder bebauen oder ein Haus errichten, ohne Riamba kann kein Mensch auf Erden leben, somit muss sich jeder hüten, das Feuer und Riamba durch seinen Wortbruch zu erzürnen.“

Und so geschah es. Die Riambapriesterin Sangula-Meta streute eigenhändig einige Hanfkörner in den kochenden Cognac, und die Häuptlinge von Lubuku und die weissen Männer wurden Blutsbrüder.

Ein solche Freundschaft verpflichtet, und Kalamba-Mukenge musste auch bald um einen Dienst bitten; aus der Blutsbrüderschaft sollte sich eine Waffenbrüderschaft entwickeln. Einer der Unterhäuptlinge weigerte sich, an Mukenge Tribut zu zahlen. Es war der Häuptling Katende, der mit den Kioque ein Bündnis geschlossen hatte und an Thatkraft, sowie an Zahl der streitbaren Männer, die unter seinem Befehl standen, Kalamba-Mukenge überlegen war. Er gab dem letzteren die höhnische Antwort: „Katende wird an Kalamba keinen Tribut zahlen, sondern verlangt zunächst Geschenke von Kalamba, weil er älter ist." Damit war die Kriegserklärung gethan, und die Blutsbrüder mussten mit ihren Flinten helfen, wenn sie sich nicht als wortbrüchig der allgemeinen Verachtung aussetzen wollten.

Die Deutschen gaben ihren 50 schwarzen Soldaten als Uniform Matrosenjacken und Fes. Nach und nach sammelte sich die Armee Kalambas und seiner Bundesgenossen. „Im gewöhnlichen Hüfttuch, aber jeder mit der unvermeidlichen Riambapfeife versehen, die als unbehülflicher Ballast an Schultern und Rücken hing oder wie ein Schosskind im Arme getragen wurde, glich die Menge mehr einem starken Orchester von Dudelsackpfeifern und Tubabläsern, als dem beutelüsternen Tross mutiger Krieger. Bei weitem vertrauenerweckender nahm sich die Kriegerschar der Unterhäuptlinge Tschinjama und Mupuja aus, die eine halbe Stunde später einzog. Dem Trupp voraus sprang ein Fahnenträger, der ein buntes Taschentuch als Kriegszeichen lustig im Winde flattern liess. Ihm folgte auf einem kleinen schwarzen Stier der Häuptling in seiner Staatsrobe, einem französischen, stellenweise sehr schadhaften Artilleriewaffenrock, weiten roten Hosen, die sich nach den Knieen zu in engen Falten zusammenzogen, und einem breitkrempigen alten Filzhut. Hinter ihm schritten 52 kampflustige Krieger, sämtlich mit neuen Kattuntüchern uniformiert." – – –

Das Bild, welches sich auf dem Marsche bot, war höchst phantastisch! Die Familien und Verwandten gingen gewohnheitsgemäss in grösseren und kleineren Trupps zusammen, Männer, Weiber und Kinder im bunten Gewirr durcheinander; in ihrer Mitte wehten als Kriegsflaggen bunte und rote Tücher an langen und schwankenden Stangen. Die Bewaffneten hatten ihren tättowierten Körper gewöhnlich noch durch weisse, symbolische Striche verziert, das Haar war oft mit bunten Federn geschmückt, oder es war ein Stück Zeug turbanartig um den Kopf gelegt. Weiber und Kinder waren beladen mit Lebensmitteln und Kochgeräten.

Es ist in Afrika Sitte, dass im Kriege im Feindesland bei Einnahme von Dörfern Männer und alle alten Personen totgeschlagen, Weiber und Kinder aber als Sklaven fortgeschleppt werden. Diesmal sollte es anders werden; das Morden der Wehrlosen wurde bei Todesstrafe verboten, nur unter dieser Bedingung zogen die Europäer mit ins Feld, und die Deutschen marschierten auch stets an der Spitze, um etwaige Grausamkeiten am besten verhindern zu können.

Nachdem Katende in einigen Gefechten von Ort zu Ort gedrängt worden war, wurde er schliesslich von seinen eigenen Bundesgenossen, den Kioque, gefangen genommen und an Mukenge ausgeliefert. Nun musste sich der Besiegte vor dem Sieger demütigen: Zuerst bestrich er die Stirn mit Erde; dann beugte er sich mit Stirn und Mund zum Boden nieder, legte sich endlich auf den Rücken und begann sich im Staube zu wälzen, wobei er gleichzeitig seinen Kopf mit Staub bedeckte. Der Premierminister Kalambas, dem dies Bild der Unterwürfigkeit noch nicht reue- und demutsvoll genug erschien, unterstützte ihn hierbei, indem er noch einige Hände voll Erde auf den schon lehmbraunen Körper verteilte.

Dem Besiegten wurde nun nach der Art der Bena-Riamba der Kopf rasiert; er musste Riamba rauchen, seine Reichskleinodien, die zugleich seine Fetische waren, herausrücken, damit sie unschädlich gemacht wurden, und es wurde ihm zugleich versichert, dass er in Mukenge hingerichtet werde. Aber die Deutschen nahmen Katende als Gefangenen auf die Luluaburg und setzten ihn später als Vasallen Kalambas wieder in seine Herrschaft ein.

Sie stifteten überhaupt Frieden; denn auch der Häuptling Tschingenge verliess eines Tages in einer Hängematte das Dorf seines Bruders, um als Häuptling auf seinen Posten zurückzukehren. Zuletzt unternahmen Kalamba, Sangula-Meta und Tschingenge mit den Deutschen die grosse Entdeckungsfahrt bis zur Mündung des Kassai und von dort den Kongo abwärts und wurden dann von Dr. Wolf in dem Dampfer des Kongostaates „Stanley“ in ihre Heimat zurückbefördert.

Luluaburg, die deutsche Gründung im fernen Afrika, wurde später zu einer Station des Kongostaates erhoben. Im Jahre 1886 kam Wissmann noch einmal in diese Gegend. Die Station, damals von dem unvergesslichen Dr. Wolf, der inzwischen in Dahomey frühzeitigen Tod fand, verwaltet, befand sich im blühendsten Zustande. „Mir war, als ob ich in mein Heim zurückkehrte“, schreibt Wissmann, „als ich im Thore der Station dem treuen Büchsenmacher Bugslag die schwielige Rechte schüttelte.“ Auch unter den Eingeborenen herrschte grosse Freude, dass Kabassu-Babu zurückgekehrt sei zu seinen Freunden. „Ich war hier zu Hause, jedes Gesicht der Hunderte von Negern, die in dem grossen Dorfe der Station wohnten, erkannte ich, jeder der mich Umdrängenden freute sich, dass ich ihn erkannte.“ Mit schwerem Herzen schied er von dieser Stätte, nachdem er die immer schwankenden Machtverhältnisse der einzelnen Häuptlinge geregelt hatte, und trat seinen grossen Zug nach Nordost an. „Besonders als ich, als letzter aus dem Thore reitend, einigen meiner alten Veteranen, die zurückblieben, ein herzliches Lebewohl zurief und der älteste derselben, ein Greis mit weissem Haar und Bart, vor mir her Asche als Reisefetisch streuend, mir zum Abschied sagte: ‚Deas guarda vossa excellencia!' konnte ich meiner Rührung kaum Herr werden!"

Kalamba regierte noch in alter Weise; sein Bruder Tschingenge war aber den Pocken erlegen. Später kamen Belgier, Beamte des Kongostaates, zur Leitung der Luluaburg, denn deutsche Kräfte waren für deutsche Kolonien nötig; zuletzt sind auch Missionare nach Luluaburg gegangen. Schon in den ersten Jahren ihres Bestehens hat die Station mit ihren Ernten anderen Stationen des Kongostaates ausgeholfen. Der Scharfblick Pogges hat den landwirtschaftlichen Wert der Gegend genau erkannt.

Es war nur eine Geschichte eines Jahrzehnts, die wir unseren Lesern vorgeführt haben, aber eine lichte und freudige Geschichte, zu der leider die anderen Abschnitte der Geschichte des dunklen Weltteils in einem grellen Gegensatz stehen – eine Geschichte der Arbeit hat Stanley die Gründung von Vivi genannt. Eine Geschichte der Arbeit ist auch die Gründung der Luluaburg, die als ein Bollwerk der Zivilisation an den südlichen Marken des Kongostaates steht. Freilich auch um die Zukunft von Lubuku müssen wir besorgt sein, denn auch dem Lande der Freundschaft naht die völkervertilgende Pest Afrikas – der Araber.

Ein Fürst der Bakuba

Die Männer von der Luluaburg hatten die Aufgabe, den Lauf des Kassai bis zu seiner Mündung festzustellen. Zu diesem Zwecke wollten sie auf dem Lulua Kanoes bauen und auf diesen den Strom hinabfahren. Darum mussten sie zunächst über die Schiffbarkeit des Lulua Erkundigungen einziehen und auch die unterhalb des Stromes wohnenden Stämme auf ihre Ankunft vorbereiten, um feindliche Zusammenstösse möglichst zu vermeiden.

Die Eingeborenen berichteten ihnen, dass weiter nordwärts an den Ufern des Stromes, den sie erforschen wollten, ein sehr wildes Volk, die Bakuba, wohnten. Sie hielten ihr Land verschlossen, nur an den Grenzen desselben, im Gebiete der den Bakuba tributpflichtigen Bateke,hätten sie zwei Marktplätze eingerichtet, in welchen sie gegen Elfenbein verschiedene Waren, wie Sklaven, Kaurimuscheln und Kupfer eintauschten. Kein Händler durfte ihr Land betreten, und der Portugiese Silva Porte, der bis zu jenen Märkten gelangt war, wurde am weiteren Vordringen durch bewaffneten Widerstand verhindert.

Es lag nun dem Führer der Expedition viel daran, mit diesem Volke in Verbindung zu treten und sich den Wasserweg durch ihr Land zu öffnen. So wurde denn Dr. Wolf beauftragt, mit einer kleinen Schar einen Vormarsch in das Land der wilden Bakuba zu wagen, ihren König der Freundschaft der Weissen zu versichern und auf den geplanten Durchmarsch der Weissen vorzubereiten. Eine schwierige, aber auch dankbare Aufgabe, denn es musste dem Forscher verlockend erscheinen, ein Volk kennen zu lernen, das sich von jeder Berührung mit der Kultur fernhielt.

So rückte denn Wolf mit frohem Mute dem unbekannten Ziel entgegen, obwohl alle Baschilange und Baluba die Bateke und die Bakuba derart fürchteten, dass Führer schwer zu erlangen waren. Da bis dahin alle Händler, welche die erwähnten Elfenbeinmärkte besucht hatten, an der Grenze des Landes zurückgewiesen worden waren, so war es Wolf klar, dass auch ihm dasselbe Schicksal bevorstehen musste, wenn er auf dem gewohnten und bekannten Wege marschieren würde, und so beschloss er, die Bakuba zu überraschen, die Grenzen ihres Landes auf Umwegen zu erreichen und plötzlich in ihrer Mitte zu erscheinen.

Für das Gelingen dieses Planes war die Gegend, durch die Wolf ziehen musste, insofern günstig, als das Land, welches den Savannencharakter trug, vielfach durch breite Streifen eines dichten Urwaldes unterbrochen wurde, in den man morgens eintritt und den man abends verlässt, ohne die Sonne gesehen zu haben. Dieser Urwald verbarg die Bewegungen der Karawane und erleichterte ein unbemerktes Herannahen, zunächst an die Wohnsitze der Bateke, die gewissermassen als Grenzwächter sich vor dem Lande der Bakuba niedergelassen hatten.

In der That verliess Wolf glücklich die letzte im Urwalde gelegene Ansiedelung der Baluba und erschien unverhofft am Ufer des Flusses Luehlo, an welchem sich einige Bateke befanden. Mit Verwunderung und Geringschätzung blickten diese Grenzwächter die anrückende Fremdenschar an; denn sie hatten noch niemals einen Weissen gesehen, und die geringe Zahl (34) seiner Begleiter konnte ihnen keinen Respekt einflössen, zumal die Leute so schlecht bewaffnet waren; denn was für Waffen führten sie? Kurze Knüppel und keine Speere, nicht Pfeil und Bogen! Freilich hier war die Grenze, bis zu welcher damals die Feuerwaffen vorgedrungen waren, und die Bateke hatten keine Gelegenheit gehabt, die furchtbare Wirkung derselben kennen zu lernen.

Mit Interesse betrachtete auch der Forscher die Repräsentanten des ihm noch unbekannten Volkes. Sie waren mit Bogen, Pfeilen und langen Speeren bewaffnet, hatten ihren Körper rot gefärbt und trugen um die Hüften ein vielfach in Falten zusammengelegtes Mabeletuch.* Auf dem Wirbel sass, durch eine Kupfernadel auf dem welligen, sonst kurzgeschorenen Haupthaar befestigt, ein kleines aus der Raphienfaser geflochtenes Käppchen, dessen Spitze ein Federbusch zierte. Kein Stück europäischen Zeuges, das sonst die Reisenden überall angetroffen hatten; hier war nur die echte, unverfälschte innerafrikanische Kultur zu schauen.

Die erstaunten Bakete hinderten die wehrlose, ihrer Ansicht nach wohl freche Schar nicht am Flussübergang, eilten vielmehr fort, um in den nächstgelegenen Dörfern die Ankunft der Fremden zu melden. Wolf folgte ihnen auf dem Fusse und zog, von einer gewaltigen Menge umringt, durch ein etwa 400 Häuschen zählendes Dorf, bezog auf einem freien Platze desselben das Lager und beschloss, den Wilden die Wirkung der Feuergewehre zu zeigen. Aus den Chassepots, mit welchen seine Soldaten ausgerüstet waren, wurden einige Schüsse in eine 100 m entfernte Palmkrone gesandt, und so erhielten die Bakete, als sie den lauten Knall hörten und die zerschossenen Palmwedel herabfallen sahen, eine gar hohe Meinung von den Zauberstöcken des weissen Mannes.

Unbehindert rückte die Expedition weiter vor, und nachdem sie wieder einen Streifen dichten Urwalds passiert hatte, erreichte sie das erste Bakubadorf. Es zählte nur 40 Häuschen, und die Eingeborenen standen wie gebannt da. Was waren das für Dinge, die sie sahen; ein weisser Mann und dazu noch auf einem Stiere, reitend! Die Bakuba treiben keine

* Gewebe aus den Fasern der Weinpalme (Raphia vinifera).

Viehzucht und kennen nur den wilden afrikanischen Büffel, der durch ihre Savannen streicht. Was für ein Zauberer war doch dieser Fremde, der ein so bösartiges Tier zu bändigen verstand! „Uh! Uh!“ entrang sich von Zeit zu Zeit ihren erstaunten Lippen, oder sie hielten sprachlos vor Erstaunen die Hohlhand vor den weitgeöffneten Mund.

Mit Wohlgefallen liess aber der Reisende seine Blicke über die dunklen Gestalten schweifen; denn ihr Äusseres entsprach ganz so dem Bilde, das man sich von einem wilden Naturmenschen zu machen pflegt. Sie waren alle über mittlerer Körpergrösse, kräftig gebaut, hatten breite Schultern, stark entwickelte Muskulatur auch der Waden und grosse Hände und Füsse. Ihre Kleidung bestand aus einem rotgefärbten, vielfach in Falten gelegten, selbstgewebten Mabelehüfttuch, während um Hand- und Fussgelenke dicke, blankgeputzte Kupferringe lagen und ausser dem erwähnten kleinen Käppchen mit Federbusch noch lange Reiher- und Perlhuhnfedern den Kopfputz bildeten. Der sorgfältig gearbeitete Bogen, die mit Federn geschmackvoll geschmückten Pfeile, die spiegelblanken, ziselierten Spitzen der über mannshohen Speere, kunstvoll geschmiedete Dolchmesser, welche ohne Scheide hinter der Hüftschnur an der rechten Seite hingen, liessen auf eine eigenartige, hohe innerafrikanische Kulturstufe schliessen, welche durch den Zwischenhandel unbeeinflusst ihre Ursprünglichkeit noch nicht verloren hatte.

Von Dorf zu Dorf ging es weiter vorwärts, und die Bakuba sollten bald die Wirkung der Feuergewehre kennen lernen; da lag im Grase eine 14 m lange, graugrüne, schwarzgefleckte Pythonschlange. Wolf tötete sie durch einen Schuss Rehposten. Nur die nahestehenden Bakuba fielen vor Schreck zu Boden, und das Erstaunen verwandelte sich in Aufregung, als die Leute das Ungetüm tot und zerfetzt sahen.

Nun kam den Fremden ein Neffe des mächtigen Balkubahäuptlings Lukengo, der Häuptling Kampimpi, entgegen, der als Zeichen seiner hohen Stellung einen kunstvoll mit Kupfer eingelegten Speer trug. Von diesem Häuptling wurde Wolf in die letzte Geschichte des Landes eingeweiht. Der alte Häuptling Lukengo Buabe-Mabinschi* war gelähmt und blind, und so hatte er seinen Sohn Mbotte-Kumambua zum Nachfolger ernannt und ihm die Reichsinsignien übergeben. Augenblicklich herrschte im Lande eine blutige Familienfehde. Kampimpi erklärte Wolf, dass nach Landesgesetzen jeder Fremde als Feind zu betrachten sei, und gab ihm darum den Rat, sein Lager streng bewachen zu lassen. Er wollte inzwischen das Volk von den friedlichen Absichten des Fremden unterrichten und seine Ankunft Lukengo melden.

Die Völker Afrikas verständigen sich auf weitere Entfernungen durch Trommelsignale. Dieser akustische Telegraph ist bei allen vorhanden,

* Lukengo ist der Herrschertitel.

aber bei den einen mehr, bei den anderen weniger ausgebildet. In Kamerun sind die Trommelsignale so vollkommen, dass sie eine vollständige Sprache, die Trommelsprache, bilden, man trommelt nicht etwa einzelne verabredete Signale, sondern Worte und Sätze. Ausser den Dualla in Kamerun sind die Bakuba das einzige Volk in Afrika, welches gleichfalls eine vollkommen ausgebildete Trommelsprache besitzt. So wurde denn das grosse Ereignis von der Ankunft des weissen Mannes in alle Dörfer hinausgetrommelt. Stundenlang dauerte diese Korrespondenz der Dörfer untereinander, und in den Pausen, in welchen die Trommel Kampimpis schwieg, hörte man aus weiter Ferne den Schall der antwortgebenden Trommel.

Am anderen Tage waren Tausende schaulustiger Eingeborener aus nah und fern herbeigeströmt, um den Fremden und seine Begleiter anzusehen. Abergläubisch, wie alle Neger, hielten sie alle ihnen unbekannten Gegenstände für Fetisch und Zauber. Wenn Wolf die Uhr oder den Kompass hervorzog, dann entstand eine allgemeine Aufregung; an anthropologische Messungen war nicht zu denken; das Bandmass genügte, um eine Panik hervorzurufen.

Inzwischen beriet Lukengo in der Residenz mit seiner Familie, was er mit dem Fremden anfangen solle. Es wurde ein Orakel angeordnet. Inmitten einer grossen Volksversammlung wurde einem Hahn der Gifttrank Ipomme eingeflösst. Würde derselbe von dem Vogel ausgebrochen, so galt das als Beweis, dass der Fremde als Freund komme. Sollte aber der Hahn sterben, dann war der Fremde ein Feind, dem man mit aller Kraft zu Leibe rücken musste. Glücklicherweise erbrach der Hahn unter Würgen das Gift; es unterlag keinem Zweifel, dass Wolf ein Freund des Lukengo war – die bis dahin finstere, feindselige Haltung der Bakuba machte einer besseren Stimmung Platz, und unter günstigen Auspicien konnte der Marsch zu Lukengo angetreten werden. Jetzt wirbelten die Trommeln strenge Befehle in das Land hinaus, niemand solle bei Todesstrafe wagen, dem Fremden ein Leid anzuthun oder ihn zu berauben.

Da kommt unter wüstem Lärm des Volkes die Kunde, dass Lukengo mit dem ganzen Pomp eines Bakubaherrschers dem Fremden entgegenkomme, um ihn zu begrüssen. „Die Menschenmenge zählte nach Tausenden. Lukengo sass in einer Tragbahre, die von recht kräftigen Sklaven getragen wurde. Blasen auf Elfenbeinhörnern und wildes Bearbeiten mächtiger Trommeln mit den Handflächen bildeten die Begleitungsmusik. Etwa 10 m von mir entfernt hielt die Tragbahre; Lukengo richtete sich auf und starrte mich bewegungslos an. Die nächststehenden Zuschauer warfen sich auf die Kniee und begrüssten ihren Herrscher mit den Rufen: ‚Lukengo! Lukengo! Uh! Uh!‘ und durch Händeklatschen, das allmählich schwächer wurde. Nach einer Pause regungslosen Schweigens liess er die Tragbahre niedersetzen und betrat den Boden, noch immer unverwandt seinen Blick auf mich gerichtet. Ich hatte jetzt die beste Gelegenheit, ihn zu beobachten.

Lukengo-Muana mochte etwa fünfzig Jahre alt sein. Er war gross und korpulent; sein Gewicht betrug gewiss weit über zwei Centner. Den Kopf zierte der mit Federn geschmückte Bakubahut, und vier lange Reiher- und rote Corythaixfedern staken neben einer aus Messing geschmiedeten Hand in dem kurzgeschorenen Haar. Ein Stirnband, sowie zwei handbreite, auf der mächtigen Brust gekreuzte Schärpen und der faltige Hüftenschurz waren dicht mit Kaurimuscheln besetzt. Die Stoffe waren sämtlich aus den Fasern der Raphiapalme gewebt und rot gefärbt. Der Hüftenschurz wurde von einer daumendicken, aus einer Büffelhaut gedrehten Schnur gehalten, an welcher vorn eine Tasche aus Wildkatzenfell und an der Seite ein blankes, kunstvoll aus Messing geschmiedetes und mit Kupfer eingelegtes Dolchmesser hing, eine der Reichsinsignien des jeweiligen Lukengo; um Arm- und Fussgelenke lagen dicke Kupferringe, während die mächtigen Unterschenkel zur Hälfte noch in Kaurihalbstiefeln steckten, die aus dicht mit diesen beliebten Muscheln geschmückten breiten Mabelestreifen bestanden. In der rechten Hand trug der Bakubaherrscher sein Szepter, einen Büffelschweif, dessen Holzgriff mit Kupfer beschlagen und mit Kauris verziert war. Um beide Augen war ein weisser Kreis mit Thon und ein tiefschwarzer, daumenbreiter Streifen über Stirn, Nasenrücken, Ober- und Unterlippe bis an den unteren Kinnrand gezogen. Sein Kopf war wohlgeformt, seine Gesichtsbildung war dem äusseren Anscheine nach eine kaukasische und hatte, energische, aber keineswegs grausame Züge.

Ich beobachtete mit wachsendem Staunen diesen Negerfürsten, dessen Namen ‚Lukengo' den Inbegriff unbeschränkter Macht und Grausamkeit bezeichnen sollte, und der mit einem bisher nicht gesehenen Pomp mir gegenübertrat. Mein vielgereister Dolmetscher Kaschawalla, der auch längere Zeit im Lundareiche gewesen war, erging sich in dem bewundernden Ausdruck, dass nur Muata Jamwo mit diesem Lukengo verglichen werden könne."

Bei der Begrüssung benahm sich Lukengo ruhig und würdevoll, ebenso bei dem am nächsten Tage erfolgten Gegenbesuch in seinem Palaste oder einer grossen, offenen Audienzhalle, welche etwa 50 m lang, 20 m breit und 15 m hoch, und deren Dach aus Rippen und Fasern der Raphiapalme zusammengesetzt und geflochten war.

Der Lukengo herrscht unumschränkt im Bakubalande und lässt die einzelnen Distrikte durch Unterhäuptlinge verwalten; er beobachtet das übliche Zeremoniell der Negerkönige; wenn er isst, trinkt oder raucht, so darf ihm niemand, seine Lieblingsfrau ausgenommen, zusehen. Stirbt ein Lukengo, so bleibt sein Körper drei Monate unbeerdigt, und während dieser Zeit werden täglich Sklaven und Verbrecher getötet; das letzte

Opfer wird an den fürstlichen Leichnam herangeführt und ihm bedeutet, dass ihm die Ehre zugedacht sei, mit dem toten Lukengo dasselbe Grab zu teilen. Auch beim Tode der Verwandten des Herrschers werden Menschenopfer gebracht. Um diesen Bedarf an Menschen zu decken, wird im Bakubalande in folgender Weise verfahren. Begeht irgend einer der Unterthanen Lukengos ein kleines Vergehen, sei es gegen die Person des Herrschers oder dessen Eigentum, so wird er als Opfer vorgemerkt. Er geht bis auf weiteres im Lande frei umher. Stirbt aber ein Verwandter des Herrschers, so wird der Vorgemerkte von den ausgesandten Henkern irgendwo aufgegriffen und getötet.

Der König verfügt auch frei über die Töchter des Landes; es ist jedoch hervorzuheben, dass die Stellung der Frau bei den Bakuba eine höhere ist, als in anderen Ländern; so darf ein Bakuba nur ein freies Bakubaweib zur Frau nehmen; diese eine Frau ist die rechtmässige, und der Mann darf ausserdem wohl Sklavinnen, aber keine zweite Bakuba heiraten; die Häuptlinge machen hiervon jedoch eine Ausnahme. Man führt diese Einrichtung auf folgendes legendenhafte Ereignis zurück. Vor vielen Generationen entstand einmal wegen der Tributzahlung ein Streit zwischen zwei Bakubahäuptlingen. Man rief das Gottesgericht an, welches zwischen den Bikenge- und Bussonge-Bakuba entscheiden sollte. Es wurde nun bestimmt, dass beide Parteien je eine Kupferplatte in vorgeschriebener Form anfertigen und die Häuptlinge diese Platten zu gleicher Zeit in den Lulua werfen sollten; wessen Platte oben schwimmen würde, sollte als Oberhäuptling anerkannt werden. Nun fertigten die Bikenge eine Platte aus Holz an, die sie mit dünnem Kupferblech beschlugen. Eine Bikengefrau erfuhr aber von diesem Betrug und teilte ihn dem Bussongehäuptling mit. Die Platten wurden mit Hilfe der Frau vertauscht, die Bikenge bei der Wasserprobe überlistet. Der Bussongehäuptling rief sich zum Lukengo aus, trennte sich aber von den falschen Bikenge und gründete ein eigenes Reich. Die Frau, welche die Rache der Bikenge fürchtete, folgte Lukengo, der sie aus Dankbarkeit zu seiner ersten Gemahlin erhob und zum Andenken an ihre That die oben erwähnte Art von Monogamie seinem Volke auferlegte.

Von den Sitten, die am Hofe herrschen, ist noch besonders die hervorzuheben, dass der König bei festlichen Gelegenheiten vor dem Volke zu tanzen pflegt, und zwar in ähnlicher Weise, wie wir sie bei den Mangbattu kennen gelernt haben.

Im Gefolge des Königs befanden sich auch Zwerge aus dem Stamm der Batua, denen die Pflicht oblag, Wild und Palmwein für die königliche Tafel zu besorgen. Es sind dies entschieden Stammesverwandte der Akka-Akka, welche Schweinfurth am Hofe Munsas entdeckt hatte. Einst bildeten sie die Urbevölkerung des Landes. Heute stehen sie in einem gewissen Abhängigkeitsverhältnis zu dem Häuptling der Bakuba. Sie leben

Ein Kongo-Häuptling.

in Wäldern von den Ergebnissen der Jagd. Ackerbau betreiben sie nicht; sie tauschen vielmehr Feldfrüchte gegen Fleisch auf Märkten ein, die von ihnen und den Bakuba an bestimmten Plätzen im Urwalde abgehalten werden. Die Batua haben bereits viel von den Bakubasitten angenommen und sich vielfach mit denselben vermischt.

Die Bakuba bezogen bis jetzt von auswärts Kupfer, Kaurimuscheln und Sklaven, sonst begnügten sie sich mit eigenen Erzeugnissen. Ihre Handwerker waren geschickt, ihre Dörfer reinlich; sie hatten eine selbständige, für innerafrikanische Verhältnisse überraschend hohe Kultur.

Woher war dieselbe gekommen? Haben die Bakuba sie selbst geschaffen? Wolf ist zu folgender Erklärung gekommen:

„Ausgeschlossen ist, dass sie von Süden, Osten oder Westen gekommen sein kann; so bleibt nur der Norden übrig. Wohl liegt die weitere Frage nahe, und meine spätere Sankurureise hat mich so kühn gemacht, sie hier, wenn auch mit Vorsicht, aufzuwerfen, ob nicht diese autochthone zentralafrikanische Kultur mit der altägyptischen in Verbindung stehe? Verschiedene Beobachtungen bei den Bakuba erinnern mich lebhaft an die geistreichen Schilderungen Schweinfurths über die Niam-Niam und Monbuttu. Abgesehen von den Augurien mit Hühnern, der Knabenbeschneidung beim Eintritt der Reife, die dort wie hier vorkommen, und denen eine ethnographische Bedeutung wohl nicht abzusprechen ist, gewähren die Erzeugnisse der Bakubakultur berechtigte Anhaltspunkte für kühne Schlussfolgerungen auf dem Entwickelungsgebiete des zentralafrikanischen Völkerlebens."

Diese Worte des trefflichen Forschers gewinnen noch eine grössere Bedeutung, wenn wir sie den Thatsachen gegenüberstellen, die uns aus der Geschichte und dem Kulturleben der Wahumastaaten bekannt sind. Sie lassen auch die von Peters aufgeworfene Frage berechtigt erscheinen, ob nicht unabhängig von der Einwanderung des hellfarbigen Hirtenvolkes kulturelle Einflüsse aus dem Norden in Innerafrika sich geltend gemacht haben, die vielleicht älter waren als die Einwanderung der Wahuma. Vielleicht wird ein genaueres Studium der altägyptischen Litteratur, eine besondere Prüfung derselben in Bezug auf innerafrikanische Beziehungen mehr Licht in die Geschichte des dunklen Weltteils bringen.

Wir schliessen mit Lukengo die Reihe der schwarzen Fürsten aus dem Kongobecken. Unmittelbar an dem Riesenstrome in der Nähe der Stationen des Kongostaates finden wir weder grössere Staatenbildungen, noch Völker, die für das Zivilisationswerk ein besonders günstiges Material abgeben. Die Dorfältesten am Kongo sind verschmitzte Händler, durch die lange Berührung mit europäischer Kultur verdorben. Die Häuptlinge am Oberkongo sind ebensowenig sympathisch wie ihre Unterthanen, die fast überall dem Kannibalismus frönen, und zwar in der scheusslichsten Form, denn sie verzehren nicht ihre Nächsten bei festlichen Gelegenheiten, im Kriege u. s. w., sondern schlachten sie je nach Bedarf ab. Man hat in letzter Zeit mit Entrüstung von den Greueln berichtet, welche die menschenfressenden Manjema Tippu-Tips an den Stanleyfällen verübt haben, aber man braucht im Kongostaate nicht so weit den Strom hinaufzugehen, um dieselben Greuel, selbst in der Nähe der Stationen, zu schauen; denn die Handvoll der Europäer ist zu schwach, um auf diese wilden, rohen Völkerschaften einen nachhaltigen Einfluss in kurzer Zeit ausüben zu können.

Wer hier thatsächlich herrscht, das ist der Aberglaube und sein verschmitzter Repräsentant, der Zauberdoktor.

Der Nganga Nkissi besitzt eine grössere Macht als selbst die Häuptlinge, denn er beherrscht Leben und Charakter der Leute. Jedes Dorf hat seinen Zauberdoktor, und wenn ein Mensch krank wird oder stirbt, dann wird derselbe beauftragt, den Zauberer, die Hexe ausfindig zu machen, welche „das Herz gegessen haben". Er erscheint dann mit seinem Zauberapparat: Fischgräten, Schlangenköpfen, den Fellen wilder Katzen, Eierschalen und Pulvern und führt eine Reihe von Taschenspielerkunststükken vor der erstaunten Menge aus. Bezeichnet er den Schuldigen, so muss der Ärmste sich der Giftprobe unterwerfen, und stirbt der Mann, so freuen sich die Neger, auf diese Weise die böse Macht vernichtet zu haben.

In Anbetracht der vielen Häuptlinge fühlt sich der Zauberdoktor auch mächtig genug, gegen diese, wenn sie ihm lästig sind, aufzutreten.

Ausser dem Zauberdoktor treibt noch in vielen Dörfern die Nkimba, ein geheimer Religionsorden, ihr Unwesen.

Nach den Erkundigungen Wards* hat der Kandidat einen gewissen Trank zu verschlucken, der ihm das Bewusstsein nimmt. Der Betreffende wird alsdann für tot erklärt und in den Wald hinausgetragen, wo man die Beschneidung an ihm vornimmt und ihn nach einiger Zeit ins Leben zurückruft, worauf dann die einfachen Dorfbewohner glauben, er sei von den Toten auferstanden. Er erhält nunmehr einen neuen Namen und thut, als könne er sich seines früheren Stammes und selbst seiner Eltern nicht mehr erinnern. Die Nkimba behaupten, ihr Vater sei der Regenbogen, der sich jedesmal am Himmel zeige, wenn ein neuer Bruder eingeweiht und aufgenommen werde. Sie nehmen auch eine neue, geheimnisvolle Sprache an, die aber nur den Männern gelehrt, den Frauen dagegen nie enthüllt wird.

Die Nkimba sind der Schrecken der Frauen und Kinder; denn Tag und Nacht wandern diese Gesellen durch die Dörfer und dürfen sich jeden Nahrungsgegenstand und jedes Kleidungsstück, ohne zu fragen, aneignen, wenn der betreffende Artikel nur einem Mungwata oder Uneingeweihten gehört.

* Ward, Fünf Jahre unter den Stämmen des Kongostaates.

So ist hier am Kongo die Religion, wenn von einer solchen die Rede sein kann, in den Dienst eines brutalen Egoismus gestellt, und nach der Art der Tiere behandeln diese Neger ihre Kranken.

„Falls jemand von einer Krankheit befallen wird“, schreibt Herbert Ward, „welche die Behörden des Dorfes als ansteckend betrachten, so wird das arme Opfer erst in brutaler Weise mit Knüppeln zu Tode geprügelt, worauf die Leiche fern vom Dorfe an einem kleinen Baum befestigt wird, gewöhnlich auf dem Gipfel eines Hügels, wo die schauerliche Gestalt sich in kühnen Umrissen von dem klaren tropischen Himmel abhebt.“

Es giebt in vielen Distrikten der Bakongo einen Häuptling, der König über Leben und Tod genannt wird. Derselbe richtet Mörder und sonstige Übelthäter. In grausamer Weise wird alsdann das Todesurteil vollzogen. Auf dem Marktplatze des Dorfes wird ein Loch gegraben, in dieses wird der Schuldige bis an den Hals eingezwängt. Man füllt alsdann das Loch mit Erde aus, ein kräftiger Mann schlägt dem Verurteilten mit einem grossen Steine den Schädel ein, und über dem blutigen Haupte wird ein Erdhügel aufgehäuft.

Viele Marktplätze sind reich mit solchen Hügeln besäet, die beredt zeugen von der grausamen Justiz und der grausamen, gewaltthätigen Natur dieses Volkes.

Handelshäuptlinge

Der Kongo bildet eine der grossen Strassen, auf denen das Werk der Erschliessung Afrikas in Angriff genommen wurde und seit einer Reihe von Jahren fortgesetzt wird. Ein zweites Thor zum Inneren an der westafrikanischen Küste bildet die deutsche Kolonie Kamerun. Hier liegen die Verhältnisse wesentlich anders, als in den von uns bis jetzt besprochenen Gebieten. Anscheinend finden wir hier dieselbe Zersplitterung wie am unteren Kongo, aber die Masse der Häuptlinge handelt sozusagen nach denselben Prinzipien, namentlich wenn sie mit Europäern zu thun hat, so dass wir in diesem Gebiete einem seltsamen Bunde gegenüberstehen, der ohne geschriebene Satzung lediglich auf Grund alter Gewohnheit den Fremden gegenüber ein Ganzes zu bilden scheint.

An der Küste und der deltaartigen Mündung der Ströme, die man unter dem Namen des Kamerunflusses zusammenfasst, finden wir zunächst das Volk der Dualla. Sie zählen nicht zu den guten Negerrassen. Sie sind zur Arbeit derart unbrauchbar, dass seit jeher nach Kamerun Neger aus anderen Gebieten eingeführt wurden, um in den Faktoreien der Weissen zu arbeiten. Sie kümmern sich so wenig um ihre Felder, dass sie kaum genügend für ihren eigenen Unterhalt produzieren; sie sind feige, aber rachsüchtig, hinterlistig und zu gemeinen Gewaltthätigkeiten geneigt. Sie sind mit Leib und Seele Händler und zwar im schlimmeren Sinne des Wortes, und auch ihre zahlreichen Häuptlinge sind weiter nichts als grosse Händler.

Das Land wurde gegen das Ende des 15. Jahrhunderts von Portugiesen entdeckt. Damals wohnte dort ein Stamm der Amboser, und nach ihm wurde das Kamerungebirge „das Hochland der Amboser" genannt. Das Flussgebiet erhielt seinen Namen von den dort sehr häufigen Garneelen (portugiesisch camarao). Während an anderen Stellen die Westküste von Afrika besiedelt wurde, lag Kamerun für die Kolonialhändler oder Sklavenhändler der früheren Zeiten zu entlegen. Es wurde wenig oder gar nicht besucht, und so vollzog, sich hier unbemerkt in geschichtlichen Zeiten einer jener afrikanischen Völkerbewegungen. Der ursprüngliche Stamm der Ambosaner, oder, wie andere sie nennen, die Kwakwa, wurde von einem anderen verdrängt, der vom Inneren kam, und dieser Stamm waren die Dualla.

Die Europäer knüpften engere Handelsverbindungen mit diesem Gebiete erst im 17. Jahrhundert an; es handelte sich damals fast ausschliesslich um Einkauf von Sklaven. Diese Besuche verschiedener Schiffe trugen jedoch zur Erforschung des Landes so gut wie gar nichts bei, und so sucht man in älteren europäischen Quellen vergeblich nach einem Aufschluss über die Vorgeschichte der Dualla. Nach dem zu urteilen, was später englische Missionare und zuletzt Lehrer Flad in Kamerun darüber auf Grund der mündlichen Überlieferung gesammelt haben, muss sie auch nicht besonders interessant gewesen sein.

Der Urahne der Dualla soll ein gewisser Mberi gewesen sein, der einige Tagereisen südöstlich von dem gegenwärtigen Gebiete der Dualla gewohnt hat. Er hatte sieben Söhne: Kole, Dualla, Bojongo, Balimba, Ewori, Bakoko und Ebouji. Diese sieben Söhne griffen nach dem Tode Mberis zum Wanderstabe und siedelten sich am Flusse und dessen Mündung an. Zuerst waren Kole und Dualla Führer der Brüder, später aber trennten sich die übrigen von ihnen und wählten sich in der Nähe eigene Wohnsitze.

Von den beiden ältesten Brüdern erzählt die Sage folgendes:

Dualla war glücklicher Besitzer eines riesenhaften Huhnes. Dieses ging eines Tages an den Strom, stellte sich auf das „Ndenge"* der Kanus von Kole, und siehe, der kostbare Schmuck zerbrach. Kole, darüber sehr aufgebracht, fing Duallas stolzes Hahn und tötete es, trotzdem Dualla ihn inständig gebeten und ihm gesagt hatte: „Was du willst, soll dir werden, aber lass mein Huhn leben!"

* Ein meist allerlei Getier darstellendes Schnitzwerk, das als Verlängerung des vorderen Kanuendes bei festlichen Gelegenheiten zum Schmuck des Fahrzeuges angesetzt wird.

Lange Zeit nachher erkrankte der kleine Sohn Koles an der „pola njambe".* Dualla wurde um seinen wunderbaren, heilskräftigen Halsring gebeten, der auch diesmal seine Wirkung nicht verfehlte. Koles Sohn genas. Als aber einige Jahre später an einem jungen Dualla die gleiche Krankheit sich zeigte, war der Ring von Koles grossgewordenem Sprossen nicht mehr abzubringen.

„Was fange ich an?" rief Kole, als Dualla seinen Ring um jeden Preis wieder haben wollte. „Dein Sohn soll getötet werden, wie meinem Huhne einst geschah", antwortete Dualla. Der junge Kole wurde also getötet und der Ring ihm vom Hals genommen. Kole war nicht zu trösten; er wanderte aus, ging über den Berg und gründete das Dorf Kole, in dem noch heute seine Nachkommen wohnen.

Von den Söhnen Mberis scheint Bakoko, der sich an der Stelle, wo die heutige Stadt Kamerun liegt, angesiedelt hatte, der fleissigste gewesen zu sein. Seine Leute bebauten das Feld und hatten Essen in Hülle und Fülle. Die Dualla mussten ihren Markt besuchen und Feldfrüchte gegen Fische eintauschen. Eines Tages aber konnten sie „ihre Herzen nicht gebunden halten" und baten die Bakoko, sie sollten ihnen Platz geben, um einige Hütten zu bauen. Sie wurden gastfreundlich aufgenommen, aber als ihr Zuzug stärker wurde, griffen sie zu Pfeil und Bogen und trieben ihre Vettern aus dem fruchtbaren Lande.

Inzwischen begannen europäische Schiffe Sklavenhandel in Kamerun zu treiben, und die Häuptlinge wurden zu Grosshändlern. Thronstreitigkeiten wurden hier zum Konkurrenzneid; sehr charakteristisch ist eine Mitteilung Flads über die Entstehung der „Dynastien" Bell und Akwa:

„Nach Ku waren Kwa, Muane und Ndoko Träger der Herrschaft über die Familie des Ku.** Zu Ndokos Zeiten begannen die Weissen nach Kamerun zu kommen. Ndoko, der grösste Herrscher in Dualla, scheute sich aber, vor die Weissen zu treten, und machte deshalb Bele in Bonaberi zum Vertreter den Weissen gegenüber. Das verdross die Bewohner von Bonaku sehr.

Ngando, der noch unmündige Sohn Kwas, fasste den Entschluss, nach Bonaberi zu gehen und dort im Hause Beles als Diener zu verweilen, bis er die Weisheit seines Herrn sich angeeignet habe. Und Ndoko, sein Onkel, willigte ein. Als Ngando im Hause Beles gross geworden war, zog er wieder nach Bonaku. Das Volk Kus versammelte sich auf Ngandos Geheiss. Ein fetter Ochse wurde geschlachtet und ein grosses Mahl gehalten. ‚Was willst du, dass wir thun sollen?' fragten die Festgenossen, nachdem aller Herzen durch Speise und Trank befriedigt waren.

* Eine flechtenartige Krankheit, welcher nach allgemeinem Glauben kein Duallakind entgeht.

** Ein Sohn des Mapoka, eines Sprossen von Dualla.

Ngando erwiderte: ‚Ich will nicht thun wie Ndoko, der sich vor den Weissen verbarg. Ich bin wie Bele nun fähig, mit den Weissen zu unterhandeln. Darum treibt nur für mich, nicht mehr für Bele Handel. Wie Beles, so soll auch mein Name vom Mukala (dem Weissen) in ein Buch geschrieben werden, er soll mich achten und ehren wie Bele. Mein Name als Kinge soll Akwa sein!‘

Das Volk war damit einverstanden. Ngando füllte etliche Tage nachher sein grosses Kanu mit Elfenbein und fuhr zum Mukala. Am Schiffe desselben hatten Kanus des Bele angelegt.

Ngando befahl, dieselben zu vertreiben, und legte sich mit seinem Kanu an ihre Stelle. An Deck des Handelsschiffes traf er Bele selbst.

Dieser trug ein Täschchen um seinen Hals, in dem er das Kalati (Schriftstück) des Weissen sorgsam aufbewahrte. Dieses ergriff Ngando, riss es ab und warf es ins Wasser.

‚Warum das, mein Sohn?‘ fragte Bele.

‚Weil ich will, dass der Weisse auch meinen Namen aufschreibe, mir gehört ebenfalls ein Teil der Herrschaft in Dualla!‘ erwiderte Ngando.

‚Ja, mein Sohn, auch dein Name soll zu Papier kommen‘, meinte Bele.

Sie traten miteinander vor den Mukala. Ngando ward als ‚Kinge‘ vorgestellt und Akwas Name in ein Buch eingeschrieben; so hatte Dualla vor den Weissen zwei ‚Kinge‘, Bell und Akwa.“

Ngando Akwa, der Grossvater des jetzt „regierenden“ Akwa, gelangte schnell zu einem bedeutenden Reichtum; damals verlangten die „Portoki“, die an die Küste kamen, nur Sklaven und Elfenbein, und Akwa wusste diese zu liefern. Wenn ein Schiff etwa vierzehn Tage in Kamerun sich aufhielt, so pflegten die Kapitäne bei King Akwa etwa 160 Sklaven einzutauschen. Mehrmals hatte Akwa besonderes Glück. Um jene Zeit fahndete nämlich England bereits auf Sklavenschiffe, und so ereignete es sich wiederholt, dass, wenn die Sklavenhändler mit ihrem Einkauf gerade fertig waren, ein englisches Kriegsschiff in den Hafen einlief. Die Sklavenhändler gaben nun ihre Ware schleunigst an Akwa zum Aufbewahren zurück. Die Schiffe entfernten sich, um ihre Sklaven nach Abfahrt des englischen Kriegsschiffes wieder abzuholen. King Akwa siedelte jedoch die Sklaven in besonderen Dörfern an, wo sie für ihn arbeiten mussten, den Händlern aber erklärte er mit betrübter Miene, dass alle Sklaven in den Busch entflohen seien, und verlangte zum Ankauf neuer Sklaven neue Mittel. – So machte der King gute Geschäfte.

Wir sehen daraus, dass die Kameruner Dynastien keineswegs alt sind und die Könige eigentlich keinen Grund haben, mit Stolz auf ihre Ahnen zurückzublicken.

Am 7. Mai 1841 wurden von den Engländern Verträge mit den beiden Königen Bell und Akwa abgeschlossen, wonach kein Sklavenhandel mehr getrieben und kein Sklavenschiff zugelassen werden sollte. Als Entschädigung dafür erhielt jeder der Könige fünf Jahre lang alljährlich 60 Musketen, 100 Stück Zeug, 2 Fass Pulver, 2 Puncheons (ein grosses englisches Mass) Rum, 1 Scharlachrock mit Epauletten und 1 Säbel. Trotzdem wurde noch längere Zeit auf Schmuggelwegen Sklavenhandel in Kamerun betrieben.

Im Jahre 1856 zählte das kleine Kamerun, wie aus einem englischen Vertragsstück hervorgeht, zehn Könige.

Es hätten sich noch mehr derartige königliche Firmen mit der Zeit etablieren können, denn an Stelle des Sklavenhandels trat später in Kamerun ein sehr schwunghafter Handel mit Palmöl ein, zu dessen Hebung seit dem Jahre 1868 namentlich die Firma L. Woermann sehr viel beitrug. Die Dualla, welche von diesem Handel fast ausschliesslich lebten, wurden aber von Zeit zu Zeit gegen die Europäer dreister. Um höhere Preise für Palmöl zu erzwingen, sperrten sie den Fluss, so dass niemand weder hinauf- noch hinabfahren konnte, und erlaubten sich verschiedene Anmassungen gegen die Kaufleute. Die Zustände wurden so unerträglich, dass ein dauernder Schutz der europäischen Faktoreien sich unbedingt nötig erwies. Im Jahre 1884 trat Deutschland als Kolonialmacht im Kamerungebiet auf, und es erschienen endlich in Kamerun die ersehnten Kriegsschiffe „Olga" und „Bismarck" unter Admiral Knorr. Die Duallakings hatten sich damals in zwei Parteien geteilt, eine deutsche und eine englische. Durch das Eingreifen der deutschen Truppen wurde der deutsche Einfluss befestigt und Friede im Kamerunlande hergestellt.

Die Macht der „Kings" ist jetzt eine sehr schwache, da der Gouverneur der eigentliche Regent ist; sie war an und für sich niemals eine bedeutende; denn die Könige Bell und Akwa waren nur Oberhäuptlinge, die ihren Vasallen sehr wenig zu befehlen hatten. Die Hauptentscheidung in wichtigen Fragen wurde seit jeher in den unter dem Namen Palaver bekannten Volksversammlungen getroffen, und ein King konnte von diesen sogar abgesetzt werden. Nach dem Tode des Vaters erbt in der Regel der älteste Sohn die Herrschaft, aber das ist kein Gesetz, er kann von der Volksversammlung durch einen anderen ersetzt werden.

Der Dualla ist nicht besonders kriegerisch, er geht lieber den Handelsgeschäften nach, und so hatten auch die Fehden der einzelnen Häuptlinge niemals grössere Ausdehnung angenommen; der grösste Krieg, den Kamerun gesehen hat, waren eben jene Wirren im Jahre 1884. Da aber die Dualla die Sitte der Blutrache kennen, so herrscht unter ihnen eine beständige Fehde, die in Meuchelmord ausartet und die trotz der Bemühungen der deutschen Gouverneure bis jetzt nicht unterdrückt werden konnte.

Die Könige von Kamerun machen in ihrer bizarren Kleidung, die sie Europa entlehnt haben, keinen imponierenden Eindruck. Die Cylinderhüte und schlecht sitzenden Röcke und Hosen machen sie zu traurigen

Kriegskanu der Dualla.

Karikaturen, während sie früher in ihrer nationalen Tracht mit dem Helm aus Affenfell, mit Speer und Bogen sich stattlicher ausnahmen.

Würdig eines Häuptlings ist ihr Auftreten, wenn sie in ihren langen, mit Holzschnitzereien geschmückten Kriegskanus eine Fahrt auf dem Strome unternehmen, wobei sie unter einem riesigen Sonnenschirm, der in Afrika von Häuptlingen so gern benutzt wird, zu sitzen pflegen.

Die Häuptlinge am Kamerunfluss verdienen wenigstens den Namen wohlhabender Kaufleute; ihre Vettern im Hinterlande sind aber wahre Bettelkönige; und dennoch bilden sie eine nicht zu unterschätzende Macht, welche bis jetzt der Verwaltung der Kolonie ernste Schwierigkeiten bereitet.

Alle diese Häuptlinge sind Händler und haben seit langen Zeiten den Handel monopolisiert. Sie bilden bestimmte Handelskreise oder Handelsringe, welche eifersüchtig ihre Privilegien wahren. Und welcher Art sind dieselben? Nun, sie bestehen darauf, dass nur sie und kein anderer in einem bestimmten Gebiete Handel treiben dürfe. Der Dualla verkauft z. B. an die Europäer an der Mündung des Flusses Palmöl. Dieses Palmöl wird aber nur zum geringsten Teile im Küstenlande erzeugt; er bezieht es aus dem Hinterlande; er hat dort Häuptlinge, bei denen er Palmöl einkauft, und die von ihm dafür europäische Waren beziehen. Der Dualla will nun niemand erlauben, mit seinem Palmöllieferanten in geschäftliche Verbindungen zu treten, und sucht jeder Karawane, die dorthin sich begeben wollte, feindlich entgegenzutreten. Nach denselben Prinzipien handelt der Häuptling im Busch, er erlaubt niemand, über seinen Bezirk hinaus vorzudringen; er vermittelt wieder den Handelsverkehr zwischen der Küste und seinem Hintermann; auf diese Weise ist eine ganze Anzahl von Handelskreisen entstanden, welche jeden Verkehr erschweren. Wohl gehen Waren von Kamerun bis an die Grenze der Haussastaaten; aber sie werden nicht von einer Karawane gebracht, welche den weiten Weg wie anderswo auf einmal durchreist; die Waren kommen aus der Hand des einen Häuptlings in die des anderen. Das Sprengen dieser Handelskreise, das Brechen dieser Koalition der Handelshäuptlinge ist eine der vornehmsten Aufgaben, welche sich die europäischen Kaufleute in Kamerun gestellt haben, und es ist bereits eine ganze Reihe von Expeditionen zu diesem Zwecke ausgerüstet worden. Die Häuptlinge, an sich unbedeutend, versperrten den direkten Weg von Kamerun nach Adamaua, also nach den Sudanländern. Die Expedition, welche Dr. Zintgraff im Jahre 1888 ausgeführt hatte, erbrachte den Beweis, dass der Weg durchaus gangbar und die Strasse bequemer ist, als der Karawanenweg durch die Wüste; aber die erste Handelsexpedition, die nach den Haussastaaten von Kamerun aus unternommen wurde, stiess auf einen so energischen Widerstand, dass sie sich mit schweren Verlusten zurückziehen musste. Allerdings war dieser Widerstand nicht von den Kameruner Häuptlingen ausgegangen, sondern von denen des Hinterlandes, die, je weiter man sich von der Küste entfernt, um so mächtiger werden.

Zwei Despotenreiche

Ähnlich wie in Kamerun liegen die politischen Verhältnisse an den meisten Orten der afrikanischen Westküste, wo sich Faktoreien der Weissen befinden. Nur in Oberguinea haben sich in den letzten Jahrhunderten einige Negerreiche gebildet, die eine besondere Betrachtung verdienen.

Das bekannteste ist das Reich Dahomeh. Die Gründer desselben sind die Ffons oder Fonwin, die als ein unbedeutendes, aber kriegerisches Volk bis in das siebzehnte Jahrhundert in der Nähe der Stadt Abomeh gewohnt haben sollen. Ältere Reisende erwähnen wenigstens in ihren Berichten einen Stamm der Dahomans. Nach ihrer eigenen Tradition sind sie aus dem Inneren aus der mythischen, am Rande eines grossen, dichten Waldes gelegenen Stadt Nodsin gekommen. Am Anfang des siebzehnten Jahrhunderts griff der König der Ffons, Takudun, die Stadt Abomeh an, eroberte sie, unterwarf oder vertrieb die dort wohnenden Stämme der Eveer und wurde der erste König von Dahomeh. Im Jahre 1772 dehnte einer seiner Nachkommen, Agadscha Torudo, seine Eroberungen bis an die Küste von Weida aus und kam mit Europäern in Berührung. Die Verbindungen bestanden der Sitte jener Zeit gemäss in Sklavenhandel, der in dieser Gegend bis zum Jahre 1843 getrieben wurde.

Der am Meere gelegene Teil des Landes bildet eine schwer zugängliche Sandküste, an der es viele Lagunen giebt; das Klima ist hier ungesund, das Fieber herrscht beständig, und die Bevölkerung ist ebenso missraten, wie an den anderen Orten Oberguineas.

Landeinwärts erhebt sich das Land zu einer fruchtbaren Ebene, in welcher bedeutendere Bodenerhebungen fehlen. Es gedeihen hier alle Früchte der heissen Zone: Getreide, Mais, Zuckerrohr, Baumwolle, Indigo, Tabak, Orangen und Melonen; auch die Viehzucht lohnt sehr, und im Besitz der Eingeborenen befinden sich Herden von Rindvieh, Schafen und Ziegen, ebenso Geflügel. Pferde sind vom Sudan eingeführt, und obwohl sie klein, ponyartig sind, zeichnen sie sich doch durch ihre Ausdauer aus. Die Ffons sind trotz ihrer Wildheit eine begabte Rasse, gute Landwirte und neigen zu sesshaftem Leben. Wie in anderen Gegenden Westafrikas, so bildet auch hier nach der Unterdrückung des Sklavenhandels das Palmöl den Hauptausführartikel. Obwohl wiederholt Versuche gemacht worden sind, die Ffons, sei es zum Christentum, sei es zum Mohammedanismus, zu bekehren, sind dieselben doch erfolglos geblieben, und das Volk steckt in dem ärgsten Fetischismus.

Dahomeh erlangte seine traurige Berühmtheit durch die blutigen Einrichtungen, welche im Lande herrschen. Das Reich Dakomeh kann als Musterbild des Despotismus gelten. Der König ist hier unumschränkter Herrscher und mit einer noch grösseren Machtvollkommenheit ausgestattet, als die grausamen Potentaten, die wir bereits kennen gelernt haben. Das ganze Land und auch das Volk gehört ihm. Zur Vermehrung seiner Einkünfte sind besondere Vorschriften erlassen; er erbt einen Teil des Vermögens der Verstorbenen; er giebt die Töchter des Landes nach Beheben diesem oder jenem zur Ehe und lässt den dafür gezahlten Kaufpreis in seine Kasse fliessen. Seine obersten Minister sind der Minghan, d. h. der oberste Henker, und der Mehu, d. h. Aufseher des Handels. Sonderbarerweise ist der König eine derartige Personifikation des Rechts, dass dieses mit ihm stirbt und während des Interregnums bis zur Installierung des neuen Herrschers kein Recht Geltung hat und Verbrecher straflos ausgehen.

Wie in den anderen grösseren westafrikanischen Reichen, ist auch in Dahomeh die Stellung der Frau eine hervorragende, ja die Frauen sind hier in politischer Beziehung förmlich emanzipiert, denn jedes Staatsamt ist ebenso gut Frauen wie Männern zugänglich. Ja, diese Gleichberechtigung geht so weit, dass das „schöne Geschlecht" von Dahomeh auch zu Kriegsdiensten herangezogen wird und der König eine Amazonengarde besitzt. Die Zahl dieser weiblichen Soldaten, die durchaus keine Paradetruppe sind, wie z. B. die Amazonen des Königs Mtesa von Uganda nur eine solche waren, sondern den Kern der Armee bilden, belief sich unter verschiedenen Herrschern verschieden hoch; die Zahl schwankte von 1500 bis 3000. Aber nicht der König allein besitzt Amazonen, auch die Gouverneure in den Küstenstädten, wie z. B. Weida, haben kleinere Detachements derselben, so dass der Europäer schon hier, ohne nach Abomeh hinaufzugehen, diese Truppe sehen kann.

Die Uniformierung derselben ist auffallend hübsch. Unter einer weissen, schirmlosen, mit schwarzgestickten Tierbildern (Eidechsen, Vögeln u. s. w.) geschmückten Jockeykappe lugen die frischen, jugendlichen Gesichter recht freundlich hervor. Die Füsse sind nackt, aber die Beine mit kurzen, bis oberhalb der Kniee reichenden, grünen, gelben oder roten Höschen bekleidet. Eine in allen Farben des Regenbogens gestreifte, die Arme und den Hals unbedeckt lassende Tunika von Seide oder Sammet umschliesst den von einem Korsett (einheimisches Fabrikat) gestützten Oberkörper. Der schlanke Wuchs wird noch ganz besonders durch einen ebenfalls vielfarbig gestreiften Gürtel hervorgehoben, in dem an der linken Seite das kurze Schwert steckt und an dem vorn die schwarzlederne Patrontasche befestigt ist. Eine weissseidene oder hellgrüne, jedenfalls hellfarbige Schärpe wird in ähnlicher Weise getragen, wie von unserer Infanterie die aufgerollten Mäntel. Die Bewaffnung besteht aus Schwertern, Streitäxten und Steinschlossgewehren, welch letztere jedoch beim

Tanzen zur Seite gestellt werden. Alle diese Frauen gelten bloss für Weiber des Königs, in Wirklichkeit leben sie im Cölibat.

Die Stadt Abomeh zählt etwa 10 000 Einwohner; in ihr liegt auch der Hauptpalast des Königs, ein weitläufiges Gebäude, das nur von Sklaven, Eunuchen und Weibern bewohnt wird. Ausserdem besitzt aber der Herrscher noch mehrere im Lande zerstreut liegende Wohnungen.

Der König hat auch von der Tradition streng vorgeschriebene Pflichten zu erfüllen. – Im ersten Semester jedes Jahres muss er einen Kriegszug unternehmen. Die noch unabhängigen Jorubaländer bilden das Ziel solcher Expeditionen. Der König stellt sich an die Spitze seiner nur mit Schwertern, Streitäxten und Steinschlossgewehren bewaffneten, aber wohlgedrillten Armee und überfällt irgend eine wehrlose und nichts ahnende Stadt, deren Einwohner mit Einschluss der Weiber und Kinder erbarmungslos fortgeschleppt werden.

Das zweite Halbjahr ist der Abhaltung von Festlichkeiten gewidmet, die in militärischen Aufzügen, Tänzen und Massenabschlachtungen gipfelt. Zu diesen Festlichkeiten pflegt der König die an der Küste wohnenden Europäer in seine Residenz einzuladen. Es ist keine angenehme Aufgabe, diese Hoffestlichkeiten, die gleich monatelang dauern, mitzumachen. Man muss da 16 Stunden hintereinander unter einem aufgespannten Schirm sitzen, umtobt von dem ohrenzerreissenden Lärm Hunderter von Afrikanern und dem unaufhörlichen Abfeuern von Gewehrsalven. Wenn aber die Festlichkeit und die Fröhlichkeit den Höhepunkt erreichte, dann kam der Augenblick, in dem die stärksten europäischen Nerven erschüttert wurden. Von einer Estrade werden in Körben die Schlachtopfer heruntergelassen, und im Nu verwandeln sich die Tänzer in Henker. Alles drängt sich dazu, die Exekution womöglich eigenhändig auszuführen; der König aber führt indessen einen Extratanz aus, um die Stimmung zu heben, und trinkt Rum aus dem Schädel eines von ihm mit eigener Hand erschlagenen Feindes. Das Volk jubelt ihm zu, stösst Verwünschungen gegen die Feinde Dahomehs aus und verlangt in den Krieg geführt zu werden.

Die Aufhebung des Sklavenhandels an der Küste hatte bei diesen Festen nur die Vermehrung der Massenhinrichtungen zur Folge gehabt; denn früher wurde das Leben der Kriegsgefangenen, die einen Kapitalwert darstellten, wenigstens aus ökonomischen Gründen mehr geschont.

Ausser diesen Hoffestlichkeiten giebt es aber noch andere, bei denen gleichfalls Menschenblut fliessen muss. So werden zu Ehren des grossen Eroberers Guadscha Trodo im Januar alljährlich gegen fünfzig Menschen geschlachtet. Der Königspalast ist nach altafrikanischer Sitte mit Menschenschädeln geschmückt.

Die grössten Opfer werden aber, wie überall unter ähnlichen Verhältnissen in Afrika, beim Tode des Königs vollbracht; denn alsdann fliesst das Blut in Strömen, da der grösste Teil seines nach Tausenden zählenden Harems, sowie seiner Sklaven dem Herrscher ins Jenseits folgen muss.

Diese Hinrichtungen werden naturgemäss bald in geringerem, bald in grösserem Umfange ausgeführt, je nach dem Naturell und der Laune des Königs. Da aber Dahomeh nahe an der Küste liegt und der europäische Einfluss an derselben dank der Konkurrenz der Engländer, Deutschen und Franzosen im Wachsen begriffen ist, ja wieder einmal mit Dahomeh kriegerische Verwickelungen stattgefunden haben, so ist wohl zu erwarten, dass in einer nicht zu fernen Zeit dieses wilde Reich sich vor einer der europäischen Mächte wird beugen müssen.

Neben den vielen düsteren hatte Dahomeh auch seine lichteren Seiten. Die Verwaltung ist eine geordnete. Jede Provinz wird von einem „Awoga" verwaltet, welcher Titel ohne Zweifel mit unserem Advokat gleichen Ursprunges ist und von den Portugiesen eingeführt wurde. Der Awoga ist zugleich der Militärgouverneur des Bezirks, denn er besorgt auch die Rekrutierung der Truppen. Gegenwärtig wird die Steuer in dem gangbarsten Handelsartikel, Palmöl, entrichtet. Der König schreibt jedem Awoga vor, wieviel derselbe von seinem Bezirk entrichten muss, und dieser repartiert die Steuer auf die Unterthanen seines Gebiets; da nun die Steuer wie überall nicht gern bezahlt wird, so muss der Awoga von Zeit zu Zeit dieselbe von den Säumigen mit Gewalt eintreiben.

Trotz der verhältnismässigen Ordnung muss jedoch jeder Einwohner vor der Willkür des Herrschers, die jeden Augenblick über ihn einbrechen kann, zittern.

Die vieljährigen Handelsverbindungen, welche das Reich Dahomeh mit Europäern unterhielt, führten auch zur Einsetzung einer besonderen Behörde für die Weissen. Während der Awoga über die Schwarzen gebietet, giebt es in den Küstenstädten noch einen anderen Beamten, der Chacha genannt wird, zumeist ein Mischling ist und die Streitigkeiten zwischen Negern und Weissen zu schlichten hat; der Awoga steht im Range über dem Chacha, aber der letztere ist in der Regel gebildeter und geachteter als sein schwarzer Vorgesetzter.

Dahomeh ist den Europäern keineswegs so verschlossen, wie man mitunter behauptet; der König lädt die Europäer gern zu seinen Festlichkeiten ein und sieht auch gern, wenn sie ihm etwas Neues als Geschenk bringen; aber die Europäer nehmen diese Einladung nicht gern an, denn erstens kostet sie viel Geld, und dann weiss man wohl, wann man nach der Residenz Abomeh abreist, kann aber niemals im voraus bestimmen, wann man zurückkehren wird; denn der König hat ein Verfügungsrecht über seine Gäste und behält sie mitunter wochen-, ja monatelang bei sich. Wenn er sie entlässt, pflegt er ihnen zwei Jungfrauen zu schenken; die armen Dinger werden von den Europäern in der Regel angenommen, um an der Küste freigelassen zu werden. Glücklicherweise lässt der König dem europäischen Kaufmann an der Küste die Wahl frei, ob er ihn besuchen wolle oder nicht. Seine Unterthanen müssen seinem Ruf unbedingt folgen, obwohl sie niemals wissen können, ob sie nicht in Abomeh ihren Kopf verlieren werden.

*

Einen ähnlichen Entwickelungsgang wie Dahomeh hat das Nachbarreich der Aschanti zu verzeichnen.

Dieses Volk gehört zu der Gruppe derjenigen Bantustämme, welche das Odschi sprechen; neben den Aschantis sind in derselben die Fanli, die Akim, Akwapim und Akwamba die hervorragendsten. Trotz ihrer tiefschwarzen Hautfarbe gehören die Aschanti zu den wohlgebildetsten Negern; man findet unter ihnen ovale, sogar recht hübsche Gesichter, mit glänzenden Augen, hohen, dicken Brauen, mit nicht sehr breiter Nase und mässig grossem Munde und frischroten, nicht zu dicken Lippen. Die Frauen haben oft einen fast griechischen Gesichtsschnitt. In ihrem Lande giebt es goldführende Flüsse, und daraus lässt sich der bei ihnen vorhandene, sonst in Negerländern seltene Reichtum erklären. Die Vornehmen unter ihnen kleiden sich in seidene Gewänder, sitzen auf Diwanen und Teppichen, tragen goldenen Schmuck und haben goldene Gefässe.

Um das Jahr 1700 traten die Aschanti in den von ihnen jetzt bewohnten Gegenden erobernd auf; ihre Sagen, die durchaus denen der Ffons von Dahomeh ähnlich sind, deuten gleichfalls auf einen östlichen oder nordöstlichen Ursprung. Da an der Goldküste die Europäer schon frühzeitig Faktoreien gegründet hatten, so ist die Geschichte des Aschantireiches eine besonders wechselvolle und an kriegerischen Verwickelungen reiche. Es gelang ihnen lange, die mit Europäern verbundenen Küstenstämme zu vergewaltigen, und noch im Jahre 1824 schlugen sie die englischen Kolonialtruppen in der Schlacht bei Assama, wobei der Gouverneur Charles Mac Carthby auf dem Schlachtfelde blieb. Zwei Jahre darauf rächte zwar Oberst Pourdon die Niederlage, aber Aschanti wurde noch lange nicht bezwungen.

Im Jahre 1873 gingen die Aschanti sogar angreifend vor und bedrängten ernstlich die schwache britische Besatzung. Nun wurde in England Sir Garnet Wolseley zum Generalgouverneur der englischen Kolonie an der Goldküste ernannt. Er ging mit 117 englischen Offizieren und 550 Soldaten dorthin ab, um mit Hilfe dieses Kernes eine Negerarmee zu organisieren und mit dieser die Aschanti zu schlagen. Leider war es schwierig, Eingeborene für den Krieg zu werben, und so musste der Feldzug mit nur wenigen Regimentern geführt werden. Nebenbei gesagt, war Stanley, der später so berühmt gewordene Durchquerer Afrikas, in diesem Kriege Berichterstatter des New York Herald. Sir Garnet Wolseley musste sich anfangs auf die Verteidigung der Küstenforts beschränken, allmählich aber konnte er zur Offensive übergehen, und nachdem er den Feind in einer Reihe glücklicher Gefechte geschlagen, zog er in die von der Bevölkerung verlassene Hauptstadt Kumassi ein und brannte sie nieder.

Der König von Aschanti sah sich jetzt genötigt, 50000 Unzen (etwa 420000 M.) Gold zu zahlen und auf die von ihm beanspruchte Oberhoheit über einige der Küste näher gelegene Gebiete zu verzichten. Ebenso musste er sich verpflichten, die Menschenopfer einzustellen und den Handel zu beschützen.

Die Einrichtungen des Aschantireiches sind ähnlich denen von Dahomeh. Der König hat zwar einen Rat zur Seite, der aus der Königin, den drei Hauptwürdenträgern und einigen Edlen von Kumassi besteht, aber er entscheidet unumschränkt über das Wohl und Wehe der Einzelnen. Sein Verhältnis zu dem Rate, der „Aschanti Katoko" genannt wird, scheint ein ähnliches zu sein, wie das der Könige von Uganda zu dem Rate Lukicho.

Seine Leibgarde besteht nicht aus Amazonen, sondern aus ausgewählten Männern, welche „Kra" oder „Okra", d.h. Königsseele, heissen. Ungefähr tausend an der Zahl und durch ein eigentümliches goldenes Ordenszeichen gekennzeichnet, begleiten sie den König auf Schritt und Tritt und bewachen sorgsam sein Leben; schon in ihrem eigensten Interesse muss ihnen dasselbe eben so teuer sein wie ihr eigenes, denn wenn der König stirbt, so müssen auch die Königsseelen sterben, die Garde geopfert werden, damit sie ihrem Herrscher auch im Jenseits dienen. Stirbt aber ein Kra, während sein König noch lebt, so ist der König sein Erbe und zieht alles ein, was sich an Geld und Wertsachen im Nachlass der Königsseele vorfindet.

Dasselbe Prinzip wird Beamten gegenüber befolgt; nach ihrem Tode werden alle ihre Besitztümer königliches Eigentum, so dass sie nur für den König sparen und erwerben können.

Die Aschanti glauben an ein Fortleben nach dem Tode. Das Reich der Geister liegt ihrem Glauben nach unter der Erde. Dort fängt das Leben von neuem an und dauert ewig; alle Rangstufen der sozialen Ordnung werden erhalten; der König wird wieder König, der Sklave bleibt Sklave. Dank diesem Glauben verliert der Tod viel von seinen Schrecken, und die Aschanti sterben mit Gleichmut.

Der Reichtum des Königs ist infolge der oben erwähnten Einrichtungen ein sehr grosser, und zu ihm zählt auch sein grosser Besitz an Frauen, denn die Harems sind mit denselben überfüllt. Sie dürfen sich mit Ausnahme der grossen Nationalfeste niemals am Tage auf den Strassen Kumassis zeigen. In der Nacht aber unternehmen sie, von den Eunuchen begleitet, dem Volk unerwünschte Promenaden; denn da niemand die Königsfrauen sehen darf, so sind die Eunuchen mit Peitschen, Prügeln und Ketten ausgerüstet, um die Ungehorsamen oder Unvorsichtigen zu strafen. Darum herrscht auch während eines solchen Rundganges Totenstille in der Stadt; die Kinder verschliesst man in den Häusern, und jedermann legt seine Hände auf die Hüften.

Die Gesetze in Aschanti sind überaus streng und die Strafen grausam. In den Strassen von Kumassi darf niemand pfeifen, ein Ei fallen lassen oder zerbrechen, einen Tropfen Palmöl vergiessen u. s. w. Wir haben aber bereits so viel der Grausamkeiten der Negerdespoten aufzählen müssen, dass uns Aschanti in dieser Beziehung schwerlich etwas Neues bieten würde. Merkwürdig ist nur die Sitte, dass, wenn der Verurteilte ein gewisses Wort ausruft, ihm dieses ein gewisses Recht des Schutzes verleiht, so dass er nicht getötet werden darf. Die königlichen Schergen überfallen darum ihre Opfer von hinten und stecken ihnen die Dolchklinge durch beide Wangen, so dass sie das rettende Wort nicht aussprechen können.

Die Tage dieses Despotenreiches sind aber gezählt. „Mit mathematischer Sicherheit“, sagt Hugo Zöller, „kann man den Tag berechnen, an welchem in Kumassi englische Beamte befehligen werden.“

Sultane des Togolandes

Unmittelbare Nachbarn der Aschanti sind die Ewe, welche als Bewohner des deutschen Togolandes eine besondere Beachtung verdienen. Ihr Charakter ist im allgemeinen besser als derjenige der Dualla. Sie sind friedliebend, gutmütig, heiter und arbeitsam. Für den Handel sind sie gut begabt; Schwierigkeiten bereiten sie dem Durchgangsverkehr nicht. Ihre Hauptbeschäftigung ist Ackerbau, doch arbeiten sie auch gern bei den Europäern an der Küste und beschäftigen sich mit Zwischenhandel.

Ihre Küstenhäuptlinge haben nur eine geringe Macht und sind weiter nichts als hervorragende Kaufleute und Stammälteste.

Im Gebirge des Togolandes, das sich hinter dem Küstenstriche erhebt und den Namen der Fetischberge trägt, ist die Bevölkerung trotziger und kriegerischer gesinnt; aber auch hier giebt es nur kleine Häuptlinge, die oft einander bekriegen.

Inmitten dieser Berge im Adeliland wurde von Dr. Wolf, den wir bereits aus unseren früheren Schilderungen kennen, die Station Bismarckburg gegründet. Dr. Wolf gelang es, von Anfang an mit den kleinen abergläubischen Häuptlingen freundliche Verbindungen anzuknüpfen, denn die Hühneraugurien, die auch hier üblich sind, fielen für ihn günstig aus, und dann gelang es dem Stabsarzt, den Häuptling Kontu von einem Augenleiden zu heilen und ein schon dem Tode verfallenes Kind eines anderen Häuptlings ins Leben zurückzurufen, so dass er in den Fetischbergen selber als ein grosser Medizinmann galt.

Dr. Wolf kann jedoch die politischen Verhältnisse des Landes nicht anders als eine soziale Anarchie bezeichnen.

Hinter den Fetischbergen erhebt sich das sudanische Hochland; wir nähern uns hier den Ländern der westlichen Haussastaaten; aber auch hier finden wir Gebiete, die von völlig versprengten Stämmen bewohnt werden.

Da liegt z. B. das Land Grussi, dessen Bevölkerung so arm ist, dass, wenn Grussileute nach benachbarten Dörfern kommen, auf sie mit Fingern gezeigt wird, weil sie weder etwas anhaben, noch Sachen von Wert zum Tauschen mitbringen.

Sie sind als verrufene Räuber und Wegelagerer von Karawanen gefürchtet und bereiteten auch Hauptmann von François auf dessen Zuge nach Salaga die grössten Schwierigkeiten, so dass die deutsche Expedition bei dem achtzehntägigen Marsch durch ihr Gebiet nur mit Gewehr im Arme gehen und schlafen konnte. „Das Schlimmste war", berichtet der Reisende, „dass sie uns keine Lebensmittel verkauften und wir, zu Skeletten abgemagert, matt und schwach wurden. Meine Leute waren so abgespannt, dass ich die Nachtwachen stets selbst übernehmen musste. Trotz aller aufgebotenen Liebenswürdigkeit war ihrem ungastlichen Sinne nicht das Geringste abzulocken. Überall wiederholte sich dasselbe Bild. Irgend ein Feldarbeiter sah uns ankommen, pfiff ein bestimmtes Signal, und sofort eilten von allen Seiten Männer, mit Pfeil, Bogen und Lanze bewaffnet, herbei, um uns den Weg zu verstellen. Reitende Boten gingen zu den nächsten Ortschaften, um auf unser Kommen aufmerksam zu machen."

Die Gehöfte dieser Leute liegen oft zerstreut, nicht einmal zu Ortschaften vereinigt; ein Oberhäuptling existiert auch nicht, und viele Dörfer haben überhaupt keine Häuptlinge. Die Feindseligkeit dieser Menschen lässt sich aber leicht erklären, da ihre Gebiete seit jeher die Jagdgründe der Sklavenjäger gewesen sind.

Auf diesem Hochlande, an der Haussagrenze, findet man die ersten Anfänge zur Staatenbildung in Salaga, Jendi, Karga und Gambaga. Hier giebt es wenigstens Herrscher, die allgemein anerkannt sind, welche Gericht halten und ihr Land nach aussen vertreten.

Hauptmann von François hat in den „Mitteilungen von Forschungsreisenden und Gelehrten aus den Deutschen Schutzgebieten" seinen Einzug in Jendi geschildert, um einen Begriff von dem Auftreten und der Macht eines solchen Herrschers zu geben.

Dem friedlichen Reisenden ging das Gerücht voraus, dass er die Absicht hätte, Jendi den Krieg zu erklären und den Sultan zu töten. François war darum keineswegs erstaunt, als auf dem Wege nach Jendi einige Reiter, begleitet von 50 Kriegern zu Fuss, seiner Karawane entgegeneilten und ihr Anführer ihm erregt zuwinkte, umzukehren. Es war eine Erscheinung, wie wir sie bereits aus den Schilderungen des ersten Bandes kennen; denn wir befinden uns bereits im Bereiche der Haussakultur. Er hielt auf einem feurigen, kleinen Braunen, war von Statur dick und klein, mit grauem, kurzem Vollbart, stark hervortretenden, blutunterlaufenen Augen, in weissem Turban, weitem weissen, mit Lederstücken besetzten Hemd und weissen, sackartigen Hosen. Hinter ihm befanden sich seine Krieger, die drohend ihre Gewehre schwangen. Als François vortrat und erklärte, dass er nach Jendi wolle, wandte er wütend sein Pferd um, seine Trommler setzten sich vor ihn und machten einen betäubenden Lärm, und hinterdrein marschierten seine übrigen Leute, indem sie sich wild nach François umblickten und mit ihren Lanzen Stösse nach der Erde führten. Das war eine unerbetene Eskorte, von der sich der Reisende nach einem einstündigen Marsche zu trennen suchte, indem er in einem wasserleeren Flussbett Halt machte, wobei er unbemerkt Munition ausgab und die Gewehre in Stand setzen liess.

Als er weiter marschierte und sich Jendi näherte, hörte er in der Hauptstadt die Kriegstrommeln schlagen, und eine grosse Zahl mit Speeren, Lanzen, Bogen und Pfeilen bewaffneter Eingeborener eilte an der Karawane vorüber. Der Führer, der, wie der Reisende nachträglich erfuhr, Lima hiess und ein Bruder des Sultans war, musste sich bereits in Jendi befinden. So setzte sich François mit einem älteren Mann, der am Wege stand, in Verbindung und bestimmte ihn, nach Jendi zu gehen und dort mitzuteilen, der Wunsch des Fremden sei, „dem Sultan einen Besuch zu machen und denselben seiner freundlichen Gesinnung zu versichern". Die Folge der Botschaft war, dass François unbelästigt den Weitermarsch fortsetzen und in der Vorstadt neben einer Haussa-Karawane Lager beziehen konnte.

Von hier konnte er die auf einem flachen Bergrücken gelegene Stadt überschauen, die, etwa 4000 in lang und 600 in breit, weitläufig gebaut war und durch ihre vielen Schattenbäume einen durchaus freundlichen Eindruck machte.

Bald darauf erschien wieder Lima mit etwa 100 Bewaffneten und liess sich unter einem Baume dicht bei dem Zelte François' nieder. Es klärte sich jetzt durch Zwischenpersonen manches Missverständnis auf. Lima wünschte Geschenke, und François ging sofort auf ihn zu, äusserte sein Bedauern, dass er in ihm nicht sofort den Bruder des Sultans erkannt habe, und beschenkte ihn mit etwas Seide und einigen Taschentüchern, wofür der brave Reitersmann freundlichst dankte und hoch zu Ross, von seinen sechs schlagenden Tambours begleitet, abzog.

Am anderen Morgen um acht Uhr machte sich François, von vier seiner mit Repetiergewehren bewaffneten Träger und zwei Dolmetschern begleitet, auf den Weg zum Sultan. Er schildert am angegebenen Orte die Audienz in folgender anschaulicher Weise:

„Dicht vor Jendi sass Lima, mich erwartend, unter einem Wollbaum, umgeben von seinen Kriegern. Nach kurzer Begrüssung rückten wir ab. Voraus die Trommler, dann kam Lima zu Pferde, hinter ihm etwa 50 Krieger mit Gewehren in Sektionen zu vier Rotten abmarschiert. Darauf kam ich in weissem Flanellanzuge, ohne Waffe, gefolgt von meinen sechs Leuten, neben mir und hinter mir ein Schwarm neugieriges Volk. Durch eine 4 m breite Strasse, deren beide Seiten dicht mit Gaffern besetzt waren, kamen wir nach einigen Minuten auf einen unregelmässigen kleinen Platz. Derselbe war voller Menschen, die laut schrieen und johlten.

Gleich rechts sassen unter einer Veranda dicht gedrängt eine Anzahl älterer Männer in weissen Anzügen, rechts daneben stand ein Trupp Soldaten und neben diesen zehn Trommler, die ihre Instrumente aus Leibeskräften bearbeiteten. Wir gingen um den Platz herum. Lima liess sich darauf unter einem Baum nieder, der an der entgegengesetzten Seite des Platzes, den älteren Männern gegenüber, lag, und ich begab mich zu diesen letzteren, da ich erfuhr, dass sich unter ihnen ein jüngerer Bruder des Sultans befinde. Derselbe war durch den ihm bereiteten Sitz kenntlich. Neben und hinter sich hatte er grosse Lederkissen, während die anderen Männer auf blanker Erde kauerten. Vor ihm standen seine Sandalen und ein Messingnapf voll Wasser. Ich gab ihm die Hand und begrüsste sein Gefolge mit einer Handbewegung. Er erwiderte meine Begrüssung, wobei sein ganzer Hof sich verbeugte. Dann teilte ich ihm den Zweck meines Hierseins mit. Er bedauerte darauf, dass ich den Weg in der Hitze habe zurücklegen müssen, und liess sich von meinen Reisen erzählen. Im Laufe des Gesprächs legte er die erst gezeigte Zurückhaltung ab und sprach schliesslich sein Bedauern aus, dass ich nicht länger bei ihm verweilen könne. Als Geschenk hatte er für mich ein zwölfjähriges Mädchen bereitstehen, doch bot er mir dasselbe nicht an, anscheinend weil er unsicher war, wie ich das Geschenk annehmen würde.

Inzwischen trafen aus der Umgegend viele Zuzüge von Kriegern ein. An der Spitze jedes Zuges kamen einige Trommler, dann folgte der Häuptling zu Pferde und hinter ihm seine Leute mit den verschiedensten Waffen. So wuchs die Zahl der Trommler auf etwa 60, die der Krieger auf etwa 5000 und die Volksmasse auf mindestens 10 000. Unter dem Geschrei dieser Masse und dem furchtbaren Lärm der Trommeln rangierte sich nun der Zug zum Sultan. Zuerst kam Lima mit seinen Leuten; dann trat ich mit Gefolge an und hinter mir der von mir begrüsste jüngere Bruder des Sultans. Meinem Dolmetscher und meinen Leuten wurde ganz angst, als sie die vielen Krieger sahen, die mit wilden Gesichtern ihre Waffen schwangen. Einer von meinen Krujungen benutzte die Gelegenheit, um im Gedränge zu verschwinden. Mein Dolmetscher bat mich dringend, nicht in ein Haus zu gehen oder von den mir angebotenen Getränken etwas zu geniessen.

Wir marschierten so in einem starken Gedränge zwischen zahlreichen Gehöften, deren Mauern mit Menschen dicht besetzt waren, eine Viertelstunde lang und kamen dann auf einen Platz, der etwa 100 m im Quadrat gross war und ein eigentümliches Schauspiel bot. Links lag in vollständiger Ruhe das Gehöft des Sultans, das sich von den anderen Gehöften durch seine grösseren Hütten unterschied. An den drei anderen Seiten standen in dichten Reihen wohl 500 Krieger zu Fuss. Der ganze innere Raum war mit hockenden Männern bedeckt, und über die Köpfe derselben hinweg sah ich gerade vor mir noch etwa 50 m entfernt, unter einem mächtigen Wollbaum, eine Gruppe von Männern, von welchen einer zwischen grossen Lederkissen auf einem Rindenfell sass. Das war der Sultan. Unsere Musik verstummte, als wir auf den Platz kamen. Ein feierliches Schweigen trat ein; die mit mir gekommenen Brüder des Sultans reihten sich in die Schar der übrigen Krieger ein, und mehrere Tausende von Augen waren auf mich gerichtet. Vor mir sah ich eine fussbreite Strasse, welche die hockenden Männer frei gelassen hatten, in schräger Richtung nach dem Sultan hinführen. Diese Strasse schlug ich, gefolgt von meinen Leuten, ein, vorsichtig bemüht, den hockenden Leuten nicht auf die Füsse zu treten. Die Hitze war mittlerweile sehr stark geworden, und über dem dichtgedrängten Menschenhaufen lagerte eine dunstige, dicke Luft.

Etwa zehn Schritt vor dem Sultan war die Strasse durch eine lebendige Mauer geschlossen, die aus den vornehmsten Leuten der Stadt bestand, alle mit weissen, weiten Hemden und Hosen bekleidet.

Über die Köpfe der vor mir hockenden Leute hinweg erkannte ich in dem Sultan einen mittelgrossen, in den Sechzigern stehenden Mann mit ergrautem Backenbart und ernsten, scharf markierten, den Negertypus tragenden Gesichtszügen. Er war ähnlich wie sein Bruder Lima angezogen. Hemd, Beinkleider und Turban waren aber reicher gestickt, und statt der Lederstücke trug er auf Turban und Hemd einige silberne Platten, hinter welchen sich auf Papier geschriebene Koransprüche befanden. An den Fingern trug er schwere silberne Ringe. Hinter dem Sultan stand ein Mann mit einer Flöte, ein Trompeter und mehrere Trommler, neben ihm zwei Leute mit Fliegenwedeln, und vor ihm kauerte ein Mann mit einem Becken Wasser.

Meine Verbeugung erwiderte er mit einigen Worten, die von den Versammelten mit tiefer Verneigung nachgesprochen wurden.

Dann hielt ich eine längere Rede, in der ich dem Gedanken Ausdruck gab, dass ich gekommen wäre, freundliche Beziehungen zwischen dem mächtigen deutschen Reiche und seinen Leuten zu vermitteln; Karawanen sollten frei zwischen Togo und Jendi verkehren, an der Küste würden die Leute aus Jendi sicher gut aufgenommen werden, und umgekehrt sollten die Händler von der Küste bei ihm Schutz finden und ohne Schädigung verkehren können. Zoll von Waren würde an der Küste nicht genommen werden und solle auch er nicht erheben.

Einen Koffer mit Geschenken hatte ich mitgenommen; doch hatte ich nicht geglaubt, einen so mächtigen Häuptling begrüssen zu müssen, und die Geschenke schienen mir zu unbedeutend und der Moment nicht geeignet. Ich übergab dieselben daher nicht und nahm dieselben, nachdem der Sultan die feierliche Begrüssungszeremonie für beendet erklärt hatte, mit mir zurück, um sie ihm bei einer späteren Gelegenheit, wesentlich vermehrt, zuzusenden. –

Nach Beendigung der Begrüssung sandte mir der Sultan Berittene und Leute zu Fuss voraus, welche mir Platz durch die Volksmenge machen sollten. Dieselben erfüllten ihre Aufgabe mit grosser Energie. Die Reiter jagten mit ihren kleinen, prächtig aufgezäumten und gesattelten, von Leder und Messing schillernden Pferden rücksichtslos in die Menge hinein, während die Leute zu Fusse mit Lederpeitschen nach rechts und links in die Menge hieben. So kam ich unangefochten durch die Menschenmasse und sah nachher im Freien mit Vergnügen zu, wie meine Begleiter mir ihre Pferde in verschiedenen Gangarten vorführten, sich beim Vorbeireiten mit mächtigen, 1,50 m im Durchmesser haltenden Schilden derart deckten, dass vom Pferde fast nichts zu sehen war."

Jendi ist die grösste Stadt in dem oberen Woltagebiete, aber nicht die bedeutendste. In handelspolitischer Beziehung ist es längst von dem kleineren, etwa 10 000 Einwohner zählenden Salaga überflügelt. Der Grund hiervon ist, dass in Salaga ein duldsamer, verständiger, die Interessen des Handels fördernder Sultan wohnt, während der in Jendi die Karawanen mitunter aussaugt und sein Bruder Lima ein gefürchteter Bandit ist. Salaga hat ausserdem eine günstigere geographische Lage und macht dem von uns bereits im ersten Teil geschilderten Timbuktu den Rang streitig. Über den Sultan von Salaga, seine Regierungsweise u. s. w. liegen keine genaueren Berichte vor; wohl aber können wir ein flüchtiges Bild einer innerwestafrikanischen Handelsstadt entwerfen.

Denken wir uns eine Menge kleinerer und grösserer, meist kreisrunder Gehöfte so auf einen Raum verteilt, dass zwischen denselben 1–3 m breite Wege übrig bleiben. Dazwischen eine grössere Anzahl kleiner Plätze, auf denen Wollbäume angebracht sind oder Wasserlöcher, die hier als Brunnen dienen, sich befinden, und zwei grosse Marktplätze, so haben wir die Gesamtansicht von Salaga – einer Stadt, die so wirr, so planlos angelegt ist, wie kaum eine andere in der Welt.

Von landschaftlicher Schönheit findet sich in der ganzen Umgebung keine Spur; rings herum dehnen sich einförmige Getreidefelder, dahinter die trostlose, mit niedrigem Savannengras bewachsene, von $^2/_3$ m hohen Sträuchern bestandene Ebene. Unschön, kahl – aber der Boden ist fruchtbar und die Savanne ein prächtiges Weideland.

Denselben ungemütlichen, öden Eindruck macht die Stadt. „Strassen und Plätze starren vor Schmutz und verbreiten furchtbare Düfte. Aller Unrat wird auf sie geworfen, und sämtliche Bedürfnisse werden auf ihnen befriedigt. Besonders unreinlich sind die Strassen, da sie nie gereinigt werden, während der Markt wenigstens ab und zu gesäubert wird. Zum Glück räumen zahlreiche Aasgeier bei Tage und ebenso zahlreiche Schakale, Wolfshunde und Hyänen bei Nacht den schlimmsten Schmutz fort. Der Sultan ist vor Schmutz geflohen und hat seine Residenz in Pembi, eine Stunde südöstlich von Salaga, aufgeschlagen.

Höchst ungünstig sind die Wasserverhältnisse. Salaga hat das schlechteste Trinkwasser im ganzen Woltagebiet. Da es weit von fliessenden oder stehenden Gewässern entfernt ist, wird das Regenwasser in trichterförmigen Löchern aufgefangen, von denen jedes Gehöft eins hat. Vielfach liegen Unrathaufen, tote Esel, Pferde und Hunde dicht neben den Wasserlöchern. Der starke Verbrauch von Wasser durch Menschen und Vieh hat zur Folge, dass gegen Schluss der Regenzeit die Cisternen zum Teil austrocknen. Dann herrscht die ekelhafte Manier, diese Wasserlöcher als Latrinen zu benutzen. Brunnen sind unbekannt.“ Kein Wunder also, dass ein Mensch ohne Würmer in Salaga für ungesund gehalten wird.

Salaga ist aber ein höchst wichtiger Ort und für den Anthropologen auch ein sehr anziehender; denn täglich kommen und gehen hier Karawanen, und man kann an einem Tage die verschiedensten afrikanischen Rassen beobachten; da sind die Fulbe, die Haussa, die Berber, die Aschanti, die Grussi, die Joruba, kurz alle Leute aus dem westlichen Sudan und von der Guineaküste. Salaga ist auch für den Fremdenverkehr, der stets ein Drittel der eigenen Bevölkerung der Stadt ausmacht, völlig eingerichtet. Freunde finden bei Geschäftsfreunden Unterkommen; und für Fremde stehen genug leere Häuser da.

Und was für ein Leben herrscht auf dem Marktplatze von Salaga! Da ist zunächst der Lebensmittelmarkt. Jeden Morgen schlachten die Metzger gegen 20 Ochsen und 40 Hammel, verkaufen das frische Fleisch und räuchern das übrigbleibende. Für die Abfälle haben sie ihre ständigen Kunden. Sie werden den Geiern zugeworfen, die in dichten Scharen die Metzgerbuden umstehen und nur über Mittag hoch oben in den kühlen Luftregionen ihre Kreise ziehen.

Waren aller Art, afrikanische und europäische, werden feilgeboten, Handwerker fertigen am Platze ihre Sachen an, Wasser- und Holzverkäufer, Barbiere und Friseure sind in voller Thätigkeit, und bis zum späten Abend dauert das rege geschäftliche Treiben.

„Erst mit Einbruch der Dunkelheit schliessen die Verkäufer ihre Buden. Es tritt dann eine verhältnismässige Ruhe ein, und nun huschen die Nachttiere, Schakale, Hyänen und Wolfshunde, durch die Strassen. Nur vereinzelt gehen noch Bewohner über die Strasse, mit dickem Knüppel oder Lanzen bewaffnet, um sich gegen unliebsame Begegnungen mit den Vierfüsslern zu schützen. Auch der Wasserlöcher wegen ist dann Vorsicht geboten.“

Man kann in Salaga alles kaufen, was Afrika bietet, und kann es nach Belieben mit Kaurischnecken oder englischen Schillingen bezahlen; nur muss man keine englischen Münzen mit dem Kopf der früheren Regenten mitbringen; denn diese haben hier keine Geltung, der Kopf der Königin Victoria muss darauf sein.

Sehen wir uns einige Posten des Preiszettels an, wie ihn der deutsche Reisende notiert und in Markwährung umgesetzt hat:

Da kosten 5 Eier 10 Pf., 1 kg Maisbrot 8 Pf., 1 l Hirsebier 3 Pf.; 1 Rind 30 bis 40 Mk., 1 Schaf 4 bis 6 Mk., 1 Huhn 1 Mk. Da kann man ein Pferd für 50 bis 75 und ein junges Mädchen für 30 Mk. kaufen; denn in Salaga blüht noch der Sklavenhandel, und es werden hier alljährlich an 15 000 Menschen umgesetzt.

Die Gabunesen

Westafrika ist im Gegensatz zu dem östlichen Teile des Kontinents mit besseren natürlichen Kommunikationsmitteln ausgestattet. Es hat grosse, schiffbare Flüsse, welche tief in das Innere des Landes einschneiden. Für die mittleren Teile desselben ist namentlich der Niger mit seinem Nebenflusse Benue von Bedeutung; auf diesen Strömen können die Flussdampfer bis zu den Haussastaaten des Sudan gelangen. Wenn auch der Kongo in seinem unteren Laufe infolge einer Reihe von Stromschnellen und in seinem oberen Laufe durch die Stanleyfälle der Schiffahrt unüberwindliche Schwierigkeiten bietet, so bildet er doch im Verein mit seinen mächtigen Nebenflüssen ein Netz von brauchbaren Wasserstrassen und erleichtert dem Europäer wesentlich das Eindringen in die innersten Teile des dunklen Weltteils.

Ostafrika hat jedoch einen anderen Vorzug. Es besitzt eine bessere Bevölkerung; die dortigen Negerstämme sind seit Jahrtausenden in Berührung mit asiatischen Völkern gewesen und stellen vielfach eine edlere Rasse dar. Trotzdem ist der Neger Westafrikas keineswegs eine traurige Karikatur, wie man sie in früheren Reisebeschreibungen und ethnographischen Werken zu finden pflegte. Im grossen und ganzen stellt der Westafrikaner eine bessere Menschenrasse dar, als lange Zeit hindurch angenommen wurde, und so ist auch seine Kultur keineswegs eine durchaus niedrige. An der Küste ist allerdings ihr ursprünglicher Charakter verwischt. Im Inneren finden wir aber noch oft Bezirke, in denen man sehen kann, was die afrikanischen Stämme aus eigener Kraft hervorzubringen wussten.

Eine unsrer Abbildungen stellt Proben innerafrikanischer Handfertigkeit dar. Wir sehen auf derselben Kriegswaffen, Fetische und einige Hausgeräte. Von einem Kunstgewerbe findet man hier kaum eine Spur. „In der Darstellung des Häuslichen“, sagt F. Ratzel in seiner „Völkerkunde“, „übertrifft kein Volk diese Westafrikaner, welche zum Überflusse die Skulptur so sehr lieben, dass sie sich gar nicht genug thun können mit den Fratzen, die sie in jedem zugänglichen Materiale ausprägen. Um von der Indecenz derselben nicht zu reden, sind sie in der Mehrzahl hauptsächlich so hässlich, weil sie absolut nichts Stilisiertes an sich haben, sondern brutal naturwahr sein oder höchstens ins Hässliche übertreiben wollen. Zum letzteren trägt die Ungeschicklichkeit noch bei, mit der besonders die Götzenbilder gearbeitet worden sind, welche menschliche Gestalten darstellen. Das Einsetzen der Augen mit glänzend weissen Kauris, die Verschönerung des Bauches mit einem viereckigen Stückchen Spiegelglas sind so kindische Veranstaltungen, dass man darüber lachen könnte, wenn es sich dabei nicht um die Götter dieser Menschen handelte, und wenn die Effekte nicht so barbarisch hässlich herauskämen."

Auf einer besonders hohen Stufe der Vervollkommnung steht bei den ursprünglichen westafrikanischen Völkern die Flechterei und die Weberei. Das Rohmaterial hierzu finden dieselben in vielen Pflanzen, so in den Fasern der Öl- und Weinpalme, in denen des Pandanus und der Ananas. Diese Gewebe, welche mitunter selbst mit dem Samte und dem Damast verglichen werden können, sind viel besser und dauerhafter als die nach Afrika importierten europäischen Zeuge. Aber diese bedruckten Zeuge übten auf die Neger einen besonderen Reiz aus und verdrängten die einheimische Ware, ja brachten die eingeborene Industrie zum gänzlichen Verfall. So kommt es, dass, je weiter man von der Küste in das Innere vordringt, die Zeuge, überhaupt die Arbeiten der Eingeborenen um so besser werden, und Pogge hat treffend erklärt, dass ihm beim Eindringen in das Innere Afrikas vorgekommen sei, als ob er in die Zivilisation hineingelange!

Von den freien Künsten bethätigt der Westafrikaner nur die Musik. Zu einer höheren Stufe der Vollkommenheit hat sie sich nicht emporgeschwungen; sie ist afrikanische Musik geblieben. Unsere Abbildung zeigt ein innerafrikanisches mandolinen- oder guitarrenförmiges Instrument. Das wichtigste und am meisten vervollkommnete Instrument bildet aber die Marimba, die man treffend als Kalebassenpiano bezeichnet hat. „Das Gerüst der Marimba bildet ein 12 bis 20 cm breites, dünnes Holzbrett, welches entweder rechteckig oder hufeisenförmig ist und ½ bis 1 m Durchmesser hat. Unter demselben sind sechs oder mehr Kürbisse verschiedener Grösse angebracht. Indem der Musiker mit zwei kautschukumwundenen Schlägeln auf das Brett paukt, erzeugt er laute und harmonische Töne."

Während der Forscher, je tiefer er in das Innere des Kontinentes vordringt, um so mehr von den eigenartigen Erzeugnissen der Afrikaner angezogen wird, übt die europäische Kultur einen gleichen Einfluss auf die Eingeborenen aus, und die Folge davon ist, dass man in diesen Gebieten zwei Strömungen beobachten kann. Die erste dringt von der Küste landeinwärts vor. Händler mit europäischen Waren suchen die entfernteren Stämme auf, um erstere bei ihnen gegen Landesprodukte auszutauschen. Diese Waren üben auf die Eingeborenen einen überaus starken Einfluss aus. Die europäische Kultur blendet die Kinder der Wildnis, und so hat sich neben der Händlerbewegung eine zweite, der Drang nach der Küste, ausgebildet, welche den Charakter einer förmlichen Völkerverschiebung annimmt.

Proben innerafrikanischer Handfertigkeit.

Die letztere tritt uns am deutlichsten in den Gebieten von Gabun bis zum Süden des Kamerunlandes entgegen.

In der französischen Kolonie Gabun ist der Stamm der Mpongwe ansässig. Die Leute denken nicht über die Zeit ihrer Väter hinaus und haben somit keine geschichtliche Überlieferung. Sie sind wie alle Küstenneger passionierte Händler, andre Arbeiten gelten ihnen als schmutzige Geschäfte, die sie lieber den Sklaven überlassen. Sie haben zwar „Könige“, welche durch Akklamation in der Volksversammlung gewählt werden, aber die Macht dieses Königtums reicht nicht weit; denn die Sitten sind patriarchalisch und darum die Macht des Oberhauptes einer Familie eine so grosse, dass dieses als ein Häuptling im kleinen gelten kann.

Wirklich sonderbar ist das Verhältnis zwischen dem Mpongwe als Herren des Landes und den meistens als Kaufherren angesiedelten Weissen. Hübbe-Schleiden schildert es in seinem Werke „Ethiopien“ etwa in folgender Weise: Nach dem in den Gabunländern herrschenden Rechte ist das Oberhaupt der Familie oder der Ortschaft, bei der sich ein Weisser zuerst niederlässt, der Majordomus dieses Weissen, und dieser ist *sein* weisser Mann. Um eine populäre Vorstellung von dem Rechtsverhältnisse zu geben, kann man nicht besser sagen, als: der weisse Mann ist ein Haustier seines Majordomus. Das europäische Leben hat keinen einzigen Begriff, der auch juristisch diesem Verhältnisse besser entspräche, als der eines Lieblingstieres, das wir in unserem eigenen Interesse hegen und pflegen, auch Nutzen aus ihm ziehen und als sein Herr gelten, einerlei, ob wir Eigentümer des Tieres sind oder nicht.

Das Verhältnis des Weissen ist zweifellos ein dingliches Recht. Der Schwarze ist das Subjekt und der Weisse das Objekt dieses Rechtsverhältnisses. Der weisse Mann ist unbestritten Eigentümer seines Hauses und seines Grundes und Bodens, ja eventuell der unumschränkte Herr seines Etablissements. Der Mpongwe erhebt durchaus keine Ansprüche an die *Sachen* des Weissen, auch hat er aus dem Verhältnisse keinerlei Forderungen an den Herrn selbst. Er hat lediglich ein Anrecht auf die Person des Weissen, nämlich darauf, dass dieser bestimmte Mann überall als sein weisser Mann angesehen wird. Dieses Verhältnis verpflichtet nicht nur den Weissen nicht, dem Schwarzen Abgaben oder Dienste zu leisten, sondern im Gegenteil leistet der Schwarze seinem weissen Manne alle erdenklichen Dienste, wo er nur kann, und zwar in seinem eigensten Interesse. Es ist sein höchstes Ziel, seinen weissen Mann reussieren zu sehen; um so grösser sein weisser Mann wird, um so höher steigt auch er. Sein Interesse ist ungefähr dasselbe, wie bei uns das des Besitzers eines ausgezeichneten Rennpferdes. Nur ein hochgestellter Schwarzer von angesehener Familie kann der Inhaber solches Rechtes sein, aber das, was er durch sein Verhältnis zu seinem weissen Manne wird, erhebt ihn weit über allen Adel seines Stammes. Ein Schwarzer, der einen weissen Mann hat, ist fast so gut, als ob er einer höheren Rasse angehörte. Alles, was der Weisse thut, verbreitet auch seinen Ruhm im Lande; die schwarze Welt schreibt es seiner Ehre gut, ganz als ob er selbst die Leistung vollbracht hätte. So wenig, wie wir aber bei einem Haustiere von einer Verpflichtung reden, so wenig legt auch dieses Verhältnis dem weissen Manne eine juristische Verpflichtung auf. Wie wir unser Pferd oder unseren Jagdhund nicht fragen, ob sie uns als Herrn anerkennen, ebensowenig fällt es dem Schwarzen ein, von seinem weissen Manne solche Anerkennung zu fordern. Dennoch ist dieses Verhältnis ebenso bindend wie unsre dinglichen Rechte an einem Haustiere. Gerade so, wie wir jeden dritten, der uns unser Pferd oder unseren Jagdhund stiehlt, unterschlägt oder abspenstig macht, dafür belangen würden, so wendet sich auch der Majordomus gegen jeden Schwarzen, der ihm seinen weissen Mann abspenstig machen will oder sein Recht auf den Mann in irgend einer Weise verletzt oder beeinträchtigt. Er hält seinen weissen Mann nicht direkt dafür verantwortlich, dass er sich nicht von ihm verirrt, wohl aber fordert er von allen anderen Schwarzen, dass sie sich solches Verirren nicht ungebührlich zu nutze machen. Der Weisse ist dadurch in seiner Person und in seinem Leben in keiner Weise beschränkt; der Anspruch richtet sich lediglich auf die Thatsache seiner Existenz im afrikanischen Lande und auf die Ehre und die Vorteile, die sich für seinen Schwarzen daran knüpfen. In der Regel ist der Majordomus des Weissen auch sein Händler, oft sogar sein Haupthändler; daneben aber, oder selbst statt seiner, mag sich der Weisse soviel Händler, Aufseher, Arbeiter und Diener halten, wie er will: als Schwarze unter Schwarzen aber müssen alle diese den Majordomus des Weissen als seinen Schwarzen anerkennen. Wollte ein andrer Schwarzer es sich gefallen lassen, von dem Weissen als sein Majordomus behandelt zu werden, so würde man ihn ohne weiteres vergiften, oder er würde unversehens auf der Jagd erschossen werden, oder man würde ihn mit Fetisch- und Geisterbeschwörung zu Tode ängstigen.

Dass diese Eifersucht auf seinen weissen Mann im Grunde genommen weiter nichts als eine kaufmännische List ist, wird jedem Leser klar sein. Das Verhältnis wurde auch seit jeher von europäischen Handelshäusern als ein missliches und unangenehmes empfunden. Die regere Thätigkeit der Franzosen in Gabun wird auch den Majordomus des Weissen abschaffen.

Seit fünfzig Jahren sind die Gabunesen durch eine Einwanderung aus dem Inneren in ihrem Besitze ernstlich bedroht. Um jene Zeit erschienen an der Küste zum ersten Male Leute, aus dem Inneren, die sich selbst Fan nannten. Sie unterscheiden sich wesentlich von allen an der Westküste wohnenden Stämmen. Schlank und kräftig gewachsen, sind sie von viel lichterer Farbe, die manchmal stark ins Gelbliche spielt; ihr Blick ist starr und wild; sie lachen selten, und wenn man fröhliche Leute unter ihnen findet, so sind es zumeist Frauen und Knaben. Sie sind Menschenfresser, frönen aber dieser Sitte nur verstohlenerweise; obwohl sie kriegerisch gesinnt sind, so sind sie doch zugänglicher und vor allem auch fleissiger als die Küstenneger.

Besucht man ihre im Walde erbauten Dörfer, schaut man ihrem Leben und Treiben zu, so findet man bei ihnen sehr viele Anklänge an einen anderen, fernab von der Westküste wohnenden Stamm, an die Niam-Niam, die Schweinfurth und Casati so anschaulich geschildert, über deren Schicksale in den Ländern am Uellestrome wir im ersten Teile dieses Buches ausführlich berichtet haben. Auch ihre aus den Schäften der Raphiapalme gebauten Hütten zeichnen sich durch grosse Festigkeit aus; zu Palästen, wie sie am Uelle errichtet werden, haben sich jedoch die Fans nicht aufschwingen können; auf der Wanderung begriffen, sind sie noch schwach und haben keine nennenswerten Staaten bilden können; ihre Häuptlinge sind unbedeutend. Aber sie zeichnen sich vor den Westafrikanern durch ihre Energie aus; sie haben sich bereits vom Gabun bis zu den südlichen Grenzen des Kamerunlandes ausgebreitet, und in diesen Gebieten scheint die Zukunft ihnen zu gehören.

Westafrika und der Sudan

Werfen wir einen Blick auf die neuen Karten von Afrika, so sehen wir auch von der Westküste farbige Striche gegen das Innere des Landes ausstrahlen. Dieselben stellen die politischen Grenzen der Interessensphären der europäischen Kolonialmächte in Westafrika vor. Während wir in Ostafrika diese Grenzen auch nach dem Inneren zu abgeschlossen finden, sind sie auf der Westseite nach innen noch offen. Die Küste ist geteilt, das Innere noch nicht vergeben. Für Deutschland ist dabei die Abgrenzung des Kamerungebietes von grösstem Interesse. Im Norden ist dieselbe durch eine Linie gegeben, die vom Rio del Rey ausgehend in nordöstlicher Richtung bis in die Landschaften von Adamaua verläuft. Diese Grenzregulierung ist durch das deutsch-englische Abkommen vom 2. August 1886 festgestellt worden. Wenn wir nun in Ostafrika bei der Schilderung der Entwickelungsgeschichte der Wahumareiche bedauern mussten, dass die Grenze zwischen deutschem und englischem Besitz ohne Rücksicht auf die politischen Verhältnisse des Landes gezogen werde, so trifft dies auch für diesen Teil Westafrikas zu. Die deutsch-englische Grenze trennt Adamaua in zwei ungleiche Teile. Der grösste Teil dieses Haussareiches ist Deutschland zugefallen, aber die Hauptstadt des Landes, der Sitz des Sultans, das Zentrum der Verwaltung ist in englische Hände übergegangen.

Nun sind die Deutschen bis in jene Gegenden vorgedrungen, und welche Nachteile diese Grenzregulierung für unsere koloniale Thätigkeit mit sich brachte, erhellt aus einem Berichte des Premierlieutenant Morgen. „Als ich dem Sultan von Tibati“, sagte der genannte Forscher in seinem auf der Versammlung der deutschen Kolonialgesellschaft in Nürnberg gehaltenen Vortrage, „die deutsche Flagge überreichen wollte, wies der sonst mir sehr freundschaftlich gesinnte jugendliche Häuptling dieses Geschenk mit der Bedeutung zurück, dass er hierzu erst die Erlaubnis des Oberherrn von Jola einholen müsste – in Jola aber sitzt John Bull und lässt es unter anderen Mitteln auch nicht an Geld (jährlich 1000 Pfund) fehlen, um den Herrscher in seinen Garnen zu behalten.“

Ausserdem ist diese nördliche Grenze des Kamerungebietes auch ohne alle Rücksicht auf geographische Verhältnisse gezogen; sie schneidet alle Flüsse Katzena Allah, Kogin Donga, Tarabba und schliesslich den Benue quer durch, uns die oberen meist unschiffbaren Teile lassend.

Über die Südgrenze äussert sich derselbe Reisende wie folgt: „Die Südgrenze ist durch das Abkommen mit Frankreich vom 24. Dezember 1885 derart festgelegt werden, dass wir uns Einmischungen zu enthalten hätten südlich einer Linie, welche, von der Mündung des Kampoflusses ausgehend, diesen Fluss bis zum 10.° östlicher Länge von Greenwich aufwärts und von diesem Punkte ab parallel zum Breitengrade bis zum 15.° östlicher Längc läuft. Dass nun dieser 15. Grad unsere Ostgrenze bilden soll, das zu behaupten bekommen ausser den Engländern eben nur noch die Franzosen fertig. Ich denke, meine Herren, dass Deutschland bei Festlegung der Ostgrenze auch noch ein gewichtiges Wort mitreden wird. Und wenn die Franzosen nun, auf die Hinterlandstheorie pochend, die wir beim Niger, Benue und Tsadseebecken viel eher anwenden könnten, in unser Hinterland Expeditionen mit politischem Zweck entsenden, so haben wir alle Ursache, wegen Wahrung unsrer Grenzen auf der Hut zu sein.“

Wenn wir einen Blick auf die Karte werfen, so sehen wir, dass von Kamerun der kürzeste Weg zu den Sudanländern führt, die wir in dem ersten Teile unserer Darstellung geschildert haben. Das Hinterland von Kamerun tritt in eine unmittelbare Fühlung mit den Haussastaaten, mit Bornu und Bagirmi, die von Barth und Nachtigal durchforscht wurden. Dieses natürliche Hinterland uns zu sichern, das ist eine der Hauptaufgaben unserer Kolonisatoren an der Westküste, und wir können mit Befriedigung aussprechen, dass die Erfolge der unermüdlichen Thätigkeit deutscher Reisender sehr beachtenswert sind, obwohl das grosse Publikum, von den Ereignissen in Ostafrika in Anspruch genommen, diesen eine geringere Aufmerksamkeit schenkt.

Um die Bedeutung dieses Hinterlandes dem Leser klar zu machen, müssen wir vorerst eine kurze Skizze des betreffenden zwischen ihm und der Kamerunküste liegenden Gebietes entwerfen, von welchem der geheimnisvolle Schleier durch die Thatkraft deutscher Forscher in der jüngsten Zeit gelüftet wurde.

Wenn wir von dem im Norden unseres Gebietes bis zu einer Höhe von etwa 4000 m aufsteigenden Kamerungebirge absehen, haben wir eine etwa 70 km breite Küstenebene vor uns. Sie ist nur an den sie durchschneidenden Flussläufen bewohnt, sonst überall mit einem dichten, unbewohnten Urwald bedeckt. Von dieser Ebene aus steigt das Land in schroffen Terrassen zu der Hochebene des Sudan empor. Der Urwald schwindet hier, an seine Stelle tritt die mit schilfartigen Gräsern bestandene Savanne, hin und wieder von Galeriewäldern unterbrochen, welche die Flussläufe säumen. Über diese Terrassen stürzen die Flüsse in Wasserfällen und Stromschnellen zu Thal – leider sind sie dadurch in ihrem mittleren Laufe unschiffbar.

Was nun die Urwaldregion anbelangt, so finden wir hier nicht immer jene wunderbar reiche und üppige Wildnis, die man sonst mit dem Begriff tropischer Urwälder zu verbinden pflegt. Der oft arme Boden erzeugt im Gegenteil Forste, die mehr unseren mitteleuropäischen Laubholzwäldern ähneln. „Die Bäume“, schildert Bernhard Schwarz diese Waldungen, „sind fast ausnahmslos Pflanzen mit harten, klebrig feuchten, glänzenden, lederartigen Blättern, Ebenaceen, Cedrelaceen u. dgl. Aber auch diese stehen so dünn, dass man vom Wege aus immer weit in den Wald hineinsehen kann. Zudem findet der Wanderer fast nur junges Holz, dünne Stämmchen von kaum Meterhöhe, woran wohl der Elefant, der die Blätter und Zweige abzuweiden pflegt, die Hauptschuld hat. Lediglich vereinzelt finden sich entwickeltere Stämme, die dann aber auch immer so kolossal sind, dass sie mit ihren Kronen ein undurchdringliches Laubdach über das Ganze breiten. In diesen Urwäldern marschiert man, ein weiterer Vorteil, stets im prachtvollsten Schatten. Die Durchschnittstemperatur übersteigt kaum 30 Grad Celsius. Die Sonne bekommt man tagelang gar nicht zu Gesicht, und der allerdings auch jetzt noch häufige Regen vermag fast niemals bis zum Boden durchzudringen. Blumen erscheinen nur selten, wie denn überhaupt von einem Unterholz kaum die Rede sein kann. Fast überall erblickt man das nackte, braune Erdreich. Dagegen müssen unter den hohen Bäumen viele fruchttragende sein, da nicht selten ganze Schichten von faulenden Früchten den Weg bedecken. Auch Gummilianen kommen in dem ganzen Gebiet zahlreich vor. Dasselbe würde also trotz seiner eben gekennzeichneten Dürftigkeit schon um deswillen immer noch kolonial wertvoll sein, selbst wenn hier nicht die kostbarsten Hölzer, als Ebenholz, Rotholz, Mahagoni u. s. w. gediehen. – – –

Zur Zeit hat freilich der Aufenthalt in diesen ungeheuren Einöden noch wenig Verlockendes für den Menschen. Die Luft ist hier, jedenfalls infolge der grossen Abgeschlossenheit nach oben und einer Menge stagnierender und sumpfender Gewässer, so verderbenbringend, dass selbst die Eingeborenen daselbst nicht lange würden leben können. Dazu gedeihen die Aaspflanzen in diesem Gebiete so massig, dass dem Europäer oft fast übel werden kann.

Daher kommt es denn auch, dass das ganze unermessliche Terrain überaus dünn bevölkert ist. Nur von Zeit zu Zeit findet sich an einer freieren, luftigeren Stelle, meist in der Nähe eines Gewässers, eine kleinere Ansiedelung oasenartig in das weite Blättermeer eingebettet.

Selbst die Tierwelt scheint dies dumpfe Waldgebiet nicht zu lieben. Nur Antilopen und Elefanten sind noch zahlreich vertreten. Der letztere ist hier sogar in seinem eigentlichen Reiche, und es sollen Herden von 30 bis 50 Stück vorkommen. Grossartig ist es, wenn hier und da die selbstgebahnten Pfade dieser ungeheuren Tiere den Weg kreuzen. Dann sieht man in lange Galerien hinein, in welchen umgeknickte Stämme von Armesdicke und umhergeworfene und zertretene Äste ein grauenvolles Chaos bilden. Nur die Vogelwelt zeigt sich in diesen Waldeinöden ausgiebiger repräsentiert. Zahlreiche Papageien kreischen in den Wipfeln, besonders von dürren Baumriesen, grosse Pfefferfresser schweben von Ast zu Ast, und in regelmässigen Pausen schallt der monotone Ruf des Glokkenvogels wie ein ernstes Memento mori durch das stille Reich des Todes, nicht selten übertönt von dem schmetternden Trompeten des Elefanten, des plumpen Herrschers dieser Wüsteneien."

Das ist das Küstengebiet, in dem wir noch den Handelshäuptlingen begegnen, die auf ihre Privilegien und Durchgangszölle dem Händler gegenüber pochen. An manchen Stellen stösst der Reisende auf Reste einer uralten Bevölkerung. Es bewohnen nämlich die Urwaldregion hinter der Batangaküste Leute von einem auffällig kleinen Wuchs, welche dadurch sehr merkwürdig sind, dass sie keine festen Ansiedelungen in Dörfern haben, sondern, lediglich von der Jagd lebend, den Wald durchstreifen. Sie lagern sich unter unvollkommenen Schutzdächern. Es wird von ihnen erzählt, dass sie diejenigen gewesen, welche die Pfade im Urwalde gemacht haben. Dies weist darauf hin, dass sie länger im Lande angesessen sind als die anderen. Sie nennen sich selbst Bojaeli, werden aber von den anderen Stämmen Baüec genannt und von denselben als tieferstehend verachtet. Sie selbst sollen alle anderen Menschen Mi nennen. Sie scheuen das Zusammenkommen mit diesen und erscheinen nur selten in ihren Dörfern, um gegen die Ergebnisse der Jagd Pulver und Gewehre einzutauschen. Sie haben eine entschieden gelbe Gesichtsfarbe, sind von niedrigem Wuchs und haben einen fremdartigen Gesichtsausdruck.

Wer würde in ihnen nicht Verwandte des Akkastammes erkennen? In der That beginnen schon hier die Anklänge an die fernen Regionen des Sudan. Dringt der Reisende weiter vor, nähert er sich der Grenze der Urwaldzone, so erhält er auch Nachrichten von einem Graslande, von

Händlern, die auf Pferden reiten, von sudanischen Waren und von Sklavenhändlern und Sklavenjägern. Endlich schimmert zwischen den Waldlücken in weiter Ferne eine braune Masse hervor. Es sind Bergkuppen, die sich zwischen bewaldeten Höhen erheben, und die braune Farbe stammt von dem Grase der Savanne her. Der Wald nimmt nach einigen Tagemärschen ein Ende, und mit dem freudigen Rufe: Gras! Gras! stürzen die Träger vorwärts, da sie das Ziel ihrer Wünsche erreicht haben.

„Ich vergesse nie den Eindruck", erzählte Hauptmann Kund, „den ich hatte, als ich das erste Dorf jenseit der Urwaldregion erreichte, in welchem der Häuptling bei unserem Rückzug nicht sehr freundlich gewesen war. Als ich den Eingang des Dorfes betrat, war auf der ganzen langen Dorfstrasse kein Mensch zu sehen. Totenstille herrschte; an den niedrigen Eingängen der Hütten sassen, der ganzen Reihe derselben entlang, alle bewaffneten Männer. Die Frauen und Kinder suchten auch zu sehen, was sich nun ereignen würde. Ich liess absichtlich meine Leute in einer gewissen Entfernung folgen und ging die Dorfstrasse entlang, nur mit einem Stock, ohne irgend eine Waffe in der Hand. Die Leute sassen still wie Statuen; aber jedes Auge war auf mich gerichtet. Als ich am Ende der Dorfstrasse angekommen war, rief ich den Dolmetscher an mich heran und liess ihn die Dorfstrasse hinunterrufen, man möge uns zu essen bringen. Die ängstliche Spannung, die über den Gemütern lastete, wollte sich aber nicht lösen. Alles blieb still und regungslos wie zuvor. Erst als ich mitten im Dorf das Zelt aufgeschlagen hatte, wagten einzelne Leute sich in meine Nähe, auch der Dorfhäuptling erschien, aber mit klopfendem Herzen und zitternden Gliedern. Erst allmählich beruhigte er sich auf meine Versicherung, dass es nach wie vor immer bei dem bleibe, was wir ihnen stets gesagt hätten, der Weisse komme zum Schwarzen nicht als Feind, sondern als Freund."

Dies ist ein Beispiel für den Einfluss, den die schwarzen Küstenhändler auf die tiefer landeinwärts wohnende Bevölkerung ausüben. Sie gehen den Expeditionen voraus und erzählen den Häuptlingen: „Es wollen Weisse in das Land kommen. Ihr müsst ihnen nicht trauen. Sie wollen jetzt das Elfenbein, wofür sie uns an der Küste bezahlen müssen, umsonst haben; sie wollen es bei euch stehlen. Sie haben sehr viele Sklaven, mit guten Gewehren bewaffnet, bei sich. Lasst sie nicht ins Land, denn sie werden euch euer Elfenbein und eure Weiber nehmen und viele von euch zu Sklaven machen. Der Weisse ist schlecht. Wenn er mit seinen Schiffen auf dem grossen Wasser zu uns kommt, so will er gute Sachen bei uns holen und möglichst wenig dafür bezahlen. Wir, obwohl wir viel Gewehre haben, viel mehr als ihr im Inneren, können kaum gegen ihn fechten. Wenn ihr ihn zu euch lasst, werdet ihr erst recht nicht mit ihm fertig werden. Ihr müsst ihm auch nicht glauben, wenn er euch Freundschaft versichert und sich freundlich benimmt und euch Geschenke giebt. Er will euch nur damit bethören. Er wartet ab, bis er gesehen hat, wie er am leichtesten euer Elfenbein und eure Sklaven bekommen kann, und dann wird er mit euch fechten und viele von euch töten."

Dass solche Reden nicht immer ihren Eindruck verfehlen, beweisen uns die unglücklichen Kämpfe, welche Dr. Zintgraff im Norden Kameruns auf dem Wege nach Adamaua bestehen musste. Jedenfalls wird es aber nicht schwierig fallen, diesen Widerstand im Notfalle mit bewaffneter Hand zu brechen, und die Ausgaben für eine Expedition in diesem Sinne würden viel geringer sein, als diejenigen, die uns Ostafrika bereitet hat, da hier die Häuptlinge viel schwächer sind.

In der Urwaldzone und dem angrenzenden Gebiete wohnen die Bantustämme, die in diesem Teile unseres Buches bereits geschilderten oder ihnen verwandten Stämme der Bantuneger, die Dualla, Batanga, Fans u. s. w., dann kommt eine Grenzzone gemischter Bevölkerung, durch die man zu den Sudannegern gelangt. Erstere sind Heiden, letztere Mohammedaner. „Es ist hochinteressant", sagt Premierlieutenant Morgen, „die Verschiedenheit dieser beiden Rassen zu sehen und zu studieren. Sie sprechen anders, sie sitzen anders, sie kleiden sich anders, kurz und gut, es ist eine andere Welt."

Die Welt des Sudan ist unseren Lesern bereits bekannt. Wie ist es nun mit der Grenzzone zwischen Westafrika und dem Sudan, soweit das Hinterland unserer Kolonie Kamerun in Frage kommt, bestellt?

Unsere Gewährsmänner erklären: „Im Inneren auf dem Plateau ist das Klima geradezu gesund zu nennen, Fieber ist fast ganz ausgeschlossen." Auch die Verpflegung ist verhältnismässig leicht. An Vegetabilien bietet die Küstenzone Bananen, Yams, Bataten, Zuckerrohr, der Sudan Mais, Durrhakorn, Melonenbäume, Reis. Schafe, Ziegen, Hühner giebt es aller Arten und in verschiedenen Gegenden auch Rindvieh. Ausserdem ist der Wildreichtum in der Savannengegend geradezu unglaublich. Der Reisende begegnet hier alltäglich Herden von Elefanten, Büffeln und Antilopen.

Auch sind nicht alle Stämme feindlich und wild. Über die Jaunde in Südkamerun, in deren Lande eine Station errichtet wurde, äusserte sich seiner Zeit Hauptmann Kund:

„Das Volk nennt sich Jaunde, ein sehr grosser Stamm, der hier mit den Tinga, einem ebenfalls bedeutenden Stamme, zusammentrifft. Den Namen Fang kennt niemand. Die Jaunde, Tinga und ihre nächsten Nachbarn zeichnen sich in der vorteilhaftesten Weise von der Bevölkerung aus, die man zu durchziehen hat, ehe man von Westen her zu ihnen gelangt. Ich möchte fast sagen, dass mit Ausnahme der Bevölkerung nördlich des Sannaga mir so schöne Erscheinungen unter Afrikanern noch nicht vorgekommen sind.

Alle sind von ausserordentlich hohem und schlankem Wuchs, wohlgenährt, glänzenden, schwarzen Augen, gesundheitstrotzend, von einer dunkelbronzenen Hautfarbe mit vollendeter Muskulatur. Die Gesichtszüge sind bei beiden Geschlechtern vielfach ausserordentlich regelmässig, und auch die Weiber, was gerade bei Schwarzen selten, sind wohlgestaltet und oft von schöner Gesichtsbildung. Die Bekleidung besteht aus einem Stück Rindenzeug bei den Männern, während die Weiber kein Zeug tragen dürfen, sondern sich nur einer Hüftschnur bedienen, die auf der Rückenseite als Träger eines auffallend grossen, aus rotbraun gefärbten Grasfasern bestehenden Büschels dient, während vorn ein durch den Gürtel gezogenes Stück eines Bananenblattes als dürftige Hülle dient. Als Waffen dienen Speere, ohne die man einen Mann selten erblickt, und wenige Feuergewehre. Ein hervorstechender Zug der Jaunde ist ein Hang zu harmloser Fröhlichkeit. Den Tanz, der mit Flötenspiel und Händeklatschen begleitet wird, lieben sie über alles. Noch unverdorben durch den Handel, leben sie in einem von ihnen selbst gewonnenen geringen Grade von Kultur in verhältnismässig glücklichem Zustande. Ihr Land ist wohl angebaut, sie gewinnen mit wenig Arbeit genügend Lebensmittel, leben in hübschen, sauberen Dörfern, im allgemeinen in friedlichen Zuständen. Wenn ich irgendwo einen Volksstamm suchen sollte, der in seinem Naturzustande den Vorzug verdienen sollte, im Rousseauischen Sinne vor den Völkern mit fortgeschrittener Kultur, so würde ich zuerst an jene Jaunde und Tinga denken mit ihren gesunden Leibern, ihrem Frohsinn, ihrem harmlosen Hinbringen der Tage. Noch haben sie sich rein in ihren Eigentümlichkeiten, Sitten und Gebräuchen erhalten und brauchen ihre eigenen Geräte, Werkzeuge, Kleidung u. s. w.“

So sind die Jaunde beschaffen, von deren Lande die Reisenden behaupten, dass man selbst an eine Gründung von europäischen Niederlassungen in demselben denken könnte.

Im übrigen wiederholen sich auch hier dieselben Verhältnisse, welche wir bereits im Hinterlande von Togo kennen gelernt haben. Wir gelangen auf dem Weitermarsche zunächst in ärmere, weniger bevölkerte Gegenden. Wir erfahren bald, dass der Grund dieses Niederganges in den Sklavenjagden zu suchen ist, die hier abgehalten werden, und nach wenigen Tagemärschen erreichen wir auch die Stützpunkte derselben, Residenzen von Raubfürsten. Wir betreten damit die neue Welt des Sudan. Schnell verändern sich hier die Menschen und die Sitten. Der Sannaga bildet hier, wie der Victoria-Nil, eine Völkerscheide, und während auf dem einen Ufer noch Bananen und Yams gebaut werden, sieht man auf dem anderen Durrha- oder Mohrhirsefelder. So nähern wir im Wutelande uns der Residenz des Fürsten Ngila oder Ngirang, die wie eine natürliche Festung auf einem Plateau liegt und den Namen einer Stadt verdient, da sie gegen 8000 Einwohner zählt. Als Morgen Ngila aufsuchte und wegen des Durchmarsches mit ihm parlamentierte, stellte ihm dieser etwa 2000 Krieger entgegen, von denen 160 mit Feuersteingewehren, die übrigen mit

Speeren oder mit Pfeil und Bogen ausgerüstet waren, wobei die Speerwerfer als Schutz noch einen grossen, fast mannshohen Schild trugen.

Nachdem die Verhandlungen einen friedlichen Ausgang genommen, empfing Ngila den Reisenden auf dem grossen, mitten im Dorfe gelegenen Übungsplatze. Der Sultan selbst sass unter einem geflochtenen Thronhimmel, umgeben von seinen Räten und etwa 100 Weibern, auf einer Matte mit gekreuzten Beinen. Er sah einem spanischen Juden ähnlich. Der Platz selbst war von allen Kriegern in militärischer Ordnung, etwa sechs Glieder tief, umgeben. Nach kurzer Begrüssung und einigen ausgetauschten Phrasen wurde dem Reisenden an einem Ende des Dorfes ein Lagerplatz angewiesen.

„Die Stadt“, berichtet Morgen, „welche nach meiner genauen Zählung 964 Hütten mit durchschnittlich je 8 bis 10 Bewohnern, also insgesamt etwa 8 bis 10000 Einwohner, enthält, ist äusserst sauber. Die Hütten, etwa 20 Fuss hoch, haben runde Form und bestehen unten aus einer Brustwehr von grauem Lehm, oben aus einem Dach von Maisstroh; inwendig sind dieselben in einzelne Räume, gewöhnlich Küche, Schlaf- und Wohnraum, geteilt. Die Kleidung der Männer besteht in einem um die Hüfte geschlungenen Stück Zeug aus Baumrinde; jedoch trägt Ngila selbst und sein Hofstaat, etwa 15 Personen, lange mohammedanische Kleider und zeitweise Sandalen und Turban resp. Fez. Die Weiber tragen um die Hüften eine Schnur, meist mit Perlen verziert, an welcher sich ein schmales Blatt befindet. Die angesehenen Männer tragen an Waffen, ausser einem Messer am Gürtel, ein mohammedanisches Schwert über die Schulter gehängt. Alles, Männer und Weiber, trägt eine Menge rotgefärbter Elfenbeinringe an den Armen. Die rote Farbe ist hier überhaupt sehr beliebt, indem viele sich den ganzen Körper mit einer Masse von Rotholz und Palmöl bemalen, ja sogar mit ihren in Kappenform frisierten Haaren diese Prozedur vornehmen. Als charakteristisch will ich noch hervorheben, dass die Leute hier, wie Dr. Schweinfurth es von den Niam-Niam erwähnt, auf einem Beine stehen und die Fusssohle des anderen gegen das Knie des ersteren lehnen.“

Wenn in den Trachten der Vornehmen und in den Sitten des Volkes sich bereits der Einfluss der Sudanvölker kundgiebt, so ist derselbe auch in der Viehzucht bemerkbar. Als Haustiere finden wir hier bereits neben Schafen, Ziegen und Hunden auch Pferde, und Ngila verfügt über eine Reiterei von fünfzehn Mann.

Von Ngilas Dorf öffnen sich die Wege nach dem Sudan. In sieben Tagemärschen ist zunächst das wichtige Land Tibati, eine ziemlich selbständige Provinz Adamauas, zu erreichen, und von dort führt wieder ein grosser Handelsweg nach Bagirmi. Ngila unterhält auch dementsprechend einen regen Verkehr mit den Haussastaaten. Alljährlich kommen in seine Residenz Bevollmächtigte der Haussahändler, zumeist Sklaven derselben, um Handelsgeschäfte zu treiben. Sie bringen von dort Gewehre, Pulver, weisse Krystallperlen und lange Schwerter, wofür sie Elfenbein und Sklaven eintauschen.

Ngila ist darum ein Raubfürst und sendet seine Krieger gegen die benachbarten Stamme, um Sklaven zu jagen. Während der Anwesenheit Tappenbecks kehrte einer seiner Hauptleute mit 150 frisch eingefangenen Sklaven, Weibern und Kindern, zurück. Auch standen mehrere Sklavenkarawanen der Haussahändler zum Abmarsch nach Jola und Sokoto bereit.

Der Verkehr der Ngilaleute mit den Haussastaaten bringt es auch mit sich, dass die Häuptlinge ihre Söhne nach Adamaua zur „Ausbildung" schicken. Auf diese Weise dringt also der Islam auch in dieser Beziehung vor und nähert sich bereits der Küste. Höchst bezeichnend ist dabei die folgende Stelle in dem jüngsten Berichte Morgens in den „Mitteilungen von Forschungsreisenden und Gelehrten aus den deutschen Schutzgebieten": „Die Völker, welche dieses Terrain bewohnen, haben seit dem Vorjahre bereits eine Verschiebung erlitten, und zwar die Ngumba und Jaunde eine solche nach Norden, die Kwolle und Jetoni nach Westen und die Mwelle nördlich des Sannaga nach Süden und Südwesten. Auf die beiden ersteren drücken die Mpangwe von Süden, auf die zweite Gruppe die Mwelle von Osten und auf die letzten die Wute von Norden her, sie sind an der Route vollkommen verschwunden. Es dürfte, nach diesen Ereignissen zu urteilen, die Zeit nicht mehr ferne sein, wo die vordringenden Stämme aufeinanderplatzen und einen gewaltigen Existenzkampf führen werden. Wer als Sieger aus diesem Kampfe hervorgehen wird, ist mir bei der Stärke, dem Drill und dem Mute der Wute, wie ich sie zu beobachten Gelegenheit hatte, nicht zweifelhaft, zumal noch von den Fulah (Tibati) nachgedrängt wird; höchstens könnte für die Gegner die bessere Bewaffnung, d. h. die grössere Zahl der Gewehre in die Wagschale fallen. Dieser Krieg wird gleichzeitig einen Kampf zwischen Mohammedanismus und Heidentum bedeuten; denn wenn nach meinen in Ngila gemachten Beobachtungen der Islam von der grossen Masse auch lau aufgenommen wird, so stellt sich doch der Häuptling als ein gläubiger Anhänger desselben hin."

Wir haben schon gesehen, dass die Wute in Ngila viele Eigentümlichkeiten der Fulbe von Adamaua angenommen haben. In Tibati findet man selbstredend die Verhältnisse noch mehr nach dem sudanischen Brauche geordnet, den wir in unserer Schilderung der Haussastaaten näher beschrieben haben. Hier trägt fast jeder Sklave eine Tobe oder einen Burnus; die Häuser sind sorgfältiger hergestellt und mit einer hohen Strohwand umgeben, um die Bewohuer und Bewohnerinnen derselben, insbesondre die Geheimnisse des Harems, den Blicken Vorübergehender zu entziehen.

Premierlieutenant Morgen ist vom Wuteland nach Tibati vorgedrungen und erhielt von dem Herrscher desselben die Erlaubnis, das Land zu betreten. Der junge zwanzigjährige Sultan Mohammed Alamu empfing den Reisenden in seinem stehenden Kriegslager, welches etwa vier Tagemärsche südwestlich von der Hauptstadt liegt. Der Sultan, dessen Gesichtsschnitt reines Fulbeblut verrät, scheint für westafrikanische Verhältnisse ein mächtiger Fürst zu sein und soll über 1000 Mann Reiterei in das Feld stellen können. In dem Kriegslager waren um ihn etwa 12 000 Menschen versammelt.

Der Sultan von Tibati dringt erobernd vor, und Premierlieutenant Morgen war Zeuge, wie ihm von einem unterjochten Stamme 600 Sklaven (Männer, Weiber und Kinder) als Tribut gezahlt wurden. Der grösste Teil derselben war für den Markt von Sokoto bestimmt. In dieser Weise wird von den Mohammedanern des Sudan auch unser westlicher Anteil an Afrika entvölkert!

Von Tibati gelangt man leicht auf Strassen, die einen äusserst lebhaften Karawanenverkehr aufweisen, über Banjo, einen wichtigen Handelsplatz, an den Benue, und auf diesem Wege gelangte auch Morgen mit seiner Expedition in die englische Interessensphäre und kehrte mittelst englischen Dampfers und Dampfbarkasse über den Benue und Niger an die Küste zurück. Auf dieser Fahrt konnte Morgen feststellen, dass englische Karawanen bereits zwischen Kuka und dem Benue verkehren. Ebenso bemühen sich französische Karawanen, auf verschiedenen Wegen den Tsadsee, den Ausgangspunkt unserer Schilderung, zu erreichen.

Fassen wir das Gesagte zusammen, so sehen wir, dass dreihundert Kilometer von der Küste von Kamerun entfernt sich im Wutelande über tausend Haussahändler niedergelassen haben, welche jährlich Hunderttausende von Pfunden Elfenbein und Tausende von Sklaven auf die Märkte von Haussa und Bornu, nach Sokoto, Kano und Kuka, bringen.

Warum wählen diese Händler nicht den kürzeren Weg zur Küste? Ohne Zweifel wird dies, nicht allein durch politische Verhältnisse, durch die Zusammengehörigkeit der Sudanreiche bestimmt, sondern auch durch die Unsicherheit der Strassen im deutschen Schutzgebiete und durch die hohen Durchgangszölle, welche die Handelshäuptlinge von den Karawanen erpressen. So geschieht es, dass aus einem so nahe an unserer Küste gelegenen Gebiete wertvolle Waren nach den Märkten gebracht werden, auf welchen die auf dem Niger und Benue herrschenden Engländer ihre Geschäfte besorgen.

„Um diese Hindernisse für das Aufblühen der Kolonien zu beseitigen“, schloss Morgen seine Rede auf der Versammlung der deutschen Kolonialgesellschaft in Nürnberg, „bedarf es der Anlage von Wegen, vor allem um die nicht beschiffbaren Flussteile, und des Schutzes derselben durch Stationen mit Besatzung von Schutztruppen. Es ist ein gewaltiger Unterschied, ob ich im Busch eine militärische Bedeckung bei mir habe, oder ob sich die unter 60 Pfund schweren Lasten ächzenden Träger, die von vornherein jedem Gefecht abgeneigt sind, selbst auch noch verteidigen müssen. Wenn die Händler, seien es weisse oder schwarze, erst neben gutem Wege auch ihren Schutz haben, dann wird sich ihre Unternehmungslust zeigen, dann werden sich vor allem die Reichtümer des Hinterlandes von Kamerun zeigen, das mit der reichsten englischen Kolonie konkurrieren kann. Aber nicht nur die bekannten Handelsprodukte, als Elfenbein, Gummi, Felle u. s. w. werden in Fülle zur Küste gebracht werden, es wird sich bei der besseren Verbindung auch lohnen, Tabak- und Kakaoplantagen, welche bisher nur an der Küste angelegt wurden, auf dem Plateau einzurichten; und schliesslich können wir auch in einem Lande wie Jaunde, wo das Klima gesund, die Menschen zutraulich und das Essen gratis ist, an Ansiedlungen denken."

Wir haben bis jetzt den Weg im Süden Kameruns nach Adamaua verfolgt. Im Norden liegen die Verhältnisse durchaus ähnlich, und es wechseln nur die Namen der Völker. Die Bettelkönige des Küstenringes schwinden, wenn man sich der Grenze der Urwaldregion nähert, bis man endlich im Graslande besser organisierten Gemeinwesen begegnet. Man sieht noch „Wilde", bei denen bald beide Geschlechter, bald nur die Weiber nacht einhergehen; dann tragen schon die Vornehmeren Kleider, bis man die Pflanzdörfer Adamauas erreicht und aus den Lehmmauern derselben dem Reisenden die Haussaleute in ihren langen Gewändern, mit langen Spiessen und Schwertern entgegenkommen.

Beim Vordringen der Europäer in diese Gebiete ist vielfache Vorsicht und Rücksichtnahme nötig. Was wir zuerst erstreben und warum wir kämpfen, das ist zunächst die Eröffnung des Weges und das Anknüpfen von Handelsbeziehungen. Die grosse Zivilisationsfrage, welche die Aufhebung der Sklavenjagden betrifft, kann in diesen Gebieten nicht sofort aufgerollt werden; dazu sind noch die Europäer zu schwach, und sie sind nicht in der Lage, in dieser Beziehung die Sudanstaaten in die Schranken zu fordern. Der Sklavenhandel wird vorerst nur auf den Linien, die durch Stationen geschützt werden, unterdrückt werden.

Für unsre Kolonie Kamerun kann es sich aber nicht allein darum handeln, die Produkte des näheren Hinterlandes an die Küste zu ziehen. Wir müssen weiter hinausschauen. Es müssen auch Handelsbeziehungen mit den Haussastaaten angeknüpft werden, und in diesen muss der deutsche Einfluss befestigt werden. In dieser Hinsicht ist aber Eile nötig; denn unsre Nachbarn, die Engländer und Franzosen, sind, wie wir gesehen haben, nicht müssig. Sie umgehen in weitem Bogen unsre Besitzungen und wollen uns am Tsadsee zuvorkommen. Die Sicherung unserer inneren Grenzen von Kamerun erscheint darum dringend notwendig, und die Forderung ist sicher billig, dass auch die Hinterländer bis zum Schari und Tsadsee zu Kamerun geschlagen werden.

Auch für diese koloniale Frage sollte die öffentliche Meinung mehr interessiert werden. Der Besitz in Ostafrika ist gegenüber dem Wettstreite der Europäer gesichert. Wir haben dort nur die eingeborenen feindlichen Elemente zu bekämpfen, wir brauchen dort nur das begonnene Werk auszubauen. Hier zwischen Kamerun und dem Sudan liegen die Dinge anders. Wir müssen auf der Hut sein, dass die Früchte der Mühen deutscher Expeditionen nicht anderen Völkern zufallen. Wir können, wie wir bereits hervorgehoben haben, mit den rühmlichen Erfolgen der Erschliesser des Hinterlandes von Kamerun zufrieden sein, aber wir dürfen nicht vergessen, dass über Grenzen in Afrika die Entscheidung in Europa getroffen wird, und so muss die öffentliche Meinung in Deutschland die Wacht an diesen Grenzen übernehmen mit derselben Rührigkeit, wie dies in England und in Frankreich der Fall ist.

Schlusswort

An der Westküste Afrikas hat man auch Negerstaaten aus befreiten und schon zivilisierten nordamerikanischen Negern gegründet.

Als in den Vereinigten Staaten die Sklaverei noch in voller Blüte stand, bildete sich dort im Jahre 1816 die „American Colonisation Society" behufs Kolonisierung Afrikas durch freiwillige Einwanderung aus den Vereinigten Staaten, sowie behufs Förderung von Christentum und Zivilisation. Die ersten schwarzen Kolonisten verliessen New-York im Jahre 1820, und am 25. April 1822 wehte zum ersten Male die amerikanische Flagge über der Gegend des heutigen Monrovia, das nach Monroe, dem Präsidenten der Vereinigten Staaten, seinen Namen erhielt.

Am 9. Juli 1847 erklärte der Senat der Vereinigten Staaten, die Kolonie, die bis dahin unter dem amerikanischen Schutze stand, für einen unabhängigen Staat; der gelehrte Professor Greenleaf vom Harward College arbeitete für denselben eine Musterverfassung aus, über welche die Meinungen geteilt sind; man behauptet, sie sei für die Neger viel zu hoch, und ein wenig mehr Autokratie würde dem Staate nur zum Nutzen gereichen können.

Die Negerrepublik Liberia an der Pfefferküste Oberguineas erstreckt sich über einen 600 km langen Küstenstreifen. Landeinwärts gehören nominell noch weite Gebiete zu dieser Republik; ihre thatsächliche Herrschaft hört jedoch schon in der Entfernung von einigen Kilometern auf. Es wohnen hier etwa 18 000 aus Amerika übergesiedelte oder anderweitig befreite Neger. Die Kolonie hält sich, aber von einer besonderen Blüte kann nicht die Rede sein. Landwirtschaft und Viehzucht, die bei den angrenzenden eingeborenen Stämmen sehr gut gedeiht, liegen bei den Kolonisten von Liberia ganz darnieder. Jeder von ihnen möchte Kaufmann sein, obwohl das Land keinen genügenden Platz für so viele Kaufleute bietet. Am bittersten hat man sich aber in der Hoffnung getäuscht, dass die zivilisierten Neger zivilisatorisch auf ihre schwarzen Brüder einwirken würden. Von diesem Einfluss ist nicht eine Spur zu merken; wenn auch die eingewanderten Neger Christen sind, so sind die Eingeborenen Heiden geblieben. Der Versuch der „afrikanischen Kolonien in Afrika" kann somit nicht als gelungen betrachtet werden. Was in Monrovia und in der ähnlichen Negerkolonie in Sierra Leone zur Blüte und zum Wohlstande des Landes beiträgt, ist unbedingt auf Rechnung der dort anwesenden europäischen Kaufleute zu setzen.

Diese Erfahrung kann uns nicht überraschen, wenn wir sie vom historischen Standpunkte betrachten. Wir können auf Grund der einzelnen Bilder, die wir der Reihe nach dem Leser vorgeführt haben, wohl die Behauptung aufstellen, dass der Neger aus eigenem Antriebe zu einer höherem Kultur sich nicht aufschwingen kann.

Man könnte zwar auf Grund gewisser Thatsachen sich leicht veranlasst sehen, einen gegenteiligen Schluss zu ziehen. Wir haben gesehen, dass die Küste fast überall an echt afrikanischen Staatengründungen arm ist; mächtigere Staatenbildungen finden wir nur im Inneren. Da sind im Norden die Reiche des Sudan, da finden wir die Mangbattu, an den Nilquellseen die Reiche Uganda und Unjoro mit ihren Dependenzen und im Südwesten das Reich des Muata Jamwo. – Die Küste der für die gegenwärtigen Kolonialbestrebungen in Frage kommenden Gebiete ist überall arm und von zersprengten Volksstämmen bewohnt; ohne Zweifel muss dies auf den Einfluss des Sklavenhandels zurückgeführt werden, der im Osten von den Arabern und im Westen von den Europäern betrieben wurde. So scheint es, dass dort, wo die Bevölkerung Afrikas in Ruhe gelassen wurde, sie sich auch entwickeln konnte.

Wenn wir aber die Thatsachen näher betrachten, so finden wir doch, dass zu jenen Staatenbildungen zumeist andere, auswärtige Elemente beigetragen haben. Die Staaten des Sudan verdanken ihren Ursprung den aus Asien eingewanderten semitischen Elementen und dem Islam; auf fremde Einflüsse, wie wir ausführlich berichtet haben, weist die Kultur des begabten Wagandavolkes hin; ägyptische Einwirkungen glauben die Forscher selbst bei dem abgeschlossenen Völkchen der Bakuba entdeckt zu haben.

Alle diese Thatsachen bezeugen deutlich, dass der Neger unter dem Einfluss einer höher stehenden Rasse wohl einer höheren Kulturstufe zugeführt werden kann. Andererseits bezeugt auch die Geschichte des dunklen Weltteils, dass der Neger nur unter einer strengen Herrschaft und einer vollen Bevormundung dauernd in einer bestimmten Richtung arbeiten kann. Die Freiheit, die ihm vielfach von den Missionaren geschenkt wurde, verstand er nicht zu benutzen und hat sie nur missbraucht. Die Emanzipation der Neger wird somit nur stufenweise erfolgen können.

Die Geschichte der afrikanischen Völker und die Prüfung ihrer politischen Verhältnisse giebt uns aber noch einen anderen wichtigen Fingerzeig für die Richtung, die bei dem Befestigen des europäischen Einflusses in Afrika massgebend sein dürfte.

Die Gründung von Pflanzungen, die Erziehung des Negers zur Arbeit ist ohne Zweifel das vornehmste Ziel der Kolonisation, da nur durch sie die brach liegenden Schätze des afrikanischen Bodens erschlossen werden können. Wir sehen aber, dass der Neger nicht mehr baut, als er braucht, oder dass er nur das baut, was ihm eine unmittelbare Aussicht auf günstige Verwertung liefert.

Die Haupttriebfeder aller wichtigeren Bewegungen in Afrika ist der Handel. Handelsfragen bilden für den Afrikaner die wichtigsten Staatsfragen. Die Könige und Häuptlinge, ob gross oder klein, sie alle sind Händler. Darum bietet auch der Handel das beste Mittel zur Erschliessung des dunklen Weltteils.

Wenn die europäischen Stationen Einfluss im Inneren haben sollen, so müssen sie auch Handelsstationen sein, an die sich die Pflanzerarbeit als ein gleichwichtiger Faktor anschliesst, von dem man aber erst in späterer Zeit Erfolge zu erwarten hat:

Lange Zeit hindurch trieben die Europäer im Inneren Afrikas grundsätzlich keinen Handel, da sie nur wissenschaftliche Zwecke verfolgten und sich die Feindschaft der arabischen und eingeborenen Händler nicht zuziehen wollten. Diese Rücksichten sind nicht mehr massgebend, und die Zeit tritt ein, wo der Europäer auch den Handel im Inneren des Landes an sich reissen muss. Auf diese Weise wird er am besten und am sichersten seine Rivalen verdrängen.

Und so sehen wir, dass neben der Pflanzerthätigkeit, welche die Europäer an der Küste entfalten, eine grosse Zahl der neuesten Expeditionen Handelszwecke verfolgt, indem sie die Karawanenstrassen sichert und in Handelsbeziehungen mit den Negern tritt. In diesem Sinne war die letzte Expedition Emins bedeutungsvoll, und dasselbe Ziel verfolgt die Expedition Zintgraffs, welche die Handelskreise der Häuptlinge, die den Weg von Kamerun nach Adamaua versperren, zu durchbrechen sucht.

Die alten Reichtümer Afrikas sind im Schwinden begriffen. Die Sklavenausfuhr ist aufgehoben, und das Elfenbein soll nur noch für eine absehbare Reihe von Jahren vorrätig sein; dafür ist in dem Kautschuk ein neuer Artikel erstanden. Vor der Hand werden aber das Elfenbein und der Kautschuk noch immer genügen, um die Kosten der Expeditionen ins Innere zu decken und auch einen Gewinn abzuwerfen, so dass das europäische Kapital sich williger als bis jetzt an der Kolonisierung Afrikas wird beteiligen können.